Kommentar

zu der

Strafprozeßordnung für das Deutsche Reich

und den

dieselbe ergänzenden Vorschriften

des

Gerichtsverfassungsgesetzes

von

C. A. Voitus,

Königl. Preuß. Obertribunalsrath a. D.

Berlin.

Druck und Verlag von G. Reimer.

1877.

Vorwort.

Das Bedürfniß kommentarischer Bearbeitungen wird sich bei der Reichsstrafprozeßordnung und den dieselbe ergänzenden Vorschriften des Gerichtsverfassungsgesetzes voraussichtlich besonders deshalb fühlbar machen, weil diese Gesetze auch solche Rechtsinstitute einführen, welche in der Strafrechtspflege einzelner Bundesstaaten als völlig neue erscheinen, in anderen wenigstens wesentliche Aenderungen des bisherigen Verfahrens zur Folge haben, Zweifel über die Handhabung und Anwendung der neuen Formen und Rechtsnormen mithin in der Praxis vielfach entgegentreten werden.

Ueberdies hat die Art der Entstehung der beiden Gesetze, insbesondere die Einwirkung, welche die unvermeidliche Berücksichtigung mancher in einigen Bundesstaaten vorwaltender singulärer Verhältnisse auf die Organisation der Strafgerichte und die prozessualischen Bestimmungen ausüben mußte, die Aufgabe, die Vorschriften der Gesetze gegen berechtigte Bedenken bei ihrer Auslegung zu sichern, wesentlich erschwert. Dasselbe gilt von dem Uebelstande, daß die mehreren nach einander bearbeiteten Gesetz-Entwürfe, welche vor der definitiven Vereinigung der beiden Faktoren der Reichsgesetzgebung über die in die Strafprozeßordnung aufzunehmenden Bestimmungen verschiedene — in der Einleitung zu dem Kommentar näher angegebene — Stadien zu durchlaufen hatten, hinsichtlich einzelner Materien von zum Theil wesentlich verschiedenen Grundsätzen ausgegangen waren.

So wünschenswerth aber auch die Kommentirung der neuen Reichsgesetze sein mag, so kann doch eine noch vor dem für die Rechtskraft derselben bestimmten Zeitpunkte veröffentlichte Arbeit ihren Zweck nur sehr unvollkommen erreichen, da erfahrungsmäßig solche Zweifel und Bedenken, deren Behebung für die Strafrechtspflege vorzugsweise wichtig ist, erst bei der Anwendung der Gesetze in der Praxis hervorzutreten pflegen, die Erledigung solcher Zweifel aber mit Recht weniger aus den Ansichten der Kommentatoren, als aus den Aussprüchen der höheren Gerichtshöfe hergenommen wird.

Dem praktischen Bedürfniß wird daher nur ein Kommentar genügen, welcher neben den Ergebnissen des eigenen Studiums des Verfassers und den von Anderen in ähnlichen Arbeiten — wie sie zur Zeit noch gänzlich fehlen — entwickelten Ansichten über die Auslegung der Vorschriften der Straf-Proz.-O., die in den Entscheidungen der Gerichte, insbesondere des Reichsgerichts niedergelegten Interpretationen mitzutheilen vermag — eine Aufgabe, die allerdings erst nach einer Reihe von Jahren gelöst werden kann.

Diese Bemerkungen werden genügend zu erkennen geben, daß ich mir der engen Grenzen, innerhalb deren meine Arbeit — selbst im günstigsten Falle — nützen kann, vollkommen bewußt bin.

Daß ich mich gleichwohl schon jetzt zur Herausgabe eines Kommentars zur Straf-Proz.-O. entschlossen habe, beruht auf der Erwägung, daß der mit der Anwendung eines zweifelhaften Paragraphen beschäftigte Richter, Staats- oder Rechtsanwalt der Regel nach außer Stande ist, der Erforschung des Sinnes desselben dasjenige Maß von Zeit und Arbeitskraft zu widmen, welches der Verfasser eines Kommentars auf das Studium der Geschichte der Entstehung der einzelnen Vorschriften und die Prüfung des Zusammenhangs derselben mit analogen Bestimmungen unerläßlich zu verwenden hat, eine derartige Arbeit mithin dem Praktiker schon vom Beginne der Rechtskraft des Gesetzes ab das Verständniß der Vorschriften zu erleichtern vermag. Aber auch insofern könnte sich möglicherweise einiger Nutzen an den Kommentar knüpfen, als die darin in Bezug auf eine Anzahl von Vorschriften angeregten Zweifel und geäußerten Ansichten bei der Anwendung der Straf-Proz.-O. in der richterlichen Praxis und bei späteren ähnlichen kommentarischen Arbeiten zur weiteren Prüfung und kritischen Beurtheilung Anlaß geben können.

Daß ich denselben wenige Monate nach der Publikation der Gesetzbücher zum Drucke zu befördern vermocht habe, findet seine Erklärung darin, daß sich der Herr Präsident des Reichskanzleramts und die zur Berathung der Entwürfe zu den Gesetzen vom Reichstage eingesetzte Reichsjustizkommission aus mich ehrendem Wohlwollen veranlaßt gesehen haben, Ersterer die Entwürfe, Letztere die Protokolle über ihre Berathungen während der Sitzungsperioden regelmäßig mir zugehen zu lassen, wodurch es mir möglich geworden ist, den Debatten und Beschlüssen der Kommission schon während ihrer Berathungen von Schritt zu Schritt zu folgen, und die so entstandene Arbeit alsbald auf Grund der Beschlüsse des Reichstags und des Bundesraths und der denselben entsprechend redigirten Gesetze, wo erforderlich, abzuändern und zu ergänzen.

Daß der Kommentar das Gerichtsverfassungsgesetz und die Strafprozeßordnung nicht, wie sie publizirt worden, als von einander gesonderte selbständige Gesetze behandelt, die Materien derselben vielmehr nach Maßgabe ihres logischen Zusammenhanges aufeinander folgen läßt, möchte einer besonderen Rechtfertigung nicht bedürfen. Es leitete mich bei dieser Anordnung der Grund, daß die — bereits von anderen Seiten als bedenklich bezeichnete — Nichtaufnahme der in dem Gerichtsverfassungsgesetz enthaltenen, auf das strafrechtliche Verfahren bezüglichen Vorschriften in die Strafprozeßordnung, nicht auf einen inneren Grund, sondern auf den durchaus zufälligen Umstand zurückzuführen ist, daß gleichzeitig mit der Strafprozeßordnung eine Civilprozeßordnung für das Deutsche Reich in's Leben treten sollte, was zur Folge gehabt hat, daß die beiden Gesetzen gemeinsamen Vorschriften als ein besonderes für sich bestehendes Gesetz bearbeitet und emanirt worden sind.

„Die besonderen Bestimmungen über die Verfassung der Deutschen Gerichte" — so heißt es S. 2 der „Begründung des Entwurfs eines Gerichtsverfassungsgesetzes" — „sind ein nothwendiger Bestandtheil der Reichsgesetze über das gerichtliche Verfahren. Nur Gründe der Zweckmäßigkeit haben dahin geführt, die Vorschriften über die Einrichtung der Gerichte in einem besonderen Gesetze zusammenzustellen. Die äußere Trennung (der Vorschriften des Gerichtsverfassungsgesetzes von der Civil- bzhw. Strafprozeßordnung, deren Bestandtheil sie sachlich bilden) hebt den inneren Zusammenhang nicht auf."

Jener für die Gesetzgebung leitend gewesene Grund schied für einen nur der Strafprozeßordnung gewidmeten Kommentar gänzlich aus.

Die getroffene Anordnung mußte zugleich zur Folge haben, daß alle ausschließlich den Civilprozeß betreffenden Vorschriften aus dem in den Kommentar aufgenommenen Text des Gerichtsverfassungsgesetzes mit alleiniger Ausnahme solcher ausscheiden mußten, welche wegen ihrer redaktionellen Verbindung mit den auf den Strafprozeß bezüglichen Bestimmungen das Verständniß der letzteren bedingen oder erleichtern.

Da der Kommentar ausschließlich das Ziel verfolgt, den Justizbeamten bei der Anwendung der Vorschriften der Strafprozeßordnung die Auslegung derselben zu erleichtern, und ihm der Zweck, als Lehrbuch zu dienen, völlig fern liegt, habe ich die Aufnahme allgemeiner Rechtssätze in die Noten, sowie solche Ausführungen über den Inhalt der Abschnitte der beiden Gesetze und ihrer einzelnen Paragraphen vermieden, welche jeder Rechtskundige, ohne der Hülfe eines Kommentars zu bedürfen, selbst aus denselben entnimmt.

Erst am Abend meines Lebens ist es mir vergönnt gewesen, meiner Neigung entsprechend eine größere literarische Arbeit auf dem Gebiete der Strafjustiz zu unternehmen. Möge dieser Versuch nicht verfehlt befunden werden. Daß viele meiner in den Noten niedergelegten Ansichten theils als unrichtig, theils als bedenklich werden nachgewiesen werden, ist zweifellos. Dieser Gefahr wird indeß der Verfasser eines ersten Kommentars zu einem umfassenden neuen Gesetz stets in höherem Grade ausgesetzt sein, als der, welchem durch Vergleichung und Prüfung der in anderen ähnlichen Werken entwickelten verschiedenen Meinungen das Finden des Richtigen erleichtert ist.

Dessau, im August 1877.

Boitus.

Einleitung.

Die am 27. und 30. Januar und 1. Februar 1877 durch das Reichs-Gesetzblatt veröffentlichten, das prozessualische Verfahren in bürgerlichen Rechtsstreitigkeiten und in Strafsachen regelnden Reichsgesetze haben weit über die Kreise der zunächst betheiligten Justizbeamten hinaus lebendiges Interesse erweckt.

Wie weit auch die Urtheile über ihren Werth von einander abweichen mögen, der Erfolg derselben, daß sie die Uebereinstimmung des Verfahrens in allen zum Deutschen Reiche gehörenden Ländern und die Behebung der je länger je mehr empfundenen und beklagten Uebelstände herbeiführen, welche sich in mehreren Bundesstaaten theils durch die Schwerfälligkeit und Unzweckmäßigkeit veralteter Formen, theils durch den Mangel einer Kodifikation der bezüglichen Vorschriften fühlbar machten, wird allseitig als ein wesentlicher Gewinn anerkannt werden.

Hinsichtlich der Ungleichmäßigkeit des strafrechtlichen Verfahrens sei hier nur hervorgehoben, daß seither in den verschiedenen Landestheilen des Bundesstaats Preußen allein drei in wesentlichen Beziehungen von einander abweichende Strafverfahren stattfanden, von denen das, die sog. alten Provinzen betreffende auf drei von einander gesonderten Gesetzgebungen beruhte. —

Die nächste äußere Anregung zur Herbeiführung einer den Deutschen Bundesländern gemeinsamen Strafprozeßordnung und eines derselben zum Grunde liegenden Gerichtsverfassungsgesetzes gab der Art. 4 Nr. 13 der „Verfassung des Norddeutschen Bundes" vom 26. Juli 1867 (S. 4 des Bundesgesetz-Blatts von 1867), welcher, übereinstimmend mit der späteren „Verfassung des Deutschen Reichs" vom 16. April 1871 (S. 65 des Reichsgesetz-Blatts von 1871), die gemeinsame Gesetzgebung über das Strafrecht und „das gerichtliche Verfahren" als eine der, der Beaufsichtigung Seitens des Bundes und der Gesetzgebung desselben unterliegenden Angelegenheiten bezeichnete.

Schon in der Sitzung vom 18. April 1868 faßte der Reichstag des Norddeutschen Bundes den Beschluß, den Bundeskanzler aufzufordern, den Entwurf einer gemeinsamen Strafprozeßordnung für den Norddeutschen Bund vorbereiten und dem Reichstage vorlegen zu lassen (Stenogr. Ber. von 1868 S. 124 folg.). Diesem Beschlusse trat der Bundesrath in der Sitzung vom 5. Juni bei, worauf der erste „Entwurf einer Deutschen Strafprozeßordnung“ (Berlin im Januar 1873) und der „Entwurf eines Gesetzes über die Verfassung der Gerichte im Deutschen Reiche“ auf Ersuchen des Bundeskanzlers im Königlich Preuß. Justizministerium ausgearbeitet wurde. Der erstere enthielt die das Strafverfahren regelnden Vorschriften, soweit es sich nicht um solche Bestimmungen handelte, welche sich in gleicher Weise auf die Strafprozeßordnung, wie auf die gleichfalls in Angriff genommene Civilprozeßordnung bezogen. Dahin gehörten die Anordnungen über die Einrichtung und Zusammensetzung der Gerichte, die Oeffentlichkeit der Verhandlungen und die Aufrechthaltung der Ordnung in denselben, die Vorschriften über die Zuziehung von Dolmetschern und Aehnliches. Diese Gegenstände wurden dem Gerichtsverfassungsgesetze überwiesen und in dem erwähnten Entwurfe zu demselben behandelt.

Jene Entwürfe wurden Seitens des Bundesraths Sachverständigen-Kommissionen überwiesen, aus denen der „Entwurf einer Deutschen Strafprozeßordnung“ (Berlin 1873 bei v. Decker) im Wesentlichen übereinstimmend mit dem Januar-Entwurfe hervorging.

Der Bundesrath übergab denselben — in gleicher Weise, wie die Entwürfe zum Gerichtsverfassungsgesetz und zu der Civilprozeßordnung — seinem Ausschusse für Justizwesen zur Begutachtung. Dies führte zur Ausarbeitung neuer Entwürfe, welche von dem Ausschusse mittelst Berichts vom 12. Mai 1874 (Bundesraths-Akten. Sess. von 1874 Nr. 64) dem Bundesrath überreicht wurden.

Diese Entwürfe bilden die Grundlage zu den Eingangs bezeichneten drei Reichs-Justizgesetzen. Sie enthielten bezüglich des Strafprozesses und der denselben betreffenden Grundsätze der Gerichtsverfassung wesentliche Abänderungen der vorgedachten beiden Entwürfe des Jahres 1873. Zu den erheblichsten gehörten Abweichungen hinsichtlich der Organisation der Gerichte. Es war zwar auch bei der Bearbeitung der letzterwähnten beiden Entwürfe in Bezug auf das Strafverfahren die Nothwendigkeit der Betheiligung von Nichtjuristen (Laien) bei der Rechtsprechung — Inhalts der Motive „als außer Frage stehend“ — leitend gewesen. Die Prüfung, ob dem Geschworenen- oder dem Schöffengericht der Vorzug gebühre, hatte aber die Entscheidung zu Gunsten des letzteren in der Weise zur Folge gehabt, daß bei der Verhandlung aller Strafsachen in erster Instanz — mit Ausnahme des Verbrechens des gegen den Kaiser und das Reich gerichteten Hochverraths und Landesverraths, für welches das Reichsgericht die einzige Instanz bilden sollte — den rechtsgelehrten Richtern Schöffen beigegeben und, dem entsprechend, die Gerichte erster Instanz nach Maßgabe der Schwere der ihnen überwiesenen strafbaren Handlungen in „Große, Mittlere und Kleine“ Schöffengerichte, welche auch an die Stelle der in mehreren Bundesstaaten eingeführten Geschworenen-Gerichte treten sollten, eingetheilt wurden.

Diese Organisation der Strafgerichte verlassend, überwies der Entwurf des Bundesraths-Ausschusses die erste Instanz der Untersuchungen wegen Uebertretungen und geringerer Vergehen den Schöffengerichten; die mit härteren Strafen bedrohten Vergehen und die geringeren Verbrechen, unter Ausschließung der Betheiligung von Laien, den Strafkammern der Landgerichte und die schwereren Verbrechen den Schwurgerichten, während der vorerwähnte Hochverrath und Landesverrath dem Reichsgericht zufallen sollte.

Ferner ist hervorzuheben, daß die Entwürfe vom Jahre 1873 Privatpersonen gestatteten, Entschädigungs-Ansprüche, welche unmittelbar aus einer strafbaren Handlung entstanden seien, im Anschlusse an die strafrechtliche Verfolgung gegen den Angekl. geltend zu machen, wogegen der Entwurf vom Jahre 1874 die Befugniß zu einer solchen Geltendmachung der Entschädigungsforderung in Wegfall brachte und nur die Verfolgung des Anspruchs auf Zuerkennung einer „Buße“ in den im StGB. angegebenen Fällen im Strafprozeß zuließ.

Von den Entwürfen seines Ausschusses hat der Bundesrath in seinen Sitzungen vom Juni 1874 den die Gerichtsverfassung betreffenden unverändert, den auf die Strafprozeßordnung bezüglichen mit zwei nicht wesentliche Punkte betreffenden Abänderungen angenommen.

Die so vom Bundesrathe dem Reichstage vorgelegten Entwürfe wurden von diesem einer aus 28 seiner Mitglieder bestehenden Kommission (Reichstags-Justizkommission), deren Berathungen stets mehrere Kommissarien des Bundesraths als Regierungs-Vertreter beiwohnten, zur Vorberathung überwiesen. Stenogr. Ber. S. 325. 354 und 362 Bd. 1 von 1874/5.

Die Justizkommission hat der Ausführung ihres Auftrages 170 Sitzungen gewidmet. Ueber jede derselben ist ein Protokoll ausgearbeitet worden, welches hinsichtlich jedes einzelnen in den Entwürfen enthaltenen § die Anträge der namhaft gemachten Mitglieder, die zur Vertheidigung und Widerlegung derselben sowohl im Schoße der Kommission, als Seitens der Vertreter der verbündeten Regierungen abgegebenen Erklärungen und das Ergebniß der nach Stimmenmehrheit der Kommissions-Mitglieder gefaßten Beschlüsse in vollkommen zweckmäßiger Redaktion wiedergiebt.

Nach Beendigung der in 128 Sitzungen erledigten ersten Lesung wurde, für jedes der drei Gesetze besonders, eine „Zusammenstellung" ausgearbeitet, in welcher die Beschlüsse der Kommission denen des Entwurfs gegenübergestellt waren.

Auch bei der Berathung zweiter Lesung wurden die §§ der Entwürfe nebst den denselben von der Kommission bei erster Lesung hinzugefügten §§ wiederum einzeln — unter Berücksichtigung der inzwischen in Bezug auf die letzteren von dem Bundesrathe abgegebenen Erklärungen — berathen und zum Gegenstande der Beschlußfassung gemacht.

Die so entstandenen Beschlüsse wurden — zum Theil durch eine von der Justizkommission zu diesem Zwecke ernannte Redaktions-Kommission in ihrer Fassung geändert — in neuen „Zusammenstellungen" zur Kenntniß des Bundesraths gebracht und demnächst den Berathungen des Reichstags in 2. Lesung, welche am 7. November 1876 (Stenogr. Ber. S. 53) begannen, zum Grunde gelegt.

Schon in der Sitzung vom 3. November (Stenogr. Ber. S. 14) theilte der Preußische Justizminister Dr. Leonhardt, als Bevollmächtigter zum Bundesrath, dem Reichstage mit, daß der Bundesrath von den gegen die Beschlüsse der Justizkommission während der Berathung derselben erhobenen Bedenken siebenzig fallen zu lassen beschlossen habe. Die übrigen Monita gegen jene Beschlüsse, deren Aufrechthaltung der Bundesrath für geboten erachtete, wurden dem Reichstage mittelst Schreibens des Reichskanzlers von demselben Tage in einer Zusammenstellung bekannt gemacht (Nr. 22 der Drucksachen). Davon betrafen — abgesehen von dem durch die Justizkommission eingeschalteten, von dem Reichstage wieder in Fortfall gebrachten Abschnitt „Rechtsanwaltschaft", wie von den Vorschriften über das „Richteramt", welche, als den Strafprozeß nicht unmittelbar berührend, von dem Kommentar ausgeschlossen worden sind — 24 das Gerichtsverfassungsgesetz und dessen Einführungsgesetz, soweit seine Bestimmungen sich auf die Strafprozeßordnung beziehen, und 43 die Strafprozeßordnung und das Einführungsgesetz zu demselben.

Diese Zusammenstellung wurde durch Beschluß des Reichstages vom 7. November (Stenogr. Ber. S. 62) derselben Justizkommission mit der Maßgabe zur Vorberathung übergeben, daß dieselbe berechtigt sein sollte, im Fortgange ihrer Berathung einzelne ihr überwiesene Fragen, auch ohne ihrerseits Beschluß darüber zu fassen, zur Plenarberathung im Reichstage zu stellen.

Die Justizkommission entledigte sich dieses Auftrages — dritte Berathung — in sechs an den Tagen vom 9. bis 14. November 1876 abgehaltenen Sitzungen, wiederum in Gegenwart von Vertretern des Bundesraths. Sie verwies einzelne Monita des Bundesraths an das Plenum zurück, entsprach hinsichtlich anderer dem Verlangen der Aufhebung bzhw. Aenderung ihrer früheren Beschlüsse, entschied sich aber in Bezug auf die überwiegende Mehrzahl für Aufrechthaltung der letzteren.

Auch bei der nach dem Schlusse dieser Kommissions-Sitzungen am 17. November begonnenen zweiten materiellen Berathung der Justizgesetze im Plenum des Reichstags (Stenogr. Ber. S. 185 folg.) wurde eine Vereinigung zwischen den Vertretern des Bundesraths einer- und dem Reichstage andererseits in Betreff einer großen Zahl wesentlicher Differenzpunkte erfolglos angestrebt.

Nach Beendigung dieser Reichstags-Sitzungen zweiter Berathung erging Seitens des Reichskanzlers unter dem 12. Dezember (Nr. 115 der Drucksachen) von Neuem Namens des Bundesraths eine Erklärung an den Reichstag, nach welcher der Bundesrath hinsichtlich aller übrigen streitigen Punkte von dem Widerspruche gegen die Beschlüsse der Justizkommission, bzhw. des Reichstags, Abstand nahm, und nur in Betreff des Gerichtsverfassungsgesetzes und des Einführungsgesetzes zu demselben bei 8 Punkten — worunter 4 das Richteramt, die Vertretung eines Mitglieds eines Landgerichts und die Rechtsanwaltschaft betrafen — und in Bezug auf die Strafprozeßordnung und deren Einführungsgesetz bei 11 Punkten seinen Widerspruch aufrecht erhielt. Die hierauf bezüglichen Beschlüsse des Reichstags bezeichnete der Reichskanzler mit dem Bemerken als unannehmbar, daß den verbündeten Regierungen ein Nachgeben in Bezug auf dieselben als „eine Gefährdung der ihrer Obhut vorzugsweise anvertrauten öffentlichen Interessen" erscheinen müßte.

Bei dieser Sachlage sahen sich 149 Mitglieder des Reichstags veranlaßt, unter dem 16. Dezember für die dritte Lesung der Justizgesetze im Reichstage Anträge (Nr. 138 der Drucksachen „Antrag Miquèl und Gen.") zu stellen, welche, behufs Ermöglichung des Zustandekommens der Gesetze, in Bezug auf einen Theil der nach der erwähnten Erklärung des Reichskanzlers vom 12. Dezember übrig gebliebenen Differenzpunkte darauf abzielten, dem Verlangen des Bundesraths — theils ohne Einschränkung, theils modificirt — zu willfahren.

In der ersten der den Berathungen dritter Lesung im Reichstage demnächst gewidmeten Sitzungen vom 18. bis 21. Dezember erklärte der Preuß. Justizminister Dr. Leonhardt Namens des Bundesraths:

Nach Lage der Verhältnisse werde er die Anträge, welche den Namen Miquèl und Gen. trügen, nicht anfechten und werde die Wünsche der verbündeten Regierungen, welche nicht berücksichtigt worden seien, nicht weiter verfolgen. Stenogr. Ber. S. 859.

Mit Rücksicht auf den — ohne Zweifel entscheidenden — Einfluß, welchen die Berathungen und Beschlüsse des Reichstags über die nach dieser Erklärung noch unerledigt gebliebenen Streitpunkte — nach der Bezeichnung bei den Debatten: Kompromiß-Vorschläge — auf das Zustandekommen der Strafprozeßordnung und somit auf das strafrechtliche Verfahren im Deutschen Reiche geäußert hat, mag dieser Punkte, soweit sie die Strafprozeßordnung und die auf dieselbe bezüglichen Bestimmungen des Ger.-Verf.-Ges. betreffen, hier einzeln Erwähnung geschehen.

1. Der § 81 des Entwurfs des Ger.-Verf.-Ges., wie er aus der 2. Lesung des Reichstags hervorgegangen war (Aktenstück Nr. 81 der Anlagen zu den Stenogr. Ber. des Reichstags S. 683 folg.), enthielt hinter dem § 80 des jetzigen Gesetzes die Vorschrift:

Die Schwurgerichte sind ferner zuständig:

1. für die durch die Presse begangenen Vergehen, mit Ausnahme der Beleidigung, wenn die Verfolgung im Wege der Privatklage geschieht;
2. für alle durch die Presse begangenen Verbrechen.

Dieselbe ist bei dritter Lesung dort ausgeschieden, und es ist der § 6 des Einf.-Ges. zum Ger.-Verf.-Ges. an ihre Stelle getreten. Stenogr. Ber. S. 902—911.

2. Der dem Regierungs-Entwurfe von der Justiz-Kommission hinzugefügte § 10 des Einf.-Ges. zum Ger.-Verf.-Ges. hatte bestimmt:

> Die landesgesetzlichen Bestimmungen, durch welche die Verfolgung öffentlicher Beamten wegen der in Ausübung oder in Veranlassung der Ausübung ihres Amtes vorgenommenen Handlungen im Wege des Straf- oder Civilprozesses an besondere Voraussetzungen gebunden ist, treten außer Kraft.

Derselbe hat als § 11 des Einf.-Ges. die aus diesem hervorgehende Fassung erhalten. Stenogr. Ber. S. 925—936.

3. Die Justiz-Kommission hatte dem § 1 des Regierungs-Entw. zur Strafprozeßordnung (§ 7 des Gesetzes) den Satz hinzugefügt:

> Begründet der Inhalt einer Druckschrift den Thatbestand einer strafbaren Handlung, so gilt, soweit die Verantwortlichkeit des Verfassers, Herausgebers, Redakteurs, Verlegers und Druckers in Frage steht, die Handlung nur an dem Orte als begangen, an welchem die Druckschrift erschienen ist.

Diese vom Reichstage in 2. Lesung (Aktenstück Nr. 82 S. 700) angenommene Vorschrift ist bei 3. Lesung ausgeschieden. Stenogr. Ber. S. 951 folg.

4. Zwischen den §§ 44 und 45 des Regierungs-Entw. (§§ 53 und 54 der Straf-Proz.-O.) hatte die Justiz-Kommission — nachdem schon bei ihren Berathungen 1. Lesung ein im Wesentlichen damit übereinstimmender Antrag angenommen worden war — bei 2. Lesung als § 44a die Bestimmung eingeschaltet:

> Wird der Gegenstand einer Strafverfolgung durch den Inhalt einer periodischen Druckschrift gebildet, für welche nach § 20 Abs. 2 des Gesetzes über die Presse vom 7. Mai 1874 der verantwortliche Redakteur als Thäter haftet, so sind Verleger, Redakteur und Drucker, so wie deren zur Herstellung der Druckschrift verwendetes Hülfspersonal berechtigt, das Zeugniß über die Person des Verfassers und Einsenders zu verweigern.

Schon dort entfernten sich die Ansichten über den betreffenden Antrag weit von einander (Prot. der Justiz-Kom. S. 42—48. 809—814). Für denselben wurde ausgeführt: Im Preßgesetz, § 21, habe man für die Presse ein so weit gehendes privilegium odiosum geschaffen, daß man als Gegengewicht den bei der Herstellung eines Preßerzeugnisses betheiligten Personen eine aparte Stellung bezüglich der Zeugnißpflicht einräumen müsse, wenn man nicht durch Ausschluß der Anonymität die Presse an ihren Wurzeln angreifen und zerstören wolle. Dagegen wurde geltend gemacht: Es handle sich nicht mehr darum, die Presse als einen schwachen Verfolgten in Schutz zu nehmen, sondern eine gegen Privatrechte, gegen Staat und Gesellschaft vielfach aggressiv vorgehende Großmacht in Schranken zu halten. Alle Motive, die man für die Befreiung der Redakteure u. s. w. von der Zeugnißpflicht geltend mache, ständen nicht höher, als die Nothwendigkeit, das Recht und die Rechtsordnung zu schützen (S. 46). Uebereinstimmend hiermit hob die Regierungs-Vertretung hervor, daß nicht blos die Presse, sondern auch das Publikum geschützt werden müsse (S. 812).

Im Reichstage wurde bei zweiter Lesung der § so, wie er aus der Justiz-Kommission hervorgegangen war, als § 54 angenommen (Stenogr. Ber. S. 429 folg.). Ein Gegner desselben führte aus: Mit demselben sei das Prinzip der Gleichheit vor dem Gesetz nicht zu vereinigen. Es fehle an jedem Grunde, der Presse auch noch zu helfen, die Person des wirklichen Thäters, die Person des Verfassers eines inkriminirten Artikels, der Ermittelung zu entziehen, nur wegen des Prinzips der Anonymität der Presse. Das Prinzip der Anonymität stehe mit allen Ehrbegriffen, die sonst im bürgerlichen Leben gelten, im Widerspruch; überall werde der Anonymus verachtet. Das Prinzip der Anonymität der Presse sei der Deckmantel für Feigheit und Gemeinheit (S. 433).

Dem gegenüber wurde bemerkt, daß ähnliche beklagenswerthe Erscheinungen, wie sie in der Presse sichtbar seien, auf allen Gebieten hervorträten, daß aber ohne die Anonymität weder die periodische Presse, noch die politische Polemik überhaupt bestehen könne. Man dürfe nicht Gesetze geben, deren Erfüllung nach der allgemeinen Meinung allen anständigen Menschen zur Unehre gereiche. S. 438.

Bei dritter Lesung entbrannte im Reichstage über diesen Kardinal-Kompromiß-Punkt ein so heftiger Streit, daß sich der Präsident zu der Bitte veranlaßt sah: „doch nach Möglichkeit die Unterbrechungen (das Protokoll weist deren ohne die „Heiterkeiten" 22 nach) in der schon ziemlich leidenschaftlich erregten Debatte zu unterlassen" (Stenogr. Ber. S. 960).

Wie die Strafprozeßordnung nachweist, beschloß der Reichstag das Ausscheiden des §.

5. Der § 99 der Strafprozeßordnung hatte im Reichstage bei 2. Lesung (als § 100) die Fassung erhalten:

> Die Beschlagnahme von einzelnen zu bezeichnenden Briefen und anderen Sendungen auf der Post, sowie von solchen Telegrammen auf den Telegraphen-Anstalten ist zulässig u. s. w.

Bei 3. Lesung ist die allgemeinere Fassung beschlossen worden. Stenogr. Ber. S. 967 folg.

6. Der Absatz 3 des § 148 Strafprozeßordnung bestimmte nach der Fassung 2. Lesung, übereinstimmend mit dem Beschlusse der Justiz-Kommission:

> Unterredungen des Beschuldigten mit dem Vertheidiger finden ohne Anwesenheit dritter Personen statt (§ 149).

Bei 3. Lesung hat er die einschränkendere Fassung erhalten.

7. Der § 170 war aus 2. Lesung mit den Anfangsworten (als § 171) hervorgegangen:

> Dem Antragsteller steht gegen diesen Bescheid u. s. w.

Danach stand jedem Antragsteller, gleichviel ob durch die denuncirte That verletzt oder nicht, das Recht der Beschwerde zu, wogegen dasselbe nach der Fassung 3. Lesung nur dem Verletzten gebührt. Stenogr. Ber. S. 977—983.

8. Der § 300 Strafprozeßordnung enthielt auf Grund des Beschlusses des Reichstags in 2. Lesung (§ 301) den Schlußabsatz:

> Auf Antrag der Staatsanwaltschaft oder des Vertheidigers sind bestimmt bezeichnete Sätze der Rechtsbelehrung vom Vor-

sitzenden schriftlich zu fassen, zu verlesen und dem Protokolle beizufügen;

und in Uebereinstimmung hiermit bestimmte ein zwischen die §§ 378 und 379 eingeschalteter § (380):

Eine durch das Protokoll festgestellte Rechtsbelehrung des Vorsitzenden, welche einen Rechtsirrthum enthält, begründet die Revision, wenn nach den Umständen des Falles anzunehmen ist, daß die Rechtsbelehrung auf den Spruch der Geschworenen Einfluß gehabt hat.

Beide Vorschriften hat der Reichstag bei 3. Lesung ausscheiden lassen. Stenogr. Ber. S. 987 folg.

9. Der Abs. 2 des § 490 Strafprozeßordnung verwies nach der Fassung 2. Lesung (§ 492) auf die §§ 487. 488 (§§ 489. 490 2. Les.). Danach würde auch im Falle des § 488, wenn Einwendungen gegen die Ablehnung des Antrages erhoben wurden, die Entscheidung dem Gerichte zugefallen sein. Diese Bestimmung ist bei 3. Lesung dadurch geändert worden, daß im § 490 nur auf den § 487 Bezug genommen wird. Es hat dies — wie auch S. 991 der Stenogr. Ber. ausgeführt worden — zur Folge, daß, wenn in Fällen des § 488 der Staatsanwalt den Antrag abgelehnt hat, die Beschwerde, mit gänzlichem Ausschlusse des Gerichts, an die höhere staatsanwaltschaftliche Behörde, und in letzter Instanz an den Justizminister geht, der — zur Wahrung des Begnadigungsrechts des Souverains — geeigneten Falls dessen Entschließung einzuholen hat.

10. Der § 505 der Strafprozeßordnung legte nach dem Beschlusse 2. Lesung (§ 507) im Falle eines von der Staatsanwaltschaft erfolglos eingelegten oder zurückgenommenen Rechtsmittels die dem Beschuldigten erwachsenen nothwendigen Auslagen der Staatskasse unbedingt auf. Diese Bestimmung hat bei dritter Lesung die aus dem 2. Satze des Abs. 1 des § 505 hervorgehende Einschränkung erfahren.

Diese Beschlüsse haben die Vereinbarung zwischen dem Bundesrathe und dem Reichstage über das Gerichtsverfassungsgesetz und die Strafprozeßordnung vermittelt und die Publikation derselben als Reichsgesetze zur Folge gehabt.

Ob diese Gesetze der Strafrechtspflege zum Segen gereichen, kann erst nach den Erfolgen der Anwendung ihrer Vorschriften in der Praxis mit Zuverlässigkeit beurtheilt werden. Es sind jedoch durch die weitgehenden Abänderungen, welche die aus dem Bundesrathe hervorgegangenen Entwürfe in der Reichstags-Justizkommission und demnächst im Reichstage selbst erfahren haben, in den Kreisen solcher Rechtskundigen, welche es für eine unerläßliche Pflicht erachten, bei der Berathung einer Strafprozeßordnung das Ziel der Förderung der Strafrechtspflege, ihren heiligen Zwecken entsprechend — unbeirrt durch die von Zufälligkeiten getriebenen, bald höher bald niedriger gehenden Wogen der politischen Zeitströmung — an der Hand der Rechtstheorie und der Ergebnisse der Erfahrung anzustreben, ernste Sorgen hervorgerufen worden.

Für unberechtigt oder pessimistisch werden diese Sorgen nicht gelten können. Tritt doch in der Justizkommission überall, wo der Gegenstand der Berathung näher oder entfernter die Gelegenheit dazu bietet, die politische Richtung ihrer einzelnen Mitglieder — die Gesichtspunkte der Wissenschaft mehr oder minder unberücksichtigt lassend — unverkennbar in den Vordergrund.

Dies Verkennen oder Verlassen des durch das Mandat des Reichstags für die Kommission unabweislich angezeigten Standpunkts darf aber nicht auf die Personen der Mitglieder derselben, auf Mangel an ernstem Streben, ihre Aufgabe nach besten Kräften zu lösen, zurückgeführt werden, ist vielmehr eine unausbleibliche Folge der Betheiligung politischer Körperschaften auch bei der Berathung und Beschließung solcher Gesetze, welche, wenn sie Bürgschaft dafür gewähren sollen, daß sie den erfahrungsmäßig von Zufälligkeiten abhängigen Wechsel der Majoritäten gesetzgebender Versammlungen überdauern, auf dem sicheren Boden der Wissenschaft feste Wurzeln schlagen müssen.

Selbst urtheilsfähige und von Pflichtgefühl erfüllte Männer werden kaum jemals vor der Ausübung ihres Wahlrechts mit sich zu Rathe gehen, ob ihr Parlaments-Kandidat sich im Besitze nicht nur der erforderlichen Kenntnisse und Erfahrungen, sondern auch des Grades von Unbefangenheit und Fähigkeit zur Selbstüberwindung befinde, um vorkommenden Falls bei der Berathung solcher Gesetze, wie die hier in Rede stehenden, von den ihn beherrschenden politischen Ideen Abstand nehmen und ausschließlich das Interesse der Rechtspflege sich zur Richtschnur dienen lassen zu können.

Aehnlich verhält es sich mit dem Wahlkandidaten selbst. Der Hebel für sein Streben, als Abgeordneter zu fungiren, ist — bewußt oder unbewußt — sein Bedürfniß, die jeweilige politische Strömung, je nachdem, zu fördern oder zu hemmen. Auch der rechtskundige Kandidat wird nur in den seltensten Fällen eine Selbstprüfung anstellen, ob er nicht blos ein für den praktischen Dienst ausreichend gebildeter Jurist sei, sondern die Rechtswissenschaft in dem Grade beherrsche, um sich bei der — eine hervorragende Begabung und juristische Durchbildung erfordernden — Gesetzgebung mit günstigem Erfolg betheiligen zu können, und ferner, ob ihm die zu lösende Aufgabe so heilig sei, um ihr seine politischen Neigungen zum Opfer bringen zu können.

Die Beeinflussung der Berathungen der Justizkommission durch die Politik war daher unausbleiblich. Die vom Bundesrathe mit glücklichster Hand gewählten, in gleichem Maße durch praktischen Blick, wie durch Beherrschen der Wissenschaft ausgezeichneten beiden Männer, denen die nicht beneidenswerthe Aufgabe der Vertheidigung der Entwürfe zu den Gesetzen in der Kommission in erster Linie zufiel, bekämpften die mit der Rechtstheorie und dem der Strafprozeßordnung zum Grunde liegenden System unvereinbaren Anträge vergebens.

Bedürfte es neben den im Kommentar nachgewiesenen, die Entwürfe abändernden Beschlüssen und den für dieselben geltend gemachten Argumenten noch des Nachweises, wie die letzteren der Rechtswissenschaft häufig durchaus fern gelegen haben, so würde er aus der immer wiederkehrenden Berufung auf das „Bewußtsein des Volks", „die Stimme des Volks" und ähnlichen Worten herzunehmen sein.

Für einen Antrag auf Ueberweisung der Strafvollstreckung an den Richter, anstatt an die Staatsanwaltschaft, wurde angeführt: es widerspreche dem Volksbewußtsein, mit der Strafvollstreckung diejenige Person zu betrauen, welche in dem vorangegangenen Verfahren die Parteirolle des Gegners gehabt habe (Prot. der Justiz-Komm. zur Straf-Proz.-O. S. 707). Aehnlich wurde gegen die Bestimmung des § 36 der Straf-Proz.-O. (Entwurf § 30) Abs. 1 geltend gemacht: Die Vollstreckung einer Disziplinarstrafe durch den Staatsanwalt „verletze das Bewußtsein des Volks", da der Angeschuldigte gewohnt sei, beim Richter Schutz gegen den Staatsanwalt zu finden (Prot. S. 31). Nach S. 4 des Prot. der Justizkommission vom 19. Oktober 1876 soll es der „Anschauung des Volks" widersprechen, bei einem Zusammenhange zwischen einer bei dem Reichsgericht wegen Hoch- oder Landesverraths anhängigen und einer zur Zuständigkeit eines anderen Gerichts gehörenden Untersuchung auch die letztere dem Reichsgericht zu überweisen. S. 21 des Prot. über die Sitzung der Kommission vom 11. November 1876 wird es als ein „im Bewußtsein des Volks fest wurzelnder" Satz bezeichnet, daß ein Vertheidiger nicht nothwendig sei, wenn eine strafbare Handlung nur deshalb als „Verbrechen" charakterisirt werde, weil sie im Rückfalle verübt worden. Für die Aufnahme des § 170 in die Strafprozeßordnung wurde geltend gemacht: Wenn der Justizminister bei der Entscheidung über eine gegen die Staatsanwaltschaft wegen Verweigerung der Erhebung einer Anklage geführte Beschwerde seine Pflicht nicht thue, so liege die Remedur auf dem politischen Gebiete. Es widerspreche aber „dem Gefühl unsres Volks", Rechtsfragen auf das politische Gebiet verwiesen zu sehen (Prot. der Justiz-Komm. S. 222). In der Reichstagssitzung vom 21. Dezember 1876 wurde für das Verlangen, daß der Staat für die dem freigesprochenen Angeklagten erwachsenen Schäden und Kosten aufkomme, „die Strömung des Publikums" geltend gemacht (Stenogr. Ber. S. 992). Zur Rechtfertigung des § 379 der Straf-Proz.-O. wurde bemerkt: „es widerspreche dem Bewußtsein des Volks", daß ein freigesprochener Angekl. noch einmal (im Wege des von der Staatsanwaltschaft eingelegten Rechtsmittels der Revision) und zwar blos wegen Verletzung einer Formalität vor das Gericht gestellt werden solle. Prot. der JK. v. 13. Nov. 1876 S. 11.

In gleicher Weise, wie in der Justizkommission, hat sich auch im Reichstage selbst das Bestreben der Abgeordneten, ihren politischen Anschauungen Einfluß auf die Bestimmungen der Strafprozeßordnung zu verschaffen, geltend gemacht. Ueberhaupt ist in demselben eine eingehende Prüfung und Besprechung fast ausschließlich solchen Paragraphen der Entwürfe zu den Gesetzen zu Theil geworden, welche zu politischen Betrachtungen Anlaß boten.

Von der Art der Berathung strafrechtswissenschaftlicher Fragen in demselben liefern vorzugsweise die die erwähnten Kompromißpunkte betreffenden Debatten in den Sitzungen dritter Lesung des Gerichtsverfassungsgesetzes und der Strafprozeßordnung vom 18. bis 21. Dezember 1876 ein wenig erquickliches Bild. An Stelle der objektiven Würdigung der für und wider die gestellten Anträge im Interesse der Strafrechtspflege geltend zu machenden Gründe, nahm die Debatte den Charakter eines mit schartigen Waffen geführten Parteikampfes an — wie denn auch ein Abgeordneter, auf den Unterschied „seiner Partei" von der eines anderen Abgeordneten sich berufend, erklärte: daß es für ihn sich nicht vorzugsweise um die formelle Gesetzgebung, sondern um die politischen Punkte handle (Stenogr. Ber. S. 854). Im Einklange hiermit äußerte derselbe Abgeordnete: „Die nationalliberale Partei ist nach meiner Ueberzeugung durch Abschluß dieses Kompromisses heruntergetreten oder herübergetreten von einer selbständigen politischen Partei zu einer vollständigen Regierungspartei." S. 855.

In der vorletzten Sitzung wurde von einem Abgeordneten die bezeichnende Bemerkung gemacht:

> „Leider verflüchtigt sich die Debatte über die Justizgesetze jetzt ganz in Allgemeinheiten. Es wird über Dinge gesprochen, die mit den Justizgesetzen gar nichts gemein haben. Ein verehrtes Mitglied, welches sehr wahrscheinlich wegen seiner sonst bedeutenden Geschäfte gar nicht in der Lage gewesen ist, in

die schwierige Materie einzubringen, spricht von den Justizgesetzen, daß sie „„nicht gehauen und nicht gestochen““ seien; das ist nicht mehr parlamentarisch verhandelt; wir sind in der Mitte der Wahlreden.“ (S. 946.)

Wie hätte eine derartige Behandlung der wichtigsten Fragen ohne nachtheiligen Einfluß auf die Bestimmungen der Strafprozeßordnung und mittelbar auf die Strafrechtspflege bleiben können!

Die Veränderungen, welche die Gesetzentwürfe in der Reichstags-Justizkommission, bzhw. im Reichstage erfahren haben, sind, so weit wesentlich, in den auf die betreffenden Paragraphen bezüglichen Noten des Kommentars hervorgehoben.

Vorzugsweise wird das — ungeachtet der nur mittelbaren und entfernten Beziehung der Politik zu dem Gegenstande — überall hervortretende Bestreben die Berufssphäre der Staatsanwaltschaft möglichst zu beengen, ihre amtliche Stellung herabzudrücken, sie in ein Subordinationsverhältniß zu den Gerichten zu setzen, den Erfolgen der Verwaltung der Strafjustiz Abbruch thun. Die Nachtheile dieser Befangenheit bei der Auffassung des Wesens der Staatsanwaltschaft und ihrer Aufgabe wird voraussichtlich weniger bei der Behandlung und den Ergebnissen der einzelnen Untersuchungen deutlich zu Tage treten; sie werden sich aber zweifellos in der Lähmung der Berufsfreudigkeit der Beamten der Staatsanwaltschaft — diesem mächtigsten Hebel für das Streben nach ersprießlicher amtlicher Wirksamkeit — und in der Abwendung hervorragend begabter Männer von der Staatsanwaltschaft, die mehr als kollegialisch formirte Kollegien besonders befähigter Beamten bedarf, erkennbar und fühlbar machen.

Aeußerungen wie die: „Der Staatsanwalt solle nicht Herr der Anklage, sondern Gehülfe und in gewissem Sinne Diener des Gerichts sein“ (Prot. der Justiz-Komm. S. 220), ferner: „der Staatsanwalt solle nichts weiter sein, als ein Beamter der Polizei“ (S. 92 und 97), sowie auch die Bemerkung: „die bisherigen Beschlüsse der Kommission seien davon ausgegangen, den Untersuchungsrichter als Schutz des Angeschuldigten gegen den Staatsanwalt hinzustellen“, werden einen näheren Nachweis der — wie der Erfolg gezeigt hat — bei der Mehrzahl der Kommissionsmitglieder vorherrschend gewesenen Auffassung der der Staatsanwaltschaft zuzuweisenden Stellung entbehrlich machen.

Bei einer derartigen Neigung zur Herabwürdigung derselben können Beschlüsse, wie die der §§ 160 Abs. 2 (Entw. § 140). 100 (Entw. § 91). 98 (Entw. § 89). 110 Abs. 1 (Entw. § 99). 126 (Entw. § 115). 490 Abs. 2 (Entw. § 412). 493 der Straf-Proz.-O. und des § 177 des Ger.-Verf.-Ges. in dem nach der betreffenden Note des

Kommentars von der Justizkommission mit demselben verbundenen Sinne, nicht überraschen.

Hinsichtlich der gleichfalls von der Justizkommission dem Entwurfe hinzugefügten §§ 170—173 ist in den von derselben erstatteten Bericht vom 28. Oktober 1876 S. 44 die — völlig berechtigte — Ansicht ihrer Minorität aufgenommen: Sie finde in den Bestimmungen jener §§ eine Vermischung verschiedenartiger Principien und einen Angriff auf die ersten Grundsätze des reformirten Strafverfahrens. Sie sei der Meinung, daß durch diese Bestimmungen die Staatsanwaltschaft aus der ihr gestellten Aufgabe gedrängt und das Anklageamt auf das Gericht übertragen, somit wieder jene Vermischung des Anklageamtes und des Richteramtes in derselben Behörde herbeigeführt werde, welche als ein Grundgebrechen des früheren schriftlichen Untersuchungsverfahrens mit Recht geltend gemacht worden sei und vorzugsweise zu der Reform des Strafverfahrens Anlaß gegeben habe. Sie glaube, daß mit den obigen Bestimmungen das Ansehen der Staatsanwaltschaft gefährdet und daß die ihr gemachte Zumuthung, eine von ihr abgelehnte Anklage auf Beschluß des Gerichts durchzuführen, mit ihrer Stellung im Behördenorganismus unvereinbar sei.

In noch höherem Maße, als aus den vorstehend erwähnten Vorschriften tritt das principwidrige Verhalten der Justizkommission gegenüber der Staatsanwaltschaft aus der auffälligen Bestimmung hervor, daß der Staatsanwalt des Landgerichts, welchem der § 483 der Straf-Proz.-O. die Strafvollstreckung allgemein – einschließlich der Urtheile der Amtsgerichte — unter Ausschließung der Gerichte überträgt, in Fällen, wo er einen auf den § 487 Abs. 2 oder 3 gestützten Antrag auf Aufschiebung der Strafvollstreckung in einer amtsgerichtlichen Strafsache nicht für begründet erachtet, nach § 490 Abs. 2, falls der Antragsteller gegen seinen abschlägigen Bescheid Einwendungen erhebt, seinerseits die Entscheidung — nicht seines Vorgesetzten, sondern — des Amtsrichters, also eines dem Landgerichte untergeordneten Beamten einzuholen genöthigt ist — gleichviel, ob ihm die maßgebenden thatsächlichen Umstände bekannter sind als diesem Beamten, oder nicht. Es hätte wohl im eigenen Interesse der Justizkommission gelegen, die Gründe anzudeuten, welche die Vermuthung in ihr hervorriefen, daß der Staatsanwalt des Landgerichts zur Prüfung des Inhalts eines ärztlichen Attestes, bzhw. zur Beurtheilung, ob die sofortige Vollstreckung einer Strafe mit den Einrichtungen der Strafanstalt unverträglich sei, weniger befähigt sei, als der Amtsrichter, oder daß er, hartherziger als dieser, unbekümmert um die nachtheiligen Folgen, welche für den Verurtheilten im Falle sofortiger Strafvollstreckung in Aussicht stehen, mit derselben rücksichtslos vorschreiten werde.

So wenig hier, als an anderen Stellen hat aber die Justizkommission ihr überall gegen die Staatsanwaltschaft hervortretendes Mißtrauen durch thatsächliche Anführungen aus den Erfahrungen solcher Länder, in denen das Institut der Staatsanwaltschaft seit längerer Zeit besteht, zu rechtfertigen versucht. Wenn S. 191 der Prot. Schutz gegen übertriebenen Anklageeifer der Staatsanwälte, und S. 210 Verhaltungsmaßregeln gegen den Diensteifer der jüngeren Staatsanwälte für nothwendig erklärt werden, ein anderer Abgeordneter dagegen unter der Behauptung, daß sehr häufig über den Nichtgebrauch des Anklagerechts Seitens der Staatsanwaltschaft geklagt werde, darauf hinzuwirken beabsichtigt: „daß der Staatsanwalt es mit der Erfüllung seiner Pflichten etwas genauer und strenger nehme (S. 199), so möchte der Schluß berechtigt sein, daß die Staatsanwaltschaft objektiv das richtige Maß inne gehalten habe, und es ihr nur nicht gelungen sei, den Beifall aller „Parteien“ zu erwerben.

Um den als Folge der vorerwähnten und ähnlicher Beschlüsse der Justizkommission zu befürchtenden Nachtheilen, so weit möglich vorzubeugen, hat der Kommentar es sich zur Aufgabe gemacht, überall da, wo in dem Inhalte eines § die bei seiner Fassung von der Justizkommission gehegte Absicht nicht zum Ausdruck gekommen ist, hierauf aufmerksam zu machen. —

Das System der Strafprozeßordnung in ihrer Verbindung mit den sie betreffenden Bestimmungen des Gerichtsverfassungsgesetzes stimmt im Wesentlichen mit dem der Bundesrathsentwürfe überein. Es liegt ihm das Princip des Anklageprozesses zum Grunde, dessen Wesen darin besteht, daß die Thätigkeit der zur Entscheidung über das objektive Vorhandensein eines Delikts, über die Schuld einer bestimmten Person und über die dieselbe treffende Strafe berufenen Behörde (Gericht) bedingt ist durch die Anrufung derselben Seitens einer von ihr verschiedenen Behörde: des öffentlichen Anklägers (Staatsanwaltschaft).

In den engen Grenzen, in welchen jene Entwürfe dem Strafrichter in Bezug auf die Verfolgung strafbarer Handlungen gewisse Befugnisse unabhängig von der Staatsanwaltschaft einräumten, konnte eine Verleugnung des erwähnten Princips nicht gefunden werden. Es gehört dahin die Bestimmung, daß eine, sei es durch den Antrag auf Voruntersuchung oder durch Einreichung einer Anklageschrift Seitens der Staatsanwaltschaft erhobene öffentliche Klage nicht mehr zurückgenommen werden dürfe. Sie findet ihre Rechtfertigung in der Erwägung, daß wenn einmal das Gericht von dem öffentlichen Ankläger zu selbständigen, auf die Ermittelung, ob, event. von wem eine Strafthat verübt worden, abzielenden Schritten veranlaßt worden, die diesem Verlangen entsprechende Thätigkeit nicht mehr einseitig von der Staatsanwaltschaft gehemmt werden könne.

Ebensowenig kann es für eine Principwidrigkeit gelten, daß das Gericht in Bezug auf die Wahl der Beweismittel und der rechtlichen Charakterisirung der That nicht an die Ansichten und Anträge der Staatsanwaltschaft gebunden ist.

Dagegen muß in mehreren der von der Justizkommission dem Entwurf zur Strafprozeßordnung hinzugefügten Bestimmungen ein Bruch mit dem System anerkannt werden, dessen nachtheilige Wirkungen durch besonnene Praxis zwar zu mindern, aber nicht völlig zu beheben sein werden.

Es gehören dahin — wie in den auf die betreffenden §§ bezüglichen Noten des Kommentars näher nachzuweisen versucht worden — vorzugsweise die bereits erwähnten §§ 160 Abs. 2 und 170, sowie der § 164 Straf-Proz.-O. Auch in Bezug auf den letzteren sind Inhalts des Berichts der Kommission zur Strafprozeßordnung (S. 40) von der Minorität gegen die Aufnahme desselben die überzeugenden Gründe geltend gemacht worden, daß in ihm eine wesentliche Aenderung des Grundgedankens der Vorermittelung und eine völlige Verschiebung der Aufgaben, welche in diesem Stadium dem Richter, und welche der Staatsanwaltschaft zuzutheilen seien, zu finden sei. Die letztere werde durch die Bestimmung des § thatsächlich aus der Stellung gedrängt, welche ihr mit der Annahme des Skrutinialverfahrens zugewiesen worden, und ein Theil der mit demselben verknüpften Verantwortlichkeit auf den Amtsrichter übertragen. Die Klarheit und Einheit der Vorermittelung werde wesentlich gefährdet, wenn neben dem Staatsanwalt noch der Amtsrichter und zwar auf Antrag des Beschuldigten selbständig in den Gang und den Umfang der Ermittelungen und überdies ohne Kenntniß des Planes der Staatsanwaltschaft eingreifen könne.

Als ein zweites Fundamentalprincip tritt aus der Strafprozeßordnung das der Mündlichkeit und Oeffentlichkeit des Verfahrens entgegen.

Das Princip der Mündlichkeit — welches darauf beruht, daß der erkennende Strafrichter ein zuverlässiges Urtheil hinsichtlich des seiner Entscheidung zum Grunde zu legenden objektiven und subjektiven Thatbestandes nur erlangen könne, wenn sich der Strafprozeß, also der Vortrag der Anklage, die Vernehmung des Angeklagten und die Beweisaufnahme in der Weise vor ihm abspiele, daß er seine Ueberzeugung von der stattgehabten Verübung eines Delikts und von der Schuld oder Unschuld des Angeklagten auf eigene Sinneswahrnehmung gründen könne — war in den Bundesraths-Entwürfen insbesondere auch in der Beziehung konsequent durchgeführt, daß die thatsächlichen Feststellungen ausschließlich in erster Instanz erfolgen und für den höheren Richter bindend sein sollten. Demgemäß war das mit der Zulassung einer erneuten mündlichen Verhandlung vor dem Richter zweiter Instanz verknüpfte Rechtsmittel der Berufung, als mit den Grundsätzen des mündlichen Verfahrens unvereinbar, in den Entwurf nicht aufgenommen worden. Mot. S. 193.

Die Reichstags-Justizkommission hat sich hinsichtlich der zur Zuständigkeit des Schwurgerichts und des Landgerichts gehörigen Untersuchungen dem Entwurfe angeschlossen, gegen die Urtheile der Schöffengerichte dagegen das Rechtsmittel der Berufung sowohl dem Angeklagten als der Staatsanwaltschaft gewährt.

Der Verfasser dieses Kommentars hat in der, S. 571 der Prot. der Justiz-Komm. erwähnten, im 2. Bande von Goltdammer's Arch. S. 621 abgedruckten, von Zachariä (Göttingen) Bd. 19 S. 209 das. zustimmend in Bezug genommenen Abhandlung vom Jahre 1853 den Nachweis der Unvereinbarkeit der „Berufung“ mit dem Mündlichkeitsprincip und ihrer Nachtheile für die Strafrechtspflege zu führen gesucht. Seine dort niedergelegte Ansicht ist — wie auch aus der Note des Kommentars zu „Rechtsmittel“ S. 346 hervorgeht — durch die Argumente, welche die Majorität der Justizkommission zur Rechtfertigung der Zulassung der „Berufung“ den gewichtigen Gründen der Minorität entgegen gehalten hat (Bericht der Justiz-Komm. zur Straf-Proz.-O. S. 85 folg.), nicht erschüttert worden. Es möge ihm zur Vermeidung einer mit erheblicher Ausdehnung dieser „Einleitung“ verknüpften Wiederholung der Ausführungen jener Abhandlung gestattet sein, hier auf dieselbe hinzuweisen.

Das Princip der Mündlichkeit des Verfahrens ist in der Strafprozeßordnung, übereinstimmend mit dem Entwurf, nur bezüglich der Hauptverhandlung, nicht auch in Betreff des Vorverfahrens, einschließlich der Voruntersuchung, zur Ausführung gekommen. Dies erscheint gerechtfertigt. Die Ausdehnung der Mündlichkeit auf die im Vorverfahren erfolgenden Vernehmungen des Beschuldigten und die zum Zwecke der Prüfung, ob Veranlassung zur Erhebung einer Anklage vorliege, stattfindenden Ermittelungen wurde zwar in der Justizkommission befürwortet, aber für nicht ausführbar erachtet, weil bei nicht völlig einfachen Sachen die Zusammenberufung der an verschiedenen Orten wohnenden Zeugen und Sachverständigen zu einem Termin auf unüberwindliche Schwierigkeiten stoßen und die Verdoppelung der Kosten zur Folge haben, überdies aber die von den Vertheidigern der Mündlichkeit im Vorverfahren für nothwendig erachtete

Gegenwart eines Vertheidigers bei den Vernehmungen des Beschuldigten, wegen Mangels an ausreichendem Vertheidigerpersonal unausführbar sein werde.

Es wurde aber auch mit Recht geltend gemacht, daß den der Hauptverhandlung vorangehenden Ermittelungen lediglich die Natur eines präparatorischen Verfahrens beiwohne, und das eigentliche Untersuchungsverfahren in der Hauptverhandlung stattfinde, jener Charakter der Voruntersuchung aber bei der Ausdehnung des mündlichen Verfahrens auf dieselbe verloren gehen, die Hauptverhandlung dagegen, ihrem Zwecke entgegen, im Wesentlichen den einer bloßen Wiederholung der Voruntersuchung annehmen würde.

Aus dem Wegfall der Mündlichkeit im Vorverfahren folgte das Ausscheiden der Oeffentlichkeit bezüglich desselben von selbst.

In gleichem Maße wie die Mündlichkeit und Oeffentlichkeit des Verfahrens ist für den Strafprozeß nach der Strafprozeßordnung die Betheiligung von Laien bei der Rechtsprechung charakteristisch.

Die Frage, deren Bejahung auch in der Justizkommission ihre Vertreter gefunden hat: ob für das Interesse der Strafrechtspflege die Ueberweisung der Rechtsprechung, unter Beseitigung von Schöffen und Geschworenen, ausschließlich an gelehrte Richter ersprießlicher gewesen wäre, bleibe hier unerörtert. Völlig konsequent und gleichmäßig durchgeführt würde das Princip der Betheiligung des Laienelements nur gewesen sein, wenn, den Vorschlägen der Entwürfe vom J. 1873 entsprechend, für alle strafbare Handlungen (mit Ausnahme der zur Zuständigkeit des Reichsgerichts gehörenden) Schöffengerichte bestimmt worden wären — eine Einrichtung, von der die Strafprozeßordnung in zwiefacher Beziehung abweicht, indem sie erstens für die schwereren Verbrechen an Stelle der Schöffengerichte die in ihrer Organisation wesentlich davon verschiedenen Schwurgerichte eingesetzt und zweitens bezüglich der zur Zuständigkeit der Landgerichte gehörenden Untersuchungen die Betheiligung von Laien gänzlich in Fortfall gebracht hat.

So schwer aber auch die gegen diese Ungleichmäßigkeit in der Verfassung der Strafgerichte geltend zu machenden Gründe wiegen mögen, kann es doch kaum zweifelhaft sein, daß in einzelnen Landestheilen mehrerer Bundesstaaten die Durchführung des schöffengerichtlichen Verfahrens für alle Straffälle in Folge des Mangels zu dem Schöffenamte ausreichend befähigter und selbst der deutschen Sprache vollkommen mächtiger Personen mit wesentlichen Nachtheilen für die Strafrechtspflege verknüpft sein würde.

Eine fernere Eigenthümlichkeit der Strafprozeßordnung ist die Zulässigkeit der Rüge von Beleidigungen und Körperverletzungen, sowie der Geltendmachung des Anspruchs auf Buße im Wege der Privatklage, bzhw. des Anschlusses an eine öffentliche Klage durch Nebenklage, wie sie in den §§ 414 folg. und 435 folg. Straf-Proz.-O. geregelt sind. Ob die strafrichterliche Praxis seither ein Bedürfniß zu diesen Einrichtungen herausgestellt hat, kann dahin gestellt bleiben. Jedenfalls erscheint es als eine wesentliche Verbesserung der Entwürfe aus dem J. 1873, daß nicht, wie dort vorgeschlagen war, dem durch ein Delikt Verletzten in allen Fällen gestattet worden ist, seine Entschädigungsforderung im Wege des Beitritts zu dem mittelst öffentlicher Klage herbeigeführten Untersuchungsverfahren geltend zu machen, diese Befugniß vielmehr auf den Anspruch auf Buße (§§ 188. 231 StGB.) beschränkt worden ist. Die Annahme der Vorschläge jener Entwürfe würde nicht nur vielfach erhebliche Verzögerungen der Untersuchungen zur Folge gehabt haben, sondern es darf auch bezweifelt werden, ob es z. B. gelungen sein würde, über den, erfahrungsmäßig häufig auf komplizirtem Sachverhältniß beruhenden Kausalnexus zwischen einer Körperverletzung und der dem Kläger angeblich zugefügten Beschädigung und ihren Einfluß auf die Integrität der geistigen oder körperlichen Kräfte des Verletzten im Strafprozeß mit derselben Bürgschaft für Sachgemäßheit, wie im Civilprozeß zu entscheiden.

Hinsichtlich der Auslegung der Vorschriften der Strafprozeßordnung und der dieselbe ergänzenden Bestimmungen des Gerichtsverfassungsgesetzes wird die allgemeine Regel, daß dieselben aus sich selbst zu interpretiren, d. h. daß zunächst der Wortsinn des zur Anwendung zu bringenden §, in Verbindung mit den mit ihm im Zusammenhange stehenden Vorschriften anderer §§ maßgebend sei, und in zweiter Linie die ratio legis in Betracht komme, festzuhalten sein. Die Entstehungsgeschichte der zu interpretirenden Bestimmungen kann nur ausnahmsweise einen einigermaßen sicheren Anhalt zur richtigen Auffassung des Sinnes derselben gewähren, da die dabei wirksam gewesenen Faktoren: Motive zu dem Entwurf, Beschlüsse und „authentische Interpretationen" der Reichstags-Justizkommission, Erklärungen der Vertreter der verbündeten Regierungen während der Verhandlungen der letzteren, Berathungen und Beschlüsse des Reichstages bei zweiter und dritter Lesung und die in Bezug auf dieselben Seitens der Kommissarien des Bundesraths abgegebenen Erklärungen, nicht nur nicht im Einklange mit einander, sondern sich vielfach direkt entgegen stehen und einander bekämpfen.

In Bezug auf die Motive zu den Entwürfen hat der Bevollmächtigte zum Bundesrathe, Preuß. Justizminister Dr. Leonhardt, in der Sitzung vom 24. November 1874 (Stenogr. Ber. S. 275) erklärt:

Es werde die Vertretung derselben Seitens der verbündeten Regierungen nicht übernommen, weil deren Prüfung nicht einmal im Justizausschuß des Bundesraths, geschweige denn im Bundesrath selbst stattgefunden habe, auch der Natur der Sache nach nicht habe stattfinden können. Die Motive seien jedoch von Männern, welche den Arbeiten sehr nahe gestanden hätten, mit eben so viel Sorgfalt als Einsicht in die Verhältnisse geordnet worden; sie legten die Manchfaltigkeit der Rechtszustände dar, in welche die gesetzlichen Vorschriften reformirend eingreifen sollten, entwickelten vom legislatorischen Standpunkte aus das Für und Wider in Betreff der einzelnen Vorschriften und Grundsätze, erörterten den Zusammenhang zwischen den Grundsätzen unter sich, sowie zwischen ihnen einer- und den einzelnen Folgesätzen andererseits. Er glaube — sagte der Minister — daß die Motive für den Reichstag ein unentbehrliches Hülfsmittel bei der Prüfung der Gesetzentwürfe sein würden.

Im Einklange mit diesen Aeußerungen über den Werth der Motive ist dieser auch während der Berathungen der Justizkommission mehrfach dadurch anerkannt, daß auf dieselben nicht nur von Vertretern der Regierungen, sondern auch von Abgeordneten zur Unterstützung ihrer Ansichten Bezug genommen worden ist (Prot. zur Straf-Proz.-O. S. 367. 368. 603. 968. 991). Auch hat die Justizkommission in ihrem Berichte zum Gerichtsverfassungsgesetz vom 17. September 1876 S. 5, unter Bezugnahme auf die oben angeführte Erklärung des Justizministers Dr. Leonhardt, bemerkt: Die Motive könnten, auch ohne eine formelle Verantwortlichkeit des Bundesraths für dieselben, unzweifelhaft im Großen und Ganzen als eine im Sinne des Bundesraths verfaßte Begründung der Entwürfe angesehen werden, von welchem Standpunkte aus sie auch in der Justizkommission betrachtet worden seien. Sie seien geeignet, insofern es sich nicht um von den Entwürfen abweichende Beschlüsse der Kommission handle, als eine, wenn auch nicht formell authentische, doch für den Reichstag genügende Erläuterung und Begründung der Entwürfe zu dienen.

Das dort von der Verwerthung der Motive hinsichtlich der Berathungen des Reichstags Gesagte, wird in gleichem Maße für die Berücksichtigung derselben bei der Anwendung der Vorschriften der beiden Gesetze in der Praxis gelten. Mit Recht ist aber in jener Bemerkung des Berichts der Justizkommission hervorgehoben, daß ein Gewicht nur bei solchen Paragraphen auf die Motive gelegt werden dürfe, welche unangefochten aus den Entwürfen der Strafprozeßordnung und des Gerichtsverfassungsgesetzes in die Gesetze selbst übergegangen seien. —

Ungleich bedenklicher ist bei der Auslegung dieser Gesetze das Zurückgehen auf die bei den Berathungen der Justizkommission für und wider die beschlossenen Vorschriften geltend gemachten Argumente.

Zunächst ist eine Rücksichtsnahme auf dieselben in allen solchen Fällen unstatthaft, wo der Aufnahme der betreffenden Vorschrift in das Gesetz Seitens der Vertreter der Regierungen in der Kommission Widerspruch entgegengesetzt worden ist. Denn, scheidet in einem solchen Falle die Annahme des Einverständnisses zwischen der letzteren und den mit der Wahrung des Interesse des zweiten Faktors der Gesetzgebung betrauten Regierungskommissarien hinsichtlich des von diesen bekämpften Beschlusses selbst aus, so darf auch ein solches Einverständniß nicht in Bezug auf die zur Rechtfertigung der Aufnahme der betreffenden Vorschrift in das Gesetz geltend gemachten Gründe vorausgesetzt werden. Es kommt aber auch in Betracht, daß über die bei der Berathung der Anträge von den Mitgliedern der Kommission abgegebenen Erklärungen und aufgestellten Argumente Abstimmung nicht erfolgt ist, es mithin in solchen Fällen, wo die Protokolle über die Sitzungen der Kommission Uneinigkeit hinsichtlich der den Beschlüssen unterzulegenden Gründe ergeben, ungewiß bleibt, ob einer derselben, event. welcher, die Zustimmung der Mehrheit der Kommissionsmitglieder erhalten hat.

Aber selbst in Fällen, wo die Protokolle Einstimmigkeit der Mitglieder bezüglich der Motive eines Beschlusses ergeben, darf denselben Authenticität nicht beigelegt werden. Denn die Kommission — von der der Bevollmächtigte zum Bundesrathe, Minister Dr. Leonhardt, in der Reichstagssitzung vom 3. November 1876 (Stenogr. Ber. S. 14) sagt, daß die ganze Konstruktion derselben auf einer Anomalie beruhe — war nicht Vertreterin des Reichstags, als eines Faktors der Gesetzgebung, vielmehr lediglich mit der Vorberathung der Entwürfe beauftragt (Antrag Nr. 64 und Prot. der Reichstagssitzung vom 27. November 1874, Stenogr. Ber. S. 363). In Uebereinstimmung hiermit sind auch im Reichstage bei zweiter und dritter Lesung die von der Justizkommission gefaßten Beschlüsse von § zu § einzeln — wenngleich, soweit es sich nicht um politische Fragen handelte, wie erwähnt, zum überwiegend größten Theile nur kursorisch — berathen worden.

Hierzu kommt, daß selbst in Betreff derjenigen in das Gesetz aufgenommenen Bestimmungen, in Bezug auf welche während der Berathungen derselben im Reichstage vom Reichskanzler Namens des Bundesraths und von den Abgeordneten zu letzterem Widerspruch nicht erhoben worden ist, die Annahme eines Einverständnisses des Bundesraths ungerechtfertigt sein würde. Denn, wie aus den obigen Mittheilungen hervorgeht, hat der Bundesrath sofort bei dem Beginne der 2. Lesung der Gesetze im Reichstage am 3. November 1876 erklären lassen, daß er hinsichtlich siebenzig von der Justizkommission beschlossenen Vorschriften „die Bedenken“ habe fallen lassen, und, nachdem er darauf in dem Schreiben des Reichskanzlers an den Reichstag von demselben Tage noch bei anderen fünf und siebenzig Bestimmungen Ausstellungen erhoben hatte, in dem Schreiben vom 12. desselben Monats das Aufgeben von 56 dieser letztgedachten Monita mit Rücksicht auf die Besorgniß, daß die Gesetze während der Legislaturperiode nicht mehr zu Stande zu bringen sein würden „für geboten erachtet“, mithin in Bezug auf alle jene Vorschriften unzweideutig zu erkennen gegeben, daß er deren Aufnahme in das Gesetz nicht in Folge seines Einverständnisses mit ihrem Inhalte zulasse.

Nur in wenigen Fällen wird daher den von den Mitgliedern der Kommission zum Zwecke der Rechtfertigung ihrer Anträge und Abstimmungen gemachten Bemerkungen und den in den Noten zu dem Kommentar erwähnten s. g. authentischen Interpretationen, d. h. Feststellungen des Einverständnisses der Mitglieder der Kommission über den Sinn einzelner von ihr gefaßter Beschlüsse und gewählten Ausdrücke (Prot. vom 20. Oktober 1876 und Anl. J u. L zu demselben) Gewicht beigelegt werden dürfen.

Dasselbe gilt von den im Reichstage selbst zu diesem Behuf geäußerten, ohnehin nur eine verhältnißmäßig geringe Zahl von §§ betreffenden Ansichten.

Gleichwohl empfahl es sich, da eine von der vorstehenden Ausführung abweichende Auffassung der Bedeutung der Kommissions- und Reichstagsverhandlungen nicht ausgeschlossen ist, in dem Kommentar in gleicher Weise, wie in Betreff der Motive zu den Regierungs-Entwürfen geschehen, auch der in der Justizkommission und in den Reichstagssitzungen gethanen Aeußerungen überall da Erwähnung zu thun, wo dieselben zur Erläuterung des Sinnes der betreffenden Beschlüsse geeignet sein können.

Wo der Kommentar auf eine Prüfung der Zweckmäßigkeit der Vorschriften der beiden Gesetze und selbst der Korrektheit der Redaktion eingeht, könnte gerügt werden, daß derartige Bemerkungen nur für eine der Kritik der neuen Gesetzschöpfungen gewidmete wissenschaftliche Abhandlung, nicht aber für einen praktische Zwecke verfolgenden Kommentar geeignet seien.

Zunächst dürfte aber jenes Verfahren seine Rechtfertigung darin finden, daß der Nachweis der Zweckwidrigkeit oder Mehrdeutigkeit einer Vorschrift auch auf deren Anwendung in der Praxis insofern von Einfluß sein kann, als dadurch die Bevorzugung derjenigen Auslegung veranlaßt wird, welche für die Strafrechtspflege die ersprießlichste ist.

Nächstdem ist bei demselben die Besorgniß leitend gewesen, daß die Praxis in vielleicht nicht allzulanger Zeit die Nothwendigkeit einer Novelle zur Strafprozeßordnung — ähnlich der zum Strafgesetzbuch vom 15. Mai 1871 am 26. Februar 1876 veröffentlichten — herausstellen werde, wie ja auch sowohl in dem Berichte der Reichstags-Justizkommission zur Strafprozeßordnung vom 28. Oktober 1876 S. 92, als auch in der Reichstagssitzung vom 18. Dezember 1876 (Stenogr. Ber. S. 853) eine Revision der neuen Gesetze in Aussicht genommen worden ist. Bei einer solchen würden möglicher Weise auch die gedachten kritischen Bemerkungen des Kommentars einer Prüfung gewürdigt werden.

Möchte sich doch jene Besorgniß durch die Anwendung der Vorschriften der Strafprozeßordnung und des Gerichtsverfassungsgesetzes in der Praxis als unbegründet erweisen, und niemals der Zweifel rege werden, ob durch die Nachgiebigkeit, welche der Bundesrath durch das Aufgeben seines — zweifellos auf reiflich erwogene Gründe gestützten — Widerspruchs gegen eine große Zahl von der Justizkommission gefaßter wichtiger Beschlüsse bewiesen hat, vielleicht das Interesse der Strafrechtspflege gefährdet worden sei!

Abkürzungen.

BGBl. Bundesgesetzblatt.

bzhw. beziehungsweise.

Civil-Proz.-O. Reichs-Civilprozeßordnung.

Einf.-G. Einführungsgesetz.

G. Gerichtsverfassungsgesetz.

GS. Gesetz-Sammlung.

JK. Justizkommission des Reichstags.

Mot. Motive zu den Entwürfen, bzhw. der Straf-Proz.-O. und des Ger.-Verf.-Ges.

O. Ordnung.

Prot. Protokolle der Justizkommission des Reichstags über die Berathung der §§ bzhw. der Straf-Proz.-O. und des Ger.-Verf.-Ges.

RGBl. Reichsgesetzblatt.

s. g. so genannt.

s. h. soll heißen.

St. Strafprozeßordnung.

StA. Staatsanwalt.

StAschft. Staatsanwaltschaft.

Sten. Ber. Stenographische Berichte des Reichstags.

StGB. Reichs-Strafgesetzbuch.

Uts. Untersuchung.

Uebersicht des Inhalts.

Paragraphen-Register.

I.

Strafprozeßordnung.

Einführungsgesetz.

Paragraphen-Register.

II.

Gerichtsverfassungsgesetz.

Berichtigungen.

Es ist zu lesen:

S. 6 Note 1 zu § 19 G.: § 5. § 106. § 322 anstatt § 4. § 97. § 400.
S. 91 Abs. 2 Zeile 3: § 160 anst. § 159.
S. 122 Abs. 2 Zeile 1: § 54 anst. § 45.
S. 139 Zeile 1: § 157 anst. § 138.
S. 180 Note 3: § 193 anst. § 157.
S. 184: § 215 anst. § 179 und § 131 anst. § 118.
S. 198 Note 4: § 112 anst. § 142.
S. 223 Note zu § 183: § 159 G. anst. § 159.
S. 226 Note zu § 189: § 201 anst. § 200.
S. 238 Zeile 4: § 189 anst. § 205.

Gerichtsbarkeit *).

§ 12 G.

Die ordentliche streitige Gerichtsbarkeit wird durch Amtsgerichte und Landgerichte, durch Oberlandesgerichte und durch das Reichsgericht ausgeübt*.

* Daß hier der Schöffen- und der Schwurgerichte keine Erwähnung geschieht, findet seine Erklärung in den §§ 25 und 79 G., welche durch die Worte: „bei den Amtsgerichten" „bei den Landgerichten" zu erkennen geben, daß die Schöffen- und Schwurgerichte als Zubehör der Amts- bzhw. Landgerichte angesehen werden sollen. Hiermit steht jedoch die Fassung der §§ 143. 146 G. „den Landgerichten und den Schwurgerichten" „den Amtsgerichten und den Schöffengerichten" nicht im Einklange.

§ 13 G.

Vor die ordentlichen[1] Gerichte gehören alle bürgerlichen Rechtsstreitigkeiten und Strafsachen, für welche nicht entweder die Zuständigkeit von Verwaltungsbehörden oder Verwaltungsgerichten[2] begründet ist, oder reichsgesetzlich besondere Gerichte bestellt oder zugelassen sind[3].

1. Das Wort „ordentliche" soll hier und in § 2 des Einführungsgesetzes zum G. darauf hindeuten, daß die Vorschriften des G. nur als Richtschnur für die im § 12 bezeichneten Gerichte — einschließlich der Schöffen- und Schwurgerichte — und für die denselben in der St. überwiesenen Geschäfte dienen, nicht aber auf besondere Gerichte (§ 14 G.) und auf das für diese in den Reichs- und Landesgesetzen etwa vorgeschriebene Verfahren Anwendung finden sollen.

2. Bei der Berathung des § in der JK. wurde anerkannt, daß die Disziplinargerichte, einschließlich der kirchlichen Gerichtshöfe, neben den

---

*) Die in den §§ 1 bis 11 unter der Ueberschrift „Richteramt" enthaltenen Bestimmungen haben auf die Strafprozeßordnung keinen unmittelbaren Bezug.

Die übrigen in den Kommentar nicht aufgenommenen §§ und Theile derselben betreffen bürgerliche Rechtsstreitigkeiten.

ordentlichen Gerichten stehen bleiben. Prot. S. 801 (berichtigte Seitenzahl 481). — Vergl. auch § 6 des Einf.-Ges. zur St., und die §§ 453. 459 St.

3. Die Ausdrücke: „begründet ist“ „bestellt oder zugelassen sind“, müssen auch auf solche Verwaltungsbehörden bzhw. besondere Gerichte bezogen werden, welchen erst nach der Veröffentlichung des G. und der St. Strafsachen im Wege der zulässigen Gesetzgebung überwiesen werden.

§ 14 G.

Als besondere Gerichte werden zugelassen:

1. die auf Staatsverträgen beruhenden Rheinschifffahrts- und Elbzollgerichte[1];

4. Gewerbegerichte[2].

1. Die Mot. S. 33 weisen darauf hin, daß nach der Rheinschifffahrts-Akte besondere Rheinschifffahrtsgerichte einzurichten seien, um als Strafgerichte alle Zuwiderhandlungen gegen die schifffahrts- und strompolizeilichen Vorschriften zu untersuchen und abzuurtheilen, und daß die Elbzollgerichte nach Art. 26 der Elbschiffahrts-Akte vom 23. Juni 1821 (Preuß. GS. de 1822 S. 10) über alle Zollkontraventionen und die dadurch verwirkten Strafen zu erkennen hätten.

2. Die Vorschrift bezieht sich — wie auch die Mot. S. 41 annehmen — auch auf solche Gewerbegerichte, welche in Bundesstaaten, wo sie nicht bestehen, in Zukunft eingerichtet werden.

Sie betrifft ferner auch die denselben — z. B. in Bezug auf die Rüge von Ruhestörungen in den Werkstätten, von ungebührlichem Verhalten der Lehrlinge gegenüber dem Meister und Uebertretungen gewerbepolizeilicher Vorschriften — zustehende Strafgerichtsbarkeit. In beiden Beziehungen sind von der JK. entgegenstehende Beschlüsse nicht gefaßt. Prot. S. 121—130 u. 577—582.

Mit Rücksicht auf die reichsgesetzlich bevorstehende Regelung der einschlagenden Verhältnisse ist die Vorschrift Seitens der Regierungsvertretung als eine interimistische bezeichnet worden, Prot. S. 162. Vergl. auch § 108 der Reichs-Gewerbe-O. v. 21. Juni 1869. BdBl. S. 245.

3. Der Entwurf führte als besondere Gerichte auch die Forst- und Feldrügegerüchte auf. Die JK. hat dieselben ausscheiden lassen und an Stelle derselben die Bestimmung des § 3 des Einf.-Ges. zur St. aufgenommen.

Eine fernere Vorschrift des Entwurfs, nach welcher Polizeirügegerichte für Uebertretungen, welche nur mit Geldstrafe von höchstens sechzig Mark oder Haft von höchstens vierzehn Tagen bedroht seien, zulässig sein sollten, ist gleichfalls in Fortfall gekommen. Prot. S. 122 u. folg. Vergl. jedoch § 6 Nr. 3 des Einf.-Ges. zur St.

4. Der übrige Inhalt des § betrifft die Civil-Proz.-O.

§ 15 G.

Die Gerichte sind Staatsgerichte[1].

Die Privatgerichtsbarkeit ist aufgehoben; an ihre Stelle tritt die Gerichtsbarkeit desjenigen Bundesstaates, in welchem sie ausgeübt wurde[2]. Präsentationen für Anstellungen bei den Gerichten finden nicht statt.

Die Ausübung einer geistlichen Gerichtsbarkeit in weltlichen Angelegenheiten ist ohne bürgerliche Wirkung. Dies gilt insbesondere bei Ehe- und Verlöbnißsachen.

1. Ein in der JK. gestellter Antrag, den Absatz 1 dahin zu fassen: „Die Gerichte sind Gerichte des Deutschen Reichs und der in Art. 1 der Verfassung des Deutschen Reichs genannten Staaten", wurde zwar abgelehnt, als Meinung der Kommission jedoch im Einverständniß mit der Regierungsvertretung festgestellt, daß unter Staatsgerichten im Abs. 1 nur die Gerichte des Deutschen Reichs, Elsaß-Lothringen's und der im § I der Reichsverfassung aufgeführten Staaten zu verstehen seien, dagegen so wenig, wie die Gerichtsbarkeit der Standesherren, die des Hauses Schönburg. (Prot. S. 133. 134, 139 und S. 5 der Anlage J. zu der Verhandlung vom 20. Oktober 1876.)

2. Und das Reichsgericht.

§ 16 G.

Ausnahmegerichte sind unstatthaft. Niemand darf seinem gesetzlichen Richter entzogen werden. Die gesetzlichen Bestimmungen über Kriegsgerichte und Standrechte werden hiervon nicht berührt[1].

1. Die Mot. nehmen hinsichtlich dieser Ausnahme-Bestimmung auf den Art. 68 der Reichsverfassung und die ähnliche Vorschrift des § 30 des Reichsgesetzes über die Presse (RGBl. v. 1874 S. 65) Bezug. S. 54.

2. In erster Lesung hatte die JK. beschlossen, hinter „Standrechte" einzuschalten: „für den Fall des Krieges oder Belagerungszustandes". Der Beschluß ist jedoch demnächst mit Rücksicht auf die im Königreich Baiern auf Grund des § 7 des RGes. vom 21. April 1871 und in Elsaß-Lothringen bestehenden Verhältnisse in Fortfall gekommen. Prot. S. 142 u. 582.

§ 17[1] G.

Die Gerichte entscheiden über die Zulässigkeit des Rechtswegs.

Die Landesgesetzgebung kann[2] jedoch die Entscheidung von Streitigkeiten zwischen den Gerichten und den Verwaltungsbehörden oder Verwaltungsgerichten über die Zulässigkeit des Rechtswegs besonderen Behörden[3] nach Maßgabe der folgenden Bestimmungen übertragen:

1. Die Mitglieder werden für die Dauer des zur Zeit ihrer Ernennung von ihnen bekleideten Amts oder, falls sie zu dieser Zeit ein Amt nicht bekleiden, auf Lebenszeit ernannt. Eine Enthebung vom Amte kann nur unter denselben Voraussetzungen wie bei den Mitgliedern des Reichsgerichts stattfinden[4].
2. Mindestens die Hälfte der Mitglieder muß dem Reichsgerichte oder dem obersten Landesgerichte oder einem Oberlandesgerichte angehören. Bei Entscheidungen dürfen Mitglieder nur in der gesetzlich bestimmten Anzahl mitwirken. Diese Anzahl muß eine ungerade sein und mindestens fünf betragen.
3. Das Verfahren ist gesetzlich zu regeln. Die Entscheidung erfolgt in öffentlicher Sitzung nach Ladung der Parteien.
4. Sofern die Zulässigkeit des Rechtswegs durch rechtskräftiges Urtheil des Gerichts feststeht, ohne daß zuvor auf die Entscheidung der besonderen Behörde angetragen war, bleibt die Entscheidung des Gerichts maßgebend.

1. Der § ist dem Entwurf gegen den Widerspruch der Regierungsvertretung von der JK. hinzugefügt worden. (Prot. S. 481 folg., 583 folg.)

Der demselben zum Grunde liegende Antrag bezweckte in seiner ursprünglichen Fassung, unter Beseitigung der zur Zeit in verschiedenen Bundesstaaten bestehenden Kompetenzhöfe zur Entscheidung der zwischen Gerichten und Verwaltungsbehörden über die Zulässigkeit des Rechtsweges, solche besondere Behörden nur zuzulassen, soweit es sich um das Zuständigkeitsverhältniß zwischen Gerichten einer- und Verwaltungsgerichten andererseits handle.

Bei der Berathung des § entfernten sich die Seitens der Mitglieder der Kommission in Bezug auf das in dieser Beziehung Zweckmäßige und Ausführbare geltend gemachten Ansichten und gestellten Anträge weit voneinander. Während ein Theil derselben bei den zu treffenden Einrichtungen zwischen Streitigkeiten, welche das Reichsrecht, und solchen, welche das Landesrecht betreffen, unterschieden wissen wollte, wurde von anderer Seite die

Ueberweisung sämmtlicher derartiger Kompetenzstreitigkeiten an das Reichsgericht empfohlen.

Die Regierungsvertretung bekämpfte die Aufnahme einer Vorschrift, wie die beabsichtigte, überhaupt, da das Gerichtsverfassungsgesetz nur dazu bestimmt sei, die Normen über die Verfassung der ordentlichen Gerichte festzustellen, die Aufgabe einer Grenzregulirung zwischen der Justiz und der Verwaltung aber von ihm nicht zu lösen sei. Prot. S. 584.

Erst nach beendeter zweiter Lesung hat der § — welcher im § 17 des Einf.-Ges. zum G. seine Ergänzung findet — seine jetzige Fassung erhalten. Nach derselben umfaßt er auch Streitigkeiten, welche zwischen Gerichten und solchen Verwaltungsbehörden entstehen, welchen die Eigenschaft als Verwaltungsgerichte nicht beiwohnt.

2. Aus den Worten: „Die Landesgesetzgebung kann jedoch" u. s. w. und dem § 17 des Einf.-Ges. zum G. geht hervor, daß die Einführung solcher, den Bestimmungen des § entsprechenden „besonderen Behörden" nicht geboten ist. Wo sie unterbleibt, werden, da nach der Fassung des § der Abs. 1 die Regel, der Abs. 2 die Ausnahme bildet, die Gerichte einen zwischen ihr und Verwaltungsbehörden oder Verwaltungsgerichten über die Zulässigkeit des Rechtsweges entstehenden Streit im Wege des geordneten Instanzenzuges, unbeeinflußt durch die in dem betreffenden Lande bestehenden Kompetenzhöfe zu entscheiden haben, so lange diese nicht den Anordnungen des Abs. 2 Nr. 1 u. 2 gemäß umgestaltet worden sind.

Es wird auch bei der Allgemeinheit der Fassung des § keinen Unterschied machen, ob der Kompetenzstreit zwischen einem Gericht und einer Landesverwaltungsbehörde oder einer Verwaltungsbehörde des Reichs (z. B. Postämter, Telegraphenämter) obwaltet.

3. Die Frage, ob die „besondere Behörde" auch in einem zwischen Civil- und Militär-Strafgerichten entstehenden Kompetenzstreit zu entscheiden habe, ist in der JK. zwar angeregt, aber nicht berathen worden (Prot. S. 489). Sie dürfte zu verneinen sein, da der § nur von Gerichten einer- und Verwaltungsbehörden oder Verwaltungsgerichten andererseits, nicht aber von dem Falle handelt, wenn der Streit zwischen verschiedenen Gerichten unter sich obwaltet, deren Zuständigkeit durch besondere Gesetze geregelt ist.

4. §§ 128 folg. G.

5. Vergl. auch die Noten zu § 17 Einf.-Ges. zum G.

§ 18 G.

Die inländische Gerichtsbarkeit erstreckt sich nicht auf die Chefs und Mitglieder[1] der bei dem Deutschen Reiche beglaubigten Missionen. Sind diese Personen Staatsangehörige eines der Bundesstaaten, so sind sie nur insofern von der inländischen Gerichtsbarkeit befreit, als der Staat, dem sie angehören, sich der Gerichtsbarkeit über sie begeben hat[2].

Die Chefs und Mitglieder der bei einem Bundesstaate beglaubigten Missionen[1] sind der Gerichtsbarkeit[2] dieses Staates nicht unterworfen. Dasselbe gilt von den Mitgliedern des Bundesraths, welche nicht von demjenigen Staate abgeordnet sind, in dessen Gebiete der Bundesrath seinen Sitz hat.

1. Hierunter sind nach den Mot. S. 55 alle bei den Missionen fungirende Beamte, einschließlich der Attachés, zu verstehen.

2. Den Beweis wird das Missionsmitglied zu führen haben, da die Thatsache, daß sich der Bundesstaat, welchem dasselbe angehört, der Gerichtsbarkeit über dasselbe begeben habe, nicht vermuthet werden kann.

3. Der 2. Abs. umfaßt im 1. Satze beide Fälle, sowohl den der Beglaubigung eines Ausländers, als den eines Inländers (Mitglied eines anderen Bundesstaats) bei einem Bundesstaate. Dahin sprechen sich auch die Mot. aus. S. 55.

4. In der JK. wurde die Frage, ob durch Abs. 2 auch die Spezialfora ausgeschlossen seien, von der Regierungsvertretung bejaht. Prot. S. 148.

§ 19 G.

Auf die Familienglieder[1], das Geschäftspersonal der im § 18 erwähnten Personen und auf solche Bedienstete[2] derselben, welche nicht Deutsche sind, finden die vorstehenden Bestimmungen Anwendung.

1. Der Ausdruck „Familie", welcher — ohne Begriffsbestimmung — auch in dem § 33 G. § 4 Einf.-Ges. zum G. und § 71 St. vorkommt, während in den §§ 97 u. 400 St. und §§ 52. 258 StGB. das Wort: „Angehörige" gewählt ist, wird hier, in Betracht, daß die Exterritorialität auch den nicht deutschen Bediensteten zustehen soll, im weiteren Sinne aufzufassen, also auf die — zur Familie im engeren Sinne nicht gehörenden — Stiefkinder und Verschwägerten des Chefs und der Mitglieder der Mission auszudehnen sein, wenn sie bei diesen wohnen und dem Staate angehören, welcher die Mission abgesandt hat.

2. Der gewöhnlich gleichbedeutend mit „Beamte" gebrauchte Ausdruck „Bedienstete" soll nach den Mot. S. 55 außer den Dienstboten auch Lehrer, Hausoffizianten u. dergl. in sich schließen.

Daß die der Exterritorialität genießenden Personen nicht verpflichtet sind, den behufs ihrer Vernehmung als Zeugen und Sachverständige an sie ergehenden Ladungen Folge zu leisten, und ferner, daß Zustellungen an sie nach den Regeln von Zustellungen im Auslande erfolgen müssen, ist nicht ausdrücklich ausgesprochen, aber — wie auch in den Mot. S. 156 bemerkt — eine Folge des Exterritorialitätsrechts.

Bestimmungen, wie sich die StAschft. und die Beamten der Sicherheitspolizei (§ 153 G. § 161 St.) zu verhalten haben, wenn von einer der in den §§ 18 u. 19 G. bezeichneten Personen eine solche strafbare Handlung begangen wird, welche schleunige Sicherheitsmaßregeln gegen dieselbe erfordert, enthalten das G. und die St. nicht. Es kann jedoch nicht zweifelhaft sein, daß, wo Gefahr im Verzuge obwaltet, derartige Maßregeln ergriffen werden müssen, und daß, wenn es sich um den Chef der Mission handelt, der Stelle, von welcher diese abgesandt ist, sonst dem Chef von dem Geschehenen sofort Mittheilung zu machen ist.

§ 21 G.

Die im Deutschen Reiche angestellten Konsuln sind der inländischen Gerichtsbarkeit unterworfen, sofern nicht in Verträgen des Deutschen Reichs mit anderen Mächten Vereinbarungen über die Befreiung der Konsuln von der inländischen Gerichtsbarkeit getroffen sind.

Sachliche Zuständigkeit der Gerichte.

§ 1 St.

Die sachliche[1] Zuständigkeit der Gerichte wird durch das Gesetz über die Gerichtsverfassung bestimmt[2].

1. Im Gegensatze zu der in den §§ 7 folg. St. behandelten örtlichen.

2. Die auf die Begrenzung der Zuständigkeit der verschiedenen, durch das G. eingesetzten Gerichte bezüglichen Vorschriften sind in dem G. enthalten in Betreff
   a) der Schöffengerichte in den §§ 25—57,
   b) der Landgerichte in den §§ 58—78,
   c) der Schwurgerichte in den §§ 79—99,
   d) der Oberlandesgerichte in den §§ 119—124,
   e) des Reichsgerichts in den §§ 125—141.

Die nachfolgenden §§ 2—6 St. sind bestimmt, die Vorschriften des G. über die sachliche Zuständigkeit zu ergänzen.

§ 2 St.

Zusammenhängende Strafsachen, welche einzeln zur Zuständigkeit von Gerichten verschiedener Ordnung gehören würden, können[1] verbunden bei demjenigen Gericht anhängig gemacht werden[2], welchem die höhere Zuständigkeit beiwohnt.

Aus Gründen der Zweckmäßigkeit kann durch Beschluß

dieses Gerichts[3] die Trennung der verbundenen Strafsachen angeordnet werden[4].

1. Ein Vorschlag, anstatt des Wortes „können“ zu setzen „müssen“, wurde von der JK. nicht nur bezüglich der Fälle des Zusammenhanges schwurgerichtlicher Strafsachen mit solchen, welche zur Zuständigkeit eines Gerichts niederer Ordnung gehören, sondern allgemein abgelehnt, da über die Frage, ob die mehreren Strafsachen zu verbinden seien, lediglich nach Zweckmäßigkeitsgründen zu entscheiden sei. Prot. S. 1.

2. D. h. die StAschft. kann — sei es bei dem Antrage auf Voruntersuchung, oder bei Einreichung der Anklageschrift, § 168 St. — eine solche Verbindung beantragen.

3. Auch bei dem Antrage auf Voruntersuchung hat hiernach der Untersuchungsrichter, wenn er dem Antrage auf Verbindung nicht stattgeben will, die Entscheidung des Gerichts einzuholen. Vergl. auch § 178 St.

4. Dem 2. Satze hatte die JK. in erster Lesung einen besonderen § hinter § 3 gewidmet. Durch die Verbindung, in welche derselbe demnächst mit dem Abs. 1 des § 2 gesetzt ist, wird außer Zweifel gestellt, daß er ausschließlich auf Fälle des Abs. 1 bezogen werden und ausdrücken soll, daß das Gericht die von der StAschft. beantragte Verbindung ablehnen darf. Im Hinblick auf § 4, Zeile 2, wo es sich um eine auf Grund gerichtlichen Beschlusses schon bestehende Verbindung handelt, möchte daher anstatt „Trennung der verbundenen Strafsachen angeordnet“, die Fassung: „die Verbindung verweigert“ bezeichnender gewesen sein.

§ 3 St.

Ein Zusammenhang ist vorhanden, wenn eine Person mehrerer strafbarer Handlungen beschuldigt wird, oder wenn bei einer strafbaren Handlung mehrere Personen als Thäter, Theilnehmer, Begünstiger oder Hehler* beschuldigt werden.

* StGB. §§ 47 folg. §§ 257 folg.

§ 4 St.

[1]Eine Verbindung zusammenhängender oder eine Trennung verbundener Strafsachen kann auch nach[2] Eröffnung[3] der Untersuchung[4] auf Antrag der Staatsanwaltschaft oder des Angeschuldigten oder von Amtswegen durch gerichtlichen Beschluß angeordnet werden.

Zuständig für den Beschluß ist dasjenige Gericht, zu dessen Bezirk die übrigen Gerichte gehören. In Ermangelung eines hiernach zuständigen Gerichts erfolgt die Beschlußfassung durch das gemeinschaftliche obere Gericht[5].

1. Der § 4 dürfte mit dem § 2, welcher ausschließlich den singulären Fall der Konkurrenz vor Gerichte verschiedener Ordnung gehöriger Straffälle betrifft und von dem er überdies durch den § 3 getrennt ist, in keiner Verbindung stehen, daher unabhängig von diesem auszulegen sein.

Den Worten nach enthält sein erster Abs. eine völlig allgemeine Vorschrift, welche auf die Voraussetzung eines Zusammenhangs zwischen solchen Strafsachen, für welche verschiedene Gerichte zuständig seien, in keiner Weise hindeutet, vielmehr auch die Fälle umfaßt, wenn für sämmtliche Straffälle ein und dasselbe Gericht zuständig ist, und dasselbe beschließt, mehrere zu verschiedenen Zeiten bei ihm anhängig gewordene Strafsachen zu verbinden, oder auch mehrere bei der Eröffnung der Untersuchung verbundene von einander — z. B. zur Vermeidung einer voraussichtlich langen Verzögerung des wichtigeren Straffalls durch zeitraubende, einen minder wichtigen betreffende Beweiserhebung — wieder zu trennen.

Gleichwohl wird er ausschließlich auf den Fall zu beziehen sein, wenn die mehreren Strafsachen hinsichtlich ihrer sachlichen Zuständigkeit — der § 13 bezieht sich auf die örtliche — vor verschiedene Gerichte gehören. Es spricht hiefür nicht nur die unmittelbare Verbindung, in welcher der Abs. 1 mit dem Abs. 2 steht, sondern auch die Aufnahme des ersteren unter die Vorschriften über die „sachliche Zuständigkeit der Gerichte", für welche er keine Bedeutung hätte, wenn er auf Fälle bezogen würde, für welche ein und dasselbe Gericht zuständig ist.

Allerdings fehlt es, hiervon ausgegangen, an einer Vorschrift, welche ein Gericht ermächtigt, mehrere getrennt oder verbunden bei ihm eingeleitete Untersuchungen demnächst zu vereinigen, bzhw. zu trennen.

2. Die Worte „auch nach" stellen außer Zweifel, daß das gleiche Verfahren auch schon bei der Eröffnung einer Untersuchung zulässig ist.

3. Eine Begriffsbestimmung über „Eröffnung der Untersuchung" findet sich in der St. nicht. Es wird darunter die Verfügung zu verstehen sein, durch welche die Voruntersuchung (§ 178 St.) und, wenn eine solche nicht stattgefunden hat, auf Grund der Anklageschrift der StAschft. das Hauptverfahren beschlossen wird.

4. Die Einheit „Untersuchung" könnte hinsichtlich der „Verbindung" zu der Auslegung führen, als sei die Anwendbarkeit der Vorschrift dadurch bedingt, daß erst eine Untersuchung eröffnet sei, mit welcher andere noch zu eröffnende zu verbinden seien. Der § dürfte aber auch Platz greifen, wenn die mehreren Untersuchungen, um deren Verbindung es sich handelt, schon sämmtlich oder theilweise eröffnet sind.

5. Wenn daher für eine oder mehrere der zusammenhängenden Strafsachen das Landgericht, für die übrigen ein oder mehrere der zu dessen Bezirk gehörende Amtsgerichte sachlich zuständig sind, so steht der nach Abs. 1 zu fassende Beschluß dem Landgerichte zu. Dasselbe wird auch — wiewohl die Worte „die übrigen Gerichte" hierzu nicht passen — zu entscheiden haben, wenn nur mehrere Amtsgerichte seines Bezirks zuständig sind, sowie ferner in solchen Fällen, wo es sich um Strafsachen handelt, welche theils

vor das Schwurgericht seines Bezirks, theils vor das Landgericht selbst, oder vor Amtsgerichte seines Bezirks gehören. Vergl. § 82 G.

Vor das Oberlandesgericht wird die Entscheidung in dem Falle gehören, wenn für die Sachen, deren Vereinigung in Frage steht, mehrere Landgerichte, bzhw. Schwurgerichte seines Bezirks, oder Amtsgerichte verschiedener Landgerichtsbezirke seines Bezirks zuständig sind.

Gehören endlich die betheiligten Gerichte verschiedenen Oberlandesgerichtsbezirken — desselben oder verschiedener Bundesstaaten — an, oder ist für eine der Strafsachen das Reichsgericht zuständig, so wird letzteres die Entscheidung zu treffen haben.

Daß die vorstehend bezeichneten Entscheidungen das erkennende Gericht nicht hindern, in der Hauptverhandlung, wenn sich durch dieselbe die Unzweckmäßigkeit der früher beschlossenen Vereinigung herausstellt, von dieser ganz oder theilweise abzustehen und die betreffenden Sachen vor die nach den Bestimmungen des G. sachlich zuständigen Gerichte zu verweisen, ist Mangels einer ausdrücklichen entgegenstehenden Vorschrift, eine Folge der Unbeschränktheit der Gerichte in der Urtheilssprechung.

Bei den bestimmten, die Beschlußfassung regelnden Vorschriften des Abs. 2 wird eine, mit Umgehung einer solchen, zu treffende Vereinbarung der bei der Verbindung der mehreren Strafsachen betheiligten Gerichte über dasjenige von ihnen, welches die Untersuchung zu übernehmen habe, auch wenn dies Gericht für die schwerste der mehreren Strafsachen zuständig ist, für statthaft nicht zu erachten sein. In Betreff der örtlichen Zuständigkeit siehe dagegen § 13 St.

Einverständniß herrschte in der JK. darüber, daß, wenn die zusammenhängenden Strafsachen von verschiedenen Gerichten abgeurtheilt würden, doch hierdurch die in der Gesammtstrafe im Gesetz dem Beschuldigten gewährte Vergünstigung nicht ausgeschlossen werde, und die §§ 74. 79 StGB. anwendbar seien. Prot. S. 2.

In den §§ 15 und 27 St. heißt es anstatt „obere" — „zunächst obere".

§ 5 St.

Für die Dauer der Verbindung ist der Straffall, welcher zur Zuständigkeit des Gerichts höherer Ordnung gehört, für das Verfahren maßgebend.

Sind daher die verbundenen Sachen bei einem Schwurgericht anhängig, so greift das für dieselben vorgeschriebene Verfahren auch in Bezug auf die vor die Landgerichte und Schöffengerichte gehörenden Sachen Platz.

§ 6 St.

Das Gericht hat seine sachliche Zuständigkeit in jeder Lage des Verfahrens von Amtswegen zu prüfen.

Es hat hierdurch wohl nur ausgesprochen werden sollen, daß, wenn im Laufe des Verfahrens Bedenken in Bezug auf die sachliche Zuständigkeit entgegentreten, die Prüfung der letzteren zu erneuern und event. anderweiter Beschluß zu fassen sei. Vergl. im Betreff der örtlichen Zuständigkeit § 17 St.

Gerichtsstand.

§ 7 St.

¹Der Gerichtsstand ist bei demjenigen Gerichte begründet, in dessen Bezirk die strafbare Handlung begangen ist.

1. Die §§ 7—21 haben die örtliche Zuständigkeit der Gerichte, im Gegensatze zu der in den §§ 1—6 behandelten sachlichen, zum Gegenstande. (Vergl. jedoch die Note zu § 20.) Dem entsprechend ist der Ausdruck „Zuständigkeit" auch in solchen §§ aufzufassen, wo das bezeichnende Beiwort fehlt, während dasselbe in anderen §§ beigefügt ist. S. die §§ 1 u. 6 und dagegen die §§ 2. 5. 12. 13. 15 folg.

2. Den Fall, wenn der Ort der That nicht bekannt, z. B. auf einer ausgedehnten Reise im Eisenbahn-Waggon von einem Mitreisenden an dem anderen ein Diebstahl verübt ist, hat das Gesetz, obgleich er bei der Berathung des § in der JK. (Prot. S. 6 u. 7) zur Sprache gekommen ist, nicht vorgesehen. Scheidet in einem solchen Falle die Anwendbarkeit des § 8 Abs. 2 aus, so dürfte nach Analogie des § 9 Abs. 1 das Reichsgericht das zuständige Gericht zu bestimmen haben.

3. Die JK. hatte behufs Entscheidung der in dieser Beziehung bestehenden Kontroverse in den beiden ersten Lesungen dem § in einem 2. Abs. die Bestimmung hinzugefügt: Begründet der Inhalt einer Druckschrift den Thatbestand einer strafbaren Handlung, so gilt, soweit die Verantwortlichkeit des Verfassers, Herausgebers, Redakteurs, Verlegers und Druckers in Frage steht, die Handlung nur an dem Orte als begangen, an welchem die Druckschrift erschienen ist. Prot. S. 3 folg., 18 folg., 781 und Prot. v. 11. November 1876 S. 1.

Seitens der Regierungsvertretung wurde gegen die so redigirte Vorschrift neben dem Argument, daß es überhaupt nicht Aufgabe der St. sei, die rein materielle Frage, wann und an welchem Orte eine strafbare Handlung für vollendet zu erachten sei, zu entscheiden, geltend gemacht, daß kein Bedürfniß vorwalte, für die durch die Presse verübten Delikte von den allgemeinen Vorschriften abweichende Bestimmungen zu treffen, sowie ferner, daß nicht in jedem Falle mit der Veröffentlichung des Preßerzeugnisses, also mit seinem ersten Erscheinen sofort die strafbare Handlung so abgeschlossen sei, daß der Ort der Veröffentlichung für die Zuständigkeit des Gerichts unter allen Umständen unbedingt maßgebend sei, vielmehr je nach der Lage des einzelnen Falles zu beurtheilen sei, ob der Thatbestand des Delikts durch das bloße Erscheinen der Druckschrift erschöpft sei, oder ob dasselbe erst an einem anderen Orte zur Vollendung komme, wie dies beispielsweise der Fall sei, wenn das an dem einen Orte veröffentlichte Preßerzeugniß den Zweck und Erfolg habe, an einem anderen Ort strafgesetzwidrig zu wirken, etwa eine Bevölkerungsklasse zu Gewaltthätigkeiten anzureizen.

Darauf ist bei der 3. Berathung des Reichstages der erwähnte Satz in Fortfall gekommen. Sitzung v. 20. November 1876. Stenogr. Ber. S. 951 folg.

Es ist daher die Frage, in welchem Gerichtsstande eine durch die Presse begangene strafbare Handlung zu verfolgen sei, nach den allgemeinen, den Gerichtsstand regelnden §§ 7 folg. zu beantworten.

§ 8 St.

Der Gerichtsstand ist auch bei demjenigen Gerichte begründet[1], in dessen Bezirk der Angeschuldigte zur Zeit der Erhebung der Klage[2] seinen Wohnsitz hat.

Hat der Angeschuldigte einen Wohnsitz im Deutschen Reich nicht, so wird der Gerichtsstand auch durch den gewöhnlichen Aufenthaltsort und, wenn ein solcher nicht bekannt ist, durch den letzten Wohnsitz[3] bestimmt.

1. Bei der Wahl zwischen dem Gerichtsstande der verübten That und dem des Wohnsitzes des Beschuldigten hat sich die StAschft. — wie auch bei der erst bei zweiter Lesung von der JK. beschlossenen Aufnahme dieser Vorschrift hervorgehoben wurde — ausschließlich durch die Sachlage des Falles, insbesondere auch durch die Rücksicht darauf leiten zu lassen, ob die Beweisaufnahme in dem einen oder dem anderen Gerichtsstande zweckmäßiger werde erfolgen können.

2. Hiernach ist die Zeit des Antrages der StAschft. auf Voruntersuchung, bzhw. der Einreichung der Anklageschrift maßgebend, nicht die der Eröffnung der Untersuchung, eine Veränderung in der Zwischenzeit mithin unerheblich.

3. Auf diesen wird insbesondere in Fällen zurückzugehen sein, wenn es sich um ein Verfahren gegen einen Abwesenden handelt. Bei „Aufenthaltsort" und „letzten Wohnsitz" ist zu suppliren: inländischen.

§ 9 St.

Wenn die strafbare Handlung im Auslande begangen und ein Gerichtsstand in Gemäßheit des § 8 nicht begründet ist, so ist dasjenige Gericht zuständig, in dessen Bezirk die Ergreifung erfolgt. Hat eine Ergreifung nicht stattgefunden, so wird das zuständige Gericht vom Reichsgerichte bestimmt[1].

Gleiches gilt, wenn eine strafbare Handlung im Inlande

begangen ist, jedoch weder der Gerichtsstand der begangenen That noch der Gerichtsstand des Wohnsitzes² ermittelt ist.

1. Die Gesichtspunkte, die dasselbe bei der Wahl in's Auge zu fassen hat, sind auch bei der Berathung des § in der JK. nicht zur Sprache gekommen. Dieselbe hat die Vorschrift zur Vermeidung eines fingirten Gerichtsstandes dem § 2 des Entwurfs substituirt, welcher bestimmte: „Ist die strafbare Handlung im Auslande begangen, so ist dasjenige Gericht zuständig, dessen Sitz dem Orte der That am nächsten liegt." Es werden daher für das Reichsgericht allgemeine Zweckmäßigkeitsgründe maßgebend sein.

2. Die Vorschrift des Abs. 2 steht mit der des § 8 Abs. 2 nicht im Einklange. Nach letzterem wird Mangels eines inländischen Wohnsitzes des Angeschuldigten der Gerichtsstand durch den gewöhnlichen Aufenthaltsort event. letzten Wohnsitz desselben bestimmt. Nach ersterem soll dagegen Mangels des Gerichtsstandes der begangenen That und des Wohnsitzes — also auch, wenn der gewöhnliche Aufenthaltsort bzhw. letzte Wohnsitz des Angeschuldigten bekannt ist —, der Gerichtsstand vom Reichsgerichte bestimmt werden. Die Verhandlungen der JK., welche den § eingeschaltet hat, geben über die Entstehung dieser Verschiedenheit keinen Aufschluß (Prot. S. 785. 1119); sie dürfte daher auf ein Uebersehen bei der Redaktion zurückzuführen sein.

§ 10 St.

Ist die strafbare Handlung auf einem deutschen Schiffe im Ausland oder² in offener See begangen¹, so ist dasjenige Gericht zuständig, in dessen Bezirk der Heimathshafen oder derjenige deutsche Hafen liegt, welchen das Schiff nach der That zuerst erreicht.

1. Bei der Berathung des § in der JK. (Prot. S. 10) ist davon ausgegangen, daß ein in offener See auf einem deutschen Schiffe begangenes Delikt als in Deutschland verübt angesehen werden müsse.

Ueber die Voraussetzungen, unter denen die von Deutschen im Auslande begangenen Delikte zu bestrafen seien, vergl. die §§ 3—6 StGB.

2. Die von der JK. eingeschalteten Worte „im Ausland oder" bezwecken nach Ausweis der bei der Berathung des § abgegebenen Erklärungen nicht, auf dem internationalen Rechtsgebiete über die Kontroverse zu entscheiden, wie sich die Jurisdiktionsverhältnisse gestalten, wenn ein zur Handelsmarine gehöriges Schiff sich in fremden Territorialgewässern aufhalte, vielmehr lediglich die Zuständigkeit deutscher Gerichte zum Einschreiten in derartigen Fällen außer Zweifel zu stellen. Prot. S. 783 folg.

Die Fälle: wenn der zum Thatbestande einer strafbaren Handlung erforderliche Erfolg in einem anderen Gerichtsbezirke als demjenigen, in welchem sie begangen worden, eingetreten ist (z. B. das Gift, welches in dem einen Gerichtsbezirke behufs der Tödtung Jemandes an diesen abgesandt ist, diesen in einem anderen Gerichtsbezirke getödtet hat), und ferner, wenn zu dem Thatbestande eines Delikts mehrere Handlungen gehören, welche in verschiedenen Gerichtsbezirken begangen worden sind, endlich wenn die That auf der Grenze verschiedener Gerichtsbezirke verübt ist, sieht das Gesetz nicht vor. Inhalts der Mot. S. 12 ist davon ausgegangen, daß es bezüglich des ersten Falles lediglich auf den Ort der begangenen That ankomme, und in den beiden letzten Fällen jedes der mehreren Gerichte zuständig sei.

§ 11 St.

Deutsche, welche das Recht der Exterritorialität genießen[1], sowie die im Ausland angestellten Beamten des Reichs oder eines Bundesstaates behalten in Ansehung des Gerichtsstandes den Wohnsitz, welchen sie in dem Heimathsstaate hatten. In Ermangelung eines solchen Wohnsitzes gilt die Hauptstadt des Heimathsstaates als ihr Wohnsitz. Ist die Hauptstadt in mehrere Gerichtsbezirke getheilt, so wird der als Wohnsitz geltende Bezirk im Wege der Justizverwaltung durch allgemeine Anordnung bestimmt[2].

Auf Wahlkonsuln finden diese Bestimmungen keine Anwendung.

1. Die Bestimmung bezieht sich auch auf die seltenen Fälle, in denen ein Staatsangehöriger eines Bundesstaats an seinem in Deutschland belegenen Wohnsitze Chef oder Mitglied einer beim Deutschen Reiche beglaubigten Mission ist. § 18 G.

2. Demgemäß wird nach erfolgter Publikation der St. durch die Landesjustizbehörde jedes Bundesstaats, dessen Hauptstadt in mehrere Gerichtsbezirke zerfällt, ein für alle Mal zu bestimmen sein, welches Gericht in einem solchen Falle zuständig sein soll.

In Betreff der im Auslande angestellten Beamten des Reichs oder eines Bundesstaats stimmt die Vorschrift des § im Wesentlichen mit dem § 21 des Reichsges. v. 31. März 1873 RGBl. S. 65 überein.

§ 12 St.

Unter mehreren nach den Vorschriften der §§ 7—11 zuständigen Gerichten gebührt demjenigen der Vorzug[1], welches die Untersuchung zuerst eröffnet hat[2].

Jedoch kann die Untersuchung und Entscheidung einem anderen der zuständigen Gerichte durch das gemeinschaftliche obere[3] Gericht übertragen werden[4].

1. Die Worte: „gebührt der Vorzug" sollen Inhalts der Mot. S. 12 bedeuten: hat sich der Untersuchung und Entscheidung zu unterziehen.

2. Der Fall kann eintreten, wenn mehrere Staatsanwalte wegen derselben, von mehreren Personen verübten Strafthat bei verschiedenen Gerichten Klage erhoben haben.

3. Zunächst obere. Vergl. die §§ 15 u. 27 St. So ist das Wort auch in den §§ 13. 14 u. 19 St. zu verstehen.

4. Bis zu welchem Stadium dies zulässig sein soll, ist nicht angegeben. Es dürfte, so lange die Hauptverhandlung nicht begonnen hat — sowohl von Amtswegen, als auf Antrag eines betheiligten Gerichts oder der StAschft. oder des Angekl. — statthaft sein.

§ 13 St.

Für zusammenhängende Strafsachen, welche einzeln nach den Vorschriften der §§ 7—11 zur Zuständigkeit verschiedener Gerichte gehören würden, ist ein Gerichtsstand bei jedem Gerichte begründet, welches für eine derselben zuständig ist.

Sind mehrere zusammenhängende Strafsachen bei verschiedenen Gerichten anhängig gemacht worden[1], so können dieselben sämmtlich oder zum Theil durch eine den Anträgen der Staatsanwaltschaft[2] entsprechende[3] Vereinbarung dieser Gerichte bei einem unter ihnen verbunden werden. Kommt eine solche Vereinbarung nicht zu Stande, so entscheidet, wenn die Staatsanwaltschaft oder ein Angeschuldigter[4] hierauf anträgt, das gemeinschaftliche obere Gericht darüber, ob und bei welchem der Gerichte die Verbindung einzutreten habe.

In gleicher Weise kann die Verbindung wieder aufgehoben werden[5].

1. Es wird keinen Unterschied machen, ob die Voruntersuchung bereits eingeleitet, bzhw. das Hauptverfahren eröffnet, oder ob auf die betreffenden Anträge der StAschft. Beschluß noch nicht ergangen ist. Dahin scheint auch die Ansicht der Regierungsvertretung in der IK. gegangen zu sein. (Prot. S. 11.)

2. Es müssen hierunter die StAschftn. aller Gerichte, bei welchen die mehreren Strafsachen anhängig sind, verstanden werden. Durch ihr und der verschiedenen Gerichte Einverständniß ist die Vereinigung bedingt. Vergl. § 144 Abs. 3 G.

3. Mithin weder von Amtswegen, noch abweichend von den Anträgen der StAschftn.

4. Während der Angeschuldigte so wenig eine dem ersten Satze des Abs. 2 entsprechende Vereinbarung seinerseits beantragen, als den Anträgen

der StAschft. widersprechen darf, ist ihm Mangels einer solchen Vereinbarung das Recht auf Anträge, sowohl in Bezug auf die Vereinigung der Strafsachen als deren Wiederaufhebung, eingeräumt. Die auf diese Ungleichmäßigkeit bezügliche Diskussion der JK. hat eine Aenderung der Vorschrift nicht zur Folge gehabt. Prot. S. 790.

Daß über den Antrag der StAschft. oder Eines von mehreren Angeschuldigten — sei es auf Verbindung (Abs. 1) oder auf Wiederaufhebung derselben (Abs. 2) —, der Angekl. bzhw. die übrigen Angekl. zur Erklärung aufzufordern und in wie weit ein von denselben in Folge einer Aufforderung oder ohne solche von ihnen erklärter Widerspruch zu beachten sei, sagt das Gesetz nicht. Es wird davon auszugehen sein, daß es einer solchen Aufforderung nicht bedarf, und daß das gemeinschaftliche zunächst obere Gericht auch bei einem Widerspruche, von Zweckmäßigkeitsgründen geleitet, nach freiem Ermessen zu beschließen habe.

Daß, wenn der Antrag von dem Angeschuldigten ausgeht, die StAschft. zu hören sei, folgt schon aus der Vorschrift des § 33 St.

5. Der 3. Abs. muß nach seiner Stellung auf beide Sätze des Abs. 2 bezogen, also dahin verstanden werden, daß sowohl die vereinbarte Verbindung durch anderweite, den Anträgen der StAschft. entsprechende Vereinbarung, als auch die durch Entscheidung des oberen Gerichts angeordnete unter den im 2. Satze des Abs. 1 angegebenen Voraussetzungen wieder aufgehoben werden kann.

Bei der Berathung des § in der JK. ist in dieser Beziehung Seitens eines Mitgliedes der Redaktions-Kommission ohne Widerspruch konstatirt worden, daß die letztgedachte Kommission bei der Einfügung des Abs. 3 in den § 13 von der Auffassung ausgegangen sei, daß die Wiederaufhebung der Verbindung durch den Angeschuldigten auch dann beantragt werden könne, wenn die Verbindung selbst auf Antrag des StA. erfolgt sei, und ebenso umgekehrt auf Antrag des StA., wenn der Angeschuldigte die Verbindung veranlaßt habe. Prot. S. 786 und „Zusammenstellung der authentischen Interpretationen“ Anlage L. des Prot. vom 20. Oktober 1876 S. 11.

6. Einverständniß scheint in der JK. darüber geherrscht zu haben, daß der § nicht auf solche Fälle Anwendung finde, in denen statt des ordentlichen Verfahrens eine vorläufige Straffestsetzung erlassen worden sei. Prot. S. 11.

§ 14 St.

Besteht zwischen mehreren Gerichten Streit* über die Zuständigkeit, so bestimmt das gemeinschaftliche obere Gericht dasjenige Gericht, welches sich der Untersuchung und Entscheidung zu unterziehen hat.

* Sei es darüber, welches Gericht zur Uebernahme verpflichtet, oder wessen Verlangen, daß ihm die Untersuchung überlassen werde, begründet

sei. Im Betreff eines in dieser Beziehung zwischen mehreren StAschftn. obwaltenden Streits vergl. § 144 G.

§ 15 St.

Ist das an sich zuständige Gericht in einem einzelnen Falle an der Ausübung des Richteramts rechtlich oder thatsächlich verhindert, oder ist von der Verhandlung vor diesem Gerichte eine Gefährdung der öffentlichen Sicherheit[1] zu besorgen, so hat[2] das zunächst obere Gericht die Untersuchung und Entscheidung dem gleichstehenden[3] Gericht eines anderen Bezirks zu übertragen.

1. Die JK. hat diese Fassung gegen den Widerspruch der Regierungsvertretung den Worten des Entwurfs: „Störung der öffentlichen Ordnung" substituirt. Prot. S. 11. Ein wesentlicher Unterschied zwischen beiden Redaktionen wird sich in der Praxis nicht herausstellen. — Als einen Fall der „Verhinderung" führen die Mot. S. 13 an: wenn das Gericht in Folge der Ausschließung mehrerer Mitglieder nicht mehr die erforderliche Richterzahl besitzt.

2. Der betreffende Antrag wird in Fällen der letzteren Art vom Gericht, der StAschft. und den interessirenden Staats- und Kommunal-Verwaltungsbehörden ausgehen dürfen.

3. Es ist hierdurch wieder auf das Erforderniß sachlicher Zuständigkeit hingewiesen.

§ 16 St.

Der Angeschuldigte muß den Einwand der Unzuständigkeit bei Verlust desselben bis zum Schlusse der Voruntersuchung[1], falls aber eine solche nicht stattgefunden hat, in der Hauptverhandlung[2] bis zur Verlesung des Beschlusses über die Eröffnung des Hauptverfahrens geltend machen.

1. Gleichviel, ob im Laufe derselben oder vorher ein ausdrücklicher Beschluß des Gerichts ergangen ist, oder nicht. Vergl. § 17.

2. Das Gericht entscheidet, wenn es den Einwand für begründet erachtet, auch in diesem Falle nach Analogie des § 270 St. durch Beschluß, und wird, je nach Umständen, die Sache vor das örtlich zuständige Gericht zu verweisen, oder der StAschft., bzhw. dem Privatkläger, zu überlassen haben, sich an dasselbe zu wenden. Gegen diesen Beschluß dürfte — in gleicher Weise, wie wenn er in der Voruntersuchung ergangen wäre — nach der allgemeinen Vorschrift des § 346 St. die Beschwerde zulässig sein. Der § 347 scheint dem nicht entgegenzustehen, weil er von einer „der Urtheilsfällung vorausgehenden" Entscheidung spricht, und davon ausgeht, daß Remedur durch das gegen das Urtheil zulässige Rechtsmittel anzustreben

sei, diese Voraussetzung aber hier nicht zutrifft, da das Gericht von der Urtheilsfällung in der Sache absteht.

Für die Zulässigkeit der Beschwerde spricht auch, daß die Mot. S. 15 dieselbe für den Fall der Verwerfung des Einwandes und des demzufolge ergehenden Urtheils für unzulässig erklären, und dadurch für den entgegengesetzten Fall mittelbar ihre Zulässigkeit anerkennen. Endlich ist auch S. 268 der Prot. der JK. bei der Berathung des § 177 St. ohne Widerspruch darauf hingewiesen worden, daß die Beschwerde überall statthaft sei, wo sie nicht ausdrücklich ausgeschlossen worden.

§ 17 St.

Durch eine Entscheidung[1], welche die Zuständigkeit für die Voruntersuchung feststellt, wird die Zuständigkeit auch für das Hauptverfahren[2] festgestellt.

1. Es ist eine über den Einwand ergangene Entscheidung, nicht ein Seitens des Untersuchungsrichters bzhw. Gerichts bei der Eröffnung der Voruntersuchung ergangener, die Zuständigkeit aussprechender Beschluß, oder eine dem § 14 St. entsprechende Entscheidung gemeint.

2. Mit Einschluß des Urtheils; im Betreff der sachlichen Zuständigkeit siehe dagegen § 270 St.

§ 18 St.

Nach Eröffnung des Hauptverfahrens[1] darf das Gericht seine Unzuständigkeit nur auf Einwand des Angeklagten aussprechen[2].

1. D. h. nachdem das Gericht beschlossen hat, in der Sache, sei es auf Grund der von der StAschft. eingereichten oder einer von derselben einzureichenden Anklageschrift, die Hauptverhandlung eintreten zu lassen. §§ 201. 206 St.

2. Die Verschiedenheit der Vorschrift dieses § von der des § 270 findet ihre Rechtfertigung darin, daß wenn das Gericht zur Entscheidung des Falles sachlich zuständig ist, es unwesentlich erscheint, ob die Sache auch nach den Vorschriften über den Gerichtsstand vor dasselbe gehört, während es für eine wesentliche Bedingung der Rechtsbeständigkeit eines Urtheils gelten muß, daß dasselbe von dem sachlich kompetenten Gericht erlassen sei, daß also z. B. nicht das Schöffengericht über Strafsachen erkenne, welche das Gesetz dem Landgericht oder dem Schwurgericht zuweist. Vergl. auch § 377 Nr. 4 St.

3. Der Entwurf enthielt hinter „Unzuständigkeit" die Worte: „nicht von Amtswegen". Die Aenderung ist von der JK. beschlossen, um der StAschft. die Befugniß für ein so spätes Stadium der Untersuchung zu entziehen. Prot. S. 12.

§ 19 St.

Haben mehrere Gerichte, von denen eines das zuständige ist, durch Entscheidungen, welche nicht mehr anfechtbar sind[1], ihre Unzuständigkeit ausgesprochen, so bezeichnet das gemeinschaftliche obere Gericht[2] das zuständige Gericht[3].

1. Der § setzt voraus, daß das erste von der StAschft. oder dem Privatkläger mit dem Antrage auf Voruntersuchung oder Eröffnung des Hauptverfahrens angegangene Gericht sich, sei es von Amtswegen oder in Folge des Einwandes des Beschuldigten (§ 16) für örtlich unzuständig erklärt hat, und die betreffende Entscheidung entweder unangefochten geblieben, oder die dagegen erhobene Beschwerde aus formellen Gründen — z. B. als verspätet — oder weil die Entscheidung des ersten Gerichts für begründet erachtet worden, zurückgewiesen ist, und daß sich demnächst die StAschft., bzhw. der Privatkläger, an ein anderes, oder nach einander an mehrere andere Gerichte mit gleichem Erfolge gewandt hat, obgleich eins von diesen Gerichten nach den Vorschriften über die örtliche Zuständigkeit (§§ 7 folg.) in der That zuständig war. Für einen solchen Fall soll die Vorschrift, um die Verfolgung des Straffalls zu ermöglichen, Abhülfe gewähren.

Erachtet das obere Gericht keins von jenen Gerichten für zuständig, so wird es Sache der StAschft. sein, das zuständige zu ermitteln.

2. Ist über einen der mehreren Bescheide bereits erfolglos Beschwerde eingelegt, so wird das „Bezeichnen" des zuständigen Gerichts von dem zunächst höheren Gericht ausgehen müssen. Haben sich also z. B. mehrere Amtsgerichte desselben Landgerichtsbezirks für örtlich unzuständig erklärt, und sind dagegen eingelegte Beschwerden von dem Landgericht für nicht gerechtfertigt erachtet, so wird das Oberlandesgericht das örtlich zuständige Gericht zu bezeichnen haben. Dasselbe gilt, wenn die Amtsgerichte desselben Oberlandesgerichtsbezirks verschiedenen Landgerichten angehören. Haben dieselben ihre Sitze in Bezirken verschiedener Oberlandesgerichte — gleichviel, ob desselben, oder verschiedener Bundesstaaten — so steht die Bezeichnung dem Reichsgerichte zu.

3. Die Mot. bezeichnen diese Entscheidung als eine endgiltige. S. 16. Dies dürfte aber nur insoweit richtig sein, als sich das nach Maßgabe des § als zuständig anerkannte Gericht weder von Amtswegen noch auf Antrag der StAschft. für unzuständig erklären darf. Denn, um auch den bei dem Zuständigkeitsstreite gar nicht gehörten Angeschuldigten des ihm nach spezieller Vorschrift des § 16 zustehenden Einwandes, bzhw. des Beschwerderechts gegen den diesen Einwand verwerfenden Beschluß für den Fall des durch den § 19 geordneten Verfahrens verlustig zu erklären, hätte es einer ausdrücklichen Vorschrift bedurft.

Es läßt sich hiergegen auch nicht einwenden, daß selbst die Beschwerde erfolglos bleiben werde, da die Entscheidung über dieselbe doch wieder demselben Gerichte zufallen werde, welches das in der Beschwerde des Angeschuldigten als nicht zuständig dargestellte Gericht bereits nach vorgängiger Prüfung als zuständig anerkannt habe. Denn der Angeschuldigte kann verlangen, daß die Gründe, welche er seinerseits zum Nachweise der Unzuständigkeit des Gerichts beizubringen vermag, im geordneten Geschäftsgange gewürdigt werden.

§ 20 St.

Die einzelnen Untersuchungshandlungen eines unzuständigen Gerichts sind nicht schon dieser Unzuständigkeit wegen ungültig*.

* Die Vorschriften dieses und des folgenden § finden, wiewohl sie nach ihrer Stellung den Bestimmungen über die örtliche Zuständigkeit angehören, auch auf die sachliche, also beispielsweise in dem Falle Anwendung, wenn das Amtsgericht, ohne Auftrag des Landgerichts, zur Feststellung des Thatbestandes eines zur sachlichen Zuständigkeit des letzteren gehörenden Verbrechens den Augenschein einnimmt. Auch in der JK. herrschte Einverständniß darüber, daß der Grundsatz des § 20 auch auf die sachliche Zuständigkeit Anwendung finde. In Betreff des § 21 ist die Frage dort nicht zur Sprache gekommen. Prot. S. 790. 791. — Die Mot. S. 16 subsumiren unter den § auch den Fall, wenn der operirende Richter sich irrthümlich für zuständig gehalten hat.

§ 21 St.

Ein unzuständiges Gericht hat sich denjenigen innerhalb seines Bezirks vorzunehmenden Untersuchungshandlungen zu unterziehen, in Ansehung deren Gefahr im Verzug obwaltet*.

* Vergl. die Note zu § 20 St. und hinsichtlich der Ueberschreitung der örtlichen Bezirksgrenzen § 167 G.

Amtsgerichte.

§ 22 G.

Den Amtsgerichten stehen Einzelrichter vor.

Ist ein Amtsgericht mit mehreren Richtern besetzt, so wird einem derselben von der Landesjustizverwaltung die allgemeine Dienstaufsicht übertragen*. Jeder Amtsrichter erledigt die ihm obliegenden Geschäfte als Einzelrichter.

* Bei der Berathung des § in der IK. (Prot. S. 151) wurde die Frage, ob die „allgemeine Dienstaufsicht" auch die in den §§ 30 und 39 G. dem Amtsrichter zugewiesenen Geschäfte in sich schließe, von der Regierungsvertretung mit dem Hinzufügen verneint, daß die Aufsicht über die Subalternen und die Aufsicht über die anderen Amtsrichter, soweit es sich um die Geschäftsleitung handle, gemeint, nicht aber damit gesagt sei, daß der dirigirende Amtsrichter als Disziplinarbehörde über den anderen Amtsrichtern stehe.

Es werden diese Verhältnisse, sowie ferner, ob jedem Amtsrichter ein territorialer Bezirk für seine Amtsverwaltung zuzuweisen sei, oder die Geschäftsvertheilung unter die mehreren Amtsrichter nach Gegenständen erfolgen soll, im Wege der Instruktion durch die Landesjustizverwaltung zu regeln sein.

(Der § 23 betrifft die Zuständigkeit der Amtsgerichte in bürgerlichen Rechtsstreitigkeiten.)

§ 24 G.

Im Uebrigen wird die Zuständigkeit und der Geschäftskreis der Amtsgerichte durch die Vorschriften dieses Gesetzes und der Prozeßordnungen bestimmt.

Schöffengerichte.

§ 25 G.

Für die Verhandlung und Entscheidung¹ von Strafsachen werden bei den Amtsgerichten Schöffengerichte² gebildet.

1. Der Ausdruck: „Entscheidung" ist hier nicht völlig bezeichnend, da er nach der Terminologie der St. und des G. jede Art richterlicher Erlasse — Verfügungen der einzelnen Richter, Beschlüsse der Kollegien sowie Urtheile, d. h. die die Hauptverhandlung schließenden Erkenntnisse — umfaßt, während hier die Worte „Verhandlung und Entscheidung" ausschließlich auf die Hauptverhandlung (§ 225 folg. St.) und die im Laufe derselben vorkommenden Beschlüsse und Urtheile zu beziehen sind, und die Schöffen an den außerhalb der Hauptverhandlung ergehenden — vom Amtsrichter allein zu erlassenden — Entscheidungen nicht Theil nehmen. § 30 Abs. 2 G.

2. Nach der Wortfassung würde es zulässig sein, bei einem Amtsgericht mehrere Schöffengerichte unter dem Vorsitze je Eines der Amtsrichter zu bilden. Die §§ 38 folg. G. geben jedoch zu erkennen, daß die Einrichtung nur eines Schöffengerichts bei jedem Amtsgericht beabsichtigt ist, da der Ausdruck „Bezirk" im § 39 G. auf den ganzen Amtsgerichtsbezirk bezogen werden muß. Vergl. auch die §§ 26 und 40 G. Die Fassung: „wird bei jedem Amtsgericht ein Schöffengericht gebildet" würde jedem Zweifel vorgebeugt haben.

§ 26 G.

Die Schöffengerichte bestehen aus dem Amtsrichter als Vorsitzenden und zwei Schöffen.

§ 27 G.

Die Schöffengerichte sind zuständig[1]:

1. für alle Uebertretungen[2];
2. für diejenigen Vergehen, welche nur mit Gefängniß von höchstens drei Monaten oder Geldstrafe von höchstens sechshundert Mark, allein oder neben Haft oder in Verbindung mit einander oder in Verbindung mit Einziehung bedroht sind[3], mit Ausnahme der im § 320 des Strafgesetzbuchs und der im § 74 dieses Gesetzes bezeichneten Vergehen[4,5,6,7];
3. für die nur auf Antrag zu verfolgenden Beleidigungen und Körperverletzungen, wenn die Verfolgung im Wege der Privatklage geschieht[8];
4. für das Vergehen des Diebstahls im Falle des § 242 des Strafgesetzbuchs, wenn der Werth des Gestohlenen fünfundzwanzig Mark nicht übersteigt[9,10];
5. für das Vergehen der Unterschlagung im Falle des § 246 des Strafgesetzbuchs, wenn der Werth des Unterschlagenen fünfundzwanzig Mark nicht übersteigt;
6. für das Vergehen des Betruges im Falle des § 263 des Strafgesetzbuchs, wenn der Schaden[11] fünfundzwanzig Mark nicht übersteigt[12];
7. für das Vergehen der Sachbeschädigung im Falle des § 303 des Strafgesetzbuchs, wenn der Schaden fünfundzwanzig Mark nicht übersteigt;
8. für das Vergehen der Begünstigung und für das Vergehen der Hehlerei in den Fällen des § 258 Nr. 1 und des § 259 des Strafgesetzbuchs, wenn die Handlung, auf welche sich die Begünstigung oder die Hehlerei bezieht, zur Zuständigkeit der Schöffengerichte gehört.

1. Das Gesetz regelt die Grenzen des Geschäftsumfanges der Schöffengerichte in zweifacher Weise. Es überweist denselben erstens die Uebertretungen und — innerhalb bestimmter Grenzen — gewisse Vergehen allgemein und unbedingt, und ermächtigt zweitens (§§ 29 und 75) die Landgerichte, ihnen noch andere Vergehen zur Verhandlung und Aburtheilung speziell zu überweisen.

Hinsichtlich der ersteren bezeichnet es das Schöffengericht als zuständig, während es in Betreff der letzteren sagt: sie gehören vor das Schöffengericht. Wo also das G. und die St. von der Zuständigkeit der Schöffengerichte sprechen, darf die betreffende Bestimmung nur auf die erstere Kategorie bezogen werden. S. auch die Schlußworte von Nr. 8.

Der Entwurf war bei der Regulirung der sachlichen Zuständigkeit der Gerichte davon ausgegangen, daß für die Ueberweisung der Delikte an die Schöffengerichte bzhw. Landgerichte und Schwurgerichte die Höhe der für dieselben im Gesetz angedrohten Strafe maßgebend sei. Dem entsprechend hatte er, abgesehen von der Vorschrift des § 29 G., auch die Zuständigkeit der Schöffengerichte geregelt.

Dies System verließ die JK. gegen den Widerspruch der Regierungsvertretung, so weit es sich um das StGB. und die daneben bestehenden Reichsgesetze handelt, — in Betreff der Landesgesetze war das von ihr befolgte System nicht ausführbar — in erster Lesung. Sie ging (S. 184 folg. der Prot.) davon aus, daß nicht das Strafmaß allein den Ausschlag geben dürfe, vielmehr Rücksicht zu nehmen sei auf die strafrechtliche Natur der Handlung, sowie darauf, ob sie sich eigne zur Verhandlung vor einem schwächer besetzten und mehr summarisch verfahrenden, an eine Behandlung einfacher Fälle gewöhnten und örtlichen Einflüssen mehr ausgesetzten Gerichte oder nicht. Von diesem Gesichtspunkte aus müsse man — wurde ausgeführt — bezüglich jedes einzelnen Vergehens prüfen, ob dasselbe zweckmäßiger der einen oder der anderen Klasse von Gerichten zu überweisen sei.

In Befolgung dieses Systems entzog die JK. den Schöffengerichten einen Theil der nach der allgemeinen Kompetenzbegrenzung unter Nr. 2 zu ihrer Zuständigkeit gehörenden Delikte, und überwies ihnen dagegen eine Anzahl solcher Vergehen, welche das StGB. mit höheren als den unter Nr. 2 angegebenen Strafen bedroht, theils unbedingt, theils, so weit es sich um Vergehen gegen das Eigenthum handelt, mit der Beschränkung auf solche Fälle, bei denen der Gegenstand der Rechtsverletzung 25 Mark nicht übersteigt.

Bei der zweiten Lesung hat jedoch dies von der Regierungsvertretung bekämpfte Prinzip in seiner Anwendung eine wesentliche Einschränkung dadurch erfahren, daß der größte Theil derjenigen Vergehen, welche den Schöffengerichten unabhängig von der Höhe der in den Gesetzen angedrohten Strafe überwiesen worden waren, wieder ausgeschieden ist. Prot. S. 183 folg. 199 folg. 219 folg. 595 folg. 708 folg.

2. Bei der Berathung des § in der JK. (Prot. S. 183 und S. 6 der „Zusammenstellung der authentischen Interpretationen") herrschte unter Zu-

stimmung der Regierungsvertretung Einverständniß darüber, daß unter „Uebertretungen" hier diejenigen in dem StGB., in Reichs- und Landesgesetzen vorkommenden Delikte zu verstehen seien, welche mit einer Strafe bedroht sind, die sich innerhalb der aus dem StGB. sich ergebenden Grenze der Uebertretungsstrafen hält, und daß in analoger Weise der Begriff des „Vergehens" in Nr. 2 des § 27 zu verstehen sei. Vergl. StGB. §§ 1. 18. 360 folg.

3. Die Fassung des Satzes ist nicht völlig deutlich. Daß die Worte hinter „Mark": „allein oder neben Haft oder in Verbindung mit einander" nur auf die Geldstrafe beziehbar sind, ergiebt sich daraus, daß in den Strafgesetzen Gefängniß in Verbindung mit Haft für ein und dasselbe Delikt nirgend angedroht ist. Hiervon ausgegangen führt aber die Konstruktion der sich daran anschließenden Worte: „oder in Verbindung mit Einziehung bedroht sind" zu der Auffassung, daß auch diese sich nur auf die Geldstrafe beziehen. Dies kann aber nicht gemeint sein, da Einziehung auch in Verbindung mit von Schöffengerichten zu erkennenden Gefängnißstrafen eintritt (§§ 42. 148. 152. 292. 295 StGB.) und es an jedem Grunde fehlen würde, die Einziehung den Schöffengerichten in Verbindung mit einer Geld-, nicht aber mit einer Gefängnißstrafe zu überweisen. Die letzterwähnten Worte werden daher auch auf „Gefängniß" zu beziehen sein.

4. Läßt das Strafgesetz die Wahl zwischen einer Gefängnißstrafe von höchstens 3 Monaten und einer 600 Mark übersteigenden Geldstrafe (§§ 116. 130. 131. 132 StGB.), so scheidet die Zuständigkeit der Schöffengerichte aus.

5. Daß Zoll- und Steuervergehen von der Kompetenz der Schöffengerichte nicht ausgeschlossen sind, folgt aus der allgemeinen Fassung der Vorschrift.

6. Ist eine den Voraussetzungen der Nr. 2 entsprechende Strafe in dem Gesetze nur ausnahmsweise für den Fall des Vorhandenseins mildernder Umstände bestimmt, so wird hierdurch die Zuständigkeit der Schöffengerichte nicht begründet.

7. Zu den Fällen, in denen Nr. 2 des § Anwendung findet, gehören die §§ 121 Abs. 2. 123 Abs. 1. 148. 292 in Verbindung mit § 295. 299. 337 StGB. Der § 276 daselbst ist nicht dahin zu zählen, weil zugleich auf die durch Entziehung der Stempelsteuer verwirkte Strafe zu erkennen ist. Vergl. § 75 Nr. 15 G.

8. Vergl. die §§ 414—434 St. und die §§ 185—194 und 225—233 StGB. Ob die Beleidigung mittelst der Presse verübt worden ist, oder nicht, macht keinen Unterschied. Vergl. jedoch den § 6 des Einf.-Ges. zum G.

9. Die Werthsbegrenzung hier und in den folgenden Nummern ist, abweichend vom Entwurfe und gegen den Widerspruch der Regierungsvertretung, von der JK. beschlossen (Prot. S. 321).

Maßgebend für den Werth ist der Zeitpunkt des begangenen Vergehens.

10. Ist die entwendete Sache vorhanden und ihr Werth nicht zweifellos, so wird, um einer Verweisung der Untersuchung Seitens des Schöffengerichts an das Landgericht in der Hauptverhandlung möglichst vorzubeugen

(§ 28), im Vorverfahren eine Abschätzung erfolgen müssen, die, wenn ihre Richtigkeit bestritten wird, im Hauptverfahren zu wiederholen ist.

Ist die Sache nicht zu beschaffen, so wird in geeigneten Fällen der Bestohlene den Werth zu schätzen haben, in Zweifelsfällen aber der geringere Werth anzunehmen sein. Letzterer Grundsatz dürfte auch beim Diebstahlsversuch dann Anwendung finden, wenn nicht festzustellen ist, welchen Gegenstand der Angeschuldigte zu entwenden beabsichtigt hat.

Das vorstehend Gesagte gilt auch für die folgenden Nummern 5—7.

11. Hiernach ist nicht die Höhe des „rechtswidrigen Vermögensvortheils", welchen der Angekl. erlangt hat (§ 263 StGB.), sondern der häufig wesentlich davon verschiedene Schaden des Betrogenen maßgebend.

12. In den Fällen der Nrn. 4 u. 6 und wenn im Falle der Nr. 5 der unterschlagene Gegenstand dem Thäter anvertraut war, darf das Schöffengericht, da das StGB. die Höhe der Strafe nicht durch den Werth des Gegenstandes bedingt, vielmehr unabhängig von demselben das höchste Strafmaß zuläßt, die Strafe bis zu fünfjährigem Gefängniß bemessen, wenn ihm die vorwaltenden Umstände, ungeachtet des geringfügigen Gegenstandes des Diebstahls u. s. w., eine so hohe Strafe angemessen erscheinen lassen. Das Bedenkliche einer solchen Bestimmung ist nicht zu verkennen.

§ 28 G.

Ist die Zuständigkeit des Schöffengerichts durch den Werth einer Sache oder den Betrag eines Schadens bedingt und stellt sich in der Hauptverhandlung heraus[1], daß der Werth oder Schaden mehr als fünfundzwanzig Mark beträgt, so hat das Gericht seine Unzuständigkeit nur dann auszusprechen, wenn aus anderen Gründen die Aussetzung[2] der Verhandlung geboten erscheint.

1. Dieser Fall tritt nicht nur ein, wenn im Vorverfahren der Werth des nach Inhalt der Anklage gestohlenen Gegenstandes geringer angenommen wurde, als er in der Hauptverhandlung festgestellt wird, sondern auch, wenn sich ergiebt, daß der Angekl. bei dem Diebstahl noch andere Sachen als die in der Anklage bezeichneten entwendet hat, sofern hierin nur nicht die Verübung mehrerer besonderer Diebstähle gefunden werden kann, von denen jeder selbständig zu bestrafen ist, in welchem Falle das Schöffengericht zuständig bleibt.

2. Unter „Aussetzung der Hauptverhandlung" verstehen die §§ 227. 228 St., im Einklange mit den Mot. S. 127, eine durch das Gericht von Amtswegen oder auf Antrag beschlossene, die Anberaumung eines anderen Termins zur Hauptverhandlung erfordernde Vertagung der Verhandlung — im Gegensatze zu kürzeren, die Dauer von vier Tagen nicht übersteigenden Unterbrechungen. Sie kann durch die Gestaltung der Sachlage im Laufe der Verhandlung, z. B. durch die sich herausstellende Nothwendigkeit einer über

den ursprünglichen Beschluß hinausgehenden Beweisaufnahme, ferner im Falle des § 264 Abs. 3 St. geboten erscheinen, aber auch durch blos äußere Zufälligkeiten, wie Erkrankung eines Richters, eines Zeugen oder Sachverständigen während der Verhandlung nothwendig werden. Tritt nun eine derartige zufällige Veranlassung zur Aussetzung der Hauptverhandlung ein, nachdem sich bereits herausgestellt hat, daß der Werth des dem Angekl. zur Last gelegten Diebstahls, der Unterschlagung u. s. w. den Werth von 25 Mark übersteigt, so wird die Untersuchung, auch wenn der Angekl. der That geständig ist, an das Landgericht abgegeben. Tritt dagegen ein solcher Zufall nicht ein, oder erfolgt die Ermittelung des Werths erst in der nach nothwendig gewordener Aussetzung der ersten Hauptverhandlung stattfindenden neuen Hauptverhandlung, so erkennt nach dieser Vorschrift des § das Schöffengericht, wie hoch sich auch der Werth des Gegenstandes belaufen möge.

3. Bei der ersten Lesung hatte die JK., welche den § eingeschaltet hat, beschlossen, den § nach: „auszusprechen" dahin zu fassen: „Wenn es nach dem Ergebnisse der Verhandlung eine andere oder höhere Strafe für verwirkt erachtet, als die unter Nr. 2 bezeichnete". Prot. S. 321. Erst bei zweiter Lesung hat die Zuständigkeit die durch den § 28 herbeigeführte wesentliche Erweiterung erfahren. Prot. S. 599. 609.

4. Vergl. den § 270 St.

§ 29 G.

Vor die Schöffengerichte gehören[1] auch diejenigen Strafsachen, deren Verhandlung und Entscheidung ihnen nach den Bestimmungen des fünften Titels* von den Strafkammern der Landgerichte überwiesen wird[2].

1. Hinsichtlich der Bedeutung des Ausdrucks „gehören" im Gegensatz zu „zuständig" s. die Note 1 zu § 27 G.

2. Vergl. § 75 G.

* §§ 58—78.

§ 30 G.

Insoweit das Gesetz nicht Ausnahmen bestimmt[1], üben die Schöffen während der Hauptverhandlung das Richteramt im vollen Umfange und mit gleichem Stimmrechte wie die Amtsrichter[2] aus und nehmen auch an denjenigen, im Laufe einer Hauptverhandlung zu erlassenden Entscheidungen[3] Theil, welche in keiner Beziehung zu der Urtheilsfällung stehen, und welche auch ohne vorgängige mündliche Verhandlung erlassen werden können.

Die außerhalb der Hauptverhandlung erforderlichen Entscheidungen werden von dem Amtsrichter erlassen[4].

1. Vergl. die §§ 53. 54. 56 G. und § 31 St.

2. Daß hier die Mehrheit „die Amtsrichter", im § 26 und im Abs. 2 § 30 G. die Einheit „der Amtsrichter", und ferner in der 4. Zeile der unbestimmte Artikel: „einer Hauptverhandlung", in der 2. Zeile und im Abs. 2 der bestimmte: „der Hauptverhandlung" gewählt ist, dürfte nicht auf Absicht beruhen.

3. Dahin gehören die in den §§ 178—180 G. dem Gerichte überwiesenen, auf Aufrechthaltung der Ordnung in den Sitzungen abzielenden Maßregeln. Auch die Bestimmung nach § 176 Abs. 1 wird dahin zu rechnen sein, da dieselbe nicht — vergl. Abs. 2 und § 177 — dem Vorsitzenden vorbehalten ist.

Entsteht in der Hauptverhandlung zwischen dem Amtsrichter einer- und den beiden Schöffen andererseits Streit darüber, ob die letzteren an einer Entscheidung Theil zu nehmen haben, oder nicht, so wird derselbe nicht durch Abstimmung zu entscheiden; vielmehr — erforderlichen Falls unter Aussetzung der Verhandlung — die Entscheidung des Landgerichts einzuholen sein. Vergl. § 72 G.

4. Diese Vorschrift kann sich nicht auf solche Entscheidungen beziehen, durch die der Amtsrichter mit den in der Hauptverhandlung unter Betheiligung der Schöffen ergangenen in Widerspruch treten würde, z. B. Willfahrung eines Antrages auf Niederschlagung einer nach § 179 G. beschlossenen Ordnungsstrafe, oder Aenderung in Betreff einer in der Hauptverhandlung angeordneten, durch Auftrag oder Ersuchen zu bewirkenden Beweisaufnahme.

§ 31 G.

Das Amt eines Schöffen ist ein Ehrenamt. Dasselbe kann nur von einem Deutschen* versehen werden.

* Ein Antrag, zu bestimmen, daß es für einen Nichtigkeitsgrund nicht gelten solle, wenn ein Schöffe mitgewirkt habe, welchem die Eigenschaft eines Deutschen nicht beiwohne, wurde von der JK. abgelehnt. S. 218 der Prot.

§ 32 G.

Unfähig[1] zu dem Amte eines Schöffen sind:

1. Personen[2], welche die Befähigung in Folge strafgerichtlicher Verurtheilung verloren haben;
2. Personen, gegen welche das Hauptverfahren wegen eines Verbrechens oder Vergehens eröffnet ist, das die Aberkennung der bürgerlichen Ehrenrechte oder der Fähigkeit zur Bekleidung öffentlicher Aemter zur Folge haben kann[3];
3. Personen, welche in Folge gerichtlicher Anordnung in der Verfügung über ihr Vermögen beschränkt sind[4].

1. In den Mot. S. 79 heißt es: „absolute Unfähigkeit im Gegensatze zu den Fällen, in denen Personen als Richter, Geschworene und Schöffen im einzelnen Falle kraft Gesetzes von der Ausübung des Richteramts ausgeschlossen sind und deshalb abgelehnt werden können" (zu vergl. St. §§ 22. 31. 32. 279. 377 Nr. 2).

Auf die in diesem § aufgeführten „Personen" findet als „kraft Gesetzes ausgeschlossen" der § 377 Nr. 2 St. Anwendung.

2. Der Ausdruck ist nicht zweckmäßig gewählt, da er nach der dem allgemeinen Sprachgebrauche entsprechenden Terminologie der St. (§ 485 Abs. 2) beide Geschlechter umfaßt, eine Hindeutung darauf, daß nur Männer zu Schöffen zu berufen seien, sich mithin um so mehr empfohlen hätte, als in neuerer Zeit sich in mehreren Bundesstaaten das Bestreben geltend macht, die Frauen hinsichtlich der Befähigung zu öffentlichen Aemtern den Männern gleichzustellen. Da indeß seither in allen Ländern, in denen das Laienelement bei der Rechtsprechung betheiligt ist, nur Männer als Schöffen und Geschworene zugelassen werden, darf erwartet werden, daß der Ausdruck „Personen" zu Zweifeln keinen Anlaß geben wird. — Im § 40 Abs. 2 G. ist zweckmäßiger der Ausdruck „Vertrauensmänner", nicht: „Vertrauenspersonen" gewählt.

Daß weder des Erfordernisses vollständiger Kenntniß der deutschen Sprache — die wenigstens in einigen Provinzen des Preußischen Staats nicht durchweg bei allen Deutschen (§ 31) präsumirt werden kann — Erwähnung geschieht, noch ein Lebensjahr festgesetzt worden ist, welches der Schöffe, wenn der unter seiner Betheiligung ergangene Spruch gegen Vernichtung geschützt sein soll, erreicht haben muß, wird seine Erklärung in der Voraussetzung finden, daß diese Gesichtspunkte bei der Aufstellung der Urliste und bei der Seitens des Ausschusses zu treffenden Wahl (§§ 33. 36. 42 G.) gebührend in's Auge werden gefaßt werden. S. Note 1 zu § 33 G.

3. Vergl. die §§ 108. 109. 133. 142. 143. 150. 160. 161. 164. 168. 173. 175. 180. 181. 183. 248. 256. 262. 263. 280. 284. 289. 294. 302. 304. 329. 333. 350 bzhw. die §§ 81. 82. 87—90. 94. 95. 358 StGB.

4. Nach den Mot. S. 79 bezieht sich diese Vorschrift im Wesentlichen auf gerichtlich erklärte Verschwender und Gemeinschuldner.

§ 33 G.

Zu dem Amte eines Schöffen sollen nicht[1] berufen werden:

1. Personen, welche zur Zeit der Aufstellung der Urliste das dreißigste Lebensjahr noch nicht vollendet haben[2];
2. Personen, welche zur Zeit der Aufstellung der Urliste den Wohnsitz in der Gemeinde[3] noch nicht zwei volle Jahre haben;

3. Personen, welche für sich oder ihre Familie[4] Armenunterstützung aus öffentlichen Mitteln empfangen oder in den drei letzten Jahren, von Aufstellung der Urliste zurückgerechnet, empfangen haben;

[5]4. Personen, welche wegen geistiger oder körperlicher Gebrechen[2] zu dem Amte nicht geeignet sind;

5. Dienstboten[3].

1. Die Mot. (S. 78) sagen in Bezug hierauf: diese Personen seien nicht unfähig, die Nichtbeachtung der sie betreffenden Vorschrift mache das Verfahren nicht nichtig; gleichwohl sei dieselbe von Amtswegen zu berücksichtigen. Auch in der JK. (Prot. S. 219 folg.) herrschte Einverständniß darüber, daß auf einen Verstoß gegen die Bestimmungen dieses § eine Vernichtung des Verfahrens nicht gegründet werden könne. Die Worte der Gesetze sind in dieser Beziehung nicht vollkommen präzis. Der § 377 St. erachtet es für eine die Revision begründende Gesetzverletzung, wenn „das erkennende Gericht nicht vorschriftsmäßig besetzt war". Das Schöffengericht ist aber vorschriftswidrig besetzt, wenn ein Schöffe bei demselben fungirt, welcher nach der Vorschrift des § 33 G. als solcher nicht hätte berufen werden sollen. Die Nrn. 2 u. 3 § 377 St. geben jedoch zu erkennen, daß dies der Sinn der Nr. 1 nicht ist, indem dort als unbedingte, zur Vernichtung führende Rechtsverletzungen nur die Mitwirkung eines „kraft Gesetzes ausgeschlossenen" Schöffen und die ungerechtfertigte Verwerfung eines auf Besorgniß der Befangenheit gegründeten Ablehnungsgesuchs erwähnt sind. Aus letzterem ist auch zu schließen, daß ein im Wege des Einwandes in der Hauptverhandlung geltend gemachter Verstoß gegen die Bestimmungen des § 33 G. selbst nicht auf Grund der allgemeinen Vorschrift des § 376 St. eine Vernichtung des Urtheils nach sich ziehen kann, wenngleich der Angekl. ein wesentliches Interesse dabei haben kann, daß ein unreifer junger Mensch und ein Dienstbote, mit Rücksicht auf die Stellung, die dieser in der bürgerlichen Gesellschaft einnimmt, nicht als Richter über ihn erkennt.

2. Vergl. § 32 Note 2.

3. Bzhw. dem im § 36 G. erwähnten Verbande.

4. Es werden hierunter hier die Personen zu verstehen sein, für deren Unterhalt der Betreffende gesetzlich zu sorgen verpflichtet ist. Vergl. die §§ 19 G. und Einf.-Ges. zum G. § 5, wo der Ausdruck in anderem Sinne gebraucht ist.

5. Dieser Mangel in der Person eines Schöffen war im Entwurf in den die absolute Unfähigkeit betreffenden § 20 aufgenommen; die JK. hat ihn dort zur Vermeidung von mißbräuchlicher Benutzung der Vorschrift zu Angriffen gegen Urtheile ausscheiden lassen. Prot. S. 221. Die Mot. S. 79 lassen einfließen, daß hier dem Ermessen ein nicht unerheblicher Spielraum habe gelassen werden müssen.

6. Der Ausdruck wird gegenüber dem Begriff, welchen der Sprachgebrauch mit dem Worte: „Gebrechen" verbindet, in der Praxis zu Zweifeln Anlaß geben, da erfahrungsmäßig einer großen Anzahl von Personen der niederen Volksklasse der Bildungsgrad, welcher — auch bei mäßigsten Ansprüchen — zur Verwaltung des Schöffenamts, zumal im Hinblick auf den weiten, nach §§ 27 und 30 G. mit demselben verbundenen Umfang ihrer Funktionen, unbedingt erforderlich ist, gänzlich mangelt, ohne daß von einem „geistigen Gebrechen", sei es im technischen Sinne, sei es nach dem allgemeinen Sprachgebrauche, die Rede sein kann. Man wird der Regel nach unter einem „geistigen Gebrechen" einen höheren Grad von Mangel geistiger Befähigung verstehen, als den, welcher mit dem im § 56 St. gebrauchten Ausdruck: „Verstandesschwäche" verbunden zu werden pflegt. Gleichwohl erfordert die Erfüllung der Aufgabe eines Schöffen einen ungleich höheren Grad von geistiger Befähigung, als zur Auffassung der Bedeutung eines Eides nöthig ist. Vergl. auch den § 130 G., wo gleichfalls der mildere Ausdruck „Schwäche der geistigen Kräfte" gebraucht ist.

Es wird sich, da so wenig die Mot. als die Verhandlungen der JK. einen Anhalt für das Verständniß des Ausdrucks „geistiges Gebrechen" darbieten, empfehlen, die Vorschrift der Nr. 4 des § überall da zur Anwendung zu bringen, wo den bei der Auswahl der Schöffen betheiligten Männern die Ueberzeugung beiwohnt, daß der Grad von geistiger Ausbildung nicht vorhanden sei, ohne welchen die Aufgabe, aus den Erklärungen des Anklägers und des Angekl. und den Ergebnissen der Beweisaufnahme ein Urtheil über das Delikt und die Verschuldung des Angekl. an demselben zu erlangen, und demnächst den Sinn des zur Anwendung zu bringenden Strafgesetzes zu erfassen und ein den vorwaltenden Umständen entsprechendes Strafmaß zu arbitriren, nicht zu lösen ist. Wird an diesem Grundsatz bei der Auswahl der Schöffen nicht mit gewissenhafter Strenge festgehalten, so müssen aus dem Institut der Schöffengerichte unausbleiblich die wesentlichsten, durch die höheren Instanzen in keiner Weise zu behebenden Nachtheile für die Strafrechtspflege erwachsen.

7. Der Ausdruck bildet hier, als der engere Begriff, den Gegensatz zu den „Bediensteten" im § 19 G.

§ 34 G.

Zu dem Amte eines Schöffen sollen ferner nicht berufen werden:

1. Minister;
2. Mitglieder der Senate der freien Hansestädte;
3. Reichsbeamte, welche jederzeit einstweilig in den Ruhestand versetzt werden können;
4. Staatsbeamte, welche auf Grund der Landesgesetze

jederzeit einstweilig in den Ruhestand versetzt werden können;
5. richterliche Beamte und Beamte der Staatsanwaltschaft[1];
6. gerichtliche und polizeiliche Vollstreckungsbeamte[2];
7. Religionsdiener[3];
8. Volksschullehrer[4];
9. dem aktiven Heere oder der aktiven Marine angehörende Militärpersonen.

Die Landesgesetze können außer den vorbezeichneten Beamten höhere Verwaltungsbeamte bezeichnen, welche zu dem Amte eines Schöffen nicht berufen werden sollen.

1. Wie zu den Beamten des Gerichts die Rendanten, Sekretäre, Registratoren u. s. w., so gehören auch zu den Beamten „der Staatsanwaltschaft" nach dem Sprachgebrauche die Büreaubeamten derselben. Es sind jedoch jedenfalls nur die Oberstaatsanwalte, Staatsanwalte und deren mit staatsanwaltlichen Funktionen betraute Gehülfen gemeint.

2. Der allgemeine Ausdruck „polizeiliche Vollstreckungsbeamte" begreift für Orte, wo die Polizei von der Gemeinde verwaltet wird, auch die Kommunal-Vollstreckungsbeamten in sich.

3. Auf welche Personen der Ausdruck zu beziehen sei, ist weder in den Mot. noch in den Verhandlungen der JK. angegeben. In ersteren S. 80 ist erwähnt: der Begriff sei ein etwas unbestimmter; jedoch habe davon Abstand genommen werden müssen, ihn einzuschränken und etwa einen Unterschied rücksichtlich der staatlich anerkannten oder privilegirten Religionsgesellschaften und blos geduldeter Religionsübung zu machen.

Auf die Frage, welche Personen für „Religionsdiener" einer gewissen Religionsgesellschaft zu erachten seien, ist nicht eingegangen. Auch geben andere §§ des G. oder der St. hierüber keinen Aufschluß. Der § 52 St. erwähnt nur der Befugniß der „Geistlichen", unter Umständen ein von ihnen erfordertes Zeugniß zu verweigern; auch die §§ 174 Abs. 1 Nr. 1 und 181 Abs. 1 Nr. 2 StGB. sprechen ausschließlich von „Geistlichen". Die „Geistlichen" bilden aber, wie dies aus der wiederholt in den Reichsgesetzen vorkommenden Wortfügung: „Geistliche und andere Religionsdiener" hervorgeht, nur eine Klasse von Religionsdienern.

Es bleibt daher zu ermitteln, wer außer den Geistlichen zu den Religionsdienern gehört. Hiezu bieten aber auch die übrigen Reichsgesetze einen Anhalt nicht dar. Der — jetzt durch den § 67 des Ges. vom 6. Februar 1875 RGBl. S. 23 ersetzte — § 337 StGB. strafte „Geistliche und andere Religionsdiener, welche zu den religiösen Feierlichkeiten einer Eheschließung schreiten" u. s. w.; das Gesetz vom 10. Dezember 1871 (RGBl. S. 442) bedroht mit Strafe „Geistliche oder andere Religionsdiener", welche bei Ausübung ihres Berufs öffentlich Angelegenheiten des Staats in einer den öffentlichen Frieden gefährdenden Weise zum Gegenstande einer Verkündung oder Erörterung machen. Nach dem Ges. vom 4. Mai 1874 (RGBl. S. 43) macht sich ein „Geistlicher oder anderer Religionsdiener", welcher durch gerichtliches Urtheil aus seinem Amte entlassen ist, strafbar, wenn er eine Handlung vornimmt, aus welcher hervorgeht, daß er die Fortdauer jenes Amtes beansprucht. Aus diesen §§ geht allerdings hervor, daß unter den Begriff „Religionsdiener" nach der Terminologie der Reichsgesetze noch außer den „Geistlichen" solche Personen fallen, welche zu Eheschließungen berufen sind; daraus folgt aber nicht, daß er nicht auch auf Personen Anwendung finde, denen die Ausübung geistlicher Amtshandlungen nicht zusteht, zumal es anderenfalls der Erwähnung der „Religionsdiener" neben den „Geistlichen" nicht bedurft hätte.

Daß die Reichsgesetze in der That den Ausdruck „Religionsdiener" in diesem weiteren Sinne brauchen, wird zunächst aus dem § 196 StGB. zu folgern sein. Derselbe giebt, wenn ein „Beamter oder Religionsdiener" beleidigt ist, dem amtlichen Vorgesetzten das Recht, den Strafantrag zu stellen. Daß das Wort „Beamter" in dieser Allgemeinheit auch die Unterbeamten betrifft, ist zweifellos. Es ist daher z. B. der Amtsrichter und der Postamtsvorsteher befugt, wegen einer dem Amts- bzhw. Postboten widerfahrenen Beleidigung Bestrafung zu beantragen. Nun würde es aber doch an jedem Grunde für die Gesetzgebung gefehlt haben, diese Befugniß nicht auch dem Pfarrer bei einer Beleidigung des Organisten, Küsters u. s. w. einzuräumen, dieselbe vielmehr nur bei einer dem Geistlichen selbst widerfahrenen Beleidigung den geistlichen Oberen desselben vorzubehalten. Es muß deshalb im § 196 der Ausdruck „Religionsdiener" auch auf die zu den Geistlichen nicht gehörenden Kirchen- und Synagogenbeamten bezogen werden.

Für die ausdehnende Erklärung des Ausdrucks spricht ferner die Fassung des § 65 des Reichsmilitärgesetzes vom 2. Mai 1874 (RGBl. S. 62), „Beamte des Beurlaubtenstandes und der Ersatzreserven, welche ein geistliches Amt in einer mit Korporationsrechten innerhalb des Landesgebiets bestehenden Religionsgesellschaft bekleiden, werden zum Dienste mit der Waffe nicht herangezogen", indem dieselbe darauf hindeutet, daß hier die Wortfassung „Geistliche und andere Religionsdiener" vermieden worden ist, um die Vorschrift nur einer bestimmten Klasse von Religionsdienern zu Theil werden zu lassen.

Nun heißt es zwar im § 338 StGB., abweichend von der Fassung des erwähnten früheren § 337 das. und der citirten §§ der Gesetze vom 10. Dezember 1871 und 4. Mai 1874, nur: Ein „Religionsdiener", welcher wissend, daß eine Person verheirathet ist u. s. w. Es fehlt jedoch an jeder Veranlassung zu der Voraussetzung einer Absichtlichkeit bei dieser Verschiedenheit der Redaktion. Keinenfalls ist aus derselben für die Bedeutung des Ausdrucks „Religionsdiener" etwas herzuleiten, da in dem § 3 und dem bereits erwähnten § 67 des Ges. über die Beurkundung des Personenstandes und die Eheschließung vom 6. Februar 1875 (RGBl. S. 23) wieder die Fassung: „Ein Geistlicher oder anderer Religionsdiener" gewählt ist.

Im § 74 des letztgedachten Gesetzes heißt es: „Geistliche und Kirchendiener", und es könnte hieraus geschlossen werden, daß dieser letzte Ausdruck, im Gegensatze zu „Religionsdiener", die unteren Kirchenbeamten bezeichnen solle. Dem steht aber entgegen, daß bei der Berathung des Gesetzes im Reichstage der Ausdruck „Kirchendiener" wiederholt, ohne Widerspruch zu finden, auf Geistliche angewandt worden ist. (Stenographische Berichte de 1874—75 Bd. II S. 993.)

In dem Erkenntniß des Preuß. Obertribunals vom 23. Mai 1873 (Goltd. Arch. Bd. 21 S. 454) wird derjenige als „Religionsdiener" im Sinne des § 337 StGB. bezeichnet, welcher von seinen Glaubensgenossen mit der Vollziehung wesentlicher Handlungen, auf welche der Zweck des betreffenden Religionsbekenntnisses gerichtet sei, dauernd betraut sei. Allein auch hieraus läßt sich bei der Unbestimmtheit des Begriffs „wesentliche Handlungen" für die Beantwortung der Frage, welche Personen zu den „Religionsdienern" gehören, nichts herleiten.

Endlich bietet auch der allgemeine Sprachgebrauch einen sicheren Anhalt für die Feststellung dieses Begriffs nicht dar. Es wird deshalb bei der Auslegung des § 34 Nr. 7 G. auf die Absicht des Gesetzes zurückzugehen und hierbei zu erwägen sein, daß die Verbotsbestimmungen desselben — wie es in den Mot. S. 80 heißt — im staatlichen, nicht also im Interesse der betreffenden Personen gegeben sind. Das staatliche Interesse bei der hier in Rede stehenden Vorschrift besteht aber darin, daß nicht Störungen im regelmäßigen Gottesdienste durch die Einberufung solcher bei demselben fungirenden Personen eintreten, für welche ein Ersatz durch andere Personen nicht leicht beschafft werden kann. Dies erwogen, wird die Vorschrift auch auf Organisten und Küster auszudehnen sein, zumal die letzteren in evangelischen Dorfkirchen bei Verhinderung des Predigers den Gottesdienst durch Ablesung von Predigten abzuhalten pflegen. In diesem allgemeineren Sinne scheint der Ausdruck auch im § 196 StGB. gebraucht zu sein.

4. Welche Schulen für „Volksschulen" zu erachten seien, wird, bei der Ungleichmäßigkeit der in dieser Beziehung üblichen Bezeichnungen, nach den Landesgesetzen und Instruktionen zu bestimmen sein.

§ 35 G.

Die Berufung zum Amte eines Schöffen dürfen ablehnen:

1. Mitglieder einer deutschen gesetzgebenden Versammlung[1];
2. Personen, welche im letzten Geschäftsjahre[2] die Verpflichtung eines Geschworenen, oder an wenigstens fünf Sitzungstagen die Verpflichtung eines Schöffen erfüllt haben;

3. Aerzte[3];
4. Apotheker, welche keine Gehülfen haben[3];
5. Personen, welche das fünfundsechzigste Lebensjahr zur Zeit der Aufstellung der Urliste vollendet haben oder dasselbe bis zum Ablaufe des Geschäftsjahres vollenden würden;
6. Personen, welche glaubhaft machen, daß sie den mit der Ausübung des Amts verbundenen Aufwand zu tragen nicht vermögen.

1. Da nur der „gesetzgebenden" Versammlungen Erwähnung geschieht, findet die Vorschrift auf Bundesstaaten, in denen die Versammlungen auf Berathung von Gesetzen beschränkt sind, keine Anwendung.

In der JK. erklärte die Regierungsvertretung auf Befragen, daß die Ablehnungsbefugniß sich auch auf die Zeit beziehe, während welcher die Versammlung nicht einberufen sei, und ferner, daß die Ablehnung nur für die betreffende Urliste, nicht auch für die künftigen Listen gelte. Prot. S. 229.

2. Daß das Geschäftsjahr mit dem Kalenderjahre zusammenfallen müsse, bestimmt das Gesetz nicht. (§§ 36. 40. 42. 45 G.) Die betreffende Anordnung wird daher den einzelnen Bundesregierungen anheimfallen.

3. Welche Personen hier unter „Aerzte" zu verstehen seien, ist weder in den Mot. erwähnt, noch Gegenstand der Berathung in der JK. gewesen. Prot. S. 228. 229. 612. Auch ist die Terminologie der Reichsgesetzgebung in Bezug auf den Ausdruck: „Arzt" in gleichem Maße schwankend, wie der allgemeine Sprachgebrauch. Daß die Reichsgesetze mehrfach das Wort „Arzt" für alle Klassen von Aerzten — also für die s. g. inneren Aerzte sowohl, als für Wundärzte, Augenärzte, Zahnärzte, Thierärzte — brauchen, geht zunächst hervor aus dem — später durch das Gesetz vom 29. Juni 1869 aufgehobenen — den Betrieb der stehenden Gewerbe betreffenden Gesetz vom 8. Juli 1868 (BdGBl. von 1868 S. 405). Dort heißt es: „Diese Bestimmung (daß für den Betrieb eines Gewerbes ein Befähigungszeugniß nicht mehr erforderlich sei) findet keine Anwendung auf Aerzte, Apotheker" u. s. w. Daß hier unter „Aerzte" alle vorerwähnten Klassen von Aerzten zu verstehen sind, ergiebt sich, selbst abgesehen von der Allgemeinheit des gebrauchten Ausdrucks, zur Evidenz daraus, daß nach den Bekanntmachungen des Bundesraths vom 25. September 1869 (BdGBl. S. 635) und vom 19. Juli 1872 (BdGBl. S. 351) und den in diesen in Bezug genommenen Verordnungen des Bundesraths auch die Zahnärzte und Thierärzte sich Prüfungen zu unterwerfen haben.

Auch der § 29 der Gewerbeordnung vom 21. Juni 1869 (BdGBl. S. 245) giebt durch die Fassung: „Personen, welche sich als Aerzte (Wundärzte, Augenärzte, Geburtshelfer, Zahnärzte und Thierärzte) oder mit gleichbedeutenden Titeln bezeichnen" u. s. w. deutlich zu erkennen, daß er unter dem Ausdruck „Aerzte", ohne nähere Bezeichnung, alle in seiner Parenthese gedachten Kategorieen von Aerzten verstehe. Dasselbe gilt von dem in gleicher Weise redigirten § 3 des Ges. vom 15. Juli 1872 (RGBl. S. 350).

In anderen reichsgesetzlichen Vorschriften wird dagegen der Ausdruck „Arzt" nur für die der Heilung von Krankheiten der Menschen sich widmenden Aerzte, im Gegensatze von Thierärzten, gebraucht; z. B. im § 25 Nr. 3 des Ges. über die Kriegsleistungen vom 13. Juni 1873 (RGBl. S. 135), welcher von der Ueberlassung von Pferden zur Beschaffung des kriegsmäßigen Bedarfs „Aerzte und Thierärzte" befreit, wo also der Ausdruck „Arzt" nothwendig auch auf Wundärzte bezogen werden muß.

Wieder in anderen Gesetzen schließt das Wort „Arzt" die Zahnärzte aus. In der Ueberschrift und im § 1 der schon erwähnten Bekanntmachung des Bundeskanzlers vom 25. September 1869 heißt es: „Prüfung der Aerzte, Zahnärzte" bzhw. „Approbation für Aerzte, Zahnärzte". Damit übereinstimmend ist in der Ueberschrift zu der Bekanntmachung des Reichskanzlers vom 19. Juli 1872, GBl. S. 351, und im Eingange derselben gesagt: „Prüfung der Aerzte, Zahnärzte, Thierärzte", und ferner im § 3 „ärztliche und zahnärztliche Kandidaten".

Der Ausdruck „Arzt" wird aber in anderen Stellen der Reichsgesetzgebung auch unter Ausschließung der Wundärzte gebraucht. Im § 43 der erwähnten Bekanntmachung vom 25. September 1869 heißt es (abweichend von der Ueberschrift, welche — die Wundärzte unter den Begriff Aerzte einschließend — lautet: „betreffend die Prüfung der Aerzte, Zahnärzte, Thierärzte") „als Arzt, Wundarzt" u. s. w., sowie auch in den §§ 209 und 300 des StGB. für das Deutsche Reich: „Aerzte und Wundärzte". Ebenso im Eingange der Konvention zwischen dem Deutschen Reiche und Belgien vom 7. Februar 1873 (RGBl. S. 55) und in dem Vertrage des Deutschen Reichs mit den Niederlanden vom 11. Dezember 1874 (RGBl. S. 99).

Aehnlich steht das Wort „Arzt" im § 174 StGB.: „Aerzte und andere Medizinalpersonen" und in den §§ 277. 278 das.: „Aerzte und andere approbirte Medizinalpersonen". Vergl. auch die Note 2 zu § 52 und die Note 2 zu § 87 St.

Bei dieser Ungleichheit der Bedeutung des Wortes „Arzt" in den verschiedenen Reichsgesetzen wird hier für die Auffassung des Sinnes desselben die ratio legis maßgebend sein.

Zu berücksichtigen ist hierbei zunächst, daß in den Vorschriften unter Nr. 3 und 4 nicht sowohl das persönliche Interesse der Aerzte und Apotheker, die Schmälerung ihres Verdienstes während ihrer Funktion als Schöffen, als vielmehr das sanitätliche Interesse des Publikums in's Auge gefaßt ist, wie sich daraus ergiebt, daß anderenfalls das Gesetz auch den Rechtsanwälten das Ablehnungsrecht zugestanden haben würde. Jene Rücksicht auf das Publikum hat auch die Regierungsvertretung in der JK. (S. 228 Prot.) gegenüber dem Antrage, die Nr. 3 gänzlich ausscheiden zu lassen, geltend gemacht. Hiervon ausgegangen, wird nicht außer Acht gelassen werden dürfen, daß die hier für Schöffen gegebenen Vorschriften nach § 85 Abs. 2 auch auf Geschworene Anwendung finden, welche nach den bisherigen Erfahrungen der Länder, in welchen das Institut der Geschworenen eingeführt ist, nicht selten während mehrerer Wochen ohne Unterbrechung zu fungiren haben.

Dies erwogen, wird im § 35 Nr. 3 zwischen den oben aufgeführten Kategorieen von Aerzten nicht zu unterscheiden sein, da das Publikum hinsichtlich jeder derselben ein Interesse dabei hat, die ihr angehörenden Aerzte nicht auf lange Zeit ihrem Berufe entzogen zu sehen. Hiezu kommt, daß, wenn der Begriff „Aerzte" nicht auf alle Klassen derselben ausgedehnt würde, dies, beim Mangel entscheidender Gründe für die Begrenzung desselben auf die eine oder andere Klasse, dahin führen würde, ihn — wie in den §§ 209. 300 StGB. — auf die s. g. inneren Aerzte zu beschränken, also auch die Wundärzte — offenbar im Widerspruche mit der erwähnten ratio legis — auszuschließen.

Daß nach dem gewöhnlichen Sprachgebrauche unter „Aerzte" ohne spezielle Bezeichnung Thierärzte nicht verstanden zu werden pflegen, ist zuzugeben, aber nicht entscheidend, theils weil auch in Betreff ihrer das Interesse des Publikums, und mittelbar des Staats, durch längere Hemmung ihrer Berufsthätigkeit, insbesondere zur Zeit einer ansteckenden Viehseuche, gefährdet ist, theils weil, wie erwähnt, die Gewerbeordnung, also das Gesetz, dessen Aufgabe es vorzugsweise war, klarzustellen, auf welche spezielle Klassen von Gewerbetreibenden ihre Vorschriften Anwendung finden, die Thierärzte in den Gesammtbegriff „Aerzte" einschließt.

4. Die gewählte Mehrzahl „keine Gehülfen" läßt sprachlich die Auslegung zu, daß die Vorschrift auch auf solche Apotheker Anwendung finde, welche nur einen Gehülfen haben. Die Mot. und die Verhandlungen der JK. geben hierüber keine Auskunft. Es wird jedoch davon auszugehen sein, daß nur der Mangel jedes Gehülfen das Ablehnungsrecht begründen soll, da es genügen wird, wenn für den verhinderten Apotheker überhaupt ein qualifizirter Vertreter vorhanden ist.

5. In Betreff der Bestrafung der Vorschützung unwahrer Entschuldigungsgründe s. § 138 StGB.

§ 36 G.

Der Vorsteher einer jeden Gemeinde oder eines landesgesetzlich der Gemeinde gleichstehenden Verbandes hat alljährlich[1] ein Verzeichniß der in der Gemeinde wohnhaften Personen, welche zu dem Schöffenamte berufen werden können, aufzustellen (Urliste).

Die Urliste ist in der Gemeinde eine Woche[2] lang zu Jedermanns Einsicht auszulegen. Der Zeitpunkt der Auslegung ist vorher öffentlich bekannt zu machen[3].

1. Mit Rücksicht auf den Einfluß, welchen der Zeitpunkt der Aufstellung der Urliste nach § 35 Nr. 5 G. auf die Zulässigkeit eines Ablehnungsgrundes äußert, dürfte es sich empfehlen, denselben für jeden Bundesstaat durch allgemeine Anordnung der Landesjustizverwaltung zu bestimmen.

2. Vergl. § 43 St.

3. In ortsüblicher Weise.

§ 37 G.

Gegen die Richtigkeit oder Vollständigkeit der Urliste kann innerhalb der einwöchigen Frist schriftlich oder zu Protokoll Einsprache erhoben werden[1].

1. Nach den Mot. S. 82 und der Bemerkung der Regierungsvertretung in der JK. Prot. S. 230 ist zu der Einsprache Jedermann aus dem Volke berechtigt. Auch Frauen wird sie zustehen, da auch sie — z. B. solche, gegen welche eine vor das Schöffengericht gehörende Untersuchung anhängig ist — ein Interesse dabei haben, daß nicht vorschriftswidrig berufene Männer als Schöffen fungiren.

Es werden ferner auch Personen, welche der Gemeinde nicht angehören, zur Einsprache berechtigt sein; auch wird dieselbe sowohl dagegen, daß zur Aufnahme in die Urliste geeignete Männer aus derselben fortgelassen, als auch dagegen zulässig sein, daß solche, deren Aufnahme nach den §§ 32 u. 33 hätte unterbleiben sollen, aufgenommen worden sind. In Betreff des § 34 dürfte letzteres hinsichtlich der Nrn. 3—6 u. 9 Platz greifen. Dagegen wird eine die übrigen Nrn. betreffende Einsprache für unstatthaft zu erachten sein, da bei diesen lediglich das Interesse des Dienstes bzhw. der Religionsübung und der Schule maßgebend gewesen sein wird, die „Richtigkeit" der Urliste mithin nicht um deswillen von den bei der Besetzung des Schöffengerichts unmittelbar oder mittelbar betheiligten Personen angefochten werden kann, weil bei der Anfertigung der Urliste jenes Interesse nicht genügend wahrgenommen worden sei. Endlich wird mit Rücksicht auf die allgemeine Fassung: „kann erhoben werden" die Einsprache sowohl bei dem Gemeindevorsteher, als bei dem Amtsrichter angebracht werden dürfen.

2. Ein Antrag, die nach § 35 G. Ablehnungsberechtigten in der Bekanntmachung zur Geltendmachung ihres Anspruchs auf Befreiung innerhalb der einwöchigen Frist aufzufordern, wurde von der JK., als mit dem § 53 G. nicht vereinbar, abgelehnt. Prot. S. 230. Vergl. in Betreff der „Ablehnungen" auch die Note 4 zu § 53 G.

§ 38 G.

Der Gemeindevorsteher sendet die Urliste nebst den erhobenen Einsprachen[1] und den ihm erforderlich erscheinenden Bemerkungen an den Amtsrichter des Bezirks[2].

Wird nach Absendung der Urliste die Berichtigung der-

selben erforderlich, so hat der Gemeindevorsteher hiervon dem Amtsrichter Anzeige zu machen.

1. Er wird mit Rücksicht auf § 39 G. auch die Schriftstücke beizufügen haben, welche sich auf die Beobachtung der Vorschrift des § 36 beziehen.

2. Ein in der JK. gestellter Antrag, der Landesgesetzgebung die Anordnung zu gestatten, daß von der Gemeindevertretung der Urliste ein Gutachten beizufügen sei, welches, ohne Angabe von Gründen, die zum Schöffenamte besonders geeigneten Personen bezeichne, wurde nach Bekämpfung Seitens der Regierungsvertretung und mehrerer Abgeordneten abgelehnt (Prot. S. 230). Dies erwogen, ist die Bemerkung eines Abgeordneten: daß es zum Fortbestehen einer derartigen Einrichtung, wo sie existire, eines ausdrücklichen Vorbehalts nicht bedürfe, bedenklich.

§ 39 G.

Der Amtsrichter stellt die Urlisten des Bezirks zusammen und bereitet den Beschluß über die Einsprachen gegen dieselben vor*. Er hat die Beachtung der Vorschriften des § 36 Abs. 2 zu prüfen und die Abstellung etwaiger Mängel zu veranlassen.

* Die Vorbereitung des Beschlusses wird sich nicht blos auf die Einsprachen, sondern auch auf die von dem Amtsrichter von Amtswegen auf Grund der §§ 32—34 G. etwa zu machenden Ausstellungen und die eingegangenen Ablehnungen (§ 35) zu beziehen haben.

In welcher Weise der Amtsrichter dabei verfahren solle, ist weder im Gesetz, noch in den Mot., noch in den Prot. der JK. angedeutet. Gleichwohl werden sich dabei, wenn der Zweck nicht vereitelt werden soll, erhebliche Schwierigkeiten und selbst mit Kosten verknüpfte Weiterungen nicht immer vermeiden lassen. Hat beispielsweise die Einsprache die angeblich ungerechtfertigte Fortlassung eines Gemeindemitgliedes aus der Urliste zum Gegenstande, und bestreitet der Einsprechende — sei es das betreffende Gemeindemitglied selbst oder ein Dritter — die Wahrheit des ihm von dem Gemeindevorsteher auf Befragen angegebenen Grundes, so wird, da keinem Staatsbürger sein gesetzliches Recht, als Schöffe oder Geschworener zur Wahl gestellt zu werden, ohne gesetzlichen Grund entzogen werden darf, der Amtsrichter und event. der Ausschuß (§ 41 G.) genöthigt sein, das Thatsächliche zu erörtern und festzustellen. Es wird auch die Angabe des Grundes der unterbliebenen Aufnahme eines Gemeindemitgliedes in die Urliste — zumal bei der Unzulässigkeit einer Beschwerde gegen die Entscheidung des Ausschusses (§ 41 G.) — nicht verweigert werden dürfen, da, von der entgegengesetzten Ansicht ausgegangen, in einem Falle, wo die Nichtaufnahme in die Urliste sich auf den § 32 G. gründet, dem Betreffenden die Möglichkeit des Nachweises, daß er mit der Person, auf welche Nr. 1 des § angewendet worden, nicht identisch sei, oder bei Nr. 3, daß eine Vermögensbeschränkung im Sinne des Gesetzes nicht stattgefunden habe, entzogen werden würde.

Es wird aber auch, wenn die von einem Dritten erhobene Einsprache das Ausscheiden eines in die Urliste angeblich vorschriftswidrig aufgenommenen Gemeindemitgliedes aus derselben bezweckt, diesem in den Fällen der §§ 32. 33 Gelegenheit zur Widerlegung der Behauptung des Einsprechenden mindestens in solchen Fällen zu geben sein, wo sich deren Wahrheit nicht auf anderem Wege außer Zweifel stellen läßt.

Es wird sich empfehlen, das bei der Ausführung der in Rede stehenden Vorschrift des § zu beobachtende Verfahren im Wege der Instruktion zu regeln.

§ 40 G.

Bei dem Amtsgerichte tritt alljährlich ein Ausschuß zusammen.

Der Ausschuß besteht aus dem Amtsrichter als Vorsitzenden und einem von der Landesregierung[1] zu bestimmenden Staatsverwaltungsbeamten, sowie sieben Vertrauensmännern als Beisitzern.

Die Vertrauensmänner[2] werden aus den Einwohnern des Amtsgerichtsbezirks gewählt.

Die Wahl erfolgt nach näherer Bestimmung der Landesgesetze durch die Vertretungen[3] der Kreise, Aemter, Gemeinden oder dergleichen Verbände; wenn solche Vertretungen nicht vorhanden sind, durch den Amtsrichter. Letzterer hat die Vertrauensmänner vornehmlich aus den Vorstehern der vorbezeichneten Verbände zu wählen.

Zur Beschlußfähigkeit des Ausschusses genügt die Anwesenheit des Vorsitzenden, des Staatsverwaltungsbeamten und dreier Vertrauensmänner. Der Ausschuß faßt seine Beschlüsse nach der absoluten Mehrheit der Stimmen[4]. Bei Stimmengleichheit entscheidet die Stimme des Vorsitzenden.

1. Es herrschte in der JK. Einverständniß darüber, daß hierunter in gleicher Weise, wie unter dem Ausdruck „Landesjustizverwaltung" §§ 22. 57. 78. 86. 99 G. nicht ausschließlich die Centralregierungen zu verstehen seien, vielmehr die Ernennung untergeordneten Behörden übertragen werden dürfe. Prot. S. 235.

2. Daß die Vorschriften der §§ 32 u. 33 G. auch bei der Wahl der Vertrauensmänner Platz greifen, ist nicht ausgesprochen, wird aber für selbstverständlich zu erachten sein, da es sich in jenen Fällen um Ausschließungs-

gründe handelt, welche auf mangelnder Qualifikation beruhen, diese aber im mindestens gleichen Maße in Betreff der Vertrauensmänner wie bei den Schöffen, zur Geltung kommen.

Auch hier wird die Wahl der im § 34 unter den Nrn. 3—6 u. 9 bezeichneten Beamten und Militärpersonen zu vermeiden sein. Vergl. die Note 1 zu § 37 G. Ein Ablehnungsrecht (§ 35) ist Mangels einer ausdrücklichen Vorschrift nicht anzuerkennen.

3. In der JK. stellte sich Einverständniß darüber heraus, daß unter „Vertretungen" nur die auf einer freien Wahl beruhenden, nicht die durch Ernennung eingesetzten zu verstehen seien. (Prot. S. 241.)

4. Ueber die Art der Abstimmung äußern sich so wenig die Mot. als die Prot. der JK. Hinsichtlich der Vertrauensmänner und des Amtsrichters dürfte die Vorschrift des § 199 Abs. 1 G. analog zur Anwendung kommen. Ob der Staatsverwaltungsbeamte seine Stimme zuerst oder zuletzt abgiebt, wird von der Landesjustizbehörde zu bestimmen sein. Von dieser wird es auch abhängen, ob der Staatsverwaltungsbeamte ein für alle Mal, oder für jede Ausschußsitzung besonders zu ernennen sei.

5. Hinsichtlich der Folgen des unentschuldigten Ausbleibens der Vertrauensmänner vergl. § 56 G. Dieselben werden — in gleicher Weise, wie der § 46 G. hinsichtlich der Schöffen vorschreibt — den Vertrauensmännern bei der Vorladung bekannt zu machen sein.

In den Mot. S. 92 ist bei der Erwähnung, daß vor der Festsetzung einer Ordnungsstrafe die StAschft. gehört werden müsse, bemerkt: „Zwar nehme diese an den Sitzungen des Ausschusses nicht Theil; ihre Mitwirkung erscheine jedoch wünschenswerth, damit sie auch hier die Gründe des öffentlichen Interesse geltend machen könne." Es scheint hiermit haben gesagt werden zu sollen, daß die Zuziehung der StAschft. behufs konsultativer Aeußerung ihrer Meinung rathsam sei — wie dies auch der Stellung und Aufgabe derselben vollkommen entspricht.

§ 41 G.

Der Ausschuß entscheidet über die gegen die Urliste[1] erhobenen Einsprachen[2]. Die Entscheidungen sind zu Protokoll zu vermerken[3, 4]. Beschwerde findet nicht statt[5].

1. „Urliste" ist nach der Legaldefinition des § 36 Abs. 1 G. die Bezeichnung für das von dem Gemeindevorsteher dem Amtsrichter einzureichende Verzeichniß der zu Schöffen geeigneten Mitglieder einer einzelnen Gemeinde. Es müßte deshalb in Uebereinstimmung mit § 39 G. heißen: „die Urlisten".

2. Vergl. das im Eingange der Note zu § 39 G. Gesagte.

3. Beim Mangel einer besonderen Bestimmung (§ 308 Abs. 3 St.) wird dasselbe von sämmtlichen Mitgliedern des Ausschusses zu unterschreiben sein, wenngleich der Ausdruck „Protokoll" in der St. auch gleichbedeutend mit einem der Unterschrift der Betheiligten nicht bedürfenden amtlichen Vermerk zu den Akten gebraucht wird. Vergl. die Note 4 zu § 156 St. Daß

es der Zuziehung eines Protokollführers hier nicht nothwendig bedürfen soll, wird aus den §§ 45 Abs. 3 47. 51 Abs. 4 und 91 Abs. 3 G. geschlossen werden müssen.

4. Auch die bei der Verwerfung einer Einsprache leitend gewesenen Gründe werden zu protokolliren sein. Denn, hat ein aus einem der Gründe des § 32 G. in die Urliste (§ 36 G.) nicht aufgenommenes Gemeindemitglied hiergegen wegen thatsächlicher Unwahrheit jenes, seine Stellung und Achtung in der Gemeinde gefährdenden Grundes Einsprache erhoben, und ist diese von dem Ausschusse verworfen worden, so wird ihm die Mittheilung der bei diesem Beschlusse des Ausschusses entscheidend gewesenen Gründe nicht vorenthalten werden dürfen. Aus der Bestimmung, daß Beschwerde nicht stattfindet, wird nicht zu folgern sein, daß, dem normalen Geschäftsgange zuwider, dem mit einer Einsprache Zurückgewiesenen ein motivirter Bescheid habe verweigert und so die Möglichkeit, seine gekränkte Ehre auf anderem Wege wiederherzustellen, habe verschränkt werden sollen.

Erachtet der Ausschuß das ihm von dem Amtsrichter unterbreitete Material zur Entscheidung über eine Einsprache nicht für ausreichend, so wird er verpflichtet sein, weitere Erörterungen zu veranlassen.

5. Vergl. die Note 4 zu § 52 G.

§ 42 G.

Aus der berichtigten Urliste[1] wählt[2] der Ausschuß für das nächste Geschäftsjahr:

1. **die erforderliche Zahl von Schöffen;**
2. **die erforderliche Zahl derjenigen Personen, welche in der von dem Ausschusse festzusetzenden Reihenfolge an die Stelle wegfallender[3] Schöffen treten (Hülfsschöffen). Die Wahl ist auf Personen zu richten, welche am Sitze des Amtsgerichts oder in dessen nächster Umgebung wohnen.**

1. Auch hier, wie im § 41, steht der Ausdruck — gegen die Legaldefinition des § 36 G. — für: die vom Amtsrichter angefertigte Zusammenstellung aus den verschiedenen, ihm von den Gemeindevorstehern seines Amtsgerichtsbezirks eingereichten Urlisten (§ 39 G.). Es müßte danach heißen: „den Urlisten".

2. Ueber das hiebei zu beobachtende Verfahren, insbesondere, ob die Vorschläge von dem Amtsrichter oder von dem Verwaltungsbeamten ausgehen, oder ob die einzelnen in der „berichtigten Urliste" (Zusammenstellung § 39 G.) aufgeführten Personen nach der Reihenfolge zum Vorschlage kommen sollen, sprechen sich die Mot. und die Prot. der JK. nicht aus. Gegen das letztere Verfahren würde — zumal eine Fortsetzung der Prüfungen nach erfolgter Auswahl der erforderlichen Anzahl von Haupt- und

Hülfsschöffen nicht stattzufinden braucht — der mittelbare Einfluß sprechen, welchen der Amtsrichter bei der Anfertigung der Zusammenstellung ausüben könnte. Es wird daher den Landesbehörden überlassen bleiben, zur Regelung des Verfahrens Anordnungen zu treffen.

3. Der Ausdruck deutet sprachlich auf ein gänzliches Ausscheiden der Schöffen hin; der Eintritt eines Hülfsschöffen wird aber auch im Falle der Verhinderung eines Schöffen, in einer oder einzelnen Sitzungen zu erscheinen, nöthig. Vergl. auch § 87 G.

Für die Festsetzung der „Reihenfolge“ der Hülfsgeschworenen möchte sich Ausloosung empfehlen. Vergl. § 45 Abs. 2 G.

§ 43 G.

Die für jedes Amtsgericht erforderliche Zahl von Hauptschöffen und Hülfsschöffen wird durch die Landesjustizverwaltung[1] bestimmt[2].

Die Bestimmung der Zahl der Hauptschöffen erfolgt in der Art, daß voraussichtlich Jeder höchstens zu fünf ordentlichen Sitzungstagen im Jahre herangezogen wird.

1. Daß hierunter nicht nothwendig die Centralbehörde zu verstehen sei, bemerken auch die Mot. S. 86. Vergl. Note 1 zu § 40 G. In den Fällen der §§ 22. 57. 78. 99. 148. 155 G. und 39. 483 St. wird dagegen die betreffende Anordnung von der höchsten Justizbehörde ausgehen müssen. Im § 11 St. ist anstatt „Landesjustizverwaltung“ der Ausdruck „Justizverwaltung“ gebraucht.

2. Ob die Bestimmung für jedes Geschäftsjahr oder auf unbestimmte Zeit bis auf Widerruf zu treffen sei, wird von der Landesjustizverwaltung abhängen.

Ueber die bei der Bemessung der erforderlichen Zahl in's Auge zu fassenden Gesichtspunkte fehlte es im Entwurf und in den Mot. an Andeutungen. Um der in Folge dessen zu befürchtenden Ueberbürdung der Schöffen vorzubeugen und zugleich zu verhindern, daß sich bestimmte Kategorieen von Schöffen zum Nachtheile der Volksthümlichkeit der Schöffengerichte bilden, hat die JK. den 2. Absatz hinzugefügt, wiewohl dagegen das Bedenken angeregt wurde, ob überall eine genügende Zahl geeigneter Schöffen vorhanden sein werde, um jene Bestimmung zur Ausführung bringen zu können. Prot. S. 243.

§ 44 G.

Die Namen der erwählten Hauptschöffen und Hülfsschöffen werden bei jedem Amtsgerichte in gesonderte Verzeichnisse aufgenommen (Jahreslisten).

§ 45 G.

Die Tage der ordentlichen Sitzungen des Schöffengerichts werden für das ganze Jahr im voraus festgestellt[1].

Die Reihenfolge, in welcher die Hauptschöffen an den einzelnen ordentlichen Sitzungen des Jahres Theil nehmen, wird durch Ausloosung in öffentlicher Sitzung des Amtsgerichts bestimmt[2]. Das Loos zieht der Amtsrichter.

Ueber die Ausloosung wird von dem Gerichtsschreiber ein Protokoll aufgenommen.

1. Ob von dem mit der allgemeinen Dienstaufsicht (§ 22 G.) oder dem mit der Verwaltung des Schöffengerichts beauftragten Amtsrichter, ist nicht gesagt. Die Feststellung dürfte jedoch zu den Funktionen des letzteren zu rechnen sein.

2. Das dabei zu beobachtende Verfahren läßt das Gesetz unbestimmt. Auch die Mot. S. 86. 87 sagen nur: das Gesetz stelle die Zeit des ordentlichen Gerichtsdienstes jedes Schöffen fest, indem es anordne, daß die „ordentlichen" Sitzungen jedes Schöffengerichts vor der Ausloosung nach Zahl und Tagen bestimmt werden und daß jeder Schöffe sofort von den einzelnen ordentlichen Sitzungstagen des ganzen Geschäftsjahrs, an denen er theilzunehmen habe, zu benachrichtigen sei.

Es kann aber bei der Ausloosung nach wesentlich von einander verschiedenen Methoden verfahren werden. Sind z. B. für das Geschäftsjahr 40 ordentliche Sitzungstage des Schöffengerichts festgestellt, für welche nach § 42. 43 G. 20 Schöffen bestimmt worden sind, so daß also Jeder an 4 Sitzungen jährlich Theil zu nehmen hat, so kann bei der Ausloosung erstens in der Weise verfahren werden, daß die beiden Schöffen, deren Namen sich auf den zuerst aus der Urne gezogenen 2 Zetteln befinden, die 1. Sitzung, die beiden folgenden die 2. Sitzung, der 5. und 6. Schöffe die 3. Sitzung wahrzunehmen haben, und so fort, bis sämmtliche 20 Zettel gezogen sind. Da aber mit der 10. Ausloosung von je 2 Schöffen nur 10 der 40 Sitzungen mit Schöffen versehen sind, so muß jenes Verfahren 4 Mal wiederholt werden. Bei diesem Verfahren würden die beiden Schöffen, welche der 1. Sitzung beigewohnt haben, während der nächsten neun Sitzungen von der Theilnahme befreit bleiben.

Das Ausloosungsverfahren kann aber auch zweitens so stattfinden, daß die 40 Sitzungen in zehn Abschnitte, von denen jeder 4 auf einander folgende Sitzungen umfaßt, getheilt werden, worauf zunächst 2 Schöffen für den ersten Abschnitt, dann 2 für den zweiten und so fort für jeden der zehn Abschnitte 2 von den 20 Schöffen ausgeloost werden. Bei dieser Methode fungiren stets dieselben 2 Schöffen gemeinschaftlich, sie nehmen 4 auf einander folgende Sitzungen wahr und bleiben während des übrigen Theils des ganzen Geschäftsjahres von der Funktion als Schöffen frei. Beide Ausloosungsmethoden sind nach der Fassung des Gesetzes zulässig. Die letztere möchte insofern den Vorzug verdienen, als die während mehrerer auf einander folgender Sitzungen fortgesetzte Funktion den Schöffen eine ergiebigere Gelegenheit zur richtigen Auffassung ihrer Aufgabe und zur Ausbildung für deren Lösung bietet, als wenn zwischen den einzelnen Sitzungen ein längerer Zeitraum verfließt. Welche von diesen Methoden und ob bei dem ersterwähnten Verfahren, zur Vermeidung viermaliger Ausloosungen, sofort die beiden Schöffen, deren Namen zuerst aus der Urne hervorgehen, für die Sitzungen 1. 11. 21. 31, die beiden folgenden für die Sitzungen 2. 12. 22. 32 und so fort bestimmt sein sollen, werden die Centralstellen der einzelnen Bundesländer anzuordnen haben.

Dieselben werden auch noch andere als die vorerwähnten Methoden vorschreiben können. Beispielsweise ist es auch zulässig, für jeden der vierzig Sitzungstage zwei mit dem Datum derselben versehene Zettel in die Urne zu legen, und aus denselben für jeden Schöffen vier Zettel auszuloosen, um dadurch die vier Sitzungstage festzustellen, an denen er in Funktion zu treten hat.

§ 46 G.

Der Amtsrichter setzt die Schöffen von ihrer Ausloosung und von den Sitzungstagen, an welchen sie in Thätigkeit zu treten haben, unter Hinweis auf die gesetzlichen Folgen des Ausbleibens in Kenntniß[1].

In gleicher Weise werden die im Laufe des Geschäftsjahres einzuberufenden Schöffen[2] benachrichtigt.

1. Es dürfte sich empfehlen, den Schöffen demnächst vor ihren betreffenden Sitzungen von den in denselben zu verhandelnden Untersuchungen, unter Namhaftmachung der dabei als Angekl., Privatkläger u. s. w. betheiligten Personen, so zeitig Nachricht zu geben, daß sie von einem etwa nach §§ 22 u. 31 St. ihre Mitwirkung ausschließenden Umstande zur Vermeidung einer Verzögerung der Verhandlung — geeigneten Falls unter Beifügung einer Bescheinigung — Anzeige machen können.

2. Haupt- und Hülfsschöffen §§ 42 u. 48 G. Die Vorschrift des § 93 Abs. 2 G. wird auch hier, so weit möglich, analog zur Anwendung zu bringen sein.

§ 47 G.

Eine Aenderung in der bestimmten Reihenfolge kann auf übereinstimmenden Antrag der betheiligten Schöffen von dem Amtsrichter bewilligt werden[1], sofern die in den betreffenden Sitzungen zu verhandelnden Sachen noch nicht bestimmt sind. Der Antrag und die Bewilligung sind aktenkundig zu machen[2].

1. Hiernach ist der nach Ausweis der Prot. der JK. S. 245 in einzelnen Bundesländern ohne Einwilligung des Richters durch Vereinbarung der Schöffen unter sich zulässige Tausch, bzhw. die dauernde Uebernahme der Funktionen eines Schöffen Seitens eines anderen, unstatthaft.

2. Bei der Berathung des von der JK. hinzugefügten Satzes: „Der Antrag" u. s. w. ist Seitens des Antragstellers bemerkt worden, daß nicht die Akten der einzelnen Fälle, sondern die Generalakten gemeint seien. Prot. S. 247.

§ 48 G.

Wenn die Geschäfte[1] die Anberaumung außerordentlicher Sitzungen erforderlich machen, so werden die einzuberufenden Schöffen[2] vor dem Sitzungstage in Gemäßheit des § 45 ausgeloost.

Erscheint dies wegen Dringlichkeit[3] unthunlich, so erfolgt die Ausloosung[4] durch den Amtsrichter lediglich aus der Zahl der am Sitze des Gerichts wohnenden Hülfsschöffen. Die Umstände, welche den Amtsrichter hierzu veranlaßt haben, sind aktenkundig zu machen.

1. Nicht blos bei einer Häufung derselben, sondern — wie auch in den Mot. S. 88 erwähnt ist — auch in solchen Fällen, wo die strafbare Handlung eines verhafteten Angekl. nicht im Verhältniß zu dem ihn durch die Festhaltung bis zur nächsten ordentlichen Sitzung treffenden Uebel stehen würde.

2. Wie aus der Hinweisung auf den § 45 und dem von der JK. hinzugefügten Abs. 2 des § 48, sowie aus § 49 hervorgeht, sind hier die mittelst des ordentlichen Ausloosungsverfahrens zu bestimmenden Hauptschöffen gemeint.

3. Bei der Berathung des § in der JK. sind hier vorzugsweise die Fälle erfolgter Festnahme von Vagabonden in's Auge gefaßt. Prot. S. 247 folg.

4. Diese Ausloosung, zu welcher der Protokollführer zuzuziehen sein dürfte, kann — wie auch in der JK. bemerkt worden (Prot. S. 248) — am Sitzungstage selbst erfolgen. Nach derselben ist sofort der ausgeloosste Hülfsschöffe einzuberufen.

§ 49 G.

Wird zu einzelnen Sitzungen die Zuziehung anderer als der zunächst berufenen Schöffen erforderlich[1], so erfolgt dieselbe aus der Zahl der Hülfsschöffen nach der Reihenfolge[2] der Jahresliste.

Würde durch die Berufung der letzteren[3] eine Vertagung

der Verhandlung oder eine erhebliche Verzögerung ihres Beginnes nothwendig, so sind die nicht am Sitze des Gerichts wohnenden Hülfsschöffen zu übergehen.

1. Ob ein solcher Fall vorliegt, wird der Amtsrichter — geeigneten Falls nach Anhörung der StAschft. — unter Berücksichtigung der vorwaltenden Umstände nach billigem Ermessen zu entscheiden haben. Jedenfalls ist er berechtigt, über die Wahrheit der von einem Schöffen angeführten Hinderungsgründe eine Bescheinigung zu erfordern. — Die Bestimmung bezieht sich in gleicher Weise auf ordentliche, wie auf außerordentliche Sitzungen, sowie auch auf den Fall gänzlichen Fortfalls des Schöffen (§ 42 Nr. 2 und §§ 52. 53 G.). Vergl. auch die Schlußbemerkung zu § 52 G. Es wird in einem solchen Falle für jede Sitzung, in welcher der Schöffe noch hätte fungiren müssen, ein anderer Hülfsschöffe nach der Reihenfolge einzuberufen sein.

2. Zur Vermeidung von Willkürlichkeiten bei der Auswahl.

3. Es müßte wohl heißen: „Würde durch die Berufung nach der Reihenfolge“ u. s. w. Es ist der Fall in's Auge gefaßt, wenn derjenige Hülfsschöffe, welcher nach der in Gemäßheit des § 42 festgesetzten Reihenfolge einberufen werden müßte, nicht am Sitze des Gerichts oder in dessen nächster Nähe wohnt.

4. Weshalb hier die Reihenfolge maßgebend sein, im Falle des § 48 Abs. 2 dagegen, ungeachtet der Gleichartigkeit der Umstände, die Schöffen aus der Zahl der am Sitze des Gerichts wohnenden Hülfsschöffen ausgeloost werden sollen, machen die Verhandlungen der JK., welche die betreffenden Vorschriften der §§ 48. 49 beschlossen hat, nicht erkennbar. Prot. S. 247 folg. 411—413. 615. Das Ausloosungsverfahren kann, da es sich auf die am Sitze des Gerichts wohnenden Hülfsschöffen beschränkt, eine für den Einzelnen belästigende Ungleichheit der Zahl der wahrzunehmenden Sitzungen herbeiführen und zur Folge haben, daß dieselbe die im § 43 G. vorausgesetzte Normalzahl derselben erheblich übersteigt.

§ 50 G.

Erstreckt sich die Dauer einer Sitzung über die Zeit hinaus, für welche der Schöffe zunächst einberufen ist*, so hat er bis zur Beendigung der Sitzung seine Amtsthätigkeit fortzusetzen.

* Nach § 46 Abs. 1 G. wird der Schöffe nicht „zunächst für eine Zeit einberufen“, sondern es werden ihm die Sitzungs-Tage, an denen er fungiren soll, für das ganze Jahr im voraus bekannt gemacht. Es ist hier der Fall in's Auge gefaßt, wenn eine Verhandlung an dem für sie bestimmten Tage wegen ihrer Weitläufigkeit, oder in Folge einer Unterbrechung, mehr als einen Tag in Anspruch nimmt. Vergl. § 95 G.

§ 51 G.

Die Beeidigung der Schöffen erfolgt bei ihrer ersten Dienstleistung in öffentlicher Sitzung[1]. Sie gilt für die Dauer des Geschäftsjahres.

Der Vorsitzende richtet an die zu Beeidigenden die Worte:

„Sie schwören bei Gott dem Allmächtigen und Allwissenden, die Pflichten eines Schöffen getreulich zu erfüllen und Ihre Stimmen nach bestem Wissen und Gewissen abzugeben."

Die Schöffen leisten den Eid, indem Jeder einzeln die Worte spricht:

„ich schwöre es, so wahr mir Gott helfe."

Der Schwörende soll bei der Eidesleistung die rechte Hand erheben.

Ist ein Schöffe Mitglied einer Religionsgesellschaft, welcher das Gesetz[2] den Gebrauch gewisser Betheuerungsformeln an Stelle des Eides gestattet, so wird die Abgabe einer Erklärung unter der Betheuerungsformel dieser Religionsgesellschaft der Eidesleistung gleich geachtet.

Ueber die Beeidigung wird von dem Gerichtsschreiber ein Protokoll aufgenommen.

1. Die Worte: „in öffentlicher Sitzung" sind von der JK. eingeschaltet. Prot. S. 251. Es ist zwar bei der Berathung des § auch die Meinung geäußert (S. 252), daß die für das bevorstehende Geschäftsjahr zum Dienste bestimmten Schöffen zusammen einzuberufen und gemeinsam zu beeidigen seien; da jedoch die Worte: „bei ihrer ersten Dienstleistung" stehen geblieben sind, Seitens der Regierungsvertretung auch ausgesprochen ist (S. 251), daß die Beeidigung der Schöffen einzeln vor ihrer Dienstleistung beabsichtigt sei, wird die Beeidigung jedes Schöffen in der Sitzung, in welcher er zum ersten Mal fungirt, vor dem Beginn der ersten Verhandlung nach erfolgter Zulassung des Publikums stattzufinden haben und das betreffende Protokoll des Gerichtsschreibers zu den Generalakten zu nehmen sein.

Die in der JK. angeregte Frage (S. 252), ob der Beeidigung eine Belehrung des Schöffen über seine Pflichten vorauszuschicken sei, ist unentschieden geblieben. Vorgeschrieben ist eine solche Belehrung auch nicht in Bezug auf Geschworene. § 288 St.

2. Die allgemeinen Ausdrücke: „Gesetz", „gesetzlich" (§§ 150 G. 64. 152. 219 St.) müssen sowohl auf Reichs- als auf Landesgesetze bezogen werden, da an anderen Stellen des G. und der St. speziell von „Reichs-

gesetzen" und von „Landesgesetzen" die Rede ist. Z. B. § 123 Nr. 3 G. § 3 des Einf.-Ges. zum G. § 3 des Einf.-Ges. zur St.

§ 52 G.

Wenn die Unfähigkeit einer als Schöffe in die Jahresliste aufgenommenen Person eintritt oder bekannt wird, so ist der Name derselben von der Liste zu streichen.

Ein Schöffe, hinsichtlich dessen nach seiner Aufnahme in die Jahresliste andere Umstände eintreten oder bekannt werden[1], bei deren Vorhandensein eine Berufung zum Schöffenamte nicht erfolgen soll, ist zur Dienstleistung ferner nicht heranzuziehen[2].

Die Entscheidung erfolgt[3] durch den Amtsrichter nach Anhörung der Staatsanwaltschaft und des betheiligten Schöffen.

Beschwerde findet nicht statt[4].

1. Hat in den Fällen des § 33 Nr. 1 u. 2 G. der zu Unrecht einberufene Schöffe schon an Sitzungen Theil genommen und ist inzwischen die Vollendung des 30. Lebensjahres, bzhw. der Ablauf der zweijährigen Frist, eingetreten, so wird die Ausführung der Vorschrift zwar unzweckmäßig erscheinen, gleichwohl bei der Unbedingtheit der Fassung nicht umgangen werden dürfen.

2. Weshalb nur in den Fällen des Abs. 1 (§ 32), nicht auch in denen des Abs. 2 (§§ 33. 34) die Streichung des Namens in der Liste erfolgen soll, ist aus den Mot. nicht zu entnehmen. Der bei der Berathung des § in der JK. dem Antrage auf Beseitigung der die Streichung des Namens betreffenden Bestimmung von der Regierungsvertretung entgegengestellte Grund (Prot. S. 242): „der Abstrich von der Liste sei die einfache und nothwendige Konsequenz, wenn sich ergebe, daß ein zum Schöffenamte Unfähiger auf die Liste gekommen sei", dürfte in gleichem Maße auch hinsichtlich eines solchen Schöffen Platz greifen, welcher nach den §§ 33. 34 nicht hätte „einberufen werden sollen".

3. In Betreff der Nothwendigkeit, das die Entscheidung bedingende Thatsächliche in geeigneter Weise festzustellen und im Falle des unberücksichtigt gebliebenen Widerspruchs dem Schöffen die mit Gründen zu versehende Entscheidung mitzutheilen, vergl. Note 4 zu § 41 G. Der Anspruch des Schöffen hierauf ist hier um so unabweislicher, als der Amtsrichter, selbst gegen die Ansicht der StAschft. die Ausschließung des Schöffen anordnen darf, während im Falle des § 40 G. ein Kollegium von mindestens 5 Personen entscheidet.

4. Also selbst in dem Falle nicht, wenn die Entscheidung aus Rechtsgründen — unrichtige Auslegung der Vorschriften der §§ 32—34 G. —

angefochten wird. Dies nicht unerhebliche Bedenken gegen die Zweckmäßigkeit der Vorschrift tritt auch bei den §§ 41 u. 53 G. entgegen.

Der Fall, wenn der Schöffe im Laufe des Geschäftsjahres seinen Wohnsitz außerhalb des Amtsgerichtsbezirks verlegt, ist im Gesetz nicht vorgesehen; Abs. 2 des § wird jedoch auf denselben Anwendung finden müssen.

§ 53 G.

Ablehnungsgründe sind nur zu berücksichtigen[1], wenn sie innerhalb einer Woche[2], nachdem der betheiligte Schöffe von seiner Einberufung in Kenntniß gesetzt worden ist, von demselben geltend gemacht werden. Fällt ihre Entstehung oder Bekanntwerdung in eine spätere Zeit[3], so ist die Frist erst von diesem Zeitpunkte zu berechnen.

Der Amtsrichter entscheidet über das Gesuch nach Anhörung der Staatsanwaltschaft. Beschwerde findet nicht statt.

1. Auf die Form dürfte der § 37 G. analog Anwendung finden.

2. Vergl. die §§ 43. 44 St.

3. Es wird dies z. B. im Falle des § 35 Nr. 1 G., sowie, wenn der Apotheker erst im Laufe des Geschäftsjahres den Gehülfen verliert (§ 35 Nr. 3), nicht aber dann zutreffen, wenn die Vollendung des 65. Lebensjahres erst während des Geschäftsjahres eintritt, da der Schöffe diesen, ihm schon bei der Einberufung bekannt gewesenen Umstand sofort hätte geltend machen müssen.

Im Falle der während des Geschäftsjahres eintretenden Verschlechterung der Vermögensverhältnisse (§ 35 Nr. 6) wird sich der Zeitpunkt behufs Berechnung der einwöchigen Frist schwer feststellen lassen.

4. Daraus, daß von der Geltendmachung der „Ablehnungsgründe" nur in diesem § die Rede ist, in Verbindung damit, daß der § 37 ausschließlich von der „Einsprache" gegen die „Richtigkeit und Vollständigkeit" der Urliste handelt, und auch der § 41 nur von der Entscheidung über die „Einsprachen" spricht, würde zu folgern sein, daß das Recht zur Ablehnung nicht schon bei dem Gemeindevorsteher (§ 38) geltend gemacht und von dem Ausschusse geprüft werden dürfe (§ 41), vielmehr von dem Schöffen erst nach seiner Einberufung (§ 53) ausgeübt werden könne. Diese Anordnung müßte unzweckmäßig erscheinen, weil eine erst in diesem Stadium ergehende, die Ablehnung als begründet anerkennende Entscheidung des Amtsrichters zur Folge hat, daß für die ganze Dauer des Geschäftsjahres den Ablehnenden Hülfsschöffen substituirt werden müssen, während eine bei dem Gemeindevorsteher angebrachte und von dem „Ausschuß" für gerechtfertigt erachtete Ablehnung nach § 41 sofort die Berichtigung der Urliste und demnächst das Uebergehen des Ablehnenden bei der Schöffenwahl nach sich zieht (§ 42).

Die Mot. zu den §§ 36—39 G. enthalten S. 82 die Bemerkung: „diejenigen Personen, denen Ablehnungsgründe zur Seite stehen, gehören in die vollständige Liste (Urliste). Auf Ablehnungsgründe ist nur insofern Rücksicht zu nehmen, als der Gemeindevorsteher sich über das Vorhandensein solcher bei Einsendung der Urliste äußern kann, damit schon bei der Auswahl auf bekannte Ablehnungsgründe vorweg Rücksicht genommen werden kann". Ist aber hiernach die Berücksichtigung von Ablehnungsgründen selbst von Amtswegen für statthaft erachtet, obgleich der § 35 G. die Geltendmachung des Ablehnungsrechts Seitens der Person, welcher dasselbe zusteht, voraussetzt, so wird es — Mangels einer entgegenstehenden ausdrücklichen Vorschrift des Gesetzes — nicht bedenklich sein, den im § 35 aufgeführten Personen zu gestatten, schon auf Grund der Einsicht der „ausgelegten Urliste" (§ 36) ihre Ablehnung behufs ihrer Berücksichtigung bei dem Wahlakt (§ 42) in der Form des § 37 bei dem Gemeindevorsteher anzubringen — wenngleich die Worte „gegen die Richtigkeit oder Vollständigkeit der Urliste" diesem Verfahren nicht zur Seite stehen.

Aus der in der Note 2 zu § 37 G. erwähnten Verwerfung des in der JK. gestellten Antrages auf Verpflichtung der Ablehnungsberechtigten zur Anbringung ihrer Ablehnung bei dem Gemeindevorstand kann nicht gefolgert werden, daß die JK. die Geltendmachung des Ablehnungsrechts in diesem Stadium des Verfahrens für unstatthaft erachtet habe.

§ 54 G.

Der Amtsrichter kann einen Schöffen auf dessen Antrag wegen eingetretener Hinderungsgründe* von der Dienstleistung an bestimmten Sitzungstagen entbinden.

Die Entbindung des Schöffen von der Dienstleistung kann davon abhängig gemacht werden, daß ein anderer für das Dienstjahr bestimmter Schöffe für ihn eintritt.

Der Antrag und die Bewilligung sind aktenkundig zu machen.

* Die Worte „wegen eingetretener Hinderungsgründe" sind von der JK. eingeschaltet (Prot. S. 252. 253), um dem Richter zu erkennen zu geben, daß es sich nicht um einen „reinen Gnadenakt" handle, vielmehr solche Hinderungsgründe vorausgesetzt seien, welche ohne Unbilligkeit nicht zurückzuweisen seien. Vergl. § 94 G.

Daß auch in einem solchen Falle bei der Ernennung des Substituten die Reihe der Hülfsschöffen einzuhalten ist, folgt aus den §§ 42 u. 49 G.

In Folge jener Einschaltung wird, sofern die Stellvertretung durch in der Person eines Schöffen liegende Gründe veranlaßt wird, dieser § sich von dem § 49 G. in Betreff des Urtheils, ob die Stellvertretung geboten sei, nicht wesentlich unterscheiden.

§ 55 G.

Die Schöffen und die Vertrauensmänner des Ausschusses erhalten Vergütung der Reisekosten*.

* Den Maßstab werden die Landesregierungen zu bestimmen haben, wenngleich der bestimmte Artikel: „der Reisekosten" zu der Auslegung führt, daß der Schöffe die ihm erweislich erwachsenen Kosten zu beanspruchen habe. In den Mot. heißt es S. 91: „Die Festsetzung der Reisekosten (soll wohl heißen: des Tarifs für dieselben) erfolgt durch die Landesjustizverwaltung."

§ 56 G.

Schöffen und Vertrauensmänner des Ausschusses, welche ohne genügende Entschuldigung zu den Sitzungen nicht rechtzeitig sich einfinden oder ihren Obliegenheiten in anderer Weise sich entziehen, sind zu einer Ordnungsstrafe von fünf bis zu eintausend Mark[1], sowie in die verursachten Kosten zu verurtheilen.

Die Verurtheilung wird durch den Amtsrichter nach Anhörung der Staatsanwaltschaft ausgesprochen. Erfolgt nachträglich genügende Entschuldigung, so kann die Verurtheilung ganz oder theilweise zurückgenommen werden[2]. Gegen die Entscheidungen findet Beschwerde von Seiten des Verurtheilten[3] nach den Vorschriften der Strafprozeßordnung statt.

1. Weshalb hier nicht, wie im § 50 St. in Betreff der Zeugen, für den Fall der Unbeitreibbarkeit eine Haftstrafe bestimmt ist, läßt sich aus den Mot. nicht entnehmen. Im Hinblick auf jenen § und den § 69 St. (vergl. Note 1 das.) wird jedoch eine Umwandlung der Geldstrafe in Haft nicht zulässig sein.

2. Daß die StAschft. zuvor zu hören sei, wird das Gesetz mit Rücksicht auf das unmittelbar Vorangegangene, auch ohne ausdrücklichen Ausspruch, für selbstverständlich erachtet haben. Vergl. auch § 33 St.

3. Die Vorschrift des § 338 Abs. 2 St. wird, da sie nur von Beschuldigten im Sinne der St. (§§ 112. 133 St.) spricht, hier selbst in dem Falle keine Anwendung finden, wenn die Straffestsetzung gegen den Widerspruch der StAschft. erfolgt ist. Die Worte „Beschwerde — nach den Vorschriften der St." dürften nur auf die §§ 346 folg. St., nicht auch auf die allgemeinen Vorschriften über Rechtsmittel (§§ 338 folg. St.) zu beziehen sein.

4. Die in der JK. geäußerte Ansicht, daß nach Abs. 2 gegen die erste Strafverfügung zunächst Entschuldigung, nicht Beschwerde, letztere vielmehr

erst nach Zurückweisung der Entschuldigung statthaft sei, wurde Seitens der Regierungsvertretung als unrichtig bezeichnet. Prot. S. 254.

5. Anstatt der in diesem § und in den §§ 50. 120. 452 St. gebrauchten Worte: „ohne genügende Entschuldigung" heißt es in den §§ 215. 473 St. gleichbedeutend „unentschuldigt".

§ 57 G.

Bis zu welchem Tage[1] die Urlisten aufzustellen und dem Amtsrichter einzureichen sind, der Ausschuß zu berufen und die Auslosung der Schöffen zu bewirken ist, wird durch die Landesjustizverwaltung bestimmt[2].

1. Nämlich: vor der ersten Schöffensitzung des Geschäftsjahres.

2. Von mindestens gleicher Wichtigkeit ist eine Anordnung, binnen welcher Frist nach der Auslosung den Schöffen in Gemäßheit des § 46 Nachricht zu geben ist.

Landgerichte.

§ 58 G.

Die Landgerichte werden mit einem Präsidenten und der erforderlichen Anzahl* von Direktoren und Mitgliedern besetzt.

* Nach den Mot. (S. 92) hat die Landesjustizverwaltung nicht blos über die Anzahl der Direktoren Bestimmung zu treffen, sondern über die Frage, ob solche überhaupt anzustellen seien, zu entscheiden.

§ 59 G.

Bei den Landgerichten werden Civil- und Strafkammern gebildet.

§ 60 G.

Bei den Landgerichten sind Untersuchungsrichter nach Bedürfniß zu bestellen.

Die Bestellung erfolgt durch die Landesjustizverwaltung auf die Dauer eines Geschäftsjahres.

§ 61 G.

Den Vorsitz im Plenum führt der Präsident, den Vorsitz in den Kammern führen der Präsident und die Direktoren. Vor Beginn des Geschäftsjahres bestimmt der Präsident die

Kammer, welcher er sich anschließt. Ueber die Vertheilung des Vorsitzes in den übrigen Kammern entscheiden der Präsident und die Direktoren nach Stimmenmehrheit[1], im Falle der Stimmengleichheit giebt die Stimme des Präsidenten den Ausschlag[2].

1. Da über die Art der Abstimmung eine Anordnung nicht getroffen ist, wird dem Präsidenten nicht verschränkt sein, dieselbe mittelst Stimmzettel stattfinden zu lassen.

2. Die Fassung des Schlußsatzes des § 40 Abs. 5 wäre wohl hier und im § 63 vorzuziehen gewesen.

§ 62 G.

Vor Beginn des Geschäftsjahres werden auf die Dauer desselben die Geschäfte unter die Kammern derselben Art vertheilt und die ständigen Mitglieder der einzelnen Kammern sowie für den Fall ihrer Verhinderung die regelmäßigen Vertreter[1] bestimmt. Jeder Richter kann zum Mitgliede mehrerer Kammern bestimmt werden.

Die getroffene Anordnung kann im Laufe des Geschäftsjahres nur geändert werden, wenn dies wegen eingetretener Ueberlastung einer Kammer oder in Folge Wechsels oder dauernder Verhinderung einzelner Mitglieder des Gerichts erforderlich wird[2].

1. Die Worte: „für den Fall ihrer Verhinderung die regelmäßigen Vertreter" sind, wie sich aus § 66 ergiebt, dahin zu verstehen, daß für jedes einzelne ständige Mitglied im voraus ein bestimmter Vertreter ernannt werden soll.

2. Es ist auch zulässig, die für ein Geschäftsjahr getroffenen Anordnungen für das folgende fortbestehen zu lassen.

§ 63 G.

Die im vorstehenden Paragraphen bezeichneten Anordnungen erfolgen durch das Präsidium.

Das Präsidium wird durch den Präsidenten als Vorsitzenden, die Direktoren und das dem Dienstalter nach, bei gleichem Dienstalter das der Geburt nach älteste Mitglied gebildet. Das Präsidium entscheidet nach Stimmenmehrheit*, im Falle der Stimmengleichheit giebt die Stimme des Präsidenten den Ausschlag.

* Da eine dem § 40 Abs. 5 analoge Bestimmung hier nicht getroffen ist, wird die Abstimmung erfolgen können, wenn die Mitglieder des Präsidiums — soweit dem Präsidenten ihre Verhinderung am Erscheinen nicht bekannt ist — zu der Konferenz eingeladen und diejenigen, deren Ausbleiben nicht entschuldigt ist, erschienen sind.

§ 64 G.

Der Präsident kann bestimmen, daß einzelne Untersuchungen von dem Untersuchungsrichter, dessen Bestellung mit dem Ablaufe des Geschäftsjahres erlischt, zu Ende geführt werden, sowie daß in einzelnen Sachen, in welchen während des Geschäftsjahres eine Verhandlung bereits stattgefunden hat, die Kammer in ihrer früheren Zusammensetzung auch nach Ablauf des Geschäftsjahres verhandle und entscheide.

§ 65 G.

Im Falle der Verhinderung des ordentlichen Vorsitzenden führt den Vorsitz in der Kammer dasjenige Mitglied der Kammer*, welches dem Dienstalter nach und bei gleichem Dienstalter der Geburt nach das älteste ist.

Der Präsident wird in seinen übrigen durch dieses Gesetz bestimmten Geschäften durch denjenigen Direktor vertreten, welcher dem Dienstalter nach und bei gleichem Dienstalter der Geburt nach der älteste ist.

* Die Vorschrift dürfte sich auf die ständigen Mitglieder der Kammer beziehen, ein als Stellvertreter eines verhinderten Mitgliedes der Kammer fungirendes Mitglied des Landgerichts mithin den Vorsitz auf Grund des höchsten Dienstalters nicht beanspruchen können.

§ 66 G.

Im Falle der Verhinderung des regelmäßigen Vertreters eines Mitgliedes wird ein zeitweiliger Vertreter durch den Präsidenten bestimmt.

§ 69 G.

Soweit die Vertretung eines Mitgliedes nicht durch ein Mitglied desselben Gerichts möglich ist, erfolgt die Anordnung derselben auf den Antrag des Präsidiums durch die Landesjustizverwaltung.

Die Beiordnung eines nicht ständigen Richters darf, wenn sie auf eine bestimmte Zeit erfolgte, vor Ablauf dieser Zeit, wenn sie auf unbestimmte Zeit erfolgte, so lange das Bedürfniß, durch welches sie veranlaßt wurde, fortdauert*, nicht widerrufen werden. Ist mit der Vertretung eine Entschädigung verbunden, so ist diese für die ganze Dauer im voraus festzustellen.

Unberührt bleiben diejenigen landesgesetzlichen Bestimmungen, nach welchen richterliche Geschäfte nur von ständig angestellten Richtern wahrgenommen werden können, sowie diejenigen, welche die Vertretung durch ständig angestellte Richter regeln.

* Von dieser Bestimmung — welche die JK. gleich den Vorschriften der §§ 61—68 behufs Sicherung unbeeinflußter Rechtsprechung eingeschaltet hat — ist wohl ein praktischer Erfolg nicht zu erwarten. Ist z. B. die „Beiordnung" durch Ueberlastung der Kammer (§ 62) veranlaßt, so bleibt das Urtheil darüber, ob „das Bedürfniß fortdauert", stets lediglich von dem Ermessen der Landesjustizverwaltung abhängig.

§ 72 G.

Die Strafkammern[1] sind zuständig für diejenigen die Voruntersuchung und deren Ergebnisse betreffenden Entscheidungen, welche nach den Vorschriften der Strafprozeßordnung von dem Gerichte zu erlassen sind[2]; sie entscheiden über Beschwerden gegen Verfügungen des Untersuchungsrichters und des Amtsrichters[3], sowie gegen Entscheidungen[4] der Schöffengerichte[5]. Die Bestimmungen über die Zuständigkeit des Reichsgerichts werden hierdurch nicht berührt[6].

Die Strafkammern erledigen außerdem die in der Strafprozeßordnung den Landgerichten zugewiesenen Geschäfte[7].

1. Die Einsetzung besonderer Abtheilungen des Landgerichts für Urtheilsfällung (Strafkammern im engeren Sinne, Zuchtpolizeikammern) und für die beschließende Thätigkeit (Anklagekammern) ordnet das Gesetz nicht an; den „Strafkammern" sind beide Arten von Funktionen überwiesen.

2. St. §§ 122 Abs. 2. 178. 195. 196. 200. 201. 202. 208.

3. Mögen dieselben im vorbereitenden Verfahren oder in demjenigen, welches zur Erledigung von Beschlüssen des Schöffengerichts (z. B. Beweisaufnahmen) stattfindet, oder auch nach ergangenem schöffengerichtlichem Urtheil

(Einleitung von Rechtsmitteln, Freigebung von Kautionen u. s. w.) oder auch in seiner Eigenschaft als ersuchter oder beauftragter Richter erlassen sein.

Der Entwurf hatte nur die Beschwerden gegen solche Verfügungen des Amtsrichters, welche in dem Verfahren zur Vorbereitung der öffentlichen Klage ergehen, dem Landgericht, die übrigen dem Oberlandesgericht überweisen wollen.

4. Es wäre hier wohl der speziellere Ausdruck „Beschlüsse" bezeichnender gewesen, da das Wort „Entscheidungen" nach der Terminologie der St. auch die Urtheile umfaßt.

5. Daß hier nicht auch der Verzögerungen, unangemessener Behandlung der Beschuldigten, Zeugen u. s. w. und Mißgriffe anderer Art Erwähnung geschieht, findet seine Erklärung darin, daß das G. und die St. die Disziplinarverhältnisse überhaupt nicht regelt, demzufolge die darauf bezüglichen Anordnungen der Gesetzgebung und den Instruktionen der einzelnen Bundesländer anheimfallen.

6. Diese Vorschrift soll nur ausdrücken, daß Beschwerden über den Untersuchungsrichter in den nach § 136 G. vor das Reichsgericht gehörenden Untersuchungen an das Reichsgericht zu richten sind.

7. Es gehören dahin: die Entscheidung über die Ablehnung eines Untersuchungs- oder Amtsrichters (§ 27 St.), die Eröffnung des Hauptverfahrens in den vor die Landgerichte und die Schwurgerichte gehörenden Strafsachen (§§ 196—208 St.); ferner die Umwandlung der durch Verwaltungsbehörden festgesetzten Geldstrafen, sofern für die Urtheilsfällung nicht das Schöffengericht zuständig gewesen wäre. Mot. S. 96 und § 463 St.

§ 73 G.

Die Strafkammern sind als erkennende Gerichte zuständig:

1. für die Vergehen, welche nicht zur Zuständigkeit der Schöffengerichte gehören[1];
2. für diejenigen Verbrechen, welche mit Zuchthaus von höchstens fünf Jahren, allein oder in Verbindung mit anderen Strafen bedroht sind. Diese Bestimmung findet nicht Anwendung in den Fällen der §§ 86. 100 und 106 des Strafgesetzbuchs;
3.[2] für die Verbrechen der Personen, welche zur Zeit der That das achtzehnte Lebensjahr noch nicht vollendet hatten[3];
4. für das Verbrechen der Unzucht im Falle des § 176 Nr. 3 des Strafgesetzbuchs;

5. für die Verbrechen des Diebstahls in den Fällen der §§ 243 und 244 des Strafgesetzbuchs;
6. für das Verbrechen der Hehlerei in den Fällen der §§ 260 und 261 des Strafgesetzbuchs;
7. für das Verbrechen des Betruges im Falle des § 264 des Strafgesetzbuchs.

1. Vergl. § 27 Nr. 2 folg. G. Hinsichtlich des Begriffs „Vergehen" vergl. die Note 2 zu § 27 G.

2. Die Nrn. 3—7 sind von der JK. eingeschaltet. In Betreff der Nrn. 4—7 hatte der Entwurf ein dem § 75 G. analoges Verfahren dahin angeordnet, daß in Untersuchungen wegen der dort bezeichneten Verbrechen von der Strafkammer des Landgerichts die Verhandlung und Entscheidung bei Eröffnung des Hauptverfahrens auf Antrag der StAschft. der Strafkammer als erkennendem Gericht solle überwiesen werden dürfen. Die JK. hat jedoch eine solche Ueberweisung (Korrektionalisirungssystem, wie es die Verhandlungen derselben bezeichnen) bei Verbrechen nicht für zweckmäßig erachtet, vielmehr vorgezogen, für die vorerwähnten Verbrechen von Hause aus die Strafkammern für zuständig zu erklären.

3. Hinsichtlich der Fälle, wo der jugendliche Angeschuldigte ein vor die Schwurgerichte gehörendes Verbrechen mit erwachsenen Personen gemeinschaftlich verübt zu haben beschuldigt werde, wurde bei der Berathung des § in der JK. ohne Widerspruch bemerkt, daß über die Frage, ob gegen sämmtliche Komplicen die Untersuchung gemeinschaftlich zu führen, und somit auch der jugendliche Angeschuldigte vor das zuständige Schwurgericht zu verweisen sei, das Gericht auf Grund der §§ 2—5 St. nach Maßgabe der Sachlage zu befinden habe.

Es wurde ferner darauf hingewiesen, daß wenngleich das StGB. die Begünstigung und die Hehlerei als selbständige Delikte — im Gegensatze zur Theilnahme — charakterisiren, die vorerwähnten §§ 2—5 St. doch zuließen, die Hehler und Begünstiger, wenn das Hauptdelikt vor das Schwurgericht gehöre, mit den Thätern vor dies Gericht, wenn dagegen für das Hauptdelikt das Schöffengericht zuständig sei, dieselben vor letzteres zu verweisen. Prot. S. 368.

§ 74 G.

Die Strafkammern sind als erkennende Gerichte ausschließlich zuständig[1]:

1. für Zuwiderhandlungen gegen das Gesetz vom 25. Oktober 1867, betreffend die Nationalität der Kauffahrteischiffe 2c.;
2. für die nach Artikel 206. 249 und 249a des Gesetzes vom 11. Juni 1870, betreffend die Kommandit-

gesellschaften auf Aktien und die Aktiengesellschaften, strafbaren Handlungen;

3. für Zuwiderhandlungen gegen die Bestimmungen der §§ 1. 2 und 3 des Gesetzes vom 8. Juni 1871, betreffend die Inhaberpapiere mit Prämien;
4. für die nach § 67 und § 69 des Gesetzes vom 6. Februar 1875, betreffend die Beurkundung des Personenstandes ꝛc., strafbaren Handlungen;
5. für die nach § 59 des Bankgesetzes vom 14. März 1875 strafbaren Handlungen².

1. Die JK. hat in Befolgung des Systems, wonach für die Kompetenzbegrenzung nicht die Höhe der im Gesetz für die Delikte angedrohten Strafe allein, sondern auch die Besonderheit — die Natur und Eigenart — der strafbaren Handlungen maßgebend sei, in diesem von ihr eingeschalteten § die darin bezeichneten Zuwiderhandlungen gegen reichsgesetzliche Strafvorschriften — als nicht zur schöffengerichtlichen Zuständigkeit geeignet — unbedingt den Strafkammern überwiesen, obgleich auf dieselben hinsichtlich der Höhe der darin angedrohten Strafen die §§ 27 und 75 Nr. 14 Anwendung finden würden. Die Bemerkung der Regierungsvertretung, daß das bei der Vorschrift des § leitend gewesene Prinzip auch zur Ausscheidung mancher reichsgesetzlicher Uebertretungen, sowie auch des im § 27 des Reichs-Genossenschaftsgesetzes vom 1. Juli 1868 unter Strafe gestellten Delikts von der schöffengerichtlichen Zuständigkeit hätte führen müssen, hatte eine Aenderung des § nicht zur Folge. Prot. S. 319. 320.

2. Zu Nr. 1: BGBl. v. 1867 S. 35; zu 2: BGBl. v. 1870 S. 375; zu 3: RGBl. v. 1871 S. 210; zu 4: RGBl. v. 1875 S. 23; zu 5: RGBl. v. 1875 S. 177.

§ 75 G.

Die Strafkammer kann bei Eröffnung des Hauptverfahrens wegen der Vergehen:

1. des Widerstandes gegen die Staatsgewalt in den Fällen der §§ 113. 114. 117 Abs. 1 und des § 120 des Strafgesetzbuchs¹;
2. wider die öffentliche Ordnung in den Fällen des § 123 Abs. 3 und des § 137 des Strafgesetzbuchs;
3. wider die Sittlichkeit im Falle des § 183 des Strafgesetzbuchs;
4. der Beleidigung und der Körperverletzung in den

Fällen der nur auf Antrag eintretenden Verfolgung;

5. der Körperverletzung im Falle des § 223a des Strafgesetzbuchs[3];
6. des Diebstahls im Falle des § 242 des Strafgesetzbuchs[3];
7. der Unterschlagung im Falle des § 246 des Strafgesetzbuchs[4];
8. der Begünstigung;
9. der Hehlerei in den Fällen des § 258 Nr. 1 und des § 259 des Strafgesetzbuchs[5];
10. des Betruges im Falle des § 263 des Strafgesetzbuchs[6];
11. des strafbaren Eigennutzes in den Fällen der §§ 288 und 298 des Strafgesetzbuchs;
12. der Sachbeschädigung in den Fällen der §§ 303 und 304 des Strafgesetzbuchs

und

13. wegen der gemeingefährlichen Vergehen in den Fällen des § 327 Abs. 1 und des § 328 Abs. 1 des Strafgesetzbuchs;

ferner

14. wegen derjenigen Vergehen, welche nur mit Gefängnißstrafe von höchstens sechs Monaten oder Geldstrafe von höchstens eintausendfünfhundert Mark, allein oder in Verbindung mit einander oder in Verbindung mit Einziehung bedroht sind, mit Ausnahme der in den §§ 128. 271. 296a. 301. 331 und 347 des Strafgesetzbuchs und der im § 74 dieses Gesetzes bezeichneten Vergehen;

sowie

15. wegen solcher Zuwiderhandlungen gegen die Vorschriften über die Erhebung öffentlicher Abgaben und Gefälle, deren Strafe in dem mehrfachen Betrage einer hinterzogenen Abgabe oder einer anderen Leistung besteht;

auf Antrag der Staatsanwaltschaft die Verhandlung und Entscheidung dem Schöffengerichte, soweit dieses nicht schon zuständig ist, überweisen, wenn nach den Umständen des Falles anzunehmen ist, daß wegen des Vergehens auf keine andere und höhere Strafe, als auf die im § 27 Nr. 2 bezeichnete und auf keine höhere Buße als sechshundert Mark zu erkennen sein werde[7].

Beschwerde findet nicht statt.

Hat im Falle der Nr. 15 die Verwaltungsbehörde die öffentliche Klage erhoben, so steht ihr der Antrag auf Ueberweisung an das Schöffengericht in gleicher Weise wie der Staatsanwaltschaft zu.

1. Zu Nr. 1. Ein Antrag, die §§ 113 u. 117 Abs. 1 ausscheiden zu lassen, weil die Frage, ob ein Beamter sich in der rechtmäßigen Ausübung seines Amts befunden habe, zu den schwierigsten gehöre, und oft nicht ohne Erörterung staatsrechtlicher Gesichtspunkte zu lösen sei, wurde in der JK. abgelehnt, nachdem Seitens der Regierungsvertretung dagegen geltend gemacht worden war, daß, wenn die Frage in der That im einzelnen Falle rechtlich zweifelhaft sei, die StAschft. Anstand nehmen werde, die Ueberweisung der Sache an das Laiengericht herbeizuführen. Prot. S. 207. 210. 211.

2. Zu Nr. 4 u. 5. Vergl. § 27 Nr. 3.

3. Zu Nr. 6. Vergl. § 27 Nr. 4.

4. Zu Nr. 7. Vergl. § 27 Nr. 5.

5. Zu Nr. 8 u. 9. Vergl. § 27 Nr. 8.

6. Zu Nr. 10. Vergl. § 27 Nr. 6.

7. Es tritt hier die für die Praxis sehr erhebliche und — wie nicht zu verkennen — zweifelhafte Frage entgegen, ob in Folge einer Ueberweisung die Zuständigkeit des Schöffengerichts definitiv in der Weise eintritt, daß, wenn dasselbe auch nach dem Ergebniß der Hauptverhandlung zu der Ueberzeugung gelangt, daß die von dem Angekl. verwirkte Strafe höher, als die in dem Schlußsatze des Abs. 1 bezeichnete sein müsse, gleichwohl auf diese der Verschuldung des Angekl. entsprechende Strafe ohne Rücksicht auf die dem Schöffengericht zugemessenen Grenzen zu erkennen, oder ob dasselbe in einem solchen Falle die Sache durch Beschluß an die Strafkammer des Landgerichts zurückzuweisen habe.

Die letztere Meinung dürfte den Vorzug verdienen.

Der Entwurf zum G. enthielt in § 55 (§ 75 G.) nach den Schlußworten des Abs. 1 „zu erkennen sein werde", in einem besonderen Abs. 2 die Bestimmung: „Erachtet das Schöffengericht nach dem Ergebniß der Verhandlung eine andere oder höhere Strafe oder eine höhere Buße für verwirkt, so hat es die Sache durch Beschluß an die Strafkammer zu verweisen".

Bei der Berathung des § in erster Lesung wurde beantragt, diesen Abs. 2 in Fortfall zu bringen, event. die Befugniß zur Zurückweisung der Sache an die Strafkammer an die Bedingung zu knüpfen, daß sich in der Hauptverhandlung neue Thatsachen ergeben hätten (Prot. S. 208 Nr. 6b und 215). Diese Anträge wurden jedoch abgelehnt (Prot. S. 216 unter Nr. 2b), während die Vorschriften des Abs. 1 des § einige Modifikationen erfuhren.

Diesen Beschlüssen entsprechend wurde in der aus der JK. hervorgegangenen „Zusammenstellung des Entwurfs eines Gerichtsverfassungsgesetzes mit den Beschlüssen der Kommission" (nach erster Lesung), in welcher der § 55 des Entwurfs die Nr. 16c erhielt, der gedachte Abs. 2 (S. 17) in der vorerwähnten Fassung des Entwurfs mit der alleinigen Abänderung aufgenommen, daß, weil in erster Lesung den Strafkammern als erkennenden Gerichten die (in zweiter Lesung wieder beseitigten) „Großen Schöffengerichte" substituirt worden waren, in der ersten Zeile vor „Schöffengericht" eingeschaltet wurde „Kleine", und in der dritten Zeile anstatt „die Strafkammer" gesagt wurde: „das Große Schöffengericht".

In zweiter Lesung wurden bei der Berathung dieses § 16c (Entwurf § 55) neben der Vertheidigung des Entwurfs und somit des Beschlusses erster Lesung vorzugsweise zwei sich einander gegenüberstehende Meinungen in Bezug auf den Abs. 2 aufgestellt. Es wurde

1. beantragt, die Befugniß des Schöffengerichts, die ihm von der Strafkammer überwiesenen Sachen nach stattgehabter Hauptverhandlung an dieselbe zurückzuweisen, zwar fortfallen zu lassen, dasselbe aber, selbst wenn eine höhere Strafe, als die im § 27 St. (§ 14 des Entwurfs) begrenzte, angemessen erscheine, zu verpflichten, sich dennoch mit dem gegen den Angekl. festzusetzenden Strafmaß innerhalb der Grenzen des § 14 des Entwurfs zu halten, weil in dem Falle des Abs. 1 des § vor Allem Raschheit der Entscheidung, weniger das Strafmaß, von Wichtigkeit sei (Prot. S. 597 u. 601). Dieser Antrag wurde von der JK. abgelehnt (Prot. S. 609).

Die 2. Meinung befürwortete gleichfalls den Fortfall des dem Schöffengericht durch den Abs. 2 des Entwurfs eingeräumten Zurückweisungsrechts, verlangte aber, daß dasselbe genöthigt sein solle, in den ihm überwiesenen Sachen unbedingt zu erkennen, ohne dabei an das Maß einer Gefängnißstrafe von 3 Monat und einer Geldstrafe von 600 Mark gebunden zu sein.

Dieser Antrag — welchen die Regierungsvertretung mit der Hinweisung darauf bekämpfte, daß das Schöffengericht danach in die Lage gerathen könne, auf Gefängniß bis zu 5 Jahren und in Fällen des Zusammenhanges mehrerer Vergehen bis zu 10 Jahren zu erkennen (vergl. die Nrn. 4. 5. 7. 8 § 27) — wurde angenommen, und es heißt im unmittelbaren Anschluß an die betreffende Abstimmung der JK. (S. 609 der Prot.) übereinstimmend mit dem Beschlusse wörtlich: „Die Alinea 2 des § 16c gilt hiernach als weggefallen". Im Einklange hiermit hat auch in der späteren Verhandlung vom 26. Mai 1876 (S. 709 in fine der Prot.) ein Abgeordneter bemerkt: „man habe in Folge der Zulassung der Berufung gegen schöffengerichtliche Urtheile die Verweisung (Zurückweisung?) Seitens der Schöffengerichte an die Landgerichte abgeschafft und die „Kleinen Schöffen" gezwungen, über Vergehen, für deren Strafbarkeit ein weites Maß gegeben sei, zu urtheilen und selbst das Strafmaß zu finden".

Auch ist in dem Bericht der JK. zum G. vom 17. September 1876 S. 35 nach Voranschickung, daß die JK. in erster Lesung Bedenken getragen habe, den Schöffen eine höhere Strafgewalt einzuräumen, bemerkt: Nachdem die Berufung gegen schöffengerichtliche Urtheile für zulässig erachtet worden, „seien für viele Kommissionsmitglieder diese Bedenken hinweggefallen, und es hätten nun die Gründe praktischer Zweckmäßigkeit(?) bei der Mehrheit der Kommission überwogen, welche demgemäß die früher angenommenen Schranken der Strafgewalt der Schöffengerichte in diesen Fällen beseitigt habe".

Die fernere Berathung des § 16c — welcher in der „Zusammenstellung des Entwurfs eines Gerichtsverfassungsgesetzes (nach zweiter Lesung) wieder die Nr. 55 angenommen hat —, Sitzung vom 1. Juli 1876 (Prot. S. 743), hat den Abs. 2 des Entwurfs, bzhw. die darauf bezüglichen Beschlüsse erster Lesung, nicht betroffen.

Den vorerwähnten Beschlüssen entsprechend, hat der § 55 der letztgedachten „Zusammenstellung" den fraglichen Absatz 2 des Entwurfs ausscheiden lassen, und in Uebereinstimmung damit ist der an die Stelle jenes § 55 des Entwurfs getretene § 75 des G. redigirt.

Bei dieser Sachlage und bei Berücksichtigung der vorstehend nachgewiesenen Entstehungsgeschichte des § in seiner jetzigen Gestalt, insbesondere der absichtlichen Beseitigung der Vorschrift des Abs. 2 des Entwurfs und des mit demselben übereinstimmenden Beschlusses erster Lesung ist außer Zweifel, daß die Justizkommission die Befugniß des Schöffengerichts, eine ihm von der Strafkammer zugewiesene Sache aus dem in jenem Absatz angegebenen Grunde an dieselbe zurückzuweisen, habe in Fortfall bringen wollen.

Diese Absicht der JK. — der Reichstag hat sich mit der Frage nicht beschäftigt; Stenogr. Ber. S. 249—250 u. 902 — wird jedoch, da sie im Gesetze selbst nicht zum Ausdruck gekommen, die Wirkung der Ueberweisung nicht angegeben und überdies die Aenderung des Entwurfs im Widerspruch mit der Regierungsvertretung, also ohne Zustimmung des anderen Faktors der Gesetzgebung beschlossen, das nur negative Moment des Fortfalls des Abs. 2 des Entwurfs auch aus dem Gesetze nicht zu ersehen ist, für entscheidend nicht zu erachten, der § vielmehr ohne Rücksicht sowohl einerseits auf die frühere Bestimmung des Abs. 2 des § 55 des Entwurfs, als andererseits auf das in der JK. für und wider dessen Beseitigung Gesprochene, lediglich nach Maßgabe der allgemeinen Regeln über die Gesetzauslegung zu interpretiren sein.

Diese dürfte aber dahin führen, das Schöffengericht zu verpflichten, in

Fällen, wo das Ergebniß der vor ihm stattgehabten Hauptverhandlung eine Ueberschreitung der Grenzen seiner Zuständigkeit (§ 27) nothwendig macht, die ihm von der Strafkammer überwiesene Sache an dieselbe durch Beschluß zurückzuweisen.

Daß die Worte „die Strafkammer kann — überweisen" für sich allein die Auffassung, daß diese Ueberweisung eine endgiltige sei, möglich machen, kann zugegeben werden, ist aber schon aus dem Grunde nicht entscheidend, weil ungeachtet der Ueberweisung die Zurückweisung an die Strafkammer zweifellos in dem Falle erfolgen muß, wenn sich die That als ein Delikt anderer, die Zuständigkeit der Strafkammer ausschließender Art herausstellt (§ 270 St.). Zunächst ist bei der Auslegung des § ins Auge zu fassen, daß seine Vorschrift ein durchaus exceptionelles, von der in der überwiegenden Mehrzahl der Strafprozeßordnungen befolgten Regel, die Grenzen der Zuständigkeit der Strafgerichte bestimmt und absolut festzustellen, abweichendes — auch wohl bedenkliches — Verfahren anordnet. Schon aus diesem Grunde würde es sich nach der Regel, welche Ausnahmevorschriften einschränkend zu interpretiren empfiehlt, nicht rechtfertigen lassen, einer durch den Wortsinn nicht gebotenen, sondern nur als nicht unbedingt ausgeschlossen anzuerkennenden Auslegung der Vorschrift den Vorzug zu geben.

Der § hat aber auch den Strafkammern die Ermächtigung, gewisse Vergehen den Schöffengerichten zu überweisen, nicht als eine durchaus diskretionäre ertheilt, dieselbe vielmehr an die Bedingung geknüpft, daß „nach den Umständen des Falles anzunehmen ist, daß wegen des Vergehens auf keine andere und höhere Strafe, als auf die im § 27 Nr. 2 bezeichnete rc. zu erkennen sein werde". Nun erfolgt aber die Ueberweisung insbesondere in Fällen, wo eine Voruntersuchung nicht stattgefunden hat, vielfach lediglich auf Grund der Anklageschrift, also bei einer Sachlage, welche erfahrungsmäßig keine irgendwie zuverlässige Garantie dafür gewährt, daß sich die Sachlage nicht in der Hauptverhandlung durch die Beweisaufnahme wesentlich ungünstiger für den Angekl. gestalten werde, als bei der Eröffnung des Hauptverfahrens „nach den Umständen des Falles" anzunehmen ist. Daß ungeachtet dieser völligen Ungewißheit des Verlaufs der Untersuchung vom Gesetz beabsichtigt worden sei, die Entscheidung des Straffalls definitiv einem, eintretenden Falls, unzuständigem Gericht zu übertragen, darf ohne bestimmten Anhalt nicht vorausgesetzt werden, vielmehr ist davon auszugehen, daß das im Abs. 1 angeordnete Verfahren als eine, durch Zweckmäßigkeitsgründe empfohlene, vorläufige, bei eintretender Veränderung der Sachlage rückgängig zu machende Maßregel habe gelten sollen.

Eine hiervon abweichende Absicht des Gesetzes konnte nur durch eine ausdrückliche Vorschrift: daß das Schöffengericht im Falle der Ueberweisung berechtigt und verpflichtet sei, unabhängig von den durch den § 27 G. für seine Zuständigkeit bezüglich des Strafmaßes gesteckten Grenzen das Urtheil zu fällen, erreicht werden. Eine solche Vorschrift war auch in der JK. S. 208 der Prot. beantragt worden.

Die vorstehend befürwortete Auslegung des § 75 G. wird aber auch auf den § 270 St. zu gründen sein.

Daß die für den Sinn dieses § zunächst maßgebenden Worte: „Stellt sich die — That als eine solche dar, welche die Zuständigkeit des Gerichts überschreitet", nicht bloß auf den Fall, wenn sich Umstände ergeben, welche die That als ein Delikt schwererer Art charakterisiren, sondern auch da Anwendung finden, wo die Zuständigkeit des Gerichts, vor welchem die Hauptverhandlung stattfindet, lediglich dadurch ausgeschlossen wird, daß das durch die Sachlage des Falles gebotene Strafmaß die Grenzen seiner Zuständigkeit überschreitet, wird für zweifellos gelten müssen. Denn die „dem Angekl. zur Last gelegte That" stellt sich dann — den Worten des Gesetzes vollkommen entsprechend — „als eine solche dar, welche die Zuständigkeit des Gerichts überschreitet". So wenig aus dem weiteren Inhalte des § 270 St., als aus den Vorschriften der vorangehenden und nachfolgenden §§ ist die Nothwendigkeit, den § 270, seinem Wortsinn zuwider, auf Fälle der ersteren Art einzuschränken, herzuleiten.

Nun ist zwar anzuerkennen, daß, wenn der oben erwähnte Abs. 2 des § 75 G. stehen geblieben wäre, eine solche — auch in den Mot. S. 161 an die Hand gegebene — restriktive Auslegung des § 270 gerechtfertigt gewesen sein möchte, da der Fall, wenn die Unzuständigkeit des Schöffengerichts durch die Nothwendigkeit der Ueberschreitung der für seine Zuständigkeit im § 27 G. bezüglich des Strafmaßes gezogenen Grenzen herbeigeführt wurde, durch jenen Abs. 2 des § 75 besonders vorgesehen war, man also — wenn auch nur per conclusionem — darauf hingeführt wurde, daß der § 270 diesen Fall nicht zum Gegenstande habe.

Durch das Ausscheiden des Abs. 2 des § 75 G. ist aber das einzige Moment, welches für die einschränkende Auslegung des § 270 angeführt werden konnte, und mit ihm das der erwähnten Bemerkung der Motive beizulegende Gewicht fortgefallen, da diese auf die betreffende Bestimmung des § 75 G. (im Entwurf § 55) ausdrücklich Bezug nehmen, jene Bemerkung derselben mithin mit dem Fortfall des ihr zum Grunde liegenden Abs. 2 § 75 G. hinfällig geworden ist.

Demzufolge ist jetzt für die Auslegung des § 270 lediglich sein Wortsinn entscheidend, welcher, wie erwähnt, den Fall der Unzuständigkeit wegen der Höhe des Strafmaßes mit umfaßt, das Schöffengericht also nöthigt, die Sache in einem solchen Falle an das Landgericht zurückzugeben.

Auch hier hätte, wenn der § 270 St. nach dem Ausscheiden des Abs. 2 § 75 G. nur auf Fälle veränderter Deliktsart beschränkt bleiben sollte, demselben, unter Beseitigung seiner völlig allgemeinen Fassung, eine Redaktion gegeben werden müssen, welche für die einschränkende Auslegung einen Anhalt böte.

Es kann auch den vorstehend geltend gemachten Argumenten gegenüber kein Gewicht darauf gelegt werden, daß in dem durch die JK. in Fortfall gebrachten Abs. 2 des § 55 des Entwurfs die Befugniß des Schöffengerichts, die Sache bei veränderter Sachlage durch Beschluß an die Strafkammer zurückzugeben, ausdrücklich ausgesprochen war. Denn daraus, daß die Verfasser des Entwurfs es für rathsam hielten, jenen Abs. 2, um etwaigen Zweifeln vorzubeugen, in den § aufzunehmen, folgt nicht, daß sie der Ansicht gewesen seien, es mangele ohne eine solche ausdrückliche Vorschrift dem Schöffengericht das Recht, im Falle seiner durch die Hauptverhandlung herausgestellten Unzuständigkeit die Sache an die Strafkammer zurückzuweisen.

Gleich hinfällig würde die Hinweisung darauf sein, daß das Schöffengericht nach den ihm von der JK. im § 27 gesteckten Zuständigkeitsgrenzen in den Fällen der Nrn. 4. 5. 6. 8 auf Gefängniß bis zu fünf Jahren erkennen dürfe, mit einer derartigen Erweiterung der Kompetenz des Amtsrichters und zweier Schöffen aber die Einrichtung, daß das Schöffengericht die ihm nach § 75 zugewiesenen Sachen zurückweisen könne, nicht im Einklange stehen würde. Denn die Anordnungen jener 4 Nummern beziehen sich theils auf spezielle Vergehen, theils sind sie — wie auch der Schlußsatz des § 27 — so singulärer und bedenklicher Natur, daß aus ihnen ein Rückschluß auf die Auslegung des § 75 nicht gezogen werden darf.

8. Bei der Berathung des § kam zur Sprache, ob derselbe auch anwendbar sei, „wenn zur gleichzeitigen Aburtheilung des Amtsgerichts ein nach diesem § dem Schöffengericht überwiesener Reat mit einem anderen, jedoch nicht nach § 55 (des Entwurfs, § 75 des G.) überwiesenen konkurrire". Diese Frage, welche wohl dahin aufzufassen ist: ob die Verhandlung und Entscheidung einer dem Schöffengericht von der Strafkammer des Landgerichts überwiesenen Sache mit einer zur eigenen Zuständigkeit des Schöffengerichts gehörenden verbunden werden dürfe — wurde von der Regierungsvertretung bejaht. Prot. S. 372.

Der Entwurf enthielt in dem — anscheinend in Folge der Aenderung des § 55 (§ 75 G.) von der Redaktionskommission in Fortfall gebrachten — § 56 die Bestimmung: „In den Fällen des § 55 kann das Gericht, an welches die Ueberweisung erfolgt ist, die bestimmte Strafgrenze überschreiten, wenn die Ueberschreitung durch das Zusammentreffen mit einer anderen strafbaren Handlung bedingt ist." Die Mot. bemerken S. 100 unter Hinweisung auf die §§ 21. 74. 78. 79 StGB.: „der Grundsatz des § 56 des Entwurfs stehe im Einklange damit, daß im Falle der Konkurrenz mehrerer zur Zuständigkeit des Schöffengerichts gehöriger strafbarer Handlungen (im Gegensatze zu den ihm von der Strafkammer überwiesenen Untersuchungen) das Schöffengericht nicht gehindert sei, auf eine höhere Gesammtstrafe als 3 Monate Gefängniß oder 600 Mk. Geldbuße zu erkennen, wenn es sich in einer zur Zuständigkeit des Schöffengerichts gehörigen Vergehenssache nur um Festsetzung einer Zusatzstrafe handle". Mit diesen Grundsätzen steht die vorgedachte Antwort der Regierungsvertretung im Einklange.

Stellt sich im Falle der erfolgten Verbindung einer dem Schöffengericht von der Strafkammer überwiesenen mit einer zur Zuständigkeit desselben gehörigen Sache nach dem unter Nr. 7 vorstehend entwickelten Grundsatze in der Hauptverhandlung die Nothwendigkeit der Zurückweisung der ersteren an die Strafkammer heraus, so werden die vorwaltenden Umstände darüber zu entscheiden haben, ob das Schöffengericht über die letzterwähnte Sache sofort selbst zu entscheiden, oder bei der Strafkammer zu beantragen habe, daß dieselbe beide Sachen zur verbundenen Verhandlung und Entscheidung übernehme.

§ 76 G.

Die Strafkammern sind als erkennende Gerichte ferner zuständig für die Verhandlung und Entscheidung über das Rechtsmittel der Berufung gegen die Urtheile der Schöffengerichte.

§ 77 G.

Die Kammern entscheiden in der Besetzung von drei Mitgliedern mit Einschluß des Vorsitzenden. Die Strafkammern sind in der Hauptverhandlung mit fünf Mitgliedern, in der Berufungsinstanz bei Uebertretungen[1] und in den Fällen der Privatklage aber mit drei Mitgliedern[2] einschließlich des Vorsitzenden zu besetzen.

1. Die Worte: „Bei Uebertretungen" werden bedeuten sollen: wenn Uebertretungen Gegenstand der Berufung sind — auch wenn in dem angefochtenen Urtheil für dieselben und für Vergehen eine Gesammtstrafe erkannt ist.

2. Die Höhe der in erster Instanz erkannten Strafe ist hierauf ohne Einfluß. Vergl. § 414 folg. St. und die §§ 185 folg. und 223. 230. 232 StGB.

§ 78 G.

Durch Anordnung der Landesjustizverwaltung kann wegen großer Entfernung des Landgerichtssitzes bei einem Amtsgerichte für den Bezirk eines oder mehrerer Amtsgerichte eine Strafkammer gebildet und derselben für diesen Bezirk die gesammte Thätigkeit der Strafkammer des Landgerichts oder ein Theil dieser Thätigkeit zugewiesen werden.

Die Besetzung einer solchen Strafkammer erfolgt aus Mitgliedern des Landgerichts oder Amtsrichtern des Bezirks, für welchen die Kammer gebildet wird. Der Vorsitzende wird ständig, die Amtsrichter werden auf die Dauer des Geschäftsjahres durch die Landesjustizverwaltung berufen, die übrigen

Mitglieder werden nach Maßgabe des § 62 durch das Präsidium des Landgerichts bezeichnet.

Ein Beschluß der JK., nach welchem die Verhandlung und Entscheidung über das Rechtsmittel der Berufung gegen die Urtheile des Schöffengerichts einer solchen Strafkammer nicht sollte zugewiesen werden dürfen, ist nach beendeter zweiter Lesung in Wegfall gekommen. Prot. vom 10. November 1876 S. 10—12.

Schwurgerichte.

§ 79 G.

Für die Verhandlung und Entscheidung von Strafsachen treten bei den[1] Landgerichten periodisch[2] Schwurgerichte zusammen.

1. Der bestimmte Artikel „den" erleidet eine Modifikation durch den § 99 Abs. 1.

2. Die Bemerkung der Mot. S. 92: „die Landesregierungen hätten bei Bestimmung der Dauer der Perioden freie Hand" führt zu der Auffassung, als hätten die Landesregierungen für die Sitzungsperioden (nach den §§ 83. 91. 96 eine Reihe auf einander folgender Sitzungen des Schwurgerichts) allgemein oder bezüglich der einzelnen Landgerichte eine in sich bestimmte Dauer anzuordnen. Diese Dauer hängt aber hinsichtlich jeder einzelnen Periode von der Zahl und der Ausdehnung der vorhandenen, derselben zu überweisenden Untersuchungen ab. Auch für die jährlich eintretenden Sitzungsperioden läßt sich eine feste Zahl nicht anordnen; die Anberaumung der Sitzungen des Schwurgerichts hängt stets theils von der Zahl der zur Hauptverhandlung reifen Sachen, theils davon ab, ob von einer weiten Hinausschiebung der letzteren erhebliche Nachtheile für die Angekl. in Aussicht stehen, oder nicht. Die betreffenden Anordnungen werden nach den §§ 212. 276 St. und dem § 83 G. von dem Vorsitzenden des Schwurgerichts bzhw. des Landgerichts auszugehen haben. Jene Bemerkung der Mot. soll wohl nur ausdrücken, daß die betreffenden Einrichtungen nicht durch die Reichsgesetzgebung geregelt werden.

§ 80 G.

Die Schwurgerichte sind zuständig für die Verbrechen, welche nicht zur Zuständigkeit der Strafkammern oder des Reichsgerichts gehören.

Ein Beschluß der JK., die Schwurgerichte allgemein für die durch die Presse begangenen Vergehen mit Ausnahme der im Wege der Privatklage gerügten Beleidigungen, und für alle durch die Presse begangenen Verbrechen für zuständig zu erklären, ist in Folge beharrlichen Widerspruchs Seitens des Bundesraths bei dritter Berathung des Reichstages in Wegfall gekommen. An Stelle derselben ist der § 6 des Einf.=Ges. zum G. getreten. Sitzung vom 19. Dezember 1876. Stenogr. Ber. S. 909.

§ 81 G.

Die Schwurgerichte bestehen aus drei richterlichen Mitgliedern mit Einschluß des Vorsitzenden und aus zwölf zur Entscheidung der Schuldfrage berufenen Geschworenen.

Das Wort „Schuldfrage" steht hier im Gegensatze zu der den „richterlichen Mitgliedern" im § 314 St. überwiesenen Anwendung des Strafgesetzes auf den durch den Spruch der Geschworenen festgestellten Thatbestand. Er findet Anwendung auf die Beantwortung aller nach § 290 folg. St. den Geschworenen vorzulegenden Fragen.

§ 82 G.

Die Entscheidungen, welche nach den Vorschriften dieses Gesetzes oder der Strafprozeßordnung von dem erkennenden Gerichte zu erlassen sind, erfolgen in den bei den Schwurgerichten anhängigen Sachen durch die richterlichen Mitglieder des Schwurgerichts. Werden diese Entscheidungen² außerhalb der Dauer der Sitzungsperiode erforderlich, so erfolgen sie durch die Strafkammern der Landgerichte.

1. Der nach der Terminologie des G. und der St. die Urtheile mitumfassende Ausdruck „Entscheidungen" ist hier im Gegensatze zu denselben anstatt „Beschlüsse" gebraucht.

2. Die Worte: „werden diese Entscheidungen" verdunkeln den Sinn, da solche Entscheidungen, welche vom erkennenden Gerichte zu erlassen sind, nicht durch die beschließende Strafkammer erfolgen können. Inhalts der Mot. S. 105 bezweckt der Ausdruck „erkennendes Gericht" den Gegensatz zu dem Vorsitzenden des Gerichts, mit Rücksicht auf die diesem im Gesetz vorbehaltenen Anordnungen, hervorzuheben.

Der Schlußsatz des § ergiebt, daß sich die Vorschrift des ersten Satzes auf die Dauer der Schwurgerichtsperiode, d. h. vom Beginn der ersten bis zum Schlusse der letzten Sitzung beschränkt.

§ 83 G.

Der Vorsitzende des Schwurgerichts wird für jede Sitzungsperiode von dem Präsidenten des Oberlandesgerichts ernannt. Die Ernennung erfolgt aus der Zahl der Mitglieder¹ des

Oberlandesgerichts[1] oder der zu dem Bezirke des Oberlandesgerichts gehörigen Landgerichte.

Der Stellvertreter des Vorsitzenden und die übrigen richterlichen Mitglieder werden von dem Präsidenten des Landgerichts aus der Zahl der Mitglieder des Landgerichts bestimmt[3].

So lange die Ernennung des Vorsitzenden nicht erfolgt ist, erledigt der Vorsitzende der Strafkammer des Landgerichts die in der Strafprozeßordnung dem Vorsitzenden des Gerichts zugewiesenen Geschäfte.

1. Der Ausdruck „Mitglied" wird in dem G. in verschiedenem Sinne gebraucht. In den §§ 127—130 u. 139 Abs. 2 G. umfaßt er auch die Präsidenten und die Senatspräsidenten des Reichsgerichts, im § 131 das. die Räthe und Senatspräsidenten mit Ausschluß des Präsidenten. Im § 89 G. wird durch die Fassung: „Mitglieder mit Einschluß des Präsidenten" zu erkennen gegeben, daß Letzterer zu den Mitgliedern gehöre. Aehnlich in den §§ 124. 139. 140 G. Dagegen steht in den §§ 58 u. 91 G. das Wort „Mitglied" im Gegensatze zum Präsidenten, und in Uebereinstimmung hiermit heißt es im § 18 G.: „Die Chefs und Mitglieder". Da jedoch im § 83 in beiden Absätzen die Präsidenten den Mitgliedern gegenübergestellt sind, dürfte davon auszugehen sein, daß der Präsident des Oberlandesgerichts und des Landgerichts nicht befugt sei, sich selbst zum Vorsitzenden, bzhw. Stellvertreter des Vorsitzenden, oder zum beisitzenden Richter (Abs. 2) zu ernennen, Ersterer auch nicht, den Präsidenten des Landgerichts zum Schwurgerichtsvorsitzenden zu bestimmen. Vergl. auch § 99 G.

2. Das Wort „oder" läßt, wie auch S. 376 der Prot. der JK. in einem ähnlichen Falle monirt worden, die Deutung zu, daß nur ausschließlich entweder aus der einen oder aus der anderen Kategorie gewählt werden dürfe. Es ist jedoch beim Mangel einer ratio für die entgegengesetzte Ansicht davon auszugehen, daß das Wort kumulativ, nicht disjunktiv gebraucht sei.

3. Eine Anordnung in Betreff der Dauer der Funktion, wie sie der erste Abs. enthält, findet sich hier nicht. Jene Vorschrift scheint jedoch auch hier haben Anwendung finden zu sollen.

§ 84 G.

Das Amt eines Geschworenen ist ein Ehrenamt. Dasselbe kann nur von einem Deutschen versehen werden.

§ 85 G.

Die Urliste* für die Auswahl der Schöffen dient zugleich als Urliste für die Auswahl der Geschworenen.

Die Vorschriften der §§ 32—35 über die Berufung zum Schöffenamte finden auch auf das Geschworenenamt Anwendung.

* Es ist die im § 39 G. erwähnte Zusammenstellung der Urlisten des Bezirks gemeint. Vergl. § 36 Abs. 1.

§ 86 G.

Die Zahl der für jedes Schwurgericht erforderlichen Geschworenen und die Vertheilung dieser Zahl auf die einzelnen Amtsgerichtsbezirke* wird durch die Landesjustizverwaltung bestimmt.

* Des Landgerichtsbezirks, für welches das Schwurgericht bestimmt ist. Vergl. auch die Noten 1 u. 2 zu § 43 G.

§ 87 G.

Der alljährlich bei dem Amtsgerichte für die Wahl der Schöffen zusammentretende Ausschuß (§ 40) hat gleichzeitig diejenigen Personen aus der Urliste[1] auszuwählen, welche er zu Geschworenen für das nächste Geschäftsjahr vorschlägt[2]. Die Vorschläge sind nach dem dreifachen Betrage der auf den Amtsgerichtsbezirk vertheilten Zahl der Geschworenen zu bemessen.

1. Vergl. die Note zu § 85 G.

2. Wiewohl der Ausschuß hier nur Vorschläge zu machen hat (vergl. § 42 G.) und die definitive Entscheidung über die Einsprachen, sowie die Wahl der Haupt- und Hülfsgeschworenen nach § 89 G. dem Landgerichte zusteht, wird Ersterer doch bei seiner den Vorschlägen vorausgehenden Wahl die Einsprachen und die darauf bezüglichen Bemerkungen der Gemeindevorsteher (§ 38 G.) zu prüfen, und seine eigenen Bemerkungen in die Vorschlagsliste aufzunehmen haben, um dadurch dem Landgericht bei der Entscheidung über die Einsprachen und der nach § 89 G. vorzunehmenden Wahl einen Anhalt zu gewähren.

§ 88 G.

Die Namen der zu Geschworenen vorgeschlagenen Personen werden in ein Verzeichniß aufgenommen (Vorschlagsliste).

§ 89 G.

Die Vorschlagsliste[1] wird nebst den Einsprachen[2], welche sich auf die in dieselbe aufgenommenen Personen beziehen, dem Präsidenten des Landgerichts übersendet.

Der Präsident bestimmt eine Sitzung des Landgerichts, an welcher fünf Mitglieder mit Einschluß des Präsidenten und der Direktoren Theil nehmen. Das Landgericht entscheidet endgültig[3] über die Einsprachen und wählt sodann[4] aus der Vorschlagsliste die für das Schwurgericht bestimmte Zahl von Hauptgeschworenen und Hülfsgeschworenen[5].

Als Hülfsgeschworene sind solche Personen zu wählen, welche an dem Sitzungsorte des Schwurgerichts oder in dessen nächster Umgebung wohnen.

1. Die nach den §§ 36. 37 G. in der Gemeinde zu Jedermanns Einsicht auszulegende Liste soll die Personen enthalten, welche sich zum Schöffenamte eignen. Aus derselben vermögen daher die Gemeindemitglieder nicht zu entnehmen, daß sie auch für die Auswahl der Geschworenen bestimmt ist, und daß sie auch in Bezug auf das Geschworenenamt Einsprache gegen die Richtigkeit und Vollständigkeit der Liste zu erheben berechtigt sind. Die §§ 85 folg. berühren diesen Gegenstand nicht; der Abs. 2 des § 85 bestimmt nur, daß die Vorschriften der §§ 32—35, welche sich auf denselben nicht beziehen, auch auf das Geschworenenamt Anwendung finden.

Es wird sich daher empfehlen, auf der auszulegenden Liste (§ 36 G.) zu bemerken, daß sie die Personen enthalte, welche zu den Aemtern als Schöffe und als Geschworener berufen werden können, da Gemeindemitglieder, gegen welche eine vor das Geschworenengericht gehörende Untersuchung anhängig gemacht ist, möglicher Weise von einer in ihrem Interesse liegenden Einsprache Abstand nehmen können, wenn sie aus der Liste ersehen, daß sie sich nur auf das Schöffenamt bezieht.

2. Nach den Worten des § würden nur die Einsprachen, nicht auch die dem Ortsvorsteher „erforderlich erschienenen Bemerkungen" (§ 38) einzusenden sein. Aus der Bestimmung, daß das Landgericht endgültig über die Einsprachen zu entscheiden habe, muß jedoch geschlossen werden, daß auch die Einsendung der Bemerkungen beabsichtigt ist. S. die Note 2 zu § 87 G.

3. In Betreff der Nothwendigkeit, zum Zwecke dieser endgültigen Entscheidung event. Ermittelungen zu veranlassen, vergl. die Note 4 zu § 41 G.

4. Die in dem analogen § 42 G. enthaltenen Worte: „für das nächste Geschäftsjahr" sind auch hier zu ergänzen. Vergl. § 87 G.

5. Während nach § 43 G. die Landesjustizverwaltung die Zahl der Hauptschöffen und der Hülfsschöffen gesondert bestimmen soll, spricht der § 86 G. allgemein, ohne zwischen Haupt- und Hülfsgeschworenen zu unterscheiden, von der Zahl der „Geschworenen", worunter nach den Schlußworten des Abs. 2 § 89 sowohl die Haupt- als die Hülfsgeschworenen zu verstehen sind. Danach würde das Landgericht nicht blos die Wahl zu treffen, sondern auch festzusetzen haben, wieviel von der Seitens der Landesjustizverwaltung bestimmten Gesammtzahl auf Hauptgeschworene

und wieviel auf Hülfsgeschworene zu rechnen seien. Da jedoch die Mot. S. 106 nicht darauf hindeuten, daß die Verschiedenheit in den Vorschriften der §§ 43 u. 86 G. auf Absichtlichkeit beruhe, eine ratio legis für eine solche auch nicht erkennbar ist, werden die Landesjustizverwaltungen sich voraussichtlich veranlaßt sehen, hinsichtlich der Haupt- und Hülfsgeschworenen in gleicher Weise zu verfahren, wie im § 43 in Betreff der Haupt- und Hülfsschöffen vorgeschrieben ist.

§ 90 G.

Die Namen der Haupt- und Hülfsgeschworenen werden in gesonderte Jahreslisten aufgenommen.

§ 91 G.

Spätestens zwei Wochen vor Beginn der Sitzungen[1] des Schwurgerichts werden in öffentlicher Sitzung des Landgerichts, an welcher der Präsident und zwei Mitglieder Theil nehmen, in Gegenwart der Staatsanwaltschaft dreißig[2] Hauptgeschworene ausgeloost. Das Loos wird von dem Präsidenten gezogen.

Auf Geschworene, welche in einer früheren Sitzungsperiode desselben Geschäftsjahres ihre Verpflichtung erfüllt haben, erstreckt die Ausloosung sich nur dann, wenn dies von ihnen beantragt wird.

Ueber die Ausloosung wird von dem Gerichtsschreiber ein Protokoll aufgenommen.

1. Anstatt der Worte: „Sitzungen des Schwurgerichts" heißt es im Abs. 2 und in den §§ 83 u. 95 „Sitzungsperiode". Es ist darunter der Cyklus von aufeinander folgenden Sitzungen zu verstehen, in welchen die demselben überwiesenen Untersuchungen verhandelt werden. „Vor dem Beginn der Sitzungen" bedeutet daher: „vor dem Beginn jeder Sitzungsperiode".

Wieviel solcher Sitzungsperioden in ein Geschäftsjahr fallen, hängt von der Zahl der im Laufe desselben vorkommenden, zur Zuständigkeit des betreffenden Schwurgerichts gehörigen Untersuchungen ab.

Wer den Beginn der Sitzungsperiode und die während derselben zur Verhandlung kommenden Untersuchungen bestimmt, ist nicht ausgesprochen. Mit Rücksicht auf den § 93, welcher dem Schwurgerichtsvorsitzenden nur die Anordnung der Ladung zu der Eröffnungssitzung überweist, sowie darauf, daß die im § 83 vorgeschriebene Ernennung des Vorsitzenden für jede Sitzungsperiode voraussetzt, daß die Periode bereits bestimmt sei, dürfte anzunehmen sein, daß jene Bestimmungen der Rathskammer des Landgerichts anheimfallen.

2. Der Entwurf hatte die Zahl auf 48 bestimmt.

§ 92 G.

Das Landgericht übersendet das Verzeichniß der ausgeloosten Hauptgeschworenen (Spruchliste) dem ernannten Vorsitzenden des Schwurgerichts.

§ 93 G.

Die in der Spruchliste verzeichneten Geschworenen werden auf Anordnung des für das Schwurgericht ernannten Vorsitzenden zur Eröffnungssitzung des Schwurgerichts unter Hinweis auf die gesetzlichen Folgen des Ausbleibens* geladen.

Zwischen der Zustellung der Ladung und der Eröffnungssitzung soll thunlichst die Frist von einer Woche, jedoch mindestens von drei Tagen liegen.

* Vergl. den § 96.

§ 94 G.

Ueber die von Geschworenen geltend gemachten Ablehnungs-[1] und Hinderungsgründe[2] erfolgt die Entscheidung nach Anhörung der Staatsanwaltschaft durch die richterlichen Mitglieder und, so lange das Schwurgericht nicht zusammengetreten ist[3], durch den ernannten Vorsitzenden des Schwurgerichts[4]. Beschwerde findet nicht statt[5].

An Stelle der wegfallenden Geschworenen hat der Vorsitzende, wenn es noch geschehen kann, aus der Jahresliste durch Auslosung andere Geschworene auf die Spruchliste zu bringen und deren Ladung anzuordnen. Ueber die Auslosung wird von dem Gerichtsschreiber ein Protokoll aufgenommen.

1. Unter „Ablehnungsgründe“ würden im Hinblick auf den § 35 nur die dort unter Nr. 1—6 aufgeführten Umstände zu verstehen sein. Der Geschworene wird aber für sich geltend machen dürfen, daß die Voraussetzungen der §§ 33 u. 34 G. und des § 22 St. auf ihn zutreffen. Vergl. auch § 32 St.

2. Der Ausdruck „Hinderungsgründe“ kommt sonst im Gesetz nicht vor. Er wird in dem Sinne zu verstehen sein, wie das Wort „Verhinderung“ in den §§ 62 u. 194 G. gebraucht ist.

3. D. h. so lange die erste Sitzung nicht begonnen hat.

4. Hiernach werden die Ablehnungs- und Hinderungsgründe nach erfolgter Ernennung des Vorsitzenden des Schwurgerichts diesem, erforderlichen Falls unter Glaubhaftmachung der betreffenden Angaben anzuzeigen sein. Vergl. auch § 138 StGB.

Dieselben Gründe können bereits im Wege der Einsprache gegen die Urliste geltend gemacht (§§ 37. 87 G.) und nach § 89 Gegenstand endgültiger Entscheidung des Landgerichts gewesen sein. Es können daher im § 94 nur die von solcher Entscheidung noch nicht betroffenen Ablehnungs- und Hinderungsgründe gemeint sein.

Die Vorschrift des § 52 dürfte auch auf Geschworene analoge Anwendung finden. Vergl. die Noten zu § 52.

Eine Vorschrift, daß Ablehnungsgründe nur innerhalb einer bestimmten Frist geltend gemacht werden dürfen, enthält das G. in Bezug auf Geschworene nicht. Vergl. § 53.

5. Nach ihrem Wortsinne schließt die Vorschrift nicht aus, daß die Ablehnungs- und Hinderungsgründe, auch wenn sie vom Vorsitzenden verworfen sind, vor dem Schwurgerichtshofe von Neuem geltend gemacht und von diesem für begründet erachtet werden dürfen. Beim Mangel einer ausdrücklichen Vorschrift wird dies jedoch für zulässig nicht zu erachten sein.

§ 95 G.

Erstreckt sich eine Sitzungsperiode des Schwurgerichts über den Endtermin des Geschäftsjahres hinaus, so bleiben die Geschworenen, welche zu derselben einberufen sind, bis zum Schlusse der Sitzungen zur Mitwirkung verpflichtet.

§ 96 G.

Die Bestimmungen der §§ 55. 56* finden auch auf Geschworene Anwendung.

Die im § 56 bezeichneten Entscheidungen werden in Bezug auf Geschworene von den richterlichen Mitgliedern des Schwurgerichts erlassen.

* Vergl. die Noten zu diesen §§.

§ 97 G.

Niemand soll für dasselbe Geschäftsjahr als Geschworener und als Schöffe bestimmt werden.

Ist dies dennoch geschehen, oder ist Jemand für dasselbe Geschäftsjahr in mehreren Bezirken zu diesen Aemtern bestimmt worden*, so hat der Einberufene dasjenige Amt zu übernehmen, zu welchem er zuerst einberufen wird.

* In Folge mehrerer Domizile desselben, oder irrthümlich.

§ 98 G.

Die Strafkammer des Landgerichts kann bestimmen[1], daß einzelne Sitzungen des Schwurgerichts nicht am Sitze des Landgerichts, sondern an einem anderen Orte innerhalb des Schwurgerichtsbezirks abzuhalten seien.

In diesem Falle wird für diese Sitzungen von dem Landgerichte eine besondere[2] Liste von Hülfsgeschworenen gebildet.

1. Inhalts der Mot. S. 110 kann eine Veranlassung hierzu z. B. darin gefunden werden, daß viele Zeugen an einem von dem Sitze des Landgerichts sehr entfernten Orte wohnen, oder daß bei einem in einer Gefangenenanstalt verübten Verbrechen eine Anzahl Gefangener mit erheblichen Kosten nach dem Orte des Schwurgerichts transportirt werden müßte.

2. Weil die schon ernannten am Orte des Landgerichts oder in dessen Nähe wohnen. § 89 Abs. 3 G.

§ 99 G.

Die Landesjustizverwaltung kann bestimmen, daß die Bezirke mehrerer Landgerichte zu einem Schwurgerichtsbezirke zusammengelegt und die Sitzungen des Schwurgerichts bei einem der Landgerichte abgehalten werden.

In diesem Falle hat das Landgericht, bei welchem die Sitzungen des Schwurgerichts abgehalten werden, und der Präsident desselben die ihnen in den §§ 82—98 zugewiesenen Geschäfte für den Umfang des Schwurgerichtsbezirks wahrzunehmen.

Die Mitglieder des Schwurgerichts mit Einschluß des Stellvertreters des Vorsitzenden können aus der Zahl der Mitglieder der im Bezirke des Schwurgerichts belegenen Landgerichte bestimmt werden*.

* Die Fassung „können — bestimmt werden" ist nicht völlig deutlich, da sie die Auslegung zuläßt, als könnten zu Mitgliedern des Schwurgerichts auch Mitglieder anderer Gerichte bestimmt werden. Der Satz soll aus-

sprechen, daß die Wahl aus den Mitgliedern mehrerer Landgerichte zulässig ist, während sie nach § 83 Abs. 2 auf die Mitglieder desjenigen Landgerichts beschränkt ist, bei welchem das Schwurgericht abgehalten wird.

Oberlandesgerichte.

§ 119 G.

Die Oberlandesgerichte werden mit einem Präsidenten und der erforderlichen Anzahl von Senatspräsidenten und Räthen besetzt.

§ 120 G.

Bei den Oberlandesgerichten werden Civil- und Strafsenate gebildet.

§ 121 G.

Die Bestimmungen der §§ 61—68 finden mit der Maßgabe Anwendung, daß zu dem Präsidium* stets die beiden ältesten Mitglieder des Gerichts zuzuziehen sind.

* Vergl. die Note zu § 133.

§ 122 G.

Zu Hülfsrichtern dürfen nur ständig angestellte Richter berufen werden.

§ 123 G.

Die Oberlandesgerichte sind zuständig für die Verhandlung und Entscheidung über die Rechtsmittel:

2. der Revision gegen Urtheile der Strafkammern in der Berufungsinstanz;
3. der Revision gegen Urtheile der Strafkammern in erster Instanz, sofern die Revision ausschließlich auf die Verletzung einer in den Landesgesetzen enthaltenen[a] Rechtsnorm gestützt wird[b];
5. der Beschwerde gegen strafrichterliche Entscheidungen erster Instanz, soweit nicht die Zuständigkeit der

Strafkammer begründet ist[5], und gegen Entscheidungen der Strafkammern in der Beschwerdeinstanz[6] und Berufungsinstanz[7].

1. Die Oberlandesgerichte sind ausschließlich Gerichte zweiter Instanz, während die Landgerichte neben ihrer Zuständigkeit als Gerichte erster Instanz zugleich als Gerichte zweiter Instanz über Beschwerden gegen Verfügungen, bzhw. Beschlüsse des Amtsrichters, Untersuchungsrichters und Schöffengerichts und über die Berufung gegen schöffengerichtliche Urtheile zu entscheiden haben, §§ 72 u. 76 G.

2. Die JK. hatte bei erster Lesung die Revision gegen die in der Berufungsinstanz ergangenen Urtheile der Strafkammern ausgeschlossen, um nicht für die geringeren Strafsachen drei Instanzen zu statuiren, während für die in erster Instanz vor die Strafkammern gehörenden nur das Rechtsmittel der Revision nachgelassen sei. Sie hat sich jedoch bei zweiter Lesung, im Einverständniß mit der Regierungsvertretung, für die Aufnahme der Revision noch außer der Berufung entschieden, um soweit möglich Einheitlichkeit für die Rechtsprechung in Strafsachen zu sichern. Prot. zur St. S. 1105—1108. Daß die Revision gegen die in der Berufungsinstanz ergangenen Urtheile dem Oberlandesgericht nicht blos, wenn dieselbe auf Verletzung landesrechtlicher, sondern auch, wenn sie auf Verletzung reichsgesetzlicher Rechtsnormen gestützt wird, überwiesen ist, hat seinen Grund lediglich in der Besorgniß einer Ueberbürdung des Reichsgerichts. Prot. zur St. S. 1105—1108. Die Mot. S. 22 gehen davon aus, daß die Oberlandesgerichte im Interesse einheitlicher Rechtsprechung sich bei Fällung ihrer Revisionsurtheile durch die in den Urtheilen des Reichsgerichts niedergelegten Rechtsgrundsätze werden leiten lassen.

Hinsichtlich der Strafsachen, welche Zuwiderhandlungen gegen die Vorschriften über die Erhebung öffentlicher in die Reichskasse fließender Abgaben und Gefälle betreffen, vergl. den § 136 Abs. 2.

3. Die Worte „in den Landesgesetzen enthaltenen" sind im weiteren Sinne gebraucht; sie umfassen auch solche Rechtsprincipien, welche, ohne in einem bestimmten § ausgesprochen zu sein, den strafgesetzlichen Vorschriften zur Grundlage dienen.

4. Die Worte „ausschließlich — gestützt wird", deren sich auch die Mot. S. 22 bedienen, nöthigen zu der Auslegung, daß die Vorschrift nur Anwendung finden soll, wenn der Revident in seinen „Revisionsanträgen" (§ 384 St.) die Rechtsnormen, welche er für verletzt hält, ausdrücklich bezeichnet hat, und daß diese ausschließlich in der Landesgesetzgebung begründet sind.

Zu einer solchen Bezeichnung der von ihm für verletzt erachteten Rechtsnormen nöthigt aber das Gesetz (§ 384 St.) den Revidenten nicht. Derselbe darf sich vielmehr — soweit es sich nicht um Verstöße gegen das Verfahren handelt — auf die ganz allgemeine Erklärung beschränken: daß er materielle

— oder, wie der § 384 sich noch allgemeiner ausdrückt: „andere Rechtsnormen" — für verletzt halte. Selbst darüber, ob dieselben auf ausdrücklichen Gesetzen oder auf Grundsätzen der Rechtstheorie beruhen, braucht er sich nicht auszusprechen.

Wählt er diese Methode, seine Revision zu begründen, so wird das Rechtsmittel selbst dann vor das Reichsgericht gehören, wenn das den Gegenstand des angefochtenen Urtheils bildende Vergehen nur durch Landesgesetze unter Strafe gestellt ist, und die Urtheilsgründe ausschließlich aus Landesgesetzen hergenommen sind. Denn der Abs. 3 des § hat nicht die objektive Fassung: „sofern das angefochtene Urtheil ausschließlich auf Landesgesetzen beruht" gewählt, sondern setzt, — wie erwähnt — eine Erklärung des Revidenten voraus, welche außer Zweifel stellt, daß er nur Landesgesetze für verletzt halte.

Eine mit dem Wortsinne der Vorschrift nicht im Einklange stehende Auslegung derselben wird schon durch die exceptionelle Natur derselben ausgeschlossen. Es würde aber auch ohne eine ausdrückliche Bezeichnung der verletzten Gesetze Seitens des Revidenten die zum Zwecke der Beschlußnahme darüber, ob nach der Sachlage die Entscheidung über die Revision vor das Reichsgericht oder vor das Oberlandesgericht gehöre, die Akten also dem ersteren oder dem letzteren einzusenden sein, bei der Rathskammer anzustellende Prüfung, zumal in weitläufigen oder mehrere Vergehen umfassenden Untersuchungen und bei der Konkurrenz verschiedener Revisionen ein völlig unsicheres Resultat gewähren.

Aus den vorstehend erörterten Gründen dürfte auch die Vorschrift des § 388 St., ungeachtet der Allgemeinheit ihrer Fassung, das Reichsgericht nicht berechtigen, beim Mangel einer Erklärung des Revidenten, wie sie der Abs. 3 des § 123 G. nach obiger Ausführung voraussetzt, die Sache durch Beschluß an das betreffende Oberlandesgericht aus dem Grunde abzugeben, weil nach dem Inhalte der Urtheilsgründe von der Verletzung anderer Rechtsnormen, als landesrechtlicher nicht die Rede sein könne.

Daß auch in einem Falle, wo in den „Revisionsanträgen" ausschließlich landesgesetzliche Rechtsnormen als verletzt bezeichnet sind, das Revisionsgericht über diese Rügen hinaus von Amtswegen zu prüfen habe, ob etwa Reichsgesetze oder andere Landesgesetze, als die vom Revidenten angeführten verletzt seien, folgt aus § 392 St.

5. Vergl. § 72 G. und die Note 5 zu demselben.

6. Daß die von der Strafkammer auf eine Beschwerde erlassene Verfügung nur in dem Falle durch eine weitere an das Oberlandesgericht zu richtende Beschwerde angefochten werden kann, wenn diese eine Verhaftung betrifft, ergiebt sich aus dem § 352 St.

7. Vergl. § 346 St.

8. Der allgemeine Ausdruck „Entscheidungen" steht an beiden Stellen des Abs. Nr. 5 für „Verfügungen" bzhw. „Beschlüsse".

§ 124 G.

Die Senate der Oberlandesgerichte entscheiden in der Besetzung von fünf Mitgliedern mit Einschluß des Vorsitzenden.

Reichsgericht.

§ 125 G.

Der Sitz des Reichsgerichts wird durch Gesetz bestimmt.

§ 126 G.

Das Reichsgericht wird mit einem Präsidenten und der erforderlichen Anzahl von Senatspräsidenten und Räthen besetzt.

§ 127 G.

Der Präsident, die Senatspräsidenten und Räthe werden auf Vorschlag[1] des Bundesraths von dem Kaiser ernannt.

Zum Mitgliede[2] des Reichsgerichts kann nur ernannt werden, wer die Fähigkeit zum Richteramte in einem Bundesstaate[3] erlangt und das fünfunddreißigste Lebensjahr vollendet hat.

1. Ein Antrag, anstatt „auf Vorschlag" zu setzen: „nach Anhörung" wurde in der JK. abgelehnt. Prot. S. 392. 395.

In Betreff der Worte: „auf Vorschlag" blieb — da ein Antrag auf Entscheidung nicht gestellt wurde — streitig, ob dieselben bedeuten: „daß die Ernennung des Kaisers gebunden sei an die Wahl des Bundesraths"; oder: „daß der Bundesrath Vorschläge zu machen habe, der Kaiser aber nach freiem Ermessen diese Vorschläge annehmen oder ablehnen könne"; oder: „daß der Kaiser Keinen ernennen könne, der nicht vom Bundesrathe vorgeschlagen sei". Die Mot. sprechen sich über den Sinn der Worte nicht aus, bemerken vielmehr nur S. 144, daß die Bestimmung dem § 3 des Ges. vom 12. Juni 1869 (BGBl. S. 201) entspreche. Der Sprachgebrauch und auch wohl die Absicht des Gesetzes dürfte zu der Auslegung führen, daß der Kaiser weder genöthigt sei, einen ihm vom Bundesrathe vorgeschlagenen Kandidaten zu ernennen, noch berechtigt, seine Wahl auf einen ihm nicht vorgeschlagenen fallen zu lassen, daß daher, wenn die vorgeschlagenen abgelehnt werden, neue Vorschläge Seitens des Bundesraths zu machen seien.

2. Vergl. hinsichtlich der Bedeutung, welche das Wort hier hat, die Note 1 zu § 83 G.

3. Nach den Gesetzen desselben. Danach wird die Befähigung zum Mitgliede des Reichsgerichts — abweichend von der Vorschrift des § 6 des Oberhandelsgerichtsgesetzes vom 12. Juni 1869 — nicht dadurch bedingt, daß der Kandidat nach den Landesgesetzen die Qualifikation zum Mitgliede eines Obergerichts erlangt hat. Nach den Mot. S. 144 liegt der Grund hiefür in der Mannigfaltigkeit der betreffenden Landesgesetze.

§ 128 G.

Ist ein Mitglied zu einer Strafe wegen einer entehrenden Handlung oder zu einer Freiheitsstrafe von längerer als einjähriger Dauer rechtskräftig verurtheilt, so kann dasselbe durch Plenarbeschluß des Reichsgerichts seines Amts und* seines Gehalts für verlustig erklärt werden.

Vor der Beschlußfassung sind das Mitglied und der Ober-Reichsanwalt zu hören.

* Mit Rücksicht auf das Wort „kann" wird „und" disjunktiv, nicht kumulativ zu verstehen, das Reichsgericht also berechtigt sein, dem Mitgliede — z. B. im Falle des § 222 StGB. — einen Theil seines Gehalts (als Pension) zu belassen, auch wenn dasselbe seines Amts für verlustig erklärt wird.

§ 129 G.

Ist wegen eines Verbrechens oder Vergehens das Hauptverfahren gegen ein Mitglied eröffnet, so kann die vorläufige Enthebung desselben von seinem Amt nach Anhörung des Ober-Reichsanwalts* durch Plenarbeschluß des Reichsgerichts ausgesprochen werden.

Wird gegen ein Mitglied die Untersuchungshaft verhängt, so tritt für die Dauer derselben die vorläufige Enthebung von Rechtswegen ein.

Durch die vorläufige Enthebung wird das Recht auf den Genuß des Gehalts nicht berührt.

* Weshalb nicht, den §§ 128 u. 131 G. entsprechend, auch Anhörung des Mitgliedes angeordnet ist, ergeben weder die Mot. noch die Verhandlungen der JK., welche dem § 131 die Worte: „das Mitglied und" hinzugefügt hat. Prot. S. 669.

§ 130 G.

Wenn ein Mitglied durch ein körperliches Gebrechen oder durch Schwäche seiner körperlichen oder geistigen Kräfte zur Erfüllung seiner Amtspflichten dauernd unfähig wird, so tritt seine Versetzung in den Ruhestand gegen Gewährung eines Ruhegehalts ein.

Das jährliche Ruhegehalt beträgt bis zur Vollendung des zehnten Dienstjahres 20/60 des Gehalts; es erhöht sich mit der Vollendung eines jeden folgenden Dienstjahres und bis zur Vollendung des fünfzigsten Dienstjahres um je 1/60 des Gehalts.

Bei Berechnung der Dienstzeit wird die Zeit mitgerechnet, während welcher das Mitglied sich im Dienste des Reichs oder im Staats= oder Gemeindedienste* eines Bundesstaates befunden oder in einem Bundesstaate als Anwalt, Advokat, Notar, Patrimonialrichter oder als öffentlicher Lehrer des Rechts an einer deutschen Universität fungirt hat.

* Nach den Worten des Gesetzes würde die Vorschrift auch auf das Dienstverhältniß eines unbesoldeten Stadtraths Anwendung finden; das ist wohl nicht gemeint.

§ 131 G.

Wird die Versetzung eines Mitgliedes in den Ruhestand nicht beantragt[1], obgleich die Voraussetzungen derselben vorliegen, so hat der Präsident die Aufforderung zu erlassen[2], binnen einer bestimmten Frist den Antrag zu stellen. Wird dieser Aufforderung nicht Folge geleistet, so ist die Versetzung in den Ruhestand durch Plenarbeschluß des Reichsgerichts auszusprechen.

Vor der Beschlußfassung sind das Mitglied[3] und der Ober=Reichsanwalt zu hören.

1. Der Ausdruck „beantragt" schließt nicht aus, daß der Antrag auch von einem Dritten, z. B. dem Ober=Reichsanwalt oder einem Mitgliede des Gerichts ausgehen könne. Auch könnte daraus, daß jener Ausdruck an Stelle der Worte des § 25 des Reichs=Oberhandelsgerichtsgesetzes vom 12. Juni 1869: „ohne daß dasselbe ein hierauf gerichtetes Gesuch einreicht", gewählt ist, geschlossen werden, daß in der That auch der Antrag eines Dritten in's

Auge gefaßt sei. Gleichwohl steht dieser Auffassung entgegen, daß beim Ausbleiben des Antrages der Präsident die Aufforderung zur Stellung desselben erlassen soll, diese aber nur an das unfähig gewordene Mitglied ergehen kann, der Antrag eines Dritten auch den „Plenarbeschluß" nicht entbehrlich machen könnte. Für die Ansicht, daß unter „Aufforderung" eine an das Mitglied zu richtende zu verstehen sei, hat sich auch die Regierungsvertretung bei der Berathung des Antrages auf Einschaltung der Worte: „das Mitglied und" in den Abs. 2 ausgesprochen. Prot. S. 669.

2. Nach diesen Worten kann der Präsident die Aufforderung aus eigenem Antriebe, ohne Zustimmung der übrigen Mitglieder des Gerichtshofes und selbst der Senatspräsidenten, erlassen. Es ist dies an sich um so bedenklicher, als es hier sowohl, als im § 130 G. an jeder Andeutung fehlt, wem das Urtheil darüber zustehe, ob das Mitglied „zur Erfüllung seiner Amtspflichten dauernd unfähig werde" (richtiger: geworden sei). Doch wird davon ausgegangen sein, daß die Stellung des Reichsgerichtspräsidenten eine genügende Bürgschaft dafür gewähre, daß bei dem in dem § angeordneten Verfahren mit der gebührenden Rücksichtsnahme werde vorgeschritten werden.

3. Event. sein gesetzlicher Vertreter, wie auch S. 669 der Prot. der JK. erwähnt worden.

§ 132 G.

Bei dem Reichsgerichte werden Civil- und Strafsenate gebildet. Die Zahl derselben bestimmt der Reichskanzler.

§ 133 G.

Die Bestimmungen der §§ 61—68 finden mit der Maßgabe Anwendung*, daß zu dem Präsidium die vier ältesten Mitglieder des Gerichts zuzuziehen sind.

1. Die §§ 67 u. 68 schreiben vor, daß die Bestimmungen der §§ 61 bis 66 auf die Kammern für Handelssachen keine Anwendung finden, und daß innerhalb dieser Kammern der Vorsitzende die Geschäfte auf die Mitglieder vertheilt. Die Hinweisung auf dieselben dürfte daher nicht beabsichtigt sein.

2. Es hätte wohl hier und im § 121 heißen müssen: „analoge Anwendung", da die Oberlandesgerichte und das Reichsgericht weder in Kammern eingetheilt werden, noch Direktoren bei denselben angestellt sind.

§ 134 G.

Die Zuziehung von Hülfsrichtern ist unzulässig.

§ 136 G.

In Strafsachen ist das Reichsgericht zuständig:

1. für die Untersuchung und Entscheidung in erster

und letzter Instanz in den Fällen des Hochverraths und des Landesverraths, insofern diese Verbrechen gegen den Kaiser oder das Reich gerichtet sind*;
2. für die Verhandlung und Entscheidung über die Rechtsmittel der Revision gegen Urtheile der Strafkammern in erster Instanz, insoweit nicht die Zuständigkeit der Oberlandesgerichte begründet ist, und gegen Urtheile der Schwurgerichte.

In Strafsachen wegen Zuwiderhandlungen gegen die Vorschriften über die Erhebung öffentlicher in die Reichskasse fließender Abgaben und Gefälle ist das Reichsgericht auch für die Verhandlung und Entscheidung über das Rechtsmittel der Revision gegen Urtheile der Strafkammern in der Berufungsinstanz zuständig, sofern die Entscheidung des Reichsgerichts von der Staatsanwaltschaft bei der Einsendung der Akten an das Revisionsgericht beantragt wird.

* Bei der Berathung des § in der JK. entstand eine Meinungsverschiedenheit zwischen der Regierungsvertretung und Mitgliedern der Kommission darüber, ob in den Fällen der Ziffer 1 die Zuständigkeit des Reichsgerichts sich auch auf andere strafbare Handlungen der von ihm abzuurtheilenden Personen erstrecke. Dieselbe ist nicht zur Entscheidung gekommen, da die betreffenden Anträge, nachdem sich für die Bejahung der Frage in der Kommission eine geringe Majorität gegen die dieselbe verneinende Regierungsvertretung ergeben, vor der beabsichtigten anderweiten Abstimmung zurückgezogen wurden. Prot. vom 19. Oktober 1876 S. 3 folg. und vom 20. Oktober S. 2.

Hiernach ist das Reichsgericht in der Lage, sich über die Frage, ob sich seine Zuständigkeit auch auf Begünstiger und ferner auf den Fall erstrecke, wenn sich die That als ein Verbrechen anderer Art — nicht als Hoch- oder Landesverrath gegen den Kaiser oder das Reich — herausstellt, seine Praxis auf Grund der allgemeinen Rechtstheorie zu bilden.

§ 137 G.

Will ein Civilsenat in einer Rechtsfrage von einer früheren Entscheidung eines anderen Civilsenats oder der vereinigten Civilsenate abweichen, so hat derselbe die Verhandlung und Entscheidung der Sache vor die vereinigten Civilsenate zu verweisen.

Die Verweisung erfolgt an die vereinigten Strafsenate,

wenn ein Strafsenat in einer Rechtsfrage von einer früheren Entscheidung eines anderen Strafsenats oder der vereinigten Strafsenate abweichen will*.

* Mit Rücksicht auf den Einfluß, welchen die Entscheidungen des Reichsgerichts auf die Rechtspflege ausüben werden, dürfte es sich empfohlen haben, eine Verweisung an das Plenum eintreten zu lassen, wenn ein Strafsenat von einer früheren Entscheidung eines Civilsenats abgehen will, und umgekehrt. Vergl. § 261 St.

§ 138 G.

Der erste Strafsenat des Reichsgerichts hat bei den im § 136 Nr. 1 bezeichneten Verbrechen diejenigen Geschäfte zu erledigen, welche im § 72 Abs. 1 der Strafkammer des Landgerichts zugewiesen sind.

Das Hauptverfahren findet vor dem vereinigten zweiten und dritten Strafsenate statt.

§ 139 G.

Zur Fassung von Plenarentscheidungen und von Entscheidungen der vereinigten Civil- oder Strafsenate, sowie der beiden vereinigten Strafsenate* ist die Theilnahme von mindestens zwei Drittheilen aller Mitglieder mit Einschluß des Vorsitzenden erforderlich.

Die Zahl der Mitglieder, welche eine entscheidende Stimme führen, muß eine ungerade sein. Ist die Zahl der anwesenden Mitglieder eine gerade, so hat derjenige Rath, welcher zuletzt ernannt ist, und bei gleichem Dienstalter derjenige, welcher der Geburt nach der jüngere ist, oder, wenn dieser Berichterstatter ist, der nächst ältere kein Stimmrecht.

* Es sind die am Schlusse des § 138 Abs. 2 erwähnten gemeint.

§ 140 G.

Die Senate des Reichsgerichts entscheiden in der Besetzung von sieben Mitgliedern mit Einschluß des Vorsitzenden.

§ 141 G.

Der Geschäftsgang wird durch eine Geschäftsordnung geregelt, welche das Plenum auszuarbeiten und dem Bundesrath zur Bestätigung vorzulegen hat.

Staatsanwaltschaft.

§ 142 G.

Bei jedem Gerichte soll eine Staatsanwaltschaft bestehen*.

* Ueber die Organisation der StAschft. und das Verhältniß der mehreren Beamtenklassen derselben zu einander enthält das G. nur die allgemeinen Bestimmungen der §§ 147. 148. Speziellere Vorschriften sowohl hierüber, als über die Bedingungen der Befähigung zu dem Amte des StAts. und des Amtsanwalts und über ihre Anstellung als ständige Beamte oder auf Widerruf, bleiben der Landesgesetzgebung und Instruktionen der höchsten Landesjustizbehörden in gleicher Weise vorbehalten, wie dies im Abs. 2 des § 153 hinsichtlich der Bezeichnung derjenigen Beamten des Polizei- und Sicherheitsdienstes ausgesprochen ist, welche die Obliegenheiten als Hülfsbeamte der StAschft. zu erfüllen haben sollen.

In Bezug auf das Verhältniß der StAschft. zu den Gerichten spricht sich der § 151 gleichfalls nur durch die allgemeine Bemerkung aus, daß die erstere in ihren Amtsverrichtungen von den letzteren unabhängig sei. Gleichwohl werden Seitens der Landesgesetzgebung spezielle auf Regelung dieses Verhältnisses abzielende Vorschriften nicht erlassen werden dürfen. Demselben ist seine naturgemäße Gestaltung von selbst und unabweislich durch das Wesen und Grundprinzip des Anklageprozesses vorgezeichnet, welcher darauf basirt, daß das Gericht und die StAschft. neben einander und in sich ergänzender Wirksamkeit, wenngleich in verschiedenen Thätigkeitssphären, als gleichgestellte, koordinirte Behörden ein gemeinsames Ziel anstreben. An diesem Verhältniß, welches auch in dem zweiten Satze des § 152 G. Ausdruck findet, darf durch Landesgesetzgebung eine Aenderung, welche unmittelbar oder mittelbar ein Uebergewicht der einen Behörde vor der anderen, welche es auch sei, zur Folge hätte, nicht herbeigeführt werden. Jede Abweichung von dem Grundsatze der Gleichberechtigung beider würde eine Gefährdung der Strafrechtspflege unausbleiblich zur Folge haben.

Von diesen Grundsätzen ausgegangen, gebietet den Beamten der einen wie der anderen Behörde nicht nur die auf Vermeidung persönlicher den Geschäftsverkehr erschwerender Widerwärtigkeiten zu nehmende Rücksicht, sondern in gleichem Maße das dienstliche Interesse sowohl die Beobachtung der durch die Gleichstellung beider Behörden angezeigten geschäftlichen Form, als auch die strenge Innehaltung der Grenzen der eigenen Berufsbefugnisse und Vermeidung des Eingriffs in die der anderen Behörde. Seitens der Gerichte ist dabei im Auge zu behalten, daß die StAschft. nicht eine Parteistellung einnimmt, sondern in ihrer Eigenschaft als die zur Wahrung der staatlichen Ordnung mittelst Verfolgung strafbarer Handlungen berufene Behörde ihren Beruf in gleicher Weise wie die Gerichte nach Anleitung und Maßgabe gesetzlicher Vorschriften ausübt.

Aus dieser Stellung der StAschft. folgt insbesondere, daß das Gericht derselben Anweisungen zu ertheilen oder amtliche Auflagen zur Erledigung zu machen, nicht befugt ist, sich vielmehr darauf zu beschränken hat, derselben seine Beschlüsse mitzutheilen, wonächst es Sache der StAschft. bleibt, aus eigener Amtspflicht diejenigen amtlichen Handlungen vorzunehmen und Schritte zu thun, zu welchen die Gesetze sie anweisen, oder auf welche das Interesse der Sache sie nach eigenem Ermessen hinleitet. Dies Verfahren wird beispielsweise auch in Fällen des § 206 St. zu beobachten sein; geht dem StA. der diesem § entsprechende Beschluß zu, so verpflichtet ihn das Gesetz zur Einreichung der Anklageschrift. Einer Aufforderung des Gerichts dazu bedarf es nicht.

Es folgt ferner aus der Koordination der beiden Behörden die Unzulässigkeit der Ausdehnung der den Gerichten und einzelnen Richtern nach den §§ 143 folg. G. zustehenden Disziplinarbefugnisse auf die Beamten der StAschft. In dem Prot. der JK. vom 20. Oktober 1876 S. 7 ist Seitens des Vorsitzenden konstatirt, daß nach der Auffassung der Kommission dem Vorsitzenden auf Grund des § 143 das Recht zustehe, auch dem StA. gegenüber die Ordnung der Verhandlung aufrecht zu erhalten. Allein abgesehen von der Unbestimmtheit dieser Bemerkung ist auch nicht anzunehmen, daß die Regierungsvertretung mit derselben einverstanden gewesen sei, da in der „Begründung des Entwurfs zum G." ausdrücklich ausgesprochen ist, daß die Beamten der StAschft. den Vorschriften über die Handhabung der Sitzungspolizei nicht unterliegen. Giebt das Verhalten eines StA. Anlaß zu Ausstellungen, so ist zum Zwecke der Rüge bzhw. Remedur in gleicher Weise sein Vorgesetzter anzurufen, wie sich der StA., wenn er über das Verfahren des Gerichts, des Vorsitzenden desselben oder eines einzelnen Richters Beschwerde führen zu dürfen glaubt, sich an die betreffende vorgesetzte Behörde zu wenden hat.

Demgemäß ist auch der Vorsitzende nicht berechtigt, dem StA. in der Hauptverhandlung in Bezug auf die Art der Ausübung seiner amtlichen Funktionen und die Zweckmäßigkeit seiner Anträge Vorhaltungen zu machen, oder ihm das Wort zu entziehen. Daß derselbe nach den §§ 240. 241 St. unter Vorbehalt der Entscheidung durch das Gericht auch der StAschft. die Befugniß zur Fortsetzung des Kreuzverhörs und zur Stellung einzelner Fragen an Zeugen und Sachverständige entziehen darf, findet seine Erklärung in der in diesen Beziehungen erforderlichen Gleichstellung der StAschft. und des Angeklagten bzhw. seines Vertheidigers.

Die Rechte, welche der StAschft. in ihrem Geschäftsverkehr mit den Gerichten und den als Einzelrichter thätigen Untersuchungs- und Amtsrichtern diesen gegenüber zustehen, sind in der St. nicht überall mit genügender Bestimmtheit und Klarheit festgestellt.

Zunächst gilt dies in Bezug auf das Recht derselben, vor dem Erlassen gerichtlicher Entscheidungen gehört zu werden. Der § 33 St. reiht an die allgemeine Bestimmung, daß die im Laufe einer Hauptverhandlung ergehenden Entscheidungen nach Anhörung der Betheiligten erlassen werden, im Betreff der außerhalb einer Hauptverhandlung ergehenden die spezielle Vorschrift, daß vor dem Erlassen derselben die StAschft. schriftlich oder mündlich zu hören sei. Uebereinstimmend hiermit sagen die Mot. zur St. S. 29: Der Entwurf betrachte die Einholung einer gewöhnlich in schriftlicher Form abzugebenden, jedoch auch mittelst mündlicher Anhörung zulässigen Erklärung der StAschft. vor solchen gerichtlichen Entscheidungen, welche nicht Urtheile seien, als eine aus der Amtsstellung der StAschft. sich ergebende Folge.

Bei der Berathung des § in der JK (S. 14. 25—27 und 801—803 der Prot. zur St.) wichen indeß die Ansichten über die Auslegung und Tragweite des § 33 St. in dem Grade von einander ab, daß sich aus den darauf bezüglichen Erklärungen die Ansicht der Mehrheit der Kommissionsmitglieder nicht wohl erkennen läßt. Während von der einen Seite der Satz, daß die StAschft. das Recht habe, mündlich oder schriftlich gehört zu werden, wenn es sich um eine außerhalb der Hauptverhandlung zu ertheilende Entscheidung handle, für völlig unbedenklich erklärt wurde (S. 25), wies man andererseits darauf hin, daß es eine Reihe von Verfügungen gebe, bei denen — wie namentlich in der Voruntersuchung — eine Anhörung der StAschft. ohne erhebliche Verzögerung der Sache nicht ausführbar sei, überdies auch derselben ihr Interesse durch die Befugniß, jederzeit die Akten einzusehen, gewahrt werde (S. 26). Bei der Berathung des § in zweiter Lesung wurde (S. 801) die Ansicht vertheidigt, daß der Ausdruck „Entscheidungen des Gerichts" sich nicht auf den Amts- und Untersuchungsrichter beziehe, da diese völlig lahm gelegt werden würden, wenn in der Voruntersuchung, bzhw. dem Vorverfahren vor dem Amtsrichter, vor jeder Verfügung erst bei der StAschft. angefragt werden müßte. Ferner wurde darauf hingewiesen, daß der Ausdruck „Entscheidungen" alle Arten von Verfügungen bezeichne, dies erwogen aber die Anordnung des § in den meisten Fällen ein ganz unnöthiges Hin- und Herschreiben zwischen Gericht und StAschft. zur Folge haben würde, wogegen wieder von anderer Seite (S. 802) jenem Ausdrucke hier die engere Bedeutung beigelegt wurde, daß darunter nur solche Beschlüsse zu verstehen seien, durch welche einem von der einen oder anderen Seite gestellten Antrage entweder stattgegeben, oder derselbe zurückgewiesen werde.

Dieser letzteren Auffassung des Wortes „Entscheidung" trat der Regierungsvertreter entschieden entgegen, indem er dafür hielt, daß darunter alle Anordnungen und Beschlüsse — abgesehen vom Urtheil — zu verstehen seien. Andererseits glaubte auch er nicht, daß die Vorschrift des § auf Entscheidungen und Verfügungen Anwendung fände, welche im Vorverfahren ergingen, widersprach jedoch der Aufnahme einer dies aussprechenden Bestimmung in den §, da aus einer solchen der unberechtigte Schluß gezogen werden könnte, daß der StA. im Vorverfahren und in der Voruntersuchung vor dem Amtsrichter (?) überhaupt nicht gehört werden solle S. 802.

Nach diesen Aeußerungen, über welche ein Einverständniß nicht erzielt wurde, beschloß die Kommission, (S. 803 der Prot. zur St. in Verbindung mit S. 801 Antrag b) dem § hinzuzufügen: Die Bestimmung findet auf die Entscheidungen des Untersuchungsrichters und des Amtsrichters keine Anwendung. Allein dieser Zusatz ist demnächst (Beschlüsse der Redaktionskommission zu dem Entwurfe einer Strafprozeßordnung — 2. Lesung — XXII. S. 59) wieder in Fortfall gekommen und demgemäß in die nach zweiter Lesung bearbeitete: „Zusammenstellung des Entwurfs einer Strafprozeßordnung mit den Beschlüssen der Kommission" S. 13 nicht aufgenommen worden, hat daher auch dem Reichstage nicht vorgelegen. Hiernach bietet die Entstehungsgeschichte des — die angeregten Zweifel rechtfertigenden — § zur sachgemäßen Auslegung desselben geringen Anhalt dar.

Soll derselbe nicht einerseits durch eine an seinem nächsten Wortsinne festhaltende zu weite Auslegung der Worte „Die Entscheidungen" die Gerichte zu einer ebenso zwecklosen als lästigen, den Geschäftsgang hemmenden Praxis nöthigen, oder andererseits der § durch Urgirung des Ausdrucks „Gerichte" — unter Ausschließung des Untersuchungs- und des Amtsrichters — eine Einschränkung erleiden, die seinen Zweck überhaupt vereiteln würde, so wird

1) in der ersten Beziehung davon auszugehen sein, daß der § ungeachtet der Allgemeinheit seiner Fassung und der Wahl des bestimmten Artikels „die" vor „Entscheidungen", doch nicht der Terminologie der St. entsprechend auf all' und jede Beschlüsse und Verfügungen, weß Inhalts sie auch seien, bezogen werden darf. Welchen Zweck könnte das Gesetz gehabt haben, die vorgängige Anhörung der StAschft. vor solchen Entscheidungen anzuordnen, durch welche klar in den Gesetzen begründeten Anträgen des Angeklagten, wie z. B. auf Zuordnung eines Vertheidigers stattgegeben wird. Die Vorschrift dürfte daher auf solche Fälle zu beschränken sein, bei welchen die StAschft. unmittelbar, oder mit Rücksicht auf ihre Stellung als Wahrerin der öffentlichen Ordnung mittelbar betheiligt ist. In derartigen Fällen wird sie aber auch

2) gleichviel, ob die Entscheidung durch einen Antrag veranlaßt wird oder von Amtswegen ergeht, und ob dem Antrage stattgegeben oder er abgelehnt wird, überall da zur Anwendung kommen müssen, wo nicht das Gesetz die Entbehrlichkeit der Anhörung der StAschft. durch den Zusammenhang seiner Vorschriften zu erkennen giebt. Daß, hiervon ausgegangen, die Fälle der Nothwendigkeit der Anhörung der StAschft. sich nicht speziell bezeichnen lassen, leuchtet ein. Es wird sich aber gleich sehr im sachlichen als im eignem Interesse der Richter empfehlen, der StAschft. stets da Gelegenheit zur Aeußerung zu geben, wo die Sachlage darauf hinführt, daß dieselbe bei dem zu fassenden Beschlusse interessirt und die Möglichkeit eines von derselben gegen die Entscheidung, wie sie auch ergehen möge, zu erhebenden Widerspruchs nicht ausgeschlossen ist.

3) Daß unter den Worten „Entscheidungen des Gerichts" im § 33 St. nicht ausschließlich die des Kollegialgerichts, sondern auch die von dem Vorsitzenden desselben auf Grund z. B. der §§ 218. 220. St. ausgehenden, so wie die des Untersuchungsrichters und des Amtsrichters zu verstehen seien, wird — selbst wenn kein Gewicht auf die vorstehend erwähnte Beseitigung des den entgegengesetzten Grundsatz aussprechenden Beschlusses der JK., so-

wie darauf gelegt wird, daß bei den Berathungen der JK. in **erster** Lesung ausdrücklich und wiederholt ohne jeden Widerspruch ausgesprochen ist, daß der § auch auf den Untersuchungsrichter Anwendung finde (S. 26 u. 27 der Prot. zur St.) — schon deshalb anzunehmen sein, weil von der entgegengesetzten Ansicht ausgegangen die Vorschrift ihren Zweck verfehlen würde, da sich das Bedürfniß vorgängiger Anhörung der StAschft. ungleich mehr in Bezug auf Entscheidungen eines einzelnen Richters geltend macht, als hinsichtlich der eine größere Garantie für ihre Gesetzmäßigkeit und Sachgemäßheit gewährenden eines Richterkollegiums. Die Mot. geben aber auch (S. 29) deutlich zu erkennen, daß unter den „gerichtlichen Entscheidungen", von welchen sie sprechen, nicht blos die des Richterkollegiums verstanden werden sollen, indem es dort heißt: „Im Uebrigen" — nämlich abgesehen von der Hauptverhandlung — werden gerichtliche Entscheidungen, welche nicht Urtheile sind, ohne mündliche Verhandlung mit den Betheiligten auf Grund der Akten, **bei Kollegialgerichten** nach mündlicher Berichterstattung Seitens eines der Richter, erlassen". Das Wort „Gericht" bildet auch keineswegs in der St. und dem G. den Gegensatz zum Gerichtsvorsitzenden, dem Untersuchungsrichter und dem Amtsrichter. Es ist zwar S. 1121 der Prot. der JK. bemerkt: die Redaktionskommission habe sich bemüht, scharf zwischen „Richter" und „Gericht" zu unterscheiden; — wenn von einem „Gerichte" die Rede sei, solle stets das **erkennende** Gericht gemeint sein, allein der § 184 G. (vergl. § 182) und der § 75 St. ergeben, daß jene Terminologie nicht streng durchgeführt worden ist.

Weshalb ungeachtet der völlig allgemeinen Vorschrift des § 33 St. in einzelnen Fällen — z. B. §§ 52. 53. 56. 94 G. und 351 St. — die Anhörung der StAschft. noch besonders angeordnet worden, ist aus den Mot. und den Protokollen der JK. nicht zu ersehen.

Ausnahmsweise erfordert das Gesetz nicht nur die Anhörung der StAschft. vor einer gerichtlichen Entscheidung, sondern auch deren Zustimmung zu derselben § 124 St.

Zu den Befugnissen der StAschft. gehört ferner — wie auch bei den obgedachten den § 33 St. betreffenden Berathungen der JK. anerkannt ist, — die Einsicht derjenigen gerichtlichen Akten, welche sich auf die Untersuchungen, bei denen sie betheiligt ist, beziehen. Daß dies im Betreff der Voruntersuchungsakten im § 194 St. ausdrücklich ausgesprochen ist, kann nicht als eine singuläre Vorschrift, vielmehr nur als Ausfluß jenes Princips aufgefaßt werden. In dem § 8 des Preuß. Gesetzes vom 17. Juli 1846 ist jene Befugniß durch die Bestimmung anerkannt: „Dem StA. steht die Einsicht aller polizeilichen und gerichtlichen Akten, welche sich auf einen zu seinem Geschäftskreise gehörenden Gegenstand beziehen, jederzeit frei".

Im Uebrigen sind die speziellen Befugnisse der StAschft., insbesondere in Bezug auf ihre Anwesenheit bei Beweisaufnahmen, Einwirkung auf Verhaftungen, Haussuchungen, Beschlagnahmen, Einlegung von Rechtsmitteln u. s. w. durch die betreffenden besonderen Vorschriften der St. geregelt.

Hinsichtlich der Art der Verwaltung des Amts der StAschft. und der

Grenzen der ihr durch dasselbe gestellten Aufgabe haben sich das G. und die St. mit Recht nicht nur specieller Anweisungen, sondern selbst allgemeiner Hindeutungen auf die dabei ins Auge zu fassenden Gesichtspunkte enthalten. Für denjenigen StA., welcher, der Bedeutung seines Amts für die Strafrechtspflege sich bewußt, seine Aufgabe dem entsprechend auffaßt, die zur Lösung derselben geeigneten Wege mit klarem praktischen Blick zu erkennen befähigt, und mit dem Grade von Energie, Pflichttreue und dem vorzugsweise für dies Amt unentbehrlichen amtlichen Takt ausgerüstet ist, sind derartige Anweisungen und Andeutungen entbehrlich; für den, welchem diese Eigenschaften *nicht* beiwohnen, bleiben Instruktionen darüber, durch welches Maß von Verdachtsgründen sein Einschreiten bedingt sei, wie weit er dieselben vor Erhebung der öffentlichen Klage (§ 168 St.) zu verfolgen, unter welchen Umständen er Voruntersuchung außer den Fällen der Nothwendigkeit derselben zu beantragen, in wie weit er anonyme Denunziationen zu berücksichtigen, in welchen Grenzen er sich bei seinen Anklageschriften und Plaidoyers zu halten habe u. s. w. — jedenfalls wirkungslos.

Daß der StA. berechtigt ist, am Schlusse der Hauptverhandlung auf Freisprechung des Angeklagten anzutragen, so wie auch in Bezug auf die rechtliche Beurtheilung des Falles von seiner Anklageschrift und dem Verweisungsbeschlusse abzuweichen, folgt aus seiner — auch im § 158 Abs. 2 St. anerkannten — Verpflichtung, vom objektiven Standpunkte aus das Interesse des Angekl. wie das des Staats wahrzunehmen.

Die vorstehend in Bezug auf die StAschft. überhaupt entwickelten Grundsätze finden, so weit das Gesetz nicht Ausnahmen bestimmt, auch auf die Amtsanwälte Anwendung.

§ 143 G.

Das Amt der Staatsanwaltschaft wird ausgeübt:

1. bei dem Reichsgerichte durch einen Ober-Reichsanwalt und durch einen oder mehrere Reichsanwälte;
2. bei den Oberlandesgerichten, den Landgerichten und den Schwurgerichten durch einen oder mehrere Staatsanwälte;
3. bei den Amtsgerichten und den Schöffengerichten durch einen oder mehrere Amtsanwälte.

Die Zuständigkeit der Amtsanwälte erstreckt sich nicht auf das amtsrichterliche Verfahren zur Vorbereitung der öffentlichen Klage in denjenigen Strafsachen, welche zur Zuständigkeit anderer Gerichte als der Schöffengerichte gehören *.

* In den Fällen der §§ 160. 183 St. können hiernach die Funktionen der StAschft. (vergl. die §§ 167. 191. 194 St.) nicht von dem Amtsanwalte wahrgenommen werden.

Ebenso ist die Thätigkeit des Amtsanwalts im Vorverfahren in denjenigen Sachen ausgeschlossen, welche zur Zuständigkeit anderer Gerichte gehören; sie beschränkt sich auf die Sachen, in denen das Amtsgericht — wie die Mot. S. 163 bemerken, im eigentlichen Sinne — zuständig ist, erstreckt sich also nicht auf solche Untersuchungen, die dem Amtsgerichte auf Grund der §§ 29. 75 G. überwiesen werden. Da diese Ueberweisung erst bei Eröffnung des Hauptverfahrens erfolgt, tritt auch die Zuständigkeit der Amtsanwälte erst mit diesem Zeitpunkte ein.

Die Mot. sprechen sich a. a. O. dahin aus, daß durch die Bestimmung des Abs. 2 nicht ausgeschlossen werde, daß der Amtsanwalt bei einzelnen vor dem Amtsrichter stattfindenden Verhandlungen (§ 159 St. § 158 G.) in Sachen, welche nicht zur schöffengerichtlichen Zuständigkeit gehören, den StA. auf Grund eines Auftrages oder Ersuchens vertreten könne. Hiermit dürfte jedoch der dort in Bezug genommene § 146 G. nicht im Einklange stehen, da der Abs. 2 desselben von der allgemeinen Vorschrift des Abs. 1 in Bezug auf Amtsanwälte mit der Bestimmung eine Ausnahme feststellt, daß dieselben das Amt der StAschft. nur bei den Amtsgerichten und den Schöffengerichten — nicht also bei den Geschäften, welche dem Amtsrichter persönlich außerhalb der Zuständigkeit des Amtsgerichts übertragen sind — versehen könnten. Es ist dies auch in den den § 146 G. betreffenden Mot. S. 165 mit dem Bemerken anerkannt, daß jene Beschränkung des Substitutionsrechts darauf beruhe, daß das Amt der Amtsanwälte, wie schon jetzt bei den (preußischen) Polizeianwälten, so auch künftig vielfach Verwaltungsbeamten oder anderen Personen werde anvertraut werden müssen, denen die juristische Bildung mangele.

Die sachliche Zuständigkeit der StAschft. regelt sich nach der des Gerichts, zu welchem sie gehört.

§ 144 G.

Die örtliche Zuständigkeit der Beamten der Staatsanwaltschaft wird durch die örtliche Zuständigkeit des Gerichts bestimmt, für welches sie bestellt sind[1].

Ein unzuständiger Beamter der Staatsanwaltschaft hat sich denjenigen innerhalb seines Bezirks vorzunehmenden Amtshandlungen zu unterziehen, in Ansehung welcher Gefahr im Verzuge obwaltet[2].

Können die Beamten der Staatsanwaltschaft verschiedener Bundesstaaten[3] sich nicht darüber einigen, wer von ihnen die Verfolgung zu übernehmen hat, so entscheidet der ihnen gemeinsam vorgesetzte[4] Beamte der Staatsanwaltschaft und in Ermangelung eines solchen der Ober-Reichsanwalt.

1. Sind nach den §§ 8—13 St. mehrere Gerichte zuständig, so ist die StAschft. jedes derselben zum Einschreiten berechtigt. In Kollisionsfällen wird, da der Vorzug der Prävention vom Gesetz nicht ausgesprochen ist (vergl. § 12 St.), der gemeinschaftliche zunächst vorgesetzte Staatsanwaltschaftsbeamte zu bestimmen haben, welche StAschft. die Verfolgung der Sache fortzusetzen habe.

2. Die zuständige StAschft. wird sofort von dem Geschehenen in Kenntniß zu setzen sein. Vergl. den letzten Abs. des § 167 G. Weshalb die dortige Bestimmung in Betreff der Ueberschreitung der örtlichen Zuständigkeitsgrenzen nicht auch hier aufgenommen ist, geben die Mot. und die Prot. der JK. nicht an.

3. Dasselbe findet statt, wenn die Zuständigkeit zwischen den StAschftn. desselben Bundesstaats streitig ist z. B. wegen Ungewißheit, in welchem Bezirk die Strafthat verübt ist. Vergl. § 148 G.

4. Dies kann eintreten, wenn Theile verschiedener Bundesstaaten unter einem Landgerichte bzhw. Oberlandesgerichte vereinigt sind.

§ 145 G.

Besteht die Staatsanwaltschaft eines Gerichts aus mehreren Beamten, so handeln die dem ersten Beamten beigeordneten Personen als dessen Vertreter; sie sind, wenn sie für ihn auftreten, zu allen Amtsverrichtungen desselben ohne den Nachweis eines besonderen Auftrags berechtigt[1].

1. Die Mot. bemerken S. 164, daß sich diese Bestimmung auf das Verhältniß mehrerer Amtsanwälte nur in dem Falle beziehe, wenn nach der Landesgesetzgebung einem der mehreren Amtsanwälte die Aufsicht und Leitung zustehe. Vergl. § 148 G.

2. Bei den Verhandlungen sind die mehreren StAte. berechtigt, sowohl gemeinschaftlich zu fungiren, als mit einander abzuwechseln. Referendarien (Applikanten) werden nur unter Mitwirkung eines StA. staatsanwaltliche Funktionen übernehmen dürfen.

§ 146 G.

Die ersten Beamten der Staatsanwaltschaft bei den Oberlandesgerichten und den Landgerichten sind befugt, bei allen Gerichten ihres Bezirks die Amtsverrichtungen der Staatsanwaltschaft selbst zu übernehmen oder mit Wahrnehmung derselben einen anderen als den zunächst zuständigen Beamten zu beauftragen.

Amtsanwälte können das Amt der Staatsanwaltschaft nur bei den Amtsgerichten[1] und den Schöffengerichten versehen[2].

1. Bezieht sich auf die Verhandlungen des Amtsrichters außerhalb der Hauptverhandlung.

2. Innerhalb der im § 143 G. angegebenen Grenzen. In Bezug auf die Bemerkung der Mot. S. 163, daß durch die Bestimmung des Abs. 2 des § 143 G. nicht ausgeschlossen werde, daß der Amtsanwalt bei einzelnen vor dem Amtsrichter stattfindenden Verhandlungen (§ 160 St. § 158 G.) in Sachen, welche nicht zur Zuständigkeit der Schöffengerichte gehören, den zuständigen Staatsanwalt kraft Auftrages oder Ersuchens vertreten könne, vergl. die Note zu § 143 G.

§ 147 G.

Die Beamten der Staatsanwaltschaft haben den dienstlichen Anweisungen ihres Vorgesetzten nachzukommen[1].

In denjenigen Sachen, für welche das Reichsgericht in erster und letzter[2] Instanz zuständig ist, haben alle Beamte der Staatsanwaltschaft den Anweisungen des Ober-Reichsanwalts Folge zu leisten.

1. Eine Abänderung derselben bei dem höheren Vorgesetzten nachzusuchen, dürfte ihnen, sofern die Anweisungen nicht ihre Person oder amtliche Stellung betreffen, nicht zustehen.

2. Die Fassung „in einziger Instanz“ wäre vielleicht vorzuziehen gewesen, da die Worte „in erster und letzter“ das Dazwischenliegen einer anderen Instanz nicht ausschließen. Im § 136 Nr. 1 heißt es, wie hier „in erster und letzter“; im § 176 St. nur „Reichsgericht“; in den §§ 140 und 484 St. „in erster Instanz“.

3. Ein von der JK. beschlossener Satz: „Bei den Ausführungen und Anträgen nach dem Schlusse der Beweisaufnahme sind die Beamten der Staatsanwaltschaft an dienstliche Anweisungen ihrer Vorgesetzten nicht gebunden“ (Prot. S. 415—421. 655—658), ist nach zweiter Lesung wieder in Wegfall gekommen und die Wiederaufnahme auch im Reichstage abgelehnt worden. Sitzung vom 23. November 1876, Stenogr. Ber. S. 314.

§ 148 G.

Das Recht der Aufsicht und Leitung steht zu:

1. dem Reichskanzler hinsichtlich des Ober-Reichsanwalts und der Reichsanwälte*;
2. der Landesjustizverwaltung hinsichtlich aller staatsanwaltlichen Beamten des betreffenden Bundesstaates;
3. den ersten Beamten der Staatsanwaltschaft bei den Oberlandesgerichten und den Landgerichten hin-

sichtlich aller Beamten der Staatsanwaltschaft ihres Bezirks.

* Aus der Fassung der Nr. 1 in Verbindung mit Nr. 3 — wo dem obersten Beamten der StAschft. bei den Oberlandesgerichten und Landgerichten hinsichtlich aller Staatsanwaltschafts-Beamten ihres Bezirks, also mit Einschluß der zu jenen Staatsanwaltschaften gehörenden übrigen Beamten, die Aufsicht und Leitung überwiesen ist — muß gefolgert werden, daß dem Ober-Reichsanwalt in Bezug auf die Reichsanwälte das Recht der Aufsicht und Leitung nicht zusteht, diese vielmehr dem Reichskanzler unmittelbar untergeben sein sollen. Der Abs. 2 des § 147 G. steht dem nicht entgegen, theils weil er sich Inhalts der Mot. S. 166 nur auf die „Beamten der StAschft. in den einzelnen Bundesstaaten" bezieht, theils weil dort von einer „Aufsicht" überhaupt nicht die Rede ist. Dasselbe gilt vom § 147 Abs. 1, da das Gesetz den Ober-Reichsanwalt nicht als „Vorgesetzten" der Reichsanwälte bezeichnet.

Im Betreff der Geschäftsverwaltung bei der Ober-Reichsanwaltschaft dürfte das Verhältniß des Ober-Reichsanwalts zu den Reichsanwälten — über welches sich die Mot. S. 166 nicht aussprechen — durch Instruktion des Reichskanzlers zu regeln sein.

Für den Fall der Anstellung mehrerer Amtsanwälte bei einem Amtsgericht (§ 143 Nr. 3 G.) ist hinsichtlich des Subordinationsverhältnisses eine Bestimmung nicht getroffen. Dasselbe gilt in Bezug auf die Anstellung mehrerer Staatsanwälte bei demselben Ober-Landesgericht oder Landgericht. Die erforderlichen Anordnungen werden von den Landesjustizverwaltungen der einzelnen Bundesstaaten zu treffen sein.

Ob über einen Beamten der StAschft. nur bei seinem unmittelbaren Vorgesetzten die Beschwerde zulässig sei, oder ob weitere Beschwerde in die höhere, und bis zu welcher Instanz geführt werden dürfe, ist nicht ausgesprochen. Den einzelnen Bundesstaaten dürfte eine Entscheidung dieser, die materiellen Rechte der Betheiligten betreffenden Frage nicht zustehen. Mangels einer einschränkenden Vorschrift wird die Beschwerde den betheiligten Personen bis zur „Landesjustizverwaltung" (§ 148 Abs. 2 G.) offen stehen. Vergl. auch die Note 2 zu § 170 St.

In Bezug auf „Rechtshülfe" sprechen sich die Mot. S. 195 übereinstimmend mit vorstehender Ansicht dahin aus, daß die Beschwerde über den Staatsanwalt an den Ober-Staatsanwalt und die weitere Beschwerde an die Landesjustizbehörde gehe. Das analoge Verfahren wird eintreten, wenn das Ersuchen an den Amtsanwalt ergangen ist.

§ 149 G.

Der Ober-Reichsanwalt und die Reichsanwälte sind nicht richterliche Beamte.

Zu diesen Aemtern sowie den Aemtern der Staatsanwaltschaft bei den Oberlandesgerichten und den Landgerichten können nur zum Richteramte befähigte Beamte ernannt werden.

§ 150 G.

Der Ober-Reichsanwalt und die Reichsanwälte werden auf Vorschlag des Bundesraths vom Kaiser ernannt.

Dieselben können durch Kaiserliche Verfügung jederzeit mit Gewährung des gesetzlichen Wartegeldes einstweilig in den Ruhestand versetzt werden*.

* Ohne Zustimmung des Bundesraths (Abs. 1).

§ 151 G.

Die Staatsanwaltschaft ist in ihren Amtsverrichtungen von den Gerichten unabhängig*.

* Diese im Wesen des Anklageprozesses begründete Bestimmung hat durch den von der JK. dem Entwurf der St. hinzugefügten § 170 St. eine prinzipwidrige Einschränkung erfahren. Vergl. die Noten zu diesem §.

§ 152 G.

Die Staatsanwälte dürfen richterliche Geschäfte nicht wahrnehmen. Auch darf ihnen eine Dienstaufsicht über die Richter[1] nicht übertragen werden[2].

1. „Richter" ohne den Artikel „die" wäre wohl korrekter gewesen.

2. Bei der Berathung des § in der JK. wurde bemerkt, daß sich diese Bestimmung auf die richterlichen Unterbeamten nicht beziehen solle. Prot. S. 427.

§ 153 G.

Die Beamten des Polizei- und Sicherheitsdienstes sind Hülfsbeamte der Staatsanwaltschaft und sind in dieser Eigenschaft verpflichtet, den Anordnungen der Staatsanwälte bei dem Landgerichte ihres Bezirks und der diesen vorgesetzten Beamten Folge zu leisten[1].

Die nähere Bezeichnung derjenigen Beamtenklassen, auf welche diese Bestimmung Anwendung findet, erfolgt durch die Landesregierungen.

1. Die Motive gehen S. 172 davon aus, daß die Erfüllung dieser Pflichten durch Exekutivstrafen erzwungen werden könne; ohne ausdrückliche Vorschrift in den Landesgesetzen möchte dies jedoch bedenklich sein.

2. Bestimmungen darüber, unter welchen Voraussetzungen ein Staatsanwalt sich der amtlichen Thätigkeit im einzelnen Falle zu enthalten habe, bzhw. gegen diese von den Betheiligten protestirt werden könne, enthält so wenig das G. als die St. Es dürfte jedoch für selbstverständlich gelten, daß derselbe in den Fällen des § 22 Nr. 1—3 und 5 St. — abgesehen von Gefahr im Verzuge — nicht einschreiten dürfe. In Uebereinstimmung hiermit bestimmt der § 75 der Oesterreichischen Strafprozeßordnung, daß vom Einschreiten in Strafsachen diejenigen Mitglieder der Staatsanwaltschaft ausgeschlossen sind, mit welchen der Beschädigte oder dessen Vertheidiger, oder der durch das Verbrechen oder Vergehen Verletzte, oder der Privatangekl. in einem Verhältniß steht, welches den Richter und Protokollführer ausschließt; ferner, welche als Zeugen oder Sachverständige vernommen worden, oder als Vertheidiger oder Vertreter des Privatkl. oder Privatbetheiligten oder als Richter thätig gewesen sind.

Eine dem § 157 G. entsprechende, die Beamten der StAschft. zur gegenseitigen Erledigung von Ersuchen verpflichtende Vorschrift scheint für entbehrlich erachtet worden zu sein.

Ueber das Verhältniß der Amtsanwälte zu den Beamten des Polizei- und Sicherheitsdienstes werden die Landesregierungen Bestimmung zu treffen haben.

Ausschließung und Ablehnung der Gerichtspersonen.

§ 22 St.

Ein Richter ist von der Ausübung des Richteramts[1] kraft Gesetzes ausgeschlossen:

1. wenn er selbst durch die strafbare Handlung verletzt ist[2];
2. wenn er Ehemann oder Vormund[3] der beschuldigten oder der verletzten Person ist oder gewesen ist[4];
3. wenn er mit dem Beschuldigten oder mit dem Verletzten in gerader Linie verwandt, verschwägert oder durch Adoption verbunden, in der Seitenlinie bis[5] zum dritten Grade verwandt oder bis zum zweiten Grade verschwägert ist, auch wenn die Ehe, durch welche die Schwägerschaft begründet ist, nicht mehr besteht;

4. wenn er in der Sache als Beamter der Staatsanwaltschaft[6], als Polizeibeamter, als Anwalt[7] des Verletzten oder als Vertheidiger thätig gewesen ist;

5. wenn er in der Sache als Zeuge oder Sachverständiger vernommen ist[8].

1. Im weiteren Sinne; also auch in Bezug auf die Voruntersuchung und die im § 160 St. erwähnten Verhandlungen sowie bei Entscheidungen jeder Art.

2. Ist ein Gericht in seiner Gesammtheit beleidigt, so werden die Mitglieder desselben bei einer gegen den Beleidiger deshalb eingeleiteten Untersuchung von dem Richteramt nicht auszuschließen sein. Hiefür spricht der § 180 des G. und die Note dazu.

3. Des Nebenvormundes geschieht hier keine Erwähnung; derselbe wird jedoch, der Absicht des Gesetzes entsprechend, unter „Vormund" mitzuverstehen sein.

4. Also auch, wenn die durch die strafbare Handlung verletzte geschiedene Ehefrau bzhw. der gewesene Mündel in der Zwischenzeit zwischen der Strafthat und der Amtsthätigkeit des Gerichts bereits gestorben ist.

Auf Verlobte (vergl. § 51 St. und § 56 der StPO. für Württemberg, 1868) ist die Vorschrift nicht auszudehnen, wiewohl das Verhältniß ein ungleich näheres ist, als das zwischen dem Vormunde und dem Mündel, zumal nach Aufhebung der Vormundschaft. Die Mot. und die Prot. der JK. berühren diese Frage nicht.

5. „Bis" heißt hier nach S. 13 der Prot. der JK. „einschließlich".

6. Dem Wortsinne nach fallen hierunter auch die eine etatsmäßige Stelle bei der StAschft. bekleidenden Sekretäre. Gleichwohl dürfte die Vorschrift in Uebereinstimmung mit § 146 G. nur auf die Staatsanwälte und deren staatsanwaltliche Funktionen ausübende Gehülfen anzuwenden sein. Daß im § 31 auch der Gerichtsschreiber Erwähnung geschieht, steht dem mit Rücksicht auf die wesentlich verschiedene Stellung derselben nicht entgegen.

7. Mit Rücksicht auf die Worte: „in der Sache", worunter — mit den Mot. S. 25 — die anhängige Untersuchung zu verstehen ist, darf die Vorschrift nicht auf den Fall ausgedehnt werden, wenn der Richter Anwalt des Verletzten in einem von diesem gegen den Angeklagten angestrengten Civil-Entschädigungs- oder dem im § 261 Abs. 2 erwähnten Prozeß ist, oder gewesen ist.

8. Ob die Vorschrift im einzelnen Falle auch bei einem bloßen Antrage auf Vernehmung anzuwenden sei, wollen die Mot. S. 24 davon abhängig gemacht wissen, ob zu der Annahme, daß der Antrag lediglich die Ausschließung des Richters zum Zwecke habe, Grund vorliege oder nicht.

§ 23 St.

Ein Richter, welcher bei einer durch ein Rechtsmittel angefochtenen Entscheidung mitgewirkt hat, ist von der Mitwirkung bei der Entscheidung in höherer Instanz kraft Gesetzes ausgeschlossen.

Der Untersuchungsrichter darf in denjenigen Sachen, in welchen er die Voruntersuchung geführt hat, nicht Mitglied des erkennenden Gerichts sein, auch nicht bei einer außerhalb der Hauptverhandlung erfolgenden Entscheidung der Strafkammer mitwirken.

[1]An dem Hauptverfahren[2] vor der Strafkammer dürfen mehr als zwei von denjenigen Richtern, welche bei der Entscheidung über die Eröffnung des Hauptverfahrens mitgewirkt haben, und namentlich der Richter, welcher Bericht über den Antrag der Staatsanwaltschaft erstattet hatte, nicht theilnehmen.

1. Die Bestimmungen des von der JK. dem Entwurf hinzugefügten Abs. 3 stehen mit dem Verfahren, nach welchem der Amtsrichter, der die Entscheidung über die Eröffnung des Hauptverfahrens allein erläßt, auch die von der StAschft. im Vorverfahren für erforderlich erachteten richterlichen Handlungen vornimmt, nicht nur an der Hauptverhandlung Theil nimmt und sie leitet, sondern auch den Schöffen die bei dem Urtheil ins Auge zu fassenden rechtlichen Gesichtspunkte klar zu stellen hat, nicht im Einklange. Der Widerspruch läßt sich auch, nachdem die JK. dem Schöffengericht eine Strafgewalt bis zu 5 Jahren Gefängniß eingeräumt hat (§ 27 G. Nr. 4. 5. 6. 8) nicht durch Geltendmachung der Geringfügigkeit der vor die Schöffengerichte gehörigen Straffälle rechtfertigen.

2. Die Worte „an dem Hauptverfahren — nicht theilnehmen", sind im Hinblick auf die §§ 196—211 und 212 dunkel. Es scheint die Hauptverhandlung gemeint zu sein. So lautete auch der ursprüngliche Antrag und der demselben entsprechende Beschluß. Prot. zum G. S. 373 Zeile 9 und S. 374.

§ 24 St.

Ein Richter kann sowohl in den Fällen, in denen er von der Ausübung des Richteramts kraft Gesetzes ausgeschlossen ist, als auch wegen Besorgniß der Befangenheit abgelehnt werden[1].

Wegen Besorgniß der Befangenheit findet die Ablehnung statt, wenn ein Grund vorliegt[2], welcher geeignet ist, Mißtrauen gegen die Unparteilichkeit eines Richters zu rechtfertigen.

Das Ablehnungsrecht steht der Staatsanwaltschaft, dem Privatkläger[3] und dem Beschuldigten zu. Den zur Ablehnung Berechtigten sind auf Verlangen[4] die zur Mitwirkung bei der Entscheidung[5] berufenen Gerichtspersonen[6] namhaft zu machen.

1. In den Mot. S. 26 ist bemerkt, daß das Gericht als solches nicht, vielmehr nur die einzelnen Richter abgelehnt werden dürfen.

2. Nach freiem Ermessen des zur Entscheidung über das Ablehnungsgesuch berufenen Gerichts. Vergl. §§ 27 und 31 St.

3. Hinsichtlich des sich anschließenden Nebenklägers vergl. § 437 St.

4. Dies Verlangen wird Mangels einer entgegenstehenden Vorschrift vor dem Beginn der Hauptverhandlung geltend gemacht werden müssen.

5. Wiewohl der § auf sämmtliche Funktionen des Richters Bezug hat, wird doch der Ausdruck „Entscheidung" (nach der Terminologie der StPO. Verfügung, Beschluß, Urtheil) hier für gleichbedeutend mit „Urtheilsfällung", „Urtheilsfindung" § 263 anzunehmen sein, da bei Entscheidungen anderer Art, z. B. über Beschwerden, eine solche Namhaftmachung nicht ausführbar ist.

6. An sich würden hierunter nur die Richter und Schöffen verstanden werden können, da der Gerichtsschreiber zur Mitwirkung bei der Entscheidung nicht berufen ist. Doch dürfte die Vorschrift mit Rücksicht auf § 31 auf denselben zu beziehen sein, zumal in den Mot. S. 28, unter Hinweisung auf die Beweiskraft der Protokolle, gesagt ist, die Gerichtsschreiber seien gleichartig wie die Richter und Schöffen behandelt. Bei entgegengesetzter Absicht des Gesetzes würde die kürzere Fassung: „Richter und Schöffen" gewählt worden sein. Im § 225, wo diese dem Gerichtsschreiber gegenüber gestellt sind, heißt es: „zur Urtheilsfindung berufene Personen".

In Betreff der kraft Gesetzes eintretenden oder mittelst Ablehnung herbeizuführenden Ausschließung der Beamten der StAschft. vergl. die Note 2 zu § 153 G.

Auf eine erst in der Hauptverhandlung erfolgende Perhorreszirung dürfte die Vorschrift des § 25 analoge Anwendung finden, da anderenfalls der Perhorreszirende in der Lage sein würde, die schon vorgeschrittene Verhandlung hinfällig zu machen. Vergl. die Note zu § 25.

§ 25 St.

Die Ablehnung eines Richters wegen Besorgniß der Befangenheit* ist in der Hauptverhandlung erster Instanz nur bis zur Verlesung des Beschlusses über die Eröffnung des Hauptverfahrens, in der Hauptverhandlung über die Berufung und die Revision nur bis zum Beginne der Berichterstattung zulässig.

* Dem Wortsinne nach bezieht sich die Vorschrift nur auf die zweite, nicht auch auf die erste Alternative des Abs. 1 § 24. Danach würde ein auf Gründe der ersteren Art gestütztes Ablehnungsgesuch, auch wenn es erst am Schlusse der Hauptverhandlung angebracht würde, selbst dann noch berücksichtigt werden müssen und die Hinfälligkeit der Verhandlung zur Folge haben, wenn dem Perhorreszirenden das der Ablehnung zum Grunde liegende Sachverhältniß schon beim Beginn der Verhandlung bekannt, dem Richter dagegen unbekannt gewesen wäre. Diese den Worten entsprechende Auslegung des § ist jedoch nach den Motiven nicht beabsichtigt; dieselben sprechen allgemein von dem Ablehnungsrechte. S. 26. Vergl. auch Note 1 zu § 26.

§ 26 St.

Das Ablehnungsgesuch ist bei dem Gerichte, welchem der Richter angehört, anzubringen[1]; es kann vor dem Gerichtsschreiber zu Protokoll erklärt werden.

Der Ablehnungsgrund ist glaubhaft zu machen; der Eid ist als Mittel der Glaubhaftmachung ausgeschlossen. Zur Glaubhaftmachung kann auf das Zeugniß des abgelehnten Richters Bezug genommen werden.

Der abgelehnte Richter hat sich über den Ablehnungsgrund dienstlich zu äußern[2].

1. Ueber die Zeit ist, abgesehen von der die Hauptverhandlung betreffenden Vorschrift des § 25, eine Bestimmung nicht getroffen. Danach würde ein gegen den Untersuchungsrichter erst am Schlusse der Voruntersuchung angebrachtes an sich begründetes Ablehnungsgesuch noch mit der Wirkung der Hinfälligkeit der stattgehabten Verhandlungen zu beachten sein. Es dürfte jedoch davon auszugehen sein, daß eine in Gegenwart des Ablehnungsberechtigten ohne dessen Widerspruch aufgenommene Verhandlung nicht nachträglich angefochten werden dürfe, und eine Ausnahme hievon nur etwa in dem Falle eintrete, wenn der Ablehnungsberechtigte glaubhaft macht, von dem der Ablehnung zum Grunde liegenden Sachverhältniß nicht unterrichtet gewesen zu sein.

2. Der Abs. 3 ist von der JK. hinzugefügt, um die Bedeutung des Worts „Zeugniß" im Abs. 2 klarzustellen. Prot. S. 1130. Keinenfalls kann die Behauptung der Befangenheit des Richters dadurch, daß dieser dieselbe in Abrede stellt, oder die ihr zum Grunde liegenden Thatsachen bestreitet, widerlegt werden; es muß vielmehr in einem solchen Falle die Glaubhaftmachung nur in anderer Weise erfolgen.

§ 27 St.

Ueber das Ablehnungsgesuch entscheidet das Gericht[1], welchem der Abgelehnte angehört; wenn dasselbe durch Ausscheiden des abgelehnten Mitglieds beschlußunfähig wird, das zunächst obere Gericht.

Wird ein Untersuchungsrichter oder ein Amtsrichter abgelehnt, so entscheidet das Landgericht[2]. Einer Entscheidung bedarf es nicht[3], wenn der Abgelehnte das Ablehnungsgesuch für begründet hält[4].

1. Daß hier in gleicher Weise, wie im § 26 das Gerichtskollegium, im Gegensatze zu den, Abtheilungen desselben bildenden Strafkammern, bzhw. Straffenaten, gemeint ist, ergiebt sich aus den Worten: „wenn dasselbe durch das Ausscheiden des abgelehnten Richters beschlußunfähig wird", da die Strafkammern, welche in der bestimmten Zahl von drei und fünf Richtern zu entscheiden haben (G. §§ 77. 194), durch das Ausscheiden des abgelehnten Richters nothwendig beschlußunfähig werden müssen.

Die Vorschrift paßt aber nicht für den Fall, wenn das Ablehnungsgesuch erst in der Hauptverhandlung angebracht wird, da eine Zusammenberufung des Gerichtskollegiums behufs Entscheidung über dasselbe häufig die störendsten Unterbrechungen und selbst Aussetzungen der Verhandlungen der Strafkammern und der Schwurgerichte zur Folge haben würde. Es wird daher in einem solchen Falle der Vorsitzende des Gerichtskollegiums auf Ansuchen einen Stellvertreter für den abgelehnten Richter der Strafkammer, bzhw. des Schwurgerichts, zu ernennen haben, unter dessen Zuziehung zunächst über das Ablehnungsgesuch entschieden, und falls dasselbe begründet befunden, die Verhandlung selbst fortgesetzt wird.

2. Diese Bestimmung setzt den Angeklagten in den Stand, stets die Aussetzung der Hauptverhandlung des Schöffengerichts durch ein in derselben angebrachtes unbegründetes Ablehnungsgesuch herbeizuführen. § 25 St.

3. Eine Ausdehnung dieser Vorschrift auf andere Richter ist nach der Redaktion des Abs. um so weniger zulässig, als auch der analoge § 45 der Civilprozeßordnung nur vom „Amtsrichter" spricht.

4. In diesem Falle wird für ihn, wenn das Ablehnungsgesuch erst in der Hauptverhandlung angebracht wird, ein anderer der bei dem Amtsgericht fungirenden Richter einzutreten haben. § 22 G.

§ 28 St.

Gegen den Beschluß, durch welchen das Ablehnungsgesuch für begründet erklärt wird, findet kein Rechtsmittel[1], gegen den Beschluß, durch welchen das Gesuch für unbegründet erklärt wird, findet sofortige Beschwerde statt.

Der Beschluß, durch welchen ein gegen einen erkennenden Richter[2] angebrachtes Ablehnungsgesuch für unbegründet erklärt wird, kann nicht für sich allein, sondern nur mit dem Urtheil angefochten werden.

1. Die Vorschrift wird auch im Falle des Schlußsatzes des § 27 Abs. 2, sowie ferner dann Anwendung finden, wenn ein Richter in Folge der ohne ein Ablehnungsgesuch nach § 30 ergangenen Entscheidung ausscheidet.

2. Es sind hier im Gegensatze zu den im § 24 Abs. 3 erwähnten, „zur Mitwirkung bei der Entscheidung berufenen Gerichtspersonen" die in der Hauptverhandlung fungirenden Richter gemeint.

§ 29 St.

Ein abgelehnter Richter hat vor Erledigung des Ablehnungsgesuchs nur solche Handlungen vorzunehmen, welche keinen Aufschub gestatten.

§ 30 St.

Das für die Erledigung eines Ablehnungsgesuchs zuständige Gericht hat auch dann zu entscheiden, wenn ein solches Gesuch nicht angebracht ist, ein Richter aber von einem Verhältnisse Anzeige macht, welches seine Ablehnung rechtfertigen könnte*, oder wenn aus anderer Veranlassung Zweifel darüber entstehen, ob ein Richter kraft Gesetzes ausgeschlossen sei.

* Richtiger: „würde".

§ 31 St.

Die Bestimmungen dieses Abschnitts finden auf Schöffen und Gerichtsschreiber entsprechende[1] Anwendung.

Die Entscheidung über eine Ausschließung oder Ablehnung[2] von Schöffen erfolgt durch den Amtsrichter[3]. Ueber die Ausschließung oder Ablehnung eines Gerichtsschreibers entscheidet das Gericht[4] oder der Richter, welchem derselbe beigegeben ist.

1. Es werden die §§ 22 und 24 bis 26 zur Anwendung kommen. Doch wird ein erst im Laufe der Hauptverhandlung eintretender Gerichtsschreiber noch bei seinem Eintritt abgelehnt werden dürfen. Vergl. § 25.

In Betreff der Dolmetscher vergl. § 193 G.

2. Daß hier gesagt ist: „Ausschließung oder Ablehnung", während nach den vorangegangenen §§ „die Ablehnung" beide Fälle des § 24 Abs. 1 umfaßt, beruht Inhalts der Mot. S. 28 nicht auf Absichtlichkeit.

3. Danach ist der Amtsrichter, wenn ihm in Gemäßheit der Schlußworte des § 30 bezüglich eines Schöffen Zweifel entgegentreten, selbst darüber zu entscheiden und den Schöffen von der Theilnahme an der Verhandlung auszuschließen berechtigt. Doch wird er den Vorgang und seine Gründe aktenkundig zu machen haben.

4. Bei Schöffengerichten mithin in der Hauptverhandlung unter Mitwirkung der Schöffen.

§ 32 St.

Die Bestimmungen des § 22 finden auf Geschworene Anwendung *.

* Daß das Ablehnungsrecht hier nicht erwähnt ist, findet nach den Mot. S. 28 seine Erklärung darin, daß das Interesse der Ablehnungsberechtigten durch den § 282 St. genügend gewahrt ist.

Gerichtsschreiber.

§ 154 G.

Bei jedem Gerichte wird eine Gerichtsschreiberei eingerichtet. Die Geschäftseinrichtung bei dem Reichsgerichte wird durch den Reichskanzler, bei den Landesgerichten durch die Landesjustizverwaltung bestimmt.

Zustellungs- und Vollstreckungsbeamte.

§ 155 G.

Die Dienst- und Geschäftsverhältnisse der mit den Zustellungen, Ladungen und Vollstreckungen zu betrauenden Beamten (Gerichtsvollzieher) werden bei dem Reichsgerichte durch den Reichskanzler, bei den Landesgerichten durch die Landesjustizverwaltung bestimmt.

§ 156 G.

Der Gerichtsvollzieher ist von der Ausübung seines Amts kraft Gesetzes ausgeschlossen:

I. in bürgerlichen Rechtsstreitigkeiten:

3. wenn eine Person Partei ist, mit welcher er in gerader Linie verwandt, verschwägert oder durch Adoption verbunden, in der Seitenlinie bis zum dritten Grade verwandt oder bis zum zweiten Grade verschwägert ist, auch wenn die Ehe, durch welche die Schwägerschaft begründet ist, nicht mehr besteht;

II. in Strafsachen:

1. wenn er selbst durch die strafbare Handlung verletzt ist;
2. wenn er der Ehemann der Beschuldigten oder Verletzten ist oder gewesen ist;
3. wenn er mit dem Beschuldigten oder Verletzten in dem vorstehend unter Nr. I. 3. bezeichneten Verwandtschafts- oder Schwägerschaftsverhältnisse steht*.

* Als Verlobter der Beschuldigten oder Verletzten ist er hiernach nicht ausgeschlossen. Vergl. § 51 St.

Gerichtliche Entscheidungen und deren Bekanntmachung.

§ 33 St.

Die Entscheidungen[1] des Gerichts werden, wenn sie im Laufe einer Hauptverhandlung ergehen, nach Anhörung der Betheiligten, wenn sie außerhalb einer Hauptverhandlung ergehen, nach erfolgter schriftlicher oder mündlicher Erklärung der Staatsanwaltschaft erlassen*.

1. Unter „Entscheidungen" versteht das Gesetz jede Art der im Strafprozeß vorkommenden richterlichen Anordnungen also auch prozeßleitende Verfügungen. Unterschieden wird zwischen „Urtheil", als der das Hauptverfahren abschließenden, sowohl über die Anklage als auch auf eingelegte Rechtsmittel gegen Urtheile in den höheren Instanzen ergehenden Entschei-

dung, und den übrigen Entscheidungen, welche „Beschlüsse" und „Verfügungen", der Regel nach — wie im § 463 Abs. 2 St. — mit der Unterscheidung genannt werden, daß erstere von Kollegialgerichten, letztere vom Einzelrichter ausgehen. Der § 36 St. Abs. 2 weicht durch den Ausdruck „Beschlüsse" hiervon ab. Dazu treten die richterlichen Strafbefehle des § 447 St.

Die Mot. zu diesem § (S. 31) sprechen gleichfalls allgemein von „Entscheidungen". Gleichwohl wird die Vorschrift des §, so weit sie die außerhalb der Hauptverhandlung ergehenden Entscheidungen betrifft, nur auf solche bezogen werden dürfen, bei denen die StAschft. ein Interesse haben kann. Unter dieser Voraussetzung ist es aber unerheblich, ob die Entscheidung beantragt ist, oder von Amtswegen erlassen werden soll. Vergl. die auch hierauf bezügliche Note * zu § 142 G.

2. Daß auch das Amtsgericht — vertreten durch den Amtsrichter — bei den Entscheidungen, welche nicht ausschließlich das Skrutinialverfahren betreffen, z. B. Wiedereinsetzung in den vorigen Stand, Beschlagnahmen von Gegenständen und deren Freigebung, Zurückweisung von Rechtsmitteln u. s. w. den Amtsanwalt zu hören hat, folgt daraus, daß, von der entgegengesetzten Ansicht ausgegangen, die Schlußbestimmung des § für die schöffengerichtlichen Untersuchungen bedeutungslos sein würde.

Im Betreff des Wortes „Gerichts" vergl. die in der Note 1 erwähnte Note zu § 142 G.

§ 34 St.

Die durch ein Rechtsmittel[1] anfechtbaren Entscheidungen sowie diejenigen, durch welche ein Antrag abgelehnt wird, sind mit Gründen zu versehen[2].

1. Einschließlich der Beschwerde.

2. Selbstverständlich unter Widerlegung der zur Unterstützung des Antrags angeführten Gründe. In Betreff der Urtheile vergl. § 266 St.

§ 35 St.

Entscheidungen, welche in Anwesenheit der davon betroffenen Person ergehen, werden derselben durch Verkündung[1] bekannt gemacht. Auf Verlangen ist ihr eine Abschrift zu ertheilen.

Die Bekanntmachung anderer Entscheidungen erfolgt durch Zustellung.

Dem nicht auf freiem Fuße Befindlichen ist das zugestellte Schriftstück auf Verlangen vorzulesen[2, 3, 4].

1. Sofort durch das Gericht, bzhw. den Richter, von dem sie ausgegangen sind.

2. In dem von der IK. abgeänderten Abs. 3 des Entwurfs, welcher die Vorlesung an Stelle der Zustellung in das Ermessen des Richters stellte, war verordnet, daß über die Vorlesung ein Protokoll aufzunehmen, die Mitwirkung eines Richters aber nicht erforderlich sei. Aus dem Ausscheiden dieser Bestimmung würde an sich gefolgert werden können, daß es nach der Absicht der IK. eines Protokolls nicht bedürfe, ein zu den Akten zu bringender Vermerk des Beamten vielmehr genüge. Nach S. 29 der Prot. der IK. ist man jedoch von der Nothwendigkeit eines solchen Protokolls, so wie davon ausgegangen, daß die Vorlesung nicht durch einen Gefangenenwärter, sondern durch einen Gerichtsschreiber zu bewirken sei.

3. Mit Rücksicht auf das zu § 33 St. über die Bedeutung des Worts „Entscheidung" Gesagte, wird die Vorschrift auf alle in Haft befindlichen Personen, z. B. auch auf Zeugen Anwendung finden.

4. Der Absatz ist, Inhalts der Verhandlungen der IK., im Interesse solcher Personen beschlossen, welche das Schriftstück nicht lesen oder verstehen können. Prot. S. 29.

§ 36 St.

Entscheidungen, die einer Zustellung oder Vollstreckung bedürfen, sind der Staatsanwaltschaft zu übergeben, welche das Erforderliche zu veranlassen hat. Auf Entscheidungen, die lediglich den inneren Dienst der Gerichte oder die Ordnung in den Sitzungen betreffen, findet diese Bestimmung keine Anwendung[1].

Der Untersuchungsrichter und der Amtsrichter können Zustellungen aller Art sowie die Vollstreckung von Beschlüssen und Verfügungen[2] unmittelbar veranlassen.

1. Dasselbe wird in Bezug auf Zustellungen anderer Art gelten, wenn dieselben der Beschleunigung bedürfen, und aus der Vermittelung durch die StAschft. eine nachtheilige Verzögerung entstehen würde.

2. Nicht also die Urtheile der Schöffengerichte. Daß in den Mot. S. 31 Zeile 4 v. u. auch in Bezug auf Vollstreckungen der allgemeine, die Urtheile mit umfassende Ausdruck „Entscheidungen" gebraucht ist, steht mit der Fassung des § nicht im Einklange.

Im Betreff der Vollstreckung bei Schöffengerichten erkannter Strafen vergl. den § 483 Abs. 3 St.

§ 37 St.

Auf das Verfahren bei Zustellungen* finden die Vorschriften der Civilprozeßordnung über Zustellungen entsprechende Anwendung.

* Die IK. hatte eine Subkommission mit der Ausarbeitung eines das Zustellungswesen in Strafsachen vollständig erschöpfenden Entwurfs behufs

Vermeidung der Hinweisung auf die Vorschriften der Civilprozeßordnung beauftragt. (Prot. S. 36 u. 49.) Dieser, aus 10 §§ bestehend, fand jedoch im Einverständniß mit der Regierungsvertretung nicht die Zustimmung der Kommission, worauf diese von einer Ergänzung der bezüglichen Vorschriften der St. Abstand nahm. Prot. S. 733. 736 folg. 741 folg.

Es wurde hiefür neben der Hinweisung auf die durch den § 39 St. in Aussicht gestellte Landesgesetzgebung mit Recht geltend gemacht, daß speziellere Bestimmungen durch Instruktionen zu ertheilen seien, so wie ferner, daß, erst wenn die Praxis im Strafverfahren Lücken und Mängel bei der analogen Anwendung der Vorschriften der Civilprozeßordnung und demzufolge das Bedürfniß besonderer Vorschriften für den Strafprozeß herausgestellt haben werde, Abhülfe anzubahnen sei.

Die Aufnahme der einschlagenden Vorschriften der Civil-Proz.-O. ist hier zur Vermeidung einer zwecklosen Erweiterung des Umfangs des Kommentars unterblieben, da dieselben fast ausschließlich für die Gerichte von Interesse sind, in deren Händen sich die Civil-Proz.-O. befindet.

Daß von den in den §§ 152—190 der letzteren enthaltenen Vorschriften überhaupt nur die für den Strafprozeß passenden auf denselben anwendbar sind, ist durch den Ausdruck „entsprechenden" angedeutet. Die Mot. bemerken in dieser Beziehung, daß z. B. bei den §§ 160—162 der Civil-Proz.-O. die Voraussetzungen ihrer Anwendbarkeit hier nicht zutreffen. S. 32.

Einverständniß herrschte in der JK. darüber, daß im Strafprozeß auch an Personen zwischen dem 12. und 18. Lebensjahre in gleicher Weise wie an Großjährige Ladungen erfolgen dürften. Prot. S. 803.

§ 38 St.

Die bei dem Strafverfahren betheiligten Personen, denen die Befugniß beigelegt ist, Zeugen und Sachverständige unmittelbar zu laden, haben mit der Zustellung der Ladung den Gerichtsvollzieher zu beauftragen.

§ 39 St.

Für das die öffentliche Klage vorbereitende Verfahren, für die Voruntersuchung und für das Verfahren bei der Strafvollstreckung können durch Anordnung der Landesjustizverwaltung einfachere Formen für den Nachweis der Zustellung zugelassen werden.

§ 40 St.

Kann eine Zustellung an einen Beschuldigten, welchem eine Ladung zur Hauptverhandlung noch nicht zugestellt war, nicht in der vorgeschriebenen Weise im Deutschen Reich bewirkt werden, und erscheint die Befolgung der für Zustellungen im Auslande bestehenden Vorschriften unausführbar oder voraussichtlich erfolglos*, so gilt die Zustellung als erfolgt, wenn der Inhalt des zuzustellenden Schriftstücks durch ein deutsches oder ausländisches Blatt bekannt gemacht worden ist und seit dem Erscheinen dieses Blattes zwei Wochen verflossen sind. Die Auswahl des Blattes steht dem die Zustellung veranlassenden Beamten zu.

War die Ladung zur Hauptverhandlung dem Angeklagten schon vorher zugestellt, so gilt eine weitere Zustellung an denselben, wenn sie nicht in der vorgeschriebenen Weise im Deutschen Reich bewirkt werden kann, als erfolgt, sobald das zuzustellende Schriftstück zwei Wochen an der Gerichtstafel des Gerichts erster Instanz angeheftet gewesen ist. Von Urtheilen und Beschlüssen wird nur der entscheidende Theil angeheftet.

* Das Urtheil hierüber wird der StAschft. zustehen, da nur die Auswahl des Blattes im letzten Satze des Abs. 1 dem die Zustellung veranlassenden Beamten überlassen ist. Die Bemerkung der Mot. S. 32: „Es bedürfe der im § 40 angeordneten besonderen Bekanntmachungsart nicht, falls der Beschuldigte im Auslande sich aufhalte und eine Zustellung, welche den §§ 175 folg. Civil-Proz.-O. entsprechen, dem Gerichte ausführbar und nicht erfolglos erscheine", deutet zwar darauf hin, daß jene Prüfung dem Gerichte zustehe; dies dürfte jedoch mit der im § 36 Abs. 1 aufgestellten Regel nicht im Einklange stehen.

Nach der Fassung der Schlußworte des Abs. 2 § 36 würden die „Verfügungen", d. h. die nicht von Kollegialgerichten ausgehenden Dekrete, ausgeschlossen sein. (Vergl. § 463 Abs. 2.) Dies ist wohl nicht beabsichtigt, da es an jedem Grunde fehlen würde, die „Verfügungen" stets ganz vollständig auszuhängen. Die Mot. S. 33 sprechen sich hierüber nicht aus, machen vielmehr die allgemeine Bemerkung: es rechtfertige sich in einem solchen Falle diejenige einfache Art der Bekanntmachung, welche hier nach dem Vorbilde bestehender — speziell bezeichneter — Gesetze vorgeschrieben werde.

§ 41 St.

Zustellungen an die Staatsanwaltschaft* erfolgen durch Vorlegung der Urschrift des zuzustellenden Schriftstücks. Wenn mit der Zustellung der Lauf einer Frist beginnt, so ist der

Tag der Vorlegung von der Staatsanwaltschaft auf der Urschrift zu vermerken.

* Der § läßt es zweifelhaft, ob die Vorlegung nothwendig an den StA. persönlich erfolgen muß, oder ob es genügt, wenn sie im Büreau der StAschft. an einen der dort beschäftigten Büreaubeamten bewirkt wird. In Erwägung, daß ein der ersten Alternative entsprechendes Verfahren mit einem geregelten Geschäftsgange kaum vereinbar sein würde, ist anzunehmen, daß das Gesetz von der letzteren ausgegangen sei.

Fristen und Wiedereinsetzung in den vorigen Stand.

§ 42 St.

Bei der Berechnung einer Frist, welche nach Tagen bestimmt ist, wird der Tag nicht mitgerechnet, auf welchen der Zeitpunkt oder das Ereigniß fällt, nach welchem der Anfang der Frist sich richten soll.

1. „Frist" steht hier nicht, wie z. B. im § 126. 216 St. in dem weiteren, dem Sprachgebrauche entsprechenden Sinne für „Zeitraum" überhaupt, bedeutet vielmehr einen solchen Zeitraum, innerhalb dessen nach gesetzlicher Vorschrift oder richterlicher Anordnung etwas geschehen oder geleistet werden soll.

2. Läuft also die Frist von der Behändigung einer Verfügung, so wird der Behändigungstag nicht in dieselbe eingerechnet.

§ 43 St.

Eine Frist, welche nach Wochen oder Monaten[1] bestimmt ist, endigt mit Ablauf desjenigen Tages der letzten Woche oder des letzten Monats[2], welcher durch seine Benennung oder Zahl dem Tage entspricht, an welchem die Frist begonnen hat[3]; fehlt dieser Tag in dem letzten Monate, so endigt die Frist mit Ablauf des letzten Tages dieses Monats.

Fällt das Ende einer Frist auf einen Sonntag oder allgemeinen Feiertag, so endigt die Frist mit Ablauf des nächstfolgenden Werktages[4].

1. Dasselbe wird gelten, wenn es sich um eine Frist von einer Woche oder einem Monat handelt. §§ 353. 381. 385. 449 St. § 53 G.

2. In Bezug auf den Beginn der Frist, worüber in diesem § (vergl. § 42) Bestimmungen nicht getroffen sind, werden die, Singuläres nicht enthaltenden Vorschriften des § 191 der Civil-Proz.-O. analog zur Anwendung zu bringen sein. Demgemäß wird, wenn eine Zustellung oder Verkündung an einem Montage erfolgt ist, die nach einer oder mehreren Wochen bestimmte Frist an dem betreffenden Montage enden.

3. Eine vom 31. Januar zu berechnende Monatsfrist ist danach kürzer, als eine vom 31. Dezember zu berechnende. Vergl. auch § 19 Abs. 2 StGB.

4. Diese Vorschrift wird auf die vom Richter im Interesse des Beschuldigten einzuhaltenden Fristen nicht auszudehnen sein. Vergl. die §§ 115. 126. 128. 129. 135 St.

Welche Tage für Feiertage gelten, ob namentlich die Buß- und Bettage dahin gehören, bestimmen die Landesgesetze.

§ 44 St.

Gegen die Versäumung einer Frist kann die Wiedereinsetzung in den vorigen Stand beansprucht[1] werden, wenn der Antragsteller durch Naturereignisse oder andere unabwendbare Zufälle[2] an der Einhaltung der Frist verhindert worden ist. Als unabwendbarer Zufall ist es anzusehen, wenn der Antragsteller von einer Zustellung ohne sein Verschulden keine Kenntniß erlangt hat[3].

1. Der in den Mot. S. 33 in Bezug genommene § 204 der Civil-Proz.-O. sagt bestimmter: „ist auf Antrag die Wiedereinsetzung in den vorigen Stand zu ertheilen".

2. Hieher wird auch der Fall gehören, wenn dem Antrage des Verhafteten auf protokollarische Vernehmung, bzhw. Transportirung nach dem Bezirks-Amtsgericht, behufs Einlegung von Rechtsmitteln, nicht rechtzeitig gewillfahrt worden ist. § 341 St.

3. Dahin wird auch zu rechnen sein, wenn die Behändigung einer Verfügung nicht an den Adressaten persönlich, sondern an einen Anderen erfolgt und ihm von diesem nicht rechtzeitig zugestellt worden ist. (§§ 37 St. 151. 159 Civil-Proz.-O.)

§ 45 St.

Das Gesuch um Wiedereinsetzung in den vorigen Stand muß binnen einer Woche nach Beseitigung des Hindernisses[1] bei demjenigen Gerichte, bei welchem die Frist wahrzunehmen gewesen wäre, unter Angabe und Glaubhaftmachung[2] der Versäumungsgründe angebracht werden.

Mit dem Gesuch ist zugleich die versäumte Handlung selbst nachzuholen.

1. Der Tag der Beseitigung des Hindernisses wird sich, wenn dasselbe in Naturereignissen (§ 44) z. B. Hemmung des Verkehrs durch Ueberschwemmung, bestanden hat, selten genau feststellen lassen. Es wird dann, erforderlichen Falls nach vorgängigen Ermittelungen, billiges Ermessen des Gerichts entscheiden müssen.

2. Die Fassung des § läßt es zweifelhaft, ob der Versäumende nur den Eintritt des die Einhaltung der Frist hindernden Ereignisses, oder auch den Zeitpunkt des Fortfalls der Verhinderung, behufs der Prüfung, ob von diesem Zeitpunkt ab die einwöchige Wiedereinsetzungsfrist zur Zeit der erfolgten Nachholung der versäumten Handlung bereits verflossen gewesen sei, darzuthun habe. Nach der allgemeinen Regel, daß Veränderungen — in dem obigen Beispiel: das Aufhören der Ueberschwemmung — nicht vermuthet werden, würde dem Antragsteller die frühere Beseitigung des Hindernisses nachgewiesen werden müssen. Da es sich indeß um eine eigentliche Beweisführung hier überhaupt nicht, vielmehr nur um ein Glaubhaftmachen handelt, die Anwendung der Regeln der Beweistheorie mithin nicht gerechtfertigt erscheinen würde, dürfte der Antragsteller dem Gericht nur die Ueberzeugung zu verschaffen haben, daß erst in der letzten Woche vor der Nachholung der Handlung das Hinderniß behoben worden sei.

Das richterliche Arbitrium wird in gleicher Weise auch bei der Frage eintreten müssen, ob dem Antragsteller die Behebung des Hindernisses länger als eine Woche vor der erfolgten Nachholung der Handlung bekannt geworden, event. ob die Unkenntniß eine verschuldete gewesen sei.

§ 46 St.

Ueber das Gesuch entscheidet dasjenige Gericht, welches bei rechtzeitig erfolgter Handlung zur Entscheidung in der Sache selbst berufen gewesen wäre[1].

Die dem Gesuche stattgebende Entscheidung unterliegt keiner Anfechtung[2].

Gegen die das Gesuch verwerfende Entscheidung findet sofortige Beschwerde statt.

1. Während nach § 45 St. das Gesuch bei dem Gerichte, bei welchem die Frist einzuhalten gewesen wäre, angebracht werden soll, entscheidet nach § 46 über dasselbe — nach freiem Ermessen — das zur Entscheidung „in der Sache selbst" berufene Gericht. Nach den Mot. S. 33 ist bei dieser Vorschrift „namentlich die Rechtsmittelinstanz ins Auge gefaßt". Es soll also z. B. bei der Berufung nicht das Gericht erster Instanz, bei welchem dieselbe einzulegen ist, sondern das Landgericht darüber befinden, ob dem Wiedereinsetzungsgesuch stattzugeben sei.

Ob in Fällen, wo dem Gesuch von dem zunächst berufenen Gericht, oder im Beschwerdewege (Abs. 3) gewillfahrt und demzufolge das Rechtsmittel eingeleitet worden ist, letzteres gleichwohl bei der in der Hauptver=

handlung Seitens des erkennenden Gerichts eintretenden Prüfung der Förmlichkeiten aus dem Grunde als desert verworfen werden darf, weil dem Wiedereinsetzungsgesuch mit Unrecht stattgegeben worden sei, ist im Gesetz nicht ausgesprochen. Die Frage dürfte, wenn bei der Willfahrung jenes Gesuchs Rechtsnormen verletzt sind, z. B. eine erst nach Verlauf der Frist des Abs. 3 eingelegte Beschwerde unter Verletzung des § 353 Abs. 2 zugelassen ist, selbst wenn der Verstoß vom Gegner nicht gerügt worden, zu bejahen, sonst zu verneinen sein. Denn, gilt auch als Regel, daß der erkennende Richter selbständig, ohne durch vorgängige prozeßleitende Beschlüsse gebunden zu sein, über alle die Definitiventscheidung in der Sache selbst bedingende Fragen zu befinden hat, so handelt es sich doch bei der Wiedereinsetzung in den vorigen Stand mehr oder minder um Billigkeitsgründe; die wohlwollende Absicht des Gesetzes würde daher vereitelt werden, wenn der erkennende Richter befugt wäre, den Wiedereinsetzungsbeschluß zu beseitigen, nachdem die bei demselben berücksichtigten thatsächlichen Verhältnisse möglicher Weise inzwischen verdunkelt worden sind.

2. Weshalb der Gegner des in den vorigen Stand Eingesetzten nicht aus Rechtsgründen, z. B. Versäumung der Frist zur Anbringung des Gesuchs, die Entscheidung anfechten darf, sagen die Mot. nicht. S. 33. Der Abs. 2 erledigt die Frage nicht.

§ 47 St.

Durch das Gesuch um Wiedereinsetzung in den vorigen Stand wird die Vollstreckung einer gerichtlichen Entscheidung nicht gehemmt.

Das Gericht kann jedoch einen Aufschub der Vollstreckung anordnen[1].

1. Dies dürfte hinsichtlich der Strafvollstreckung die Regel bilden, wenn das gegen ein Strafurtheil eingelegte Rechtsmittel wegen Fristversäumung zurückgewiesen worden ist. Vergl. die §§ 481. 487 St.

2. Im Anschluß an diesen § enthielt der Entwurf zur St. die Vorschrift, daß gegen die Versäumung der Frist für die Anbringung des Gesuchs um Wiedereinsetzung in den vorigen Stand eine Wiedereinsetzung nicht stattfinde. Die JK. hat dieselbe jedoch ausscheiden lassen. S. 38 der Prot.

Zeugen.

§ 48 St.

Die Ladung der Zeugen geschieht unter Hinweis auf die gesetzlichen Folgen des Ausbleibens.

Die Ladung einer dem aktiven Heere oder der aktiven Marine angehörenden Person des Soldatenstandes* als Zeugen erfolgt durch Ersuchen der Militärbehörde.

* Zwischen der hier gewählten Bezeichnung „Person des Soldatenstandes" und dem in den §§ 50. 69. 77 St., so wie in dem § 34 G. gebrauchten Ausdruck „Militärperson", hat — soweit aus den Mot. ersichtlich — nicht unterschieden werden sollen. In den §§ 10. 11. 112 des StGB. heißt es: „Militärpersonen" „Personen des Soldatenstandes".

§ 49 St.

Der Reichskanzler, die Minister eines Bundesstaates, die Mitglieder der Senate der freien Hansestädte, die Vorstände der obersten Reichsbehörden und die Vorstände der Ministerien[1] sind an ihrem Amtssitze oder, wenn sie sich außerhalb desselben aufhalten[2], an ihrem Aufenthaltsorte zu vernehmen.

Die Mitglieder des Bundesraths sind während ihres Aufenthalts am Sitze des Bundesraths an diesem Sitze, und die Mitglieder einer deutschen gesetzgebenden[3] Versammlung während der Sitzungsperiode und ihres Aufenthalts am Orte der Versammlung an diesem Orte zu vernehmen[4].

Zu einer Abweichung von den vorstehenden Bestimmungen bedarf es:

in Betreff des Reichskanzlers der Genehmigung des Kaisers,

in Betreff der Minister und der Mitglieder des Bundesraths der Genehmigung des Landesherrn,

in Betreff der Mitglieder der Senate der freien Hansestädte der Genehmigung des Senats,

in Betreff der übrigen vorbezeichneten Beamten der Genehmigung ihres unmittelbaren Vorgesetzten,

in Betreff der Mitglieder einer gesetzgebenden Versammlung der Genehmigung der letzteren.

1. Der bei der Berathung des § in der JK. nicht besprochene Sinn des Ausdruckes „Vorstände der Ministerien" ist nicht genügend deutlich. Nach dem Sprachgebrauche würde man darunter die Minister verstehen müssen. Derselben geschieht aber schon in der ersten Zeile Erwähnung. Auch auf die zu erwartenden Reichs-Ministerien darf er nicht bezogen

werden, da sonst die Fassung: „die Vorstände der obersten Reichsbehörden und Ministerien" gewählt sein, und es überdies an einer Bestimmung fehlen würde, wer die Genehmigung zu einer „Abweichung von den Bestimmungen" der Absätze 1 und 2 des § zu ertheilen habe.

Auch auf solche Vorstände von Landesministerien, welche nicht den Titel „Minister" führen, scheinen die Worte „Vorstände der Ministerien" nicht bezogen werden zu dürfen, da sie sonst unmittelbar an die „Minister eines Bundesstaates" angereiht worden sein würden.

Sie dürften daher auf die Vorstände der Abtheilungen der Ministerien (Unterstaatssekretäre, Ministerialdirektoren) zu beziehen und die „Genehmigung" durch die ihnen unmittelbar vorgesetzten Minister, und im Falle einer Verhinderung derselben, oder einer Vakanz ihrer Stellen vom Landesherrn zu ertheilen sein. Allerdings kann man jene Beamten als Vorstände der Ministerien nicht füglich bezeichnen, da sie den Ministerien nicht vorstehen.

2. Ein Antrag, vor „aufhalten" einzuschalten: „zu amtlichen Zwecken" wurde von der JK. abgelehnt. Prot. S. 818.

3. Auf Mitglieder einer nur berathenden Versammlung ist daher die Vorschrift nicht anwendbar.

4. Ob die Vernehmung für die Hauptverhandlung oder für das Vorverfahren nöthig wird, macht keinen Unterschied.

§ 50 St.

Ein ordnungsmäßig geladener Zeuge, welcher nicht erscheint, ist in die durch das Ausbleiben verursachten Kosten, sowie zu einer Geldstrafe bis zu dreihundert Mark, und für den Fall, daß diese nicht beigetrieben werden kann, zur Strafe der Haft bis zu sechs Wochen zu verurtheilen. Auch ist die zwangsweise Vorführung des Zeugen zulässig. Im Falle wiederholten Ausbleibens kann die Strafe noch einmal erkannt werden.

Die Verurtheilung in Strafe und Kosten unterbleibt, wenn das Ausbleiben des Zeugen genügend entschuldigt ist. Erfolgt nachträglich genügende Entschuldigung, so werden die gegen den Zeugen getroffenen Anordnungen wieder aufgehoben[1].

Die Befugniß zu diesen Maßregeln steht auch[2] dem Untersuchungsrichter, dem Amtsrichter im Vorverfahren, sowie dem beauftragten und ersuchten Richter zu.

Die Festsetzung[3] und die Vollstreckung der Strafe gegen eine dem aktiven Heere oder der aktiven Marine angehörende

Militärperson erfolgt auf Ersuchen durch das Militärgericht, die Vorführung einer solchen Person durch Ersuchen der Militärbehörde.

1. Eine Folge der Aufhebung wird auch event. die Zurückzahlung der erlegten Geldstrafe sein.

2. Aus dem Worte „auch" folgt nur, daß die Befugniß noch anderen Behörden oder Beamten, als den im Abs. 3 bezeichneten, zusteht. Wer diese sind, ist nicht gesagt; es geschieht auch in den vorangegangenen §§ des Abschnitts von „Zeugen" einer Behörde oder eines Beamten keine Erwähnung. Anzunehmen, daß das „auch" nur auf Gerichte habe hindeuten sollen, verbietet sich, weil der demselben Abschnitte der St. angehörende § 70 auch der von der StAschft. geladenen Zeugen ganz allgemein erwähnt, ohne die Vorschrift auf solche Ladungen zu beschränken, welche in Gemäßheit des § 213 erfolgen.

Hiernach und bei der völlig allgemeinen Fassung des Abs. 1 wird davon auszugehen sein, daß die Befugniß allen durch die St. eingesetzten Behörden zustehe, denen in derselben das Recht zur selbständigen Ladung von Zeugen gewährt ist, und daß durch die spezielle Erwähnung des Untersuchungsrichters u. s. w. nur hat außer Zweifel gestellt werden sollen, daß die Befugniß nicht auf Kollegien beschränkt sei.

Daß die „Befugniß" auch der StAschft. zusteht, folgt nicht nur aus dem angeführten § 70 St., sondern auch aus dem § 159 St., da sie, um Vernehmungen „selbst vornehmen" zu können, die zu vernehmenden Personen zum Erscheinen vor ihr muß laden dürfen. Sie würde auch ihre Aufgabe, mittelst vorläufiger Ermittelungen sich die Ueberzeugung zu verschaffen, ob eine bei ihr eingegangene Denunziation zur Erhebung einer öffentlichen Klage (§ 169 St.) Veranlassung gebe, nicht lösen können, wenn sie nicht von den Personen, bei denen sie Kenntniß von dem Sachverhältniß voraussetzen darf, unmittelbar Auskunft erfordern und sie zu diesem Zwecke laden lassen dürfte.

Diese ihre Befugniß würde aber vereitelt werden, wenn die Geladenen nicht bei unentschuldigtem Ausbleiben durch Zwangsmaßregeln zum Erscheinen vor der StAschft. genöthigt werden könnten.

Sind aber solche Zwangsmaßregeln zulässig, so müssen sie auch von der StAschft. selbst angewandt werden können. Um dieselbe zu nöthigen, sich deshalb an das Gericht zu wenden, hätte es einer ausdrücklichen Vorschrift bedurft.

Es läßt sich gegen die Anwendbarkeit des § auf die vor die StAschft. geladenen Zeugen auch nicht geltend machen, daß die in den Abs. 1 u. 2 gebrauchten Ausdrücke „verurtheilen" „erkannt werden" „Verurtheilung" auf die amtliche Stellung der StAschft. nicht paßten; denn dasselbe gilt vom Untersuchungsrichter, dem beauftragten und ersuchten Richter. Jene Ausdrücke, welche ein im Hauptverfahren ergangenes Erkenntniß voraussetzen, sind hier — wie auch in anderen §§, z. B. 69. 77 St. — unzweckmäßig gebraucht. Der Entwurf hatte deshalb den korrekteren Ausdruck „Festsetzung" gewählt, der auch, nachdem die Fassung des § in der JK. bezüglich der Abs. 1—3 abgeändert worden, im Abs. 4 beibehalten ist.

Ebensowenig wird gegen die Anwendbarkeit des § auf die StAschft. eingewandt werden dürfen, daß der vorerwähnte Zweck der letzteren durch das erzwungene Erscheinen des Zeugen vor ihr doch nicht zu erreichen sei, da, wenn dieser die von ihm verlangte Auskunft zu ertheilen sich weigere, die StAschft. genöthigt sei, sich nach § 160 St. an den Amtsrichter zu wenden, indem der § 69 St. nach seinem Inhalte und seiner Verbindung mit den vorangehenden §§ nur von zu beeidenden Zeugnissen spreche, mithin auf die StAschft. nicht anwendbar sei.

Zunächst würde dieser Einwand zu viel beweisen, da auch der Beschuldigte, obgleich er zum Erscheinen vor dem Richter nach §§ 190. 427 St. gezwungen werden kann, dennoch jede Auslassung vor demselben verweigern darf.

Nächstdem — und dies möchte entscheidend sein — würde es auch mit der staatlichen Ordnung nicht vereinbar sein, wenn es von dem Belieben Desjenigen, welcher von einer zur Wahrung des staatlichen Interesse eingesetzten öffentlichen Behörde auf Grund der ihr im Gesetz ausdrücklich eingeräumten Befugniß zum Erscheinen vor ihr geladen wird, abhängen sollte, ob er dieser Ladung Folge leisten, oder sie unbeachtet lassen wolle.

Endlich aber wird die StAschft. auch in der Regel aus dem Verhalten des vor ihr erschienenen Zeugen, selbst wenn derselbe seine Auslassung über seine Wissenschaft von der Sache verweigert, zu schließen vermögen, ob demselben etwas von der Sache bekannt, ob also seine richterliche Vernehmung geboten sei oder nicht.

In der JK. ist die hier vorliegende Frage nicht zur Entscheidung gekommen, selbst nicht debattirt worden. Es wurde zwar bei der Berathung des § 70 Seitens eines Abgeordneten der Antrag gestellt, die Worte desselben „oder der StAschft." zu streichen, damit nicht der Frage präjudizirt werde, ob der StAschft. das Recht der Zeugenladung beizulegen sei. Derselbe wurde jedoch zurückgezogen, nachdem der Vorsitzende bemerkt hatte, daß der § 70 für diese Frage nicht präjudizire (dieselbe also unentschieden bleibe), da der § nur besage: insofern der Zeuge vom Gerichte, bzhw. von der Staatsanwaltschaft geladen sei, habe er Anspruch auf Entschädigung. Prot. S. 79.

Es würde jedoch für eine mangelhafte Redaktion des § 70 — wie sie nicht präsumirt werden darf — gelten müssen, wenn in demselben nicht das Anerkenntniß hätte liegen sollen, daß die StAschft. zum Zwecke der Erfüllung der ihr im § 158 Abs. 1 auferlegten Pflicht in gleicher Weise wie die mit ihr in unmittelbare Verbindung gebrachten Richter zur Zeugenladung befugt sei.

Bei den Berathungen zweiter Lesung ist die Frage nicht mehr zur Sprache gekommen (Prot. S. 829); auch sind die kritischen Worte „oder der StAschft." unbeanstandet geblieben, obgleich der § 70 durch Aenderung des im Entwurf enthaltenen Wortes „Gerichte" in „Richter" eine Aenderung erfahren hat. Prot. vom 19. Oktober 1876 und Anlage D desselben Nr. 6.

Im Reichstage selbst bemerkte bei zweiter Berathung (Sitzung vom 28. November 1876, Stenogr. Ber. S. 425) ein Abgeordneter, ohne Widerspruch zu finden: „es sei wohl festzustellen, daß diejenigen Strafen bzhw. Zwangsmaßregeln, welche gegen einen nicht erschienenen oder nicht aussagenden Zeugen zulässig seien, auch auf diejenigen Zeugen Anwendung fänden, welche im Skrutinialverfahren vor dem StA. oder dessen Hülfspersonal vernommen würden" — worin das Anerkenntniß liegt, daß die StAschft. zur Ladung der Zeugen vor sie berechtigt sei. Auf die daran geknüpfte Frage, ob die in diesem und in dem § 69 St. angedrohten Zwangsmaßregeln anders als durch den Richter verhängt werden dürften, erwiderte der Referent unter Berufung auf den § 160 Abs. 2, nach welchem „der Amtsrichter in jedem einzelnen Falle zu prüfen habe, ob ein Zwang zur Ablegung des Zeugnisses u. s. w. berechtigt sei", daß die im § 50 geordneten Strafen nur vom Richter ausgesprochen werden könnten. Allein abgesehen davon, daß die in Bezug genommene Bestimmung des § 160 Abs. 2 in Wegfall gekommen (Sitzung der IK. v. 12. November 1876 S. 4 u. 5), das daraus hergenommene Argument mithin hinfällig geworden ist, so erledigt auch jene Antwort — nach welcher anderweite Erklärungen nicht abgegeben worden sind — die vorliegende Frage nicht, da es sich hier, wie erwähnt, nicht um die Verpflichtung zur Ablegung eines Zeugnisses vor der StAschft., sondern zum Erscheinen vor derselben, als einer zu seiner Ladung berechtigten Behörde handelt.

Für Preußen würde die der vorstehend vertheidigten Ansicht entgegengesetzte Meinung zu der Konsequenz führen, daß zwar die Ortsvorsteher in Ausübung der Polizeigewalt nach § 79 der Kreisordnung vom 13. Dezember 1872 (GS. S. 661) Zwangsmaßregeln gegen eine ihrer Ladung nicht Folge leistende Person würden anwenden dürfen, dem zur Verfolgung der vom Gesetz unter Strafe gestellten Handlungen berufenen StA. aber ein solches Recht nicht zustände.

3. Dem Militärgericht wird nicht nur die Bestimmung der Strafe nach Art und Maß, sondern auch das Urtheil über die Vorfragen, ob das Ausbleiben für unentschuldigt zu erachten und ferner, ob nachträglich genügende Entschuldigung erfolgt sei, anheimfallen. Es werden daher demselben entweder die Akten zu übersenden, oder die betreffenden Thatsachen speziell mitzutheilen sein.

§ 51 St.

Zur Verweigerung des Zeugnisses sind berechtigt:

1. der Verlobte des Beschuldigten[1 u. 2];
2. der Ehegatte des Beschuldigten[1], auch wenn die Ehe nicht mehr besteht;

3. diejenigen, welche mit dem Beschuldigten in gerader Linie[3] verwandt, verschwägert oder durch Adoption verbunden, oder in der Seitenlinie bis zum dritten Grade verwandt oder bis zum zweiten Grade verschwägert sind, auch wenn die Ehe, durch welche die Schwägerschaft begründet ist, nicht mehr besteht.

Die bezeichneten Personen[4] sind vor jeder Vernehmung über ihr Recht zur Verweigerung des Zeugnisses zu belehren. Sie können den Verzicht auf dieses Recht auch während der Vernehmung widerrufen[6].

1. Nicht also des Privatklägers § 414 folg.; auch wenn der Zeuge vom Beschuldigten vorgeschlagen ist. Vergl. § 348 Nr. 2 Civil-Proz.-O.

2. Ob eine als solche anzuerkennende wirkliche Verlobung stattgefunden hat, beurtheilt der Richter nach den vorwaltenden Umständen. Vergl. auch § 55.

3. Auch außerehelich mütterlicherseits, da die Rechtstheorie und die Gesetze diese Verwandtschaft anerkennen.

4. Es soll also nicht jedem Zeugen die Vorschrift des § bekannt gemacht, vielmehr nur, wenn ein Verhältniß der dort angegebenen Art dem Gericht bzhw. Richter bekannt ist, oder aus den Angaben des Zeugen hervorgeht, die Belehrung ertheilt werden.

Das von der JK. anstatt „der" beschlossene Wort „jeder" sieht den Fall mehrmaliger Vernehmung des Zeugen vor. Es soll also bei jeder neuen Vernehmung die Belehrung wiederholt werden. Prot. S. 41.

5. Ein Antrag, vor dem § 51 die Vorschrift einzuschalten: „Eine Zeugenvernehmung im Strafverfahren ist nur zulässig nach Eröffnung der Voruntersuchung oder im Hauptverfahren" wurde von der JK. abgelehnt. Prot. S. 38.

6. Einer Belehrung über dies Recht bedarf es nach der Fassung des Abs. 2 nicht. Vergl. Note 3 zu § 57.

§ 52 St.

Zur Verweigerung des Zeugnisses sind ferner berechtigt:

1. Geistliche[1] in Ansehung desjenigen, was ihnen bei Ausübung der Seelsorge anvertraut ist;
2. Vertheidiger des Beschuldigten in Ansehung desjenigen, was ihnen in dieser ihrer Eigenschaft anvertraut ist;
3. Rechtsanwälte und Aerzte[2] in Ansehung desjenigen,

was ihnen bei Ausübung ihres Berufs anvertraut ist.

Die unter Nr. 2. 3 bezeichneten Personen dürfen das Zeugniß nicht verweigern, wenn sie von der Verpflichtung zur Verschwiegenheit entbunden sind*.

1. Aller Konfessionen. Ob sie noch als solche fungiren, wird in Erwägung des Zwecks der Vorschrift gleichgiltig sein. Daß die Frage im analogen Falle des § 53 ausdrücklich entschieden ist, und die Mot. S. 45 hierbei auf die Absicht des Gesetzes hinweisen, wird dem nicht entgegenstehen.

2. Die Vorschrift wird auf innere und Wundärzte zu beschränken sein. Diese Absicht scheint auch bei den Berathungen des § in der JK. vorgewaltet zu haben. Prot. S. 805. Vergl. die Note 3 zu § 35 G.

3. Ein Antrag, die Vorschrift auch auf Notare und Hebeammen auszudehnen, wurde nach Annahme in erster Lesung von der JK. in zweiter Lesung abgelehnt. Prot. S. 42 u. 44 u. 804.

4. Wie dies festgestellt werden soll, ist nicht angegeben. So lange dem Richter ein thatsächlicher Anhalt zur Stellung einer hierauf gerichteten Frage nicht vorliegt, wird eine solche für berechtigt nicht gelten können.

§ 53 St.

Oeffentliche Beamte, auch wenn sie nicht mehr im Dienste sind, dürfen über Umstände, auf welche sich ihre Pflicht zur Amtsverschwiegenheit bezieht, als Zeugen nur mit Genehmigung* ihrer vorgesetzten Dienstbehörde oder der ihnen zuletzt vorgesetzt gewesenen Dienstbehörde vernommen werden. Für den Reichskanzler bedarf es der Genehmigung des Kaisers, für die Minister der Genehmigung des Landesherrn, für die Mitglieder der Senate der freien Hansestädte der Genehmigung des Senats.

Die Genehmigung darf nur versagt werden, wenn die Ablegung des Zeugnisses dem Wohle des Reichs oder eines Bundesstaates Nachtheil bereiten würde.

* Der Entwurf lautete: dürfen nicht vernommen werden, wenn ihre oberste Dienstbehörde — erklärt ꝛc. Nach dieser Fassung würde der Beamte seinerseits die betreffende Erklärung der Dienstbehörde beizubringen gehabt haben, wogegen die Worte: „nur mit Genehmigung“ zu erkennen geben, daß der Untersuchungsrichter bzhw. das Gericht, wenn der Beamte unter Berufung auf seine Pflicht zur Verschwiegenheit das Zeugniß verweigert,

oder die Verpflichtung sich aus dem Gegenstande seiner Vernehmung von selbst ergiebt, die Genehmigung herbeizuführen hat. Für diese Auslegung der Bestimmung spricht auch, daß es im Abs. 3 des analogen § 341 der Civil-Proz.-O. heißt: „Die Genehmigung ist durch das Prozeßgericht einzuholen und dem Zeugen bekannt zu machen", auch bei der Berathung dieses § in der JK. ausdrücklich Seitens der Regierungsvertretung hervorgehoben wurde, daß der Schutz der Amtsverschwiegenheit im Civil- wie im Strafprozeß derselbe sein müsse, und daß die Beobachtung der Amtsverschwiegenheit von Amtswegen wahrzunehmen und zu schützen sei. Prot. zur St. S. 808, zur Civil-Proz.-O. S. 676.

Auf eine Begründung der Erklärung der „vorgesetzten Dienstbehörde", daß ein derartiger Nachtheil eintreten würde, oder doch zu befürchten sei, wird das Gericht nicht Anspruch haben, da durch die Angabe der Gründe der Zweck der Vorschrift in der Regel vereitelt werden würde. Giebt die Erklärung — welche bei der Allgemeinheit des Ausdrucks „Oeffentliche Beamte" auch von einer untergeordneten Gemeindebehörde ausgehen kann — dem Gericht zu Bedenken Anlaß, so dürfte demselben nur der Weg der Beschwerde offen stehen.

Schon bei der Berathung der St. in erster Lesung wurden drei verschiedene, die Befreiung bei Preßerzeugnissen betheiligter Personen vom Zeugnißzwange in größerer oder geringerer Ausdehnung betreffende Anträge gestellt, in Folge deren die Einschaltung eines § zwischen den §§ 53 und 54 beschlossen wurde, welcher im Wesentlichen demjenigen entsprach, dessen Inhalt im Absatz 3 der Note zum § 54 mitgetheilt ist. Bei der zweiten Lesung kam eine Petition des „Deutschen Journalistentages" zur Berathung, welche Befreiung aller bei der Herstellung und Verbreitung eines Preßerzeugnisses betheiligter Personen bezweckte. Es wurde jedoch der bei erster Lesung gefaßte Beschluß nur durch Abänderung der Redaktion modifizirt. Vergl. Prot. der JK. S. 42. 44—48. 758. 809—814 und das in der „Einleitung" in Bezug auf die Beschlußnahme des Reichstags über die s. g. Kompromißpunkte Gesagte.

§ 54 St.

Jeder Zeuge kann die Auskunft auf solche Fragen verweigern, deren Beantwortung ihm selbst oder einem der im § 51 Nr. 1—3 bezeichneten Angehörigen die Gefahr strafgerichtlicher Verfolgung zuziehen würde*.

* Das rechtliche Urtheil darüber, ob die Beantwortung der Frage den Zeugen einer strafgerichtlichen Verfolgung aussetzen könnte, fällt dem mit der Vernehmung befaßten Richter, in der Hauptverhandlung dem Gericht, bei Schöffengerichten unter Betheiligung der Schöffen, anheim. Vergl. § 69 Zeile 1 St. Eine Belehrung des Zeugen über sein Recht zur Zeugnißverweigerung, wie die §§ 51 u. 57 St. sie anordnen, ist hier nicht vorge-

schrieben. Ein Antrag, dem Zeugen auch die Auskunft über solche Fragen zu erlassen, deren Beantwortung ihm oder den im § 51 St. bezeichneten Angehörigen zur Schande gereichen könnte, wurde von der JK. abgelehnt. S. 49 u. 53 der Prot. Dies erwogen, wird nach Maßgabe der Worte des § der Zeuge die Auskunft nicht verweigern dürfen, wenn er durch Verjährung, Ablauf der Antragsfrist u. s. w. gegen Strafverfolgung geschützt ist. In Betreff der Beeidigung vergl. den § 56 Nr. 3.

Bei der Berathung des § in der JK. wurde, ohne Widerspruch zu finden, bemerkt, daß durch die Wahl des Ausdrucks „strafgerichtlichen Verfolgung" an Stelle des im Entwurfe enthaltenen Wortes „Strafverfolgung" die Anwendbarkeit der Vorschrift auf den Fall, wenn die Auskunft zu einem Disziplinarverfahren gegen den Zeugen Anlaß geben könnte, ausgeschlossen werde. Prot. S. 1130.

Die JK. hatte beschlossen, in einem besonderen § die Bestimmung aufzunehmen: „Wird der Gegenstand einer Strafverfolgung durch den Inhalt einer periodischen Druckschrift gebildet, für welche nach § 20 Abs. 2 des Ges. über die Presse vom 7. Mai 1874 der verantwortliche Redakteur als Thäter haftet, so sind Verleger, Redakteure und Drucker, sowie deren zur Herstellung der Druckschrift verwendetes Hülfspersonal berechtigt, das Zeugniß über die Person des Verfassers und Einsenders zu verweigern". Nachdem dieselbe jedoch Seitens des Plenums des Reichstags in Wegfall gebracht worden, sind in Bezug auf die in jenem Beschlusse bezeichneten Personen in völlig gleicher Weise, wie bei anderen Zeugen, nur die in den §§ 51. 52. 54. 55 enthaltenen Vorschriften maßgebend. (Reichstagsverhandl. vom 20. Dezember 1876, Stenogr. Ber. S. 967.) Vergl. die Schlußbemerkung zu § 53.

§ 55 St.

Die Thatsache, auf welche der Zeuge die Verweigerung des Zeugnisses in den Fällen der §§ 51. 52. 54 stützt, ist auf Verlangen glaubhaft zu machen. Es genügt die eidliche Versicherung des Zeugen*.

* Die Worte: „Es genügt" lassen unbestimmt, ob der Zeuge zur eidlichen Versicherung auf Erfordern verpflichtet, oder — anstatt einer solchen, namentlich im Falle des § 51 St. — zur Beibringung von Bescheinigungen berechtigt, und ferner, ob, wenn der Zeuge sich zur eidlichen Bekräftigung seiner Angabe selbst erbietet, der Richter dennoch eine andere Art der Glaubhaftmachung fordern darf. Auch die Prot. der JK., aus welcher diese Vorschrift hervorgegangen ist, sprechen sich hierüber nicht aus; doch findet sich S. 52 die Bemerkung, daß die Strafe der Zeugnißverweigerung erst eintreten könne, wenn jener Eid verweigert und auch eine andere ausreichende Glaubhaftmachung nicht erfolgt sei.

Es dürfte über diese Fragen das durch die Persönlichkeit des Zeugen und die vorwaltenden Umstände geleitete richterliche Ermessen entscheiden.

Insbesondere würde es, zumal auch das Interesse des Vertheidigungsbeweises bei der Auslegung der Vorschrift betheiligt ist, bedenklich sein, dem Zeugen ein unbedingtes Recht beizulegen, die Behauptung, daß durch die Beantwortung ihm vorgelegter Fragen eine der im § 51 St. bezeichneten Personen der Gefahr einer Strafverfolgung ausgesetzt sein werde, eidlich zu erhärten, da die Prüfung ihrer Richtigkeit häufig durch Rechtskenntnisse bedingt ist, der Zeuge z. B. eine Handlung für einen Betrug halten kann, die das Gesetz straflos läßt.

In Bezug auf den § 51 Abs. 1 kann der Eid nur die thatsächlichen Momente, von denen es abhängt, ob eine „Verlobung" und „Adoption" stattgefunden hat, glaubhaft machen.

Auch über die Fassung des Eides — welcher im Fall des § 45, wenn der Zweck desselben nicht vereitelt werden soll, nicht unbedingt bestimmte Thatsachen zum Gegenstande wird haben können — spricht sich das Gesetz nicht aus (vergl. § 61 St.). Die Normirung desselben nach Maßgabe der vorwaltenden Umstände wird daher dem Richter bzhw. Gericht anheimfallen.

§ 56 St.

Unbeeidigt sind zu vernehmen:

1. Personen, welche zur Zeit der Vernehmung das sechzehnte Lebensjahr noch nicht vollendet oder wegen mangelnder Verstandesreife oder wegen Verstandesschwäche von dem Wesen und der Bedeutung des Eides keine genügende Vorstellung haben;
2. Personen, welche nach den Bestimmungen der Strafgesetze unfähig sind, als Zeugen eidlich vernommen zu werden;
3. Personen, welche hinsichtlich der den Gegenstand der Untersuchung bildenden That als Theilnehmer, Begünstiger oder Hehler verdächtig* oder bereits verurtheilt sind.

* Bei der Allgemeinheit der Fassung der Vorschrift wird dieselbe auch Platz greifen, wenn der Verdacht noch nicht aktenkundig gemacht, sondern erst in dem mit der Zeugenvernehmung befaßten Richter rege geworden ist.

Daß des Verdachts ungeachtet eine Strafverfolgung wegen Verjährung, Verlauf der Antragsfrist u. s. w. unstatthaft ist, schließt die Anwendbarkeit der Vorschrift nicht aus.

§ 57 St.

Stehen Personen zu dem Beschuldigten in einem Verhältnisse, welches sie nach § 51 zur Verweigerung des Zeugnisses berechtigt, so hängt es von dem richterlichen Ermessen ab, ob sie unbeeidigt zu vernehmen* oder zu beeidigen sind.

Dieselben können auch nach der Vernehmung die Beeidigung des Zeugnisses verweigern und sind über dieses Recht zu belehren.

* Nach der Wortfassung des Abs. 1 würde der Richter das Zeugniß der betreffenden Person unbedingt fordern dürfen und nur zu prüfen haben, ob mit der Beeidigung vorzuschreiten sei, oder nicht. Der Sinn des Satzes geht jedoch dahin, daß wenn sich der Zeuge zur Ablegung des Zeugnisses bereit finden läßt, der Richter über die Beeidigung zu befinden habe.

Die Belehrung wird mit der im § 51 angeordneten verbunden werden können.

§ 58 St.

Jeder Zeuge ist einzeln und in Abwesenheit der später abzuhörenden Zeugen zu vernehmen.

Eine Gegenüberstellung mit anderen Zeugen oder mit dem Beschuldigten findet im Vorverfahren* nur dann statt, wenn sie ohne Nachtheil für die Sache nicht bis zur Hauptverhandlung ausgesetzt bleiben kann.

* Ein von der JK. in erster Lesung gefaßter Beschluß, die Zulässigkeit der Gegenüberstellung außerhalb der Hauptverhandlung auf die Voruntersuchung zu beschränken, ist bei zweiter Lesung rückgängig geworden. Prot. S. 53—55 u. 819.

Die bei der Berathung des § gemachten Bemerkungen, daß die Gegenüberstellung stets vor dem Richter erfolge, und ferner, daß eine bloße Vorstellung des Beschuldigten zum Zwecke seiner Rekognition durch einen Zeugen für eine Gegenüberstellung im Sinne des § nicht zu erachten sei, fanden in der JK. keinen Widerspruch. Prot. S. 54 u. 819.

§ 59 St.

Vor der Leistung des Eides hat der Richter den Zeugen in angemessener Weise auf die Bedeutung des Eides hinzuweisen*.

* Ob eine Erklärung des Zeugen, daß seine Ansichten über die Bedeutung des Eides von den Seitens des Richters ausgesprochenen abwichen, zur Aussetzung der Beeidigung des Zeugen Anlaß gebe, wird nach den Umständen des einzelnen Falles zu beurtheilen sein.

Die Worte „in angemessener Weise" wären wohl entbehrlich gewesen.

§ 60 St.

Jeder Zeuge ist einzeln und vor seiner Vernehmung[1] zu beeidigen. Die Beeidigung kann jedoch aus besonderen Gründen, namentlich wenn Bedenken gegen ihre Zulässigkeit obwalten, bis nach Abschluß der Vernehmung ausgesetzt werden[2].

1. Der Entwurf enthielt hinter „Vernehmung" die Worte: „zur Sache", weil sich über die Zulässigkeit oder Unzulässigkeit der Beeidigung in der Regel erst nach Beantwortung der s. g. Generalfragen befinden lasse. Mot. S. 49. Das Ausscheiden jener Worte hat zur Folge, daß auch eine in Bezug auf die Generalfragen gemachte unwahre Angabe die Meineidsstrafe nach sich ziehen kann. Vergl. § 67 St.

2. In dem Bericht der JK. vom 28. Oktober 1876 ist S. 20 als eine Veranlassung zur Aussetzung der Vereidung ein etwa erforderliches Gegenverhör mit anderen Zeugen angeführt.

§ 61 St.

Der vor der Vernehmung zu leistende Eid lautet:

daß Zeuge nach bestem Wissen* die reine Wahrheit sagen, nichts verschweigen und nichts hinzusetzen werde;

der nach der Vernehmung zu leistende Eid lautet:

daß Zeuge nach bestem Wissen die reine Wahrheit gesagt, nichts verschwiegen und nichts hinzugesetzt habe.

* Die in den §§ 79 u. 288 St. und 51 G. normirten Eide enthalten — sehr zweckmäßig — hinter „Wissen" auch die Worte: „und Gewissen". Ein Grund für diese Verschiedenheit ist aus den Mot. nicht zu entnehmen.

§ 62 St.

Der Eid beginnt mit den Worten:

„Ich schwöre bei Gott dem Allmächtigen und Allwissenden"

und schließt mit den Worten:

„So wahr mir Gott helfe".

§ 63 St.

Der Eid wird mittels Nachsprechens oder[1] Ablesens der die Eidesnorm enthaltenden Eidesformel geleistet. Der

Schwörende soll bei der Eidesleistung die rechte Hand erheben[*].

Stumme, welche schreiben können, leisten den Eid mittels Abschreibens und Unterschreibens der die Eidesnorm enthaltenden Eidesformel.

Stumme, welche nicht schreiben können, leisten den Eid mit Hülfe eines Dolmetschers durch Zeichen.

1. Wem die Wahl zusteht, ob dem Richter oder dem Zeugen, ist nicht gesagt. Es dürfte anzunehmen sein, dem Ersteren, da ihm die Leitung des Schwörungsakts gebührt. Vergl. auch § 190 G.

2. Die Worte: „Der Schwörende soll u. s. w." sind von der JK. eingeschaltet. Die bei der Berathung des § angeregte Frage, ob Frauen unter Auflegung der rechten Hand auf die Brust zu schwören hätten, wurde verneint. S. 59 der Prot.

Der von Juden zu leistenden Eide geschieht so wenig in den Mot. zur St. als in den Prot. der JK. Erwähnung; es findet daher dieser § 63 auf dieselben Anwendung.

§ 64 St.

Der Eidesleistung wird gleichgeachtet, wenn ein Mitglied einer Religionsgesellschaft, welcher das Gesetz[1] den Gebrauch gewisser Betheuerungsformeln an Stelle des Eides gestattet, eine Erklärung unter der Betheuerungsformel dieser Religionsgesellschaft abgiebt.

1. Bis die Reichsgesetzgebung hierüber Bestimmung getroffen hat, werden die betreffenden Gesetze der einzelnen Bundesländer maßgebend sein. Den Beweis der Existenz und des Inhalts eines solchen Gesetzes und der Anwendbarkeit desselben auf ihn wird der Zeuge zu führen haben. Vergl. § 51 Abs. 4 G.

2. Hinter dem § 64 enthielt der Entwurf die Bestimmung, daß es, wenn ein öffentlicher Beamter über Gegenstände seines Amts Zeugniß ablege, der Eidesleistung gleichgeachtet werden könne, wenn er die Richtigkeit seiner Aussage auf seinen Diensteid versichere. Die JK. ließ dieselbe wegen des Mißbrauchs, welcher erfahrungsmäßig mit Diensteiden getrieben werde, ausscheiden. Prot. S. 59—61.

Bei der Berathung hierüber wurde darauf hingewiesen, daß in Folge dieses Beschlusses z. B. in Forstrügesachen, an einem Tage derselbe Beamte eine große Anzahl von Eiden würde zu leisten haben, durch eine solche Häufung der Eide aber ihre Heiligkeit gefährdet werde. In Folge dessen wurde bei erster Lesung die Voraussetzung der Kommission konstatirt, daß an geeigneter Stelle eine Bestimmung dahin werde getroffen werden, daß bei Forstvergehen und polizeilichen Uebertretungen der betreffende Beamte hinsichtlich aller in derselben Sitzung verhandelten Sachen nur einmal vereidet werde (Prot. S. 61). Gleichwohl ist bei 2. Lesung ein Antrag, daß in einem solchen Falle in Forst- und Feldrügesachen eine einmalige generelle Beeidigung des Beamten als Zeuge für die Sitzung genügen solle, abgelehnt. S. 826.

Es wird jedoch davon auszugehen sein — und so sprachen sich auch die Regierungsvertretung und mehrere Mitglieder der JK. aus — daß der § 3 des Einf.-Ges. zur St. den Landesgesetzgebungen das Recht giebt, für Forst- und Feldrügesachen eine derartige Vorschrift zu erlassen. Prot. S. 826—828.

§ 65 St.

Die Beeidigung der Zeugen erfolgt, vorbehaltlich der Bestimmungen des § 222, in der Hauptverhandlung.

Sie kann schon in der Voruntersuchung erfolgen, wenn voraussichtlich der Zeuge am Erscheinen in der Hauptverhandlung verhindert oder sein Erscheinen wegen großer Entfernung besonders erschwert sein wird, oder wenn die Beeidigung als Mittel zur Herbeiführung einer wahrheitsgemäßen Aussage erforderlich erscheint.

In dem vorbereitenden Verfahren* ist die Beeidigung nur zulässig, wenn Gefahr im Verzug obwaltet, oder wenn die Beeidigung als Mittel zur Herbeiführung einer wahrheitsgemäßen Aussage über eine Thatsache, von der die Erhebung der öffentlichen Klage abhängig ist, erforderlich erscheint.

Erfolgt die Beeidigung im Vorverfahren, so ist der Grund in dem Protokoll anzugeben.

* Der Entwurf ließ die Beeidigung im „Vorverfahren" (Skrutinialverfahren und Voruntersuchung) zu, wenn voraussichtlich der Zeuge am Erscheinen in der Hauptverhandlung verhindert sein, oder seine Ladung zu letzterer wegen großer Entfernung unterbleiben werde, oder wenn die Beeidigung als Mittel zur Herbeiführung einer wahrheitsmäßigen Aussage erforderlich erscheine. Bei der Berathung der in der JK. behufs Beschränkung dieser Vorschrift eingebrachten elf Anträge wurde ein Vorschlag, die Beeidigung auf die Voruntersuchung zu beschränken, durch die Absicht motivirt, den Staatsanwalt mittelbar zur Beantragung der Voruntersuchung zu zwingen. S. 65 der Prot.

§ 66 St.

Wird der Zeuge, nachdem er eidlich vernommen worden ist, in demselben Vorverfahren oder in demselben Hauptverfahren[1] nochmals vernommen, so kann[2] der Richter statt der nochmaligen Beeidigung den Zeugen die Richtigkeit seiner Aussage unter Berufung auf den früher geleisteten Eid versichern lassen[3].

1. Der Entwurf zur St. hatte die Worte: „in derselben Untersuchung". Nach der jetzigen Fassung der Vorschrift darf die Wiederholung der Beeidigung nur unterbleiben, wenn ein im Vorverfahren — einschließlich der Voruntersuchung — beeidigter Zeuge nochmals im Vorverfahren, oder ein in einer Hauptverhandlung beeidigter Zeuge nochmals in einer Hauptverhandlung vernommen wird. Eine den Zeitraum von vier Tagen übersteigende Aussetzung der Hauptverhandlung (§ 227 St.), in welcher die Beeidigung bereits erfolgt ist, wird im Falle seiner nochmaligen Vernehmung in der erneuerten Hauptverhandlung eine Wiederholung der Beeidigung erheischen.

Ein Antrag, nach welchem in den vor dem Schöffengericht verhandelten Uebertretungsfällen die Beeidigung der Zeugen sollte unterbleiben dürfen, wenn der Beschuldigte und der Amtsanwalt sich mit der unbeeidigten Vernehmung der Zeugen einverstanden erklärten, wurde von der JK. abgelehnt. Prot. S. 73.

2. Nach der Wortfassung würde eine Wiederholung der Beeidigung nicht ausgeschlossen sein. Inhalts der Mot. zur St. S. 51 ist dies jedoch nicht beabsichtigt. Auch findet sich S. 72 der Prot. der JK. die Bemerkung: „In einem und demselben Vorverfahren oder Hauptverfahren sei die mehrmalige Beeidung allerdings überflüssig".

3. Hier muß daher die assertorische Form gewählt, also nicht vom Zeugen vor der Vernehmung gelobt werden, seine Aussagen des geleisteten Eides eingedenk einzurichten. Vergl. § 60 St.

§ 67 St.

Die Vernehmung beginnt damit, daß der Zeuge über Vornamen und Zunamen, Alter, Religionsbekenntniß, Stand oder Gewerbe und Wohnort befragt wird. Erforderlichenfalls sind dem Zeugen Fragen über solche Umstände, welche seine Glaubwürdigkeit in der vorliegenden Sache[1] betreffen, insbesondere über seine Beziehungen zu dem Beschuldigten oder dem Verletzten, vorzulegen[2].

1. Bei genügender Veranlassung werden auch über Umstände, welche die Glaubwürdigkeit allgemein ausschließen, Fragen an den Zeugen zu richten sein. Vergl. § 56 Abs. 2.

2. Ein in der JK. gestellter Antrag, den § mit den Worten: „der Zeuge ist bei der Vernehmung über Vornamen u. s. w." beginnen zu lassen, um dadurch für geeignete Fälle ein sofortiges Eingehen in die Sache selbst zu ermöglichen, wurde zurückgezogen, nachdem Seitens der Regierungsvertretung erklärt worden war, daß die Vorschrift so kategorisch nicht gemeint sei, wie der Antrag voraussetze. S. 74 der Prot.

§ 68 St.

Der Zeuge ist zu veranlassen, dasjenige, was ihm von dem Gegenstande seiner Vernehmung bekannt ist, im Zusammenhange anzugeben. Vor seiner Vernehmung ist dem Zeugen der Gegenstand der Untersuchung und die Person des Beschuldigten, sofern ein solcher vorhanden ist, zu bezeichnen*.

Zur Aufklärung und zur Vervollständigung der Aussage sowie zur Erforschung des Grundes, auf welchem die Wissenschaft des Zeugen beruht, sind nöthigenfalls weitere Fragen zu stellen.

* Der zweite Satz des ersten Abs. ist von der JK. eingeschaltet, weil der Zeuge nach gewissen, sich nach seinen persönlichen Beziehungen zum Angeschuldigten bestimmenden Umständen das Recht zur Zeugnißverweigerung habe. Prot. S. 74.

§ 69 St.

[1]Wird das Zeugniß oder die Eidesleistung ohne gesetzlichen Grund verweigert, so ist der Zeuge in die durch die Weigerung verursachten Kosten sowie zu einer Geldstrafe bis zu dreihundert Mark und für den Fall, daß diese nicht beigetrieben werden kann, zur Strafe der Haft bis zu sechs Wochen zu verurtheilen[2].

Auch kann zur Erzwingung des Zeugnisses[3] die Haft angeordnet werden, jedoch nicht über die Zeit der Beendigung des Verfahrens in der Instanz[4], auch nicht über die Zeit von sechs Monaten, und bei Uebertretungen nicht über die Zeit von sechs Wochen hinaus.

Die Befugniß zu diesen Maßregeln steht auch dem Untersuchungsrichter, dem Amtsrichter im Vorverfahren, sowie dem beauftragten und ersuchten Richter zu.

Sind die Maßregeln erschöpft, so können sie in demselben oder in einem anderen Verfahren, welches dieselbe That[5] zum Gegenstande hat, nicht wiederholt werden.

Die Festsetzung[6] und die Vollstreckung der Strafe gegen eine dem aktiven Heere oder der aktiven Marine angehörende Militärperson erfolgt auf Ersuchen durch das Militärgericht.

1. Nach dem Entwurfe lauteten die Abs. 1 u. 2 (§ 61): Verweigert ein Zeuge ohne gesetzlichen Grund die Ablegung des Zeugnisses oder dessen Beeidigung, so kann ihn der Richter durch Zwangshaft bis zu sechs Monaten, sowie durch Geldstrafen bis zum Gesammtbetrage von sechshundert Mark zur Erfüllung seiner Pflicht anhalten. Bei Uebertretungen finden gegen den ungehorsamen Zeugen nur Zwangshaft bis zu sechs Wochen und Geldstrafen bis zum Gesammtbetrage von einhundertfünfzig Mark statt.

Die Zwangshaft hört auf, sobald der Zeuge seiner gesetzlichen Verpflichtung nachkommt; dagegen behält es bei den bereits festgesetzten Geldstrafen sein Bewenden.

Aus dieser Fassung trat das dem Entwurf nach S. 57 der Mot. zum Grunde liegende Prinzip, die gegen Zeugen, welche ohne gesetzlich gebilligten Grund die Ablegung des Zeugnisses oder dessen Beeidigung verweigern, anzuwendenden Maßregeln als Zwangsmittel aufzufassen, deutlich entgegen.

Die Aenderungen, welche die JK. hinsichtlich jener beiden Sätze hat eintreten lassen, nöthigen, die in jedem der beiden Sätze enthaltenen Vorschriften als besondere, sachlich von einander getrennte aufzufassen.

Der Abs. 1 spricht ausschließlich von Strafe für die Zeugniß- oder Eidesverweigerung; der Abs. 2 von der Erzwingung des Zeugnisses.

Mit Rücksicht hierauf und da jedem dieser beiden Gegenstände ein besonderer Absatz gewidmet ist, muß — da eine mangelhafte Redaktion nicht vermuthet werden darf — angenommen werden, daß zwischen „Strafe" einer- und „Zwangsmaßregel" andererseits hat unterschieden werden sollen.

Dieser Unterschied wird darin zu suchen sein, daß der erste Abs. auch dann zur Anwendung zu bringen sei, wenn das Ergebniß der anderweiten Beweiserhebung, oder überhaupt die Gestaltung der Sachlage in der Hauptverhandlung, das Zeugniß, um dessen Verweigerung es sich handelt, als entbehrlich herausstellt, es mithin einer Erzwingung desselben (Abs. 2) nicht bedarf. In einem solchen Falle will das Gesetz — so dürfte anzunehmen sein — die Auflehnung des zum Zeugniß Aufgeforderten gegen das Gesetz, die Verweigerung der Erfüllung seiner Bürgerpflicht, rügen. Hiermit stimmt auch der Abs. 1 § 50 St. überein, nach welchem die Strafe gegen den ausgebliebenen Zeugen festzusetzen ist, auch wenn es seiner Vorführung nicht bedarf.

Dagegen nimmt der Abs. 2 des § 69 das Interesse der Strafrechtspflege in Bezug auf die spezielle Untersuchung wahr, in welcher das Zeugniß erfordert wird. Er bezweckt, das verweigerte Zeugniß zu erzwingen, um der Anklage und dem Angeklagten ihr Recht zu Theil werden zu lassen.

An dieser Unterscheidung zwischen Strafe und „Zwangsmaßregel" festgehalten, folgt dann aber weiter, daß der ausschließlich von der „Strafe" sprechende Abs. 5 nur auf den Abs. 1 bezogen werden darf, die Mitwirkung der Militärbehörde daher hinsichtlich der Zwangsmaßregeln — ähnlich, wie in den Fällen der §§ 178. 179 G. — für fortfallend zu erachten ist. Es wird sich für diese — nicht unbedenkliche — Anordnung geltend machen lassen, daß das Urtheil darüber, ob das verweigerte Zeugniß nach der Lage der Sache nothwendig, die Anwendung von Zwangsmaßregeln daher geboten ist, keinenfalls der Militärbehörde, vielmehr ausschließlich dem Richter anheimfällt, die erstere mithin die vom Richter im Wege des Ersuchens verlangten Zwangsmaßregeln nicht würde verweigern dürfen, hiervon ausgegangen aber ein an dieselbe zu richtendes Ersuchen — abgesehen von der damit für das Untersuchungsverfahren verknüpften Verzögerung — nur auf eine Form hinauslaufen würde. — Daß der Militärbehörde in einem solchen Falle Nachricht zu geben ist, wird für selbstverständlich gelten.

Die Prot. der JK. geben über die Entstehung der Abänderung, mithin auch über die für dieselbe geltend gemachten Gründe keine Auskunft. In der Sitzung erster Lesung vom 17. Juni 1875 Prot. S. 78 ist beschlossen, den § des Entwurfs unverändert anzunehmen. Gleichwohl findet sich der § bereits in der „Zusammenstellung des Entwurfs einer Strafprozeßordnung mit den Beschlüssen der Kommission in erster Lesung" in der Fassung, in welcher er in die St. übergegangen ist. Da nun auch die „Paragraphen-Uebersicht zur ersten Lesung der Strafprozeßordnung" (Nr. 759 a) auf eine andere den § betreffende Berathung der JK., als die in der Sitzung vom 17. Juni erfolgte, nicht hinweist, wird anzunehmen sein, daß die Abänderung für eine redaktionelle erachtet sei.

2. „Verurtheilen" bedeutet: durch Beschluß bzhw. Verfügung festsetzen. Vergl. Abs. 5.

3. Nach den Regeln der Gesetzauslegung würde die Vorschrift des Abs. 2, zumal es sich um Freiheitsentziehung handelt, im Hinblick auf den Abs. 1, welcher die „Eidesleistung" dem „Zeugniß" ausdrücklich gegenüberstellt, auf die Verweigerung der ersteren nicht angewendet werden dürfen. Beim Mangel jedes Grundes für die Beschränkung der Vorschrift auf Verweigerung des Zeugnisses, im Gegensatze zu Eidesweigerung, wird jedoch anzunehmen sein, daß der Ausdruck „Zeugniß" hier im weiteren Sinne, als im Abs. 1 gebraucht sei.

4. Der Ausdruck „Instanz" wird nicht so aufzufassen sein, daß, wenn z. B. die Verhaftung des Zeugen von dem Berufungsgericht in der Hauptverhandlung angeordnet wird, derselbe auch in dem Falle sofort zu entlassen sei, wenn das Gericht auf Grund des § 369 Abs. 2 die Sache in die erste Instanz zurückverweist. Vielmehr wird darunter das gesammte Verfahren zu verstehen sein, welches in erster Instanz bis zu dem Urtheil über die

Anklage, in höherer Instanz bis zu dem Urtheil des angerufenen Richters über das Rechtsmittel stattfindet.

5. Da hiernach die That, der objektive Gegenstand der Untersuchung allein entscheidet, wird die Vorschrift auch Platz greifen, wenn das „andere Verfahren" gegen einen anderen Angeschuldigten gerichtet ist. Die Mot. S. 57 und die Prot. der JK. S. 77. 828. 829 sprechen sich hierüber nicht aus.

6. Hier, wo es sich um Anwendung materieller Gesetze handelt, dürfte die Prüfung der Vorfrage, ob die Weigerung gesetzwidrig sei, dem Richter anheimfallen, und die Militärbehörde nur die Höhe der Strafe zu bestimmen haben. Vergl. Note 3 zu § 50 St.

7. Seitens der Regierungsvertretung wurde bei der Berathung des § in der JK. (Prot. S. 77) anerkannt, daß die StAschft. wegen Zeugnißverweigerung Strafen nicht festsetzen dürfe. S. auch die Note 2 zu § 50 St.

§ 70 St.

Jeder von dem Richter oder der Staatsanwaltschaft* geladene Zeuge hat nach Maßgabe der Gebührenordnung Anspruch auf Entschädigung aus der Staatskasse für Zeitversäumniß und, wenn sein Erscheinen eine Reise erforderlich macht, auf Erstattung der Kosten, welche durch die Reise und den Aufenthalt am Orte der Vernehmung verursacht werden.

* In Betreff der Befugniß der StAschft. zur Zeugenladung vergl. die Note 2 zu § 50.

§ 71 St.

Die Landesherren und die Mitglieder der landesherrlichen Familien sowie die Mitglieder der Fürstlichen Familie Hohenzollern* sind in ihrer Wohnung zu vernehmen.

Den Eid leisten dieselben mittels Unterschreibens der die Eidesnorm enthaltenden Eidesformel.

Zur Hauptverhandlung werden sie nicht geladen. Das Protokoll über ihre gerichtliche Vernehmung ist in der Hauptverhandlung zu verlesen.

* Vergl. die Noten zu § 5 des Einf.-Ges. zum G.

Sachverständige und Augenschein.

§ 72 St.

Auf Sachverständige finden die Vorschriften des sechsten Abschnitts* über Zeugen entsprechende Anwendung, insoweit nicht in den nachfolgenden Paragraphen abweichende Bestimmungen getroffen sind.

* Die §§ 48—71. Hiernach werden die Vorschriften der §§ 192 und 246 St. auf Sachverständige nicht anzuwenden sein, wenngleich der bei denselben leitend gewesene Grund auch bei Sachverständigen aus dem niederen Handwerkerstande zutreffen kann. Der Entwurf hatte in dem entsprechenden § 73 die allgemeinere Fassung: „die Bestimmungen über die Ladung, Vernehmung und Beeidigung" u. s. w.

§ 73 St.

Die Auswahl der zuzuziehenden Sachverständigen und die Bestimmung ihrer Anzahl erfolgt durch den Richter[1].

Sind für gewisse Arten von Gutachten Sachverständige öffentlich bestellt[2], so sollen andere Personen nur dann gewählt werden, wenn besondere Umstände es erfordern[3].

1. Dieser § enthält die allgemeine auf das Vorverfahren, einschließlich der Voruntersuchung, und auf das Hauptverfahren bezügliche Vorschrift. Die speziellen das Hauptverfahren betreffenden Bestimmungen finden sich in den §§ 219 und 244 St. Unter „Richter" ist daher im Vorverfahren der mit der Beweiserhebung befaßte, in der Hauptverhandlung das Gericht zu verstehen.

Bei der Berathung des § in der JK. waltete Einverständniß darüber ob, daß es dem Beschuldigten auch im Vorverfahren unbenommen sei, seinerseits die Vernehmung von benannten Sachverständigen zu beantragen; ein Antrag, ihm einen Anspruch auf deren Vernehmung zu gewähren, wurde aber abgelehnt. S. 81 bis 84 der Prot. Dies stimmt mit den Mot. zu dem § überein. S. 59.

In Betreff der Einnahme eines Augenscheins vergl. § 193 St.

2. Bei der Allgemeinheit des Ausdruckes wird er auch auf Kommunalbehörden Anwendung finden.

3. Es gilt dies auch in Betreff der von der StAschft. und dem Beschuldigten vorgeschlagenen Sachverständigen.

§ 74 St.

Ein Sachverständiger kann aus denselben Gründen, welche zur Ablehnung eines Richters berechtigen, abgelehnt werden[1].

Ein Ablehnungsgrund kann jedoch nicht daraus entnommen werden, daß der Sachverständige als Zeuge vernommen worden ist.

Das Ablehnungsrecht steht der Staatsanwaltschaft, dem Privatkläger[2] und dem Beschuldigten zu. Die ernannten Sachverständigen sind den zur Ablehnung Berechtigten[3] namhaft zu machen, wenn nicht besondere Umstände[4] entgegenstehen.

Der Ablehnungsgrund ist glaubhaft zu machen; der Eid ist als Mittel der Glaubhaftmachung ausgeschlossen[5].

1. Vergl. § 24 folg. St. und im Betreff des Dolmetschers § 193 G.

2. Nach § 437 St. ist hierunter auch der Nebenkläger zu verstehen, wie dies auch S. 1130 der Prot. der IK. hervorgehoben wurde.

3. Der Entwurf enthielt hinter „Berechtigten" die Worte: „auf Verlangen". Dieselben sind von der IK — abweichend von dem § 24 Abs. 3 St. — beseitigt worden, weil vorauszusetzen sei, daß dem Ablehnungsberechtigten die Richter bekannt seien, eine Voraussetzung die hinsichtlich der Sachverständigen nicht zutreffe.

4. Als ein solcher „besonderer Umstand" wurde neben Fällen der Unausführbarkeit erwähnt, daß die Nothwendigkeit sofortiger Vornahme der Expertise die Benachrichtigung des Ablehnungsberechtigten verbieten könne. Prot. der IK. S. 829.

5. Die singulären Vorschriften des § 26 St., Schlußsatz des Abs. 2 und Abs. 3 werden hier nicht Platz greifen, selbst wenn der Abgelehnte Beamter ist.

§ 75 St.

Der zum Sachverständigen Ernannte hat der Ernennung Folge zu leisten, wenn er zur Erstattung von Gutachten der erforderten Art öffentlich[1] bestellt ist, oder wenn er die Wissenschaft, die Kunst oder das Gewerbe, deren Kenntniß Voraussetzung der Begutachtung ist, öffentlich zum Erwerbe ausübt, oder wenn er zur Ausübung derselben öffentlich bestellt oder ermächtigt ist[2].

Zur Erstattung des Gutachtens ist auch derjenige verpflichtet, welcher sich zu derselben[3] vor Gericht[4] bereit erklärt hat.

1. Vergl. Note 2 zu § 73 St.

2. Wie weit das Gesetz die Begriffe: „die Wissenschaft öffentlich zum

Erwerbe ausüben" „zur Ausübung derselben öffentlich bestellt oder ermächtigt sein" hat ausdehnen wollen, ergeben die Mot. nicht. Schriftsteller, deren Werke öffentlich verkäuflich sind, und Lehrer an Universitäten und anderen öffentlichen Schulen werden dahin zu rechnen sein.

3. D. h. in der vorliegenden Sache. Vergl. Abs. 1 Zeile 2, wo die Mehrheit: „von Gutachten" gewählt ist.

4. Oder vor dem Untersuchungsrichter. Dieselbe Veranlassung, welche die JK. bestimmte, das Wort des Entwurfs „Gerichte" im § 70 in „Richter" zu ändern, dürfte auch hier vorgewaltet haben.

§ 76 St.

Dieselben Gründe[1], welche einen Zeugen berechtigen, das Zeugniß zu verweigern, berechtigen einen Sachverständigen zur Verweigerung des Gutachtens. Auch aus anderen Gründen[2] kann ein Sachverständiger von der Verpflichtung zur Erstattung des Gutachtens entbunden werden.

Die Vernehmung eines öffentlichen Beamten als Sachverständigen findet nicht statt, wenn die vorgesetzte Behörde des Beamten erklärt, daß die Vernehmung den dienstlichen Interessen Nachtheil bereiten würde[3].

1. Vergl. die §§ 51 folg. St. Wegen der Bestrafung der Angabe unwahrer Entschuldigungsgründe vergl. § 138 StGB.

2. Die Mot. sagen S. 60: „triftige Gründe" ohne die Gesichtspunkte zu bezeichnen. Es wird daher billiges Ermessen des Richters eintreten. In der JK. ist die Frage nicht berathen worden. Prot. S. 84. 829.

3. Inhalts der Mot. S. 60 ist vorzugsweise der mit der Erstattung von Gutachten verknüpfte, das Interesse des Dienstes gefährdende Zeitaufwand ins Auge gefaßt. Es findet aber nach § 72 auch der § 53 St. Anwendung.

4. Bei der Allgemeinheit der Fassung wird die Vorschrift auch auf Kommunalbeamte zu beziehen sein. § 359 StGB. Den Einspruch wird der Sachverständige, wenn ihm an sich die Verpflichtung zur Erstattung des Gutachtens obliegt, nachzuweisen haben.

Eine Vergleichung mit den §§ 53 und 96 St. ergiebt, daß hier die zunächst vorgesetzte Dienstbehörde gemeint ist.

Siehe auch Note 1 zu § 53.

§ 77 St.

Im Falle des Nichterscheinens[1] oder der Weigerung eines zur Erstattung des Gutachtens verpflichteten Sachverständigen wird dieser zum Ersatze der Kosten und zu einer

Geldstrafe bis zu dreihundert Mark[2] verurtheilt[3]. Im Falle wiederholten Ungehorsams kann noch einmal eine Geldstrafe bis zu sechshundert Mark erkannt werden[4].

Die Festsetzung und die Vollstreckung der Strafe gegen eine dem aktiven Heere oder der aktiven Marine angehörende Militärperson erfolgt auf Ersuchen durch das Militärgericht.

1. In den §§ 120. 215 St. u. 56 G. heißt es „ohne genügende Entschuldigung" „unentschuldigt". Daß dies auch hier gemeint ist, folgt aus dem Worte: Ungehorsam in der 4. Zeile.

2. Das Ausscheiden der für Zeugen § 50 St. angeordneten Haftstrafe und Vorführung begründen die Mot. zur St. S. 60 durch die Hinweisung darauf, daß eine „geistige Arbeit" nicht durch derartige Mittel erzwungen werden dürfe. Dieser Grund wird zwar in der Mehrzahl der Fälle, wo es sich um Gutachten von Handwerkern über einfache ihr Gewerbe betreffende Gegenstände, z. B. die Art der erfolgten Oeffnung eines Schlosses, handelt, nicht zutreffen; gleichwohl muß die Vorschrift auch solchen Sachverständigen gegenüber unbeschränkt zur Anwendung kommen.

3. Die hier von der JK. gewählten Worte: „verurtheilt" „erkannt" stehen für „festgesetzt". Vergl. Abs. 2 und die Note 2 zu § 50 St.

4. Die Fassung: „noch einmal — bis zu Sechshundert Mark" ist nicht völlig korrekt, da die Strafe das erste Mal Dreihundert Mark nicht übersteigen darf.

§ 78 St.

Der Richter hat, soweit ihm dies erforderlich erscheint, die Thätigkeit der Sachverständigen zu leiten.

§ 79 St.

Der Sachverständige hat vor[1] Erstattung des Gutachtens einen Eid dahin zu leisten:

> daß er das von ihm erforderte Gutachten unparteiisch und nach bestem Wissen und Gewissen erstatten werde.

Ist der Sachverständige für die Erstattung von Gutachten der betreffenden Art im Allgemeinen beeidigt[2], so genügt die Berufung auf den geleisteten Eid.

1. Daß hier der 2. Satz des § 60 St. habe ausgeschlossen werden sollen, ist mit Rücksicht auf § 72 St. nicht anzunehmen.

2. Der sich darauf berufende Sachverständige wird dies bei mangelnder Notorietät nachzuweisen haben. Die Beeidigung durch eine Kommunalbehörde dürfte ausreichen.

Die nach Landesgesetzen stattfindende Beeidigung der Aerzte, Hebeammen u. s. w. auf treue Erfüllung ihrer Berufspflichten entbindet nicht von der Leistung des Sachverständigeneides.

§ 80 St.

Dem Sachverständigen kann auf sein Verlangen zur Vorbereitung des Gutachtens durch Vernehmung von Zeugen oder des Beschuldigten weitere Aufklärung verschafft werden.

Zu demselben Zwecke kann ihm gestattet werden, die Akten einzusehen, der Vernehmung von Zeugen oder des Beschuldigten beizuwohnen und an dieselben unmittelbar Fragen zu stellen.

§ 81 St.

Zur Vorbereitung eines Gutachtens über den Geisteszustand des Angeschuldigten kann das Gericht[1] auf Antrag eines Sachverständigen nach Anhörung des Vertheidigers anordnen, daß der Angeschuldigte in eine öffentliche Irrenanstalt gebracht und dort beobachtet werde.

Dem Angeschuldigten, welcher einen Vertheidiger nicht hat, ist ein solcher zu bestellen.

Gegen den Beschluß findet sofortige Beschwerde[2] statt. Dieselbe hat aufschiebende Wirkung.

Die Verwahrung in der Anstalt darf die Dauer von sechs Wochen nicht übersteigen.

1. Nicht also der Untersuchungsrichter.

Es wurde für die von der JK. eingeschaltete Bestimmung insbesondere geltend gemacht, daß sich die Entlarvung eines Simulanten ohne Beobachtung in einer Anstalt zuweilen sehr schwer erreichen lasse.

2. Die Beschwerde dürfte in einem solchen Falle auch den Angehörigen des Angeschuldigten zustehen und die einwöchige Frist des § 353 St. von der Kenntnißnahme ab zu berechnen sein.

§ 82 St.

Im Vorverfahren hängt es von der Anordnung des Richters ab, ob die Sachverständigen ihr Gutachten schriftlich oder mündlich zu erstatten haben.

§ 83 St.

Der Richter kann eine neue Begutachtung durch dieselben oder durch andere Sachverständige anordnen, wenn er das Gutachten für ungenügend erachtet.

Der Richter kann die Begutachtung durch einen anderen Sachverständigen anordnen, wenn ein Sachverständiger nach Erstattung des Gutachtens mit Erfolg abgelehnt ist.

In wichtigeren Fällen kann das Gutachten einer Fachbehörde eingeholt werden*.

* Da sich die Vorschrift nicht an den ersten Abs. anschließt, sondern nach Einschaltung des Abs. 2 einen besonderen Abs. bildet, unterliegt sie der Auslegung, daß eine vorgängige Vernehmung von Sachverständigen nicht unbedingt erforderlich sei, zumal im § 91 dem Richter die Wahl gelassen ist, ob er sich an einen Chemiker oder an eine Fachbehörde wenden will. Mit Rücksicht auf die bisherige Gerichtspraxis ist jedoch anzunehmen, daß ein Obergutachten gemeint ist.

Außer den Fällen der §§ 53 u. 76 Abs. 2 wird ein solches Seitens der Fachbehörde nicht verweigert werden dürfen.

§ 84 St.

Der Sachverständige hat nach Maßgabe der Gebührenordnung Anspruch auf Entschädigung für Zeitversäumniß, auf Erstattung der ihm verursachten Kosten und außerdem auf angemessene Vergütung für seine Mühewaltung.

* Im § 70 St. steht hinter „Entschädigung": „aus der Staatskasse". Dasselbe wird hier gelten. Vergl. auch § 219 Abs. 3 St.

§ 85 St.

Insoweit zum Beweise vergangener Thatsachen oder Zustände, zu deren Wahrnehmung eine besondere Sachkunde erforderlich war, sachkundige Personen zu vernehmen sind, kommen die Vorschriften über den Zeugenbeweis* zur Anwendung.

* Die Mot. zur St. S. 61 finden den Unterschied zwischen Sachverständigen und den hier bezeichneten Personen darin, daß die Ersteren, als Gehülfen des Richters, aus Thatsachen Schlüsse ziehen, während die s. g. sachverständigen Zeugen eigne Wahrnehmungen bekunden. In der Praxis werden beide Kategorien häufig nicht auseinander zu halten sein; es dürfte deshalb den sachverständigen Zeugen, wenn es zum sicheren Verständniß ihrer

Aeußerungen über die von ihnen vom Sachverständigenstandpunkte aus gemachten Wahrnehmungen eines erläuternden Schriftsatzes bedarf, eine „angemessene Vergütung für ihre Mühwaltung" (§ 84) nicht zu versagen sein. Auch wird auf einen solchen Fall der § 76 Abs. 2 Anwendung finden.

§ 86 St.

Findet die Einnahme eines richterlichen Augenscheins statt, so ist im Protokolle der vorgefundene Sachbestand festzustellen und darüber Auskunft zu geben, welche Spuren oder Merkmale, deren Vorhandensein nach der besonderen Beschaffenheit des Falles vermuthet werden konnte, gefehlt haben.

§ 87 St.

Die richterliche[1] Leichenschau wird unter Zuziehung eines Arztes[2], die Leichenöffnung im Beisein des Richters von zwei Aerzten, unter welchen sich ein Gerichtsarzt befinden muß, vorgenommen. Demjenigen Arzte, welcher den Verstorbenen in der dem Tode unmittelbar vorausgegangenen Krankheit behandelt hat, ist die Leichenöffnung nicht zu übertragen. Derselbe kann jedoch aufgefordert[3] werden, der Leichenöffnung anzuwohnen, um aus der Krankheitsgeschichte Aufschlüsse zu geben.

Die Zuziehung eines Arztes kann bei der Leichenschau unterbleiben, wenn sie nach dem Ermessen des Richters entbehrlich ist.

Behufs der Besichtigung oder Oeffnung einer schon beerdigten Leiche ist ihre Ausgrabung statthaft.

1. Dieser § findet, wie auch bei der Berathung desselben in der JK. hervorgehoben worden ist, seine Erläuterung durch den § 157 St. Nach letzterem befindet der Staatsanwalt darüber, ob wegen Mangels des Verdachts einer strafbaren Handlung die Beerdigung ohne Weiteres stattzufinden habe, oder ob zum Zwecke der Einleitung eines Untersuchungsverfahrens (Vorverfahren, Voruntersuchung) eine Leichenschau erforderlich erscheine. Von dieser Leichenschau, welche unbedingt eine richterliche sein muß, spricht der § 87. Es herrschte in der JK. Einverständniß darüber, daß diese Leichenschau die Natur einer Untersuchungshandlung habe, und voraussetze, daß causa criminalis, also ein Verdacht einer strafbaren Handlung vorliege, wogegen § 157 lediglich kriminalpolizeilicher Natur sei, und nur bestimme, was geschehen solle, wenn die Leiche eines Unbekannten gefunden werde, oder ein Mensch eines unnatürlichen Todes gestorben sei. Dabei wurde

darauf hingewiesen, daß der § 138 von einer Leichenbesichtigung nicht spreche. Prot. S. 87—89 und 833—836.

2. Vergl. die Note 3 zu § 35 G. Ob ausschließlich ein s. g. innerer Arzt, oder nach dem Ermessen des Richters ein Wundarzt zulässig sei, ist weder in den Mot. zur St. beregt noch bei den Berathungen der JK. besprochen worden. Aus Abs. 2, wonach die Zuziehung eines Arztes bei der Leichenschau ganz unterbleiben kann, wenn sie nach dem Ermessen des Richters entbehrlich ist, ist jedoch zu folgern, daß, wenn der Richter die Zuziehung eines Wundarztes für genügend erachte, er diese anordnen dürfe.

Dasselbe wird auch in Bezug auf einen der in der zweiten Zeile erwähnten zwei Aerzte gelten, zumal auch die Preuß. Krim.-O. von 1805 im § 147 außer dem Stadt- oder Kreisphysikus nur „einen vereideten Wundarzt" erforderte.

3. Aus dem weniger bestimmten Ausdrucke „auffordern" könnte, gegenüber dem vor- und nachher gewählten Worte: „Zuziehung" gefolgert werden, daß eine Nöthigung des bezeichneten Arztes zum Erscheinen nicht stattfinden solle. Die Mot. S. 62 ergeben jedoch, daß dies nicht gemeint ist, da sie auch hier den Ausdruck „Zuziehung" wählen. Ob dieser Arzt zu vereidigen sei, wird vom Ermessen des Richters abhängen.

§ 88 St.

Vor der Leichenöffnung ist, wenn nicht besondere Hindernisse entgegenstehen, die Persönlichkeit des Verstorbenen, insbesondere durch Befragung[1] von Personen, welche den Verstorbenen gekannt haben, festzustellen. Ist ein Beschuldigter[2] vorhanden, so ist ihm die Leiche zur Anerkennung vorzuzeigen.

1. Falls nicht die Leiche mit Bestimmtheit von dem Richter oder den Aerzten wiedererkannt wird. Ohnehin reicht eine bloße „Befragung" ohne Beeidigung — welche in Zweifelsfällen bei den Untersuchungsverhandlungen nachzuholen ist — zu einer „Feststellung" nicht aus.

2. Geeigneten Falls auch ein bloß Verdächtiger, gegen den eine „Beschuldigung" Seitens der StAschft. noch nicht ausgesprochen ist.

§ 89 St.

Die Leichenöffnung muß sich, soweit der Zustand der Leiche dies gestattet, stets auf die Oeffnung der Kopf-, Brust- und Bauchhöhle erstrecken.

§ 90 St.

Bei Oeffnung der Leiche eines neugeborenen Kindes ist die Untersuchung insbesondere auch darauf zu richten, ob dasselbe nach oder während der Geburt gelebt habe, und ob es reif oder wenigstens fähig gewesen sei, das Leben außerhalb des Mutterleibes fortzusetzen.

§ 91 St.

Liegt der Verdacht einer Vergiftung vor, so ist die Untersuchung der in der Leiche oder sonst gefundenen verdächtigen Stoffe durch einen Chemiker oder durch eine für solche Untersuchungen bestehende Fachbehörde[1] vorzunehmen.

Der Richter kann anordnen, daß diese Untersuchung unter Mitwirkung oder Leitung[2] eines Arztes[3] stattzufinden habe.

1. Bezüglich der Beweisform, in welcher „Behörden" ihr Gutachten abzugeben haben, werden, Mangels reichsgesetzlicher Vorschriften, die Landesgesetze maßgebend sein.

2. Die Fassung „Leitung oder Mitwirkung" möchte vorzuziehen gewesen sein, da sich die „Fachbehörde" der Leitung des Arztes nicht unterwerfen wird.

3. Jedenfalls „inneren". Vergl. Note 3 zu § 35 G.

§ 92 St.

Bei Münzverbrechen und Münzvergehen sind die Münzen oder Papiere erforderlichenfalls derjenigen Behörde* vorzulegen, von welcher echte Münzen oder Papiere dieser Art in Umlauf gesetzt werden. Das Gutachten dieser Behörde ist über die Unechtheit oder Verfälschung sowie darüber einzuholen, in welcher Art die Fälschung muthmaßlich begangen worden sei.

Handelt es sich um ausländische Münzen oder Papiere, so kann an Stelle des Gutachtens der ausländischen Behörde dasjenige einer deutschen erfordert werden.

* Dieser Ausdruck ist hier im weiteren Sinne, als in dem § 96 St. gebraucht, da auch manche Privatbanken berechtigt sind, „Papiere in Umlauf zu setzen". Siehe die Note zu § 96 St.

§ 93 St.

Zur Ermittelung der Echtheit oder Unechtheit eines Schriftstücks*, sowie zur Ermittelung des Urhebers desselben kann eine Schriftvergleichung unter Zuziehung von Sachverständigen vorgenommen werden.

* Das hier vom ganzen Schriftstück Gesagte wird auch auf einzelne Theile desselben, so wie auch auf anscheinend darin stattgehabte Veränderungen Anwendung finden.

Beschlagnahme und Durchsuchung.

§ 94 St.

Gegenstände, welche als Beweismittel für die Untersuchung von Bedeutung sein können oder der Einziehung[1] unterliegen, sind in Verwahrung[2] zu nehmen oder in anderer Weise sicher zu stellen.

Befinden sich die Gegenstände in dem Gewahrsam einer Person und werden dieselben nicht freiwillig herausgegeben, so bedarf es der Beschlagnahme[3,4].

1. Vergl. die §§ 40. 42. 152. 295. 367. 369 StGB.

2. Unter „Verwahrung" im Gegensatze zur „Beschlagnahme" (§ 98 St.) soll, nach den Mot. zur St. S. 63 und den von der Regierungsvertretung bei der Berathung des § in der JK. S. 90 der Prot. abgegebenen Erklärungen ein lediglich faktischer, Eingriffe in das Verfügungsrecht Jemandes nicht enthaltender Akt verstanden werden, zu welchem die mit Vorermittelungen befaßte Behörde, einschließlich der Polizeibeamten, berechtigt ist. Sie wird insbesondere beim Auffinden von Werkzeugen am Orte der That oder anderen zur Ueberführung des Thäters geeigneten Gegenständen, zu welchen sich Niemand als Interessent meldet, stattfindet. Wird der Wegnahme von Sachen Seitens des Inhabers derselben widersprochen, so bedarf es der ausdrücklichen, in den §§ 98 folg. St. geregelten Beschlagnahme, welcher die Natur eines Untersuchungsakts beiwohnt.

3. Im Entwurf hatte der Abs. 2 die, im Wesentlichen mit der ihm von der JK. gegebenen Redaktion übereinstimmende Fassung: Wird durch eine solche Maßregel das Verfügungsrecht einer Person beeinträchtigt, oder wird derselben widersprochen, so bedarf es der Beschlagnahme.

4. Vergl. Note 6 zu § 98 St.

§ 95 St.

Wer einen Gegenstand der vorbezeichneten Art in seinem Gewahrsam hat, ist verpflichtet, denselben auf Erfordern vorzulegen und auszuliefern*.

Er kann im Falle der Weigerung durch die im § 69 bestimmten Zwangsmittel hierzu angehalten werden. Gegen

Personen, welche zur Verweigerung des Zeugnisses berechtigt sind, finden diese Zwangsmittel keine Anwendung.

* Nach der von der Regierungsvertretung bei der Berathung des § in der JK. abgegebenen Erklärung ist derselbe nicht auf den Beschuldigten oder Verdächtigen zu beziehen. S. 91 der Prot.

Bei den Worten „auf Erfordern" wird zu ergänzen sein: der im § 98 bezeichneten Beamten.

§ 96 St.

Die Vorlegung oder Auslieferung von Akten oder anderen in amtlicher Verwahrung befindlichen Schriftstücken durch Behörden* und öffentliche Beamte darf nicht gefordert werden, wenn deren oberste Dienstbehörde erklärt, daß das Bekanntwerden des Inhalts dieser Akten oder Schriftstücke dem Wohle des Reichs oder eines Bundesstaates Nachtheil bereiten würde.

* Weshalb hier der Ausdruck „Behörde", in dem § 159 St. dagegen „öffentliche Behörde" gewählt ist, ergeben die Mot. zur St. nicht. Eine Absichtlichkeit scheint dabei nicht vorgewaltet zu haben, da der Zusammenhang auch hier ergiebt, daß, wie „öffentliche Beamte" auch öffentliche Behörden gemeint sind. Daß im § 92 St. das Wort: „Behörde" im weiteren Sinne gebraucht worden, ist dort bemerkt.

Der Begriff „Behörde" setzt nicht nothwendig kollegialische Verfassung voraus. Das Preuß. Obertribunal sagt im Urtheil vom 19. Oktober 1875 (Goltd. Arch. B. 23 S. 518) „Behörden sind alle Organe der Staatsregierung, welche berufen sind, unter öffentlicher Autorität für die Herbeiführung der Zwecke des Staats nach eigenem Ermessen thätig zu sein." Hiermit übereinstimmend bezeichnet die Bekanntmachung vom 17. Januar 1871 (RGBl. S. 27 u. 28) den Direktor eines Verwaltungsbezirks als „Behörde".

§ 97 St.

Schriftliche Mittheilungen[1] zwischen dem Beschuldigten[2] und denjenigen Personen, die wegen ihres Verhältnisses zu ihm nach §§ 51. 52 zur Verweigerung des Zeugnisses berechtigt sind, unterliegen der Beschlagnahme nicht, falls sie sich in den Händen der letzteren Personen befinden und diese nicht einer Theilnahme, Begünstigung oder Hehlerei verdächtig sind.

1. Bei der Allgemeinheit des Ausdrucks werden auch solche Mittheilungen nicht unbedingt ausgeschlossen sein, welche schon vor der den Gegenstand der Untersuchung bildenden That stattgefunden haben. Nach den Mot.

zur St. S. 63 ist für diese Vorschrift das Vertrauensverhältniß zwischen dem Beschuldigten und den in den §§ 51. 52 St. aufgeführten Personen geltend gemacht worden. Hiervon ausgegangen, wird dieselbe auch anzuwenden sein, wenn sich die Papiere nicht mehr in den „Händen" des Betreffenden, z. B. des Geistlichen, sondern in seinem Nachlaß oder im Gewahrsam seines Amtsnachfolgers befinden.

Nach einer in der JK. aufgestellten, ohne Widerspruch gebliebenen Ansicht schützt der § auch die bei Notaren niedergelegten Testamente. S. 92 der Prot.

2. Es herrschte in der JK. Einverständniß darüber, daß der Ausdruck hier im weitesten Sinne zu verstehen sei, also auch auf den bloß Verdächtigen Anwendung finde. Prot. S. 838.

§ 98 St.

Die Anordnung von Beschlagnahmen steht dem Richter, bei Gefahr im Verzug[1] auch der Staatsanwaltschaft und denjenigen Polizei- und Sicherheitsbeamten[2] zu, welche als Hülfsbeamte der Staatsanwaltschaft den Anordnungen derselben Folge zu leisten haben.

Ist die Beschlagnahme ohne richterliche Anordnung erfolgt, so soll der Beamte, welcher die Beschlagnahme angeordnet hat, binnen drei Tagen die richterliche Bestätigung nachsuchen[3, 4], wenn bei der Beschlagnahme weder der davon Betroffene noch ein erwachsener Angehöriger[5] anwesend war, oder wenn der Betroffene und im Falle seiner Abwesenheit ein erwachsener Angehöriger desselben gegen die Beschlagnahme ausdrücklichen Widerspruch erhoben hat[3, 4, 6]. Der Betroffene kann jederzeit die richterliche Entscheidung nachsuchen. So lange die öffentliche Klage noch nicht erhoben ist, erfolgt die Entscheidung durch den Amtsrichter, in dessen Bezirk die Beschlagnahme stattgefunden hat.

Ist nach erhobener öffentlicher Klage die Beschlagnahme durch die Staatsanwaltschaft oder einen Polizei- oder Sicherheitsbeamten erfolgt, so ist binnen drei Tagen dem Richter von der Beschlagnahme Anzeige zu machen und sind demselben die in Beschlag genommenen Gegenstände zur Verfügung zu stellen[7].

Beschlagnahmen in militärischen Dienstgebäuden, zu welchen auch Kriegsfahrzeuge gehören, erfolgen durch Ersuchen der Militärbehörde, und auf Verlangen der Civilbehörde (Richter, Staatsanwaltschaft) unter deren Mitwirkung. Des Ersuchens der Militärbehörde bedarf es jedoch nicht, wenn die Beschlagnahme in Räumen vorzunehmen ist, welche in militärischen Dienstgebäuden ausschließlich von Civilpersonen bewohnt werden.

1. Eine solche Gefahr wird stets anzunehmen sein, wenn zu besorgen ist, daß das Unterbleiben der Beschlagnahme eine Verdunkelung der Spuren einer strafbaren Handlung, oder den Verlust eines Beweismittels, oder eine Beiseitschaffung von Einziehungsgegenständen zur Folge haben könnte.

2. Der Entwurf sagte allgemein, ohne nähere Bezeichnung „Polizei- und Sicherheitsbeamte" (§ 89). Zur Motivirung des der Aenderung der Fassung zum Grunde liegenden Antrages wurde in der JK. (S. 838 der Prot.) bemerkt, daß solche Polizeibeamte gemeint seien, welche im Sinne des § 153 G. der StAschft. untergeordnet seien, das Recht der Beschlagnahme mithin nicht jedem Polizeibeamten, sondern nur solchen zustehen solle, welche der rechtskundigen Leitung des StA., der für seine Anordnungen und ihre Ausführung verantwortlich sei, Folge leisten müßten.

Welche Beamte als solche gelten sollen, wird zur Vermeidung von Kollisionen die Landesregierung speziell anzuordnen haben, wobei zugleich zu bestimmen sein wird, welche Maßregeln der StAschft. den Polizeibeamten gegenüber im Falle der Pflichtvernachlässigung zustehen. Vergl. § 153 G.

3. Ein Beschluß der JK., wonach eine ohne richterliche Anordnung und ohne Zustimmung des davon Betroffenen erfolgte Beschlagnahme außer Kraft treten solle, wenn die richterliche Genehmigung nicht binnen 3 Tagen beantragt werde, hat nach beendeter zweiter Lesung die aus dem § hervorgehende Modifikation erfahren. Prot. vom 11. Nov. 1876 S. 10—15.

4. Wenn der Zweck der Fristbestimmung: die Verfügung über den Gegenstand der Beschlagnahme dem davon Betroffenen nicht ohne genügende Veranlassung auf längere Zeit zu entziehen, erreicht werden sollte, so mußte auch dem Amtsrichter eine Frist gestellt werden, binnen welcher er über das Fortbestehen oder die Aufhebung der Beschlagnahme zu entscheiden habe.

5. Die St. hat über den Begriff „Angehörige" eine Definition nicht gegeben. Die Definition des § 52 StGB. für maßgebend zu erachten, verbietet sich sowohl dadurch, daß dieselbe ausdrücklich für das Strafgesetzbuch gegeben ist, als auch dadurch, daß der § 54 St. durch die Hinweisung auf den § 51 St. zu erkennen giebt, daß sie den Begriff „Angehörige" theils weiter als das StGB. (vergl. 51 Nr. 3) theils enger auffaßt, indem sie die Pflegeeltern und Pflegekinder nicht unter den „Angehörigen" aufführt. Bei der Berathung des § in der JK. ist die Frage nicht zur Sprache gekommen.

Bei dieser Sachlage werden die im § 54 St. erwähnten Personen jedenfalls auch für „Angehörige" im Sinne des § 98 St. gelten müssen;

der Beamte dürfte aber auch nicht fehlgreifen, wenn er den Widerspruch von Pflegeeltern und erwachsenen Pflegekindern berücksichtigt.

6. Der Widersprechende wird verlangen dürfen, daß der Beamte über seinen Widerspruch sofort eine Registratur in den Akten niederschreibe.

7. In diesem Falle wird, wenn die Aufhebung der Beschlagnahme erfolgt, die Benachrichtigung des von derselben Betroffenen vom Gericht ausgehen müssen, während im Falle des Abs. 2 dieselbe, da das Gericht mit der Sache selbst noch nicht befaßt ist, dem Beamten, welcher die Beschlagnahme vorgenommen hat, bzhw. der StAschft., welcher darüber von Letzterem Anzeige gemacht ist, anheimfallen wird.

§ 99 St.

Zulässig ist die Beschlagnahme der an den Beschuldigten gerichteten Briefe[1] und Sendungen auf der Post sowie der an ihn gerichteten Telegramme auf den Telegraphenanstalten; desgleichen ist zulässig an den bezeichneten Orten die Beschlagnahme solcher Briefe, Sendungen und Telegramme, in Betreff derer Thatsachen[2] vorliegen, aus welchen zu schließen ist, daß sie von dem Beschuldigten herrühren oder für ihn bestimmt sind und daß ihr Inhalt für die Untersuchung Bedeutung habe.

1. Bei dem Mangel des Beiworts: „verschlossenen" und der Zusammenstellung mit den gleichsfalls nicht näher bezeichneten „Sendungen" dürfte in Erwägung, daß das Reichspostgesetz vom 28. Oktober 1871 im § 1 von „versiegelten, zugenähten oder sonst verschlossenen" Briefen spricht, (RGBl. S. 347) die Vorschrift auch auf unverschlossene Briefe und andere Sendungen zu beziehen sein, wenngleich bei der Berathung des § in der JK. (Prot. S. 846. 847) die Wahrung des Briefgeheimnisses geltend gemacht und bemerkt wurde, daß unverschlossene Briefe, wie Cirkuläre und Postkarten nicht unter dem Schutz des Briefgeheimnisses ständen. Der Entwurf enthielt vor „Sendungen" das Wort „anderen". Weshalb dasselbe hier von der JK. beseitigt, im § 100 Abs. 1 u. 3 dagegen beibehalten ist, lassen die Prot. nicht ersehen.

2. Diese Fassung ist der des Entwurfs: „wenn anzunehmen ist" von der JK. substituirt S. 102. 107 der Prot. Bei der Unbestimmtheit des Begriffs „bestimmte Thatsachen" wird die Aenderung ohne praktische Folgen bleiben. Der gewissenhafte Beamte bedarf ihrer nicht, und der leichtfertige wird die Umstände, welche ihn zu der Beschlagnahme veranlassen, stets für „bestimmte Thatsachen" erachten. Die Vorschrift hat die Fälle im Auge, wo Briefe an den Beschuldigten (oder Verdächtigen) unter der Adresse eines Anderen eingehen.

Ein Antrag, die Beschlagnahme erst nach Erhebung der öffentlichen Anklage eintreten zu lassen, wurde nach Bekämpfung Seitens der Regierungsvertretung zurückgezogen. S. 102. 103. 107 der Prot.

§ 100 St.

Zu der Beschlagnahme (§ 99) ist nur der Richter, bei Gefahr im Verzug und, wenn die Untersuchung nicht blos eine Uebertretung[1] betrifft, auch die Staatsanwaltschaft befugt. Die letztere muß jedoch den ihr ausgelieferten Gegenstand sofort, und zwar Briefe[2] und andere Postsendungen uneröffnet, dem Richter vorlegen.

Die von der Staatsanwaltschaft verfügte Beschlagnahme tritt, auch wenn sie eine Auslieferung noch nicht zur Folge gehabt hat, außer Kraft[3], wenn sie nicht binnen drei Tagen von dem Richter bestätigt wird.

Die Entscheidung über eine von der Staatsanwaltschaft verfügte Beschlagnahme sowie über die Eröffnung eines ausgelieferten Briefes oder einer anderen Postsendung erfolgt durch den zuständigen Richter (§ 98)[4].

1. Nach einem früheren Beschlusse der JK. sollte bei Uebertretungen die Beschlagnahme des § 99 überhaupt unstatthaft sein. Wurde dieser Beschluß, wie in der Sitzung vom 11. Nov. 1876 S. 15 folg. geschehen, aufgehoben, die Nothwendigkeit von derartigen Beschlagnahmen mithin auch in Bezug auf Uebertretungen anerkannt, so fehlt es wohl an einem genügenden Grunde, um selbst bei Gefahr im Verzuge der StAschft. das Recht der Beschlagnahme zu entziehen. Ein solcher ist auch nicht angegeben.

2. Ein Antrag, hinter „Postsendungen" einzuschalten „und Telegramme" wurde von der JK. abgelehnt, nachdem die Regierungsvertretung dagegen geltend gemacht hatte, daß es an einem Grunde zu einem besonderen Schutze für die von der Telegraphenanstalt an den Adressaten abgesandten Telegramme fehle, da das Original doch auf dem Telegraphenamte bleibe. Prot. S. 848.

3. Die dreitägige Frist wird von der Behändigung der die Beschlagnahme anordnenden Verfügung der Staatsanwaltschaft an die Postbehörde, bzhw. Telegraphenanstalt beginnen, und ablaufen, wenn nicht innerhalb derselben die Bestätigungsverfügung des Gerichts bei jenen Behörden eingeht. Die Letzteren dürften mit Rücksicht auf die Kürze der Frist, zur Vermeidung von Vereitelungen der Beschlagnahmen unmittelbar durch das Gericht von der Bestätigung zu benachrichtigen sein.

Während der § 98 St. zu Beschlagnahmen im Allgemeinen auch die Beamten der gerichtlichen Polizei bei Gefahr im Verzuge berechtigt, sind diese bei der hier in Rede stehenden Beschlagnahme unbedingt ausgeschlossen.

4. Von dem Richter wird es auch abhängen, ob er sich der Eröffnung

selbst unterziehen, oder dieselbe der StAschft. überlassen will, da ihm nur die Entscheidung über die Eröffnung, nicht diese selbst übertragen ist.

§ 101 St.

Von den getroffenen Maßregeln (§§ 99. 100)[1] sind die Betheiligten[2] zu benachrichtigen, sobald dies ohne Gefährdung des Untersuchungszweckes geschehen kann[3].

Sendungen[4], deren Eröffnung nicht angeordnet worden, sind den Betheiligten sofort auszuantworten. Dasselbe gilt, soweit nach der Eröffnung die Zurückbehaltung nicht erforderlich ist.

Derjenige Theil eines zurückbehaltenen Briefes, dessen Vorenthaltung nicht durch die Rücksicht auf die Untersuchung geboten erscheint[5], ist dem Empfangsberechtigten abschriftlich mitzutheilen[5].

1. Ein Antrag, die Betheiligten vor der Eröffnung von Briefen oder anderen Postsendungen, sofern der Zweck der Untersuchung nicht gefährdet werde, zur Erklärung aufzufordern, wurde in der JK. abgelehnt.

2. Gleichbedeutend mit „Empfangsberechtigten" im Abs. 3.

3. Hierüber wird, so lange der Beschuldigte nicht außer Anklage gesetzt, oder ein rechtskräftiges Urtheil in der Sache ergangen ist, die StAschft. zu entscheiden haben.

4. Das Wort „Sendungen" umfaßt hier auch „Briefe". Vergl. §§ 99 und 100.

Hinsichtlich der Telegramme wurde die Ausdehnung der Vorschrift des § auf solche in der JK. einerseits befürwortet, andererseits aus dem Grunde bekämpft, weil der Inhalt eines Telegrammes (des der Telegraphenanstalt übergebenen Originals) bei der Beschlagnahme offenkundig sei. Die Aufnahme einer betreffenden Bestimmung in das Gesetz unterblieb in der Erwartung, daß die Praxis die Frage regeln werde. S. 109 der Prot. Vergl. § 100 Note 2.

5. Wohl nur, wenn er für denselben ein Interesse haben kann.

§ 102 St.

Bei demjenigen, welcher als Thäter oder Theilnehmer einer strafbaren Handlung oder als Begünstiger oder Hehler verdächtig ist[1], kann eine Durchsuchung der Wohnung und anderer Räume, sowie seiner Person und der ihm gehörigen[2] Sachen, sowohl zum Zwecke seiner Ergreifung, als auch dann vorgenommen werden, wenn zu vermuthen ist, daß die Durchsuchung zur Auffindung von Beweismitteln führen werde.

1. In der JK. wurden Anträge, welche auf Ausschließung der Durchsuchung bei „Uebertretungen" abzielten, und dieselbe auch bei „Verbrechen" und „Vergehen" nur zulassen wollten, wenn der objektive Thatbestand einer strafbaren Handlung schon gegeben sei und bestimmte Verdachtsgründe gegen die Person vorlägen, die, oder deren Räume durchsucht werden sollten, abgelehnt. Prot. S. 110. 111.

2. Die Vermuthung wird dafür sprechen, daß der alleinige Inhaber der Wohnung auch Eigenthümer der darin befindlichen Sachen sei. Ausgeschlossen von der Durchsuchung werden daher nur solche Sachen sein, im Betreff deren das Eigenthum eines Anderen sofort bescheinigt wird, oder aus den Umständen erhellt.

§ 103 St.

Bei anderen Personen sind Durchsuchungen nur behufs der Ergreifung des Beschuldigten[1] oder behufs der Verfolgung von Spuren einer strafbaren Handlung oder behufs der Beschlagnahme bestimmter Gegenstände[2] und nur dann zulässig, wenn Thatsachen[3] vorliegen, aus denen zu schließen ist, daß die gesuchte Person, Spur oder Sache sich in den zu durchsuchenden Räumen befinde.

Diese Beschränkung findet keine Anwendung auf die Räume, in welchen der Beschuldigte ergriffen worden ist, oder welche er während der Verfolgung betreten hat, oder in welchen eine unter Polizeiaufsicht stehende Person wohnt oder sich aufhält[4].

1. Daß in diesem § das Wort: „Beschuldigter", im § 102 St. dagegen „verdächtig" gebraucht ist, beruht, wie die Mot. zur St. S. 65 ergeben, nicht auf Absichtlichkeit. Vergl. auch § 97 Note 2.

2. Nicht also, wie im § 102 St., zur Auffindung von Beweismitteln, sondern — wie die Mot. zur St. S. 65 bemerken — als Mittel, die Erfüllung der Pflicht zur Herausgabe von Beweismitteln zu erzwingen.

3. Im Entwurf hieß es: „wenn anzunehmen ist". Vergl. Note 2 zu § 99 St.

4. „Sich aufhält" heißt hier nicht „angetroffen wird", vielmehr ist gemeint, daß der Ort — wie es in den Mot. S. 65 heißt — der Person zum Aufenthalte dient. Vergl. § 39 Nr. 3 StGB.

§ 104 St.

Zur Nachtzeit[1] dürfen die Wohnung, die Geschäftsräume und das befriedete Besitzthum[2] nur bei Verfolgung auf frischer That[3] oder bei Gefahr im Verzug oder dann durchsucht werden, wenn es sich um Wiederergreifung eines entwichenen Gefangenen handelt.

Diese Beschränkung findet keine Anwendung auf Wohnungen[4] von Personen, welche unter Polizeiaufsicht stehen, sowie auf Räume, welche zur Nachtzeit Jedermann zugänglich oder welche der Polizei als Herbergen oder Versammlungsorte bestrafter Personen, als Niederlagen von Sachen, welche mittels strafbarer Handlungen erlangt sind, oder als Schlupfwinkel des Glückspiels oder gewerbsmäßiger Unzucht bekannt sind.

Die Nachtzeit umfaßt in dem Zeitraume vom ersten April bis dreißigsten September die Stunden von neun Uhr Abends bis vier Uhr Morgens und in dem Zeitraume vom ersten Oktober bis einunddreißigsten März die Stunden von neun Uhr Abends bis sechs Uhr Morgens.

1. Diese Vorschrift bezieht sich sowohl auf die im § 102 als auf die im § 103 St. bezeichneten Personen.

2. Vergl. § 123 des StGB. Verschluß oder Verschließbarkeit ist nicht erforderlich; es genügt, wenn die Absicht, dies Besitzthum von anderen damit in lokaler Verbindung stehenden zu sondern und es gegen das Betreten durch unberechtigte Menschen und durch Vieh zu schützen, durch Vorkehrungen, wie Zäune, Mauern u. dergl. erkennbar gemacht ist. Also Gärten, umzäunte Baumplantagen und ähnliche Räume.

3. Der bei der Berathung des § in Bezug genommene Art. 31 der Verfassung des Deutschen Reichs vom 16. April 1871 RGBl. S. 63 enthält die Bestimmung, daß ohne Genehmigung des Reichstags kein Mitglied desselben wegen einer mit Strafe bedrohten Handlung zur Untersuchung gezogen oder verhaftet werden darf, außer wenn es bei Ausübung der That oder im Laufe des nächstfolgenden Tages ergriffen wird. Diese singuläre Vorschrift dürfte jedoch zur Auslegung der Worte: „auf frischer That" hier nicht geeignet sein. Prot. der JK. S. 112.

4. Um so viel weniger auf deren sonstige im Abs. 1 bezeichnete Räume.

§ 105 St.

Die Anordnung von Durchsuchungen steht dem Richter, bei Gefahr im Verzug auch der Staatsanwaltschaft und denjenigen Polizei- und Sicherheitsbeamten[1] zu, welche als Hülfsbeamte der Staatsanwaltschaft den Anordnungen derselben Folge zu leisten haben.

Wenn eine Durchsuchung der Wohnung, der Geschäftsräume oder des befriedeten Besitzthums ohne Beisein des Richters oder des Staatsanwalts stattfindet, so sind, wenn dies möglich, ein Gemeindebeamter[2] oder zwei Mitglieder der Gemeinde[3], in deren Bezirk die Durchsuchung erfolgt, zuzuziehen. Die als Gemeindemitglieder zugezogenen Personen dürfen nicht Polizei- oder Sicherheitsbeamte sein.

Die in den vorstehenden Absätzen angeordneten Beschränkungen der Durchsuchung finden keine Anwendung auf die im § 104 Abs. 2 bezeichneten Wohnungen und Räume.

Durchsuchungen in militärischen Dienstgebäuden erfolgen durch Ersuchen der Militärbehörde, und auf Verlangen der Civilbehörde (Richter, Staatsanwaltschaft) unter deren Mitwirkung. Des Ersuchens der Militärbehörde bedarf es jedoch nicht, wenn die Durchsuchung von Räumen vorzunehmen ist, welche in militärischen Dienstgebäuden ausschließlich von Civilpersonen bewohnt werden.

1. Nach den Worten „die Anordnung steht — denjenigen Polizei- und Sicherheitsbeamten zu" würden diese Beamten auch Andere mit der Ausführung der Durchsuchung beauftragen dürfen. Dies ist wohl nicht gemeint.

2. Bei der Allgemeinheit des Ausdrucks werden darunter auch Unterbeamte, wie Nacht- und Feldwächter, zu verstehen sein.

3. Eine gesetzliche Verpflichtung, der Aufforderung Folge zu leisten, kann sich nur auf Landesgesetze gründen.

§ 106 St.

Der Inhaber der zu durchsuchenden Räume oder Gegenstände darf der Durchsuchung beiwohnen. Ist er abwesend, so ist, wenn dies möglich, sein Vertreter[1] oder ein erwachsener Angehöriger[2], Hausgenosse oder Nachbar zuzuziehen[3].

Dem Inhaber oder der in dessen Abwesenheit zugezogenen Person ist in den Fällen des § 103 Abs. 1 der Zweck der Durchsuchung vor deren Beginn bekannt zu machen. Diese Vorschrift findet keine Anwendung auf die Inhaber der im § 104 Abs. 2 bezeichneten Räume.

1. Die Worte „Vertreter" „vertreten" braucht die St. an solchen Stellen, wo nicht — wie in den §§ 137. 268. 340 — das Beiwort „gesetzlicher" hinzugefügt ist, in verschiedenem Sinne. Vergl. den § 184, wo es für: „Stellvertreter eines Richters" steht, und die §§ 110. 233. 334. 390. 427. 457. 464. 467. Im vorliegenden § wird sowohl der gesetzliche Vertreter als auch ein legitimirter Bevollmächtigter darunter zu verstehen sein.

2. Mit Rücksicht auf den Zweck des Gesetzes und die nachfolgenden Worte wird der Ausdruck „Angehörige" im weiteren Sinne als im § 52 Abs. 2 des StGB. und in den §§ 51. 54 St. aufzufassen sein. Vergl. Note 5 zu § 98 St.

3. Die Vorschrift wird auch auf den Verhafteten Anwendung finden, dem nach dem Prinzip des § 191 Abs. 4 St. ein Recht, zugezogen zu werden, nicht zustehen dürfte.

§ 107 St.

Dem von der Durchsuchung Betroffenen ist nach deren Beendigung auf Verlangen eine schriftliche Mittheilung zu machen, welche den Grund der Durchsuchung (§§ 102. 103) sowie im Falle des § 102 die strafbare Handlung bezeichnen muß. Auch ist demselben auf Verlangen ein Verzeichniß der in Verwahrung oder in Beschlag genommenen Gegenstände, falls aber nichts Verdächtiges gefunden wird, eine Bescheinigung hierüber zu geben.

§ 108 St.

Werden bei Gelegenheit einer Durchsuchung Gegenstände gefunden, welche zwar in keiner Beziehung zu der Untersuchung stehen, aber auf die erfolgte Verübung einer anderen strafbaren Handlung hindeuten*, so sind dieselben einstweilen in Beschlag zu nehmen. Der Staatsanwaltschaft ist hiervon Kenntniß zu geben.

* Wenn also z. B. bei einem wegen Diebstahls bereits Bestraften Sachen gefunden werden, welche die Namenszeichen einer Person tragen, bei der notorisch ein Diebstahl verübt worden ist.

§ 109 St.

Die in Verwahrung oder in Beschlag genommenen Gegenstände sind genau zu verzeichnen und zur Verhütung von Verwechselungen durch amtliche Siegel oder in sonst geeigneter Weise kenntlich zu machen.

§ 110 St.

Eine Durchsicht der Papiere des von der Durchsuchung Betroffenen steht nur dem Richter zu[1].

Andere Beamte sind zur Durchsicht der aufgefundenen Papiere nur dann befugt, wenn der Inhaber[2] derselben die Durchsicht genehmigt[3]. Anderenfalls haben sie die Papiere, deren Durchsicht sie für geboten erachten, in einem Umschlage, welcher in Gegenwart des Inhabers[4] mit dem Amtssiegel zu verschließen ist, an den Richter abzuliefern.

Dem Inhaber der Papiere oder dessen Vertreter ist die Beidrückung seines Siegels gestattet; auch ist er, falls demnächst die Entsiegelung und Durchsicht der Papiere angeordnet wird, wenn dies möglich, aufzufordern, derselben beizuwohnen.

Der Richter hat die zu einer strafbaren Handlung in Beziehung stehenden[5] Papiere der Staatsanwaltschaft mitzutheilen.

1. Die Bestimmung des Entwurfs, wonach die Befugniß auch dem StA. zustehen sollte, hat die JK. in Fortfall gebracht. Prot. S. 120—122. 853 und Prot. v. 11. November 1876.

2. Mit Rücksicht darauf, daß im Abs. 3 auch des Vertreters ausdrücklich Erwähnung geschieht, hier aber nur vom Inhaber der Papiere die Rede ist, würde anzunehmen sein, daß unbedingt eine von Letzterem persönlich ertheilte Genehmigung erforderlich sei. Daß dies nicht beabsichtigt ist, vielmehr eine von dem Vertreter (vergl. § 106 Zeile 3) also dem Vater und Vormund ertheilte Genehmigung ausreicht, folgt aus der allgemeinen Rechtstheorie.

3. Mangelnder Widerspruch wird, zumal der Entwurf die Unzulässigkeit der Durchsicht der Papiere von einem Widerspruche des Inhabers abhängig machte, nicht genügen; die Genehmigung wird vielmehr eine ausdrückliche sein müssen. Vergl. § 98 Abs. 2.

4. Wiewohl auch hier nur vom „Inhaber" die Rede ist, wird die Vorschrift auch auf den Fall der Abwesenheit desselben (§ 106) Anwendung finden müssen. Mittelbar ergiebt sich dies auch aus der Erwähnung des „Vertreters" im Abs. 3 Zeile 1. Hier scheint der Ausdruck „Vertreter" sämmtliche im § 106 genannte Personen (Vertreter, erwachsene Angehörige u. s. w.) umfassen zu sollen, da es nicht beabsichtigt sein kann, die Beidrückung des Siegels nur dem Vertreter im juristischen Sinne und nicht auch den bei der Durchsuchung in Abwesenheit des Inhabers zugezogenen Angehörigen zu gestatten. Dafür spricht auch der in den Mot. § 67 angegebene Zweck der Vorschrift: daß der Inhaber der Papiere gegen das unbefugte Einsehen der letzteren, sowie gegen etwaige Veränderungen an denselben und die Möglichkeit von Unterschiebungen habe sicher gestellt werden sollen. Die Prot. der JK. bieten zur Lösung dieser Zweifel keinen Anhalt dar. S. 121 folg. und 853.

Umfaßt hier der Ausdruck „Vertreter" auch die „Angehörigen", so werden diese, so wenig wie im Falle des § 106 einer Vollmacht hier bedürfen. Vergl. § 322, sowie auch die §§ 233. 390. 427. 451. 457, in denen des Erfordernisses einer Vollmacht Erwähnung geschieht.

5. Nach dieser Wortfassung würde der Richter die Mittheilung von seinem eigenen Urtheil über den möglichen Einfluß des Inhalts der Schriften auf eine Untersuchung abhängig machen dürfen. Dies würde aber nicht nur gegen das Prinzip des Anklageprozesses verstoßen, nach welchem das vorhandene Material vor erhobener Anklage der Prüfung der StAschft. unterliegt, sondern auch zweckwidrig sein, da der Richter, der die dem StA. vorliegenden Verdachtsgründe nicht kennt, die Beziehbarkeit des Inhalts der Schriften auf diese nicht zu beurtheilen vermag.

§ 111 St.

Gegenstände, welche durch die strafbare Handlung dem Verletzten entzogen wurden, sind, falls nicht Ansprüche* Dritter entgegenstehen, nach Beendigung der Untersuchung und geeignetenfalls schon vorher von Amtswegen dem Verletzten zurückzugeben, ohne daß es eines Urtheils hierüber bedarf.

Dem Betheiligten bleibt die Geltendmachung seiner Rechte im Civilverfahren vorbehalten.

* Im § 70 St. steht das Wort „Anspruch" für „Recht", während hier schon solche erhobene Ansprüche zu berücksichtigen sein werden, welche nicht offenbar hinfällig erscheinen.

Verhaftung und vorläufige Festnahme.

§ 112 St.

Der Angeschuldigte[1] darf nur dann in Untersuchungshaft genommen werden, wenn dringende[2] Verdachtsgründe gegen ihn vorhanden sind und entweder er der Flucht verdächtig ist oder Thatsachen vorliegen, aus denen zu schließen ist, daß er Spuren der That vernichten oder daß er Zeugen oder Mitschuldige zu einer falschen Aussage oder Zeugen dazu verleiten werde, sich der Zeugnißpflicht zu entziehen. Diese Thatsachen[3] sind aktenkundig zu machen.

Der Verdacht der Flucht bedarf keiner weiteren Begründung:

1. wenn ein Verbrechen den Gegenstand der Untersuchung bildet;
2. wenn der Angeschuldigte ein Heimathloser oder Landstreicher oder nicht im Stande ist[4], sich über seine Person auszuweisen;
3. wenn der Angeschuldigte ein Ausländer ist und gegründeter Zweifel besteht, daß er sich auf Ladung vor Gericht stellen und dem Urtheile Folge leisten werde.

1. Der Beschuldigte, gegen den die öffentliche Klage erhoben ist. Vergl. § 125 St.

2. Der Entwurf sagte „hinreichende". Die Ausdrücke „dringend" und „hinreichend" bilden aber weder Gegensätze noch stehen sie begrifflich zu einander in dem Verhältniß des Mehreren zum Minderen. Dem gewissenhaften Richter ist der Verdacht, um darauf eine Verhaftung zu gründen nur „hinreichend", wenn er „dringend" ist, und gegen das Verfahren eines minder pflichttreuen bildet das Wort „dringend" bei der Unbestimmtheit und Dehnbarkeit des Begriffs keinen Schutz. Auf die Praxis wird daher die Wahl des Wortes „dringend" anstatt „hinreichend" einen Einfluß nicht äußern. Dasselbe gilt von der Substituirung der Worte: „wenn Thatsachen vorliegen" an Stelle der im Entwurf enthaltenen: „wenn anzunehmen ist".

3. Die Worte: „diese Thatsachen" können sowohl nach der Konstruktion, als nach der Geschichte der Entstehung des § in seiner jetzigen Fassung (Prot. der JK. S. 127) nur auf die in der 4.—6. Zeile bezeichneten Thatsachen bezogen werden. Daraus würde zu schließen sein, daß das Akten-

kundigmachen hinsichtlich der „dringenden Verdachtsgründe", ferner der Umstände, welche den Angeschuldigten der Flucht verdächtig machen, sowie derjenigen, deren im Abs. 2 Nr. 2 u. 3 Erwähnung geschieht, fortfalle. Es wird sich jedoch, Mangels eines genügenden Grundes zu einer derartigen Unterscheidung zwischen jenen Thatsachen und diesen Umständen empfehlen, auch in Betreff der letzteren geeignete Vermerke in den Akten niederzuschreiben.

4. Die Fassung: „über seine Person nicht ausweist" möchte vorzuziehen gewesen sein. Denn ein Verhaftungsgrund liegt auch dann vor, wenn der Angeschuldigte zwar sehr wohl im Stande ist, sich über seine Person auszuweisen, es aber seinem Interesse entsprechend findet, mit den Angaben darüber zurückzuhalten.

§ 113 St.

Ist die That nur mit Haft oder mit Geldstrafe bedroht, so darf die Untersuchungshaft nur wegen Verdachts der Flucht und nur dann verhängt werden, wenn der Angeschuldigte zu den im § 112 Nr. 2 oder 3 bezeichneten Personen gehört, oder wenn derselbe unter Polizeiaufsicht steht, oder wenn es sich um eine Uebertretung handelt, wegen deren die Ueberweisung an die Landespolizeibehörde[1] erkannt werden kann[2].

1. StGB. § 362.

2. In Betreff der Verhaftung des Angeklagten wegen Ausbleibens in der Hauptverhandlung vergl. die §§ 229 u. 235 St.

§ 114 St.

Die Verhaftung erfolgt auf Grund eines schriftlichen Haftbefehls des Richters[1].

In dem Haftbefehl ist der Angeschuldigte genau[2] zu bezeichnen und die ihm zur Last gelegte strafbare Handlung sowie der Grund der Verhaftung anzugeben.

Dem Angeschuldigten ist der Haftbefehl bei der Verhaftung und, wenn dies nicht thunlich ist, spätestens am Tage nach seiner Einlieferung in das Gefängniß, nach Vorschrift des § 35 bekannt zu machen und zu eröffnen[3], daß ihm das Rechtsmittel der Beschwerde zustehe.

1. Vergl. 124 St.

2. Wird im 3. Falle des § 112 No. 2 nicht ausführbar sein. Im § 131 Abs. 3 St. heißt es: „so weit dies möglich".

3. Die Schlußworte: „und zu eröffnen" u. s. w. sind von der JK. — gegen das Prinzip der St. und gegen den Widerspruch der Regierungs-

vertretung — hinzugefügt worden. S. 142. 147 der Prot. Es wurde geltend gemacht, daß die Verhaftung und die Aufrechthaltung der Haft vom Untersuchungsrichter allein, nicht von einem Kollegium beschlossen werde. S. 857.

Ein Antrag, daß der Haftbefehl erst solle erlassen werden dürfen, nachdem der Angeschuldigte über den Gegenstand der Anschuldigung vernommen worden, wurde abgelehnt. Prot. S. 142. 147.

§ 115 St.

Der Verhaftete muß spätestens am Tage[1] nach seiner Einlieferung in das Gefängniß durch einen Richter über den Gegenstand der Beschuldigung gehört[2] werden.

1. In Betreff der Sonn- und Feiertage vergl. § 43 St. Note 4.
2. Der Entwurf enthielt das Wort: „vernommen". Der betreffende Abänderungsantrag ist durch Gründe in der JK. nicht unterstützt worden. S. 144 bis 147 der Prot. Vergl. die §§ 133. 135. 136 St.

§ 116 St.

Der Verhaftete soll, soweit möglich, von Anderen gesondert und nicht in demselben Raume mit Strafgefangenen verwahrt werden[1]. Mit seiner Zustimmung kann von dieser Vorschrift abgesehen werden.

Dem Verhafteten dürfen nur solche Beschränkungen auferlegt werden, welche zur Sicherung des Zweckes der Haft oder zur Aufrechthaltung der Ordnung im Gefängnisse[2] nothwendig sind.

Bequemlichkeiten und Beschäftigungen, die dem Stande und den Vermögensverhältnissen des Verhafteten entsprechen, darf er sich auf seine Kosten verschaffen, soweit sie mit dem Zwecke der Haft vereinbar sind und weder die Ordnung im Gefängnisse stören, noch die Sicherheit gefährden.

Fesseln dürfen im Gefängnisse dem Verhafteten nur dann angelegt werden, wenn es wegen besonderer Gefährlichkeit seiner Person, namentlich zur Sicherung Anderer erforderlich erscheint, oder wenn er einen Selbstentleibungs- oder Entweichungsversuch gemacht oder vorbereitet hat. Bei der Hauptverhandlung soll er ungefesselt sein.

Die nach Maßgabe vorstehender Bestimmungen erforderlichen Verfügungen hat der Richter[3] zu treffen. Die in dringenden Fällen von anderen Beamten getroffenen Anordnungen unterliegen der Genehmigung des Richters.

1. In Erwägung der völlig allgemeinen Fassung der Vorschrift darf auch ein vielfach wegen gemeiner Verbrechen mit Zuchthaus bestrafter, den niedrigsten Ständen angehörender Untersuchungsgefangener, so lange die Räumlichkeiten der Gefangenenanstalt zu seiner Isolirung ausreichen, ohne seine Zustimmung nicht mit einem Strafgefangenen, gleichviel von welcher Persönlichkeit dieser sei und wegen welcher Gesetzverletzung er Strafe erleide, in demselben Raume verwahrt werden. Dagegen gestattet der § dem Vorstande der Gefangenenanstalt, ohne dem Richter ein Widerspruchsrecht einzuräumen, einen den höheren Ständen angehörenden und wegen eines seine Ehre nicht gefährdenden Vergehens verhafteten Untersuchungsgefangenen mit einem gemeinen Verbrecher in einer Zelle zu vereinigen, so lange Letzterer sich nur noch in Untersuchungshaft befindet. Erst wenn gegen denselben ein Strafurtheil ergangen ist, kann Ersterer seine Trennung von demselben verlangen.

2. In dem Entwurf, welcher nur den ersten Satz enthielt, hieß es, anstatt „Ordnung im Gefängniß": „Gefängnißordnung". Für die Abänderung wurde in der IK. geltend gemacht: eine Gefängnißordnung, als zwingende Norm nicht blos für die Detinirten, sondern auch für die Gefängnißbeamten gehöre in eine Strafgefangenanstalt. Welche Beschränkungen einem Untersuchungsgefangenen nach der individuellen Natur des Falles aufzulegen seien, habe der Untersuchungsrichter zu befinden. Prot. S. 858 und Prot. vom 11. November 1876 S. 19 folg. Die in den von der IK. hinzugefügten folgenden Sätzen enthaltenen Bestimmungen werden — nach ihrem Wortsinne ausgeführt — unausbleiblich mit den wesentlichsten Nachtheilen für die Gefängnißdisziplin verknüpft sein, und fortdauernd Kollisionen zwischen der Gefängnißdirektion und dem Richter (letzter Absatz) zur Folge haben — wie dies auch von der Regierungsvertretung, erfolglos, in ein klares Licht gestellt wurde. S. 150 der Prot.

Bei der unbestimmten Fassung des Abs. 3 und dem, dem Untersuchungsgefangenen ein Recht auf die dort erwähnten Bequemlichkeiten und Annehmlichkeiten gewährenden Ausdruck „darf er" wird dem Handwerker die Beschäftigung mit Arbeiten seines Gewerbes, dem Musiker die Ausübung seiner Kunst, nicht verwehrt werden dürfen, und der diesem Verlangen entsprechende Untersuchungsrichter würde dem widersprechenden Gefängnißdirektor gegenüber geltend machen können, daß, so wenig wie die Ordnung in einem Privathause durch das mit gewerblichen Geschäften verbundene Geräusch und durch Musiziren gefährdet werde, dies in Bezug auf die Ordnung im Gefängniß anzuerkennen sei.

3. Daß sich diese — bedenkliche — Bestimmung auf sämmtliche in dem § enthaltene Vorschriften beziehen soll, ergiebt sich, außer seiner Stellung als besonderer Satz, auch daraus, daß in dem auf denselben bezüglichen Antrage verlangt ist, ihn am Schlusse des § — nicht des 4. Absatzes —

hinzuzufügen. S. 148 der Prot. der JK. und RT.-Sitzung vom 29. November 1876. Stenogr. Ber. S. 471.

§ 117 St.

Ein Angeschuldigter, dessen Verhaftung lediglich wegen des Verdachts der Flucht angeordnet ist, kann gegen Sicherheitsleistung mit der Untersuchungshaft verschont[1] werden.

1. Er wird, auch wenn die angeordnete Verhaftung bereits ausgeführt ist, für die Dauer der Untersuchung oder zeitweise entlassen werden dürfen. Vergl. die §§ 119. 120 St. In Bezug auf den letzteren § erwähnen die Mot. S. 74 ausdrücklich der „anderweiten Verhaftung".

2. Bei der Berathung des § in der JK. herrschte Einverständniß darüber, daß mit Rücksicht auf die §§ 121. 122 die Sicherheit nicht nur für die Gestellung des Angeschuldigten bis zur Hauptverhandlung, sondern auch dafür hafte, daß sich derselbe dem Antritt einer erkannten Freiheitsstrafe nicht entziehen werde. Prot. S. 152. 154.

Anträge, auch Angelöbnisse durch Eid oder Handschlag zuzulassen, wurden von der JK. abgelehnt. Prot. S. 152. 155.

§ 118 St.

Die Sicherheitsleistung ist durch Hinterlegung in baarem Gelde oder in Werthpapieren oder durch Pfandbestellung oder mittels Bürgschaft geeigneter[1] Personen zu bewirken.

Die Höhe und die Art[2] der zu leistenden Sicherheit wird von dem Richter[3] nach freiem Ermessen festgesetzt.

1. Die Prüfung, ob „geeignet" wird ebenso bei Werthpapieren und Pfändern eintreten müssen.

2. Nach den Worten der Vorschrift würde der Richter auch darüber absolut zu bestimmen haben, ob die Sicherheit durch baares Geld, oder ob sie durch Werthpapiere u. s. w. zu leisten sei. Gemeint kann aber nur sein, daß er unter mehreren angebotenen Arten von Sicherheitsleistung die Wahl zu treffen hat.

3. Das Wort „Richter" ist von der JK. dem im Entwurfe gewählten Ausdruck „Gericht" substituirt. Bei der Berathung war man darüber einverstanden, daß mit Rücksicht auf § 124 St. der Untersuchungsrichter auch über die Höhe der Sicherheit müsse entscheiden dürfen. Prot. S. 156.

§ 119 St.

Der Angeschuldigte, welcher seine Freilassung gegen Sicherheitsleistung beantragt[1], ist, wenn er nicht im Deutschen Reich wohnt[2], verpflichtet, eine im Bezirk des zuständigen

Gerichts wohnhafte Person zur Empfangnahme von Zustellungen zu bevollmächtigen.

1. Die Verpflichtung zur Vollmachtsertheilung tritt wohl erst ein, wenn dem Antrage stattgegeben ist.

2. Das vom „wohnen" Gesagte dürfte mit Rücksicht auf § 8 Abs. 2 St. auch auf den „gewöhnlichen Aufenthaltsort" Anwendung finden.

§ 120 St.

Der Sicherheitsleistung ungeachtet ist der Angeschuldigte zur Haft zu bringen[1], wenn er Anstalten zur Flucht trifft, wenn er auf ergangene Ladung ohne genügende Entschuldigung ausbleibt[2], oder wenn neu hervorgetretene Umstände[3] seine Verhaftung erforderlich machen[4].

1. Bzhw. „zurückzubringen" vergl. Note 1 zu § 117 St.

2. Darüber, ob in der Handlungsweise des Angeschuldigten unter den vorwaltenden Umständen „Anstalten zur Flucht" zu erkennen seien und ob die Entschuldigung für eine „genügende" gelten könne, wird sowohl die StAschft. als auch der Angeschuldigte zu hören sein.

3. Vergl. § 112 Abs. 1.

4. Die die Belehrung betreffende Schlußbestimmung des § 114 Abs. 3 wird, in Erwägung, daß so singuläre Vorschriften ausdehnender Interpretation nicht unterliegen, hier keine Anwendung erleiden.

§ 121 St.

Eine noch nicht verfallene Sicherheit wird frei[1], wenn der Angeschuldigte zur Haft gebracht, oder wenn der Haftbefehl aufgehoben[2] worden ist, oder wenn der Antritt[3] der erkannten Freiheitsstrafe erfolgt.

Diejenigen, welche für den Angeschuldigten Sicherheit geleistet haben[4], können ihre Befreiung dadurch herbeiführen[5], daß sie entweder binnen einer vom Gerichte[6] zu bestimmenden Frist die Gestellung des Angeschuldigten bewirken, oder von den Thatsachen, welche den Verdacht einer vom Angeschuldigten beabsichtigten Flucht begründen, rechtzeitig dergestalt Anzeige machen, daß die Verhaftung bewirkt werden kann[7].

1. Nach den Worten „wird frei", und da ein Verfahren und eine Entscheidung im § 122 Abs. 2 nur in Bezug auf das Verfallen der Sicherheit zu Gunsten der Staatskasse, nicht auch hinsichtlich des Freiwerdens derselben angeordnet ist, muß angenommen werden, daß das Freiwer-

den der Sicherheit in den im Abs. 3 angeführten 3 Fällen von selbst, ipso jure, eintritt, das Rechtsverhältniß, welches durch die vom Angeschuldigten oder an dessen Stelle durch einen Dritten bewirkte Hinterlegung (§ 118 St.) oder durch eine Pfandbestellung oder Bürgschaft erzeugt ist, mithin durch den Eintritt eines der drei bezeichneten Ereignisse ohne Weiteres gelöst wird, und demzufolge die hinterlegten oder als Pfand deponirten Gelder und Werthpapiere den Berechtigten auf ihr Verlangen sofort zurückgegeben werden müssen, anderenfalls ihnen ein Regreßanspruch wegen eingebüßter Zinsen und dergl. zustehen würde.

Diese Anordnung ist jedoch im Hinblick auf den Fall bedenklich, wenn der Angeschuldigte, welcher auf Grund des § 120, weil er, „Anstalten zur Flucht" getroffen, verhaftet worden, gegen diese Anordnung Beschwerde einlegt, und das Beschwerdegericht, weil die Verhaftung ungerechtfertigt gewesen, seine Freilassung anordnet. Denn, wird selbst davon ausgegangen, daß in einem solchen Falle seine Entlassung aus dem Gefängniß, weil die für seine Befreiung von der Haft (§§ 117. 118 St.) geleistet gewesene Sicherheit inzwischen frei gegeben worden, davon abhängig gemacht werden dürfe, daß die Sicherheitsleistung erneuert werde, so wird doch der Angeschuldigte durch die auf Grund des Abs. 1 erfolgte Zurückgabe der Sicherheitsobjekte an den dritten Pfandbesteller und seine dadurch verhinderte Freilassung in seinen Rechten in dem Falle schwer gekränkt, wenn jener Dritte die durch Pfand bestellte Sicherheit auf Grund einer gegen den Angeschuldigten übernommenen Vertragsverpflichtung geleistet hat, nach dem Rückempfange der Pfandgegenstände sich aber weigert, die Sicherheit von Neuem zu leisten.

Es dürfte sich deshalb empfehlen, die Interessenten über das bezüglich der erfolgten Sicherheitsleistung zwischen ihnen bestehende Rechtsverhältniß zu geeigneter Zeit zu hören, um ihre Erklärungen bei der Prüfung des Antrages auf Freigebung derselben berücksichtigen zu können.

2. Hieraus, in Verbindung mit dem § 123 St. geht hervor, daß der erlassene Haftbefehl, auch wenn der Angeschuldigte nach § 117 folg. in Folge der Sicherheitsleistung mit der Haft verschont bleibt, nicht aufgehoben wird, vielmehr bei Kräften bleibt, es mithin im Falle des § 120 St. nicht einer Erneuerung desselben, vielmehr nur seiner — suspendirt gewesenen — Ausführung bedarf.

3. Hinsichtlich des späteren Entweichens vergl. die Note 2 zu § 122 St.

4. Die Worte „Diejenigen, welche für den Angeschuldigten" u. s. w. sind von der JK. an Stelle der im Entwurf enthaltenen „Pfandbesteller und Bürgen" gewählt, um den Fall mit zu umfassen, wenn eine dritte Person die Kautionssumme in Geld oder Werthpapieren (ohne Pfandbestellung oder Bürgschaftsleistung) hintergelegt habe. § 118 St. Prot. S. 156. 860.

5. Inhalts der Mot. S. 75 ist hier vorausgesetzt, daß der Bürge sich durch die Verhaftung des Angeschuldigten von der Bürgschaft zu befreien beabsichtigt, und das Gericht ihm eine Frist bestimmt, binnen welcher er demselben die Mittel und Wege zur Habhaftwerdung des Angeschuldigten anzugeben habe.

Nicht völlig im Einklange hiermit erklärte die Regierungsvertretung in der JK. bei der Berathung des Abs. 2, derselbe beziehe sich auf den Fall, wo der Beschuldigte bereits aufgefordert sei, sich wieder einzufinden, diese Aufforderung aber nicht beachtet habe, und dem Kaventen, ungeachtet des schon eingetretenen Verfalls der Sicherheit, aus Rücksicht noch eine Frist, innerhalb deren er die Sistirung des Angeschuldigten selbst bewirken könne, gesetzt worden sei. Prot. S. 157.

6. Da nach den §§ 114. 118. 124 St. auch der Untersuchungsrichter zur Erlassung des Haftbefehls und dessen Aufhebung, sowie zu den die Sicherheitsleistung betreffenden Verfügungen berechtigt ist, wird davon auszugehen sein, daß das Wort „Gericht" hier den Untersuchungsrichter nicht hat ausschließen sollen. Auch enthalten die Verhandlungen der JK. nichts auf eine entgegengesetzte Absicht hindeutendes. Doch hat die Redaktionskommission der JK. S. 1121 der Prot. erklärt: sie sei bestrebt gewesen, streng zwischen „Richter" und „Gericht" zu unterscheiden und habe überall, wo ein einzelner Richter nicht handeln solle — abgesehen von dem Falle, wo der Amtsrichter das Gericht bilde — den Ausdruck „Gericht" gebraucht.

7. Die Worte: „oder von den Thatsachen, welche" u. s. w. sind dem Entwurf von der JK. hinzugefügt. Sie bezwecken nach der Erklärung des Antragstellers, daß die Befreiung einer dritten Person von den Folgen der von ihr für den Angeschuldigten geleisteten Sicherheit auch dann eintrete, wenn sie dem Gericht (Richter) noch rechtzeitig mitgetheilt habe, daß der Angeschuldigte fliehen wolle, das Gericht aber aus Nachlässigkeit oder Versehen es unterlassen habe, den Beschuldigten zu verhaften. Prot. S. 157. Dieser Sinn des Satzes wird durch das Wort „kann" verdunkelt. Er würde durch die Fassung: „haben Anspruch auf Freigebung der Sicherheit, wenn sie von Thatsachen — Anzeige gemacht haben, daß die Verhaftung des Angeschuldigten hätte bewirkt werden können" — deutlicher hervorgetreten sein.

Von jenem Sinne des Satzes ausgegangen, dürfte eine Bestimmung vermißt werden, wer darüber zu entscheiden habe, ob dem Gericht, bzhw. Richter, die in der Vorschrift vorausgesetzte Nach- oder Fahrlässigkeit zur Last falle, ob also die Mittheilungen des Kaventen an sich geeignet gewesen seien, um berücksichtigt zu werden, und ob dieselben so zeitig vor der Flucht des Angeschuldigten stattgefunden haben, daß der letzteren nach dem geordneten gerichtlichen Geschäftsgange noch hätte vorgebeugt werden können.

Daß diese Entscheidung nicht jenem Gericht oder Richter, welche sich durch Vernachlässigung ihrer Dienstpflichten verantwortlich gemacht haben sollen, anheimfallen kann, folgt aus dem allgemeinen Rechtsgrundsatze: Nemo judex in re propria. Es kann nicht beabsichtigt sein, daß der Amtsrichter — als Vertreter des Amtsgerichts außerhalb der Schöffengerichtssitzungen — zur Motivirung eines den Antrag auf Freigebung der Sicherheit zurückweisenden Bescheides solle ausführen dürfen, daß ihm ein solches Maß von „Nachlässigkeit oder Versehen" wie der in Rede stehende Satz des Abs. 2 (nach der erwähnten Aeußerung in der JK.) voraussetze, nicht beizumessen, auch der Kausalnexus zwischen seiner Verschuldung und der unterbliebenen Verhinderung der Flucht des Angeschuldigten nicht genügend festgestellt sei.

Es darf auch die Entscheidung darüber, ob der auf eine Verschuldung der Richter gegründete Anspruch des Kaventen auf Freigebung der von ihm für den Angeschuldigten geleisteten Sicherheit begründet sei, nicht etwa einem anderen Gerichte oder Richter von der vorgesetzten Behörde übertragen werden. Denn es kann wohl eine Untersuchung, bei welcher die Mitglieder von der Mitwirkung durch das Gesetz, oder in Folge Ablehnung ausgeschlossen sind, einem anderen Gerichte überwiesen werden, nicht aber gestatten die Gesetze, eine einzelne im Laufe einer Untersuchung zur Entscheidung kommende Frage aus derselben auszuscheiden, und sie an ein anderes Gericht oder andere Richter zu verweisen.

Schon aus diesen Gründen dürfen die allgemeinen Bestimmungen des § 122 St. — der § 124 berührt die hier vorliegende Frage nicht — auf den im Schlußsatze des Abs. 2 des § 121 vorgesehenen völlig singulären Fall nicht bezogen werden.

Die Anwendbarkeit jenes § 122 ist aber auch nach seinen Eingangsworten dadurch bedingt, daß die Sicherheit noch nicht frei geworden sei, d. h. daß die Umstände, an welche der § 121 das Freiwerden derselben knüpft, noch nicht eingetreten seien. Daß auch hierüber im Wege der bloßen Dekretur zu entscheiden sei, sagt der Abs. 2 des § 122 nicht, vielmehr darf derselbe in Erwägung der Verbindung, in welcher er mit dem Abs. 1 steht, lediglich auf die Frage bezogen werden: ob anzunehmen sei, daß sich der Angeschuldigte der Untersuchung oder Strafe im Sinne des § entzogen habe, eine Frage, deren Beantwortung im einzelnen Falle um so zweifelhafter sein kann, als das Gesetz sich nicht darüber ausspricht, ob unter dem „der Untersuchung sich entziehen" nur eine die Verhaftung unmöglich machende Flucht des Angeschuldigten, oder auch eine Nichtbeachtung der an ihn ergehenden Ladungen und eine durch ihn verschuldete Erschwerung der Ermittelung seines jeweiligen Aufenthaltsorts zu verstehen sei.

Zu dieser Auslegung des § 122 St. wird man aber selbst bei Anerkennung der Zweifel, zu denen die Fassung desselben Anlaß giebt, gelangen müssen, da er von der Regel, daß Rechtsstreitigkeiten über Ansprüche aus Verpfändungen, Kautions-Bestellungen und Bürgschaften im geordneten Rechtswege zu entscheiden seien, eine — höchst bedenkliche — Ausnahme statuirt, mithin um so weniger über seinen nächsten Wortsinn hinaus ausdehnend ausgelegt werden darf, als es sich bei derartigen Sicherheitsleistungen in der Regel um solche Summen handelt, für die im Prozeß die höchsten Instanzen eröffnet sind.

Entscheidend dürfte aber sein, daß die Frage: „ob die Rechte, welche die Staatskasse aus der von einem Dritten behufs Befreiung des Angeschuldigten von der Haft geleisteten Sicherheit erworben hat, in Folge einer Nachlässigkeit oder eines Versehens eines Richters erloschen sind", für die Untersuchung und mittelbar die Strafrechtspflege, ohne alles Interesse ist, es mithin auch an einem inneren Grunde fehlt, die Entscheidung derselben dem geordneten Rechtswege zu entziehen.

Hiernach wird der Streit über einen auf die zweite Alternative des Abs. 2 des § 121 gegründeten Anspruch nicht durch einen nur mit der Beschwerde anfechtbaren Beschluß in der Untersuchung, sondern im geordneten Instanzenzuge des Civilprozesses zu entscheiden sein.

§ 122 St.

Eine noch nicht frei gewordene Sicherheit verfällt[1] der Staatskasse, wenn der Angeschuldigte sich der Untersuchung oder dem Antritt[2] der erkannten Freiheitsstrafe entzieht.

Vor der Entscheidung[3] sind der Angeschuldigte sowie diejenigen, welche für den Angeschuldigten Sicherheit geleistet haben, zu einer Erklärung aufzufordern. Gegen die Entscheidung steht ihnen nur die sofortige Beschwerde zu. Vor der Entscheidung über die Beschwerde ist den Betheiligten und der Staatsanwaltschaft Gelegenheit zur mündlichen Begründung ihrer Anträge sowie zur Erörterung über stattgehabte Ermittelungen zu geben.

Die den Verfall aussprechende Entscheidung hat gegen diejenigen, welche für den Angeschuldigten Sicherheit geleistet haben, die Wirkungen eines von dem Civilrichter erlassenen, für vorläufig vollstreckbar erklärten Endurtheils, und nach Ablauf der Beschwerdefrist die Wirkungen eines rechtskräftigen Civilendurtheils.

1. Da nicht ausgesprochen ist, daß das im Abs. 2 angeordnete Verfahren durch Anträge der StAschft. bedingt sei, wird dasselbe auch von Amtswegen veranlaßt werden können.

2. Der Beginn der Strafvollstreckung begründet mithin das Freiwerden der Sicherheit. Ein späteres Entweichen des Gefangenen hat darauf keinen Einfluß. So sprechen sich auch die Mot. aus S. 75.

3. a. Daß Gegenstand dieser im Wege der Dekretur ergehenden Entscheidung nach der Fassung des § ausschließlich die Frage ist: ob eine Sicherheit der Staatskasse aus dem Grunde verfallen ist, weil sich der Angeschuldigte der Untersuchung oder dem Antritt der Strafe entzogen hat, ist in der Note 7 zu § 121 St. bemerkt.

Das dort Gesagte gilt auch in Bezug auf einen Streit darüber, ob die Pfandbestellung oder Bürgschaftsleistung in formell und materiell rechtsbeständiger Weise stattgefunden hat. Auch hierüber wird im Civilprozeß zu entscheiden sein, zumal auch der Abs. 3 in der 1. Zeile lediglich von der den Verfall aussprechenden Entscheidung spricht.

Unter dem Worte „Entscheidung" in der ersten und dritten Zeile ist diejenige gemeint, welche das Gericht (bzhw. der Amtsrichter in schöffengerichtlichen Untersuchungen nach Maßgabe des § 30 G. ohne Mitwirkung der Schöffen) beschließt, wogegen dasselbe in dem von der IK. dem Entwurfe hinzugefügten 3. Satze des Abs. 2 (Zeile 4) wie aus dem Prot. S. 862 und 1132, sowie aus der Verschiedenheit der Anordnungen, welche in Beziehung auf die im ersten und dritten Satze erwähnten „Entscheidungen" getroffen sind, unzweideutig hervorgeht, die in der Beschwerdeinstanz ergehende Entscheidung bezeichnet. Hiervon ausgegangen, werden durch die Bestimmungen des 1. und des 3. Satzes des Abs. 2 manchfache Bedenken und Zweifel hervorgerufen.

Zunächst soll nach dem 3. Satze die StAschft. in der Beschwerdeinstanz fungiren. An sich ist dieselbe bei dem lediglich vermögensrechtliche Interessen betreffenden Streite zwischen der Vertretung der Staatskasse, welche die Sicherheit nach Abs. 1 für verfallen erachtet und demjenigen, welcher die Sicherheit geleistet hat, bzhw. dem Angeschuldigten, für welchen sie von einem Dritten geleistet ist, ohne Interesse; er hat ausschließlich einen die Untersuchung und deren Zwecke nicht berührenden Incidenzpunkt zum Gegenstande. Es wird deshalb davon auszugehen sein, daß das Gesetz der StAschft. die Wahrnehmung der Rechte der Staatskasse habe übertragen wollen.

b. Dies vorausgesetzt, tritt aber die Frage entgegen, weshalb die Mitwirkung der StAschft. in erster Instanz, wo doch nach Satz 1 Abs. 2 der Angeschuldigte und die dritten Sicherheitsleister auch zur Erklärung aufgefordert werden sollen, bei ihrem Widerspruche gegen den Verfall der Sicherheit mithin das Interesse der Staatskasse in mindestens gleichem Maße wie in der Beschwerdeinstanz sich geltend macht, entbehrlich sein soll.

c. Eine ähnliche Frage wird in Bezug auf die Vorschrift aufgeworfen werden, nach welcher den Betheiligten in der Beschwerde-Instanz „Gelegenheit zur mündlichen Begründung ihrer Anträge und zur Erörterung über stattgehabte Ermittelungen" gegeben werden soll, während sie vor der Entscheidung desjenigen Gerichts, bei welchem die Sicherheit geleistet ist, nach Satz 1 Abs. 2 nur zu einer „Erklärung" aufgefordert werden, von dem Ergebniß „stattgehabter Ermittelung" — wie aus dem Gegensatze, in welchem der 3. Satz zu dem 2. Satze steht, gefolgert werden muß — aber nichts erfahren sollen, obgleich solche Ermittelungen in Folge von „Erklärungen" der Interessenten, welche dem Verfall der Sicherheit, gestützt auf thatsächliche Behauptungen widersprechen, der Regel nach unvermeidlich sein werden.

Hiezu kommt, daß sich der § selbst nicht andeutungsweise darüber ausspricht, in welcher Weise die „Gelegenheit zur mündlichen Begründung" zu geben und wie dabei zu verfahren sei. Auch in der IK. herrschte nur darüber Einverständniß (Prot. S. 1131), daß eine mündliche Verhandlung im Sinne der St. — Hauptverhandlung — nicht gemeint sei; über dies negative Moment hinaus fand eine Vereinbarung nicht statt; wie denn überhaupt die bei der Berathung einzelner Bestimmungen des § 122 geäußerten Ansichten so weit von einander abwichen, daß sich eine Majorität für die eine oder andere nicht erkennbar macht. Prot. S. 157. 158. 861—863. 1130—1132.

Die zunächst entgegentretende Frage, bei welchem Gericht — ob bei dem zuständigen (§ 124 St.) oder bei dem Beschwerdegericht — die „mündliche Begründung" stattzufinden habe, dürfte für die letztere Alternative zu entscheiden sein, da die beantragten oder von Amtswegen für erforderlich erachteten „Ermittelungen" nothwendig vom Beschwerdegericht angeordnet werden müssen, mithin bei demselben auch die darauf bezüglichen Erklärungen und Anträge nach den allgemeinen Normen des Geschäftsganges, Mangels einer von diesem abweichenden besonderen Vorschrift, anzubringen sind.

Hievon ausgegangen, wird unter „StAschft." die des Beschwerdegerichts zu verstehen und den Interessenten zu überlassen sein, sich der „mündlichen Begründung" persönlich zu unterziehen oder — da es sich um einen vermögensrechtlichen Streit handelt — sich bei dem Beschwerdegericht durch einen gesetzlich zulässigen Bevollmächtigten vertreten zu lassen.

Allerdings könnte gegen die Annahme, daß die „mündliche Begründung" bei dem Beschwerdegericht stattzufinden habe, geltend gemacht werden, daß das Gesetz unter dieser Voraussetzung eine Bestimmung hätte treffen müssen, in welcher Weise dem „Angeschuldigten", falls er wieder zur Haft gebracht worden, die „Gelegenheit zur mündlichen Begründung" seiner Beschwerde bei dem Beschwerdegericht gegeben werden solle. Doch erscheint dies Bedenken nicht gewichtig genug, um anzunehmen, daß das Verfahren bei demselben Gerichte stattfinden solle, gegen dessen Beschluß die Beschwerde gerichtet ist.

Ist der Angeschuldigte entflohen und sein Aufenthalt unbekannt, wie dies in der Regel der Fall sein wird (Abs. 1), so dürfte der § 330 St. analog zur Anwendung zu bringen, auch seine Vertretung durch einen Bevollmächtigten zulässig sein.

Um den Interessenten die angeordnete „Gelegenheit zur mündlichen Begründung ihrer Anträge" u. s. w. zu geben, scheint der einzige praktische Weg, auf dem sich zugleich die beabsichtigte „Erörterung über stattgehabte Ermittelungen" ermöglichen läßt, die Anberaumung eines Termins zu sein, in welchem allerdings nicht nach Art der Hauptverhandlung (§§ 225 folg. St.), sondern nach Analogie der mündlichen Verhandlung im Civilprozeß mit den Interessenten zu verhandeln, event. Beweis zu beschließen und zu erheben sein wird, und der sich von dem Verfahren in dem Civilprozeß nur darin unterscheidet, daß in diesem durch ein Urtheil, dort durch einen nicht weiter anfechtbaren Beschluß entschieden wird.

d. Auch der 3. Abs. giebt zu Zweifeln Anlaß. Er faßt ausschließlich den Fall in's Auge, wenn die Entscheidung — hier ist, wie die folgenden Worte ergeben, wieder nur die erste gemeint — den Verfall der Sicherheit ausspricht, sagt aber nichts über die Wirkungen einer Entscheidung, welche dahin geht, daß die Sicherheit der im Abs. 1 als Berechtigte anerkannten Staatskasse nicht verfallen sei.

Es ließe sich dies auf zwei einander ausschließende Gründe zurückführen.

Erstens könnte angenommen werden, es solle eine Vertretung der Staatskasse behufs Wahrnehmung ihres Interesse überhaupt nicht stattfinden, und demzufolge eine dem Sicherheitsbesteller günstige Entscheidung, in welcher der Richter ausführe, daß der Angeschuldigte sich der Untersuchung oder dem Strafantritt nicht entzogen habe, auch für die Staatskasse, ohne sie vorher zu hören, verbindlich sei.

Dem steht aber zunächst entgegen, daß wenigstens für die Beschwerde-Instanz die Mitwirkung der StAschft. angeordnet ist, der, wie oben angeführt, die Aufgabe zufällt, die Rechte der Staatskasse in dem Verfahren wahrzunehmen.

Es ist aber auch nicht füglich anzunehmen, daß die im Abs. 1 ausdrücklich als die Berechtigte anerkannte Staatskasse ihrer Ansprüche auf bedeutende Summen, ohne ihr Recht auf dieselben ausführen, und selbst ohne gegen eine ihr ungünstige Entscheidung eine Beschwerde einlegen und die Rechtsirrthümlichkeit der Entscheidung oder die Unhaltbarkeit der ihr zum Grunde liegenden thatsächlichen Erwägungen nachweisen zu dürfen, definitiv verlustig gehen solle, weil der Amtsrichter der Meinung ist, daß in dem Gebahren des Angeschuldigten — z. B. längerem Verborgenhalten — ein „sich der Untersuchung entziehen" im Sinne des § nicht zu finden sei. Eine solche Absicht kann dem Gesetz um so weniger untergelegt werden, als bei dem Akt der Pfandbestellung oder Bürgschaftsleistung eines Dritten die Staatskasse nothwendig durch den Kurator der Gerichtskasse oder einen ihr ad hoc bestellten Kurator vertreten sein muß, um das Rechtsgeschäft durch Akzeptation des in der betreffenden Urkunde gegebenen Versprechens perfekt zu machen, es aber doch für ein völlig abnormes Verfahren gelten müßte, wenn der Staatskasse die so erworbenen kontraktlichen Rechte durch ein einfaches unanfechtbares Dekret eines Einzelrichters entzogen werden könnten. Um dies annehmen zu können, hätte es einer ausdrücklichen Vorschrift bedurft.

Hiezu kommt, daß es an jedem Grunde fehlen würde, die Entscheidung der von dem § 122 nicht berührten Frage, ob die Verpfändung oder Bürgschaft rechtsbeständig erfolgt sei — über welche der Verpfänder oder Bürge, noch ehe von dem Verfall der Sicherheit die Rede sein kann, eine Negatorienklage gegen die Staatskasse anstellen darf — den Rechtsweg durch alle zulässigen Instanzen zu eröffnen, dagegen die Frage, bei welcher jene erstere erst praktisch wird: ob die bestellte Sicherheit für die Staatskasse verfallen sei, ungeachtet der dabei zur Beurtheilung kommenden thatsächlichen Umstände und rechtlichen Bedenken durch ein einfaches Dekret entscheiden zu lassen, ohne die Staatskasse vorher zu hören.

Ob die Staatskasse — worüber in der JK. ein nicht zum Austrage gekommener Streit entstand, S. 863 der Prot. — hier nicht als Fiskus aufzufassen sei, der Staat vielmehr Zwecke der Strafjustiz vollziehe, möchte für die Entscheidung der hier vorliegenden Frage gleichgiltig sein. Entscheidend ist, daß das bestellte Pfand, bzhw. die Bürgschaftssumme, wenn die Sicherheit verfällt, der Staatskasse zufließt, die Frage, ob jener Verfall eingetreten ist, mithin — welche legislatorischen Gesichtspunkte auch bei den Bestimmungen des § leitend gewesen sein mögen — ein vermögensrechtliches Interesse des Staats betrifft.

Der andere Grund, weshalb der Abs. 2 lediglich von der gegen den Sicherheitsleister ergehenden, den Verfall der Sicherheit aussprechenden, nicht auch von der demselben günstigen Entscheidung spricht, könnte darin gefunden werden, daß das anomale den geordneten Rechtsweg ausschließende Verfahren nach der Absicht des Gesetzes nur gegen den Sicherheitsleister, nicht aber in Bezug auf die Staatskasse Platz greifen solle, diese vielmehr ihren auf die Behauptung, daß der Angeschuldigte sich der Untersuchung oder dem Strafantritt entzogen habe, gegründeten Anspruch auf die dadurch verfallene Sicherheit im gewöhnlichen Civilprozeß solle verfolgen dürfen.

Einer derartigen Rechtsungleichheit würde es aber in dem Grade an jeder Rechtfertigung fehlen, daß eine Absicht, wie die vorstehend unterstellte, von selbst ausscheidet.

Hiernach scheint angenommen werden zu müssen, daß in dem § absichtslos — die Mot. lassen die Frage unberührt, S. 75 — unterblieben sei, auch für das Verfahren erster Instanz (Abs. 2, Satz 1) die Nothwendigkeit der Wahrnehmung des Interesse der Staatskasse in's Auge zu fassen. Hiervon ausgegangen, wird dieselbe durch die StAschft. oder einen Kurator zu vertreten sein, und es wird ihr gegen eine den Verfall der Sicherheit verneinende Entscheidung in gleicher Weise, wie dem Sicherheitsbesteller für den entgegengesetzten Fall, die Beschwerde zustehen.

e. Der Abs. 3 spricht ferner nur von der Wirkung, welche die Entscheidung gegen Diejenigen habe, welche für den Angeschuldigten Sicherheit geleistet haben, übergeht also den Fall, wenn der Angeschuldigte selbst baares Geld oder Werthpapiere als Sicherheit hinterlegt hat (§ 118). Es wird jedoch davon auszugehen sein, daß die gegen Jene vorgeschriebene Wirkung auch gegen Diesen eintreten solle, theils wegen der allgemeinen, alle Fälle des § 118 umfassenden Fassung des Abs. 1, theils weil nach Abs. 2 auch der Angeschuldigte zur Erklärung aufzufordern und zur Beschwerde gegen die erste Entscheidung berechtigt ist, theils endlich, weil die Mot. S. 75 sagen: der Entscheidung sei auch gegenüber den Pfandbestellern und Bürgen die Wirkung u. s. w. beigelegt worden, wodurch deren Wirksamkeit gegenüber dem Angeschuldigten indirekt anerkannt ist.

Ungeachtet dieser anscheinend gewichtigen Gründe soll jedoch hier der Zweifel anerkannt werden, ob es zulässig sei, so singuläre Vorschriften, wie die des § 122, weiter, als ihr nächster Wortsinn es rechtfertigt, Anwendung finden zu lassen.

f. Ferner regelt der Abs. 3 nur die Wirkungen der ersten Entscheidung, bzhw. der unterbliebenen Einlegung einer Beschwerde gegen dieselbe. Wurde aber, ungeachtet der Bestimmung des Abs. 2, daß gegen die Entscheidung nur die sofortige Beschwerde zulässig sei, eine besondere Vorschrift für erforderlich erachtet, daß bei unterbliebener rechtzeitiger Einlegung einer Beschwerde die erste Entscheidung die Wirkungen eines rechtskräftigen Urtheils habe, so war es eben so nothwendig, ausdrücklich auszusprechen, daß der im Wege der Dekretur ergehende Bescheid des Beschwerdegerichts die Stelle eines rechtskräftigen Urtheils des Civilrichters vertrete. Da es jedoch an jedem Grunde fehlen würde, mit dem Unterlassen der Beschwerdeführung andere Wirkungen, als mit dem Beschlusse, welcher eine eingelegte Beschwerde zurückweist, zu verbinden, dürften beide Fälle gleichzustellen sein.

Daß die Wirkung eines rechtskräftigen Civilurtheils in gleicher Weise auch gegenüber der Staatskasse eintritt, wenn dieselbe sich bei der ersten, den Verfall der Sicherheit verneinenden Entscheidung beruhigt hat, oder ihre gegen dieselbe eingelegte Beschwerde zurückgewiesen worden ist, ergiebt sich aus dem bei e Gesagten.

g. Als die sich bei dem Verfahren gegenüberstehenden Parteien, zwischen denen die in dem § bezeichneten Entscheidungen Recht bilden, können nur auf der einen Seite der Angeschuldigte, bzhw. die dritten Pfandbesteller und Bürgschaftsleister, auf der anderen die Staatskasse betrachtet werden. Der Angeschuldigte und die dritten Pfandbesteller und Bürgen sind bei demselben unter sich nicht Gegner; die darin ergehenden Entscheidungen lassen daher das zwischen Jenem und Diesen etwa bestehende Rechtsverhältniß unberührt. Es folgt dies daraus, daß dies Verhältniß der Untersuchung und dem Zwecke der Sicherheitsleistung völlig fremd und für dieselben ohne alles Interesse ist.

Es dürfen deshalb auch die Erklärungen, zu welchen nach Abs. 2 aufgefordert werden soll, und die dort erwähnten Ermittelungen nur die Frage zum Gegenstande haben, ob die Sicherheit verfallen ist, oder nicht, während bei einem Rechtsstreite zwischen dem Angeschuldigten einer- und dem Pfandbesteller oder Bürgen andererseits in erster Linie die Frage, ob und welches Rechtsverhältniß in Bezug auf die bestellte Sicherheit zwischen ihnen besteht, zur Erörterung kommt. Daß ein solches — durch Vertrag, versio in rem, negotiorum gestio erzeugtes — Verhältniß nicht nothwendig zu bestehen braucht, ergiebt sich daraus, daß der Pfandbesteller und Bürge sich sehr wohl in seinem alleinigen Interesse zur Sicherheitsbestellung behufs Befreiung des Angeschuldigten von der Haft veranlaßt gesehen haben kann.

Welche Entscheidung daher auch über die Verfallsfrage in dem Verfahren des Abs. 2 per decretum ergehen mag, begründet sie doch nicht nur nicht einen Regreßanspruch des Pfandbestellers und Bürgen gegen den Angeschuldigten, sondern sie übt auf einen zur Geltendmachung eines solchen Anspruchs angestrengten Civilprozeß überhaupt keinen Einfluß. Es gilt dies sowohl für die Frage, ob der Angeschuldigte sich der Untersuchung oder dem Strafantritt entzogen habe, als für die rechtlichen Folgen, welche sich an die Bejahung dieser Frage knüpfen.

Hätten die Entscheidungen, von denen der Abs. 2 spricht, auch auf das Rechtsverhältniß des Angeschuldigten zu den mehrerwähnten dritten

Personen von Einfluß sein sollen, so hätte es hierzu einer ausdrücklichen Vorschrift bedurft.

§ 123 St.

Der Haftbefehl ist aufzuheben, wenn der in demselben angegebene Grund[1] der Verhaftung weggefallen ist, oder wenn der Angeschuldigte freigesprochen oder außer Verfolgung gesetzt wird.

Durch Einlegung eines Rechtsmittels darf die Freilassung des Angeschuldigten nicht verzögert werden[2].

1. Der Entwurf sagte: „die Gründe". Die Abänderung ist von der JK. beschlossen, weil es nur auf den im Haftbefehl angegebenen Grund ankomme, und über etwa eingetretene andere Gründe anderweit kognoszirt werden müsse. S. 159 der Prot. Die Mehrzahl „Gründe" ist jedoch zutreffend, wenn in dem Haftbefehl nicht blos ein Grund angegeben gewesen ist.

2. Dasselbe gilt nach § 121 St. von der Aufhebung eines noch nicht ausgeführten Haftbefehls. Wird in Folge des Rechtsmittels die Untersuchung unter Aufhebung des freisprechenden Urtheils in die erste Instanz nach § 394 St. zurückgewiesen, so wird die nach den §§ 112 folg. gebotene Prüfung zu erneuern sein.

Ein Antrag, das Gericht für Fälle, wo gegen ein freisprechendes Urtheil sofort bei Verkündung desselben ein Rechtsmittel eingelegt werde und der Angeklagte sich in Haft befinde, zu ermächtigen, einem Antrage auf Fortdauer derselben stattzugeben, wurde in der JK. abgelehnt, wiewohl auf die Fälle hingewiesen wurde, wo die Freisprechung nur aus dem Grunde erfolgt sei, weil die bewiesene That nicht unter ein Strafgesetz falle. S. 158. 159 der Prot.

§ 124 St.

Die auf die Untersuchungshaft, einschließlich der Sicherheitsleistung, bezüglichen Entscheidungen werden von dem zuständigen Gericht[1] erlassen.

In der Voruntersuchung ist der Untersuchungsrichter zur Erlassung des Haftbefehls und mit Zustimmung der Staatsanwaltschaft auch zur Aufhebung eines solchen sowie zur Freilassung des Angeschuldigten gegen Sicherheitsleistung befugt. Versagt die Staatsanwaltschaft diese Zustimmung, so hat der Untersuchungsrichter, wenn er die beanstandete Maßregel anordnen will, unverzüglich[2], spätestens binnen vierundzwanzig Stunden, die Entscheidung des Gerichts nachzusuchen.

Die gleiche Befugniß hat nach Eröffnung des Hauptverfahrens in dringenden Fällen der Vorsitzende des erkennenden Gerichts[3].

1. Unter dem „zuständigen Gericht" wird dasjenige zu verstehen sein, vor welches die Eröffnung der Untersuchung und die Urtheilsfällung in erster Instanz gehört. Demselben werden daher die „Entscheidungen", von denen der erste Abs. spricht, auch dann zufallen, wenn sich die Veranlassung zu der Verhaftung, bzhw. Entlassung des Verhafteten, ohne oder gegen Sicherheitsleistung, erst ergiebt, während die Sache in der Berufungs- oder Revisionsinstanz anhängig ist. Es ist dies auch aus dem Grunde anzunehmen, weil, von der entgegengesetzten Ansicht ausgegangen, die Vorschrift des Schlußsatzes des § 114 ausscheiden müßte, wenn die Entscheidung von dem Oberlandesgericht (§ 123 Nr. 2 u. 3 G.) oder dem Reichsgerichte ausgegangen wäre.

2. Das Wort „unverzüglich" steht wohl müßig. Dagegen hätte sich aus demselben Grunde, welcher die Bestimmung einer so kurzen Frist für den Untersuchungsrichter veranlaßte, auch eine solche Bestimmung für die „Entscheidung des Gerichts" empfohlen, ohne welche der Zweck der ersteren verfehlt sein möchte.

3. In den Mot. S. 76 ist zur Rechtfertigung des Abs. 3 bemerkt: es könne auch nach Eröffnung des Hauptverfahrens der Fall vorkommen, daß eine sofortige Verhaftung geboten sei, und der Haftbefehl nicht bis zur nächsten Sitzung des Gerichts verschoben werden könne. Danach scheint die Vorschrift auf die Aufhebung der Haft nicht haben bezogen werden zu sollen, wie dies auch aus den Worten „in dringenden Fällen" geschlossen werden könnte, da sich Dringlichkeit vorzugsweise in Bezug auf die Nothwendigkeit der Verhaftung geltend macht. Eine solche Einschränkung wird jedoch mit Rücksicht auf die allgemeine Fassung des Abs. 3 für zulässig nicht erachtet werden können.

§ 125 St.

Auch vor Erhebung der öffentlichen Klage kann, wenn ein zur Erlassung eines Haftbefehls berechtigender Grund vorhanden ist, vom Amtsrichter auf Antrag der Staatsanwaltschaft oder, bei Gefahr im Verzuge, von Amtswegen ein Haftbefehl erlassen werden[1].

Zur Erlassung dieses Haftbefehls und der auf die Untersuchungshaft, einschließlich der Sicherheitsleistung, bezüglichen Entscheidungen ist jeder Amtsrichter befugt, in dessen Bezirk ein Gerichtsstand für die Sache begründet ist oder der zu Verhaftende betroffen wird[2].

Die Bestimmungen der §§ 114—123 finden entsprechende Anwendung.

1. Der Entwurf enthielt in diesem und dem § 126 St. die Bestimmung, daß in dem Vorbereitungsverfahren beim Vorhandensein der Voraussetzungen eines Haftbefehls ein „Verwahrungsbefehl" — in den Mot. zur St. als provisorische Verhaftung bezeichnet S. 77 — erlassen werden könne, welcher aufzuheben sei, wenn nicht innerhalb eines bestimmten Zeitraums von dem zuständigen Gericht ein Haftbefehl erlassen werde. Die IK. hat das Institut des Verwahrungsbefehls gänzlich ausscheiden lassen. In Folge dessen unterscheidet die St. nur zwischen der durch richterlichen Befehl angeordneten Verhaftung (§§ 112—126) und der ohne richterliche Anordnung zulässigen vorläufigen Festnahme (§§ 127—129).

2. Der Abs. 2 des Entwurfs lautete: „Zur Erlassung des Verwahrungsbefehls ist jeder Amtsrichter befugt, in dessen Bezirk ein Gerichtsstand für die Sache begründet ist, oder der Beschuldigte betroffen wird". Gegenstand desselben war daher ausschließlich die Zuständigkeitsfrage. Die IK. hat dagegen (Prot. S. 164—173. 1119. 1120) in denselben durch Einschaltung der Worte: „und der auf die Untersuchungshaft, einschließlich der Sicherheitsbestellung bezüglichen Entscheidungen", auch Bestimmungen über die dem Amtsrichter hinsichtlich einer vollzogenen Haft zustehenden Befugnisse einfließen lassen.

Die so entstandene Fassung des Absatzes in Verbindung mit der Hinweisung des Abs. 3 auf den § 123 sowie damit, daß weder der Abs. 2 § 124, nach welchem der Untersuchungsrichter zur Aufhebung des Haftbefehls der Zustimmung der StAschft. bedarf, in Bezug genommen, noch eine den Amtsrichter in gleicher Weise bindende Vorschrift in den § 125 aufgenommen ist, würde die Folgerung zulassen, daß der Amtsrichter die Aufhebung einer auf Grund des Abs. 1 ausgeführten Haft ohne die Zustimmung, ja selbst gegen den Widerspruch der StAschft. solle aufheben dürfen.

Gleichwohl dürfte diese Interpretation nicht die richtige sein.

Selbst wenn auf die Vorschrift des § 126, daß der Haftbefehl aufzuheben sei, wenn die StAschft. es beantrage, kein Gewicht gelegt wird, weil jene Worte die Zulässigkeit einer ohne Antrag der StAschft. anzuordnenden Aufhebung nicht ausschließen, so würde es — selbst bei vollkommenster Berücksichtigung der nach allen Richtungen hin von der IK. angestrebten und in Folge der beklagenswerthen Nachgiebigkeit der Regierungen auch im weitesten Umfange durchgeführten Herabwürdigung der StAschft. — doch für unwahrscheinlich gelten müssen, daß dem Amtsrichter das Recht habe eingeräumt werden sollen, einen auf Antrag der StAschft. wegen Verdachts einer strafbaren Handlung Verhafteten ohne Zustimmung derselben zu entlassen und dadurch möglicher Weise die Erhebung der öffentlichen Klage zu vereiteln, weil er der Meinung ist, daß die Verdachtsgründe oder der Verdacht beabsichtigter Flucht (§ 112) sich verringert haben.

Es würde aber auch um so weniger ein Grund erfindlich sein, in Fällen des § 125 Abs. 1 den Amtsrichter von den dem Untersuchungsrichter im § 124 Abs. 2 auferlegten Pflichten zu entbinden, als Letzterer, nachdem die StAschft. die Voruntersuchung bei ihm beantragt hat, selbständig mit der Leitung der Sache befaßt ist und die Lage derselben in subjektiver und objektiver Hinsicht zu übersehen vermag, während der Amtsrichter vor Erhebung der öffentlichen Klage nur einzelne ihm speziell von der StAschft. bezeichnete gerichtliche Untersuchungshandlungen vorzunehmen hat. § 160.

Dies erwogen, hätte es einer ausdrücklichen Vorschrift bedurft, um den Amtsrichter über die dem Untersuchungsrichter im § 124 gesteckten Grenzen hinaus zur Aufhebung der Haft zu berechtigen.

In der Sitzung der JK. vom 1. Juli 1876 S. 1119 der Prot. hat zwar der Vertreter der Redaktionskommission zur Begründung des — demnächst von der JK. angenommenen — Antrags: im § 125 Abs. 2 an Stelle der bei erster Lesung beschlossenen Worte: „Zur Erlassung dieses Haftbefehls und der auf denselben bezüglichen Entscheidungen" zu sagen: „auf die Untersuchungshaft, einschließlich der Sicherheitsbestellung" mit dem Bemerken, daß die Vertreter der Regierungen mit dem Vorschlage einverstanden seien, angeführt: Die Redaktionskommission habe sich überzeugt, daß durch jene Worte erster Lesung der schon bei § 124 aufgetauchte Zweifel, ob durch den Ausdruck „Entscheidungen" auch diejenigen Verfügungen gedeckt würden, welche die Sicherheitsleistung beträfen, im verstärkten Maße wachgerufen werde. Deshalb, und nicht weniger, um jeden Zweifel zu beseitigen, daß auch die Entlassung aus der Haft mit befaßt sei, habe die Redaktionskommission die beantragte Aenderung vorgenommen, und dadurch klargestellt, daß der Amtsrichter im Skrutinialverfahren auch ohne Antrag des StA., also selbständig Entscheidungen sowohl über die Haft wie über die Sicherheitsleistung treffen könne.

Welchen Werth man aber auch diesen Motiven der Redaktionskommission, über welche sich die JK. weder anerkennend noch mißbilligend ausgesprochen hat, deren Inhalt auch in dem § keinen Ausdruck gefunden hat, beilegen mag, so werden sie doch zu einer der oben vertheidigten Auslegung des Abs. 2 entgegengesetzten Interpretation schon deshalb nicht führen können, weil sie nur von „ohne Antrag der StAschft. also selbständig zu erlassenden Verfügungen" des Amtsrichters sprechen, die vorzugsweise erhebliche Frage: ob der Amtsrichter, auch wenn die StAschft. bei ihrer nach § 33 erforderlichen Anhörung der von Ersterem beabsichtigten Aufhebung des Haftbefehls widerspricht, diese dennoch verfügen darf, mithin unbeantwortet läßt. Ueberdies ist die Bemerkung: der Amtsrichter könne selbständig Entscheidungen über die Haft treffen, in dieser Allgemeinheit nicht gerechtfertigt, da der Amtsrichter nach Abs. 1 nur bei Gefahr im Verzuge, also nur ausnahmsweise ohne Antrag der StAschft. Haftbefehle erlassen darf.

Endlich ist aber auch nicht außer Acht zu lassen, daß der bei der vorstehend mitgetheilten Auslassung der Redaktionskommission in Bezug genommene § 124 Abs. 2 erst später in derselben Verhandlung S. 1132 eine wesentliche Abänderung dadurch erfahren hat, daß an Stelle der bei erster

Lesung beschlossenen Worte: „nach Anhörung", gleichfalls auf Antrag der Redaktionskommission gesetzt worden ist: „nach Zustimmung", in Folge dessen sich nicht beurtheilen läßt, welchen Einfluß diese Aenderung auf die Fassung des Abs. 2 § 125 gehabt haben möchte, wenn dieselbe bei dessen Berathung in Betracht gezogen worden wäre.

§ 126 St.

Der vor Erhebung der öffentlichen Klage erlassene Haftbefehl ist aufzuheben, wenn die Staatsanwaltschaft es beantragt, oder wenn nicht binnen einer Woche[1] nach Vollstreckung des Haftbefehls die öffentliche Klage erhoben und die Fortdauer der Haft von dem zuständigen Richter angeordnet, auch diese Anordnung zur Kenntniß des Amtsrichters gelangt ist.

Wenn zur Vorbereitung und Erhebung der öffentlichen Klage die Frist von einer Woche nicht genügt[2], so kann dieselbe auf Antrag der Staatsanwaltschaft vom Amtsrichter um eine Woche und, wenn es sich um ein Verbrechen oder Vergehen handelt, auf erneuten Antrag der Staatsanwaltschaft um fernere zwei Wochen verlängert werden[3,4].

1. Innerhalb dieser sieben Tage — von denen der letzte möglicher Weise ein Sonntag sein kann (Note 4 zu § 43) — soll in Fällen, wo es sich um Verbrechen oder Vergehen handelt, 1) der der Regel nach an einem anderen Orte wohnende Staatsanwalt durch das Amtsgericht von der erfolgten Verhaftung schriftlich benachrichtigt werden; 2) der Staatsanwalt, dem die Sache, wenn die Verhaftung von Amtswegen erfolgte, völlig fremd ist, die die Erhebung der öffentlichen Klage bedingenden Recherchen anstellen; 3) die Anklageschrift, bzhw. den Antrag auf Voruntersuchung, ausarbeiten und mundiren lassen; 4) den Schriftsatz dem zuständigen Gericht einreichen; 5) letzteres einen Kollegialbeschluß über die Fortsetzung oder Aufhebung der Haft fassen; 6) dieser Beschluß soll durch den Dezernenten unter Motivirung redigirt und demnächst auf dem vorschriftsmäßigen Geschäftswege dem Amtsrichter, welcher den Haftbefehl erlassen hat, zugesandt werden.

Der vom Entwurf vorgeschlagene Zeitraum von zwei Wochen war für diese Operationen schon kurz bemessen. Nachdem die JK. diese Frist um die Hälfte ermäßigt hat, wird voraussichtlich das im Abs. 2 angeordnete Ausnahmeverfahren zur Regel werden.

2. Da die Beschlußnahme über den Fristverlängerungsantrag Sache des Amtsrichters ist, wird ihm auch das Urtheil über die für die Unzulänglichkeit der Frist vom Staatsanwalt angeführten Gründe zufallen. Ob hierbei ausschließlich die sachlichen Hemmnisse des Falles, oder auch andere, die Einhaltung der Frist hindernde Umstände — wie Erkrankung des Staats-

anwalts — Berücksichtigung finden dürfen, ob ferner — den Worten des Gesetzes entsprechend — der Amtsrichter, wenn er aus den ihm vom Staatsanwalt mitgetheilten Akten desselben die Ueberzeugung gewinnt, daß derselbe bei größerer Thätigkeit die Frist hätte einhalten können, diese also in der That „genügt habe", zur Entlassung des Gefangenen verpflichtet sein soll, ist nicht Gegenstand der Berathung der JK. gewesen.

Es ist zu erwarten, daß die Nachtheile, welche die Strafjustiz durch eine dem Wortsinne entsprechende Auslegung der §§ 112. 126 St. voraussichtlich erleiden würde, durch gesunde Praxis der Gerichte und der Staatsanwaltschaft soweit möglich werden abgewendet werden.

3. Die Bestimmung des Abs. 2 steht nicht im Einklange mit der des ersten Absatzes.

Nach letzterem erfolgt die Aufhebung des Haftbefehls auch dann, wenn die StAschft. ihrerseits innerhalb der einwöchigen Frist ihre Aufgabe erfüllt, und die öffentliche Klage bei dem zuständigen Gericht eingereicht hat, bei letzterem aber die Sache nicht in dem Grade gefördert wird, daß der die Fortdauer der Haft anordnende Beschluß in eben derselben Frist bei dem Amtsrichter eingeht.

Für einen solchen Fall ist aber die Verlängerung der einwöchigen Gesammtfrist nicht nachgelassen. Nur wenn die StAschft. nicht binnen einer Woche die öffentliche Klage zu erheben vermag, darf die Frist verlängert werden. Reicht daher die StAschft. die Anklageschrift oder den Antrag auf Voruntersuchung am siebenten Tage nach der Vollstreckung des Haftbefehls — was ja nach Abs. 2 genügt — bei dem Gericht ein, so ist die Aufhebung des Haftbefehls und die Entlassung des Verhafteten unabwendbar, da dann die Benachrichtigung des Amtsrichters von dem Gerichtsbeschluß innerhalb der Woche unmöglich ist.

Aber auch wenn die StAschft. die öffentliche Klage sofort am Tage der Vollstreckung des Haftbefehls erhebt, bei dem Gericht sich aber der Beschlußfassung und Benachrichtigung des Amtsrichters binnen der einwöchigen Frist unüberwindliche Hindernisse entgegenstellen und dem Amtsrichter von diesen Hindernissen noch innerhalb der Frist durch das Gericht Nachricht gegeben wird, ist bei der völlig bestimmten, für einen derartigen Fall eine Ausnahme nicht zulassenden Fassung des Abs. 1 sowenig der Amtsrichter als der „zuständige Richter" zur Fortsetzung der Haft berechtigt.

Es ist daher auch wohl nicht völlig korrekt, wenn die Regierungsvertretung S. 916 der Prot. der JK. äußert: Die Verhaftung währe nach § 126 nur 7 Tage; werde nicht binnen dieser Frist die öffentliche Klage erhoben, so trete die Verhaftung außer Kraft, es sei denn, daß der Amtsrichter sie verlängere. Denn diese Bemerkung unterliegt der Auffassung, daß die Erhebung der öffentlichen Klage binnen jener Frist für sich allein die Fortsetzung der Haft rechtfertige, während doch das Gesetz dieselbe außerdem von dem rechtzeitigen Eingange des Beschlusses des zuständigen Gerichts abhängig macht.

Hiernach hätte, um der der Strafrechtspflege durch den Abs. 1 drohenden

Gefährdung einigermaßen vorzubeugen, im Abs. 2 die Verlängerung der Frist für alle Fälle der Unmöglichkeit ihrer Einhaltung nachgelassen oder der Abs. 1 anders redigirt werden müssen.

4. Der Entwurf hatte im Falle der Zuständigkeit eines anderen Gerichts als des Schöffengerichts eine Verlängerung bis auf sechs Wochen nachgelassen.

§ 127 St.

Wird Jemand auf frischer That betroffen oder verfolgt[1], so ist, wenn er der Flucht verdächtig[2] ist oder seine Persönlichkeit nicht sofort festgestellt werden kann, Jedermann befugt, ihn auch ohne richterlichen Befehl vorläufig festzunehmen[3, 4].

Die Staatsanwaltschaft und die Polizei- und Sicherheitsbeamten sind auch dann[5] zur vorläufigen Festnahme befugt, wenn die Voraussetzungen eines Haftbefehls vorliegen und Gefahr im Verzug obwaltet.

Bei strafbaren Handlungen, deren Verfolgung nur auf Antrag eintritt[6], ist die vorläufige Festnahme von der Stellung eines solchen Antrags nicht abhängig[6].

1. Mangels entgegenstehender Vorschrift wird die Verfolgung auch über die Grenzen des Bundesstaats des Betreffens hinaus zulässig sein. Vergl. § 168 G.

2. Nach der Ansicht des Festnehmenden (Jedermann).

3. Bei der Allgemeinheit der Vorschrift wird sie, auch wenn die That nur mit Haft oder Geldstrafe bedroht ist, im Falle des Fluchtversuchs ohne die Beschränkung des § 113 St. Anwendung finden.

Bei der Berathung des § in der JK. herrschte Einverständniß darüber, daß die Worte: „auf frischer That" nicht im Sinne des Art. 31 der Reichsverfassung („bei Ausübung der That oder im Laufe des nächstfolgenden Tages") aufzufassen seien. Prot. S. 174.

4. Eine hierbei gegen einen Nichtbeamten ausgeübte Widersetzlichkeit ist mit Strafe nicht bedroht.

5. „Auch dann" heißt: auch wenn die Voraussetzungen der Zeilen 1 und 2 des Abs. 1 nicht vorliegen.

6. Den Worten nach umfaßt die Vorschrift selbst die einem Abwesenden zugefügte einfache Beleidigung. § 185 StGB. Da eine derartige Auslegung derselben jedoch nicht beabsichtigt sein wird, dürfte es sich empfohlen haben, für ihre Anwendbarkeit Grenzen zu bestimmen, die auch in den Mot. S. 78 nicht angedeutet sind.

§ 128 St.

Der Festgenommene ist unverzüglich[1], sofern er nicht wieder in Freiheit gesetzt wird[2], dem Amtsrichter des Bezirks, in welchem die Festnahme erfolgt ist, vorzuführen[3]. Der Amtsrichter hat ihn spätestens am Tage nach der Vorführung[4] zu vernehmen.

Hält der Amtsrichter die Festnahme nicht für gerechtfertigt oder die Gründe derselben für beseitigt, so verordnet er die Freilassung[5]. Anderenfalls erläßt er einen Haftbefehl[6], auf welchen die Bestimmungen des § 126 Anwendung finden.

1. Die Ausdrücke: „unverzüglich" § 124, „ohne Verzug" § 161, „sofort" §§ 129. 130. 132. 134. 135 St. werden in der St. gleichbedeutend gebraucht. Im § 382 steht „sofort" für „gleichzeitig".

2. Hierzu ist — wie auch in der JK. (Prot. S. 175. 176) angenommen wurde — der Privatmann (Jedermann) sowohl, als auch geeigneten Falls der Beamte, welcher die Festnahme bewirkt hat, befugt. Mangels einer bezüglichen Vorschrift wird sich Ersterer, auch wenn er sich durch Geld oder Gewährung anderer Vortheile zu der Freilassung bestimmen läßt, nicht strafbar machen.

3. Die JK. (Prot. S. 176) ist mit Recht davon ausgegangen, daß der Privatmann den Festgenommenen nur der Polizei zur weiteren Veranlassung zu übergeben brauche. Auch dies wird mißlingen, wenn der Festgenommene sich widersetzt und der Stärkere ist. Vergl. § 127 Note 4.

Verzögert der Privatmann die Vorführung, so wird er sich gleichwohl nur unter den Voraussetzungen des § 239 StGB. strafbar machen.

4. In Betreff der Sonntage vergl. die Note 4 zu § 43 St.

5. Nach § 127 Abs. 2 kann die Festnahme auch von der StAschft. unmittelbar, sowie von deren Organen ausgegangen sein. Daß der Amtsrichter in diesem Falle zu der Freilassung des Festgenommenen der Zustimmung der StAschft. bedarf, wird aus § 124 Abs. 2 in Verbindung mit § 126 Abs. 1 herzuleiten sein, da sich aus diesen Vorschriften ergiebt, daß, sobald die StAschft. mit der Sache befaßt ist, der Untersuchungs- bzhw. Amtsrichter die Freilassung des Beschuldigten oder Verdächtigen nicht aus eigener Machtvollkommenheit anordnen dürfen. Vergl. auch die Note 2 zu § 125.

6. Nach § 125 darf der Amtsrichter — abgesehen von einer Gefahr im Verzuge — den Haftbefehl nur auf Antrag der StAschft. erlassen. Hier erläßt er ihn ohne Ausnahme von Amtswegen. An einem zutreffenden Grunde für diese Verschiedenheit scheint es mindestens in den Fällen zu fehlen, wenn der Amtsrichter des Bezirks zugleich der zuständige Amtsrichter ist, sowie, wenn die Festnahme von der StAschft. veranlaßt ist (§ 127 Abs. 2), die Anträge derselben mithin ohne Verzug herbeigeführt werden können.

S. 175 der Prot. der JK. ist zur Unterstützung des Antrages auf Aufnahme des Satzes: „Anderenfalls erläßt er" u. s. w. angeführt: derselbe solle klarstellen, daß dieser Haftbefehl das sei, was der Entwurf „Verwahrungsbefehl" nenne. Dies Argument erledigt aber das vorstehend angeregte Bedenken nicht. Denn auch im § 125 hat die JK. dem im Entwurfe gebrauchten Ausdrucke „Verwahrungsbefehl" das Wort „Haftbefehl" substituirt, und es gleichwohl bei der Regel, daß dieser auf Antrag der StAschft. zu erlassen sei, belassen.

§ 129 St.

Ist gegen den Festgenommenen bereits die öffentliche Klage erhoben, so ist derselbe entweder sofort, oder auf Verfügung des Amtsrichters, welchem derselbe zunächst vorgeführt worden, dem zuständigen Gericht oder Untersuchungsrichter vorzuführen, und haben diese spätestens am Tage nach der Vorführung über Freilassung oder Verhaftung des Festgenommenen zu entscheiden*.

* Vergl. die Note 2 zu § 125 und Note 5 zu § 128 St.

§ 130 St.

Wird wegen Verdachts einer strafbaren Handlung, deren Verfolgung nur auf Antrag eintritt, ein Haftbefehl erlassen, bevor der Antrag gestellt ist, so ist der Antragsberechtigte, von mehreren wenigstens einer derselben, sofort von dem Erlaß des Haftbefehls in Kenntniß zu setzen. Auf den Haftbefehl finden die Bestimmungen des § 126 gleichfalls Anwendung*.

* Ein Antrag, eine Frist zu bestimmen, nach deren Verlauf bei ausbleibendem Antrage die Haft aufzuheben sei, wurde in der JK. abgelehnt, weil der Zweck durch die Hinweisung auf den § 126 erreicht werde. Prot. S. 174. 176. 179—181.

§ 131 St.

Auf Grund eines Haftbefehls können von dem Richter sowie von der Staatsanwaltschaft Steckbriefe erlassen werden, wenn der zu Verhaftende flüchtig ist oder sich verborgen hält.

Ohne vorgängigen Haftbefehl ist eine steckbriefliche Verfolgung nur dann statthaft, wenn ein Festgenommener[1] aus dem Gefängnisse entweicht oder sonst sich der Bewachung entzieht[2]. In diesem Falle sind auch die Polizeibehörden zur Erlassung des Steckbriefs befugt.

Der Steckbrief soll, soweit dies möglich, eine Beschreibung des zu Verhaftenden enthalten und die demselben zur Last gelegte strafbare Handlung sowie das Gefängniß bezeichnen, in welches die Ablieferung zu erfolgen hat.

1. §§ 127. 128 St.

2. Die Worte: „oder sonst sich der Bewachung entzieht", sind nicht genügend bezeichnend. Bezieht sich der Abs. 2 — wie in der JK. bemerkt worden (Prot. S. 177) — auf den im § 127 vorgesehenen Fall der Festnahme, so ist der Steckbrief auch statthaft, wenn der von einem Privatmanne (Jedermann) Festgenommene demselben entflieht und dieser davon Anzeige macht. Diese Auslegung erscheint jedoch um so bedenklicher, als in den Verhandlungen der JK. auf die Autorität der Behörde hingewiesen wurde, gegen welche sich ein Beschuldigter, der seiner Haft entspringe, schwer vergehe. Mit Rücksicht hierauf dürfte es sich rechtfertigen, die Vorschrift auf eine durch einen Privatmann ausgeführte vorläufige Festnahme außer Anwendung zu lassen.

§ 132 St.

[1]Ist Jemand auf Grund eines Haftbefehls oder eines Steckbriefs ergriffen worden, und kann er nicht spätestens am Tage nach der Ergreifung[2] vor den zuständigen Richter gestellt werden, so ist er auf sein Verlangen sofort dem nächsten Amtsrichter vorzuführen.

Seine Vernehmung ist spätestens am Tage nach der Ergreifung zu bewirken. Weist er bei der Vernehmung nach, daß er nicht die verfolgte Person, oder daß die Verfolgung durch die zuständige Behörde wieder aufgehoben sei, so hat der Amtsrichter seine Freilassung zu verfügen.

1. Dieser von der JK. nicht beanstandete §, in Betreff dessen die Mot. S. 78 nur sagen: „er bezwecke, die möglichst baldige Freilassung eines Ergriffenen für den Fall zu sichern, wenn die Ergreifung auf einem thatsächlichen Irrthum beruhe", ist nicht völlig deutlich gefaßt.

Er dürfte nach seinem Wortsinne und der angeführten Absicht auf zwei Fälle Anwendung finden. Erstens auf den, welcher bei einem durch Steckbriefe Verfolgten der Regel nach eintreten wird, daß die Entfernung des Ergreifungsorts von dem Sitze des zuständigen Gerichts die Vernehmung des Ergriffenen durch Letzteres schon am Tage nach der Ergreifung unmöglich macht, und zweitens auf den Fall, wenn das zuständige Gericht ein nur mit einem Richter besetztes Amtsgericht ist, an welches der Ergriffene zwar sofort abgeliefert wird, bei dem aber seine Vernehmung durch den Amtsrichter wegen dessen Abwesenheit vom Amtssitze zur Ausführung auswärtiger Geschäfte, Krankheit u. s. w. nicht am Tage nach der Ergreifung ausführbar ist. Für diese Fälle macht der § die Vorführung des Ergriffenen vor den nächsten — bzhw. nächsten anderen — Amtsrichter unbedingt von einem Verlangen des Ergriffenen abhängig. Beim Ausbleiben eines solchen Verlangens wird derselbe im ersten Falle, ohne Rücksicht auf die möglicher Weise sehr beträchtliche Entfernung des Ergreifungsorts von dem Sitze des zuständigen Gerichts, direkt nach letzterem transportirt, während er im letzteren Falle bis zur Ausführbarkeit seiner Vernehmung durch den zuständigen Amtsrichter am Orte des Sitzes desselben in Haft bleibt. Anscheinend ist das Gesetz davon ausgegangen, daß, Mangels eines solchen Antrages, der Ergriffene den mit einer Verzögerung seiner Vernehmung etwa für ihn verknüpften Nachtheil sich selbst beizumessen habe.

In beiden Fällen ist der Abs. 1 aber mit der Bestimmung des Abs. 2 nicht vereinbar, nach welcher der Ergriffene unbedingt spätestens am Tage nach der Ergreifung vernommen werden soll.

Denn, wird die Bestimmung auch — ungeachtet ihrer allgemeinen Fassung, und obwohl sie sich nicht an die letzten Worte des zweiten Abs. anschließt, vielmehr einen besonderen Abs. bildet — ausschließlich auf den „nächsten Amtsrichter" bezogen, so würde doch diesem eine Vernehmung des Ergriffenen „spätestens am Tage nach dessen Ergreifung" nur haben zur Pflicht gemacht werden können, wenn nach dem Abs. 1 spätestens an diesem Tage die Vorführung desselben vor ihm erfolgen müßte. Dies ist aber nach Vorstehendem nicht der Fall, vielmehr kann, selbst abgesehen von einem mit einer größeren Entfernung des Amtssitzes des „nächsten Amtsrichters" von dem Ergreifungsorte, auch bei völlig geregeltem Geschäftsgange jene Vorführung, wenn der Ergriffene mit dem erforderlichen Antrage zögert, möglicher Weise erst mehrere Tage nach seiner Ergreifung zu Ausführung kommen.

2. In Betreff der Frist vergl. die Note 4 zu § 43 St.

Gerichtssprache.

§ 186 G.

Die Gerichtssprache ist die deutsche*.

* In Bezug auf Elsaß-Lothringen vergl. § 12 des Einf.-Ges. zum G.

§ 187 G.

Wird unter Betheiligung[1] von Personen verhandelt, welche der deutschen Sprache nicht mächtig sind, so ist ein Dolmetscher zuzuziehen[2]. Die Führung eines Nebenprotokolls in der fremden Sprache findet nicht statt; jedoch sollen Aussagen und Erklärungen in fremder Sprache, wenn und soweit der Richter dies mit Rücksicht auf die Wichtigkeit der Sache für erforderlich erachtet, auch in der fremden Sprache in das Protokoll oder in eine Anlage niedergeschrieben werden. In den dazu geeigneten Fällen soll dem Protokolle eine durch den Dolmetscher zu beglaubigende Uebersetzung beigefügt werden.

Die Zuziehung eines Dolmetschers kann unterbleiben, wenn die betheiligten Personen sämmtlich der fremden Sprache mächtig sind.

1. Die Vorschrift wird jedoch nur auf solche Personen zu beziehen sein, welche nach dem Urtheil des Gerichts, bzhw. des die Verhandlung leitenden Beamten, ein in ihrer Betheiligung bei der Sache liegendes Interesse haben, das bei der Verhandlung in fremder Sprache Gesprochene zu verstehen.

2. Ein Antrag, wonach gegen einen Beschuldigten ein nicht in dessen Landessprache aufgenommenes Protokoll zum Nachweise eines Geständnisses nicht sollte benutzt werden dürfen, wurde von der JK. abgelehnt. Prot. S. 45. Vergl. § 258 St.

3. Vergl. die Note 3 zu § 157 G.

§ 188 G.

Zur Verhandlung mit tauben oder stummen Personen ist, sofern nicht eine schriftliche Verständigung[1] erfolgt, eine Person als Dolmetscher zuzuziehen, mit deren Hülfe die Verständigung[2] in anderer Weise erfolgen kann.

1. In der JK. herrschte Einverständniß darüber, daß unter „schriftlicher Verständigung" die schriftliche Stellung der Frage und deren schriftliche Beantwortung Seitens des Stummen, bzhw. Taubstummen, zu verstehen sei. Prot. S. 46.

2. Dieser Ausdruck ist mit Rücksicht auf die Erfolge des modernen Unterrichts der Stummen und Taubstummen dem im Entwurfe gewählten Ausdrucke „Zeichensprache" substituirt. Prot. S. 46.

§ 189 G.

Ob einer Partei*, welche taub ist, bei der mündlichen Verhandlung der Vortrag zu gestatten sei, bleibt dem Ermessen des Gerichts überlassen.

* Angeklagter; Privatkläger. Sowohl die Mot. zum G. S. 202, als auch die Verhandlungen der Jk. S. 46 geben zu erkennen, daß die Vorschrift sich auch auf den Strafprozeß beziehen soll. Der Ausdruck: „mündliche Verhandlung" bildet hier den Gegensatz zu der im § 188 G. erwähnten „schriftlichen Verständigung".

§ 190 G.

Personen, welche der deutschen Sprache nicht mächtig sind, leisten Eide in der ihnen geläufigen Sprache.

§ 191 G.

Der Dolmetscher hat einen Eid dahin zu leisten:

daß er treu und gewissenhaft übertragen werde.

Ist der Dolmetscher für Uebertragungen der betreffenden Art im Allgemeinen beeidigt*, so genügt die Berufung auf den geleisteten Eid.

* Vergl. die Noten 1 u. 2 zu § 79 St. Dort, wie hier, wird auch eine bei einer Kommunalbehörde erfolgte allgemeine Beeidigung genügen.

§ 192 G.

Der Dienst des Dolmetschers kann von dem Gerichtsschreiber wahrgenommen werden. Einer besonderen Beeidigung bedarf es nicht.

§ 193 G.

Auf den Dolmetscher finden die Bestimmungen über Ausschließung[1] und Ablehnung[2] der Sachverständigen entsprechende Anwendung[2]. Die Entscheidung erfolgt durch das Gericht oder den Richter, von welchem der Dolmetscher zugezogen ist.

1. Ueber die Ausschließung von Sachverständigen enthalten so wenig die §§ 74 folg. St. als die §§ 371 folg. der Civil-Proz.-O. Bestimmungen. Vergl. § 22 folg. St.

2. Vergl. die Noten zu § 74 St.

3. Vorschriften über die Folgen des Ausbleibens des Dolmetschers oder seiner unberechtigten Weigerung, als Dolmetscher zu fungiren, sowie über die Bedingungen, unter welchen eine Weigerung für begründet zu erachten ist — wie sie in den §§ 75 folg. St. bezüglich der Sachverständigen gegeben sind —, enthält das Gesetz nicht. An sich würde daraus, daß der § 193 G. in Bezug auf die „Ablehnung" die entsprechende Anwendung der Vorschriften über Sachverständige ausdrücklich anordnet, zu folgern sein, daß über diese Vorschriften hinaus eine analoge Anwendung der Bestimmungen des Abschnitts der St. über „Sachverständige" nicht statthaft sei. Theils aber führt die — allerdings nur gelegentliche — Bemerkung der Motive zum G. S. 201, „der Dolmetscher sei ein Sachverständiger, den das Gericht von Amtswegen zuziehe", zu der Annahme hin, daß beabsichtigt worden sei, die allgemeinen auf Sachverständige bezüglichen Vorschriften — so weit sie überhaupt der Stellung und den Funktionen der Dolmetscher sich anpassen lassen — auch auf diese Anwendung finden zu lassen, theils enthalten auch jene Vorschriften nicht singuläre, der St. eigenthümliche Bestimmungen. Es dürften daher auch die §§ 73. 75. 76. 239 St., sowie auch in Betreff der Gebühren der § 84 auf Dolmetscher analog Anwendung finden, wenngleich, hiervon ausgegangen, ein Grund für die im § 193 G. enthaltene Beschränkung nicht erkennbar ist.

Die Ausschließung analoger Anwendbarkeit jener Paragraphen würde zur Folge haben, daß dem Sprachkundigen, auch unter den Voraussetzungen des § 75 St., eine Verpflichtung, als Dolmetscher zu fungiren, nicht obliege. Mit Rücksicht auf die wesentlichen Nachtheile, welche sich hieran für die Strafrechtspflege knüpfen könnten, ist nicht anzunehmen, daß eine solche Auslegung der einschlagenden Vorschriften der Absicht der Gesetzgebung entspreche.

Die Anwendung der Strafbestimmungen des § 77 auf Dolmetscher möchte dagegen ohne ausdrückliche Vorschrift bedenklich sein, unter welcher Voraussetzung die Verpflichtung des § 75 allerdings nicht erzwingbar sein würde.

Die Mot. zum G. (S. 201 letzter Abs.) geben hierüber keine Auskunft.

Daß im § 192 G. nicht völlig korrekt vom „Dienste" des Dolmetschers die Rede ist, erscheint unerheblich.

Vernehmung des Beschuldigten.

§ 133 St.

Der Beschuldigte ist zur Vernehmung schriftlich zu laden.

Die Ladung kann[1] unter der Androhung geschehen, daß im Falle des Ausbleibens[2] seine Vorführung erfolgen werde[3].

1. Der Entwurf schrieb diese Androhung unbedingt vor.

2. Im § 215 St. heißt es: unentschuldigten Ausbleibens.

3. Ein Antrag, den Beschuldigten während des Skrutinialverfahrens — im Gegensatze zur Voruntersuchung — vom Erscheinen zu entbinden, wurde von der JK. abgelehnt. Prot. S. 186.

Bei der Berathung des § wurde von der Regierungsvertretung auf eine Anfrage, ob der Staatsanwalt die Befugniß habe, im Skrutinialverfahren das Erscheinen des Beschuldigten bzhw. Verdächtigen zu erzwingen (S. 186 der Prot.), die Ansicht ausgesprochen, daß der Staatsanwalt den Verdächtigen nicht unter der Verwarnung der Vorführung zum Verhör laden, geschweige denn vorführen lassen könne. „Denn die Vornahme förmlichen Verhörs sei eine Untersuchungshandlung, deren selbständige Vornahme nirgends dem Staatsanwalt gestattet, folglich von ihm nur durch richterliche Requisition zu erreichen sei."

Zunächst ist bei dieser Erklärung in's Auge zu fassen, daß jener Grund, weil er nur von einem „förmlichen" Verhör spricht, mit der Behauptung, die er rechtfertigen soll, nicht kongruent ist, da diese von dem Verhör überhaupt handelt. Abgesehen von dem Mangel einer Definition des Begriffs „förmliche Vernehmung" im Gegensatze zu einer formlosen oder weniger förmlichen, wird daher angenommen werden dürfen, daß die Regierungsvertretung dem Staatsanwalt nicht das Recht, den Verdächtigen überhaupt zu vernehmen, habe absprechen, vielmehr nur die Befugniß desselben, ein solches Verhör mit ihm anzustellen, welches die Verantwortung gegen eine erhobene Beschuldigung, oder die Reinigung von einem gegen den zu Vernehmenden rege gewordenen Verdacht bezweckt, habe in Abrede stellen, also indirekt anerkennen wollen, daß der Staatsanwalt zu Vernehmungen des Verdächtigen mit Ausschluß eines „förmlichen Verhörs" insbesondere also zu solchen berechtigt sei, welche vorläufige Ermittelungen und Aufklärungen, z. B. die Gegenüberstellung des Beschuldigten und des Denunzianten zum Zwecke der Feststellung der Identität des Ersteren, zum Gegenstande haben.

Die Richtigkeit dieser letzteren Ansicht ergiebt sich auch aus dem § 159 St., nach welchem der StA. Ermittelungen jeder Art mit Ausschluß eidlicher Vernehmungen selbst vornehmen darf. Ist ihm aber dies Recht gewährt, so müssen ihm auch die Mittel zu Gebote stehen, ohne welche er dasselbe nicht auszuführen vermag; er muß also den Verdächtigen zum Erscheinen vor ihm zwingen können. Hiezu kommt, daß der Beschuldigte auch dem Richter gegenüber jede Auskunft verweigern darf, der StA. mithin ein Resultat von einem an Letzteren gerichteten Ersuchen um Vernehmung des Angeschuldigten nicht mit Sicherheit zu erwarten, das Ersuchen vielmehr in einem solchen Falle lediglich den Verschleif des vorbereitenden Verfahrens zur Folge hat.

Von der entgegengesetzten Meinung ausgegangen, müßte man zu dem

Schlusse gelangen, daß auch den Polizeibehörden die Befugniß, das Erscheinen vorgeladener Personen vor ihnen im Weigerungsfalle zu erzwingen, abzusprechen sei, da nicht angenommen werden kann, daß das Gesetz den zur Ausführung der Aufträge der Staatsanwaltschaft verpflichteten Polizeibehörden Rechte habe einräumen wollen, die der Staatsanwaltschaft selbst vorenthalten werden sollten. Es wird aber anerkannt werden müssen, daß der Zweck polizeilicher Ermittelungen, zum wesentlichen Nachtheil der Strafrechtspflege, vereitelt werden würde, wenn es von dem Belieben der — gleichviel ob als Verdächtige, oder behufs Auskunftsertheilung — Vorgeladenen abhinge, vor der Polizeibehörde zu erscheinen oder nicht.

Keinenfalls kann für eine so wichtige, in den Organismus der Staatsanwaltschaft tief eingreifende Frage die erwähnte Bemerkung der Regierungsvertretung von entscheidender Bedeutung sein, zumal der § die Regelung der Grenzen der Befugnisse der Staatsanwaltschaft nicht zum Gegenstande hat. Vergl. auch die Note 2 zu § 50.

Daß sich der § nicht auf die Hauptverhandlung bezieht, ergiebt sich aus § 179 St., ist auch von der Regierungsvertretung S. 186 der Prot. anerkannt.

§ 134 St.

Die sofortige Vorführung des Beschuldigten kann verfügt werden, wenn Gründe vorliegen, welche die Erlassung eines Haftbefehls rechtfertigen würden[1].

In dem Vorführungsbefehle ist der Beschuldigte genau[2] zu bezeichnen und die ihm zur Last gelegte strafbare Handlung sowie der Grund der Vorführung anzugeben[3].

1. §§ 112 und 125 St.

2. Soweit möglich § 118 Abs. 3 St.

3. In der schriftlichen Ladung (§ 133) ist dies hiernach nicht erforderlich. Vergl. § 136.

§ 135 St.

Der Vorgeführte ist sofort von dem[1] Richter zu vernehmen. Ist dies nicht ausführbar, so kann er bis zu seiner Vernehmung, jedoch nicht über den nächstfolgenden Tag[2] hinaus, festgehalten werden.

1. Im § 115 heißt es korrekter: „durch einen“. Der Zuziehung eines Protokollführers wird es, da eine solche im § 185 St. nur für die Voruntersuchung vorgeschrieben ist, nicht nothwendig bedürfen.

2. In Betreff der Sonn- und Feiertage vergl. die Note 4 zu § 43 St.

§ 136 St.

Bei Beginn der ersten Vernehmung ist dem Beschuldigten zu eröffnen, welche strafbare Handlung ihm zur Last gelegt wird. Der Beschuldigte ist zu befragen, ob er etwas auf die Beschuldigung erwidern wolle[1].

Die Vernehmung soll dem Beschuldigten Gelegenheit zur Beseitigung der gegen ihn vorliegenden Verdachtsgründe und zur Geltendmachung der zu seinen Gunsten sprechenden Thatsachen geben.

Bei der ersten Vernehmung des Beschuldigten ist zugleich auf die Ermittelung seiner persönlichen Verhältnisse Bedacht zu nehmen[2].

1. Die Mot. S. 79 heben hervor, daß von dem Beschuldigten nicht gefordert werden könne, daß er gegen seinen Willen zu seiner Ueberführung beitrage, mithin die Vorlegung von Fragen, deren Tragweite in Verbindung mit dem Belastungsbeweise er nicht übersehen könne, zu vermeiden sei. Bei der Berathung des § in der JK. wurde von gleichen Grundsätzen ausgegangen, ein Antrag, dem Beschuldigten zu eröffnen, daß seine Aussagen als Beweismittel gegen ihn in der Hauptverhandlung benutzt werden könnten, aber abgelehnt. Prot. S. 188—192.

2. Nach den Mot. S. 80 soll sich die Vernehmung auch auf die Vorbestrafungen des Beschuldigten, sowie auf seine Familien- und Vermögensverhältnisse, den früheren Lebenslauf und den Besitz von Rechten, welche im Falle einer Bestrafung verwirkt werden, erstrecken. Nach dem in der Note 1 erwähnten Prinzip wird der Beschuldigte auch zur Beantwortung dieser Fragen für verpflichtet nicht erachtet werden können.

Vertheidigung.

§ 137 St.

Der Beschuldigte kann sich in jeder[1] Lage des Verfahrens des Beistandes eines Vertheidigers[2] bedienen.

Hat der Beschuldigte einen gesetzlichen Vertreter[3], so kann auch[4] dieser selbständig einen Vertheidiger wählen.

1. Mit Ausschluß seiner Vernehmung in der Voruntersuchung. § 190 St. In den Mot. zur St. heißt es S. 82 „von Anbeginn des Verfahrens an“.

Also auch bei den vorbereitenden, nach den §§ 160. 163 St. aufzunehmenden gerichtlichen Verhandlungen.

2. Auch mehrerer. § 226 St.

3. In den Mot. S. 83 ist bemerkt: „wegen Minderjährigkeit oder aus anderen Gründen". Die Vorschrift wird aber nur auf solche Personen Anwendung finden, welche die ganze Persönlichkeit des Beschuldigten vertreten, auf den Kurator eines Verschwenders mithin selbst dann nicht, wenn es sich um eine Geldstrafe handelt. Vergl. §§ 268. 340 St.

4. Also Jeder von Ihnen. Hierauf scheinen auch die Mot. S. 83 durch die Bemerkung hinzudeuten, daß „selbstverständlich das eigne Recht des Beschuldigten zur Wahl eines Vertheidigers nicht beschränkt werde".

§ 138 St.

Zu Vertheidigern können die bei einem deutschen Gerichte zugelassenen Rechtsanwälte sowie die Rechtslehrer an deutschen Hochschulen gewählt werden.

[1]Andere Personen[2] können nur mit Genehmigung des Gerichts[3] und, wenn der Fall einer nothwendigen Vertheidigung vorliegt und der Gewählte nicht zu den Personen gehört, welche zu Vertheidigern bestellt werden dürfen, nur in Gemeinschaft mit einer solchen als Wahlvertheidiger zugelassen werden.

1. Den Zusatz: „andere Personen" u. s. w. hat die JK. gegen den Widerspruch der Regierungsvertretung beschlossen. Prot. S. 489 folg. Nach demselben ist auch die Zulassung ausländischer Advokaten statthaft. Der naheliegenden Besorgniß eines Mißbrauchs der Vorschrift, insbesondere der Ausbildung einer Vertheidigungs-Winkeladvokatur, wird dadurch vorgebeugt, daß die Zulassung „anderer Personen" lediglich von dem Gericht, bzhw. Richter, abhängt und für die Zurückweisung, da es sich um eine Ausnahmemaßregel handelt, besondere Rechtfertigungsgründe nicht angegeben zu werden brauchen.

Anträge: nach „Hochschulen" einzuschalten „und Rechtskundige, welche die vorgeschriebene erste Prüfung für den Justizdienst bestanden haben" und hinter: „sowie" einzufügen: „die zum Richteramt befähigten Personen und" — wurden abgelehnt. — Die Rechtslehrer an Universitäten brauchen nicht ordentliche zu sein.

2. Dieser Ausdruck bezeichnet in der St. beide Geschlechter z. B. § 485 Abs. 2. Nach den Worten des Gesetzes würde daher die Zulassung von Frauen als Vertheidiger — z. B. einer Mutter für ihr unmündiges Kind — nicht ausgeschlossen sein. Aus dem § 149 St. muß jedoch geschlossen werden, daß dies der Absicht des Gesetzes nicht entspreche.

3. Bei der Berathung des § in der JK. ist nicht ausdrücklich aus-

gesprochen, daß auch bezüglich der Voruntersuchung und des Vorverfahrens die in Rede stehende Genehmigung nothwendig vom Gericht — im Gegensatze zum Untersuchungsrichter und dem mit einzelnen richterlichen Untersuchungshandlungen (§§ 160. 191 St.) befaßten Amtsrichter — ertheilt werden müsse. Gleichwohl wird dies anzunehmen sein, da nach S. 1121 der Prot. darauf Bedacht genommen ist, das Wort „Gericht" in dem Sinne zu brauchen, daß der Einzelrichter dadurch ausgeschlossen wird, und überdies bei den den § betreffenden Verhandlungen (Prot. S. 489–495) stets nur vom „Gerichte" gesprochen ist, obgleich auch der Voruntersuchung Erwähnung geschieht und ein Antrag, die Vorschrift des Abs. 2 auf die Hauptverhandlung zu beschränken, abgelehnt worden ist.

Der Beschuldigte, bzhw. Angeschuldigte, wird sich daher, wenn er sich in der Voruntersuchung oder dem vorbereitenden Verfahren durch andere als die im Abs. 1 bezeichneten Personen vertheidigen lassen will, an das Gericht wenden müssen.

Bei der Motivirung des Antrags auf Aufnahme des Abs. 2 (Prot. S. 489) ist davon ausgegangen, daß die Genehmigung in jedem einzelnen Falle zu ertheilen, nicht also gewisse „andere Personen" zur Uebernahme von Vertheidigungen zu konzessioniren seien.

In den zur Zuständigkeit der Schöffengerichte gehörenden Sachen wird die Genehmigung bezüglich der Hauptverhandlung von dem Schöffengericht, außerhalb derselben von dem Amtsrichter zu ertheilen sein. § 30 G.

§ 139 St.

Der als Vertheidiger gewählte Rechtsanwalt kann mit Zustimmung[1] des Angeklagten[2] die Vertheidigung einem Rechtskundigen, welcher die erste Prüfung für den Justizdienst[3] bestanden hat und in demselben seit mindestens zwei Jahren beschäftigt ist, übertragen.

1. Der § enthält eine spezielle Ausnahme von den allgemeinen Vorschriften des § 138. Das Gericht wird daher vor der Zulassung des „Rechtskundigen" als Vertheidiger den Nachweis verlangen dürfen, daß die besondere Voraussetzung, von welcher das Gesetz jene Ausnahme abhängig macht, zutreffe, daß also der „Angeklagte" seine Zustimmung zu der Uebertragung der einem Rechtsanwalt von ihm anvertrauten Vertheidigung an einen Anderen ertheilt, d. h. mittelst ausdrücklicher Erklärung seine Einwilligung in die Substituirung eines ihm namhaft gemachten anderen „Rechtskundigen" ausgesprochen habe.

2. Den Ausdruck „Angeklagter" braucht die St. ausnahmslos (vergl. § 155 St.) nur in Bezug auf denjenigen Angeschuldigten, gegen welchen das Hauptverfahren eröffnet ist. Daraus ist, zumal bei der exceptionellen Natur der Vorschrift, zu folgern, daß dieselbe nur auf die Hauptverhandlung Anwendung zu finden habe. Daß bei der Berathung des § in der

JK. (Prot. S. 507 in Verbindung mit 492 folg.) diese Frage nicht ausdrücklich Gegenstand der Berathung und des Beschlusses gewesen ist, muß bei der Stabilität jener Terminologie unerheblich erscheinen.

3. Nach den Worten findet dieser von der JK. gegen den Widerspruch der Regierungsvertretung eingeschaltete § auch auf Gerichtsschreiber und Gerichtssekretäre Anwendung, welche die erste Prüfung für den Justizdienst bestanden haben, da nach dem Gerichtssprachgebrauche auch diese Beamten „im Justizdienst beschäftigt" (nicht „Justizbeamte") sind. Gemeint sind nach Ausweis der Verhandlungen der JK. (Prot. S. 489—495) Referendarien und andere zum Zwecke ihrer praktischen Ausbildung bei den Gerichten beschäftigte junge Juristen. S. 491 der Prot. werden sie „Rechtskandidaten" genannt. Daß denselben durch die ihre Beschäftigung überwachenden und leitenden Vorgesetzten die Uebernahme von Vertheidigungen untersagt werden darf, ist durch den § nicht ausgeschlossen. Die Bedeutung desselben liegt darin, daß dieselben nicht gleich den übrigen im § 138 Abs. 2 erwähnten „anderen Personen" der Genehmigung des Gerichts, bei welchem die Untersuchung anhängig ist, bedürfen, um als Vertheidiger in derselben zugelassen zu werden.

Bei der Berathung des § sprach sich die Regierungsvertretung dahin aus, daß sogenannte Generalsubstituten der Anwälte, auch wenn sie nur die erste Prüfung bestanden hätten, in Bezug auf Zulassung zur Vertheidigung, Wählbarkeit u. s. w. den Anwälten gleich zu achten seien.

§ 140 St.

Die Vertheidigung ist nothwendig[1] in den Sachen, welche vor dem Reichsgericht in erster Instanz oder vor dem Schwurgerichte zu verhandeln sind.

In Sachen, welche vor dem Landgericht in erster Instanz zu verhandeln sind, ist die Vertheidigung nothwendig:

1. wenn der Angeschuldigte taub oder stumm ist oder das sechzehnte Lebensjahr noch nicht vollendet hat;
2. wenn ein Verbrechen den Gegenstand der Untersuchung bildet und der Beschuldigte oder sein gesetzlicher Vertreter die Bestellung eines Vertheidigers beantragt[2].

   Diese Bestimmung findet nicht Anwendung, wenn die strafbare Handlung nur deshalb als ein Verbrechen sich darstellt, weil sie im Rückfall begangen ist.

In den Fällen des Abs. 1 und des Abs. 2 Nr. 1 ist dem Angeschuldigten, welcher einen Vertheidiger noch nicht gewählt hat, ein solcher von Amtswegen zu bestellen, sobald die im § 199 vorgeschriebene Aufforderung stattgefunden hat. In dem Falle des Abs. 2 Nr. 2 ist der Antrag binnen einer Frist von drei Tagen nach der Aufforderung zu stellen*.

1. Der Entwurf hatte die Nothwendigkeit der Vertheidigung auf die zur „Zuständigkeit des Reichsgerichts" gehörigen und die vor den Schwurgerichten zu verhandelnden Sachen beschränken wollen und im Uebrigen eine Bestimmung wie die des § 141 getroffen. Die Ausdehnung der Nothwendigkeit hat die JK. beschlossen. Prot. S. 495—501. 171. 172 und 871—876.

2. Außer den hier aufgeführten Fällen ist die Vertheidigung auch im Falle des § 81 Abs. 2 nothwendig.

3. Da das Gesetz nicht sagt, die Vertheidigung sei für die erste Instanz nothwendig, sich vielmehr allgemein dahin ausspricht: in den Sachen, welche u. s. w., auch in den §§ 367 u. 391 ausdrücklich des Vertheidigers Erwähnung geschieht, und es inkonsequent sein würde, bei den unter den Nrn. 1 u. 2 aufgeführten Angekl. die Vertheidigung in den höheren Instanzen für entbehrlich zu erachten, obgleich sich die Berufungsinstanz bei stattfindender erneuerter Beweiserhebung nicht wesentlich von der ersten Instanz unterscheidet, so wird die Zuordnung eines Vertheidigers auch für die Berufungs= und die Revisionsinstanz erforderlich sein. Auf die Bezugnahme des ersten Satzes des Abs. 3 auf den die erste Instanz betreffenden § 199 dürfte die entgegengesetzte Auslegung des § nicht zu gründen sein. Die Prot. der JK. sprechen sich hierüber nicht aus.

§ 141 St.

In anderen als den im § 140 bezeichneten Fällen kann das Gericht* und bei vorhandener Dringlichkeit der Vorsitzende desselben auf Antrag oder von Amtswegen einen Vertheidiger bestellen.

* Die fakultative Bestellung eines Vertheidigers ist hiernach dem Gericht, bzhw. dessen Vorsitzendem vorbehalten. Der Untersuchungsrichter und der Amtsrichter, welcher auf Antrag der StAschft. oder in Folge Auftrags oder Ersuchens einzelne richterliche Untersuchungshandlungen vornimmt, ist daher nicht dazu befugt. Vergl. § 144 Abs. 1 und Note 2 das.

§ 142 St.

Die Bestellung des Vertheidigers kann* schon während des Vorverfahrens erfolgen.

* Ueber den Zeitpunkt, wann sie in erster Instanz erfolgen muß, vergl. den § 140 Abs. 3.

§ 143 St.

Die Bestellung ist zurückzunehmen, wenn demnächst ein anderer Vertheidiger gewählt wird und dieser die Wahl annimmt*.

* Dies wird noch im ganzen Laufe der Hauptverhandlung zulässig sein.

§ 144 St.

[1]Die Auswahl[2] des zu bestellenden Vertheidigers erfolgt durch den Vorsitzenden des Gerichts aus der Zahl der am Sitze dieses Gerichts wohnhaften Rechtsanwälte. Für das vorbereitende Verfahren erfolgt die Bestellung durch den Amtsrichter.

Auch Justizbeamte[3], welche nicht als Richter angestellt sind, sowie solche Rechtskundige, welche die vorgeschriebene erste Prüfung für den Justizdienst bestanden haben[4], können als Vertheidiger bestellt werden[5].

1. Der § giebt zu mehrfachen Zweifeln Anlaß, die auch so wenig durch die Mot. als durch die Berathungen der JK. behoben werden.

Die Worte: „Jemand zu einer Funktion bestellen", setzen nach dem Sprachgebrauche, wie auch nach der Terminologie der St. z. B. § 184 ein Recht Dessen, von dem das Bestellen ausgeht, und eine dem entsprechende Verpflichtung des Bestellten voraus. Hiermit stimmt auch die Fassung des ersten Abs.: „die Auswahl des zu bestellenden" u. s. w. überein, da davon auszugehen ist, daß Rechtsanwälte zur Uebernahme der Vertheidigung verpflichtet sind. Danach würden, bei der völlig gleichen Ausdrucksweise, auch die im Abs. 2 bezeichneten Personen, wenn sie als Vertheidiger „bestellt werden", die Vertheidigung — sofern sie nicht triftige Ablehnungsgründe für sich geltend machen können — übernehmen müssen, und im Falle der Verabsäumung der damit verbundenen Pflichten mindestens nach Maßgabe des § 145 Abs. 3 die dadurch verursachten Kosten zu tragen haben.

Die Mot. sprechen sich über diese Frage nicht ausdrücklich aus; die nur auf den ersten Absatz bezügliche Bemerkung derselben S. 84: „Darüber, ob und unter welchen Voraussetzungen der bestellte Vertheidiger den Auftrag ablehnen dürfe, entscheiden die Anwaltsordnungen", gehen aber in Betreff der „am Orte des Gerichts wohnhaften Rechtsanwälte" unverkennbar von einer Verpflichtung zur Uebernahme der Vertheidigung aus, indem sie die Befugniß zur Ablehnung derselben von besonderen „Voraussetzungen" abhängig machen, und, daß in Bezug auf die nach Abs. 2 bestellten Vertheidiger etwas Anderes gelte, sagen sie nicht.

Bei der Berathung des § in der JK. bemerkte ein Abgeordneter bezüglich jener Frage: er setze voraus, daß gegen die im Abs. 2 gedachten Personen ein Zwang **in der Regel** nicht, sondern nur dann stattfinden solle, wenn Justizbeamte „zufolge ihrer Stellung" zur Uebernahme verpflichtet seien. Durch diese von der Regierungsvertretung als richtig bezeichnete Bemerkung — S. 503 der Prot. — wird aber für die Beantwortung der Frage nichts gewonnen. Denn sie sagt ein Mehreres nicht, als daß die zur Uebernahme der Vertheidigung verpflichteten Justizbeamten diese Verpflichtung zu erfüllen hätten. Wer diese aber seien, dafür fehlt es an jeder Andeutung.

Gleichwohl bedurfte es einer Vorschrift, *welche* von den in dem § erwähnten Personen zur Uebernahme der Vertheidigung gezwungen werden könnten, um so unerläßlicher, als nicht nur die Verweigerung derselben mit einer nachtheiligen Verzögerung der betreffenden Untersuchung verknüpft sein kann, sondern auch im § 145 Abs. 3 im unmittelbaren Anschluß an den § 144, ohne zwischen den Kategorieen des ersten und zweiten Satzes desselben zu unterscheiden, die Nachtheile bestimmt sind, welche den Vertheidiger treffen, durch dessen Schuld eine Aussetzung der Verhandlung nöthig wird.

2. Der § überträgt die **Auswahl** des Vertheidigers für das Hauptverfahren dem Vorsitzenden des Gerichts. In Bezug auf die **Bestellung** wird die Vorschrift des § 141 auch für Fälle des § 140 gelten.

Bei der Berathung des § in der JK. (S. 1121 der Prot.) wurde ohne Widerspruch bemerkt: mit dem Ausdruck „Gericht" sei stets das *erkennende* Gericht gemeint. Hiervon ausgegangen, würde in schwurgerichtlichen Untersuchungen die nach § 140 erforderliche Bestellung eines Vertheidigers erst in der Hauptverhandlung erfolgen können. Da jedoch durch ein solches Verfahren der Zweck des Gesetzes vereitelt werden, dasselbe auch mit der Vorschrift des Schlußsatzes des § 140 nicht im Einklange stehen würde, wird in solchen Untersuchungen die Bestellung des Vertheidigers vom betreffenden Landgerichte ausgehen müssen.

Der Schlußsatz des Abs. 1: „Für das vorbereitende Verfahren" u. s. w. ist dem Entwurf von der JK. erst beim Schlusse der zweiten Lesung (Prot. S. 1121) hinzugefügt worden. Der § erhielt in Folge dessen in der „Zusammenstellung des Entwurfs einer Strafprozeßordnung" mit den Beschlüssen der Kommission (nach 2. Lesung Nr. 7) hinter „Gerichts" die Fassung: „für das vorbereitende Verfahren durch den Amtsrichter aus der Zahl der am Sitze *dieses Gerichts* wohnhaften Rechtsanwälte". Voraussetzlich in Veranlassung der inkorrekten Stellung der Worte „dieses Gerichts" ist jedoch die Redaktion demnächst in der Weise geändert worden, wie der § in das Gesetz aufgenommen ist. Dies hat aber zur Folge gehabt, daß es an einer Bestimmung darüber fehlt, aus welchen Rechtsanwälten der *Amtsrichter* seine Wahl treffen dürfe. Mangels einer solchen Bestimmung wird anzunehmen sein, daß auch *er* aus allen am Orte — selbst den größesten Städten — und bei Gerichten jeder Art fungirenden Rechtsanwälten zu wählen habe, gleichviel ob die Untersuchung, um deren Voruntersuchung es sich handelt, zur Zuständigkeit des Reichsgerichts, eines Schwur- oder welches anderen Gerichts gehöre.

Der Ausdruck „vorbereitendes Verfahren" bildet, da er die „Voruntersuchung" ausschließt, den Gegensatz zu dem im § 142 gebrauchten Worte „Vorverfahren". Der zweite Satz des Abs. 1 bezieht sich daher auf solche gerichtliche Verhandlungen, welche vor Erhebung der öffentlichen Klage (§§ 160. 163. 164 St.) auf Antrag der StAschft. oder von Amtswegen stattfinden. Danach ist hier unter „Amtsrichter" der mit solchen Verhandlungen befaßte zu verstehen. Doch scheint die Vorschrift auf Fälle beschränkt werden zu müssen, wo nach dem Gegenstande der Beschuldigung anzunehmen ist, daß nach § 140 die Vertheidigung nothwendig sei, da der von der Zulässigkeit fakultativer Bestellung eines Vertheidigers handelnde § 141 diese Befugniß nur dem Gericht und dem Vorsitzenden desselben ertheilt, eine Ausdehnung dieser Bestimmung auf den Amtsrichter mithin bedenklich erscheint. Die Frage muß jedoch für zweifelhaft gelten, weil in der JK. zur Rechtfertigung der Einschaltung des zweiten Satzes des Abs. 1 ganz allgemein bemerkt ist: sie mache sich nöthig, nachdem beschlossen worden, daß auch im Vorverfahren eine Vertheidigung stattfinden solle (zulässig sei).

3. Auch darüber, welche Personen zu der im Abs. 2 erwähnten Kategorie der „Justizbeamten", und welche zu den diesen als Gegensatz gegenübergestellten „Rechtskundigen" zu rechnen seien, geben die Mot. und die Berathungen der JK. keine Auskunft.

Zu der ersten Kategorie gehören nach dem — bei der Gesetzauslegung zunächst maßgebenden — Sinne der völlig negativ redigirten Worte: „welche nicht als Richter angestellt sind" — außer den Staatsanwälten und Notaren — die Justizminister, deren Räthe, die Militär-Auditeure und, im weiteren Sinne, die bei den Verwaltungsbehörden angestellten Justitiarien. Gleichwohl wird eine „Bestellung" dieser Beamten zu Vertheidigern nicht gemeint, sie würde auch in den seltensten Fällen ausführbar sein.

Nach der allgemeinen Auffassung der Stellung der Referendarien würden auch diese zu den Justizbeamten, welche nicht als Richter angestellt sind, zu rechnen sein. Im 3. Theile der Preuß. Allg. Gerichtsordnung handelt der 4. Titel von dem „Amte der Referendarien und Auskultatoren" und auch S. 504 der Prot. der JK. werden sie wiederholt „Beamte" genannt. Allein aus den Berathungen der JK. muß geschlossen werden, daß die Referendarien (Applikanten u. s. w.) in Bezug auf die zweite Kategorie: „Rechtskundige, welche" u. s. w. in's Auge gefaßt sind; auch hat die Regierungsvertretung sie — wie weiter unten nachgewiesen werden wird — ausdrücklich zu dieser Kategorie gezählt.

Scheiden hiernach auch die Referendarien aus der ersten Kategorie aus, so werden der Gerichtsvorsitzende und der Amtsrichter sich schwer darüber schlüssig machen können, welche nicht als Richter angestellte Justizbeamte sie zu Vertheidigern bestellen dürfen.

4. Nicht minder zweifelhaft ist, auf welche Personen die zweite Alternative des Abs. 2 Anwendung finden soll.

Zu den mit Justizbeamtenqualität nicht versehenen „Rechtskundigen, welche die vorgeschriebene erste Prüfung für den Justizdienst bestanden haben", gehören nicht nur die in den Ruhestand getretenen Justizbeamten, sondern auch solche Rechtskundige, welche nach bestandener erster juristischer Prüfung entweder in den Dienst einer Korporation, z. B. als Syndici getreten sind, oder auch von juristischer Beschäftigung gänzlich Abstand genommen haben.

Auf diese Klassen von Rechtskundigen wollte zwar die Regierungsvertretung nach ihren Bemerkungen S. 492. 493 der Prot. die Vorschrift nicht bezogen wissen. Sie sagt dort in Bezug auf den § 127 des Entw. (§ 144 St.) ganz allgemein, ohne zwischen den beiden Kategorieen zu unterscheiden: „es seien entweder angestellte Persönlichkeiten oder (dies „oder" bezeichnet die zweite Kategorie des Abs. 2) Referendarien, also amtlich verpflichtete für den Justizdienst sich vorbereitende Männer". „Es müsse daran festgehalten werden, daß der Vertheidiger irgend eine amtliche Qualität habe". „Der § 144 spreche von Beamten."

Allein diese Ansicht findet in den Worten: „sowie solche Rechtskundige" u. s. w. keinen Anhalt. Denn durch dieselben werden diese Rechtskundigen den Beamten in der Weise gegenübergestellt, daß sie deren Justizbeamten-Qualität ausschließen.

Es wird auch die Nothwendigkeit eines amtlichen Charakters der „Rechtskundigen" keinesweges für selbstverständlich gelten können, vielmehr würde im Einklange mit der völlig allgemeinen Wortfassung des § unterstellt werden dürfen, daß vom Gesetz beabsichtigt worden sei, Männern, die sich im Besitze der zur Uebernahme einer Vertheidigung erforderlichen Kenntnisse befinden, eine Verpflichtung der Verwerthung derselben im Interesse der einer strafbaren Handlung beschuldigten, eines Schutzes bedürfenden Personen in ähnlicher Weise aufzulegen, wie dies in Bezug auf die Uebernahme des Amtes als Geschworener und Schöffe, insbesondere aber in Bezug auf die Erstattung von Gutachten (§ 75 Abs. 1 St.) geschehen ist.

Dem würde auch nicht entgegenstehen, daß im § 145 Abs. 3 von „dienstlicher Ahndung" die Rede ist. Denn diese Bestimmung sagt nur, daß **wenn** der bestellte Vertheidiger ein Beamter ist, dienstliche Ahndung eintreten kann; nicht aber läßt sie den Rückschluß zu, daß derselbe nothwendig Beamter sein müsse.

Es möchte sich für die Ansicht, daß in die zweite Kategorie nicht ausschließlich die bei den Gerichten zu ihrer Ausbildung beschäftigten jungen Männer haben fallen sollen, auch anführen lassen, daß in dem analogen § 139 hinter „bestanden hat" die ein dienstliches Verhältniß bezeichnenden Worte: „und in demselben (Justizdienste) seit mindestens zwei Jahren beschäftigt ist", eingeschaltet sind, eine solche Beschränkung aber hier fehlt.

Bezieht man aber auch mit der Regierungsvertretung die Worte: „sowie solche Rechtskundige" u. s. w. ausschließlich auf die Referendarien, so tritt wieder das Bedenken entgegen, ob dieselben zur Uebernahme von Vertheidigungen verpflichtet sind, also „als Vertheidiger bestellt werden können", wie doch das Gesetz nach seinen unzweideutigen Worten voraussetzt. Denn die Regierungsvertretung sagt S. 503 der Prot.: Es sei eine dort nicht zu entscheidende Frage, ob es nicht „zulässig und erforderlich" sei, bei Regelung des Verhältnisses der Rechtskandidaten etwaige, ihre Verpflichtung zur Uebernahme von Vertheidigung betreffende Vorschriften zu erlassen — worin das Anerkenntniß zu finden sein wird, daß, Mangels solcher Vorschriften, eine derartige Verpflichtung für sie nicht besteht.

Ein ferneres Bedenken hinsichtlich der Befugnisse des Gerichtsvorsitzenden und des Amtsrichters bei der Auswahl des zu bestellenden Vertheidigers regt die Fassung des § dadurch an, daß, während der Abs. 1 nur zwischen den am Sitze des Gerichts wohnhaften Rechtsanwälten — gleichviel also, ob sie bei diesem oder einem anderen Gerichte desselben Orts zur Praxis verstattet sind und selbst wenn die Stadt in mehrere Gerichtsbezirke getheilt ist (§ 11 Abs. 1 St.) — die Wahl läßt, der Abs. 2 lokale Grenzen überhaupt nicht bestimmt, mithin nach den Worten dieses Absatzes und bei Berücksichtigung seines Gegensatzes zum Abs. 1 bei der Wahl auch über die Grenzen des Orts des Gerichtssitzes hinaus gegriffen werden darf.

Es ist zu erwarten, daß die Praxis des Reichsgerichts, event. die Gesetzgebung die vorstehend besprochenen Zweifel beheben wird.

5. Einverständniß herrschte in der JK. darüber, daß die „Bestellung" erst eintrete, wenn der Beschuldigte einen Vertheidiger nicht gefunden habe, S. 505 der Prot.; ferner, daß der Vertheidiger (abgesehen von der Vorschrift des § 339 St.) zur Vornahme einzelner Vertheidigungshandlungen, insbesondere zur Einlegung von Rechtsmitteln, weder des ausdrücklichen Auftrags, noch der Zustimmung des Beschuldigten oder des gesetzlichen Vertreters desselben bedürfe, auch für den Angekl. das Recht der Ablehnung von Geschworenen ausüben dürfe S. 506; endlich, daß die sogenannten Generalsubstituten der Rechtsanwälte diesen in Bezug auf Zulassung, Wählbarkeit u. s. w. als Vertheidiger gleichzuachten seien. S. 507.

§ 145 St.

Wenn in einem Falle, in welchem die Vertheidigung eine nothwendige[1] oder die Bestellung eines Vertheidigers in Gemäßheit des § 141 erfolgt ist, der Vertheidiger in der Hauptverhandlung ausbleibt, sich unzeitig entfernt oder sich weigert, die Vertheidigung zu führen[2], so hat der Vorsitzende dem Angeklagten sogleich einen anderen Vertheidiger zu bestellen. Das Gericht kann jedoch auch eine Aussetzung der Verhandlung beschließen[3].

Erklärt der neu bestellte Vertheidiger, daß ihm die zur

Vorbereitung der Vertheidigung erforderliche Zeit nicht verbleiben würde, so ist die Verhandlung zu unterbrechen oder auszusetzen[4].

Wird durch die Schuld[5] des Vertheidigers eine Aussetzung erforderlich, so sind demselben, vorbehaltlich dienstlicher Ahndung, die hierdurch verursachten Kosten aufzuerlegen.

1. Die Bestellung erfolgt auch in den Fällen des Abs. 1 des § 140 St. nur Mangels eines gewählten Vertheidigers. In jenen Fällen wird daher der § 145 St. auch auf einen Vertheidiger Anwendung finden, welcher die Wahl aktenkundig angenommen hat. Dagegen hält in anderen Fällen das Ausbleiben des gewählten Vertheidigers die Hauptverhandlung nicht auf.

2. Ob es erforderlich sei, daß der Vertheidiger einen ausführlichen Schlußvortrag halte, und ob im Weigerungsfalle eine Aussetzung der Verhandlung nothwendig sei, soll — nach den Mot. S. 85 — dem richterlichen Ermessen anheimfallen.

3. Um für eine andere Hauptverhandlung die Vertheidigung des Angeklagten herbeizuführen.

4. Der Satz: „Erklärt der neubestellte" u. s. w. ist von der JK. gegen den Widerspruch der Regierungsvertretung beschlossen worden. S. 510 der Prot. Die Uebelstände, welche in Folge dieser unbedingten Bestimmung eintreten werden, wenn der Vertheidiger Eines von mehreren Angeklagten sich erst gegen den Schluß der während mehrerer Tage fortgesetzten Hauptverhandlung einer schwurgerichtlichen Untersuchung entfernt, und ferner, wenn demnächst bei der Fortsetzung oder Erneuerung — §§ 227. 228 St. — der Hauptverhandlung der Vertheidiger eines anderen Angeklagten ausbleibt oder sich entfernt, und der für ihn ernannte Substitut dieselbe Erklärung abgiebt — sind bei der Berathung nicht zur Sprache gekommen. Es ist jedoch in der Verhandlung vom 20. Oktober 1876 S. 12 (V. „161." Sitzung) sowie auch S. 887 der Prot. angenommen worden, daß, wenn sich eine dritte, als Vertheidiger qualifizirte Person zur Uebernahme der Vertheidigung bereit erkläre, dieselbe zum Vertheidiger bestellt und demzufolge von einer Unterbrechung der Verhandlung Abstand genommen werden dürfe.

5. Ob ihm eine „Schuld" beizumessen ist, wird, nachdem er zuvor gehört worden und geeigneten Falls Ermittelungen stattgefunden haben, durch Beschluß des Gerichts festzustellen sein.

§ 146 St.

Die Vertheidigung mehrerer Beschuldigter kann, insofern dies der Aufgabe der Vertheidigung nicht widerstreitet[1], durch einen gemeinschaftlichen Vertheidiger geführt werden[2].

1. Hierüber wird im Vorverfahren, einschließlich der Voruntersuchung, der die Verhandlung leitende Richter, in der Hauptverhandlung das Ge-

richt — auch gegen die Ansicht der Beschuldigten und des Vertheidigers — sowohl im Falle der Wahl, als der erfolgten Bestellung des Letzteren zu entscheiden haben. Entsteht das Bedenken erst durch das Ergebniß des Verfahrens und der Beweisaufnahme in der Hauptverhandlung, so wird es sich empfehlen, unter Entlassung des Vertheidigers, entweder sofort Jedem der betheiligten Angeklagten einen anderen Vertheidiger zu bestellen, oder nach Aussetzung der Verhandlung anderweit über den Vertheidigungspunkt zu befinden, da es mit dem zwischen Beschuldigten und dem — gewählten oder bestellten — Vertheidiger bestehenden Vertrauensverhältniß nicht vereinbar ist, wenn Letzterer die Vertheidigung des einen Beschuldigten fortführt und die des anderen gegen dessen Willen aufgiebt.

2. Danach ist es auch nicht unbedingt unzulässig, für mehrere Angeschuldigte nur Einen Vertheidiger zu bestellen.

§ 147 St.

Der Vertheidiger ist nach dem Schlusse der Voruntersuchung und, wenn eine solche nicht stattgefunden hat, nach Einreichung der Anklageschrift bei dem Gerichte zur Einsicht der dem Gerichte vorliegenden[1] Akten befugt.

Schon vor diesem Zeitpunkte ist ihm die Einsicht der gerichtlichen[2] Untersuchungsakten insoweit zu gestatten[3], als dies ohne Gefährdung des Untersuchungszweckes geschehen kann.

Die Einsicht der Protokolle über die Vernehmung des Beschuldigten[4], der Gutachten der Sachverständigen und der Protokolle über diejenigen gerichtlichen Handlungen, denen der Vertheidiger beizuwohnen befugt ist, darf ihm keinenfalls verweigert werden.

Nach dem Ermessen des Vorsitzenden können die Akten, mit Ausnahme der Ueberführungsstücke[5], dem Vertheidiger in seine Wohnung verabfolgt werden[6].

1. Die Worte „der dem Gerichte vorliegenden" sind von der JK. dem im Entwurfe enthaltenen Ausdruck: „Untersuchungsakten" substituirt. Auf die staatsanwaltschaftlichen Akten des Vorverfahrens wird sich die Vorschrift insoweit beziehen, als dieselben dem Gericht von der StAschft. übergeben sind. Bei der Berathung ist von einem Abgeordneten, ohne Widerspruch, hervorgehoben worden, daß der Staatsanwalt befugt sei, geheime Aktenstücke, die mit der Untersuchung nur in entferntem Zusammenhange stehen, nicht zu einem Theile seiner vorbereitenden Akten zu machen (S. 513 der Prot.). Vergl. auch den § 197 St.

2. Auf die Akten der Staatsanwaltschaft, gleichviel ob sie sich bereits bei den gerichtlichen Akten befinden oder nicht, wird bei Berücksichtigung der Verschiedenheit der Wortfassung im ersten und zweiten Satze diese Bestimmung um so weniger bezogen werden dürfen, als auch der Entwurf im zweiten — von der JK. abändernd redigirten — Satze die Worte: „gerichtliche Untersuchungsakten" enthielt.

3. Während der Voruntersuchung wird die Entscheidung hierüber dem Untersuchungsrichter anheimfallen. Aus der singulären Vorschrift des Schlußabsatzes herzuleiten, daß auch hier dem Gerichtsvorsitzenden die Verfügung zustehe, verbietet sich schon dadurch, daß diese eine umfassende Prüfung der Sachlage voraussetzt, welche nicht selten mit einer Verzögerung der Untersuchung verknüpft sein würde.

4. In dem diesem Zusatze der JK. zum Grunde liegenden Antrage war hinter „Beschuldigten" eingeschaltet: „der Zeugen". Diese Worte sind jedoch abgelehnt worden. Prot. S. 515.

5. Was hierunter zu verstehen sei, ist aus den Berathungen der JK., welche diesen Satz aufzunehmen beschlossen hat, nicht zu entnehmen. Prot. S. 514. Mit Rücksicht auf das in der Note 4 Bemerkte dürfte es sich auf die Zeugenaussagen beziehen. Auch wird es auf die sogenannten corpora delicti Anwendung finden.

6. Ob diese Vorschrift auch schon während der Voruntersuchung Platz greifen soll — was nach der Allgemeinheit der Fassung nicht ausgeschlossen sein würde — ist nicht Gegenstand der Berathung der JK. gewesen, welche auch diesen Satz eingeschaltet hat. Mit Rücksicht auf den nach Note 3 mit einer solchen Bestimmung verknüpften Nachtheil ist jedoch nicht anzunehmen, daß der Vorschrift eine so weite Ausdehnung hat gegeben werden sollen.

§ 148 St.

Dem verhafteten Beschuldigten ist schriftlicher und mündlicher Verkehr mit dem Vertheidiger gestattet[1].

So lange das Hauptverfahren nicht eröffnet ist, kann der Richter[2] schriftliche Mittheilungen zurückweisen, falls deren Einsicht ihm nicht gestattet wird[3].

Bis zu demselben Zeitpunkte kann der Richter, sofern die Verhaftung nicht lediglich wegen Verdachts der Flucht gerechtfertigt ist[4], anordnen, daß den Unterredungen mit dem Vertheidiger eine Gerichtsperson beiwohne.

1. Mit Rücksicht auf diese Vorschrift, welche bei der vom Entwurfe beabsichtigten Beschränkung der Vertheidiger auf Rechtsanwälte und Universitäts=Rechtslehrer unverfänglich war, wird bei der Zulassung der Wahl anderer Personen (§ 138 St.) im Interesse der Strafrechtspflege mit Vorsicht zu verfahren sein.

2. Untersuchungsrichter.

3. Der Zweck der Einsicht besteht in der Vergewisserung, daß die Mittheilungen von dem Vertheidiger herrühren, bzhw. von dem Verhafteten ausschließlich an den Vertheidiger gerichtet sind.

Das von schriftlichen Mittheilungen Gesagte gilt auch von Packeten und ähnlichen Sendungen, welche solche Mittheilungen enthalten können.

4. Die Worte „gerechtfertigt ist" deuten darauf hin, daß nicht die Sachlage zur Zeit der erfolgten Verhaftung des Angeschuldigten maßgebend ist, es vielmehr darauf ankommt, ob zu der Zeit, wo die Unterredung desselben mit dem Vertheidiger verlangt wird, die Fortdauer der Haft nicht blos wegen des Verdachts der Flucht, sondern auch wegen der Besorgniß von Kollusionen (§ 142) geboten erscheint. Die Gründe, welche den Richter bei seiner Anordnung leiten, sind — so wurde auch in der Sitzung des RT. vom 20. Dezbr. 1876 S. 975 folg. der Stenogr. Ber. angenommen — aktenkundig zu machen.

§ 149 St.

Der Ehemann einer Angeklagten ist in der Hauptverhandlung als Beistand derselben zuzulassen und auf sein Verlangen zu hören.

Dasselbe gilt von dem Vater, Adoptivvater oder Vormund eines minderjährigen[1] Angeklagten.

In dem Vorverfahren unterliegt die Zulassung solcher[2] Beistände dem richterlichen Ermessen.

1. Dürfte auch auf die im § 56 St. bezeichneten Angeklagten Anwendung finden, deren Verstandesreife mangelhaft ist, oder welche an Verstandesschwäche leiden. Ueberhaupt ist die Beschränkung der Bestimmung auf die in den Abs. 1 u. 2 bezeichneten Personen, nachdem der § 138 St. auch andere Vertheidiger, als Rechtsanwälte und Universitätslehrer für zulässig erachtet hat, nicht mehr gerechtfertigt, wie dies auch bei der Berathung des § in der JK. Seitens der Regierungsvertretung anerkannt worden ist. S. 520 der Prot.

2. Das Wort „solcher" ist nicht klar. Dafür, daß hier auch für andere, als die im Abs. 1 u. 2 bezeichneten Angeschuldigten, und daß andere Personen, als die dort benannten, als Beistände zuzulassen seien, bieten weder die Worte des Gesetzes noch die Mot. S. 86 einen Anhalt dar. In letzteren ist bemerkt, daß die Zulassung von Beiständen im Vorverfahren insbesondere aus dem Grunde in das richterliche Ermessen gestellt worden sei, weil im Falle einer zur Verhütung von Kollusionen verhängten Untersuchungshaft der Beschuldigte gerade in seinen nächsten Angehörigen die geeignetsten und bereitesten Persönlichkeiten zur Vereitelung des Haftzwecks finden werde.

§ 150 St.

[1]Dem zum Vertheidiger bestellten Rechtsanwalte sind für die geführte[2] Vertheidigung die Gebühren nach Maßgabe der Gebührenordnung aus der Staatskasse zu bezahlen[3].

Der Rückgriff an den in die Kosten verurtheilten Angeklagten bleibt vorbehalten.

1. Dieser § ist dem Entwurf gegen den wiederholten Widerspruch der Regierungsvertretung von der JK. hinzugefügt worden.

2. Das „Führen der Vertheidigung" findet in der Hauptverhandlung statt. Ist diese, gleichviel aus welchem Grunde, unterblieben, so werden dem Vertheidiger Gebühren für seine Mühwaltung vor der Hauptverhandlung — Information, Konferenzen, Korrespondenz — aus der Staatskasse nicht zu zahlen sein („bezahlen", wie es im Gesetz heißt, dürfte sprachlich nicht richtig sein).

3. Dasselbe wird gelten, wenn er in Fällen der §§ 222. 223, um der Vernehmung eines auswärtigen Zeugen beizuwohnen, eine Reise unternimmt.

Verfahren in erster Instanz.

Oeffentliche Klage.

§ 151 St.

Die Eröffnung einer gerichtlichen Untersuchung ist durch die Erhebung einer Klage* bedingt.

* „Klage" ist der allgemeine Ausdruck für Antrag auf Eröffnung einer Untersuchung. Geht der Antrag von der Staatsanwaltschaft aus, so heißt sie „öffentliche Klage"; stellt ihn die verletzte Privatperson: „Privatklage". Vergl. die §§ 168 und 414 folg. St. Der speziellere Begriff ist „Anklage". Die St. versteht darunter den Antrag der StAschft. auf Eröffnung des Hauptverfahrens. Vergl. § 197 St.

In Betreff des in den §§ 176. 177 StGB. gebrauchten Ausdrucks: „förmliche Anklage" war in der JK. eine Begriffsbestimmung nicht zu erzielen. Die Bemerkung eines Abgeordneten, daß der Ausdruck bei der Redaktion des StGB. deshalb gewählt sei, weil es bei der außerordentlichen Verschiedenheit der Einrichtungen in den einzelnen Bundesstaaten unmöglich gewesen sei, eine allgemein gültige und erschöpfende Bestimmung mit der erforderlichen Spezialität zu treffen, erscheint überzeugend.

Einverständniß herrschte darüber, daß die neue Terminologie der St. ohne jeden Einfluß auf die Auslegung jenes Ausdrucks des StGB. sein solle. Prot. S. 195 und Prot. vom 20. Oktober 1876 S. 12 (Sitzung 164).

§ 152 St.

Zur Erhebung der öffentlichen Klage ist die Staatsanwaltschaft berufen[1].

Dieselbe ist, soweit nicht gesetzlich[2] ein Anderes bestimmt ist[3], verpflichtet, wegen aller gerichtlich strafbaren und verfolgbaren[4] Handlungen einzuschreiten, sofern zureichende thatsächliche Anhaltspunkte vorliegen.

1. Eine in der JK. hervorgetretene Meinungsverschiedenheit darüber, ob das Legalitäts- oder das Opportunitätsprinzip für die Staatsanwaltschaft leitend sein solle — ob also der StA. genöthigt sei, ausnahmslos jede zu seiner amtlichen Kenntniß kommende Zuwiderhandlung gegen ein Strafgesetz zu verfolgen, oder ob er von der Verfolgung Abstand nehmen dürfe, wenn ihm unter den vorwaltenden Umständen bei leichten Straffällen die öffentliche Ordnung in so geringem Grade gestört erscheine, daß das staatliche Interesse eine Ahndung nicht erheische — event. ob das erstere Prinzip in voller Konsequenz durchzuführen sei, blieb ohne Resultat. Die Regierungsvertretung erklärte, in Uebereinstimmung mit den Mot. S. 87, der Entwurf der St. gehe von dem Legalitätsprinzip aus. Prot. S. 196.

Praktisch wird in Bezug auf die Grenzen der Verpflichtung des StA., einem amtlich zu seiner Kenntniß gekommenen Verdachte einer verübten Strafthat Folge zu geben, durch die Wahl weder des einen, noch des anderen Ausdrucks etwas gewonnen werden. Denn auch bei dem Legalitätsprinzip hat der StA., um über die Erhebung der öffentlichen Klage oder die Abstandnahme von derselben schlüssig zu werden, in jedem einzelnen Falle zu prüfen, ob der von ihm dem Richter zu unterbreitende Beweis genüge, wie dies auch durch die Worte: „thatsächliche Anhaltspunkte" angedeutet worden ist; ferner, ob die zur Anzeige gebrachte That unter den vorwaltenden Umständen als strafgesetzverletzend zu betrachten sei, beispielsweise, ob ein so hoher Grad von Fahrlässigkeit, wie nach der Absicht des Strafgesetzes zur Ahndung erforderlich, dem Beschuldigten beizumessen sei, sowie auch, ob Umstände vorgewaltet haben, welche — wie Geisteskrankheit und selbst Nothwehr — die Strafausschließung zweifellos erscheinen lassen.

Der StA. wird der ihm durch den § auferlegten Verpflichtung genügen, wenn er die Erhebung der Anklage weder willkürlich, noch aus s. g. Zweckmäßigkeitsrücksichten unterläßt, vielmehr daran festhält, daß dieselbe in allen Fällen zu erheben sei, wo er objektiv eine unter ein Strafgesetz fallende Handlung erkennt, und nach Maßgabe der vorhandenen Beweismittel und der bezüglich der Person des Beschuldigten vorwaltenden, sowie der die That begleitenden Umstände eine Verurtheilung desselben erwarten zu dürfen glaubt. Vergl. § 158 Abs. 1 St.

2. Nach der nicht bekämpften Ansicht der Regierungsvertretung sind hierunter auch Landesgesetze in so weit zu verstehen, als sie nach den Reichsgesetzen zugelassen sind. Prot. der JK. S. 196.

3. Bezieht sich auf die Fälle, in denen das StGB. die Verfolgung von einem Antrage des Verletzten abhängig macht.

4. Vergl. die §§ 18 u. 19 G.

§ 153 St.

Die Untersuchung und Entscheidung erstreckt sich nur[1] auf die in der Klage[2] bezeichnete That und auf die durch die Klage beschuldigten Personen.

Innerhalb dieser Grenzen sind die Gerichte zu einer selbständigen Thätigkeit berechtigt und verpflichtet; insbesondere sind sie bei Anwendung des Strafgesetzes[3] an die gestellten Anträge nicht gebunden.

1. Diese für das strafgerichtliche Verfahren wesentliche Bestimmung ist ein unabweislicher Ausfluß des Prinzips des Anklageprozesses. Es folgt aus ihr, daß das erkennende Gericht bei der Urtheilsfällung in Bezug auf Personen und strafbare Handlungen die in der Anklage von der StAschft. gezogenen Grenzen in der Weise inne zu halten hat, daß es seine Beurtheilung weder auf Personen, deren Bestrafung die StAschft. nicht beantragt hat, noch auf Handlungen, welche dieselbe nicht zum Gegenstande der Anklage gemacht hat, ausdehnen darf.

Der gleiche Grundsatz ist für den Untersuchungsrichter leitend. Derselbe hat zwar hinsichtlich der ihm von der StAschft. bezeichneten That bei seinem Verfahren völlig selbständig alle die Gesichtspunkte in's Auge zu fassen, welche auf die strafrechtliche Charakterisirung derselben, sowie auf die Erhöhung, Verminderung oder Ausschließung der Strafbarkeit vom sachlichen oder persönlichen Standpunkte aus von Einfluß sein können; er darf aber weder andere strafbare Handlungen, deren der Angeschuldigte ihm verdächtig erscheint, zum Gegenstande seiner Ermittelungen machen, noch diese gegen Personen richten, auf welche sich die öffentliche Klage der StAschft. nicht bezieht. Scheinen ihm die Ergebnisse seines Verfahrens in jener oder dieser Beziehung zu einer strafgerichtlichen Verfolgung Anlaß darzubieten, so hat er die betreffenden Verhandlungen der StAschft. zur eigenen Beschlußnahme, ob eine Ausdehnung der Voruntersuchung geboten sei, mitzutheilen. Vergl. auch die §§ 177 und 189 St.

2. Wie sich aus „Entscheidung" — hier gleichbedeutend mit „Urtheil" — ergiebt, umfaßt hier der allgemeinere Ausdruck „Klage" auch die Anklageschrift. Vergl. die Note zu § 151 St.

3. Dies bezieht sich sowohl auf die dem Gericht, unabhängig von der Ansicht des Staatsanwalts zustehende Beurtheilung der strafrechtlichen Qualifikation der That, als auf die Bestimmung des Strafmaßes. Das Gericht ist daher z. B. nicht gehindert, eine That, welche der Staatsanwalt unter den Gesichtspunkt einer Unterschlagung gebracht hat, als Diebstahl zu charakterisiren und als solchen zu bestrafen. Auch in Betreff der Beweisführung ist der Untersuchungsrichter, bzhw. das Gericht, an die Anträge des Staatsanwalts nicht gebunden, also weder genöthigt, die von diesem bezeichneten Beweismittel zu benutzen, noch gehindert, anstatt derselben oder daneben, anderen Beweis zu erheben. Vergl. auch § 195 Abs. 2 und die Note 2 zu § 201 St.

§ 154 St.

Die öffentliche Klage kann nach Eröffnung der Untersuchung nicht zurückgenommen werden*.

* Wiewohl „Untersuchung" und „Voruntersuchung" begrifflich Gegensätze bilden, umfaßt doch — in gleicher Weise, wie das Gesetz unter „öffentliche Klage" sowohl den Antrag auf Voruntersuchung, als die Einreichung der Anklageschrift versteht, § 168 St. — hier „Eröffnung der Untersuchung" nicht nur den das Hauptverfahren eröffnenden Beschluß des Gerichts, § 201 St., sondern auch die Entscheidung, durch welche dem Antrage der Staatsanwaltschaft auf Eröffnung der Voruntersuchung stattgegeben wird. Dem entspricht auch der in den Mot. S. 88 angegebene Grund: daß, wenn die Staatsanwaltschaft einmal „das Richteramt mit einer Klage befaßt habe", der Fortgang derselben nicht mehr ihrem einseitigen Ermessen unterstellt werden dürfe. Vergl. auch die §§ 196 und 201 St.

Die Vorschrift des § wird auch auf die Zurücknahme Eines von mehreren Anklagepunkten Anwendung finden.

§ 155 St.

Im Sinne dieses Gesetzes ist:

Angeschuldigter der Beschuldigte, gegen welchen die öffentliche Klage erhoben ist,

Angeklagter der Beschuldigte oder Angeschuldigte, gegen welchen die Eröffnung des Hauptverfahrens beschlossen ist*.

* Von einer Definition des Ausdrucks: „Beschuldigter" hat die JK. Abstand genommen, weil derselbe an verschiedenen Stellen der St. in engerer oder weiterer Bedeutung gebraucht ist. Vergl. die §§ 22 Nr. 2 u. 3. 57. 97. 99. 171. 172 (Prot. S. 1121).

Vorbereitung der öffentlichen Klage.

§ 156 St.

Anzeigen strafbarer Handlungen oder Anträge auf Strafverfolgung können[1] bei der Staatsanwaltschaft, den Behörden und Beamten des Polizei- und Sicherheitsdienstes und den Amtsgerichten[2] mündlich oder schriftlich[3] angebracht werden. Die mündliche Anzeige ist zu beurkunden[4].

Bei strafbaren Handlungen, deren Verfolgung nur auf Antrag eintritt, muß der Antrag bei einem Gericht oder der Staatsanwaltschaft[5] schriftlich oder zu Protokoll, bei einer anderen Behörde schriftlich angebracht werden[6].

1. Von Jedermann, nicht blos dem Verletzten.

2. In der JK. wurde auf die Bemerkung eines Abgeordneten, daß die Mot. (S. 89) vom „Amtsrichter" sprächen, von der Regierungsvertretung erklärt: Der Entwurf habe es als zweifellos angesehen, daß auch der Gerichtsschreiber das Protokoll aufnehmen könne. Aus demselben Grunde werden hier unter „Staatsanwaltschaft" im ersten Absatz auch die Büreaubeamten derselben zu verstehen sein.

Als Regel wird jedoch daran festzuhalten sein, daß, wo das Gesetz den Ausdruck „Amtsgericht" bzhw. „Staatsanwaltschaft" braucht, die betreffenden Funktionen nur in dem Falle vom Gerichtsschreiber, bzhw. Sekretär, ausgeführt werden dürfen, wenn dies nach der völlig klaren Absicht des Gesetzes für zulässig zu erachten ist. Prot. S. 200. Vergl. auch die Note 1 zu § 34 Nr. 5 G.

3. Bei schriftlichen Anträgen wird es sich empfehlen, wenn die Handschrift nicht bekannt ist, die Authentizität festzustellen, um in Fällen unzulässiger Zurücknahme des Antrages zu verhindern, daß der Antragsteller behaupten könne, der Antrag rühre nicht von ihm her.

4. Daß unter „Beurkundung" im Sinne dieses § und ebenso unter „Protokoll" im Abs. 2 eine der Unterschrift des Anzeigenden nicht bedürfende Registratur des Beamten zu verstehen sei, ist bei der Berathung des § in der JK. allseitig ausgesprochen worden (Prot. S. 202. 203 und Zusammenstellung vom 1. Oktbr. 1867 S. 12, Anl. L zum Prot. vom 20. Oktbr. 1876). Für die Zulässigkeit dieser Auslegung des Wortes „Protokoll" läßt sich auch geltend machen, daß in Bezug auf „Untersuchungshandlungen" die Unterschrift der Betheiligten im § 186 Abs. 3 St. ausdrücklich vorgeschrieben ist.

5. So bedenklich es auch erscheint, in einem und demselben § denselben Ausdrücken verschiedenen Sinn beizulegen, so dürfte doch hier — abweichend vom Abs. 1 — unter einem bei einem Gericht oder der StAschft.

errichteten Protokoll ein solches zu verstehen sein, bei welchem ein Richter bzhw. ein StA. mitgewirkt hat.

Nach der bei der ersten Lesung von der JK. (Prot. S. 201) beschlossenen Fassung des § sollten auch die Anträge auf Strafverfolgung bei den „Behörden und Beamten des Polizei- und Sicherheitsdienstes" zu Protokoll gegeben werden dürfen. Diese Bestimmung wurde aber bei zweiter Lesung (Prot. S. 888) mit Rücksicht auf die durch das Reichsgesetz vom 26. Februar 1876 (RGBl. S. 25) eingeführte Beschränkung der Zurücknahme des Strafantrages und „da erfahrungsmäßig gerade die von den Beamten des Polizei- und Sicherheitsdienstes aufgenommenen Anzeigen sehr häufig Zweifel über die eigentliche Absicht des Anzeigenden hervorriefen", durch Fortlassung dieser Beamten im Abs. 2 geändert.

In Erwägung dieser geflissentlichen Aenderung und der für dieselbe geltend gemachten Gründe wird davon auszugehen sein, daß die Mitwirkung eines Rechtskundigen bei der Aufnahme dieses Protokolls beabsichtigt worden sei.

6. Die nicht unmittelbar bei der StAschft. angebrachten Anzeigen und Anträge sind ohne Verzug an dieselbe abzugeben. Vergl. § 161 Abs. 2.

§ 157 St.

Sind Anhaltspunkte dafür vorhanden, daß Jemand eines nicht natürlichen Todes gestorben ist, oder wird der Leichnam eines Unbekannten gefunden[1], so sind die Polizei- und Gemeindebehörden zur sofortigen Anzeige an die Staatsanwaltschaft oder an den Amtsrichter[2] verpflichtet.

Die Beerdigung darf nur auf Grund einer schriftlichen Genehmigung der Staatsanwaltschaft[3] oder des Amtsrichters erfolgen.

1. Der Ausdruck entspricht dem Sprachgebrauche nicht in allen Fällen, z. B. dann nicht, wenn der Unbekannte im Eisenbahnwaggon in Gegenwart Anderer plötzlich eines natürlichen Todes gestorben ist. Gleichwohl wird die Anzeige auch in einem solchen Falle erstattet werden müssen.

Die Mot. S. 89 sagen: Die Anzeige müsse auch dann erfolgen, wenn der Verdacht einer strafbaren Handlung nach der Ansicht der zur Anzeige verpflichteten Behörde nicht vorliege.

2. Nach dem Entwurfe sollte die Anzeige an den Amtsrichter nur in Fällen großer Entfernung des Sitzes der Staatsanwaltschaft erfolgen. Die JK. hat, weil auch in anderen dringenden Fällen die Benachrichtigung des Amtsrichters zweckmäßiger sein könne, die jetzige Fassung substituirt. Prot. S. 204—206.

Der Amtsrichter wird nur im Falle zweifellosen Ausscheidens des Verdachts einer strafbaren Handlung, mit Uebergehung der Staatsanwaltschaft, die Erlaubniß zur Beerdigung zu ertheilen, anderenfalls der Letzteren sofort Nachricht zu geben und sich seinerseits auf die, keinen Aufschub leidenden Maßregeln zu beschränken haben.

Eine Verpflichtung der Privatpersonen zu den betreffenden Anzeigen an die Polizeibehörde ist nicht vorgeschrieben.

3. Nach den Mot. S. 89 ist hier die Staatsanwaltschaft des Landgerichts gemeint. Der Grund hiefür wird darin zu finden sein, daß eine den Tod eines Menschen verschuldende strafbare Handlung die Kompetenz des Amtsanwalts überschreitet.

§ 158 St.

Sobald die Staatsanwaltschaft durch eine Anzeige oder auf anderem Wege* von dem Verdacht einer strafbaren Handlung Kenntniß erhält, hat sie behufs ihrer Entschließung darüber, ob die öffentliche Klage zu erheben sei, den Sachverhalt zu erforschen.

Die Staatsanwaltschaft hat nicht blos die zur Belastung, sondern auch die zur Entlastung dienenden Umstände zu ermitteln und für die Erhebung derjenigen Beweise Sorge zu tragen, deren Verlust zu besorgen steht.

* Die beantragte Aufnahme des Satzes: „Namenlose oder von einem Unbekannten herrührende Anzeigen berechtigen bis zu weiterer Aufklärung nur zu Untersuchungshandlungen, welche für die Ehre oder sonstigen Rechte der bezichtigten Person ohne Nachtheil sind", wurde von der IK. abgelehnt. Prot. S. 206.

Eine Verpflichtung des Staatsanwalts, außeramtlich zu seiner Kenntniß gekommene strafbare Handlungen amtlich zu verfolgen, ist aus dem § nicht herzuleiten.

§ 159 St.

Zu dem im vorstehenden Paragraphen bezeichneten Zwecke kann die Staatsanwaltschaft von allen öffentlichen Behörden Auskunft verlangen und Ermittelungen jeder Art, mit Ausschluß eidlicher Vernehmungen, entweder selbst vornehmen¹ oder durch die Behörden und Beamten des Polizei- und Sicherheitsdienstes vornehmen lassen. Die Behörden und Beamten des Polizei- und Sicherheitsdienstes sind verpflichtet, dem Ersuchen oder Auftrage der Staatsanwaltschaft zu genügen².

1. In Betreff der Berechtigung der StAschft. zur Vorladung von Zeugen und der Verpflichtung Vorgeladener, vor derselben zu erscheinen, vergl. die Note 2 zu § 133 St.

2. Nach dem Prinzip der St. umfaßt diese Verpflichtung auch die Behörden und Beamten anderer Bundesländer als desjenigen, welchem der Staatsanwalt angehört. Eine Verweigerung der Ausführung des Auftrages oder Ersuchens wird bei der Unbedingtheit der Vorschrift nur wegen örtlicher Unzuständigkeit, nicht auch wegen Unzulässigkeit der verlangten Handlung statthaft sein. Vergl. §§ 159 G. und 160 u. 187 St.

Ueber die Frage, ob der Staatsanwalt Exekutivstrafen gegen die Beamten des Polizei- und Sicherheitsdienstes festsetzen dürfe, spricht sich das Gesetz nicht aus. Hierüber, sowie in Bezug auf die nähere Bezeichnung der Kategorieen jener Beamten werden die erforderlichen Bestimmungen durch die Landesgesetzgebung, bzhw. im Wege der Instruktion zu treffen sein. Vergl. § 153 G.

§ 160 St.

Erachtet die Staatsanwaltschaft die Vornahme einer richterlichen Untersuchungshandlung für erforderlich, so stellt sie ihre Anträge bei dem Amtsrichter des Bezirks, in welchem diese Handlung vorzunehmen ist.

Der Amtsrichter hat zu prüfen, ob die beantragte Handlung nach den Umständen des Falles gesetzlich zulässig ist*.

* Der 2. Abs. ist dem Entwurf gegen den Widerspruch der Regierungsvertretung von der JK. hinzugefügt. Dieselbe hatte ihm in zweiter Lesung die Fassung gegeben: „Der Amtsrichter hat zu prüfen, ob die beantragte Handlung gesetzlich zulässig, ob nach den Umständen des Falles ein Zwang zur Ablegung des Zeugnisses, und ob eine eidliche Vernehmung gerechtfertigt ist". Erst in der Verhandlung vom 12. November 1876 (Prot. S. 4) hat der Satz — nachdem in dieser und in früheren Verhandlungen 7 andere Anträge gestellt waren (Prot. S. 211 u. 820) — die jetzige Fassung erhalten, zu deren Rechtfertigung der Antragsteller erklärt hat: sie solle „der Annahme einer abstrakten Zulässigkeit jeden Anhalt entziehen". Diese Bemerkung dürfte zur Behebung der Zweifel, zu denen die Worte „nach den Umständen des Falles gesetzlich zulässig ist" Anlaß geben, etwas Wesentliches nicht beitragen.

Ob eine richterliche Handlung „gesetzlich zulässig" ist, wird stets von den „Umständen des Falles" abhängen; der Richter kann zu einem Urtheil, ob die von ihm verlangte Handlung nach dem Gesetz zulässig sei, oder nicht, auf keinem anderen Wege, als durch Anpassung der Vorschriften des Gesetzes auf die vorwaltenden thatsächlichen Umstände gelangen.

Der Satz würde verständlich sein, wenn entweder die Worte „nach den Umständen des Falles", oder das Wort „gesetzlich" fehlte. Im ersten Falle würde der Richter, wie bei jedem Antrage einer Partei, so bei dem der StAschft. lediglich zu prüfen haben, ob demselben ein Gesetz entgegenstehe. Dies kann aber nicht der Sinn des Satzes sein; denn hiervon ausgegangen würden die Worte „nach den Umständen des Falles“ müßig stehen. Im letzten Falle — wenn das Wort „gesetzlich“ fehlte — würde das Wort „zulässig“ für gleichbedeutend mit „zuzulassen“ aufzufassen sein, der Richter also zu prüfen haben, ob nach Maßgabe der Sachlage von der Seitens der StAschft. beantragten richterlichen Handlung ein Ergebniß für die Begründung oder Widerlegung des Verdachts stattgehabter Verübung einer strafbaren Handlung, bzhw. des Thäters, zu erwarten sei oder nicht. Dem Richter die Entscheidung über diese Zweckmäßigkeitsfrage zu überweisen, ist aber — soweit die in der IK. hervorgetretenen, weit auseinandergehenden Meinungen dies erkennen lassen — nicht beabsichtigt (Prot. S. 211 unten), würde auch die StAschft. in der Lösung ihrer Aufgabe, die Anklage ihrerseits vorzubereiten, völlig lähmen.

Von den erwähnten 7 Anträgen möchte nur der dahin lautende: „Der Amtsrichter darf den Antrag nur dann zurückweisen, wenn die beantragte Handlung gesetzlich unzulässig ist“, der durch das Prinzip des Anklageprozesses gebotenen amtlichen Stellung der StAschft. zu dem Gericht entsprochen haben.

Nach den Bemerkungen des Berichts der Kommission vom 28. Oktober 1876 (Nr. 10 S. 22) müßte angenommen werden, daß der Abs. 2 des § ausschließlich die Frage der Zulässigkeit der Beeidigung eines Zeugen im Skrutinialverfahren zum Gegenstande habe. Es bieten jedoch, wiewohl der § allerdings in Verbindung mit dem § 65 berathen worden ist, die Worte desselben bei ihrer Allgemeinheit keinen Anhalt zu dieser Auffassung dar.

Es ist zu erwarten, daß den Nachtheilen, welche mit einer so weiten Auslegung des Satzes, wie sie die Worte desselben zulassen, für die Strafrechtspflege mittelbar verknüpft sein würde, durch eine besonnene Handhabung der Praxis vorgebeugt werden wird.

§ 161 St.

Die Behörden und Beamten des Polizei- und Sicherheitsdienstes haben strafbare Handlungen zu erforschen und alle keinen Aufschub gestattenden Anordnungen zu treffen, um die Verdunkelung der Sache zu verhüten.

Sie übersenden ihre Verhandlungen ohne Verzug der Staatsanwaltschaft. Erscheint die schleunige Vornahme richterlicher Untersuchungshandlungen erforderlich, so kann die Uebersendung unmittelbar an den Amtsrichter erfolgen*.

* Unter gleichzeitiger Benachrichtigung der Staatsanwaltschaft, wie dies die Mot. S. 91 mit Recht als angemessen bezeichnen. Dieselben heben unter den „Untersuchungshandlungen“ des Abs. 2 die Einnahme des Augenscheins hervor.

§ 162 St.

Bei Amtshandlungen an Ort und Stelle[1] ist der Beamte, welcher dieselben leitet, befugt, Personen, welche seine amtliche Thätigkeit vorsätzlich[2] stören oder sich den von ihm innerhalb seiner Zuständigkeit getroffenen Anordnungen widersetzen, festnehmen und bis zur Beendigung seiner Amtsverrichtungen, jedoch nicht über den nächstfolgenden Tag hinaus[3], festhalten zu lassen.

1. Bei der Berathung des § in der JK. erklärte die Regierungsvertretung auf Befragen (Prot. S. 216), es stehe „den Beamten" an der Gerichtsstelle die gleiche Befugniß zu; in Betreff der Richter sei dies im § 182 G. ausgesprochen.

Mit Rücksicht auf den allgemeinen Ausdruck „Beamten" in Verbindung mit der Gegenüberstellung des „Richters" unterliegt jene Erklärung der Auffassung, daß auch der an Gerichtsstelle „Amtshandlungen" vornehmende Gerichtsschreiber oder Büreaubeamte der StAschft. eine seine Thätigkeit störende Person bis zum Ende des nächstfolgenden Tages festhalten lassen dürfe. Hiervon ausgegangen, wird sich der Ausspruch der Regierungsvertretung so wenig aus dem § 182 G., welcher, wie erwähnt, ausschließlich vom „Richter" spricht, als aus dem hier in Rede stehenden § 162 St. rechtfertigen lassen, da die singuläre Vorschrift desselben nur die außerhalb der Gerichtsstelle stattfindenden, erfahrungsmäßig der Störung vorzugsweise ausgesetzten Amtshandlungen zum Gegenstande hat, eine ausdehnende Interpretation derselben mithin nicht zulässig sein dürfte.

Während hier ein Festhalten bis zum Ablauf des ganzen nächstfolgenden Tages zulässig ist, beschränkt der analoge § 178 G. dasselbe auf den Zeitraum von 24 Stunden.

2. Die Vorschrift dürfte auch beim Ausscheiden eines auf Störung gerichteten **Vorsatzes**, wenn z. B. ein Trunkener die Verhandlung stört, und andere Mittel, ihn fortzuschaffen, fehlschlagen, anwendbar sein.

3. Ist dieser Tag ein Sonntag, und soll demzufolge die Fortsetzung der Verhandlung am Montage erfolgen, so muß die Entlassung am Sonnabend stattfinden, da die Vorschrift eine ununterbrochene Fortsetzung der Verhandlung voraussetzt, die Maßregel auch nicht als Strafe, sondern als Schutzmittel gegen Störung zu betrachten ist.

Aus diesem letzteren Grunde findet die Vorschrift in gleicher Weise wie die der §§ 178 folg. G. auch gegen Militärpersonen Anwendung.

§ 163 St.

Wenn Gefahr im Verzug obwaltet*, hat der Amtsrichter die erforderlichen Untersuchungshandlungen von Amtswegen vorzunehmen.

* Entgegengesetzten Falls wird er die Benachrichtigung der Staatsanwaltschaft zu veranlassen haben. Ein Antrag, wonach der Amtsrichter rücksichtlich der bei dem Amtsgerichte angebrachten Anzeigen strafbarer Handlungen und Anträge auf Strafverfolgung den Sachverhalt von Amtswegen erforschen sollte, wurde von der JK. abgelehnt. (Prot. S. 896.) Vergl. § 164 St.

§ 164 St.

Wird der Beschuldigte von dem Amtsrichter vernommen und beantragt er bei dieser Vernehmung zu seiner Entlastung einzelne Beweiserhebungen, so hat der Amtsrichter dieselben, soweit er sie für erheblich erachtet, vorzunehmen, wenn der Verlust der Beweise zu besorgen steht oder die Beweiserhebung die Freilassung des Beschuldigten begründen kann*.

Der Richter kann, wenn die Beweiserhebung in einem anderen Amtsbezirke vorzunehmen ist, den Amtsrichter des letzteren um Vornahme derselben ersuchen.

* Diese von der JK. eingeschaltete Bestimmung ist, wie auch von der Regierungsvertretung geltend gemacht worden (Prot. vom 12. Novbr. 1876 S. 5), prinzipwidrig, da im Skrutinialverfahren die erforderlichen Anordnungen von der StAschft. ausgehen. Ihre Ausführung wird daher auf die dringendsten Fälle zu beschränken, auch wird, wenn der zuständige StA. am Orte anwesend ist, zuvor mit demselben Rücksprache zu nehmen sein.

§ 165 St.

In den Fällen der §§ 163. 164 gebührt der Staatsanwaltschaft die weitere Verfügung*.

* Es folgt hieraus, daß der Richter, welcher in solchen Fällen nur als Vertreter des StA. handelt, diesem, gleichviel ob er selbst weitere Schritte für geboten erachtet oder nicht, die Verhandlungen zur Beschlußnahme ohne Verzug zu übersenden hat.

§ 166 St.

Die Beurkundung der von dem Amtsrichter vorzunehmenden Untersuchungshandlungen und die Zuziehung eines Gerichtsschreibers erfolgt nach den für die Voruntersuchung geltenden Vorschriften*.

* Vergl. §§ 185. 186 St.

§ 167 St.

Für die Theilnahme der Staatsanwaltschaft an den richterlichen Verhandlungen kommen die für die Voruntersuchung geltenden Vorschriften zur Anwendung[1].

Das Gleiche gilt hinsichtlich des Beschuldigten, seines Vertheidigers[2] und der von ihm benannten Sachverständigen, wenn der Beschuldigte als solcher vom Richter vernommen ist oder sich in Untersuchungshaft befindet.

1. Vergl. die §§ 190. 191 St. Mit Rücksicht auf Abs. 2 des ersteren darf der StA. auch einer in Gemäßheit des § 160 St. erfolgenden Vernehmung des Beschuldigten nicht beiwohnen.

2. Die Worte: „oder sich in Untersuchungshaft befindet" u. s. w. sind, auf die den Vertheidiger betreffende Vorschrift des Abs. 2 § 190 angewandt, unklar. Nach diesem — durch die allgemeine Hinweisung des § 167 Abs. 1 auf die Bestimmungen der Voruntersuchung mit in Bezug genommenen — § erfolgt die Vernehmung des Beschuldigten in Abwesenheit des Vertheidigers. Dies für die Voruntersuchung unbedingt ausgesprochene Verbot seiner Anwesenheit soll aber für Vernehmungen des Beschuldigten im Vorbereitungsverfahren ein bedingtes sein. Es soll nur Platz greifen, wenn der Beschuldigte als solcher vom Richter vernommen ist, oder sich in Untersuchungshaft befindet. Daraus folgt: daß das Verbot fortfällt, also die Anwesenheit des Vertheidigers bei der Vernehmung zulässig ist, wenn der Beschuldigte noch nicht vom Richter vernommen ist, und weiter: daß, wenn der Beschuldigte nur einmal vom Richter auf Grund des § 160 vernommen wird, der Vertheidiger unbedingt zugegen sein, daß er aber, wenn mehrere solche Vernehmungen stattfinden, denselben nur im Falle der Verhaftung des Beschuldigten beiwohnen dürfe. Bei dem Widerspruche, welcher bei der durch die Worte gebotenen Auslegung des § 167 Abs. 2 zwischen diesem und dem § 190 Abs. 2 entsteht, scheint angenommen werden zu dürfen, daß der Einfluß der ersteren Vorschrift auf die Befugniß des Vertheidigers, den Vernehmungen des Beschuldigten beizuwohnen, bei der Redaktion des Gesetzes nicht genügend in's Auge gefaßt worden ist. Hiervon ausgegangen, wird auch bei der in Gemäßheit des § 160 St. stattfindenden Vernehmung des Beschuldigten die Anwesenheit des Vertheidigers für unstatthaft zu erachten sein, zumal sonst der Zweck des § 190 Abs. 2 vereitelt werden würde. Die Mot. S. 91 und die Berathungen der JK. (Prot. S. 217. 927—929. 1120) berühren die Frage nicht.

§ 168 St.

Bieten die angestellten Ermittelungen genügenden Anlaß zur Erhebung der öffentlichen Klage, so erhebt die Staatsanwaltschaft dieselbe entweder durch einen Antrag auf gericht-

liche Voruntersuchung[1] oder durch Einreichung einer Anklageschrift bei dem Gerichte.

Anderenfalls verfügt die Staatsanwaltschaft die Einstellung des Verfahrens und setzt hiervon den Beschuldigten in Kenntniß, wenn er als solcher vom Richter vernommen oder ein Haftbefehl gegen ihn erlassen war[2].

1. Nach den Mot. S. 92 u. 104 ist dieser Antrag bei dem ständigen Untersuchungsrichter anzubringen. Vergl. § 182 St. Hiernach beziehen sich die Worte „bei dem Gerichte" nur auf die „Anklageschrift".

2. Die StAschft. wird im Falle der Verhaftung des Beschuldigten auch dem Gericht behufs Entlassung desselben aus der Haft Nachricht zu geben haben.

§ 169 St.

Giebt die Staatsanwaltschaft einem bei ihr angebrachten Antrage auf Erhebung der öffentlichen Klage keine Folge, oder verfügt sie nach dem Abschlusse der Ermittelungen die Einstellung des Verfahrens, so hat sie den Antragsteller unter Angabe der Gründe zu bescheiden.

§ 170 St.

[1]Ist der Antragsteller zugleich der Verletzte, so steht ihm gegen diesen Bescheid binnen zwei Wochen nach der Bekanntmachung die Beschwerde an den[2] vorgesetzten Beamten der Staatsanwaltschaft und gegen dessen ablehnenden Bescheid binnen einem Monate nach der Bekanntmachung der Antrag[3] auf gerichtliche Entscheidung zu.

Der Antrag muß die Thatsachen, welche die Erhebung der öffentlichen Klage begründen sollen, und die Beweismittel angeben[4], auch von einem Rechtsanwalt unterzeichnet sein. Der Antrag ist bei dem für die Entscheidung zuständigen Gericht einzureichen.

Zur Entscheidung ist in den vor das Reichsgericht gehörigen Sachen das Reichsgericht, in anderen Sachen das Oberlandesgericht zuständig.

1. Dieser §, welcher einen Bruch mit dem Prinzip des Anklageprozesses enthält, und die darauf folgenden 4 §§ sind gegen den Widerspruch der Regierungsvertretung von der JK. dem Entwurfe hinzugefügt worden.

Noch in zweiter Berathung, sowohl der JK. als des Reichstags, begann der § mit den Worten: „Dem Antragsteller steht gegen diesen Bescheid" u. s. w.; danach hätte jedem Antragsteller, gleichviel ob durch die Handlung, deren Verfolgung durch die StAschft. er verlangt, verletzt oder nicht, die Anrufung des Oberlandesgerichts zugestanden. Erst in der letzten Reichstagssitzung vom 21. Dezember 1876 S. 981 der Stenogr. Berichte hat er im Wege des s. g. Kompromisses zwischen dem Bundesrathe und dem Reichstage seine jetzige Fassung erhalten.

Von erheblichen praktischen Folgen wird die Vorschrift voraussichtlich nicht sein, nachdem sich die JK. in ihrer Schlußsitzung vom 14. November 1876 dazu verstanden hat, im § 174 diejenigen Kautelen zu gewähren, welche dem Denunzianten die Anrufung des Oberlandesgerichts nach vorgängiger Zurückweisung der Denunziation Seitens der StAschft. und „des vorgesetzten Beamten" derselben, in der Regel bedenklich erscheinen lassen wird. Bei der Berathung des § in der erwähnten Sitzung herrschte im Reichstage selbst — die Vertretung des Bundesraths sprach sich nicht darüber aus — Einverständniß darüber, daß der Begriff „Verletzter" nicht in dem engen Sinne des § 435 Abs. 2 St. aufzufassen, also nicht auf Denjenigen zu beschränken sei, „dessen materielles Recht durch das Delikt beschädigt sei".

Der Begriff sei — wurde bemerkt — „in viel weiterer Bedeutung des Wortes" aufzufassen, „selbst auf das ideale Recht, soweit es vom StGB. als Gegenstand eines Delikts anerkannt werde", finde der Begriff „Verletzter" Anwendung. Dabei wurde auf ein von der Regierungsvertretung in der JK. ausgesprochenes Anerkenntniß Bezug genommen, wonach die Vorschrift auf Denjenigen Anwendung finden solle, welcher „bei der Handlung irgend einen Nachtheil erlitten habe".

Es leuchtet ein, daß diese Bemerkungen — theils negativer, theils durchaus allgemeiner Natur — nicht geeignet sind, um bei der Anwendung des § in der Praxis im einzelnen Falle eine Entscheidung daraus herzunehmen, ob der Antragsteller als „Verletzter" im Sinne des § anzuerkennen sei oder nicht.

Die in jener Sitzung geäußerte Voraussetzung, daß man den Begriff „Verletzter" möglichst weit ausdehnen werde, dürfte sich aber nicht bestätigen, da es sich nicht würde rechtfertigen lassen, eine so singuläre, mit dem der St. zum Grunde liegenden System unvereinbare, von der Regierungsvertretung bekämpfte Bestimmung extensiv auszulegen.

2. Der Sinn der Worte: „an den vorgesetzten Beamten der Staatsanwaltschaft" ist unklar.

Nach § 148 G. haben die StAschftn. bei den Amtsgerichten und den Landgerichten nicht blos einen, sondern mehrere vorgesetzte Beamte. Der Amtsanwalt: den Staatsanwalt des Landgerichts, den Staatsanwalt des Oberlandesgerichts (Oberstaatsanwalt) und die Landesjustizverwaltung; der Staatsanwalt des Landgerichts: den Oberstaatsanwalt und die Landesjustizverwaltung. An alle diese vorgesetzten Beamten kann, da ihnen nach

§ 148 G. nicht blos die Aufsicht, sondern auch die Leitung ihrer Untergebenen zusteht und eine dem § 352 St. analoge Vorschrift hinsichtlich der StAschft. nicht gegeben ist, der Denunziant sich — so lange nicht durch die Landesgesetzgebung, der die Organisation der StAschft. vorbehalten ist (Reichstags-Protokolle S. 313), etwas Anderes bestimmt worden — wegen Zurückweisung seines Antrages im Wege der Beschwerde wenden, wie dies auch für einen anderen Fall in der RT.-Sitzung vom 21. Dezember 1876 (S. 991) ausgesprochen worden ist. Um ihm dies Recht zu verschränken und nur eine Beschwerde an den nächsten Vorgesetzten zuzulassen, hätte es um so mehr einer ausdrücklichen Vorschrift bedurft, als sich in den §§ 15 und 27 St. das Wort „nächste" vorfindet, die Nothwendigkeit seiner Einschaltung mithin vom Gesetz in solchen Fällen anerkannt ist.

In der IK. so wenig als im RT. ist die Bedeutung der Worte: „an den vorgesetzten Beamten" zur Sprache gekommen. In der 21. RT.-Sitzung vom 21. Novbr. 1876 S. 490 findet sich die gelegentliche Bemerkung eines Kommissarius des Bundesraths: „Der Antrag sei bei dem Straffenate desjenigen Appellationsgerichts anzubringen, bei welchem der Oberstaatsanwalt angestellt sei, gegen dessen Verfügung der Antrag sich richte". Hiernach geht derselbe davon aus, daß die Beschwerde über Weigerung der StAschft., eine beantragte öffentliche Klage zu erheben, stets bei dem Oberstaatsanwalt anzubringen sei. Danach wäre, wenn die StAschft. des Amtsgerichts die Erhebung der Klage verweigerte, die StAschft. des Landgerichts bei der Beschwerdeführung zu übergehen. Auf eine solche Regelwidrigkeit enthält aber der § keine Hindeutung. In derselben Sitzung S. 494 setzt ein Abgeordneter voraus, die Beschwerde gehe zunächst an den Oberstaatsanwalt. Er nimmt also, dem § 148 G. entsprechend, an, daß die weitere Beschwerde an die Landesjustizverwaltung zulässig sei. Denn auf das Oberlandesgericht darf das „zunächst" nicht bezogen werden, da das Gesetz die Anrufung des Oberlandesgerichts als Beschwerde weder bezeichnet noch bezeichnen konnte, da das Gericht nicht eine vorgesetzte Behörde der StAschft. ist. Es heißt dort vielmehr „Antrag".

Bieten hiernach die Verhandlungen der IK. und des RT. einen Anhalt zu einer anderen Auslegung des § nicht dar, so muß der Wortsinn für maßgebend erachtet und dabei unterstellt werden, daß bei der Wahl der Einheit „den vorgesetzten Beamten" nur die Einschaltung des Wortes „nächsten" bei der Redaktion verabsäumt worden sei.

Hiervon ausgegangen, verliert der Denunziant die Befugniß, sich an das Oberlandesgericht zu wenden, sobald er nach erfolgter Zurückweisung seiner Beschwerde bei dem nächsten Vorgesetzten der StAschft. dieselbe bei den höheren Instanzen verfolgt hat.

Der vom Gesetz gewählten Einheit „den rc." die Mehrheit „an die vorgesetzten Beamten" zu substituiren, also den „Antrag auf gerichtliche Entscheidung" auch zuzulassen, wenn der Denunziant sämmtliche Beschwerdeinstanzen beschritten hat, verbietet sich durch die allgemeine Regel über Gesetzauslegung, wonach so singuläre Bestimmungen nicht über ihren Wortsinn hinaus angewandt werden dürfen.

3. Hinsichtlich der Worte „Antrag", „antragen" „beantragen" schwankt die Terminologie der St.

Im vorliegenden § sind die Worte „steht ihm — der Antrag zu" gleichbedeutend mit den in den §§ 44. 70. 191 Abs. 4 u. 5 und 223 Abs. 2 gewählten: „kann beansprucht werden" „hat Anspruch", oder, wie es im § 166 G. heißt: „kann gefordert werden" gebraucht. Im gleichen Sinne stehen die Ausdrücke „kann antragen" im § 386 St. und „kann beantragen" im § 245 Abs. 2 St. In Bezug auf den letzteren § hat die Regierungsvertretung bei der Berathung desselben in der JK. (Prot. S. 955) ausdrücklich, ohne Widerspruch zu finden, hervorgehoben, daß dem Antrage stattgegeben werden müsse.

Dagegen haben in den §§ 193 Abs. 1 und 195 Abs. 2 dieselben Worte die Bedeutung, daß der Richter darüber zu befinden habe, ob dem Antrage stattzugeben sei, oder nicht.

In diesem letzteren Sinne braucht der § 80 St. den Ausdruck „Verlangen", während im § 234 die Worte „kann nachsuchen" gleichbedeutend mit „kann beanspruchen" „kann fordern" stehen.

4. Die Vorschrift des Abs. 2 ist nicht völlig deutlich. Nach Abs. 1 u. 3 soll der Antragsteller nach Zurückweisung seiner, über die Verweigerung der Erhebung der öffentlichen Klage bei dem Vorgesetzten des StA. geführten Beschwerde, Entscheidung des Oberlandesgerichts, bzhw. Reichsgerichts beantragen dürfen. Gegenstand dieser Entscheidung kann nur sein sollen: ob die StAschft. die Erhebung der Anklage mit Recht oder Unrecht verweigert habe. Hierüber kann aber doch nur unter Zugrundlegung desjenigen Sachverhältnisses entschieden werden, welches Gegenstand der Beurtheilung der StAschft. gewesen ist, also der Thatsachen und Beweismittel, welche der Antragsteller zur Begründung seines Antrages auf Erhebung der Anklage gegen den Denunziaten der StAschft. unterbreitet hat.

Nach dem Abs. 2 soll aber der Antragsteller die Thatsachen und Beweismittel dem Oberlandesgericht, bzhw. Reichsgericht angeben, und diese Angaben sollen die Gerichte ihrer Entscheidung zum Grunde legen; — denn die denselben im § 171 überlassene Einholung der Akten der StAschft. bildet nach der Redaktion der §§ nicht die Regel, keinenfalls sind die Gerichte zu derselben verpflichtet. Gelangt nun das betreffende Gericht bei der Prüfung der ihm von dem Antragsteller gemachten Angaben zu der Ansicht, daß die von demselben vorgetragenen Handlungen des Denunziaten unter ein Strafgesetz fallen, der Beweisantritt über dieselben auch ausreichend sei, so ist es in seinem Rechte, wenn es nach § 173 die Erhebung der öffentlichen Klage beschließt.

Ein solcher Beschluß ist dann aber keine „Entscheidung" darüber, ob die Staatsanwaltschaft ihrerseits die Erhebung der öffentlichen Klage mit Recht verweigert habe. Denn es fehlt an jeder Bürgschaft dafür, daß die von dem Antragsteller dem Gerichte vorgetragenen Thatsachen und

Beweismittel mit denjenigen übereinstimmen, welche derselbe der StAschft. angegeben hat, und somit erhellt nicht, ob nicht die letztere, wenn ihr jene Thatsachen und Beweismittel zur Prüfung vorgelegen hätten, den Antrag auf Erhebung der öffentlichen Klage gleichfalls für begründet erachtet haben würde.

Der Sache nach gestaltet sich daher bei einem dem Abs. 2 entsprechenden Verfahren das Verhältniß so, daß die Frage, ob Anlaß zur Erhebung einer öffentlichen Klage vorliege — im direkten Widerspruch mit dem Prinzip: daß für die Anklage die StAschft., für das Urtheil das Gericht zuständig sei — von Hause aus der StAschft. entzogen und dem Gericht überwiesen wird.

Es steht zu erwarten, daß die Oberlandesgerichte und das Reichsgericht praeter legem vor der „Entscheidung" auf eine Prüfung der Uebereinstimmung des von dem Antragsteller ihnen vorgetragenen, mit dem dem Bescheide der StAschft. zum Grunde liegenden Sachverhältniß eingehen, und wenn sich eine solche nicht herausstellt, dem Antragsteller anheimgeben werden, sich mit dem neu Beigebrachten zunächst an die StAschft. zu wenden.

§ 171 St.

Auf Verlangen des Gerichts hat demselben die Staatsanwaltschaft die bisher von ihr geführten Verhandlungen vorzulegen.

Das Gericht kann den Antrag unter Bestimmung einer Frist dem Beschuldigten zur Erklärung mittheilen.

Das Gericht kann zur Vorbereitung seiner Entscheidung Ermittelungen anordnen und mit deren Vornahme eines seiner Mitglieder, den Untersuchungsrichter oder den Amtsrichter beauftragen.

§ 172 St.

Ergiebt sich kein genügender Anlaß zur Erhebung der öffentlichen Klage, so verwirft das Gericht den Antrag und setzt den Antragsteller, die Staatsanwaltschaft und den Beschuldigten* von der Verwerfung in Kenntniß.

Ist der Antrag verworfen, so kann die öffentliche Klage nur auf Grund neuer Thatsachen oder Beweismittel erhoben werden.

* Zu dieser hier allgemein angeordneten Benachrichtigung des Beschuldigten fehlt es wohl in dem Falle an einer Veranlassung, wenn derselbe von der Denunziation noch nichts erfahren hat. § 171 Abs. 2.

§ 173 St.

Erachtet dagegen das Gericht den Antrag für begründet, so beschließt es die Erhebung der öffentlichen Klage[1]. Die Durchführung dieses Beschlusses liegt der Staatsanwaltschaft ob[2].

1. Die „öffentliche Klage" wird nach § 168 erhoben entweder durch den Antrag auf Voruntersuchung oder durch Einreichung einer Anklageschrift. Welchen Weg nun auch der StA. zur „Durchführung des Beschlusses" des Oberlandesgerichts wählen mag, gewährt dieser Beschluß keine Bürgschaft dafür, daß das Hauptverfahren gegen den Beschuldigten eröffnet wird. Denn bietet im ersten Falle das Ergebniß der Voruntersuchung dem StA. in thatsächlicher oder rechtlicher Beziehung einen Anlaß zur Einreichung einer Anklageschrift nicht dar, und beschließt auch das Landgericht, den Beschuldigten außer Verfolgung zu setzen (§ 196 St.), so steht dem Denunzianten eine Beschwerde an das Oberlandesgericht selbst dann nicht zu, wenn das Landgericht in seinem Beschlusse die Rechtsansicht, welche dem Beschlusse des Oberlandesgerichts (§ 173) zum Grunde lag, verworfen und aus diesem Grunde den Beschuldigten außer Verfolgung gesetzt hat. Denn ein weiteres Recht, als das ihm im § 170 wegen verweigerter Erhebung der öffentlichen Klage gewährte, giebt ihm das Gesetz nicht, und ein Mehreres, als den Antrag des StA. auf Voruntersuchung hat er nach dem Beschlusse des Oberlandesgerichts nicht zu beanspruchen. Dasselbe Verhältniß tritt ein, wenn der StA. in Folge des Beschlusses des Oberlandesgerichts bei dem Amtsgericht bzhw. Landgericht eine Anklageschrift einreicht, und der Amtsrichter — ohne daß die zur Urtheilsfällung berufenen Schöffen etwas davon erfahren (§ 30 Abs. 2 G.) — bzhw. das Landgericht die Eröffnung des Hauptverfahrens verweigern, weil sie die Ansicht des StA. über die Unrichtigkeit der Rechtsansicht des Oberlandesgerichts theilen oder den Beweisantritt über das Thatsächliche für ungenügend halten. Auch in diesen Fällen steht dem Denunzianten ein Beschwerderecht nicht zu. §§ 170. 209 St.

2. Daß die StAschft. verpflichtet ist, noch in der Hauptverhandlung, falls sie die Anklage für hinfällig erachtet, die Freisprechung des Angekl. zu beantragen, folgt aus der ihr im § 158 St. zugewiesenen objektiven Stellung.

§ 174 St.

Dem Antragsteller kann vor der Entscheidung über den Antrag die Leistung einer Sicherheit für die durch das Verfahren über den Antrag und durch die Untersuchung der Staatskasse und dem Beschuldigten voraussichtlich erwachsenden Kosten durch Beschluß des Gerichts auferlegt werden. Die Sicherheitsleistung ist durch Hinterlegung in baarem Gelde oder in Werthpapieren zu bewirken. Die Höhe* der zu leistenden Sicherheit wird von dem Gerichte nach freiem Ermessen festgesetzt. Dasselbe hat zugleich eine Frist zu bestimmen, binnen welcher die Sicherheit zu leisten ist.

Wird die Sicherheit binnen der bestimmten Frist nicht geleistet, so hat das Gericht den Antrag für zurückgenommen zu erklären.

* Nicht blos die „Höhe", sondern auch die Prüfung der Sicherheit der angebotenen Werthpapiere (§ 118 Abs. 2) wird dem Ermessen des Gerichts anheimfallen. Weshalb hier die Sicherheit nicht, wie in dem ungleich wichtigeren Falle des § 118 auch durch Pfandbestellung oder mittelst Bürgschaft soll bewirkt werden können, ist aus den bei der Berathung des § in der JK. abgegebenen Erklärungen nicht zu entnehmen. Prot. v. 14. November 1876 S. 7.

§ 175 St.

Die durch das Verfahren über den Antrag veranlaßten Kosten sind in dem Falle des § 172 und des § 174 Abs. 2 dem Antragsteller aufzuerlegen.

Gerichtliche Voruntersuchung.

§ 176 St.

Die Voruntersuchung findet in denjenigen Strafsachen statt*, welche zur Zuständigkeit des Reichsgerichts oder der Schwurgerichte gehören.

In denjenigen Strafsachen, welche zur Zuständigkeit der Landgerichte gehören, findet die Voruntersuchung statt:

1. wenn die Staatsanwaltschaft dieselbe beantragt;
2. wenn der Angeschuldigte dieselbe in Gemäßheit des § 199 beantragt und erhebliche Gründe geltend macht*, aus denen eine Voruntersuchung zur Vorbereitung seiner Vertheidigung erforderlich erscheint.

In den zur Zuständigkeit* der Schöffengerichte gehörigen Sachen ist, außer dem Falle der Verbindung in Folge eines Zusammenhanges (§ 5), die Voruntersuchung unzulässig.

1. Der Ausdruck „stattfinden", welchen die JK. den von dem Entwurfe gewählten Worten: „ist nothwendig" substituirt hat, ist nicht genügend bestimmt. Nach dem Sprachgebrauche bedeutet er auch: „ist zulässig", „statthaft". Dies erwogen, könnte aus dem Worte „unzulässig" am Schlusse des § gefolgert werden, daß das „findet statt" in den beiden ersten Absätzen für: „ist zulässig" stehe.

Daß dasselbe aber im 1. Abs. die Nothwendigkeit ausdrücken soll, ergiebt sich sowohl aus der Begründung des betreffenden Antrages in der JK. — welche den § in seiner jetzigen Fassung redigirt hat — (Prot. S. 233) als auch aus der den Beschlüssen vorangegangenen Fragestellung: Soll die Voruntersuchung obligatorisch sein u. s. w. (S. 244), sowie ferner aus der abweichenden Fassung des § 200: „kann das Gericht". Auch ist in dem „Berichte der JK." vom 28. Oktober 1876 S. 46 ausgesprochen, daß dies der Sinn des Abs. 1 ist.

Derselbe Ausdruck ist aber auch gebraucht im Abs. 2, obgleich in diesen Fällen (vergl. die Fassung von Nr. 2 und den § 178) der Antrag auf Voruntersuchung auch abgelehnt werden darf.

Die St. braucht denselben Ausdruck „findet statt", welcher hier für „ist nothwendig" steht, an anderen Stellen in wesentlich verschiedenem Sinne. So bedeutet er in den §§ 354. 399: „ist zulässig", gleich den im § 131 gewählten Worten: „ist statthaft", während er in den §§ 191. 193. 196 etwas thatsächlich Erfolgtes bezeichnet.

Im § 187 G. steht: „findet nicht statt" für „unterbleibt".

2. Nach der allgemeinen Vorschrift des hier in Bezug genommenen § 199 wird der Angekl. nur zu der Erklärung aufgefordert, ob er eine Voruntersuchung beantragen wolle. Danach würde dem Antrage — die Zulässigkeit der Voruntersuchung vorausgesetzt — in Folge der bloßen Bejahung jener Frage stattgegeben werden können. Hier ist aber die Willfahrung davon abhängig gemacht, daß der Angekl. seinerseits „erhebliche Gründe" zur Unterstützung seines Antrages geltend macht. Unterläßt er dies, so würde nach der bestimmten Fassung der Vorschrift dem Antrage selbst dann nicht stattgegeben werden dürfen, wenn das Gericht mit Rücksicht auf die Sachlage eine Voruntersuchung für geboten erachtete.

Hiemit steht aber der § 200 nicht im Einklange, nach welchem das Gericht die Eröffnung der Voruntersuchung auch von Amtswegen anordnen darf. Danach wird dasselbe einem Antrage des Angeschuldigten auch dann willfahren dürfen, wenn derselbe die Geltendmachung erheblicher Gründe verabsäumt hat.

3. Den Ausdruck „Zuständigkeit" braucht das Gesetz in den §§ 27 und 28 G. im Gegensatze zu den den Schöffengerichten auf Grund des § 75 G. vom Landgericht überwiesenen Sachen, in Betreff deren der § 29 G. sagt: daß sie auch dahin gehören. Dies erwogen, würde — abgesehen von Zusammenhangsfällen — die Voruntersuchung nur in den Sachen der ersteren Kategorie unzulässig sein.

Hiemit scheint zwar die Vorschrift des Abs. 4 § 199 St. nicht übereinzustimmen. Denn nach dieser sollen die sämmtlichen im § 199 enthaltenen Vorschriften in den vor den Schöffengerichten „zu verhandelnden — mithin auch in den ihnen nach § 75 G. überwiesenen — Sachen“ außer Anwendung bleiben, also auch die dort angeordnete Befragung des Angeschuldigten, ob er eine Voruntersuchung beantrage, fortfallen; und da der § 176 Abs. 2 auf den § 199 ausdrücklich Bezug nimmt, so würde, wenn die Worte des Abs. 4 des letzteren für entscheidend erachtet werden, dem Angeschuldigten auch die Befugniß zu dem Antrage auf Voruntersuchung entzogen sein.

Da jedoch der § 176 bezüglich der Grenzen der Zulässigkeit einer Voruntersuchung die sedes materiae bildet, in diesem § aber der Ausdruck: „Zuständigkeit“ wiederholt gebraucht ist, ferner auch die Untersuchungen, welche den Schöffengerichten nach § 75 G. überwiesen werden dürfen, in Bezug auf Umfang und Verwickelung häufig den zur ausschließlichen Zuständigkeit der Landgerichte und der Schwurgerichte gehörenden gleichstehen werden, so dürfte es sich empfehlen, die Wortfassung des Abs. 3 § 176 St. für entscheidend zu erachten, die Unzulässigkeit einer Voruntersuchung also auf solche Fälle zu beschränken, für welche die Schöffengerichte nach den §§ 27. 28 G. zuständig sind.

4. Der wesentliche Unterschied zwischen der Voruntersuchung und dem Vorverfahren (vorbereitenden Verfahren §§ 158 folg. St.) im engeren Sinne besteht darin, daß in ersterem dem Untersuchungsrichter die Aufgabe zufällt, diejenigen Ermittelungen, welche darauf abzielen, dem Beschlusse des Gerichts über Eröffnung des Hauptverfahrens zur Grundlage zu dienen, nach einem durch die Eigenthümlichkeit des Falls an die Hand gegebenen Plane selbständig vorzunehmen, und die Thatsachen und Beweise, welche zur Unterstützung der Anschuldigung oder zur Entkräftung derselben, bzhw. zur Rechtfertigung einer Strafmilderung geeignet sind, mit nach beiden Seiten hin gleichem Interesse zu sammeln — wogegen im vorbereitenden (Skrutinial-) Verfahren der StA. Herr der Sache bleibt und das Gericht nur insoweit mit der Sache befaßt wird, als Ersterer sich mit Anträgen auf solche einzelne Untersuchungshandlungen an dasselbe wendet, welche — wie z. B. eidliche Vernehmungen von Zeugen — das Gesetz den Gerichten vorbehalten hat.

Auch in Bezug auf diese Anträge steht dem Richter eine Prüfung der Zweckmäßigkeit des Antrages nicht zu. § 160.

5. Der Entwurf zur St. hatte die unbedingte Nothwendigkeit einer Voruntersuchung auf die zur Zuständigkeit des Reichsgerichts gehörenden Sachen einschränken wollen. Die JK. hat dieselbe jedoch auf alle vor die Schwurgerichte gehörenden Sachen ausgedehnt.

§ 177 St.

Der Antrag der Staatsanwaltschaft auf Eröffnung der Voruntersuchung muß den Beschuldigten und die ihm zur Last gelegte That bezeichnen*.

* Der rechtlichen Charakterisirung derselben bedarf es daher so wenig als der Angabe der Beweismittel, deren Sammlung — wie auch die Mot. S. 97 annehmen — Sache des Untersuchungsrichters ist. Gleichwohl liegt es im Interesse der StAschft., dem Letzteren das ihr in Bezug auf den objektiven Thatbestand und die Thäterschaft zu Gebote stehende Material möglichst vollständig zu unterbreiten. So lange die StAschft. nicht eine bestimmte Person als der That verdächtig zu beschuldigen vermag, ist der Antrag auf Voruntersuchung unstatthaft.

§ 178 St.

Der Antrag kann nur wegen Unzuständigkeit des Gerichts oder wegen Unzulässigkeit der Strafverfolgung[1] oder der Voruntersuchung (§ 176), oder weil die in dem Antrage bezeichnete That unter kein Strafgesetz fällt, abgelehnt werden. Hierzu bedarf es eines Beschlusses des Gerichts[2].

Der Angeschuldigte kann vor der Beschlußfassung gehört werden[3].

1. Wegen bereits eingetretener Verjährung des Delikts, mangelnden Strafantrags u. s. w.

2. Der Untersuchungsrichter ist mithin nicht berechtigt, den Antrag der StAschft. seinerseits abzulehnen, muß vielmehr die Verhandlungen unter Anführung der nach seiner Ansicht der Einleitung der Voruntersuchung entgegenstehenden Gründe dem Gericht überreichen und diesem die Entscheidung anheimgeben.

3. Diese Bestimmung steht nach Ausweis der Verhandlungen der JK. (Prot. S. 1122) in Verbindung mit dem § 179 St. Ist nämlich dem Antrage der StAschft. auf Einleitung der Voruntersuchung durch einen — gegen die Ansicht des Untersuchungsrichters ergangenen — Beschluß (Abs. 1 letzter Satz) stattgegeben, ohne den Angeschuldigten zuvor zu hören, so steht diesem nach § 179 Abs. 1 noch später nach seiner Bekanntmachung mit dem die Eröffnung der Voruntersuchung anordnenden Beschluß des Gerichts ein Einwand zu. Dieser Einwand fällt aber nach § 179 Abs. 2 fort, wenn dem Angeschuldigten noch vor der Beschlußfassung Gelegenheit gegeben wird, gegen den Antrag der StAschft. aus einem der Gründe des § 178 Abs. 1 Widerspruch zu erheben, er dieselbe aber unbenutzt gelassen hat, oder sein erhobener Widerspruch bei der Beschlußfassung für unbegründet erachtet worden ist.

§ 179 St.

Gegen die Verfügung, durch welche auf Antrag der Staatsanwaltschaft die Voruntersuchung eröffnet worden ist, kann der Angeschuldigte aus einem der im § 178 Abs. 1 bezeichneten

Gründe Einwand[1] erheben. Ueber den Einwand entscheidet das Gericht.

Diese Bestimmung findet nicht Anwendung[2], wenn die Voruntersuchung in Folge des Beschlusses des Gerichts eröffnet und der Angeschuldigte vorher gehört worden ist.

1. Da eine Frist nicht bestimmt ist, wird der Einwand während der ganzen Voruntersuchung erhoben werden dürfen.

2. Durch die nicht völlig korrekte Fassung des 2. Abs. wird das Verständniß desselben einigermaßen beeinträchtigt.

Der Abs. 1 spricht in der ersten Zeile von derjenigen Verfügung, durch welche der Untersuchungsrichter dem Antrage der StAschft. auf Eröffnung der Voruntersuchung stattgiebt. Gegen diese Verfügung läßt er einen Einwand zu, über welchen das Gericht zu entscheiden hat.

Wenn nun der 2. Abs. beginnt: „Diese Bestimmung findet nicht Anwendung, wenn" u. s. w., so kann derselbe nach dieser Wortfassung nur dahin aufgefaßt werden: die Bestimmung, daß gegen eine durch den Untersuchungsrichter verfügte Eröffnung der Voruntersuchung ein der Entscheidung des Gerichts unterliegender Einwand zulässig sei, finde nicht Anwendung, wenn u. s. w.

Der Abs. 2 soll aber — dies geht auch aus den Verhandlungen der JK. (Prot. S. 1123) hervor — auf eine von dem Untersuchungsrichter ausgegangene Verfügung gar keinen Bezug haben, setzt vielmehr voraus, daß die Eröffnung der Voruntersuchung vom Gericht angeordnet ist, welches dieselbe auf Grund des Schlußsatzes des § 178 Abs. 1 beschlossen, und vor der Beschlußfassung den Angeschuldigten gehört und dadurch die Verstattung desselben zu einem nach der Eröffnung der Voruntersuchung zu erhebenden Einwande entbehrlich gemacht hat.

§ 180 St.

Gegen den Beschluß des Gerichts, durch welchen der von dem Angeschuldigten in dem Falle des § 178 Abs. 2 und in dem Falle des § 179 Abs. 1 erhobene Einwand der Unzuständigkeit (§ 16)[1] verworfen wird, steht dem Angeschuldigten die sofortige Beschwerde zu.

Im Uebrigen kann der Beschluß des Gerichts, durch welchen der Einwand[2] des Angeschuldigten verworfen oder die Eröffnung der Voruntersuchung angeordnet ist[3,4], nicht angefochten werden.

1. Während im § 178 St. Zeile 1 die Worte: „wegen Unzuständigkeit des Gerichts" sich sowohl auf die sachliche als auf die örtliche Zustän-

digkeit beziehen, ist hier — wie die Hinweisung auf den § 16 ergiebt, auch S. 1123 der Prot. der JK. ausdrücklich hervorgehoben ist — ausschließlich von der örtlichen Zuständigkeit die Rede.

Durch die Allegirung der §§ 178 Abs. 2 und 179 Abs. 1 ist darauf hingedeutet, daß die Beschränkung des Angeschuldigten auf die sofortige Beschwerde gegen Verwerfung seines Einwandes örtlicher Unzuständigkeit des Gerichts in zwei Fällen eintreten soll: 1) wenn der Untersuchungsrichter, weil er dem Antrage der StAschft. auf Eröffnung der Voruntersuchung nicht stattgeben zu dürfen glaubt, die Entscheidung dem Gericht anheimgiebt, letzteres die Voruntersuchung dem Antrage der StAschft. gemäß anordnet, zuvor aber den Angeschuldigten über jenen Antrag gehört und dieser die Unzuständigkeit des Gerichts ausdrücklich geltend gemacht hat; 2) wenn der Untersuchungsrichter dem Antrage der StAschft. auf Eröffnung der Voruntersuchung stattgegeben, der Angeschuldigte hiergegen jenen Einwand erhoben hat, dieser aber vom Gericht verworfen worden ist.

Wird in diesen Fällen die örtliche Unzuständigkeit des Gerichts vom Angeschuldigten nicht geltend gemacht, schweigt er also oder erhebt er Einwände anderer Art, so soll ihm — worüber in der JK. Einverständniß herrschte — der Einwand der örtlichen Unzuständigkeit des Gerichts noch für den ganzen Lauf der Voruntersuchung offen stehen (Prot. S. 1123).

Als Grund, weshalb dem Angeschuldigten gegen den Beschluß, welcher seinen auf Unzuständigkeit des Gerichts gestützten Widerspruch bzhw. Einwand verwirft, noch eine Beschwerde zustehen soll, während im Uebrigen gegen einen Gerichtsbeschluß, durch welchen die Eröffnung der Voruntersuchung angeordnet ist, eine solche nach Abs. 2 unstatthaft ist, wird in den Verhandlungen der JK. angeführt, daß nach § 16 St. eine in der Voruntersuchung über die Zuständigkeit ergehende Entscheidung des Gerichts auch für das Hauptverfahren entscheidend sei, bei dieser definitiven Natur der Entscheidung aber deren Anfechtbarkeit mittelst der im Abs. 1 geregelten Beschwerde rathsam erschienen sei.

2. Der bestimmte Artikel: „der Einwand" führt zu der Auffassung, daß der im Abs. 1 besprochene Einwand der Unzuständigkeit gemeint sei. Dies ist jedoch nicht der Fall, es soll vielmehr heißen: durch welchen Einwendungen u. s. w.

3. Mit Rücksicht darauf, daß der Fall einer durch das Gericht angeordneten Eröffnung der Voruntersuchung im § 178, der Fall der Verwerfung eines Einwandes des Angeschuldigten dagegen erst im § 179 behandelt ist, müßte es wohl heißen: die Eröffnung der Voruntersuchung angeordnet oder ein Einwand des Angeschuldigten verworfen ist.

4. Vergl. die §§ 173 und 200 St.

§ 181 St.

Gegen den Beschluß des Gerichts, durch welchen der Antrag der Staatsanwaltschaft oder des Angeschuldigten auf

Eröffnung der Voruntersuchung abgelehnt worden ist, findet sofortige Beschwerde statt*.

* Nach dieser Bestimmung in Verbindung mit dem § 352 Abs. 2 St. ist, selbst wenn das Reichsgericht die dem Beschlusse des Gerichts zum Grunde liegende Rechtsansicht in feststehender Praxis als unrichtig verwirft, das Verfahren einzustellen, wenn das Beschwerdegericht der Meinung des zuständigen Gerichts dahin beitritt, daß kein Strafgesetz auf die den Gegenstand der Beschuldigung bildende That Anwendung finde.

Nach S. 920 der Prot. der JK. war beabsichtigt worden, die Frage, ob die Beschwerde gegen den Beschluß bis an das „Revisionsgericht" zulässig sei, später in Erwägung zu nehmen; es ist jedoch ein hierauf bezüglicher Beschluß nicht gefaßt worden.

§ 182 St.

Die Voruntersuchung wird von dem Untersuchungsrichter eröffnet und geführt*.

* Der Antrag auf Eröffnung der Voruntersuchung ist unmittelbar an den Untersuchungsrichter zu richten. Dieselbe erfolgt durch eine ausdrückliche, den Angeschuldigten und die ihm zur Last gelegte strafbare Handlung bezeichnende Verfügung.

Der Untersuchungsrichter, welcher — abgesehen von dem Falle der §§ 183. 184 Abs. 1 — nicht für einzelne Strafsachen, sondern ständig (§ 60 G.) ernannt wird, ist bei der Führung der Voruntersuchung zu Rückfragen an das Gericht berechtigt. Zur Einholung eines Gerichtsbeschlusses verpflichtet, ist er nur in den vom Gesetz ausdrücklich bezeichneten Fällen. §§ 178. 179. 195 St.

§ 183 St.

Durch Beschluß des Landgerichts kann auf Antrag der Staatsanwaltschaft die Führung der Voruntersuchung einem Amtsrichter übertragen werden. Um die Vornahme einzelner Untersuchungshandlungen kann der Untersuchungsrichter die Amtsrichter ersuchen*. Auf Amtsrichter, welche mit dem Untersuchungsrichter denselben Amtssitz haben, finden diese Bestimmungen keine Anwendung.

* Vorschriften über die Befugniß zur Ablehnung eines solchen Ersuchens — wie sie im Betreff der Rechtshülfe im § 159 gegeben sind — fehlen hier. Nach Anleitung jenes § dürfte nur örtliche Unzuständigkeit, nicht aber die Ansicht des Ersuchten, daß die verlangte Handlung gesetzlich unzulässig sei, die Ablehnung rechtfertigen, die Verantwortlichkeit in dieser Beziehung vielmehr dem Ersuchenden anheimfallen.

§ 184 St.

Bei dem Reichsgerichte wird der Untersuchungsrichter für jede Strafsache aus der Zahl der Mitglieder durch den Präsidenten bestellt.

Der Präsident kann auch jedes Mitglied eines anderen deutschen Gerichts und jeden Amtsrichter zum Untersuchungsrichter, oder für einen Theil der Geschäfte des Untersuchungsrichters zum Vertreter desselben bestellen.

Der Untersuchungsrichter und dessen Vertreter können um die Vornahme einzelner Untersuchungshandlungen die Amtsrichter ersuchen*.

* Im Hinblick auf den Schlußsatz des § 183 würde das Ersuchen hier auch an solche Amtsrichter gerichtet werden dürfen, welche mit dem Untersuchungsrichter, bzhw. dessen Vertreter, denselben Wohnsitz haben. Hiezu würde es wohl an einem Grunde fehlen. Auch scheint aus der Bemerkung der Mot. S. 104: „Die Vorschrift des Abs. 3 korrespondire mit dem § 183 St.", geschlossen werden zu dürfen, daß beabsichtigt worden sei, auch den Schlußsatz des § 183 auf den Abs. 3 des § 184 Anwendung finden zu lassen. Vergl. auch die Note zu § 152 St.

§ 185 St.

Bei der Vernehmung des Angeschuldigten, der Zeugen und Sachverständigen sowie bei der Einnahme des Augenscheins hat der Untersuchungsrichter einen Gerichtsschreiber zuzuziehen. In dringenden Fällen kann der Untersuchungsrichter eine von ihm zu beeidigende[1] Person[2] als Gerichtsschreiber zuziehen[3].

1. Eine Eidesnorm ist nicht formulirt. Sie dürfte ähnlich, wie im § 191 G. im Betreff des Dolmetschers angegeben, zu fassen sein.

2. Obgleich nach der festen Terminologie der St. das Wort „Person" gleichmäßig in Bezug auf beide Geschlechter gebraucht wird (§§ 186. 485 St.), dürfte mit Rücksicht auf den allgemeinen Gerichtsgebrauch anzunehmen sein, daß hier nur Männer gemeint sind.

3. Selbstverständlich, wenn dieselbe sich dazu bereit erklärt und gegen Remuneration. Daß im § 186 Abs. 1 derselbe Ausdruck „zuziehen" auch in Bezug auf den zur Uebernahme des Geschäfts verpflichteten Gerichtsschreiber gebraucht ist, kann hier in der Auffassung desselben nichts ändern.

§ 186 St.

[1] Ueber jede Untersuchungshandlung ist ein Protokoll aufzunehmen. Dasselbe ist von dem Untersuchungsrichter und dem zugezogenen Gerichtsschreiber zu unterschreiben.

Das Protokoll muß Ort und Tag der Verhandlung sowie die Namen der mitwirkenden oder betheiligten Personen angeben und ersehen lassen, ob die wesentlichen[2] Förmlichkeiten des Verfahrens beobachtet sind.

Das Protokoll ist den bei der Verhandlung betheiligten Personen, soweit es dieselben betrifft, behufs der Genehmigung vorzulesen oder zur eigenen Durchlesung vorzulegen. Die erfolgte Genehmigung ist zu vermerken, und das Protokoll von den Betheiligten entweder zu unterschreiben, oder in demselben anzugeben, weshalb die Unterschrift unterblieben ist[3].

1. Die in diesem § vorgeschriebenen Förmlichkeiten bezeichnet der § 166 St. mit den Worten: Beurkundung der Untersuchungshandlungen.

2. Welche Förmlichkeiten hier und im § 273 für wesentliche gelten sollen, sagt die St. nicht. Auch die Verhandlungen der JK., welche die Vorschrift dem Entwurf hinzugefügt hat, sprechen sich nicht darüber aus. Prot. S. 274–276. Es werden alle diejenigen Förmlichkeiten für wesentlich zu erachten sein, deren Beobachtung die St. ausdrücklich anordnet. Vergl. Abs. 3 und § 190 Abs. 1. Auch der Vermerk der in Gemäßheit des § 192 getroffenen Anordnung dürfte dahin zu rechnen sein.

3. Daß dem die Unterschrift ohne Angabe von Gründen Verweigernden zu eröffnen sei, daß das Protokoll gleichwohl gegen ihn beweise, ist nicht angeordnet, entspricht aber einem zweckmäßigen Gerichtsgebrauch.

§ 187 St.

Die Behörden und Beamten des Polizei- und Sicherheitsdienstes sind verpflichtet, Ersuchen oder Aufträgen des Untersuchungsrichters um Ausführung einzelner Maßregeln oder um Vornahme von Ermittelungen zu genügen*.

* Das in der Note 2 zu § 159 in Bezug auf die StAschft. Gesagte greift bei der Uebereinstimmung der Fassung der Vorschriften auch hier Platz.

§ 188 St.

Die Voruntersuchung ist nicht weiter auszudehnen, als erforderlich ist, um eine Entscheidung darüber zu begründen, ob das Hauptverfahren zu eröffnen oder der Angeschuldigte außer Verfolgung zu setzen sei.

Auch sind Beweise, deren Verlust für die Hauptverhandlung zu besorgen steht, oder deren Aufnahme zur Vorbereitung der Vertheidigung des Angeschuldigten erforderlich erscheint, in der Voruntersuchung zu erheben*.

1. Einverständniß herrschte in der IK. darüber, daß der Untersuchungsrichter an die Anträge der StAschft. und des Angeschuldigten nicht gebunden sei. Prot. S. 276—278.

2. Diese Beweise sind, wie auch die Mot. S. 105 andeuten, selbst dann zu erheben, wenn es ihrer zu dem im Abs. 1 angegebenen Zwecken nicht bedarf. Die Vorschrift dürfte insbesondere in schwurgerichtlichen Untersuchungen auch auf solche Fälle anzuwenden sein, wo zwar nicht der Verlust des Beweismittels zu besorgen ist, eine voraussichtlich nothwendige Beweiserhebung, z. B. Einnahme des Augenscheins, aber, wenn sie erst in der Hauptverhandlung angeordnet würde, eine Unterbrechung oder Aussetzung der Verhandlung zur Folge haben müßte. Vergl. § 193.

§ 189 St.

Ergiebt sich im Laufe der Voruntersuchung Anlaß zur Ausdehnung derselben auf eine in dem Antrage der Staatsanwaltschaft nicht bezeichnete Person oder That, so hat der Untersuchungsrichter in dringenden Fällen die in dieser Beziehung erforderlichen Untersuchungshandlungen von Amtswegen vorzunehmen.

Die weitere Verfügung gebührt auch in solchen Fällen der Staatsanwaltschaft*.

* Von der StAschft. hängt es ab, ob die Voruntersuchung auf die „Person oder That“ auszudehnen sei, oder nicht. Ein Widerspruch gegen den Beschluß derselben steht dem Untersuchungsrichter so wenig zu, als das Gericht bei den nach §§ 196. 200 St. zu treffenden Entscheidungen befugt ist, das Hauptverfahren gegen jene „Person“ oder wegen der „That“ gegen den Willen der Staatsanwaltschaft zu eröffnen. § 153. Auch zu einer Beschwerde über den Beschluß der Letzteren ist weder der Untersuchungsrichter noch das Gericht berechtigt.

§ 190 St.

Der Angeschuldigte ist in der Voruntersuchung zu vernehmen, auch wenn er schon vor deren Eröffnung vernommen worden ist[1]. Demselben ist hierbei die Verfügung, durch welche die Voruntersuchung eröffnet worden, bekannt zu machen.

Die Vernehmung erfolgt in Abwesenheit der Staatsanwaltschaft und des Vertheidigers[2].

1. Auch wenn die Vernehmung durch denselben Richter erfolgt ist. In welchem Stadium der Voruntersuchung die Vernehmung zweckmäßig erfolgt, bleibt dem Urtheil des Untersuchungsrichters überlassen.

2. Der § bezieht sich — davon scheint auch die JK. bei der Berathung desselben ausgegangen zu sein (Prot. S. 278—280) — auf die dem § 136 entsprechende erste Vernehmung des Angeschuldigten, nicht auf spätere, wie sie im Laufe der Voruntersuchung noch nöthig werden können.

3. Da die Vernehmung des Angeschuldigten nur in der Voruntersuchung zu erfolgen braucht, der Untersuchungsrichter dieselbe mithin, wenn es ihm zweckmäßig erscheint, erst nach umfangreichen anderweiten Ermittelungen stattfinden zu lassen berechtigt ist, so kann ein erst dann von dem Angeschuldigten gegen die Eröffnung der Voruntersuchung erhobener Einwand (§ 179) neben der Verzögerung des Untersuchungsverfahrens zur Folge haben, daß die früheren Operationen des Untersuchungsrichters vergeblich erfolgt sind.

§ 191 St.

Findet die Einnahme eines Augenscheins statt, so ist der Staatsanwaltschaft, dem Angeschuldigten und dem Vertheidiger die Anwesenheit bei der Verhandlung zu gestatten.

Dasselbe gilt, wenn ein Zeuge oder Sachverständiger vernommen werden soll*, welcher voraussichtlich am Erscheinen in der Hauptverhandlung verhindert, oder dessen Erscheinen wegen großer Entfernung besonders erschwert sein wird.

Von den Terminen sind die zur Anwesenheit Berechtigten vorher zu benachrichtigen, soweit dies ohne Aufenthalt für die Sache geschehen kann.

Einen Anspruch auf Anwesenheit hat der nicht auf freiem Fuße befindliche Angeschuldigte nur bei solchen Terminen, welche an der Gerichtsstelle des Orts abgehalten werden, wo er sich in Haft befindet.

Auf die Verlegung eines Termins wegen Verhinderung haben die zur Anwesenheit Berechtigten keinen Anspruch.

* Behufs Uebereinstimmung mit „findet statt“ im Abs. 1 müßte es wohl heißen: „vernommen wird“.

Eine Bestimmung, wie die im § 239 Abs. 2 St. enthaltene, fehlt hier; doch scheint ihrer analogen Anwendung nichts entgegen zu stehen.

§ 192 St.

Der Richter kann einen Angeschuldigten von der Anwesenheit bei der Verhandlung ausschließen, wenn zu befürchten ist, daß ein Zeuge[1] in seiner Gegenwart die Wahrheit nicht sagen werde[2].

1. Daß hier nicht, wie in dem analogen § 246, auch des Mitangeklagten Erwähnung geschieht, gründet sich nach Ausweis der Prot. der JK. S. 1124 darauf, daß es im Vorverfahren einen Mitangeklagten nicht giebt. Daß, wenn die Voruntersuchung gegen mehrere Mitangeschuldigte eröffnet ist, Jeder derselben in Abwesenheit der Anderen vernommen werden kann, bedurfte keiner ausdrücklichen Bestimmung, da der Untersuchungsrichter über das in der Voruntersuchung zu beobachtende Verfahren, wo nicht besondere gesetzliche Vorschriften entgegenstehen, nach freiem Ermessen zu bestimmen hat.

2. Der Entwurf enthielt in dem entsprechenden § 160 die Bestimmung, daß der Angeschuldigte von der Verhandlung ausgeschlossen werden dürfe, wenn durch seine Zulassung der Untersuchungszweck gefährdet werden würde. Nach der Beschränkung, welche der § in der JK. (Prot. S. 1123) erfahren hat, würde bei der Zeugenvernehmung eines tödtlich Verletzten der Thäter ohne Rücksicht auf die aus seiner Gegenwart voraussichtlich erwachsende Verschlimmerung des Zustandes des Ersteren und deren Einfluß auf das Ergebniß seiner Vernehmung, stets zugezogen werden müssen. In einem solchen Falle wird sich der Untersuchungsrichter jedoch mit Recht für befugt erachten, den Kranken in Abwesenheit des Angeschuldigten als Zeugen zu vernehmen.

§ 193 St.

[1]Findet die Einnahme eines Augenscheins unter Zuziehung von Sachverständigen statt, so kann der Angeschuldigte beantragen, daß die von ihm für die Hauptverhandlung in Vorschlag zu bringenden Sachverständigen zu dem Termine geladen werden und, wenn der Richter den Antrag ablehnt, sie selbst laden lassen.

Den von dem Angeschuldigten benannten Sachverständigen ist die Theilnahme am Augenschein und an den erforderlichen Untersuchungen insoweit zu gestatten, als dadurch die Thätigkeit der vom Richter bestellten Sachverständigen nicht behindert wird*.

1. Dieser § ist von der JK. gegen den Widerspruch der Regierungsvertretung dem Entwurf hinzugefügt worden (Prot. S. 927—929 und vom 12. November 1876).

2. Das hier vom „Behindern" Gesagte, wird auch von einer Seitens des Richters anerkannten wesentlichen Erschwerung gelten müssen.

§ 194 St.

Die Staatsanwaltschaft kann stets, ohne daß jedoch das Verfahren dadurch aufgehalten werden darf, von dem Stande der Voruntersuchung durch Einsicht der Akten Kenntniß nehmen und die ihr geeignet scheinenden Anträge stellen*.

* Auf solche im Laufe der Voruntersuchung gestellte Anträge wird die Vorschrift des § 195 Abs. 2 nicht auszudehnen, vielmehr wird der Untersuchungsrichter für berechtigt zu erachten sein, dieselben — vorbehaltlich der Beschwerde der StAschft. — selbständig abzulehnen. Vergl. auch Note 1 zu § 188 St.

§ 195 St.

Erachtet der Untersuchungsrichter den Zweck der Voruntersuchung für erreicht, so übersendet er die Akten der Staatsanwaltschaft zur Stellung ihrer Anträge.

Beantragt die Staatsanwaltschaft eine Ergänzung der Voruntersuchung, so hat der Untersuchungsrichter, wenn er dem Antrage nicht stattgeben will, die Entscheidung des Gerichts einzuholen.

Von dem Schlusse der Voruntersuchung ist der Angeschuldigte in Kenntniß zu setzen*.

* Ein Antrag, wonach der Untersuchungsrichter die Einstellung des Verfahrens verfügen sollte, wenn er mit dem StA. darin übereinstimme, daß aus thatsächlichen oder rechtlichen Gründen das Hauptverfahren gegen den Angeschuldigten nicht zu eröffnen sei, wurde von der JK. abgelehnt. Prot. S. 306. 310. 930.

Entscheidung über die Eröffnung des Hauptverfahrens.

§ 196[1] St.

Hat eine Voruntersuchung stattgefunden, so entscheidet das Gericht, ob das Hauptverfahren zu eröffnen oder der Angeschuldigte außer Verfolgung zu setzen oder das Verfahren vorläufig einzustellen sei[2].

Die Staatsanwaltschaft legt zu diesem Zwecke die Akten mit ihrem Antrage dem Gerichte[3] vor. Der Antrag auf Eröffnung des Hauptverfahrens erfolgt durch Einreichung einer Anklageschrift.

1. Die §§ 196—209 enthalten die Vorschriften über die nach Beendigung des Vorverfahrens — sowohl im engeren Sinne, also im Gegensatz zur „Voruntersuchung" (welche das Gesetz und die Mot. S. 107 unter dem Ausdruck „Vorverfahren" im weiteren Sinne mitbegreifen) als auch der Voruntersuchung — von der Staatsanwaltschaft zu stellenden Anträge, ferner über die auf diese Anträge ergehenden Gerichtsbeschlüsse und die Anfechtung der letzteren.

In Bezug auf jene Anträge liegt ihnen, der Bestimmung des § 154 St. entsprechend, das Prinzip zum Grunde, daß nach stattgehabter Voruntersuchung eine Zurücknahme der öffentlichen Klage Seitens der Staatsanwaltschaft nicht mehr statthaft, und daß das Gericht über die Eröffnung des Hauptverfahrens, bzhw. der Einstellung des Untersuchungsverfahrens oder Vervollständigung der stattgehabten Ermittelungen unabhängig von den Anträgen der Staatsanwaltschaft beschließt.

In Fällen, wo eine Voruntersuchung nicht stattgefunden hat, ist durch die Vorschriften das Prinzip des Anklageprozesses gewahrt, da die StAschft., wenn nur ein den §§ 160. 161 St. entsprechendes Verfahren stattgehabt hat, zur Abstandnahme von der Verfolgung des Beschuldigten, bzhw. von weiteren Ermittelungen, ohne jede Konkurrenz des Gerichts, berechtigt ist.

Für den Fall erfolgter Voruntersuchung — §§ 176 folg. St. — hat der § 196 St. jenes Prinzip insofern durchbrochen, als die Staatsanwaltschaft, auch wenn sie sich auf Grund des Ergebnisses der Voruntersuchung von der völligen Unschuld des Beschuldigten an der den Gegenstand der Voruntersuchung bildenden That, oder von der Unzulänglichkeit der vorhandenen Beweismittel, oder von der Straflosigkeit der Handlung überzeugt, dennoch die Einstellung des Verfahrens nicht selbst beschließen darf, den Beschluß hierüber vielmehr dem Gericht anheimgeben muß. Diese Abweichung von dem Prinzip findet jedoch ihre Rechtfertigung darin, daß, wenn die Staatsanwaltschaft die Sachlage in objektiver und subjektiver Beziehung dazu angethan gefunden hat, um das Gericht durch den Antrag auf Voruntersuchung (§ 168 St.) mit der Sache in der Ausdehnung zu befassen, daß dasselbe — durch sein Organ, den Untersuchungsrichter — die Spuren der Strafthat und des Thäters selbstständig nach eigenem Plane verfolgt, es angemessen erscheint, dem Gericht eine eigene Kognition darüber einzuräumen, ob das Ergebniß der Ermittelungen zur weiteren Verfolgung der Sache, behufs Herbeiführung einer Entscheidung durch Urtheil des erkennenden Richters geeignet, d. h. nach der Ausdrucksweise der St., ob die „Eröffnung des Hauptverfahrens zum Zwecke der Verweisung der Sache zur Hauptverhandlung (§ 225 St.) geboten sei.

2. Die Worte: „oder ob das Verfahren" u. s. w. sind von der JK. insbesondere mit Rücksicht auf die Fälle, wo der Beschuldigte abwesend, oder nach der That geisteskrank geworden sei, eingeschaltet. Prot. S. 310.

3. Auch in dem Falle werden die Akten dem Landgericht, nicht dem Amtsgericht vorgelegt, wenn die StAschft. dafür hält, daß die Voruntersuchung eine zur Zuständigkeit des Schöffengerichts gehörende Strafthat herausgestellt habe, da das Landgericht, bei welchem die Voruntersuchung anhängig war, über das Ergebniß derselben zu befinden hat. Vergl. § 72 G.

Hat die StAschft. in dem Antrage auf Voruntersuchung eine bestimmte That zum Gegenstande der Beschuldigung gemacht, bietet ihr aber das Ergebniß der Voruntersuchung Anhalt zur Erweiterung oder Veränderung der Klage dar, so darf sie die Anklageschrift dem entsprechend anfertigen und das Gericht hat die Anklage unabhängig von dem früheren Antrage zu prüfen. Vergl. auch § 189 St.

§ 197 St.

Erhebt die Staatsanwaltschaft, ohne daß eine Voruntersuchung stattgefunden, die Anklage, so ist die Anklageschrift mit den Akten*, wenn die Sache zur Zuständigkeit des Schöffengerichts gehört, bei dem Amtsrichter, anderenfalls bei dem Landgerichte einzureichen.

* Der Entwurf hatte die Beifügung der Akten der StAschft. nur für den Fall stattgehabter Voruntersuchung angeordnet (§ 196 Abs. 2). Die JK. hat auch hier, gegen den Widerspruch der Regierungsvertretung, die Worte „mit den Akten" eingeschaltet. Prot. S. 511. 516. Vgl. Note 1 zu § 208.

§ 198 St.

Die Anklageschrift hat die dem Angeschuldigten zur Last gelegte That unter Hervorhebung ihrer gesetzlichen Merkmale und des anzuwendenden Strafgesetzes zu bezeichnen, sowie die

Beweismittel[2] und das Gericht, vor welchem die Hauptverhandlung stattfinden soll, anzugeben.

In den vor dem Reichsgerichte, den Schwurgerichten oder den Landgerichten zu verhandelnden Strafsachen sind außerdem die wesentlichen Ergebnisse[3] der stattgehabten Ermittelungen[4] in die Anklageschrift aufzunehmen[5].

1. Der § bezieht sich, wie aus dem von der JK. hinzugefügten Abs. 2 hervorgeht, nicht nur auf die im § 197 erwähnte, sondern auch auf eine nach stattgehabter Voruntersuchung und vorgängiger Beschlußfassung des Gerichts über die Eröffnung des Hauptverfahrens (§ 201) eingereichte Anklageschrift.

2. Daß die StAschft. berechtigt ist, auch noch nachträglich vor oder in der Hauptverhandlung andere Beweiserhebungen zu beantragen, ergiebt sich aus § 245.

3. Nur die Ergebnisse, nicht auch die speziellen Beweismittel, durch welche dieselben in der Voruntersuchung gewonnen worden sind. Es wird daher z. B. die Anführung, daß sich in dem Magen des Getödteten Arsen befunden habe, genügen, ohne die Angabe, welcher Sachverständige dies festgestellt habe. Von der entgegengesetzten Ansicht ausgegangen, würde der Beweismittel zwei Mal Erwähnung geschehen müssen (Abs. 1).

4. Wenn nämlich solche Ermittelungen stattgefunden haben, was in den zur Zuständigkeit der Landgerichte gehörenden Sachen in Fällen, wo eine Voruntersuchung unterblieben und die Denunziation von Behörden, Beamten oder notorisch zuverlässigen Privatpersonen ausgegangen und mit genügenden Beweismitteln unterstützt war, großentheils als unzweckmäßig unterbleiben kann.

5. Daß die Vorschrift des Abs. 2 nicht auf schöffengerichtliche Untersuchungen ausgedehnt ist, gründet sich auf die hinsichtlich der letzteren von der JK. beschlossene Zulässigkeit des Rechtsmittels der Berufung.

§ 199 St.

Der Vorsitzende des Gerichts hat die Anklageschrift dem Angeschuldigten mitzutheilen und ihn zugleich aufzufordern[1], sich innerhalb einer zu bestimmenden Frist[2] zu erklären, ob[3] er eine Voruntersuchung oder die Vornahme einzelner Beweiserhebungen vor der Hauptverhandlung beantragen, oder Einwendungen[4] gegen die Eröffnung des Hauptverfahrens vorbringen wolle[5].

Hat eine Voruntersuchung stattgefunden, so ist die Aufforderung entsprechend[6] zu beschränken.

Ueber die Anträge und Einwendungen beschließt das Gericht. Eine Anfechtung des Beschlusses findet nur nach Maßgabe der Bestimmungen im § 180 Abs. 1 und § 181 statt.

Auf die vor den Schöffengerichten zu verhandelnden Sachen finden die Bestimmungen dieses Paragraphen keine Anwendung.

1. Auf den Ausdruck „auffordern", welcher nach der gerichtlichen Geschäftssprache eine Verpflichtung, der Aufforderung nachzukommen, voraussetzt, wird kein Gewicht zu legen sein; es werden vielmehr an Stelle desselben die Wörter: „überlassen" „anheimstellen" gewählt werden dürfen.

2. Bei der Berathung des von der JK. eingeschalteten § ist davon ausgegangen, daß das Gericht die Frist zu bestimmen habe (Prot. S. 317. 318). Da dies jedoch nicht ausgesprochen ist, wird zur Vermeidung von Verzögerungen die Fristbestimmung durch den Vorsitzenden vorzuziehen sein.

3. Da nach der Fassung des Abs. 1 eine Erklärung: daß er eine Voruntersuchung beantrage, der Aufforderung entspricht, wird sich das Gericht der Prüfung, ob eine solche nach Lage der Sache geboten erscheine, unterziehen müssen, auch wenn der Antrag durch Gründe nicht unterstützt ist.

4. Daß der die „Einwendungen" enthaltende Schriftsatz der Mitunterschrift eines Rechtsanwalts oder des Vertheidigers bedürfe, ist nicht vorgeschrieben, auch sind die Einwendungen nicht näher bezeichnet. Voraussichtlich wird dies zur Folge haben, daß von Winkelschriftstellern angefertigte Anklage=Beantwortungen unverständlichen und sachwidrigen Inhalts nachzuweisen suchen werden, daß die Anklage in thatsächlicher Beziehung hinfällig oder nicht ausreichend mit Beweis unterstützt sei. Bei der Berathung des § ist allerdings davon ausgegangen, daß hauptsächlich Einwendungen gegen die gesetzliche Zulässigkeit des Hauptverfahrens gemeint seien (Prot. S. 318). Dies ist aber aus der Vorschrift nicht zu entnehmen.

5. Wird der Angeschuldigte nicht aufgefordert, innerhalb der ihm gestellten Frist: „die ihm nöthig erscheinenden einzelnen Beweiserhebungen zu beantragen, bzhw. Einwendungen vorzubringen", sondern — den Worten der Vorschrift entsprechend: „zu erklären, ob er beantragen bzhw. vorbringen wolle", so wird er mit den Anträgen und Einwendungen nicht präkludirt werden dürfen, wenn er innerhalb der Frist erklärt, daß er allerdings derartige Anträge zu stellen oder Einwendungen anzubringen beabsichtige, da die Fassung des Abs. 1 ihn zu der Annahme berechtigt, daß ihm noch nach Abgabe einer bejahenden Erklärung zur Ausführung jener Absicht — z. B. durch protokollarische Vernehmung — Gelegenheit werde geboten werden.

6. Diese Bestimmung wird nur zur Folge haben können, daß sich die Aufforderung nicht auf die Beantragung einer Voruntersuchung erstreckt. Denn Anträge auf einzelne Beweiserhebungen, die der Angeschuldigte wäh-

rend der Voruntersuchung zu stellen verabsäumt hat, darf er Mangels einer entgegenstehenden Vorschrift in dem hier angeordneten Verfahren nachholen. Dasselbe gilt von Einwendungen, mit Ausnahme des Einwandes örtlicher Unzuständigkeit des Gerichts, welcher nach § 16 St. im Laufe der Voruntersuchung geltend gemacht werden muß.

7. Ueber das weitere Verfahren hat eine Beschlußnahme in der IK. nicht stattgefunden, wiewohl sie Seitens der Regierungsvertretung dazu angeregt wurde. Prot. S. 318. Die Praxis ist daher in der Lage, die im Interesse der Anklage wie der Vertheidigung ersprießlich erscheinenden Wege nach Zweckmäßigkeitsgründen selbst zu wählen. Es darf

a. vorweg darauf hingewiesen werden, daß der § so, wie er gefaßt, und nach der Stellung, die ihm (vor dem § 202) gegeben ist, hinsichtlich seiner praktischen Zweckmäßigkeit bedenklich erscheint.

Nach den §§ 201. 202 findet die Eröffnung des Hauptverfahrens auf Grund einer von der StAschft. ohne stattgehabte Voruntersuchung eingereichten Anklageschrift nur statt, wenn „nach den Ergebnissen der — bei der StAschft. verfolgten — Vorverhandlungen der Angeschuldigte einer strafbaren Handlung hinreichend verdächtig erscheint", und derselben auch nicht Rechtsgründe entgegenstehen. Anderenfalls verweigert das Gericht die Eröffnung des Hauptverfahrens, weist also die Anklage zurück.

Tritt dieser letztere Fall ein und wird auch der Beschluß des zuständigen Gerichts nicht im Beschwerdewege geändert, so werden die Akten zurückgelegt, ohne daß der Angeschuldigte von diesen zwischen den beiden Behörden gepflogenen internen Verhandlungen etwas erfährt.

Nun verordnet aber der Abs. 1 § 199 ausnahmslos, daß, bevor die Anklageschrift zur Kenntniß des Gerichts gelangt, der Vorsitzende desselben — auch wenn er es seinerseits für zweifellos hält, daß die Eröffnung des Hauptverfahrens aus Rechtsgründen, örtlicher oder sachlicher Unzuständigkeit des Gerichts und dergl., nicht von dem Gerichte beschlossen werden könne — die Anklageschrift dem Angeschuldigten mitzutheilen und die näher bezeichnete Aufforderung an denselben zu erlassen habe.

Dies Verfahren hat in dem Falle, wenn das Gericht nach eingegangener Erklärung des Angeschuldigten, oder nach dem Ablaufe der Frist, jene Ansicht des Vorsitzenden theilt, oder aus anderen rechtlichen oder thatsächlichen Gründen die Anklage so, wie sie erhoben worden, nicht für geeignet hält, um die Eröffnung des Hauptverfahrens nach sich zu ziehen, nicht nur eine zwecklose Vermehrung der Schreiberei und den Uebelstand zur Folge, daß der Angeschuldigte unnöthiger Weise durch den ihm auf seine Anträge zu ertheilenden Bescheid erfährt, daß der StA. eine nach der Ansicht des Gerichts unbegründete Anklage gegen ihn zur Einleitung zu bringen beabsichtigt hat, sondern führt auch den ungleich erheblicheren Nachtheil mit sich, daß dem verhafteten Angeschuldigten seine Freiheit länger, als bei einem zweckmäßigeren Verfahren erforderlich wäre, entzogen wird. Diese Verzögerung beschränkt sich nicht auf die dem Angeschuldigten zu seiner Erklärung gestellte Frist und den durch seine nach Ablauf derselben event. (Note 5) erforderliche protokollarische Vernehmung herbeigeführten Zeitverlust, sondern erweitert sich auch dadurch, daß vor der gerichtlichen Beschlußfassung über Anträge und Einwendungen desselben die StAschft. nach § 33 gehört werden muß.

Hätte daher in der That Veranlassung vorgelegen, dem Entwurf zur St. einen §, wie der in Rede stehende hinzuzufügen, so dürfte es sich empfohlen haben, die angeordnete Aufforderung an den Angeschuldigten erst ergehen zu lassen, nachdem das Gericht die Anklage an sich bereits als einleitungsfähig anerkannt habe, und diesen Beschluß, wenn demnächst innerhalb der dem Angeschuldigten in Gemäßheit des § 199 Abs. 1 gestellten Frist eine Erklärung desselben nicht eingehe, ohne Weiteres durch Anberaumung des Termins zur Hauptverhandlung zur Ausführung bringen zu lassen.

Daß der Angeschuldigte schon im Laufe der Voruntersuchung, oder auch zu Protokoll des Gerichtsschreibers auf Erklärungen, wie sie der § 199 Abs. 1 bezeichnet, verzichten darf, wird für um so unbedenklicher gelten müssen, als demselben unbenommen ist, alle Erklärungen und Anträge, zu denen ihn die im Abs. 1 vorgeschriebene Aufforderung veranlassen könnte, noch im Laufe der Hauptverhandlung anzubringen, er also gegen den Verlust eines Vertheidigungsmittels gesichert ist.

b. Hat der Angeschuldigte in Folge der durch den Vorsitzenden des Gerichts an ihn erlassenen Aufforderung Einwendungen gegen die Anklage erhoben oder Anträge gestellt, hat demnächst die StAschft. in Beantwortung des ihr mitgetheilten Schriftsatzes des Angeschuldigten zur Entkräftung der Anführungen desselben auch ihrerseits — wie ihr nicht zu verschränken sein wird — „die Vornahme einzelner Beweiserhebungen“ beantragt, so wird das Gericht bei der Beschlußnahme (Abs. 3) über dieselben seine Prüfung zugleich darauf zu richten haben, ob auch von Amtswegen einzelne Beweiserhebungen anzuordnen seien (§ 200). Es wird jedoch, wenn es Veranlassung zu solchen findet, vor der Beschlußfassung nach § 33 die StAschft. zu hören haben.

c. Erachtet das Gericht Beweiserhebungen für erforderlich und beauftragt es mit denselben einen Amtsrichter, so wird der betreffende Beschluß sowohl dem Angeschuldigten als der StAschft. abschriftlich mitzutheilen sein. Eine gleiche Mittheilung wird hinsichtlich der vom Amtsrichter aufgenommenen Verhandlungen stattfinden müssen.

Mit diesem Akte dürfte aber das singuläre im Abs. 1 vorgeschriebene Verfahren seinen Abschluß zu finden haben, mithin ohne Rücksicht auf neue Anträge der Beschluß zu fassen sein, ob das Hauptverfahren zu eröffnen sei, oder nicht.

Daß die StAschft. befugt ist, auf Grund der stattgehabten Beweiserhebungen die Anklage zu ändern und — wenn eine Voruntersuchung nicht stattgefunden hat — selbst zurückzunehmen, ergiebt sich aus dem § 154 St.

8. Von den hier in Bezug genommenen Vorschriften betrifft der Abs. 1 des § 180 ausschließlich den Fall der Verwerfung des von dem Angeschuldigten erhobenen Einwandes örtlicher Unzuständigkeit des Gerichts. In diesem Falle soll gegen den auf Grund des Abs. 3 § 199 ergangenen

Gerichtsbeschluß nur die sofortige Beschwerde stattfinden. Ueber den Fall, wenn der Beschluß jenen — bei unterbliebener Voruntersuchung noch zulässigen — Einwand für begründet erachtet und demzufolge die von der StAschft. beantragte Eröffnung des Hauptverfahrens ablehnt, bestimmt der allegirte Abs. 1 des § 180 nichts; der StAschft. wird daher gegen einen solchen Beschluß nach der allgemeinen Vorschrift des § 346 die gewöhnliche Beschwerde zustehen.

Der ferner im Abs. 3 § 199 in Bezug genommene § 181 setzt voraus, daß ein Antrag der StAschft. oder des Angekl. auf Eröffnung der Voruntersuchung abgelehnt ist. Der Abs. 1 des § 199 spricht aber nicht blos von dem Einwande der Unzuständigkeit des Gerichts (§ 180) und dem Antrage auf Eröffnung der Voruntersuchung (§ 181), sondern ganz allgemein von „einzelnen Beweiserhebungen" und „Einwendungen gegen die Eröffnung des Hauptverfahrens". Soweit daher diese durch den Beschluß des Gerichts verworfen, bzhw. ihnen gegen den Widerspruch der StAschft. stattgegeben wird, steht gegen denselben die gewöhnliche Beschwerde offen.

Dies hat zur Folge, daß der Angeschuldigte möglicherweise die Aussetzung der schon begonnenen Hauptverhandlung durch den in derselben beigebrachten Nachweis, daß er gegen den ihm nachtheiligen nach Abs. 3 gefaßten Beschluß des Gerichts bei der vorgesetzten Behörde Beschwerde eingelegt habe, herbeizuführen und daß die StAschft. die schon begonnenen „Beweiserhebungen" durch einen gleichen Nachweis zu hemmen vermag. Diese Folgerung dürfte um so unabweislicher sein, als es, wenn in Fällen dieser Art das Beschwerderecht hätte ausgeschlossen werden sollen, nahe gelegen hätte, eine Bestimmung wie die des § 200 Abs. 2 auch hier zu treffen. Die Anwendung dieser letzteren Bestimmung, welche ausschließlich den Fall betrifft, wenn das Gericht von Amtswegen behufs Aufklärung der Sache Beweiserhebungen angeordnet hat, auf die im § 199 Abs. 3 bezeichneten Beschlüsse, welche auf Anträge der Betheiligten ergehen, würde schon mit den allgemeinen Regeln der Gesetzauslegung unvereinbar sein, verbietet sich aber auch sowohl durch den Grundsatz, daß exceptionelle Vorschriften, wie die Beschränkung des Beschwerderechts, nicht ausdehnend interpretirt werden dürfen, als auch dadurch, daß der § 200 nur von der Ergänzung oder Eröffnung der Voruntersuchung und von einzelnen Beweiserhebungen handelt, während die im § 199 Abs. 3 erwähnten Beschlüsse auch Einwendungen zum Gegenstande haben.

Ist dem Antrage des Angeschuldigten auf Eröffnung der Voruntersuchung gegen den Widerspruch der StAschft. stattgegeben worden, so könnte aus der allgemeinen Fassung des § 180 Abs. 2 geschlossen werden, daß der letzteren eine Beschwerde hiergegen nicht zustehe. Die Annahme, daß jener Abs. 2 eine generelle Vorschrift enthalte, wird aber dadurch ausgeschlossen, daß im § 200 die Unanfechtbarkeit auch hinsichtlich des die Eröffnung einer Voruntersuchung anordnenden Beschlusses ausgesprochen ist, dessen es nicht bedurft hätte, wenn das Gesetz davon ausgegangen wäre, daß die Unzulässigkeit einer Beschwerde schon aus dem Abs. 2 des § 180 hervorgehe. Es dürfte daher auch hier, Mangels einer entgegenstehenden Vorschrift, der StAschft. die gewöhnliche Beschwerde zustehen.

9. Mit Rücksicht auf die Zulässigkeit des Rechtsmittels der Berufung. Vergl. die Noten 2 u. 3 zu § 176.

10. Die JK. hatte auch die Bestimmung in den § aufgenommen, daß es beim Vorhandensein eines Vertheidigers genüge, diesen unter Gestattung der Akteneinsicht zur Einbringung etwaiger Vertheidigungsanträge aufzufordern. Der RTag hat dieselbe jedoch in Wegfall gebracht. Sitzung vom 30. November 1876 S. 505 der Stenogr. Ber.

§ 200 St.

Zur besseren Aufklärung der Sache kann das Gericht eine Ergänzung der Voruntersuchung oder, falls eine Voruntersuchung nicht stattgefunden hat, die Eröffnung einer solchen* oder einzelne Beweiserhebungen anordnen. Die Anordnung einzelner Beweiserhebungen steht auch dem Amtsrichter zu.

Eine Anfechtung des Beschlusses findet nicht statt.

* Nach der allgemeinen Fassung dieses § würde die Eröffnung einer Voruntersuchung von Amtswegen auch in den vor den Schöffengerichten „zu verhandelnden" (§ 199 Abs. 4) Untersuchungen zulässig sein. Mit Rücksicht auf den Schlußsatz des Abs. 1, welcher auf diese Untersuchungen zu beziehen ist, und den Abs. 3 des § 176 ist jedoch anzunehmen, daß dies nicht in der Absicht des Gesetzes gelegen habe.

§ 201 St.

Das Gericht beschließt die Eröffnung des Hauptverfahrens, wenn nach den Ergebnissen der Voruntersuchung oder, falls eine solche nicht stattgefunden hat, nach den Ergebnissen des vorbereitenden Verfahrens[1] der Angeschuldigte einer[2] strafbaren Handlung hinreichend verdächtig erscheint[3].

1. Es ist hier die erfolgte Einreichung einer Anklageschrift vorausgesetzt, da ohne eine solche, wenn eine Voruntersuchung nicht stattgefunden hat, die Eröffnung des Hauptverfahrens unstatthaft ist.

2. Nach diesen Worten würde das Gericht, wenn ihm das Ergebniß der Voruntersuchung, bzhw. der Vorverhandlungen, zwar nicht bezüglich der von der Staatsanwaltschaft zur Anklage gestellten, wohl aber in Betreff einer anderen That Anhalt zu einer Anklage darbietet, berechtigt sein, wegen dieser letzteren die Eröffnung des Hauptverfahrens zu beschließen. Dies ist jedoch sowenig der Sinn dieses §, als der des § 204, wie letzteres daraus hervorgeht, daß dieser von der JK. eingeschaltete § S. 325 der

Prot. nach dem Anerkenntniß des Antragstellers etwas Selbstverständliches (also nicht von dem Anklageprinzip Abweichendes) enthält und nur bezweckt, „die Selbständigkeit der richterlichen Stellung korrekt zum Ausdruck zu bringen". Vergl. auch die Note zu § 205 St. Das Gericht darf — wie auch Seitens der Regierungsvertretung bei der Berathung des § in der JK. hervorgehoben wurde, S. 324 der Prot. — nur die den Gegenstand der Anklageschrift bildende That bei der Beschlußnahme in's Auge fassen; es ist jedoch berechtigt, jene That als eine andere „strafbare Handlung", als von der Staatsanwaltschaft geschehen, zu bezeichnen, sie vom strafrechtlichen Standpunkt aus anders zu charakterisiren, z. B. das Hauptverfahren wegen „Unterschlagung" zu eröffnen, wenn die Staatsanwaltschaft die Anklage wegen „Diebstahls" erhoben hat.

Für die Hauptverhandlung ist weder die StAschft. noch das erkennende Gericht an die dem Beschlusse zum Grunde liegende Rechtsansicht gebunden. Vergl. § 264 St.

3. Hat eine Voruntersuchung nicht stattgefunden, so bedarf die StAschft. zur Einreichung der Anklageschrift nicht nothwendig eines vorbereitenden Verfahrens, geschweige denn der Ergebnisse eines solchen nach dem, was der geschäftliche Sprachgebrauch hierunter versteht. Es kann ihr zur Erhebung der Anklage eine mit genügendem Beweise unterstützte Denunziation eines Beamten oder einer anderen ihr als zuverlässig bekannten Person genügen. Gegenstand der Prüfung des Gerichts ist in einem solchen Falle lediglich der Inhalt der Anklageschrift.

§ 202 St.

Beschließt das Gericht, das Hauptverfahren nicht zu eröffnen, so muß aus dem Beschlusse hervorgehen[1], ob derselbe auf thatsächlichen oder[2] auf Rechtsgründen beruht.

Hat eine Voruntersuchung stattgefunden, so ist auszusprechen, daß der Angeschuldigte außer Verfolgung zu setzen sei.

Der Beschluß ist dem Angeschuldigten bekannt zu machen[3].

1. Dazu würde die bloße Angabe, daß das Eine oder das Andere der Fall sei, genügen. Es mag auch, wenn der Beweisantritt zur Eröffnung des Hauptverfahrens nicht für ausreichend erachtet wird, eine Erörterung des Werths der einzelnen Beweismittel in dem Bescheide erläßlich sein, also — wie die Mot. S. 115 meinen — die Bemerkung: „es seien für die Thäterschaft des Beschuldigten keine genügenden Beweise vorhanden", „es sei genügend dargethan, daß der Beschuldigte sich im Zustande der Nothwehr befunden habe", in der Regel ausreichen. Dagegen wird es, behufs der Ermöglichung der Begründung einer Beschwerde, in Fällen, wo die Ablehnung des Antrags auf Rechtsgründen beruht, also z. B. weil die dem Beschuldigten zur Last gelegte That nicht unter ein Strafgesetz falle, oder

weil es an dem erforderlichen Strafantrage fehle, oder Verjährung eingetreten sei, einer speziellen Motivirung des Bescheides bedürfen.

2. Auch wenn das Gericht zur Zurückweisung des Antrags einen Grund für ausreichend hält, wird die Prüfung auch nach der anderen Richtung hin eintreten müssen, um, falls der in dem Beschlusse geltend gemachte eine Grund in der Beschwerde-Instanz für hinfällig erachtet wird, der Nothwendigkeit anderweiter Prüfung der Anklageschrift und der damit event. verknüpften Verzögerung der Untersuchung vorzubeugen.

3. Nach den Worten der Vorschrift, und da sie sich nicht an den Abs. 2 anschließt, vielmehr einen besonderen Absatz bildet, muß sie auch auf den ersten Satz und zwar auch in dem Falle bezogen werden, wenn eine Voruntersuchung nicht stattgefunden hat. Mit Rücksicht auf den Schlußsatz des § 195 St. dürfte sie jedoch auf einen solchen Fall nur unter den Voraussetzungen des § 168 Abs. 2 St. Anwendung finden, da anderenfalls der Beschuldigte vor der Eröffnung des Hauptverfahrens von der Sache keine Kenntniß erlangt, es mithin an jeder Veranlassung fehlt, ihm von der erfolgten Zurückweisung des Antrages des Staatsanwalts auf Eröffnung des Hauptverfahrens Nachricht zu geben.

§ 203 St.

Vorläufige Einstellung des Verfahrens kann beschlossen werden, wenn dem weiteren Verfahren Abwesenheit des Angeschuldigten oder der Umstand entgegensteht, daß derselbe nach der That in Geisteskrankheit verfallen ist*.

* Daß dies der Fall sei, kann nur auf Grund einer während der Voruntersuchung oder des Skrutinialverfahrens, oder einer vom Gericht nach § 200 St. angeordneten Ermittelung des Geistes- und Gemüthszustandes durch Sachverständige und eines die Geisteskrankheit bestätigenden Gutachtens derselben angenommen werden. In einem solchen Falle wird voraussichtlich der Staatsanwalt aus eigenem Antriebe einstweilen von der Einreichung der Anklageschrift abstehen, bzhw. die Sistirung des Verfahrens beantragen. Event. wird ein solcher Beschluß nicht ohne Anhörung desselben ergehen dürfen. — Der § ist von der JK. eingeschaltet. Prot. S. 326.

§ 204 St.

Das Gericht ist bei der Beschlußfassung an die Anträge der Staatsanwaltschaft nicht gebunden.

§ 205 St.

In dem Beschlusse, durch welchen das Hauptverfahren eröffnet wird, ist die dem Angeklagten zur Last gelegte That unter Hervorhebung ihrer gesetzlichen Merkmale¹ und des anzuwendenden Strafgesetzes, sowie das Gericht zu bezeichnen, vor welchem die Hauptverhandlung stattfinden soll*.

Das Gericht hat zugleich von Amtswegen über die Anordnung oder Fortdauer der Untersuchungshaft zu beschließen.

1. Nach dem Entwurfe sollte es der Hervorhebung der gesetzlichen Merkmale der That und des anzuwendenden Strafgesetzes in dem Falle nicht bedürfen, wenn das beschließende Gericht sich selbst für zuständig erachte, um auch als erkennendes Gericht das Urtheil in der Sache zu fällen, z. B. das Landgericht annehme, daß die Sache zu seiner eigenen Kompetenz, nicht zu der eines Schwurgerichts oder Amtsgerichts gehöre. Hiervon ist die JK. abgewichen, weil der Angeklagte aus dem gerichtlichen Verweisungsbeschlusse müsse ersehen können, welche Strafgesetzverletzung das Gericht in der ihm zur Last gelegten That finde, gleichviel, ob dasselbe mit der Ansicht der Staatsanwaltschaft übereinstimme, oder nicht. Es wurde dabei bemerkt, daß man in einfachen Fällen die Gründe des staatsanwaltschaftlichen Antrags wörtlich in den Verweisungsbeschluß aufnehmen könne. Prot. S. 325.

2. Die in der JK. hervorgetretene Meinungsverschiedenheit darüber, ob unter den „gesetzlichen Merkmalen der That" die in dem Deliktsbegriff geforderten, in der dem Beschuldigten zur Last gelegten Handlung zu Tage getretenen konkreten Umstände, oder vielmehr diejenigen Merkmale zu verstehen seien, welche das Gesetz zum Vorhandensein der strafbaren Handlung voraussetze, ist nicht zur Entscheidung gekommen. Prot. S. 320. Die seitherige Auffassung des Begriffs in der Strafgerichtspraxis dürfte der letzteren Ansicht zur Seite stehen.

§ 206 St.

Wenn von der Staatsanwaltschaft beantragt ist¹, den Angeschuldigten außer Verfolgung zu setzen, von dem Gerichte aber die Eröffnung des Hauptverfahrens beschlossen wird*, so hat die Staatsanwaltschaft eine dem Beschlusse entsprechende Anklageschrift einzureichen.

Die Bestimmungen des § 199 finden hier gleichfalls Anwendung; es ist jedoch die Aufforderung auf die Erklärung zu beschränken, ob der Angeklagte die Vornahme einzelner Beweiserhebungen vor der Hauptverhandlung beantragen wolle.

1. Der § setzt, wie auch bei seiner Berathung in der JK. von der Regierungsvertretung hervorgehoben wurde (Prot. S. 935), eine stattgehabte Voruntersuchung voraus, da die StAschft., wenn eine solche unterblieben ist,

ohne Betheiligung des Gerichts von der Erhebung einer Anklage Abstand nimmt, und dem Gericht nur, wenn der Beschuldigte verhaftet ist, von ihrem Entschlusse behufs Aufhebung der Haft Nachricht giebt, wogegen das Gericht bei stattgehabter Voruntersuchung nach § 196 St. über die Eröffnung des Hauptverfahrens, bzhw. Außerverfolgungsetzung des Beschuldigten zu befinden hat, gleichviel ob der Staatsanwalt eine Anklageschrift einreicht, oder den Beschuldigten außer Verfolgung zu setzen beantragt.

Hinsichtlich der ersten dieser beiden Alternativen sind die Grenzen der Befugnisse des Gerichts klar; dasselbe darf das Hauptverfahren wegen keiner anderen, als der von der Staatsanwaltschaft in ihrer Anklageschrift bezeichneten That und gegen keine andere als die angeklagte Person eröffnen. Note 2 zu § 201 St.

Beantragt aber die Staatsanwaltschaft — ohne spezielle Motivirung, wozu sie formell berechtigt ist — Einstellung des Verfahrens, so liegt dem Richter als Prüfungsmaterial der gesammte Inhalt der Voruntersuchungsakten vor, welcher so bestimmte Schranken für das Gebiet seiner Beurtheilung, wie eine Anklageschrift, nicht erkennbar macht. In einem solchen Falle sind die Grenzen für die Befugniß des Gerichts, dem Antrage der Staatsanwaltschaft zuwider das Hauptverfahren zu eröffnen, durch denjenigen Antrag der letzteren gesteckt, auf Grund dessen der Untersuchungsrichter die Voruntersuchung eröffnet hat. Ueber diese Grenzen hinaus darf das Gericht auch in einem solchen Falle das Hauptverfahren nicht eröffnen.

Es folgt dies zunächst aus dem der St. zum Grunde liegenden Anklageprinzip, welches überall da maßgebend ist, wo das Gesetz nicht ausdrücklich Ausnahmen bestimmt hat. § 153 St. Die Richtigkeit jenes Satzes ergiebt sich aber auch unzweideutig aus dem § 189 Abs. 2 St., nach welchem der Beschluß darüber, ob die Voruntersuchung auf andere, als die in dem ursprünglichen Antrage der Staatsanwaltschaft bezeichneten Personen und Thaten ausgedehnt werden soll, auch in dem Falle ausschließlich der Staatsanwaltschaft gebührt, wenn der Untersuchungsrichter zu einer solchen Ausdehnung Anlaß gefunden und, bei Gefahr im Verzuge, zu diesem Zwecke Untersuchungshandlungen vorgenommen hat.

Diese Vorschrift, welche der Staatsanwaltschaft das Recht giebt, ungeachtet der entgegengesetzten Ansicht des Untersuchungsrichters der weiteren Ausdehnung entgegenzutreten, hätte das Gesetz nicht erlassen können, wenn es dem Gericht die Befugniß hätte ertheilen wollen, bei der Beschlußnahme über die Eröffnung des Hauptverfahrens nicht blos die von der Staatsanwaltschaft zum Gegenstande der Voruntersuchung gemachten Personen und Thaten seiner Prüfung zu unterwerfen und in Bezug auf diese, ungeachtet des Antrages der Staatsanwaltschaft auf Zurücklegung der Akten, das Hauptverfahren zu eröffnen, sondern letzteres auch auf solche Personen und Thaten zu erstrecken, welche die Staatsanwaltschaft überhaupt zur Verfolgung nicht für geeignet erachtet hat. Eine solche Absicht des Gesetzes vorausgesetzt, hätte dasselbe vielmehr im Falle des § 189 St. dem Untersuchungsrichter die von demselben für geboten erachtete Ausdehnung der Voruntersuchung zur Vermeidung der mit einer Hemmung derselben durch die Staatsanwaltschaft eventuell verknüpften Verzögerung der Untersuchung, gestatten, und dem Gericht vorbehalten müssen, bei der dereinstigen Beschlußnahme über das Hauptverfahren, auch solche Personen und Thaten zum Gegenstande des letzteren zu machen, auf welche die Voruntersuchung gegen den Willen der Staatsanwaltschaft ausgedehnt worden.

Es läßt sich auch nicht behaupten, daß, da das Gesetz dem Gericht überhaupt gestatte, das Hauptverfahren gegen den Antrag der Staatsanwaltschaft zu eröffnen, es folgerecht die Prüfung desselben nicht auf die von der Staatsanwaltschaft als Gegenstände der Voruntersuchung bezeichneten Personen und Thaten habe können beschränken wollen, vielmehr dasselbe für befugt habe erachten müssen, auf Grund der ihm von der Staatsanwaltschaft vorgelegten Akten ganz allgemein zu prüfen, ob, gegen wen und wegen welcher Thaten das Hauptverfahren zu eröffnen sei. Denn der wesentliche Unterschied zwischen beiden Fällen liegt darin, daß die Staatsanwaltschaft durch den Antrag, gegen gewisse Personen wegen gewisser Thaten die Voruntersuchung zu eröffnen, das Gericht in Bezug auf diese Personen und diese Thaten mit der Sache befaßt, das Gesetz mithin Anlaß hatte, dem Gericht innerhalb dieser Grenzen ein eigenes Urtheil darüber einzuräumen, ob dem auf Verlangen der Staatsanwaltschaft begonnenen gerichtlichen Untersuchungsverfahren Fortgang zu geben sei, während es für einen direkten Bruch mit dem Anklageprinzip gelten müßte, wenn dem Gericht die Befugniß ertheilt worden wäre, auch gegen solche Personen und wegen solcher Thaten das Hauptverfahren zu eröffnen, in Betreff deren die Staatsanwaltschaft sich zu einem Antrage auf gerichtliches Einschreiten gar nicht veranlaßt gesehen hat.

Eine derartige Vorschrift des Gesetzes würde sich auch mit der Bestimmung nicht vereinigen lassen, daß die Staatsanwaltschaft in Fällen, wo sie eine Voruntersuchung überhaupt nicht beantragt, sich vielmehr auf „vorbereitendes Verfahren" im Sinne des § 201 St. beschränkt hat, selbst dann ohne ein Widerspruchsrecht des Gerichts von der Verfolgung der Sache Abstand nehmen darf, wenn in Gemäßheit des § 160 St. richterliche Handlungen zum Zwecke der Feststellung des objektiven Thatbestandes oder Sicherung eines Beweismittels stattgefunden haben. § 168 Abs. 2.

Im Einklange hiermit giebt auch der § 200 dem Gericht nur das Recht, behufs „der besseren Aufklärung der Sache" die Ergänzung der Voruntersuchung — nicht eine Ausdehnung derselben über die ihr von der StAschft. gesteckten Grenzen hinaus — anzuordnen.

Endlich sprechen für die vorstehend vertheidigte Ansicht auch die Worte des § 201 „nach den Ergebnissen der Voruntersuchung" (nicht der Akten), also desjenigen Verfahrens, über dessen Begrenzung nach § 189 Abs. 2 die Staatsanwaltschaft allein zu bestimmen hat. Im Hinblick auf jene Worte können auch die Schlußworte des § 201 nur dahin verstanden werden, daß, wenn die Staatsanwaltschaft eine Anklageschrift eingereicht hat, das Gericht befugt ist, den Anträgen derselben entgegen, sowohl die Eröffnung des Hauptverfahrens ganz oder theilweise abzulehnen, als auch bei Eröffnung desselben die „in der Klage bezeichnete That" (§ 153 St.) vom rechtlichen Standpunkte aus anders zu charakterisiren, als in der Anklageschrift geschehen ist.

Hiervon ausgegangen folgt von selbst, daß das Gericht auch im Falle des Antrags der Staatsanwaltschaft auf Zurücklegung der Voruntersuchungs-Akten seine Prüfung auf diejenigen Verhandlungen zu beschränken hat, welche innerhalb der von der Staatsanwaltschaft für die Voruntersuchung bezeichneten Grenzen stattgefunden haben, daß daher die StAschft. nicht verpflichtet ist, auf Grund eines diesem Prinzip entgegen ergangenen Gerichtsbeschlusses eine Anklageschrift einzureichen. Die Mot. S. 114 und die Prot. der JK. S. 321 folg. haben die Frage nicht speziell erörtert.

Ein Antrag, dem Staatsanwalt zu gestatten, bei dem Vortrage in der Sitzung des Gerichts behufs Erläuterung seines Antrages gegenwärtig zu sein, wurde von der JK. abgelehnt. S. 317. 326 der Prot.

2. Die Erforderniſſe dieses Beschlusses giebt der § 205 an. Derselbe wird, wenn die StAschft. ihren Antrag motivirt hat, auch insbesondere erkennbar machen müssen, ob das Gericht in thatsächlicher oder in rechtlicher Beziehung von der Ansicht der StAschft. abweicht, um derselben eine Beschwerde zu ermöglichen.

§ 207 St.

Das Landgericht kann das Hauptverfahren vor den erkennenden Gerichten jeder Ordnung[1], nicht aber vor dem Reichsgericht eröffnen. Erachtet das Landgericht die Zuständigkeit des Reichsgerichts für begründet, so legt es die Akten durch Vermittelung der Staatsanwaltschaft diesem Gerichte zur Entscheidung vor[2].

Ebenso hat der Amtsrichter, wenn er findet, daß eine bei ihm eingereichte Sache die Zuständigkeit des Schöffengerichts übersteige, die Akten durch Vermittelung der Staatsanwaltschaft dem Landgerichte zur Entscheidung vorzulegen[3].

1. Also vor dem Landgericht selbst und vor den Schwurgerichten und Amtsgerichten seines Gerichtsbezirks. Bei den letztgedachten Gerichten erfolgt auf Grund des Beschlusses des Landgerichts, ohne daß ihnen eine Prüfung der Sachgemäßheit desselben zusteht, die Ansetzung der Sitzung zur Hauptverhandlung. Das Schöffengericht ist bei der Berathung in der Hauptverhandlung befugt, die Sache an das von ihm für zuständig erachtete Gericht höherer Ordnung, und zwar nicht nur, wenn sich die Sachlage nach den Ergebnissen der Hauptverhandlung anders gestaltet, sondern auch in dem Falle zu verweisen, wenn seine rechtliche Ansicht von der bei der Eröffnung des Hauptverfahrens vor ihm leitend gewesenen abweicht. Vergl. die Noten zu § 270 St.

2. Es wird hiezu eines die Zuständigkeit des Reichsgerichts motivirenden Beschlusses bedürfen. Letzterem fällt dann — da hier „Entscheidung", wie auch die Mot. S. 114 und Abs. 1 des § bestätigen, Beschlußnahme bedeutet — die Prüfung zu, sowohl ob, event. gegen wen, und wegen welcher That das Hauptverfahren einzuleiten sei, als auch, vor welches Gericht dasselbe gehöre. Verweist dasselbe die Sache, von seiner eignen Unzuständigkeit ausgehend, vor ein anderes Gericht, so gilt das vorstehend in Betreff der Beschlüsse des Landgerichts Gesagte.

Das im 2. Satze des Abs. 1 vorgeschriebene Verfahren wird auch in dem Falle eintreten müssen, wenn die Staatsanwaltschaft nach stattgehabter Voruntersuchung die Einstellung des Verfahrens wegen Unzulänglichkeit des Beweises beantragt, und das Landgericht zwar dieser Ansicht beitritt, aber dafür hält, daß die Sache im Falle genügenden Beweismaterials zur Zuständigkeit des Reichsgerichts gehören würde.

3. Das in der 2. Note in Bezug auf das Reichsgericht Gesagte gilt hier hinsichtlich des Landgerichts. Verweist dasselbe die ihm von dem Amtsrichter zugewiesene Sache an denselben als zur Zuständigkeit des Schöffengerichts gehörig zurück, und erachtet das Schöffengericht demnächst in der Hauptverhandlung, der Ansicht des Landgerichts entgegen, Letzteres für zuständig, so hat es gemäß § 270 Abs. 1 u. 2 die Sache dem Landgericht durch Beschluß wieder zuzuweisen, welches dann auf Grund des § 269 das Urtheil in der Sache zu fällen hat.

§ 208 St.

Betraf das Vorverfahren[1] mehrere derselben Person zur Last gelegte strafbare Handlungen, und erscheint für die Strafzumessung die Feststellung des einen oder des anderen Straffalles unwesentlich, so kann das Gericht auf Antrag der Staatsanwaltschaft beschließen, daß in Ansehung eines solchen das Verfahren vorläufig einzustellen sei.

Die Aufhebung des Einstellungsbeschlusses kann binnen einer Frist von drei Monaten[2] nach Rechtskraft des Urtheils[3] von der Staatsanwaltschaft beantragt werden[4], wenn nicht Verjährung eingetreten ist.

1. Der Entwurf enthielt das Wort: „Voruntersuchung". Dies entsprach dem in den §§ 152. 153 St. zum Ausdruck gekommenen Prinzip des — nur für Fälle stattgehabter Voruntersuchung durch den §§ 196 St. modificirten — Anklageprozesses, nach welchem die Staatsanwaltschaft, mit Ausschluß richterlicher Einwirkung darüber zu befinden hat, ob Veranlassung zur Anklage vorliege, oder nicht.

Zur Unterstützung des, die Ausdehnung der Vorschrift auf Fälle, in denen „sämmtliche Vergehen nur im Skrutinialverfahren instruirt seien", bezweckenden Antrages wurde geltend gemacht, daß der Staatsanwalt allein in solchen Fällen in Folge des zu § 152 St. angenommenen Legalitätsprinzips zur Einstellung nicht befugt sei. Der § 152 St. enthält aber nicht die entfernteste Hindeutung darauf, daß der Staatsanwalt bei seinem Entschlusse, eine Strafthat zu verfolgen oder nicht, von einer Einwirkung des Gerichts abhängig sei; Gegenstand desselben ist vielmehr ausschließlich die Regelung der Normen, welche der Staatsanwalt seinerseits bei der Erfüllung seiner Verpflichtung, wegen strafbarer Handlungen einzuschreiten, sich zur Richtschnur zu nehmen hat. Auch bei der Berathung des § 152 St. in der JK. ist eine Ansicht, wie die dem Antrage zum Grunde liegende, nicht aufgestellt. Es ist selbst die Frage, ob das strenge Legalitäts- oder das Opportunitäts-Prinzip maßgebend sei, dabei nicht zum Austrage gekommen. Prot. S. 195 bis 198.

Es würde aber auch eine Vorschrift, nach welcher der Staatsanwalt auch in Fällen, wo eine Voruntersuchung nicht stattgefunden hat, zur Einreichung einer Anklageschrift genöthigt werden könnte, mit dem Prinzip des Anklageprozesses überhaupt unvereinbar sein, da in solchen Fällen der Grund, welcher bei stattgehabter Voruntersuchung ein Abweichen von dem Prinzip rechtfertigt, daß nämlich die StAschft. durch den Antrag auf Voruntersuchung das Gericht mit der Sache befaßt hat, in jenen Fällen nicht zutrifft.

Mit Rücksicht hierauf hätte es, um der StAschft. ihre Befugniß zur selbständigen Beschlußfassung darüber, ob wegen einer zu ihrer Kenntniß gekommenen Handlung Anklage zu erheben sei, in einem Falle der vorliegenden Art zu verkümmern, einer völlig bestimmten Vorschrift dahin bedurft: daß die StAschft. in einem solchen Falle die Sachlage dem Gericht vorzutragen und bei diesem die vorläufige Einstellung des Verfahrens (Abstandnahme von der Eröffnung des Hauptverfahrens) zu beantragen habe — eine Vorschrift, welche die frappante Antinomie herbeigeführt hätte, daß die StAschft. zwar nach § 168 zur gänzlichen Abstandnahme von der Erhebung einer Anklage wegen einer der mehreren Handlungen des Anzuklagenden ohne jede Kontrole des Gerichts berechtigt gewesen wäre, zur einstweiligen Aussetzung derselben aber der Zustimmung des Gerichts bedurft hätte.

Eine derartige Vorschrift ist aus dem § auch bei laxester Auslegung nicht zu entnehmen. Derselbe enthält ein Mehreres nicht, als die Befugniß des Gerichts, auch in Fällen, wo eine Voruntersuchung nicht stattgefunden hat, Anträgen der StAschft. — zu denen sich diese möglicher Weise im einzelnen Falle veranlaßt sehen kann — stattzugeben. Aus dieser in den Worten des § nur ausgesprochenen Ermächtigung, eine Verpflichtung der Staatsanwaltschaft zur Stellung solcher Anträge bei dem Gericht herzuleiten, würde sich selbst dann nicht mit den Regeln der Gesetzauslegung vereinigen lassen, wenn es sich hier nicht um einen Bruch mit dem der St. zum Grunde liegenden Anklage-System handelte.

Eine solche Auslegung des § verbietet sich aber auch schon deshalb, weil es, von ihr ausgegangen, an jeder Bestimmung darüber fehlen würde, was denn zu geschehen habe, wenn die StAschft. den Antrag stellt, eine der mehreren bei ihr zur Anzeige gebrachten strafbaren Handlungen des Anzuklagenden einstweilen von dem Hauptverfahren auszuschließen, das Gericht aber dem Antrage nicht stattzugeben beschließt. Denn, um auch im Betreff jener Handlung das Hauptverfahren eröffnen zu können, bedarf das Gericht einer auch auf diese gerichteten **Anklageschrift** der StAschft.; um aber die letztere zur Einreichung einer solchen, bzhw. zur Ausdehnung der eingereichten Anklageschrift auf jene strafbare Handlung nöthigen zu können, hätte es einer gesetzlichen Vorschrift bedurft, wie sie ja auch im § 206 für den Fall stattgehabter Voruntersuchung ausdrücklich gegeben ist, für den Fall unterbliebener Voruntersuchung aber fehlt.

Es würde ferner eine von der vorstehend vertheidigten Ansicht abweichende Auslegung des §, wenn die oben erwähnte Abänderung desselben ihren Zweck erreichen sollte, zu der Konsequenz führen, daß, wenn die StAschft. eine der mehreren bei ihr gegen denselben Beschuldigten zur Anzeige gebrachten strafbaren Handlungen von Hause aus, sei es wegen ihrer Geringfügigkeit (Abs. 1), oder wegen ungenügenden Beweises, oder Verjährung u. s. w., außer Verfolgung und demzufolge in ihrer wegen der übrigen Strafthaten des Anzuklagenden dem Gericht eingereichten Anklageschrift außer Erwähnung gelassen hätte, das Gericht aber, der Ansicht der StAschft. entgegen, die Verfolgung auch jenes Straffalls nach Lage der Akten der StAschft. für geboten erachtete, dasselbe von der StAschft. müßte verlangen können, daß dieselbe nachträglich die zur Erhebung einer Anklage wegen jener Strafthat erforderlichen vorbereitenden Schritte thue und demnächst die Anklageschrift auf dieselbe ausdehne.

Es leuchtet aber ein, daß zu einem derartigen Eingriff in die amtliche Rechtssphäre der StAschft. eine strikte Vorschrift des Gesetzes erforderlich gewesen wäre.

Hierzu kommt, daß das Gericht in Fällen, wo eine Voruntersuchung nicht stattgefunden hat, überhaupt erst in Folge der Einschaltung der Worte: „mit den Akten" in den § 197 in die Lage gekommen ist, aus den staatsanwaltschaftlichen Akten über den Inhalt der Anklageschrift hinaus von den Vorgängen bei der StAschft. Kenntniß zu nehmen, da die Worte des § 201 „nach den Ergebnissen des vorbereitenden Verfahrens" nur auf diejenigen Verhandlungen zu beziehen sind, welche der StAschft. als Unterlage ihrer **Anklageschrift** gedient haben, nicht aber auf solche, welche der StAschft. zur Erhebung einer Anklage keinen Anlaß bieten.

Daß der in der Sitzung vom 7. Juli 1875 — zusammen mit vier anderen den § betreffenden — eingebrachte Antrag auf Aenderung des Worts „Voruntersuchung" in „Vorverfahren" (Prot. S. 327) von der Regierungsvertretung ohne Erwiderung gelassen worden, dürfte seine Erklärung darin finden, daß die Abänderung so, wie der § gefaßt ist, ohne jede praktische Wirkung bleibt. Nur von einem Abgeordneten wurde der Antrag treffend mit der Bemerkung — der einzigen, die der Antrag überhaupt in der

JK. hervorgerufen hat — bekämpft, daß die StAschft. das Ermittelungsverfahren ohne Einwilligung des Gerichts einstellen könne, sobald es wolle und es an einem Grunde fehle, im Widerspruche mit der Natur des Skrutinialverfahrens hier die StAschft. von der Beschlußfassung des Gerichts abhängig zu machen.

S. 935 der Prot. sagt der Antragsteller: „der im Abs. 1 des § erwähnte Antrag liege im Ermessen der StAschft." Soll dies ausdrücken, daß die StAschft. auch ohne den Antrag zu stellen, nach eigenem Ermessen von der Verfolgung eines Straffalls vorläufig Abstand nehmen könne, so ist dies zwar vollkommen richtig; es war dann aber auch die in Rede stehende Abänderung ohne Zweck.

2. Der Entwurf ließ die Wiederaufnahme zu, „so lange nicht Verjährung eingetreten sei". Die JK. hat eine Fristbestimmung eingeschaltet. Dem von der Regierungsvertretung hiergegen geltend gemachten Grunde, daß unter Umständen die Verfolgung nicht möglich sei, z. B. wenn sich der Freigesprochene auf der Flucht befinde, wurde — ohne Widerspruch — mit der Bemerkung begegnet, daß die Verjährungsfrage hier nicht alterirt werde, die Flucht des Angeklagten überhaupt bei der Verjährung nicht in Betracht komme, und die Frist sich nur auf den Antrag der Wiederaufnahme beziehe. Prot. S. 328.

3. Ob das Urtheil auf Freisprechung oder bezüglich des einen oder anderen Straffalls auf Strafe lautet, ist unerheblich. Prot. der JK. S. 328. 935.

4. Im Betreff der Beschwerde gegen den die Wiederaufnahme anordnenden, bzhw. ablehnenden, Beschluß wird der § 209 St. zur Anwendung kommen.

§ 209 St.

Der Beschluß, durch welchen das Hauptverfahren eröffnet worden ist, kann von dem Angeklagten nicht angefochten werden.

Gegen den Beschluß, durch welchen die Eröffnung des Hauptverfahrens abgelehnt oder abweichend von dem Antrage der Staatsanwaltschaft die Verweisung an ein Gericht niederer Ordnung ausgesprochen worden ist¹, steht der Staatsanwaltschaft die sofortige Beschwerde zu².

1. Ist im Fall des § 206 das Hauptverfahren gegen den Antrag der StAschft. eröffnet, so steht derselben nach der allgemeinen Vorschrift des § 346, und da der Abs. 1 nur dem Angeklagten das Beschwerderecht entzieht, die gewöhnliche Beschwerde zu.

2. Die Beschwerde wird sowohl gegen die thatsächlichen als gegen die Rechtsgründe des Gerichts gerichtet werden dürfen. Hinsichtlich der letzteren tritt auch hier das Bedenken entgegen, daß die Beschwerde nach § 346 Abs. 3 nicht an das Revisionsgericht gelangen kann.

§ 210 St.

Ist die Eröffnung des Hauptverfahrens durch einen nicht mehr anfechtbaren[1] Beschluß abgelehnt, so kann die Klage nur auf Grund neuer[2] Thatsachen oder Beweismittel wieder aufgenommen werden.

1. Wenn die Beschwerdefrist versäumt, oder der angefochtene Beschluß im Beschwerdewege bestätigt ist.

Nach den Worten des § ist die Wiederaufnahme auf Grund bloß neuer Beweismittel auch dann zulässig, wenn der frühere, die Eröffnung des Hauptverfahrens ablehnende Beschluß ausschließlich auf Rechtsgründen beruhte. Ein von der Staatsanwaltschaft so motivirter Antrag kann in dem Falle von Erfolg sein, wenn sich die Rechtsansicht des Gerichts — etwa auf Grund inzwischen ergangener Reichsgerichts-Entscheidung — geändert hat.

Die Vorschrift findet auch Anwendung, wenn der Beschluß auf Einstellung des Verfahrens dem Antrage der StAschft. entspricht, wiewohl auf diesen Fall der Ausdruck „abgelehnt" nicht paßt. § 196.

2. Ueber den Begriff „neue" sprach sich die Regierungsvertretung in der JK. ohne Widerspruch dahin aus, daß darunter „alle diejenigen neuen Thatsachen und Beweismittel zu verstehen seien, welche, nach Lage der Akten zur Zeit der Entscheidung über die Eröffnung des Hauptverfahrens unbekannt, nicht benutzt werden konnten, gleichviel ob sie früher oder später zur Entstehung gekommen seien". Prot. S. 32.

§ 211 St.

Vor dem Schöffengerichte kann ohne schriftlich erhobene Anklage und ohne eine Entscheidung über die Eröffnung des Hauptverfahrens zur Hauptverhandlung geschritten werden, wenn der Beschuldigte entweder sich freiwillig stellt oder in Folge einer vorläufigen Festnahme dem Gerichte vorgeführt oder nur wegen Uebertretung[1] verfolgt wird. Der wesentliche Inhalt der Anklage ist in den Fällen der freiwilligen Stellung oder der Vorführung in das Sitzungsprotokoll, anderenfalls in die Ladung des Beschuldigten aufzunehmen[2].

Auch kann der Amtsrichter in dem Falle der Vorführung des Beschuldigten mit Zustimmung der Staatsanwaltschaft ohne Zuziehung von Schöffen zur Hauptverhandlung schreiten, wenn der Beschuldigte nur wegen Uebertretung verfolgt wird und die ihm zur Last gelegte That eingesteht. Gegen die im Laufe der Hauptverhandlung ergehenden Entscheidungen und Urtheile des Amtsrichters finden dieselben Rechtsmittel statt, wie gegen die Entscheidungen und Urtheile des Schöffengerichts³.

1. Die Worte: „oder nur wegen Uebertretung verfolgt wird" hat die JK. eingeschaltet, obgleich gegen die Zweckmäßigkeit derselben geltend gemacht wurde, daß auch bei Uebertretungen, z. B. gegen das Preßgesetz und Vereinsgesetz, wichtige Fragen zur Entscheidung kämen.

2. Gegenüber der Bemerkung der Mot. S. 118, daß sich das in dem § angeordnete Verfahren — innerhalb der erwähnten Grenzen des Entwurfs — in Preußen nach der Verordnung vom 3. Januar 1849 sehr bewährt habe, darf darauf hingewiesen werden, daß die Schwierigkeit in der Ausführung des Verfahrens in der — nach jener Verordnung fortfallenden — sofortigen Herbeischaffung der Schöffen bestehen wird.

3. Auch dieser Absatz ist von der JK. hinzugefügt (Prot. S. 940), nachdem bei erster Lesung ein bezüglicher Antrag abgelehnt worden war. Die Entscheidung der Rechtsfragen fällt in einem solchen Falle dem Amtsrichter allein zu.

Vorbereitung der Hauptverhandlung.

§ 212 St.

Der Termin zur Hauptverhandlung wird von dem Vorsitzenden des Gerichts anberaumt.

§ 213 St.

Die zur Hauptverhandlung erforderlichen* Ladungen und die Herbeischaffung der als Beweismittel dienenden Gegenstände bewirkt die Staatsanwaltschaft.

* D. h. die von ihr selbst für nöthig erachteten und die ihr nach den §§ 218. 220 St. vom Vorsitzenden des Gerichts bezeichneten, wie auch die Ladungen des Angeklagten und des Vertheidigers. § 217 St.

§ 214 St.

Der Beschluß über die Eröffnung des Hauptverfahrens ist dem Angeklagten spätestens mit der Ladung zuzustellen.

§ 215 St.

Die Ladung eines auf freiem Fuße befindlichen Angeklagten geschieht schriftlich unter der Warnung, daß im

Falle seines unentschuldigten Ausbleibens seine Verhaftung oder Vorführung erfolgen werde. Die Warnung kann in den Fällen des § 231 unterbleiben.

Die Ladung des nicht auf freiem Fuße befindlichen Angeklagten erfolgt durch Bekanntmachung des Termins zur Hauptverhandlung in Gemäßheit des § 35. Dabei ist der Angeklagte zu befragen[1], ob und welche Anträge er in Bezug auf seine Vertheidigung für die Hauptverhandlung zu stellen habe[2].

1. Ein Antrag, die Befragung nothwendig durch den Vorsitzenden des Gerichts, oder einen von Letzterem beauftragten Richter stattfinden zu lassen, wurde von der JK. abgelehnt. Prot. S. 331. Wird aber die Befragung auch einem Gerichtsschreiber oder anderem Büreaubeamten übertragen, so wird doch stets ein Protokoll darüber aufzunehmen sein.

2. Der § 199 St. Abs. 1 bezieht sich nach seiner allgemeinen Fassung auch auf verhaftete Angeklagte. Hat ein solcher in Folge der dort vorgeschriebenen Aufforderung Anträge gestellt oder Einwendungen vorgebracht, und haben diese nach Abs. 3 ein Verfahren zur Folge gehabt, so scheint es der hier vorgeschriebenen, nochmaligen Befragung nicht zu bedürfen. Gleichwohl wird sie, da die Vorschrift eine Ausnahme nicht zuläßt, erfolgen müssen.

§ 216 St.

Zwischen der Zustellung der Ladung (§ 215) und dem Tage der Hauptverhandlung muß eine Frist von mindestens einer Woche liegen.

Ist diese Frist nicht eingehalten worden, so kann der Angeklagte[1] die Aussetzung der Verhandlung verlangen, so lange mit der Verlesung des Beschlusses über die Eröffnung des Hauptverfahrens nicht begonnen ist[2].

1. Mit Rücksicht auf das in Note 5 zu § 144 St. Gesagte wird der Antrag auch vom Vertheidiger gestellt werden dürfen.

2. Hat er bei der Zustellung der Ladung auf die Innehaltung der Frist ausdrücklich protokollarisch verzichtet, so wird er die Aussetzung überhaupt nicht verlangen können. Hiervon scheint auch die JK. bei der Berathung des § ausgegangen zu sein. Prot. S. 941 bis 944.

§ 217 St.

Neben dem Angeklagten ist der bestellte Vertheidiger* stets, der gewählte Vertheidiger dann zu laden, wenn die erfolgte Wahl dem Gerichte angezeigt worden ist.

* Da der § 216 St. auf den § 215 St. hinweist, darf die Fristbestimmung desselben nur auf die Ladung des Angekl., nicht auch des Vertheidigers bezogen werden. Bezüglich des Letzteren wird es daher genügen, wenn die Ladung so zeitig erfolgt ist, daß ihm nach dem freien Ermessen des Gerichts die Rücksprache mit dem Angeklagten und die Vorbereitung zur Vertheidigung noch möglich war.

§ 218 St.

Verlangt der Angeklagte[1] die Ladung von Zeugen oder Sachverständigen oder die Herbeischaffung anderer Beweismittel zur Hauptverhandlung, so hat er unter Angabe der Thatsachen, über welche der Beweis erhoben werden soll, seine Anträge[2] bei dem Vorsitzenden[3] des Gerichts zu stellen. Die hierauf ergehende Verfügung ist ihm bekannt zu machen.

Beweisanträge des Angeklagten sind, soweit ihnen stattgegeben ist, der Staatsanwaltschaft mitzutheilen.

1. Daß hier nur des Angeklagten Erwähnung geschieht, findet seine Erklärung darin, daß die Staatsanwaltschaft die von ihr für nothwendig erachteten Vorladungen ohne Einwirkung des Gerichts selbst zu veranlassen hat.

2. Da über die Form nichts vorgeschrieben ist, werden die Anträge schriftlich oder bei dem Gerichtsschreiber angebracht werden dürfen.

3. Die in der JK. gestellten Anträge, anstatt: „Vorsitzenden" zu setzen: „Gericht", ferner die Bestimmung aufzunehmen, daß den Anträgen stattzugeben sei, wenn nicht die Thatsachen, über welche der Beweis erhoben werden solle, zur besseren Aufklärung der Sache ungeeignet erschienen, wurden abgelehnt; letzterer, nachdem dagegen geltend gemacht worden war, daß der Natur der Sache nach die Entscheidung nach freiem Ermessen zu erlassen sei. Prot. S. 333—336.

§ 219 St.

Lehnt der Vorsitzende den Antrag auf Ladung einer Person ab, so kann der Angeklagte die letztere unmittelbar laden lassen[1]. Hierzu ist er auch ohne vorgängigen Antrag befugt[2].

Eine unmittelbar geladene Person ist nur dann zum

Erscheinen verpflichtet[3], wenn ihr bei der Ladung die gesetzliche Entschädigung für Reisekosten und Versäumniß[4] baar dargeboten oder deren Hinterlegung bei dem Gerichtsschreiber nachgewiesen wird.

Ergiebt sich in der Hauptverhandlung, daß die Vernehmung einer unmittelbar geladenen Person zur Aufklärung der Sache dienlich war[5], so hat das Gericht auf Antrag anzuordnen, daß derselben die gesetzliche Entschädigung aus der Staatskasse zu gewähren sei.

1. Hierzu werden ihm in der Regel die Mittel fehlen. Es steht ihm aber auch — vor der Hauptverhandlung zwar nicht das Recht auf Entscheidung durch das Gericht, wohl aber — das Rechtsmittel der Beschwerde zu. Es folgt dies sowohl aus der allgemeinen Vorschrift des § 346 St., als auch aus dem § 347 St., welcher die Beschwerde nur gegen die der Urtheilsfällung vorausgehenden Entscheidungen der erkennenden Gerichte ausschließt. Gegenüber diesen Vorschriften darf die Beschwerde auch nicht aus dem Grunde für unstatthaft erachtet werden, weil die Verfügung des Vorsitzenden von dessen durch die vorwaltenden Umstände geleiteten freien Ermessen abhängt und nur einen provisorischen Charakter hat. Die Mot. S. 123 und die Prot. der JK. S. 336 folg. haben die Frage nicht besprochen.

2. Wie sich der Angekl. bei der Ablehnung des Antrages auf „Herbeischaffung anderer Beweismittel" — § 218 Abs. 1 St. — zu verhalten habe, sagt der § nicht (vergl. § 243 Abs. 2 St.). Auch in Bezug auf diese wird ihm, wenn er sie nicht selbst zu beschaffen vermag, außer der Erneuerung des Antrages in der Hauptverhandlung, die Beschwerde zustehen.

Im Betreff des im Gesetz nicht angedeuteten Verfahrens sagen die Mot., welche die Ladung als eine „ohne Vermittelung des Gerichts von einem Privatmanne ausgehende" bezeichnen: der Angeklagte werde den zuständigen gerichtlichen Vollziehungsbeamten mit der Vorladung zu beauftragen und ihm den dem Zeugen zustehenden Entschädigungsbetrag oder die Bescheinigung der erfolgten Niederlegung des letzteren bei dem Gerichtsschreiber einzuhändigen haben. S. 123.

In der JK. erklärte die Regierungsvertretung auf Befragen, daß durch den Abs. 1 der Beschuldigte nicht verhindert werde, seine Zeugen oder Sachverständigen ohne förmliche Ladung mit in die Sitzung zu bringen. Prot. S. 337. In gleicher Weise sprechen sich die Mot. aus S. 124. — Vergl. auch § 244 St.

3. Da die Ladung Privatsache des Angekl. ist, die §§ 48 u. 50 St. aber nur von gerichtlichen Ladungen sprechen, der Gerichtsvollzieher auch zu einer jenen §§ entsprechenden Warnung nicht befugt ist, werden sich

nachtheilige Folgen für den Vorgeladenen an seine Weigerung, der Ladung Folge zu leisten, oder an sein Ausbleiben im Termin nicht knüpfen.

4. Jedenfalls gleichbedeutend mit dem in den §§ 70. 84 St. gebrauchten Ausdruck: „Zeitversäumniß". Nach dem letzteren § hat der Sachverständige auch Anspruch auf „angemessene Vergütung für seine Mühewaltung". Auf diese darf die Vorschrift nach ihren Worten und beim Mangel eines im Voraus mit Sicherheit zu findenden Maßstabs für die Höhe des Anspruchs nicht ausgedehnt werden.

Ob beim Ausbleiben der erweislich unmittelbar vom Angeklagten vorschriftsmäßig geladenen Personen die Ladung derselben durch das Gericht und zu diesem Zwecke Aussetzung der Verhandlung geboten erscheint, wird das Gericht nach Maßgabe der Sachlage zu entscheiden haben.

5. Nach den Worten dieser dem Entwurfe von der JK. hinzugefügten Vorschrift wird dieselbe auch Platz greifen, wenn die Aussagen der „Person" dem Angeklagten nachtheilig sind. Sie wird jedoch nur in dem Falle Anwendung finden, wenn das von der Person Bekundete nicht auch durch die amtlich geladenen Zeugen und Sachverständigen festgestellt war. Entgegengesetzten Falls hat ihre Vernehmung etwas „zur Aufklärung dienliches" nicht beigetragen.

Ein Antrag: „daß dem Angeklagten, sofern ihm nicht die Kosten aus anderen Gründen zur Last zu legen seien, die Kosten seiner Zeugenladung aus Staatsmitteln zu erstatten, oder die gesetzliche Entschädigung des Zeugen diesem unmittelbar zu gewähren seien", wurde zwar von der JK. abgelehnt, es wurde jedoch von dem Vorsitzenden mit Zustimmung der Kommission konstatirt, daß durch jene Abstimmung der definitiven Entscheidung über die Kosten nicht habe präjudizirt werden sollen. Prot. S. 338. 340 und Anlage L zum Prot. vom 20. Oktober 1876.

§ 220 St.

Der Vorsitzende des Gerichts kann auch von Amtswegen die Ladung von Zeugen und Sachverständigen sowie die Herbeischaffung anderer Beweismittel anordnen*.

* Gleichviel ob im Interesse der Anklage oder der Vertheidigung. Dasselbe Recht wird auch dem Gericht in der Hauptverhandlung zustehen.

§ 221 St.

Der Angeklagte hat die von ihm unmittelbar geladenen oder zur Hauptverhandlung zu stellenden Zeugen und Sachverständigen rechtzeitig der Staatsanwaltschaft namhaft zu machen und ihren Wohn= oder Aufenthaltsort anzugeben.

Dieselbe Verpflichtung hat die Staatsanwaltschaft gegenüber dem Angeklagten, wenn sie außer den in der Anklage=

schrift benannten oder auf Antrag des Angeklagten geladenen Zeugen oder Sachverständigen die Ladung noch anderer Personen, sei es auf Anordnung des Vorsitzenden (§ 220) oder aus eigener Entschließung, bewirkt*.

* Vergl. § 245 Abs. 2 St. Das dort von der Verspätung der Bekanntmachung Gesagte wird auch auf das gänzliche Unterlassen derselben Anwendung finden.

Auf andere Beweismittel, wie Urkunden, Auskunft und Gutachten von Behörden u. s. w. (vergl. z. B. § 92 St.) ist die Vorschrift nicht ausgedehnt; doch sagen die Mot. zu dem § S. 124 allgemein: es sei erforderlich, daß die Staatsanwaltschaft und der Angekl. schon vor dem Beginn der Hauptverhandlung „das Beweismaterial" kennen lernen.

§ 222 St.

Wenn dem Erscheinen eines Zeugen oder Sachverständigen in der Hauptverhandlung für eine längere oder ungewisse Zeit Krankheit oder Gebrechlichkeit oder andere nicht zu beseitigende Hindernisse entgegenstehen[1], so kann das Gericht[2] die Vernehmung desselben durch einen beauftragten oder ersuchten Richter anordnen. Die Vernehmung erfolgt, soweit die Beeidigung zulässig ist, eidlich.

Dasselbe gilt, wenn ein Zeuge oder Sachverständiger vernommen werden soll, dessen Erscheinen wegen großer Entfernung besonders erschwert sein wird.

1. Da es sich hier um eine Ausnahmemaßregel handelt, wird, wenn der Hinderungsgrund nicht in der Notorietät beruht, eine Bescheinigung darüber erforderlich sein.

2. Aus dem in der Note 1 angegebenen Grunde darf die Vorschrift nicht auf den Vorsitzenden des Gerichts ausgedehnt werden.

§ 223 St.

Von den zum Zwecke dieser Vernehmung anberaumten Terminen sind die Staatsanwaltschaft, der Angeklagte und der Vertheidiger vorher zu benachrichtigen, insoweit dies nicht wegen Gefahr im Verzug unthunlich ist; ihrer Anwesenheit bei der Vernehmung bedarf es nicht. Das aufgenommene Protokoll ist der Staatsanwaltschaft und dem Vertheidiger vorzulegen*.

Der nicht auf freiem Fuße befindliche Angeklagte hat einen Anspruch auf Anwesenheit nur bei solchen Terminen, welche an der Gerichtsstelle des Orts abgehalten werden, wo er sich in Haft befindet.

* Die Worte: „das aufzunehmende" bis „vorzulegen" sind von der IK. eingeschaltet (Prot. S. 343). Bezüglich des Vertheidigers hat wohl damit nur gesagt werden sollen, daß demselben Gelegenheit zur Einsicht an Gerichtsstelle zu geben sei. Vergl. § 147 St.

§ 224 St.

Ist zur Vorbereitung der Hauptverhandlung noch ein richterlicher Augenschein einzunehmen, so finden die Bestimmungen des vorhergehenden Paragraphen gleichfalls Anwendung*.

* Da die §§ 218. 220 St. nur von Zeugen, Sachverständigen und der Herbeischaffung anderer Beweismittel sprechen, hierunter aber die Aufnahme des gerichtlichen Augenscheins nicht verstanden werden kann, wird letztere nur auf Anordnung des Gerichts, nicht des Vorsitzenden, erfolgen können. Vergl. § 222 St.

Oeffentlichkeit und Sitzungspolizei.

§ 170 G.

Die Verhandlung vor dem erkennenden Gerichte, einschließlich der Verkündung der Urtheile* und Beschlüsse desselben, erfolgt öffentlich.

* Unter „Urtheil" sind bei der Berathung des § in der IK. hier und im § 174 G. auch die Entscheidungsgründe verstanden worden. Dem mehrseitig in der IK. geäußerten Bedenken, daß bezüglich mancher Verbrechen durch die öffentliche Verkündung der Urtheilsgründe das Schamgefühl werde verletzt und selbst die öffentliche Ordnung und Sittlichkeit gefährdet werden, wurde mit der Bemerkung begegnet, daß der Richter durch die Fassung der Gründe solchen Uebelständen vorzubeugen wissen werde. Diese Aufgabe wird sich jedoch in Fällen der §§ 175 folg. StGB. nicht immer lösen lassen. Vergl. die Note zu § 174 G.

§ 173 G.

In allen Sachen kann durch das Gericht für die Verhandlung oder für einen Theil derselben die Oeffentlichkeit ausgeschlossen werden, wenn sie eine Gefährdung der öffentlichen Ordnung* oder der Sittlichkeit besorgen läßt.

* Nach der Bemerkung der Mot. S. 197 erscheint die „öffentliche Ordnung" auch gefährdet, wenn ein Mißbrauch der Oeffentlichkeit durch Störung der Verhandlung, oder wenn bei Münz-Verbrechen und Vergehen zu befürchten ist, daß die Oeffentlichkeit staatsgefährlich sein könnte.

§ 174 G.

Die Verkündung des Urtheils erfolgt in jedem Falle öffentlich*.

* Diese Vorschrift findet sich bereits im § 170 G., da derselbe ganz allgemein gefaßt ist, also alle Fälle umfaßt.

Der von der JK. eingeschaltete § 174 hat nur den Zweck, eine Ausnahme von dem § 173 anzuordnen.

Die JK. hat den § nach vorgängiger Ablehnung eines auf Streichung desselben gerichteten Antrages dahin authentisch deklarirt: daß nicht beabsichtigt sei, durch ihn dem Gerichte die Möglichkeit zu entziehen, die Oeffentlichkeit bei Verkündung der Beschlüsse (nicht also der Urtheile) zu beschränken. Prot. S. 683 und Anlage J zum Prot. v. 20. Oktober 1876.

§ 175 G.

Ueber die Ausschließung der Oeffentlichkeit wird in nicht öffentlicher Sitzung verhandelt*.

Der Beschluß, welcher die Oeffentlichkeit ausschließt, muß öffentlich verkündet werden.

* Der Ausdruck „verhandeln" bezeichnet nach der Terminologie der St. in Uebereinstimmung mit dem allgemeinen Gerichts-Sprachgebrauch — im Gegensatze zu „Berathung" § 195 G. — ein Verfahren, bei welchem die betheiligten Personen zu hören sind. Die StAschft., der Angekl. und der Vertheidiger bleiben daher im Sitzungszimmer anwesend.

Ob dies auch anderen Personen, in deren Interesse die Ausschließung der Oeffentlichkeit liegt, zu gestatten und ob auf deren Anträge Rücksicht zu nehmen sei, wird in ersterer Beziehung vom Vorsitzenden (§ 176 Abs. 2 G.), in letzterer vom Gericht abhängen.

§ 176 G.

Der Zutritt zu öffentlichen Verhandlungen kann unerwachsenen und solchen Personen versagt werden, welche sich nicht im Besitze der bürgerlichen Ehrenrechte befinden, oder welche in einer der Würde des Gerichts nicht entsprechenden Weise erscheinen[1, 2].

Zu nicht öffentlichen Verhandlungen kann der Zutritt einzelnen Personen von dem Vorsitzenden gestattet werden.

1. Diese Maßregel würde als „zur Aufrechthaltung der Ordnung" mitgehörig betrachtet und demzufolge nach § 177 G. zu den Befugnissen des Vorsitzenden gerechnet werden können. Da jedoch die Anordnung des Abs. 2 ausdrücklich dem „Vorsitzenden" überwiesen ist, dürfte anzunehmen sein, daß in Bezug auf Abs. 1 der Beschluß dem Gericht anheimfalle.

Die Angabe des Grundes für die Verweigerung des Zutritts zu der Sitzung wird den davon betroffenen Personen auf ihr Verlangen um so weniger versagt werden dürfen, als denselben, falls der Grund in dem Mangel des Besitzes der bürgerlichen Ehrenrechte besteht, der Nachweis der thatsächlichen Unrichtigkeit desselben nicht verschränkt werden kann.

Auch das Beschwerderecht wird solchen Personen nach der völlig allgemeinen Vorschrift des § 346 St. zustehen, wenngleich eine Remedur gegen die vollzogene Maßregel nicht ausführbar ist.

2. Die Vorschrift wird ungeachtet ihrer allgemeinen Fassung nur auf nicht bei der Sache betheiligte Personen Anwendung finden, auf Beistände (§ 149 St.) und Vertreter des Angekl. mithin nicht auszudehnen sein.

§ 177 G.

Die Aufrechthaltung der Ordnung in der Sitzung liegt dem Vorsitzenden ob*.

* Der § enthielt im Entwurf einen 2. Absatz dahin lautend: Jede bei der Verhandlung nicht amtlich betheiligte Person kann von dem Vorsitzenden zur Ordnung gerufen werden. In Uebereinstimmung damit war in den Mot. S. 198 in Bezug auf die Disziplinargewalt des Gerichtsvorsitzenden zwischen den bei der Verhandlung amtlich und nicht amtlich betheiligten Personen mit dem Bemerken unterschieden, daß zu letzteren auch die Rechtsanwälte und Vertheidiger gehörten. Hierdurch war unzweideutig ausgesprochen, daß sich jene Disziplinargewalt auf die StAschft. nicht beziehe.

Die JK. hat den Abs. 2 ausscheiden lassen. Am Schlusse der Berathung über den §, bei welcher die Ansichten der Kommissionsmitglieder wesentlich von einander abwichen, wurde Seitens des Vorsitzenden der Kommission konstatirt, daß nach der Auffassung der Kommission der Abs. 1 des § 143 des Regierungsentwurfs (§ 177 des G.) dem Vorsitzenden das Recht gewähre, die Ordnung der Verhandlung auch dem StA. gegenüber aufrecht zu erhalten. Diese Konstatirung ist demnächst auch in die „Authentischen Deklarationen" der JK. übergegangen (Prot. S. 38 und Anlage J zu dem Prot. vom 20. Oktober 1876).

Da einer derartigen Befugniß des Gerichts jedoch Seitens der Regierungsvertretung wiederholt widersprochen (Prot. S. 32 u. 35) und eine der konstatirten Auffassung entsprechende Vorschrift nicht in das Gesetz aufgenommen ist, wird jene „Deklaration" — selbst abgesehen von der Unbestimmtheit der Worte: „die Ordnung der Verhandlung" u. s. w. — auf die Anwendung des § in der Praxis ohne Erfolg bleiben müssen, dieser vielmehr ohne Berücksichtigung der Deklaration auszulegen sein.

Hiervon ausgegangen dürfte aus demselben irgend welche Disziplinarbefugniß des Gerichtsvorsitzenden dem StA. gegenüber nicht herzuleiten sein.

Zur Wesenheit des Systems des Anklageprozesses gehört die Theilung der zur Lösung der Aufgabe der Strafrechtspflege und der Erreichung ihrer Ziele erforderlichen Thätigkeiten unter zwei gesonderte Behörden: die anklagende und die über die Anklage entscheidende. Jede dieser beiden Behörden vertritt innerhalb ihrer Sphäre als Organ des Staats selbständig dessen Interesse als Inhabers des Hoheitsrechts der Strafjustiz.

Nun gelten aber die verschiedenen Behörden eines Staats so lange als einander koordinirt und in ihrer Amtsverwaltung von einander unabhängig, als nicht ein Subordinationsverhältniß der einen zu der anderen gesetzlich geregelt ist. Auf eine derartige, dem Gerichtsvorsitzenden gegenüber dem StA. zustehende Superiorität, welche demselben eine Kontrole über dessen amtliche Thätigkeit — zu welcher die Funktion in der Gerichtssitzung doch gehört — einräumen könnte, ist aber in dem G. und der St. in keiner Weise auch nur hingedeutet.

Es wird auch nicht behauptet werden können, daß eine derartige Ueberwachung des Verhaltens des StA. in den Sitzungen und die damit verknüpfte Befugniß, Ausschreitungen desselben entgegenzutreten, aus der Natur des Verhältnisses der beiden Behörden zu einander sich von selbst ergebe. Eine solche Ansicht würde sich sofort dadurch widerlegen, daß in manchen Staaten — wie auch von der Regierungsvertretung ohne Widerspruch zu finden, angeführt wurde (Prot. S. 35) — das direkt umgekehrte Verhältniß einer Präordination der StAschft. vor den Gerichten durch Einräumung einer Mitwirkung bei der Justizaufsicht eingeführt ist — eine Einrichtung, der die JK. durch den von ihr eingeschalteten § 152 G. vorgebeugt hat.

Hiernach wird der StA., wie außerhalb der Gerichts-Sitzungen und Verhandlungen, so auch während derselben für sein Verfahren und Verhalten — abgesehen von Disziplinaruntersuchungen — ausschließlich seiner vorgesetzten Dienstbehörde verantwortlich sein, nur von ihr, nicht auch von dem Gerichts-Vorsitzenden Korrekturen oder Zurechtweisungen in Bezug auf dasselbe entgegenzunehmen haben.

Daß derselbe sich bei solchen Funktionen möglicherweise Mißgriffe und Ausschreitungen schuldig machen kann, ist außer Zweifel. Ganz dasselbe gilt aber in gleichem Maße von dem Gerichtsvorsitzenden; beide stehen präsumtiv auf derselben Stufe sozialer und geschäftlicher Bildung. So, wie der StA., wenn er über das Verhalten des Gerichts-Vorsitzenden sich beklagen zu dürfen glaubt, sich an dessen vorgesetzte Behörde zu wenden hat, steht auch diesem frei, den gleichen Weg zu betreten, wenn ihm das Verhalten des StA. während der Sitzung eine Rüge nach sich ziehen zu müssen scheint — ein Schritt, zu dem er unter Umständen auch dann Veranlassung haben kann, wenn sich der StA. außerhalb der Gerichtssitzung einer das Interesse der Strafrechtspflege gefährdenden Amtsverwaltung schuldig macht.

Träte der Fall ein, daß das Verhalten der StAschft. während einer Sitzung die Fortsetzung derselben nicht zulässig erscheinen ließe, so würde die Verhandlung zu vertagen und ein Disziplinarverfahren gegen den StA. zu beantragen sein.

Würde, dem erwähnten Ausspruche der Motive zuwider, angenommen, daß die Vorschrift des § 177 auch auf die bei den Gerichtsverhandlungen als Beamte fungirenden Personen Anwendung finde, so hätte dies — da der § 182 dieselben Befugnisse auch dem einzelnen Richter einräumt — zur Folge, daß der Untersuchungsrichter auch dem Oberstaatsanwalt (§ 146 G.) und der Amtsrichter dem von der Landesverwaltung ernannten Staatsverwaltungsbeamten gegenüber (§ 40 G.) eine Mißbilligung ihres Verhaltens aussprechen dürfte. Voraussichtlich würden sich hieran bedenkliche Konflikte knüpfen.

Endlich aber tritt die Frage — zu deren Beantwortung die Prot. der JK. keinen Anhalt bieten — entgegen, wie denn der Gerichts-Vorsitzende das „Aufrechthalten der Ordnung der Verhandlung gegenüber der StAschft." zur Ausführung bringen soll. Disziplinarmaßregeln, wie sie die §§ 178 folg. ausschließlich gegen die Parteien, Beschuldigten u. s. w. zulassen, stehen gegen die bei der Verhandlung fungirenden Beamten, also auch den StA., so wenig ihm als dem Gericht zu. Wenn also der StA. — wie ihm Mangels eines gesetzlichen Verbots unbenommen ist — sich, weil seine Ansichten über „Ordnung der Verhandlung" von denen des Gerichts-Vorsitzenden abweichen, sofort gegen die Mißbilligung oder Korrektur seines Verhaltens vertheidigt und den Nachweis, daß sie unberechtigt sei, zu führen sucht, so bleibt, da die §§ 178 folg. dem G e r i c h t eine Entscheidung für einen solchen Fall nicht überweisen, unentschieden, ob der Gerichts-Vorsitzende oder der StA. bei dem Streite im Rechte ist, und dem Ersteren bleibt doch kein anderer Weg offen, als sich im Wege der Beschwerde an die vorgesetzte Behörde der StAschft. zu wenden, und deren Entscheidung nachzusuchen.

§ 178 G.

Parteien[1], Beschuldigte, Zeugen, Sachverständige oder bei der Verhandlung nicht betheiligte[2] Personen, welche den zur Aufrechthaltung der Ordnung erlassenen Befehlen nicht gehorchen, können auf Beschluß des Gerichts aus dem Sitzungszimmer entfernt, auch zur Haft abgeführt und während einer in dem Beschlusse zu bestimmenden Zeit, welche vierundzwanzig Stunden nicht übersteigen darf, festgehalten werden[3].

1. Nachdem von der IK. hinter „Parteien" behufs Behebung des Zweifels, ob darunter auch die Beschuldigten zu verstehen seien, das Wort „Beschuldigte" eingeschaltet worden ist, wird der erstere Ausdruck im Strafprozeß ausschließlich auf den Privatkläger und Nebenkläger zu beziehen sein (Prot. S. 683).

Einverständniß herrschte zwischen der IK. und der Regierungsvertretung darüber, daß die Vorschrift in Betreff des Beschuldigten nur außerhalb der Hauptverhandlung maßgebend sei, um demselben das ihm in der St. gewährleistete, durch den § 246 derselben nur modifizirte Recht, der Hauptverhandlung vollständig beizuwohnen, nicht zu verkümmern. Prot. S. 684.

2. Die im § 149 St. erwähnten Beistände, auf welche der Ausdruck „Vertheidiger" im § 180 G. nach den §§ 137 folg. St. keine Anwendung findet, gehören nicht hierher, sind vielmehr im Sinne des § 178 G. „betheiligt". In Betreff ihrer fehlt es daher in den §§ 178—180 G. an jeder Bestimmung. Dasselbe gilt auch hinsichtlich der gesetzlichen Vertreter, §§ 137 Abs. 2. 140 Abs. 2. 268. 340 St.

Auch auf Dolmetscher wird so wenig dieser § als der § 179 Anwendung finden, da eine Verallgemeinerung der Anwendbarkeit der die Sachverständigen betreffenden Vorschriften auf sie (§ 193 G.) hier, wo es sich um Disziplinarmaßregeln und Ordnungsstrafen handelt, nicht zulässig sein dürfte.

3. Bei der Berathung des § in der IK. wurde hervorgehoben, daß die hier angeordneten Maßregeln nicht, wie die des § 179, die Natur einer Strafe hätten, vielmehr nur bezweckten, den Verlauf des geordneten Verfahrens zu sichern (Prot. S. 687). Dem entsprechend werden dieselben auch gegenüber Militärpersonen zulässig sein, zumal es an Vorschriften, wie die in den §§ 50 und 77 St. enthaltenen hier fehlt. Bei den Verhandlungen der IK. ist diese Frage nicht zur Sprache gekommen.

§ 179 G.

Das Gericht kann gegen Parteien, Beschuldigte, Zeugen, Sachverständige oder bei der Verhandlung nicht betheiligte Personen, welche sich in der Sitzung einer Ungebühr schuldig machen, vorbehaltlich der strafgerichtlichen Verfolgung, eine Ordnungsstrafe bis zu einhundert Mark oder bis zu drei Tagen Haft festsetzen und sofort vollstrecken lassen'.

1. Während hier das Gesetz die sofortige Vollstreckung der Ordnungsstrafe dem Gericht überträgt, soll nach dem § 181 der Vorsitzende die Vollstreckung veranlassen. Zur Behebung dieses anscheinenden Widerspruchs dürfte anzunehmen sein, daß das Gericht die sofortige Vollstreckung zu beschließen, der Vorsitzende den zur Ausführung dieses Beschlusses erforderlichen Befehl zu erlassen haben solle.

2. Wie zu verfahren sei, wenn eine Geldstrafe festgesetzt ist, die sofort — also bevor die Person das Gerichtsgebäude verläßt — versuchte Voll-

streckung aber unausführbar ist, weil die Person nicht eine dazu ausreichende Summme Geldes bei sich führt, ist nicht gesagt. Die Bemerkung eines Abgeordneten in der JK. (Prot. S. 748), die Geldstrafe könne doch nicht sofort vollstreckt werden, ist mit der gesetzlichen Anordnung *sofortiger* Vollstreckung nicht zu vereinigen.

Eine spätere Umwandlung der Geldstrafe in Haft würde, da der § 491 St. sich nur auf die durch Strafurtheil erkannten Geldstrafen bezieht, unstatthaft sein. Dagegen dürfte nichts entgegenstehen, unter Aufhebung des ersten Beschlusses sofort eine Haftstrafe festzusetzen und diese vollstrecken zu lassen.

Auch eine *spätere* Einzahlung der nicht sogleich vollstreckbaren Geldstrafe nachzulassen, würde so wenig mit den Worten als mit der — auch von der Regierungsvertretung S. 687 der Prot. der JK. hervorgehobenen — Absicht des Gesetzes, der Ungebühr die Strafe ohne Verzug auf dem Fuße folgen zu lassen, vereinbar sein. Daß die Worte „festsetzen und vollstrecken lassen" als ein untrennbares Ganzes aufzufassen sind, scheint auch daraus gefolgert werden zu müssen, daß der § 180 G. nur vom Festsetzen spricht, die sofortige Vollstreckung mithin ausschließt.

3. Die Mot. S. 199 bezeichnen es mit Recht als selbstverständlich, daß bei der Verhängung einer solchen nur disziplinarischen Strafe der § 22 Nr. 1 St. außer Anwendung bleibe.

§ 180 G.

Das Gericht kann gegen einen bei der Verhandlung betheiligten Rechtsanwalt oder Vertheidiger, der sich in der Sitzung einer Ungebühr schuldig macht, vorbehaltlich der strafgerichtlichen oder disziplinaren Verfolgung, eine Ordnungsstrafe bis zu einhundert Mark festsetzen.

§ 181 G.

Die Vollstreckung der vorstehend bezeichneten Ordnungsstrafen hat der Vorsitzende unmittelbar* zu veranlassen.

* Ohne sich deshalb an die StAschft. wenden zu müssen. §§ 36. 483 St.

§ 182 G.

Die in den §§ 177—181 bezeichneten Befugnisse stehen auch einem einzelnen Richter[1] bei der Vornahme von Amtshandlungen außerhalb der Sitzung zu[2].

1. Bei der Berathung des § in der JK. sprach sich die Regierungsvertretung dahin aus, daß der Amtsrichter, wenn er dem Schöffengerichte vorsitze, nicht als Einzelnrichter, sondern als Vorsitzender in Betracht komme, und ferner — unter Hinweisung auf § 30 G. und auf die Mot. S. 75 lit. c. —

daß die Schöffen auch an der Beschlußfassung über Verhaftungen, Festsetzung von Ordnungsstrafen u. s. w. Theil zu nehmen hätten (Prot. S. 41).

2. Das in der Note 3 zu § 179 Gesagte greift auch hier Platz, wenn der einzelne Richter die „Ungebühr" in einer ihn selbst betreffenden Aeußerung findet. Er darf mithin in einem solchen Falle Sachverständige, als welche in schwierigen Fällen, z. B. bei Vergiftungen, Münzverbrechen u. dergl. nicht selten höhere Beamte und Gelehrte vernommen werden, sofort bis zu drei Tagen zur Haft bringen lassen. Voraussichtlich wird diese bei der Berathung des § in der JK. bekämpfte (Prot. S. 745) Bestimmung die Geneigtheit zur Erstattung von Gutachten vor dem Untersuchungsrichter vermindern.

§ 183 G.

Ist in den Fällen der §§ 179. 180. 182 eine Ordnungsstrafe festgesetzt, so findet binnen der Frist von einer Woche nach der Bekanntmachung der Entscheidung Beschwerde statt, sofern die Entscheidung nicht von dem Reichsgerichte oder einem Oberlandesgerichte[1] getroffen ist.

Die Beschwerde hat in dem Falle des § 179 keine aufschiebende Wirkung[2], in den Fällen des § 180 und des § 182 aufschiebende Wirkung.

Ueber die Beschwerde entscheidet das Oberlandesgericht[3].

1. Diese Bestimmung hat für den Strafprozeß keine Bedeutung, da nach § 346 St. gegen Beschlüsse der Oberlandesgerichte und des Reichsgerichts eine Beschwerde überhaupt nicht stattfindet.

2. Dies folgt wohl schon aus den Schlußworten des § 179.

3. Weshalb das Oberlandesgericht, der Vorschrift des § 72 G. entgegen, auch über Beschwerden gegen Beschlüsse des Untersuchungsrichters und des Amtsrichters entscheiden soll, ist aus den Verhandlungen der JK., welche den § eingeschaltet hat, nicht zu entnehmen. Prot. S. 684—690. 744—746.

§ 184 G.

Ist eine Ordnungsstrafe wegen Ungebühr festgesetzt, oder eine Person zur Haft abgeführt, oder eine bei der Verhandlung betheiligte Person entfernt worden, so ist der Beschluß des Gerichts und dessen Veranlassung in das Protokoll aufzunehmen*.

* In Bezug auf die im § 176 G. erwähnten Personen ist hier eine Bestimmung nicht getroffen. Doch wird der § auch in dem Falle, wenn eine unter den Zuhörern befindliche Person wegen Mangels der bürgerlichen

Ehrenrechte aus dem Gerichtssaal verwiesen ist, die thatsächliche Richtigkeit dieses Vorwurfs aber bestritten hat, Anwendung finden, um ihr Gelegenheit zu geben, ihre Behauptung nachträglich zu beweisen und dies zur Wahrung ihrer Ehre aktenkundig zu machen. Vergl. die Note 1 zu § 176 G.

In Betreff des nach der Entfernung des Angeklagten aus dem Sitzungszimmer zu beobachtenden Verfahrens vergl. § 246 Abs. 2 St.

Die Vorschrift des § wird auch auf Fälle des § 182 G. Anwendung finden.

Welche Wirkungen die zwangsweise Entfernung von Zeugen und Sachverständigen aus dem Gerichtszimmer auf den Fortgang der Verhandlung haben soll, ist nicht ausgesprochen. Ist es nicht zu vermeiden, daß die Verhandlung dadurch unterbrochen wird, so dürften den Zeugen und Sachverständigen, nach Analogie des § 50 Abs. 1 St., die in Folge der Aussetzung seiner Vernehmung oder Beeidigung entstehenden Kosten treffen.

§ 185 G.

Wird eine strafbare Handlung* in der Sitzung begangen, so hat das Gericht den Thatbestand festzustellen und der zuständigen Behörde das darüber aufgenommene Protokoll mitzutheilen. In geeigneten Fällen ist die vorläufige Festnahme des Thäters zu verfügen.

* Nach dem StGB. und den besonderen Reichs- und Landesstrafgesetzen; im Gegensatze zu den in den §§ 179. 180 G. bezeichneten Vergehungen.

Nach der hier für das Gericht im ersten Satze gegebenen Vorschrift wird in geeigneten Fällen auch der Amtsrichter, ersuchte und beauftragte Richter zu verfahren haben. Hinsichtlich der vorläufigen Festnahme vergl. §§ 125. 127 St.

Hauptverhandlung.

§ 225 St.

Die Hauptverhandlung erfolgt in ununterbrochener Gegenwart der zur Urtheilsfindung berufenen Personen sowie der Staatsanwaltschaft und eines* Gerichtsschreibers.

* Nach den Mot. S. 127 ist der bestimmte Artikel „des“ vermieden, um anzudeuten, daß ein Wechsel in der Person des Gerichtsschreibers eintreten könne.

§ 226 St.

Es können mehrere Beamte der Staatsanwaltschaft und mehrere Vertheidiger* in der Hauptverhandlung mitwirken und ihre Verrichtungen unter sich theilen.

* Auch für denselben Angeklagten. Widerstreiten in einem solchen Falle die Anträge derselben einander, so wird der Angekl. den Ausschlag zu geben, event. das Gericht zu prüfen haben, welcher Antrag dem Interesse des Angeklagten am meisten entspreche.

Die mehreren StAte. und Vertheidiger sind nicht genöthigt, ununterbrochen gegenwärtig zu sein; es genügt die Anwesenheit je eines derselben. In Betreff der Vertheidiger vergl. die §§ 145. 227 St.

§ 227 St.

Ueber Anträge[1] auf Aussetzung[2] einer Hauptverhandlung entscheidet das Gericht. Kürzere Unterbrechungen ordnet der Vorsitzende an.

Eine Verhinderung[3] des Vertheidigers giebt, unbeschadet der Bestimmung des § 145, dem Angeklagten kein Recht, die Aussetzung der Verhandlung zu verlangen.

Ist die Frist des § 216 Abs. 1 nicht eingehalten worden, so soll der Vorsitzende den Angeklagten mit der Befugniß, Aussetzung der Verhandlung zu verlangen, bekannt machen[4].

1. Sie werden den Richtern, den Schöffen, der Staatsanwaltschaft, dem Angekl. und dem Vertheidiger zustehen. Das Gericht entscheidet nach freiem Ermessen und beschließt in Erkrankungsfällen erforderlichen Falls von Amtswegen.

2. Die Ausdrücke: „Aussetzung" „Unterbrechung" werden abwechselnd gleichbedeutend gebraucht. Vergl. §§ 228. 243 St. In den Mot. S. 128 kommt auch das Wort: „Vertagung" vor.

3. Das von der Verhinderung Gesagte wird auch auf den Fall des Ausbleibens des Vertheidigers ohne Verhinderung, z. B. aus Vergessenheit, Nachlässigkeit, Anwendung finden.

4. Die bei der Berathung des von der JK. gegen den Widerspruch der Regierungsvertretung hinzugefügten Abs. 3 hervorgetretene Meinungsverschiedenheit darüber, ob sich an die Nichtbefolgung dieser Vorschrift Nichtigkeit des Verfahrens knüpfe, ist nicht zur Entscheidung gekommen. Die Ansicht, daß diese Folge nur eintrete, wenn eine Beschränkung der Vertheidigung anzuerkennen sei, dürfte den Vorzug verdienen. Prot. S. 946.

§ 228 St.

Eine unterbrochene Hauptverhandlung muß spätestens am vierten Tage[1] nach der Unterbrechung fortgesetzt werden, widrigenfalls mit dem Verfahren[2] von neuem zu beginnen ist.

1. In der JK. wurde eine Verlängerung der Frist, als — insbesondere in schwurgerichtlichen Untersuchungen — die Kontinuität der Verhandlungen gefährdend, nicht rathsam gefunden. Prot. S. 343. Mit Rücksicht auf die ratio legis sind die Sonn- und Festtage in die Frist miteinzurechnen. Eine am Mittwoch unterbrochene Verhandlung wird daher, falls sie nicht spätestens am Sonnabend fortgesetzt werden kann, von Neuem beginnen müssen.

2. D. h. mit der Hauptverhandlung. „Verfahren" ist nach der Terminologie der St. der allgemeinere Ausdruck. Z. B. § 137 und Ueberschrift zu § 151 St.

§ 229 St.

Gegen einen ausgebliebenen Angeklagten findet eine Hauptverhandlung nicht statt.

Ist das Ausbleiben des Angeklagten nicht genügend entschuldigt[1], so ist die Vorführung anzuordnen oder ein Haftbefehl[2] zu erlassen.

1. Die Entscheidung hierüber wird dem Gericht, nicht dem Vorsitzenden zustehen, da die Fälle, in denen dieser zu entscheiden hat, besonders angegeben sind. §§ 218. 220. 230 St.

2. Unabhängig von den Voraussetzungen des von der Untersuchungshaft handelnden § 113 St.

Bleiben die Maßregeln erfolglos, und greifen die Vorschriften des § 230 Abs. 2 und § 231 St. nicht Platz, oder erscheint die Anwesenheit des Angekl. während der ganzen Verhandlung nothwendig, so ist diese auszusetzen.

Die Terminologie der St. unterscheidet zwischen dem „Ausbleibenden" und dem „Abwesenden". § 318 folg. St. Dadurch erklärt sich die negative Ausdrucksweise: „ohne Anwesenheit" in den §§ 233. 234 St.

§ 230 St.

Der erschienene Angeklagte darf sich aus der Verhandlung[1] nicht entfernen. Der Vorsitzende kann die geeigneten Maßregeln treffen, um die Entfernung desselben zu verhindern; auch kann er ihn während einer Unterbrechung der Verhandlung in Gewahrsam halten lassen.

Entfernt der Angeklagte sich dennoch, oder bleibt er bei

der Fortsetzung einer unterbrochenen[2] Hauptverhandlung aus, so kann diese in seiner Abwesenheit zu Ende geführt werden, wenn seine Vernehmung über die Anklage schon erfolgt war[3] und das Gericht seine fernere Anwesenheit nicht für erforderlich erachtet.

1. Weshalb hier, anstatt des im § 246 St. gewählten bezeichnenderen Ausdrucks „Sitzungszimmer", gesetzt ist: „Verhandlung", machen die Mot. S. 132 nicht erkennbar.

2. Gleichviel, ob es sich um eine „kürzere" (§ 227 Abs. 1 Satz 2 St.), oder um eine solche handelt, von welcher der § 227 St. 1. Satz spricht.

3. Nämlich in der Hauptverhandlung; nicht blos im Vorverfahren.

Bei der Berathung des § 233 St. herrschte in der JK. Einverständniß darüber, daß derselbe auch auf das nach § 230 Abs. 2 in Abwesenheit des Angekl. statthabende Verfahren Anwendung finde. (Selbstverständlich unter den Voraussetzungen des Schlusses des § 230 St.) Prot. S. 345 und Anlage L zum Prot. vom 12. Oktober 1876. Vergl. auch Note 1 zu § 234 St.

§ 231 St.

Beim Ausbleiben* des Angeklagten kann zur Hauptverhandlung geschritten werden, wenn die den Gegenstand der Untersuchung bildende That nur mit Geldstrafe, Haft oder Einziehung, allein oder in Verbindung mit einander, bedroht ist.

In solchen Fällen muß der Angeklagte in der Ladung auf die Zulässigkeit dieses Verfahrens ausdrücklich hingewiesen werden.

* Auch hier wird, wie im § 229, ein nicht genügend entschuldigtes Ausbleiben gemeint sein. Vergl. auch die §§ 120. 215. 452. 473 St. 56 G.

§ 232 St.

Der Angeklagte kann auf seinen Antrag wegen großer Entfernung seines Aufenthaltsorts von der Verpflichtung zum Erscheinen in der Hauptverhandlung entbunden werden, wenn nach dem Ermessen des Gerichts voraussichtlich keine andere Strafe als Freiheitsstrafe bis zu sechs Wochen oder Geldstrafe oder Einziehung, allein oder in Verbindung mit einander, zu erwarten steht*.

In diesem Falle muß der Angeklagte, wenn seine richterliche Vernehmung nicht schon im Vorverfahren erfolgt ist, durch einen beauftragten oder ersuchten Richter über die Anklage vernommen werden.

Von den zum Zwecke der Vernehmung anberaumten Termine sind die Staatsanwaltschaft und der Vertheidiger vorher zu benachrichtigen; ihrer Anwesenheit bei der Vernehmung bedarf es nicht. Das Protokoll über die Vernehmung ist in der Hauptverhandlung zu verlesen.

* Wie zu verfahren sei, wenn das Gericht in der Hauptverhandlung eine höhere Strafe dem Vergehen des Angeklagten für angemessen erachtet, ist weder im Gesetz ausgesprochen, noch in der JK. zur Sprache gekommen. Die Mot. sagen S. 133: Es verstehe sich von selbst, daß, wenn das Gericht das im § 196 des Entw. (§ 232 der St.) bezeichnete Verfahren eingeschlagen habe, sodann aber in der Hauptverhandlung eine höhere Strafe für angemessen erachte, das persönliche Erscheinen des Angekl. nachträglich angeordnet werden müsse.

Für selbstverständlich dürfte indeß dieser Satz wohl nicht gelten können. Macht das Gesetz die Zulässigkeit des Ausnahmeverfahrens unbedingt lediglich davon abhängig, daß das Gericht zur Zeit der Anberaumung der Sitzung zur Hauptverhandlung die Verhängung einer, das im § bezeichnete Maß nicht übersteigenden Strafe voraussieht, ohne dabei anzuordnen, daß der den Angeklagten von dem Erscheinen in der Hauptverhandlung dispensirende Beschluß wieder aufgehoben werden müsse, wenn sich in der Hauptverhandlung auf Grund stattgehabter Beweisaufnahme die Angemessenheit einer höheren Strafe herausstelle, so erscheint es um so bedenklicher, die Nothwendigkeit der persönlichen Vorladung und einer Erneuerung des ganzen Verfahrens als vom Gesetz zweifellos gewollt zu unterstellen, als mit der Wiederholung des Verfahrens der Regel nach eine Vermehrung der Kosten und stets eine Verzögerung der Untersuchung verknüpft sein wird, der Angeklagte aber, welcher unbedingt seine Befreiung vom Erscheinen in der Hauptverhandlung beantragt, keinen Grund zur Klage hat, wenn nach Willfahrung dieses Antrages die, nach der Entwickelung der Sachlage in der Hauptverhandlung als angemessen sich ergebende Strafe über ihn verhängt wird, da er nach dem maßgebenden Wortsinne des § nicht erwarten darf, daß das Gericht die ihm bedingungslos ertheilte Erlaubniß des Ausbleibens aus der Hauptverhandlung wiederzurücknehmen werde, wenn es — innerhalb der Grenzen seiner Zuständigkeit — ein höheres, als das im § angegebene Strafmaß für angemessen erachte.

Hätte der § in der That den in den Mot. vorausgesetzten Sinn haben sollen, so hätte er — wenn nicht eine dem entsprechende ausdrückliche Bestimmung in sich aufnehmen, so doch — mindestens anordnen müssen, daß dem Antrage des Angeklagten nur unter der demselben bekannt zu machenden

Bedingung stattzugeben sei, daß die gegen ihn zu erkennende Strafe die in dem § gesteckten Grenzen nicht überschreiten werde.

Ueberdies beugt der § 235 St. einem dem Angeklagten aus seiner Dispensation vom Erscheinen in der Hauptverhandlung etwa drohenden Nachtheil dadurch vor, daß, wenn das Gericht eine erhebliche Ueberschreitung der Strafgrenzen des § 232 St. für geboten erachtet, es stets in der Lage ist, das persönliche Erscheinen des Angekl. anzuordnen. Empfehlen wird sich dies z. B. im Falle des § 264 St. Eine unbedingte Nothwendigkeit, wie sie die Mot. voraussetzen, dürfte dagegen mit Rücksicht auf vorstehende Bemerkungen nicht anzuerkennen sein.

§ 233 St.

Insoweit die Hauptverhandlung ohne Anwesenheit des Angeklagten stattfinden kann[1], ist letzterer befugt, sich durch einen mit schriftlicher Vollmacht versehenen Vertheidiger vertreten zu lassen[2].

1. §§ 230 Abs. 2 bis 232.

2. Die Mot. bemerken S. 133: „als Vertreter würden nur solche Personen zugelassen, welche als Vertheidiger auftreten könnten; es beruhe diese Bestimmung auf der Erwägung, daß ein nicht rechtskundiger Vertreter dem Interesse des Angeklagten leicht etwas vergeben könnte".

Ein Recht auf Zulassung als Vertreter werden nur die Eingangs des § 138 St. bezeichneten Personen, auf welche der Entwurf die wählbaren Vertheidiger beschränken wollte, beanspruchen können, während die „anderen Personen" der Erlaubniß des Gerichts bedürfen werden.

Auf eine Anfrage erklärte die Regierungsvertretung in der JK., daß die Befugniß, sich vertreten zu lassen, erst eintrete, wenn der Angeklagte von der Verpflichtung zum Erscheinen in der Hauptverhandlung bereits entbunden worden, nicht schon, wenn die Entbindung zulässig sei. Prot. S. 344.

Die Behändigung des Urtheils wird auch in einem solchen Falle an den Angeklagten selbst erfolgen müssen. Vergl. § 234 St.

§ 234 St.

Hat die Hauptverhandlung ohne Anwesenheit des Angeklagten stattgefunden[1], so kann derselbe gegen das Urtheil binnen einer Woche nach der Zustellung[2] die Wiedereinsetzung in den vorigen Stand unter gleichen Voraussetzungen[3] wie gegen die Versäumung einer Frist nachsuchen.

War jedoch der Angeklagte auf seinen Antrag von der Verpflichtung zum Erscheinen in der Hauptverhandlung entbunden worden, oder hatte derselbe von der Befugniß, sich vertreten zu lassen, Gebrauch gemacht⁴, so findet eine Wiedereinsetzung in den vorigen Stand nicht statt.

1. Diese Voraussetzung trifft auch im Falle des Abs. 2 § 230 St. zu; die Wiedereinsetzung wird daher statthaft sein, wenn der Angeklagte verhindert worden ist, bei der Fortsetzung der Verhandlung wieder zu erscheinen.

2. Vergl. den letzten Satz des § 44 St.

3. Diese sind im § 44 St. angegeben. Es werden aber auch die sonstigen in den §§ 45. 46 St. in Bezug auf die Glaubhaftmachung der Versäumnißgründe, die Zuständigkeit des Gerichts zur Entscheidung auf das Gesuch, und die Anfechtbarkeit der letzteren enthaltenen Vorschriften analoge Anwendung finden.

4. Es heißt hier nicht — wie im § 452 St. — „wenn er (auf Grund des § 233 St.) vertreten worden ist", sondern „wenn er von der Befugniß, sich vertreten zu lassen, Gebrauch gemacht hat. Dies ist geschehen, sobald er einen Vertreter bestellt hat. Durch diese Handlung ist das „Gebrauchmachen" seinerseits vollendet. Nach den Worten des Gesetzes würde daher die Wiedereinsetzung unstatthaft sein, wenn der Vertreter am Erscheinen in der im § 44 St. angegebenen Weise verhindert worden ist. Der Absicht des Gesetzes würde dies jedoch wohl nicht entsprechen.

§ 235 St.

Das Gericht ist stets* befugt, das persönliche Erscheinen des Angeklagten anzuordnen und dasselbe durch einen Vorführungsbefehl oder Haftbefehl zu erzwingen.

* Also auch im Falle des § 232 St., selbst wenn eine Veränderung der Sachlage, welche eine höhere, als die dort bezeichnete Strafe veranlassen könnte, nicht eingetreten ist. Vergl. die Note zu § 232.

§ 236 St.

Das Gericht kann im Falle eines Zusammenhangs zwischen mehreren bei ihm anhängigen Strafsachen die Verbindung derselben zum Zwecke gleichzeitiger Verhandlung anordnen, auch wenn dieser Zusammenhang nicht der im § 3 bezeichnete ist*.

* Die Mot. weisen S. 134 beispielsweise auf den Fall wechselseitig verübter strafbarer Handlungen mit dem Bemerken hin, daß der §, auch wenn Theilnahme im Sinne der §§ 47—50 StGB. nicht vorliege, Anwendung finde, wenn strafbare Handlungen gleichzeitig und in ähnlicher Weise von mehreren Personen begangen seien, sowie, daß der § an den Vorschriften über die Zuständigkeit des Gerichts nichts ändere.

Daß vor der Beschlußfassung die Betheiligten zu hören sind, folgt aus dem § 33 St.

§ 237 St.

Die Leitung der Verhandlung, die Vernehmung des Angeklagten und die Aufnahme des Beweises erfolgt durch den Vorsitzenden.

Wird eine auf die Sachleitung bezügliche Anordnung[1] des Vorsitzenden von einer bei der Verhandlung[2] betheiligten[3] Person als unzulässig beanstandet, so entscheidet das Gericht[4].

1. Diese Bestimmung wird nicht ausschließlich auf Anordnungen, sondern auf das Verfahren des Vorsitzenden überhaupt Anwendung finden, wenn dasselbe als gesetzwidrig oder sonst unstatthaft angefochten wird. Ein Antrag, vor „beanstandet" behufs Begrenzung der Befugniß einzuschalten: „als gesetzlich unzulässig", wurde von der JK. abgelehnt. Prot. S. 947.

2. Anstatt „Verhandlung" müßte es wohl heißen: „Anordnung". Denn als bei der „Verhandlung betheiligte Personen" bezeichnen die §§ 178. 179 G. allgemein die Parteien, Beschuldigten, Zeugen, Sachverständigen, Rechtsanwälte und Vertheidiger; der § kann aber nur solchen Personen ein Anfechtungsrecht haben ertheilen wollen, welche bei der den Gegenstand der Anfechtung bildenden Anordnung ein Interesse haben.

3. Ob amtlich oder nicht amtlich betheiligt, ist gleichgiltig.

4. Ein Antrag, welcher darauf abzielte, dem Vorsitzenden das Recht — als pouvoir discrétionnaire — einzuräumen, im Laufe der Hauptverhandlung, unabhängig von einem Gerichtsbeschlusse, einzelne nicht vorgeladene Personen, von welchen Aufklärung zu erwarten sei, vorladen zu lassen und zu vernehmen, wurde von der Regierungsvertretung, weil in der Hauptverhandlung nur das Gericht, nicht aber der Vorsitzende über derartige Handlungen zu befinden habe, bekämpft und demnächst zurückgezogen. Prot. S. 347. 349. 350. Im Betreff der Befugnisse des Gerichts vergl. die §§ 243—245 St.

§ 238 St.

Die Vernehmung der von der Staatsanwaltschaft und dem Angeklagten benannten Zeugen und Sachverständigen ist der Staatsanwaltschaft und dem Vertheidiger auf deren übereinstimmenden Antrag von dem Vorsitzenden zu überlassen. Bei den von der Staatsanwaltschaft benannten Zeugen und Sachverständigen hat diese, bei den von dem Angeklagten benannten der Vertheidiger in erster Reihe das Recht zur Vernehmung.

Der Vorsitzende hat auch nach dieser Vernehmung die ihm zur weiteren Aufklärung der Sache erforderlich scheinenden Fragen an die Zeugen und Sachverständigen zu richten[2].

1. Der Entwurf (§ 202) enthielt Eingangs des § die allgemeine Fassung: „Die Vernehmung der Zeugen und Sachverständigen" u. s. w. In Folge der Einschaltung der Worte: „von der StAschft. und dem Angekl. benannten" scheidet die Anwendbarkeit des § auf die von Amtswegen geladenen Zeugen und Sachverständigen aus.

2. Im Entwurf hatte der 2. Absatz die Fassung: „Auch außer diesem Falle (der Uebereinstimmung) kann der Vorsitzende die Vernehmung dem einen oder dem anderen Theile gestatten. Hat der eine Theil von dieser Ermächtigung Gebrauch gemacht, so darf eine gleiche Ermächtigung dem anderen Theile nicht versagt werden". Die JK. hat demselben seinen jetzigen Inhalt gegeben. Prot. S. 361. Ein Antrag, die Vernehmung der Zeugen und Sachverständigen, wenn der Angekl. mit einem Vertheidiger versehen sei, unbedingt dem Staatsanwalt und dem Vertheidiger zu überlassen, wurde abgelehnt. S. 353. 360. Hiernach ist die Vernehmung der Zeugen und Sachverständigen durch den Staatsanwalt und den Vertheidiger unbedingt und unabhängig von einem Widerspruche des Angeklagten, von dem Einverständniß derselben abhängig.

Nach der Fassung des Abs. 1 umfaßt derselbe auch das s. g. Kreuzverhör. — Ein Antrag, dem ohne Vertheidiger erschienenen Angekl. selbst das Vernehmungsrecht einzuräumen, gelangte in der JK. nicht zur Annahme. S. 351 der Prot.

§ 239 St.

[1]Der Vorsitzende hat den beisitzenden Richtern auf Verlangen zu gestatten, Fragen an die Zeugen und Sachverständigen[2] zu stellen.

Dasselbe hat der Vorsitzende der Staatsanwaltschaft, dem Angeklagten und dem Vertheidiger sowie den Geschworenen und den Schöffen zu gestatten[3].

1. Den ersten Absatz hat die JK. dem Entwurfe hinzugefügt. Der betreffende Antrag enthielt hinter „Fragen" die Worte: „an den Angekl., sowie 2c.". Dieselben sind jedoch in Fortfall gebracht. Dadurch ist die Absicht zu erkennen gegeben, Fragen der Richter an den Angekl. für unstatthaft zu erklären. Daß dadurch jedoch das Verlangen derselben, daß speziell von ihnen bezeichnete Fragen dem Angekl. durch den Vorsitzenden gestellt werden, nicht ausgeschlossen ist und im Weigerungsfalle ein Gerichtsbeschluß entscheidet, wird aus dem § 237 Abs. 2 (s. die Note 1 zu demselben) und dem § 241 herzuleiten sein. Von der entgegengesetzten Ansicht ausge-

gangen, würde der wesentliche Uebelstand eintreten, daß die beisitzenden Richter, die Schöffen und Geschworenen außer Stande wären, einer durch Uebersehen des Vorsitzenden herbeigeführten Unvollständigkeit der Vernehmung abzuhelfen.

2. Auch an den Dolmetscher wird der der fremden Sprache kundige Betheiligte Fragen richten dürfen, wenn er dessen Auffassung oder Uebertragung für unrichtig hält. Vergl. die Note 3 zu § 193 G.

3. Ein Antrag auf Aufnahme der Vorschrift, daß die Zeugen sich vor ihrer Vernehmung über ihr Zeugniß nicht besprechen und nicht nach Außen verkehren dürften und hierüber zu bedeuten seien, und daß der Vorsitzende erforderlichen Falls die zur Verhütung solcher Besprechungen nöthigen Maßregeln anzuordnen habe, insbesondere verfügen könne, daß einzelne Zeugen vor ihrer Abhörung von einander gesondert würden, wurde in der JK. abgelehnt, nachdem dagegen geltend gemacht worden war, daß der Diskretion des Vorsitzenden anheimzugeben sei, geeignete Maßregeln gegen Verabredungen von Zeugen zu treffen. Prot. S. 362.

§ 240 St.

Demjenigen, welcher im Falle des § 238 Abs. 1 die Befugniß der Vernehmung mißbraucht, kann dieselbe von dem Vorsitzenden entzogen werden.

In den Fällen des § 238 Abs. 1 und des § 239 Abs. 2 kann der Vorsitzende ungeeignete oder nicht zur Sache gehörige Fragen zurückweisen.

§ 241 St.

Zweifel über die Zulässigkeit einer Frage entscheidet in allen Fällen das Gericht.

1. Die Worte: „in allen Fällen" müssen auch auf den Abs. 1 des § 239, also auf die von einem Mitgliede des Gerichts und den Schöffen gestellten Fragen bezogen werden.

Nach § 198 Abs. 1 G. erfolgen Entscheidungen des Gerichts nach der absoluten Mehrheit der Stimmen. Den Fall gleicher Stimmen und des von dem Vorsitzenden dann zu gebenden Ausschlags kennt das Gesetz nicht. Hieraus folgt, daß auch derjenige Richter, dessen Frage der Vorsitzende als ungeeignet oder nicht zur Sache gehörig zurückweist, bei der dem „Gericht" anheimfallenden Entscheidung mitzustimmen hat.

§ 242 St.

Die Hauptverhandlung beginnt mit dem Aufrufe der Zeugen und Sachverständigen[1].

Hieran schließt sich die Vernehmung des Angeklagten über seine persönlichen Verhältnisse und die Verlesung des Beschlusses über die Eröffnung des Hauptverfahrens.

Sodann erfolgt die weitere Vernehmung des Angeklagten nach Maßgabe des § 136[2].

Die Verlesung des Beschlusses und die Vernehmung des Angeklagten geschieht in Abwesenheit der zu vernehmenden Zeugen.

1. Der erste Abs. des § stimmt mit dem Entwurfe überein. Die übrigen Bestimmungen des Entwurfs haben durch die JK. eine wesentliche Umgestaltung erfahren.

Der 2. Abs. des Entwurfs wollte auf den Aufruf der Zeugen und Sachverständigen und die Vernehmung des Angekl. über seine persönlichen Verhältnisse „die Mittheilung des Inhalts der Anklageschrift durch die Staatsanwaltschaft" folgen lassen.

Die JK. hat den — schriftlichen wie mündlichen — Vortrag der Anklageschrift des StA. ganz ausscheiden lassen, und statt desselben die Verlesung — durch wen, ist nicht gesagt — des Beschlusses über die Eröffnung des Hauptverfahrens, s. g. Verweisungsbeschluß (§§ 201. 205 St.) angeordnet. Prot. S. 363—365.

Die hiergegen und für die Verlesung der Anklageschrift geltend gemachten Gründe: daß es zur Förderung eines gerechten und zutreffenden Spruchs diene, wenn die Geschworenen (und Schöffen) von vornherein ein klares Bild davon bekämen, um was es sich handle; daß, wenn der Standpunkt der Anklage nicht durch die Anklageschrift, sondern durch den Verweisungsbeschluß gekennzeichnet werden solle, die erstere überflüssig sei, und daß aus den einzelnen Fragen an den Angeschuldigten und die Zeugen nur vermittelst künstlicher (also trügerischer) Kombination ein Bild von der Sache gewonnen werden könne (Prot. S. 364. 365) — blieben erfolglos.

Gleichwohl dürften dieselben als zutreffend anzuerkennen sein, wenn erwogen wird, daß der Beschluß, durch welchen das Hauptverfahren eröffnet wird, nach den Worten der §§ 201. 205 — wesentlich verschieden von der Anklageschrift § 198 St. — sich beispielsweise in thatsächlicher Beziehung auf die Angabe beschränken darf: daß gegen den Angekl. das Hauptverfahren eröffnet worden, weil er verdächtig sei, in seinem Prozesse wider X einen Meineid geleistet zu haben.

Es ist indeß zu erwarten, daß die Praxis den aus der Umgestaltung des § zu befürchtenden Nachtheilen dadurch vorbeugen wird, daß in Fällen, wo der Verweisungsbeschluß dem Antrage der StAschft. entspricht, die Anklageschrift dem ersteren mutatis mutandis einverleibt wird.

2. Die Hinweisung auf den § 136 bezweckt, den Vorsitzenden daran zu erinnern, daß dieser § auch für die Vernehmung des Angekl. in der

Hauptverhandlung maßgebend sei — d. h. daß gegen denselben nicht inquirirt werden dürfe.

Die Frage, ob der Angekl. sich schuldig bekenne, ist auch in schwurgerichtlichen Untersuchungen nicht unbedingt nöthig, da auch im Falle ihrer Bejahung die Mitwirkung der Geschworenen nicht ausscheidet.

§ 243 St.

Nach der Vernehmung des Angeklagten folgt die Beweisaufnahme.

Es bedarf eines Gerichtsbeschlusses, wenn ein Beweisantrag abgelehnt werden soll[1], oder wenn die Vornahme einer Beweishandlung eine Aussetzung der Hauptverhandlung erforderlich macht.

Das Gericht[2] kann auf Antrag und von Amtswegen[3] die Ladung von Zeugen und Sachverständigen sowie die Herbeischaffung anderer Beweismittel anordnen.

1. Die Vorschrift wird auch Anwendung finden, wenn der Vorsitzende die Ladung von Zeugen oder Sachverständigen abgelehnt hat (§ 218) und der betreffende Antrag in der Hauptverhandlung erneuert wird.

2. Daß die hier bezeichneten Beschlüsse dem Gericht vorbehalten sind, steht im Einklange mit der in der Note 1 zu § 237 erwähnten Bemerkung der Regierungsvertretung, daß in der Hauptverhandlung derartige Anordnungen dem Vorsitzenden nicht zustehen.

3. Auch einer solchen von Amtswegen zu treffenden Anordnung wird die früher Seitens des Vorsitzenden erfolgte Ablehnung eines auf die Beweiserhebung gerichteten Antrages nicht entgegenstehen. Vergl. Note 1.

Ein Antrag im Falle des — von der JK. dem Entwurf hinzugefügten — Abs. 2, die Beeidigung erst nach der Vernehmung eintreten zu lassen, um, falls Bedenken gegen dieselbe einträten, von ihr abzustehen, wurde abgelehnt und beschlossen, in einem solchen Falle dieselben Vorschriften, wie bei anderen Zeugenvernehmungen, Platz greifen zu lassen. Prot. S. 368 bis 370.

Die JK. beschloß ferner, daß in Fällen dieser Art der StA. und der Angekl. befugt seien, dem § 245 Abs. 2 entsprechend auf Vertagung anzutragen. Prot. S. 370.

§ 244 St.

[1]Die Beweisaufnahme ist auf die sämmtlichen vorgeladenen[2] Zeugen und Sachverständigen sowie auf die anderen herbeigeschafften Beweismittel zu erstrecken. Von der Erhebung einzelner Beweise kann jedoch abgesehen werden,

wenn die Staatsanwaltschaft und der Angeklagte hiermit einverstanden sind[3].

In den Verhandlungen vor den Schöffengerichten und vor den Landgerichten in der Berufungsinstanz, sofern die Verhandlung vor letzteren eine Uebertretung betrifft oder auf erhobene Privatklage erfolgt, bestimmt das Gericht den Umfang der Beweisaufnahme, ohne hierbei durch Anträge, Verzichte oder frühere Beschlüsse gebunden zu sein[4].

1. Dieser § ist dem Entwurf gegen den Widerspruch der Regierungsvertretung von der JK. hinzugefügt.

Nach dem Wortsinne des Abs. 1 würde — Mangels des im 2. Satze desselben erwähnten Einverständnisses der StAschft. und des Angekl. — die Vernehmung der geladenen Zeugen und Sachverständigen selbst in dem Falle erfolgen müssen, wenn das Richter-Kollegium bei einer im Laufe der Verhandlung gepflogenen Berathung — wie eine solche nicht nur zulässig, sondern häufig höchst zweckmäßig ist — der einstimmigen Meinung ist, daß das Verfahren einzustellen, weil der gesetzlich erforderliche Strafantrag nicht, oder nicht rechtzeitig angebracht, oder der Angekl. freizusprechen sei, weil das den Gegenstand der Anklage bildende Delikt verjährt sei, oder ein anderer von dem Angekl. in Folge der Mittheilung der Anklageschrift erhobener Einwand Platz greife. § 199 St.

Es würde ferner — wie auch bei der Berathung des § hervorgehoben worden (Prot. S. 952) — die Beweisaufnahme im Betreff eines Strafausschließungs- oder Milderungsgrundes, wie Nothwehr, Trunkenheit u. dergl., selbst wenn der Beweis dafür durch mehrere vollkommen glaubwürdige Zeugen von den Richtern für vollständig erbracht erachtet wird, dennoch durch Abhörung der übrigen darüber vorgeschlagenen Zeugen fortgesetzt werden müssen.

Zeugen und Sachverständige würden ferner selbst in dem Falle vernommen werden müssen, wenn die thatsächlichen Umstände, zu deren Beweise sie geladen worden, durch die Verhandlungen als für die vorliegende Untersuchung bedeutungslos und fortfallend herausgestellt worden sind. Beispielsweise würde in einer wegen schweren Diebstahls eingeleiteten Untersuchung der über die Art der Oeffnung eines Behältnisses vorgeschlagene Sachverständige gutachtlich vernommen werden müssen, auch wenn durch das Zeugniß des Damnifikaten festgestellt und von der StAschft. anerkannt ist, daß die Denunziation des Ersteren bezüglich des Verschlusses des Behältnisses auf Irrthum beruht habe, da letzteres zur Zeit der Verübung des Diebstahls unverschlossen gewesen sei.

Ein derartiger mit Vergeudung von Zeit und Arbeitskräften verknüpfter Mechanismus müßte unausbleiblich das Ablenken der Aufmerksamkeit der Richter von dem für die Urtheilsfällung Erheblichen und Widerwillen gegen die ihnen zugemuthete zwecklose Thätigkeit zur Folge haben, daher die durch die Beweiserhebung bezweckte Klarstellung des Sachverhältnisses gefährden, anstatt sie zu befördern.

Es ist zu erwarten, daß die Praxis den Nachtheilen, die mit einem lediglich den Worten des § folgenden Verfahren verbunden sein würden, in zweckmäßiger Weise vorbeugen wird. Selbst in schwurgerichtlichen Untersuchungen wird in Fällen der oben angeführten Art eine Beschränkung der Beweisaufnahme geboten erscheinen. Es ist dabei ins Auge zu fassen, daß nur (subjektiv) die Abhörung sämmtlicher (korrekter: „aller") Zeugen und Sachverständiger, nicht also ihre Vernehmung über **alle Punkte**, über welche jeder Einzelne vorgeschlagen ist, einschließlich der unerheblichen, angeordnet ist.

2. Wie aus der Wahl des Wortes: „vorgeladenen" hervorgeht, bezieht sich die Vorschrift nicht auf die ohne Ladung in der Hauptverhandlung gestellten Zeugen und Sachverständigen — wenngleich bei der Berathung des § in der Sitzung der JK. vom 12. November 1876 S. 10 allgemein von „erschienenen" Zeugen die Rede ist.

3. Um ein Einverständniß annehmen zu können, wird der Mangel eines Widerspruchs nicht genügen, vielmehr eine ausdrückliche Erklärung erforderlich sein. Zu einer solchen wird sich der Angekl., der die Folgen derselben häufig nicht zu übersehen vermag, nicht leicht entschließen.

4. Die Schlußworte: „ohne hierbei" u. s. w. führen zu der Auffassung, als enthielten sie etwas für die Ausnahmefälle des Abs. 2 Singuläres und dürfe das Gericht daher in Fällen des Abs. 1 eine Beweisaufnahme nicht ohne Antrag, oder gegen ausgesprochene Verzichte und frühere Beschlüsse anordnen. Dem widerspricht aber der § 243 Abs. 3.

§ 245 St.

Eine Beweiserhebung darf nicht deshalb abgelehnt werden, weil das Beweismittel oder die zu beweisende Thatsache zu spät vorgebracht worden sei.

Ist jedoch ein zu vernehmender Zeuge oder Sachverständiger[1] dem Gegner des Antragstellers so spät namhaft gemacht oder eine zu beweisende Thatsache so spät vorgebracht worden, daß es dem Gegner an der zur Einziehung von Erkundigungen erforderlichen Zeit gefehlt hat, so kann derselbe bis zum Schlusse der Beweisaufnahme die Aussetzung der Hauptverhandlung zum Zwecke der Erkundigung beantragen[2].

Dieselbe Befugniß haben die Staatsanwaltschaft und der Angeklagte in Betreff der auf Anordnung des Vorsitzenden oder des Gerichts geladenen Zeugen oder Sachverständigen[3].

Ueber die Anträge entscheidet das Gericht nach freiem Ermessen.

1. Im Absatz 1 ist allgemein von der „Beweiserhebung", hier nur von Zeugen und Sachverständigen die Rede. Gleichwohl kann die Nothwendigkeit der Erkundigung in gleichem Maße bei neu beigebrachten Urkunden eintreten. Producirt beispielsweise der Angeklagte erst in der Hauptverhandlung ein ärztliches Attest (§ 255 St.) oder in einer Untersuchung wegen Bankerutts Handlungsbücher, so wird ohne Gefährdung des Zwecks der Untersuchung dem Staatsanwalt die Möglichkeit, sich vor Abgabe seiner Erklärungen, selbst bei anscheinender Beweisfähigkeit der producta, über die Bewandtniß welche es damit hat zu informiren, unter Umständen nicht verschränkt und sein Antrag, zu diesem Zwecke die Verhandlung auszusetzen, nicht zurückgewiesen werden dürfen.

Es ergeben auch so wenig die Mot. S. 138, als die Prot. der IK. S. 375 folg., daß die Vorschrift des Abs. 2 absichtlich auf Zeugen und Sachverständige beschränkt worden sei. In letzteren S. 378 wurde bei der Bekämpfung eines — demnächst abgelehnten — Antrags: auf Verlangen des Angeklagten die Verhandlung auszusetzen, wenn ein Zeuge demselben nachtheilige, ihm vorher nicht bekannt gemachte Aussagen mache — Seitens der Regierungsvertretung auch geltend gemacht, daß dasjenige, was bezüglich des Zeugenbeweises Platz greifen solle, konsequenter Weise auch bei anderen Beweismitteln gelten müsse. Dieser begründete Vorwurf der Inkonsequenz trifft aber im gleichen Maße auch den 2. Abs. des § 245 St.

2. Bei der Berathung des § in der IK. faßte die Regierungsvertretung (Prot. S. 955) die Worte „kann beantragen" wohl mit Recht dahin auf, daß dadurch dem Gericht als Regel vorgeschrieben sei, die beantragte Aussetzung zu beschließen, sofern es die Unzulänglichkeit der Zeit zur Erkundigung anerkenne. Doch wird dies nur Platz greifen, wenn die Thatsache bzhw. das Beweismittel für erheblich erachtet wird.

3. Nämlich in Gemäßheit des § 243 Abs. 3.

§ 246 St.

Das Gericht kann den Angeklagten, wenn zu befürchten ist, daß ein Mitangeklagter oder ein Zeuge[1] bei seiner Vernehmung in Gegenwart des Angeklagten die Wahrheit nicht sagen werde, während[2] dieser Vernehmung aus dem Sitzungszimmer abtreten lassen. Der Vorsitzende hat jedoch den Angeklagten, sobald dieser wieder vorgelassen worden, von dem wesentlichen Inhalt desjenigen zu unterrichten, was während seiner Abwesenheit ausgesagt oder sonst verhandelt worden ist[3].

In gleicher Weise ist zu verfahren, wenn das Gericht wegen ordnungswidrigen Benehmens des Angeklagten zeitweise[4] dessen Entfernung aus dem Sitzungszimmer angeordnet hat[5].

1. Dasselbe wird auch auf Sachverständige, welche dem niederen Handwerkerstande angehören, mindestens dann Anwendung finden, wenn die Entscheidung wesentlich — wie z. B. bei einem mittelst Eröffnung verschlossener Behältnisse verübten Diebstahl — von ihrem Gutachten abhängt.

2. Nach dieser von der JK. beschlossenen Fassung würde das „abtreten lassen", d. h. die Anordnung des Abtretens während der Vernehmung, also erst nach dem Beginne der letzteren erfolgen dürfen. Gemeint ist: für die Dauer der Vernehmung. Im Entwurf hieß es: vor oder bei der Vernehmung.

3. Behauptet der StA. oder der Vertheidiger, daß die Mittheilungen ungenügend, oder ungenau seien, so wird das Gericht zu entscheiden haben. Zur Herbeiführung einer solchen Entscheidung werden auch die beisitzenden Richter befugt sein.

4. Es müßte wohl heißen: „dessen zeitweise", da sich das „zeitweise" auf Entfernung, nicht auf „anordnen" bezieht.

5. Bei der Berathung des § in der JK. herrschte Einverständniß darüber, daß der Angekl. nach seinem Wiedereintritt dem Zeugen über die einzelnen Punkte der Bekundung desselben Fragen vorlegen lassen dürfe. Prot. S. 958. 959.

§ 247 St.

Die vernommenen Zeugen und Sachverständigen dürfen sich¹ nur mit Genehmigung oder auf Anweisung des Vorsitzenden von der Gerichtsstelle entfernen. Die Staatsanwaltschaft und der Angeklagte sind vorher zu hören².

1. Es wird dies denselben bekannt zu machen sein. Folgen des Zuwiderhandelns sind nicht ausgesprochen. Da die Vorschrift des § 179 G. keine Anwendung finden dürfte, werden den Ungehorsamen nur etwa die Kosten einer durch seine Entfernung nothwendig gewordenen Aussetzung der Verhandlung treffen können.

2. Die von der JK. beschlossene Einschaltung der Worte: „Die Staatsanwaltschaft und der Angeklagte" u. s. w. bezweckt, denselben Gelegenheit zu geben, sich, bevor ein Zeuge entlassen werde, nochmals zu überlegen, ob sie noch Fragen an denselben zu stellen haben. Prot. S. 381.

§ 248 St.

Urkunden und andere als Beweismittel dienende* Schriftstücke werden in der Hauptverhandlung verlesen. Dies gilt insbesondere von früher ergangenen Strafurtheilen, von Straflisten und von Auszügen aus Kirchenbüchern und Personenstandsregistern und findet auch Anwendung auf Protokolle über die Einnahme des richterlichen Augenscheins.

* Die Voraussetzungen der Beweisfähigkeit sind nicht Gegenstand dieses §. Ob die Listen und Auszüge in der Form, in welcher sie vorgelegt worden, als „Beweismittel dienen", oder ob in dieser Beziehung Nachholungen erforderlich sind, hat das Gericht nach freiem Ermessen zu entscheiden.

§ 249 St.

Beruht* der Beweis einer Thatsache auf der Wahrnehmung einer Person, so ist die letztere in der Hauptverhandlung zu vernehmen. Die Vernehmung darf nicht durch Verlesung des über eine frühere Vernehmung aufgenommenen Protokolls oder einer schriftlichen Erklärung ersetzt werden.

* Bei der Berathung des § in der JK. herrschte Einverständniß darüber, daß derselbe nur die Verlesung von Vernehmungsprotokollen, nicht auch anderer Urkunden zu beschränken, bestimmt sei. Prot. S. 381.

§ 250 St.

Ist ein Zeuge, Sachverständiger oder Mitbeschuldigter verstorben oder in Geisteskrankheit verfallen, oder ist sein Aufenthalt nicht zu ermitteln gewesen[1], so kann das Protokoll über seine frühere[2] richterliche[3] Vernehmung verlesen werden. Dasselbe gilt von dem bereits verurtheilten Mitschuldigen.

In den im § 222 bezeichneten Fällen ist die Verlesung des Protokolls über die frühere Vernehmung statthaft, wenn letztere nach Eröffnung des Hauptverfahrens, oder wenn sie in dem Vorverfahren unter Beobachtung der Vorschriften des § 191[4] erfolgt ist.

Die Verlesung kann nur durch Gerichtsbeschluß angeordnet, auch muß der Grund derselben verkündet und bemerkt werden, ob die Beeidigung der vernommenen Personen stattgefunden hat. An den Bestimmungen über die Nothwendigkeit der Beeidigung wird hierdurch für diejenigen Fälle, in denen die nochmalige Vernehmung ausführbar ist, nichts geändert.

1. Ein Antrag, hier einzuschalten: „oder verweigert ein Zeuge oder Sachverständiger in der Hauptverhandlung seine Aussage", wurde von der JK. abgelehnt, nachdem dagegen geltend gemacht worden war, daß in einem solchen Falle Zwangsmaßregeln Platz griffen, die früheren Aussagen eines solchen Zeugen auch von geringer Glaubwürdigkeit seien. Prot. S. 381 folg.

2. Ob hierunter nur die in derselben Untersuchung, oder auch die in einem anderen Verfahren stattgehabte, denselben Gegenstand betreffende Vernehmung von Zeugen und Sachverständigen zu verstehen sei, lassen die Mot. zweifelhaft, ist auch nicht Gegenstand der Berathung in der IK. gewesen. Da indeß nach Abs. 3 selbst die Verlesung einer unbeeideten — an sich nicht beweisfähigen — Aussage zulässig ist, auch das Protokoll über die Vernehmung eines „bereits verurtheilten Mitschuldigen" in der Regel in einer früheren Untersuchung aufgenommen sein wird, dürfte es vom Ermessen des Gerichts abhängen, ob ein Protokoll der letzteren Art zu verlesen sei. Beispielsweise wird diese Frage entgegentreten, wenn in einer gegen einen Mitschuldigen allein anhängig gewesenen Untersuchung Zeugen und Sachverständige vernommen worden sind, deren Angaben dem Angekl. der vorliegenden Untersuchung ungünstig oder günstig sind. — Daraus, daß das Wort „frühere" im 2. Absatz sich auf die vorliegende Untersuchung bezieht, ist für obige Frage nichts herzuleiten.

3. Nicht also staatsanwaltschaftliche oder polizeiliche.

4. Es können nur die Abs. 1 bis 3 daselbst gemeint sein.

§ 251 St.

ᐧDie Aussage eines vor der Hauptverhandlung vernommenen Zeugen*, welcher erst in der Hauptverhandlung von seinem Rechte, das Zeugniß zu verweigern, Gebrauch macht, darf nicht verlesen werden.

1. Dieser § ist von der IK. dem Entwurf hinzugefügt worden. Die dagegen von der Regierungsvertretung geltend gemachten Gründe: daß nach der der St. zum Grunde liegenden Theorie der freien Beweiswürdigung die Richter und Geschworenen im konkreten Falle zu prüfen hätten, welches Gewicht einer solchen Zeugenaussage beizumessen sei, daß in Fällen, wo die Anklage lediglich auf der Aussage eines solchen Zeugen beruhe, der Angekl. zum Nachtheil der Strafrechtspflege freigesprochen werden müsse, wenn der Zeuge in Folge einer nach der Ablegung seines Zeugnisses zwischen ihm und dem Angekl. stattgehabten Kollusion sein Zeugniß verweigere, und daß das durch den § herbeigeführte Unrecht besonders scharf in den auf Privatklage eingeleiteten Untersuchungen hervortrete, wo der Privatkläger in Folge einer solchen Kollusion und der dadurch herbeigeführten Freisprechung des Angekl. die Kosten zu tragen habe — vermochten nicht, die Aufnahme der Vorschrift abzuwenden. Prot. S. 382. 987 und Prot. v. 12. Novbr. 1876.

Das Bedenkliche der Vorschrift tritt aber bei der Allgemeinheit ihrer Fassung noch ungleich greller in solchen Fällen hervor, wo das Verhältniß, auf welches der Zeuge die Verweigerung seines Zeugnisses gründet, erst in der Zwischenzeit zwischen seiner im Vorverfahren stattgehabten eidlichen Vernehmung und der Hauptverhandlung entstanden ist, z. B. der Zeuge sich erst während dieses Zeitraumes mit der Angekl. verlobt hat (§ 51 St.).

Auch in einem solchen Falle darf sein früheres Zeugniß nach den Worten des § selbst dann nicht verlesen werden, wenn er zur Zeit der Ablegung desselben mit der Angekl. noch in gar keiner Verbindung gestanden hat, mithin ein vollkommen klassischer Zeuge war, dessen Aussagen mithin, wenn sie in der Hauptverhandlung verlesen würden, von den Richtern und Geschworenen nothwendig voller Glaube beigemessen werden müßte.

In diesem bei der Berathung des § nicht zur Sprache gekommenen Argument dürfte auch die Bemerkung eines Mitgliedes der Kommission: „Ein Zeuge, der in der Hauptverhandlung sein Zeugniß verweigere, sei ebendeshalb ein verdächtiger Zeuge, seine frühere Aussage daher von geringer Bedeutung" in dieser Allgemeinheit, ihre Widerlegung finden. Prot. S. 382.

2. Der § spricht nur von Zeugen, darf daher bei der Singularität seiner Vorschrift (vergl. Note 1 zu § 246), auf Sachverständige um so weniger zur Anwendung kommen, als bei der Berathung gelegentlich auch der „Sachverständigen" Erwähnung geschah, mithin Veranlassung gegeben war, dieselbe auch auf diese auszudehnen. Prot. S. 381, Antrag zu § 213 des Entwurfs.

§ 252 St.

Erklärt ein Zeuge oder Sachverständiger, daß er sich einer Thatsache nicht mehr erinnert, so kann der hierauf bezügliche Theil des Protokolls[1] über seine frühere[2] Vernehmung zur Unterstützung seines Gedächtnisses verlesen werden.

Dasselbe kann geschehen, wenn ein in der Vernehmung hervortretender Widerspruch mit der früheren Aussage nicht auf andere Weise ohne Unterbrechung der Hauptverhandlung festgestellt oder gehoben werden kann.

1. Das in den §§ 250 u. 253 vor „Vernehmung" bzhw. „Protokoll" stehende Wort „richterliche" fehlt hier. Die Protokolle der JK. S. 959 und die Mot. S. 141 bieten zwar keinen Anhalt zu der Annahme dar, daß dies auf Absicht beruhe; gleichwohl wird es sich mit Rücksicht auf den Zweck der Vorschrift rechtfertigen, dieselbe — mindestens in Fällen des Abs. 1 — auch auf Vernehmungen vor der StAschft. und der Polizeibehörde anzuwenden.

2. Das in der Note 2 zu § 250 Gesagte greift auch hier Platz.

§ 253 St.

Erklärungen des Angeklagten, welche in einem richterlichen* Protokolle enthalten sind, können zum Zwecke der Beweisaufnahme über ein Geständniß verlesen werden.

Dasselbe kann geschehen, wenn ein in der Vernehmung

hervortretender Widerspruch mit der früheren Aussage nicht auf andere Weise ohne Unterbrechung der Hauptverhandlung festgestellt oder gehoben werden kann.

* Vergl. die Note 3 zu § 250. Die Mot. bemerken S. 139: „Sei das Geständniß nicht zu gerichtlichem Protokoll abgegeben, so würden diejenigen Personen, in deren Gegenwart das Geständniß erfolgt sei, als Zeugen zu vernehmen sein".

Diese Bemerkung dürfte jedoch, wenn das Geständniß zu staatsanwaltschaftlichem Protokoll abgelegt ist, auf den StA. wegen seiner Stellung als Ankläger keine Anwendung finden.

§ 254 St.

In den Fällen der §§ 252. 253 ist die Verlesung und der Grund derselben auf Antrag der Staatsanwaltschaft oder des Angeklagten im Protokolle zu erwähnen.

§ 255 St.

Die ein Zeugniß oder ein Gutachten enthaltenden Erklärungen öffentlicher Behörden, mit Ausschluß von Leumundszeugnissen, desgleichen ärztliche Atteste über Körperverletzungen, welche nicht zu den schweren gehören, können verlesen werden.

Ist das Gutachten einer kollegialen Fachbehörde eingeholt worden, so kann das Gericht die Behörde ersuchen, eines ihrer Mitglieder[3] mit der Vertretung des Gutachtens in der Hauptverhandlung zu beauftragen und dem Gerichte zu bezeichnen.

1. Die Zulässigkeit von Leumunds-Zeugen ist — wie auch die Mot. S. 141 annehmen — durch diese Bestimmung nicht unbedingt ausgeschlossen.

Unter „Leumundszeugnissen" werden nur allgemeine Aussprüche über moralisches oder loyales Verhalten des Angeklagten, seinen Patriotismus und dergleichen, nicht aber über seine Führung und seine Leistungen in speziellen, z. B. Dienstverhältnissen, zu verstehen sein.

2. Aus der Erwähnung „leichter Körperverletzungen" wird zu folgern sein, daß bei solchen Atteste von Wundärzten ausreichen. Vergl. § 29 Gewerbe-O. vom 21. Juni 1869, BGBl. S. 253; das Ges. vom 9. Dezember 1869 ebend. S. 687 und vom 25. September 1869 ebend. S. 635, auch die Noten zu § 35 G.

Ueber die Bedingungen der Beweisfähigkeit solcher Atteste sprechen sich weder das Gesetz — welches ausschließlich die Entbehrlichkeit des persönlichen Erscheinens des Arztes in der Hauptverhandlung zum Gegenstande hat — noch die Mot. aus.

Aerzte sind als solche keine Beamte (Ges. vom 9. Dezember 1869 Nr. 1). Die Approbation, deren sie in gleicher Weise, wie z. B. Apotheker und Hebeammen bedürfen (§§ 29. 30 der Gewerbe-O.), bezweckt nur den Schutz des Publikums, giebt aber ihren Attesten so wenig in Bezug auf Authentizität, als in Betreff der Glaubwürdigkeit einen amtlichen Charakter. Sie stehen vielmehr in dieser Beziehung anderen Sachverständigen gleich. Sofern daher die Landesgesetze nicht abweichende Bestimmungen enthalten, werden nur solche Atteste Beweiskraft haben, in Bezug auf welche der Sachverständigen-Eid geleistet ist.

3. Um den Zweck zu erreichen, wird ein Mitglied zu wählen sein, welches mit dem Gutachten und der Art seiner Begründung einverstanden ist.

4. In dem „Bericht" der JK. vom 28. Oktober 1876 S. 68 ist davon ausgegangen, daß andere, als die im Abs. 1 bezeichneten Gutachten nicht verlesen werden dürften.

§ 256 St.

Nach der Vernehmung eines jeden* Zeugen, Sachverständigen oder Mitangeklagten, sowie nach der Verlesung eines jeden Schriftstücks soll der Angeklagte befragt werden, ob er etwas zu erklären habe.

* Nach den Worten dieses von der JK. (Prot. S. 391—393) eingeschalteten § würde die Frage auch gestellt werden müssen, wenn ein Belastungszeuge die unter sein Zeugniß gestellte Thatsache zu Gunsten des Angekl. als unwahr bezeichnet oder über dieselbe nichts bekunden zu können erklärt, ferner, wenn das verlesene Schriftstück von dem Angekl. selbst zu seiner Vertheidigung beigebracht ist, so wie auch, wenn die „Vernehmung eines — Mitangeklagten" eine Strafthat betrifft, deren der Angekl. nicht beschuldigt ist. Dies würde zwecklos sein.

§ 257 St.

Nach dem Schlusse der Beweisaufnahme erhalten die Staatsanwaltschaft und sodann der Angeklagte zu ihren Ausführungen und Anträgen das Wort.

Der Staatsanwaltschaft steht das Recht der Erwiderung zu; dem Angeklagten gebührt das letzte Wort*.

Der Angeklagte ist, auch wenn ein Vertheidiger für ihn gesprochen hat, zu befragen, ob er selbst noch etwas zu seiner Vertheidigung anzuführen habe.

* Ein bei der Berathung des § in der JK. gestellter Antrag, der StAschft. die Befugniß zu entziehen, auch die Höhe des Strafmaßes zu beantragen, wurde von der JK. abgelehnt. Prot. S. 395.

§ 258 St.

Einem der Gerichtssprache nicht mächtigen Angeklagten müssen aus den Schlußvorträgen mindestens die Anträge der Staatsanwaltschaft und des Vertheidigers durch den Dolmetscher bekannt gemacht werden*.

Dasselbe gilt von einem tauben Angeklagten, sofern nicht eine schriftliche Verständigung erfolgt.

* Bei der Berathung des § in der JK. waltete Einverständniß darüber ob, daß die Aussagen der Zeugen und Sachverständigen in dem dort vorausgesetzten Falle dem Angeklagten mitgetheilt werden müßten (§§ 186. 187 G.) und daß der § nur den Zweifel beseitigen solle, ob die Schlußvorträge vollständig mitzutheilen seien, oder ob die Mittheilung der Anträge geeigneten Falls genüge. Prot. S. 400.

§ 259 St.

Die Hauptverhandlung schließt[1] mit der Erlassung des Urtheils. Das Urtheil kann nur auf Freisprechung, Verurtheilung oder Einstellung des Verfahrens lauten.

Die Einstellung des Verfahrens ist auszusprechen, wenn bei einer nur auf Antrag zu verfolgenden strafbaren Handlung sich ergiebt, daß der erforderliche Antrag nicht vorliegt[2], oder wenn der Antrag rechtzeitig zurückgenommen ist[2].

1. Es ist hier ein definitiver Schluß gemeint. Denn die einzelnen Hauptverhandlungen können auch mit der Anordnung einer Beweisaufnahme, sowie auch mit einem dem § 261 Abs. 2 entsprechenden Beschlusse schließen.

Ein Antrag, mit Rücksicht auf Abs. 2 und § 270 St. hinter „schließt" einzuschalten: „insofern nicht eine Unzuständigkeitserklärung zu erfolgen hat", wurde von der JK. abgelehnt, nachdem die Regierungsvertretung erklärt hatte, daß der § 259 die Regel enthalte und es nicht erforderlich sei, dabei die Ausnahmen hervorzuheben. Prot. S. 401.

Einverständniß herrschte darüber, daß das Urtheil sowie die Beschlüsse, welche die Hauptverhandlung abschließen, als Theile der Hauptverhandlung anzusehen seien.

Der Ausdruck „Erlassung des Urtheils" soll wohl die Verkündung desselben in sich schließen. § 267.

2. Dasselbe wird gelten, wenn der Antrag verspätet gestellt ist (vergl. die Schlußworte des § und den § 61 StGB.), oder wenn sich ergiebt, daß die Ermächtigung nicht vorliegt (§§ 99. 101 StGB.).

Die Nothwendigkeit eines Antrages ist vorgeschrieben in den §§ 102 bis 104. 123. 170. 172. 179. 182. 189. 194. 236. 237. 247. 263. 288. 289. 292. 299. 300. 301. 302. 303. 370 Nr. 5 u. 6 StGB.

3. Der erste „Entwurf einer deutschen Strafprozeßordnung, Januar 1873" enthielt im § 210 die Bestimmung: „Widerspricht der Angeklagte der Zurücknahme des Antrags binnen einer Woche, nachdem ihm dieselbe bekannt gemacht worden ist, so wird die Zurücknahme für wirkungslos erachtet und das Verfahren durch Urtheil beendigt". Nach der bei der Berathung des § 259 St. in der JK. von der Regierungsvertretung ertheilten Auskunft ist die Weglassung dieser Bestimmung erfolgt, weil da, wo ein Strafantrag erforderlich sei, ohne einen solchen oder nach dessen Zurücknahme die Verfolgung unzulässig sei und deshalb eine Verhandlung mit dem Endziele der Entscheidung über Schuld oder Nichtschuld nicht Platz greifen könne. Prot. S. 401.

§ 260 St.

Ueber das Ergebniß der Beweisaufnahme entscheidet das Gericht nach seiner freien, aus dem Inbegriffe der Verhandlung geschöpften Ueberzeugung.

§ 261 St.

Hängt die Strafbarkeit einer Handlung von der Beurtheilung eines bürgerlichen Rechtsverhältnisses ab, so entscheidet[1] das Strafgericht auch über dieses nach den für das Verfahren und den Beweis in Strafsachen geltenden Vorschriften.

[2]Das Gericht ist jedoch befugt, die Untersuchung auszusetzen und einem der Betheiligten[3] zur Erhebung der Civilklage eine Frist zu bestimmen oder das Urtheil[4] des Civilgerichts abzuwarten[5].

1. Selbstverständlich für die Untersuchung, nicht für das civilrechtliche Verhältniß. Dies folgt aus der Rechtsregel: judicatum jus non facit nisi inter partes und aus der Verschiedenheit beider Verfahren in Bezug auf die Kontumaz und die Beweisführung, da im Strafprozeß die Eideszuschiebung ausscheidet. Vergl. §§ 410 folg. Civil-Proz.-O.

Der § weicht — wie sowohl in den Mot. S. 144 folg. als bei den Berathungen desselben in der JK. Prot. S. 422 bis 424 anerkannt ist — von den Bestimmungen anderer Strafprozeßordnungen insofern wesentlich ab, als nach einigen derselben in Fällen, wo die Entscheidung einer Strafsache von privatrechtlichen Vorfragen oder Zwischenpunkten abhängt, solche civilrechtliche Entscheidungen, welche in Bezug darauf vor der zur Anklage gebrachten That ergangen sind, den Strafrichter binden, nach anderen wenigstens in Bezug auf die Giltigkeit einer Ehe der Strafrichter die Urtheile des Civilrichters seiner Entscheidung zum Grunde zu legen hat, endlich nach der Praxis der französischen Gerichtshöfe unterschieden wird zwischen solchen

Rechtsverhältnissen, welche — wie die Mot. sich ausdrücken — einem Straffalle zur Voraussetzung dienen, ohne daß mit ihnen selbst ein Grund zur Bestrafung verbunden ist, und solchen, welche selbst einen Bestandtheil der als strafbar verfolgten Handlungen in sich schließen — wogegen der § 261 St., wenigstens nach seinen Worten, dem Strafrichter ganz allgemein die Entscheidung auch über das die Strafbarkeit der Handlung bedingende bürgerliche Rechtsverhältniß nach den für das Verfahren und den Beweis in Strafsachen geltenden Vorschriften überweist. Derselbe ist daher beispielsweise in einer auf Grund des § 292 StGB. eingeleiteten Untersuchung über die civilrechtliche Frage, ob dem Angekl. seiner Behauptung gemäß das Recht der Jagdausübung zustehe, zu entscheiden befugt.

Gleichwohl darf an den Worten des Gesetzes nicht ohne Einschränkung festgehalten werden; es muß vielmehr der Schutz, welchen das durch ein Judikat zwischen Parteien subjektiv festgestellte formelle Recht gewährt, auch vom Strafrichter anerkannt werden.

Ist z. B. durch ein rechtskräftiges im Civilprozeß zwischen A und B ergangenes Urtheil entschieden, daß das Eigenthum an einer Sache dem A, nicht aber dem B zustehe, und wird demnächst A, weil er die im Besitze des B befindlich gewesene Sache nach ergangenem Judikat demselben weggenommen habe (§ 242 StGB.), des **Diebstahls** angeklagt, so darf der Strafrichter die Frage, ob die Sache nicht in der That dem B und nicht, wie der Civilrichter entschieden, dem A gehört habe, nicht von Neuem zur Prüfung ziehen und, wenn er der ersteren Ansicht ist, den A wegen Diebstahls verurtheilen; er muß vielmehr das Eigenthum des A als dem B gegenüber formell feststehend anerkennen und ihn freisprechen.

Zu diesem Resultat führt auch schon die Erwägung, daß ein Diebstahl ohne die Absicht der Aneignung einer fremden Sache strafrechtlich nicht denkbar ist, diese Absicht aber bei Demjenigen ausscheidet, welchem das Eigenthum an der Sache im geordneten Rechtswege rechtskräftig zugesprochen ist.

Dies verkennen auch die Mot. nicht. In denselben ist zwar die Frage, ob das Bestehen oder Nichtbestehen eines civilrechtlichen Verhältnisses, welches für die Strafsache von Bedeutung ist, durch ein hierüber ergangenes Erkenntniß des Civilrichters dergestalt bewiesen werde, daß der Strafrichter an dasselbe gebunden sei, unbedingt verneint, und es ist im Einklange hiermit der Strafrichter dort bezüglich solcher Rechtsverhältnisse, deren Konstituirung und Abänderung nicht ein Ausfluß von Willenserklärungen ist, die vielmehr auf Ereignissen — wie eheliche oder außereheliche Zeugung und Geburt — beruhen, selbst dann zur unbeschränkten Beurtheilung für verpflichtet erachtet, wenn ein civilrechtliches Erkenntniß über die Ehelichkeit oder Außerehelichkeit schon vor der den Gegenstand der Anklage bildenden That ergangen ist. Derselbe soll beispielsweise einer der Tödtung ihres neugeborenen Kindes angeklagten Frauensperson den Beweis außerehelicher Zeugung desselben selbst dann zulassen, wenn der Civilrichter dasselbe bereits als ehelich anerkannt hat. Die Mot. halten aber diese Grundsätze für vereinbar mit dem obgedachten Prinzip, daß der Strafrichter das durch Judikat — subjektiv unter den Parteien — festgestellte formelle Recht schützen müsse. Dabei sprechen sie sich dahin aus, daß es einer ausdrücklichen Vorschrift darüber, unter welchen Voraussetzungen schon die bloße Existenz eines vor der That ergangenen Urtheils auf die Entscheidung des Strafrichters von Einfluß sein müsse, nicht bedurft habe, da diese Frage vom Strafrichter in jedem einzelnen Falle nach allgemeinen Rechtsgrundsätzen beurtheilt und entschieden werden müsse, auch nicht lediglich prozessualischer Natur sei und sich überdies erschöpfende, in allen Fällen gleichmäßig passende Bestimmungen nicht geben ließen.

2. Dieser von der JK. dem Entwurf hinzugefügte Absatz wird in der Praxis zu Zweifeln Anlaß geben, da so wenig der Zweck desselben klar ausgesprochen, als die Folgen angegeben sind, welche sich an die Aussetzung des Strafverfahrens und die civilrichterliche Entscheidung knüpfen sollen.

3. Wer hierunter zu verstehen sei, ist bei den Berathungen des Abs. 2 weder Gegenstand eines Beschlusses gewesen, noch sind darüber bestimmte Erklärungen abgegeben worden. Es muß jedoch aus den Bemerkungen zweier Abgeordneter: „die Frist sei dem Angekl. oder demjenigen zu stellen, welcher sonst einen civilrechtlichen Anspruch erhoben" (Prot. S. 423), und: „das Gericht sei in der Lage, nach Gestalt des einzelnen Falles und nach rechtlichen Gesichtspunkten abzuwägen, welche Partei sich für die Rolle des betreibenden Theils am meisten eigne" (Prot. S. 969), gefolgert werden, daß die in irgend einer Beziehung bei der Entscheidung der Frage civilrechtlich Betheiligten gemeint seien.

Fällt die Wahl des Strafgerichts auf eine bei der Untersuchung nicht betheiligte Person, so wird dieselbe die Fristbestimmung voraussichtlich unbeachtet lassen, da sie der Ausfall der Untersuchung — falls sie nicht als Denunziantin bei derselben interessirt — nicht berührt und sie, wenn sie ihrerseits die Frage im Wege des Civilprozesses entschieden wissen wollte, die Klage, ohne dazu vom Strafrichter angeregt zu werden, angestrengt haben würde.

4. Zur Verdeutlichung der Schlußworte: „oder das Urtheil des Civilgerichts" u. s. w. dürfte hinter „oder" einzuschalten sein: „falls ein Civilprozeß bereits anhängig ist".

5. Daß der Strafrichter, wenn er diesen Weg aus Zweckmäßigkeitsgründen wählt, an das in dem Civilprozeß ergehende Urtheil nicht unbedingt gebunden ist, sich vielmehr bei der Fällung des Strafurtheils von seiner eigenen Ansicht über das civilrechtliche Verhältniß, auch wenn sie von der Entscheidung des Civilrichters abweicht, leiten lassen darf, ist in der Note 1 ausgeführt. Er wird insbesondere dann veranlaßt sein, das Civilprozeß-Urtheil unberücksichtigt zu lassen, wenn der Inhalt der demselben zum Grunde liegenden Akten den Verdacht einer Kollusion der Parteien zum Zwecke der Beeinflußung des Ausganges der Untersuchung erweckt.

In Uebereinstimmung hiermit sind auch die in der JK. gestellten Anträge, dem ersten Abs. hinzuzufügen: „sofern nicht vor Aburtheilung der That eine Entscheidung des zunächst zuständigen Gerichts ergangen ist",

und: „Ist der Thatbestand einer strafbaren Handlung durch die Giltigkeit einer Ehe bedingt, und ein auf Anfechtung der letzteren gerichtetes Verfahren bei dem bürgerlichen Richter bereits anhängig, so muß der Strafrichter das rechtskräftige Urtheil des bürgerlichen Richters abwarten und bei Entscheidung der Strafsache als maßgebend anerkennen",

abgelehnt worden.

Es wurde gegen dieselben mit Recht geltend gemacht, daß im Civilprozeß die Parteien es in der Hand hätten, durch Erklärungen und Herbeiführung von Kontumazialfolgen ein von der materiellen Wahrheit abweichendes Urtheil zu erlangen. Dabei wurde in Bezug auf den letzterwähnten Antrag von der Regierungsvertretung hervorgehoben, daß die Frage nach der Giltigkeit einer Ehe im Strafprozeß, z. B. im Falle der Anklage wegen Bigamie, sich darauf beschränken werde, ob sie formell giltig geschlossen, bzhw. formell giltig geschieden sei. (Prot. S. 422. 424. 968.)

Zugleich mit dem dem Abs. 2 entsprechenden Beschlusse dürfte den Betheiligten zu eröffnen sein, daß nicht nur im Falle der Fristversäumung oder der Verweigerung der Einleitung der Klage Seitens des Civilprozeßrichters, sondern auch nach ergangenem Urtheil des Letzteren der Strafrichter, ohne an dasselbe gebunden zu sein, nach der Sachlage erkennen werde.

Ungeachtet der allgemeinen Fassung der Vorschrift des Abs. 2 wird dieselbe doch in Fällen der Verhaftung des Angekl. außer Anwendung bleiben müssen.

§ 262 St.

Zu einer jeden dem Angeklagten nachtheiligen Entscheidung, welche die Schuldfrage[1] betrifft, ist eine Mehrheit von zwei Drittheilen der Stimmen erforderlich.

Die Schuldfrage begreift auch solche von dem Strafgesetze besonders vorgesehene Umstände, welche die Strafbarkeit ausschließen[2], vermindern[3] oder erhöhen[4].

Die Schuldfrage begreift nicht die Voraussetzungen des Rückfalles und der Verjährung.

1. Im Gegensatze zu den die Anwendung formeller und materieller Rechtsnormen und die Art und das Maß der Strafe betreffenden Fragen, bei denen die einfache Stimmenmehrheit ausreicht. § 198 G.

Zur Schuldfrage gehört auch die Frage nach der Zurechnungsfähigkeit.

Da ein Vermerk im Protokoll, daß die Entscheidung mit der erforderlichen Stimmenzahl erfolgt sei, nicht vorgeschrieben ist, wird sich ein Rechtsmittel gegen das Urtheil auf einen Verstoß gegen die Vorschrift des Abs. 1 nicht gründen lassen.

2. Vergl. die §§ 46. 51—55. 58. 163 Abs. 2. 204. 310 StGB. Der das Erforderniß des Verfolgungsantrages betreffende § 61 StGB. gehört — wie auch die Mot. S. 152 bemerken — nicht hierher.

3. Vergl. die §§ 57. 59. 157. 158. 213. 216 StGB.

4. Vergl. die §§ 215. 222 Abs. 2. 223 Abs. 2. 250. 251 StGB.

Auch solche Umstände werden als zur Schuldfrage gehörig zu betrachten sein, welche die Strafbarkeit wieder aufheben. Vergl. § 295 Abs. 2 St.

§ 263 St.

Gegenstand der Urtheilsfindung ist die in der Anklage bezeichnete That, wie sich dieselbe nach dem Ergebnisse der Verhandlung darstellt.

Das Gericht ist an diejenige Beurtheilung der That, welche dem Beschlusse über die Eröffnung des Hauptverfahrens zu Grunde liegt, nicht gebunden*.

* Vergl. § 153 St. Bezüglich der thatsächlichen Unterlage seines Urtheils ist das Gericht an die Klage gebunden. Es darf weder, wenn die Verhandlungen die von der Klage bezeichnete That objektiv oder subjektiv als nicht verübt herausstellen, dagegen eine andere als vom Angeklagten begangen nachweisen, in seinem Urtheil die letztere zum Gegenstande seiner Entscheidung machen, noch auch, wenn die Verhandlungen neben der ersteren eine andre That als vom Angeklagten verübt, ergeben, auch diese zur Beurtheilung ziehen.

Dagegen ist es berechtigt, diejenige That, welche den Gegenstand der Anklage bildet, vom rechtlichen Standpunkte aus anders, als in der Klage oder auch in dem das Hauptverfahren eröffnenden Beschlusse geschehen, zu charakterisiren, sowie auch, wenn es zwar in der Charakterisirung der That der Anklage, bzhw. jenem Beschlusse, beitritt, dieselbe aber nach den durch die Verhandlungen ermittelten Umständen unter ein härteres Strafgesetz als das dem Beschlusse zum Grunde gelegte fällt, jenes zur Anwendung zu bringen, also — seine Zuständigkeit vorausgesetzt — nicht die Strafe eines einfachen, sondern die eines schweren Diebstahls, nicht die einer fahrlässigen, sondern einer vorsätzlichen Brandstiftung zur Anwendung zu bringen.

§ 264 St.

Eine Verurtheilung des Angeklagten auf Grund eines anderen[1] als des in dem Beschlusse über die Eröffnung des Hauptverfahrens angeführten Strafgesetzes darf nicht erfolgen, ohne daß der Angeklagte zuvor auf die Veränderung des rechtlichen Gesichtspunktes besonders hingewiesen und ihm Gelegenheit zur Vertheidigung gegeben worden ist.

In gleicher Weise ist zu verfahren, wenn erst in der Verhandlung solche vom Strafgesetze besonders vorgesehene Umstände behauptet werden[2], welche die Strafbarkeit erhöhen.

[3]Bestreitet[4] der Angeklagte, unter der Behauptung[5] auf die Vertheidigung nicht genügend vorbereitet zu sein, neu hervorgetretene[6] Umstände, welche die Anwendung eines schwereren[7] Strafgesetzes gegen den Angeklagten zulassen als des in dem Beschlusse über die Eröffnung des Hauptverfahrens angeführten, oder welche zu den im zweiten Absatze bezeichneten gehören, so ist auf seinen Antrag die Hauptverhandlung auszusetzen.

Auch sonst hat das Gericht auf Antrag oder von Amtswegen die Hauptverhandlung auszusetzen, falls dies in Folge der veränderten Sachlage zur genügenden Vorbereitung der Anklage oder der Vertheidigung angemessen erscheint.

Auf die in § 244 Abs. 2 bezeichneten Verhandlungen findet die Vorschrift des dritten Absatzes nicht Anwendung.

1. Also nicht blos schärferen, sondern auch milderen, mit Rücksicht auf die sich dadurch für die Vertheidigung eröffnenden anderen Gesichtspunkte.

Stellt sich erst nach dem Schlusse der Hauptverhandlung bei der zum Zwecke der Urtheilsfindung stattfindenden Berathung des Gerichts heraus, daß die Mehrheit der Richter ein anderes Strafgesetz, als das in dem Verweisungsbeschlusse in Bezug genommene zur Anwendung bringen will, so wird die Verhandlung behufs Genügung der Vorschrift des Abs. 1 wieder aufzunehmen sein.

2. Oder sich aus der Beweisaufnahme ergeben.

3. Den 3. Abs. hat die JK. gegen den Widerspruch der Regierungsvertretung in den § eingeschaltet. (Prot. S. 401—405. 970—973). Wird an seinen Worten festgehalten, so dürften unmotivirte Verzögerungen der Untersuchungen unausbleiblich sein.

4. Die Worte „Bestreitet — vorbereitet zu sein" scheinen zur Erreichung des Zwecks der Vorschrift nicht auszureichen. Dieser geht dahin, dem Angekl., wenn die Sachlage durch Umstände, welche in der Anklageschrift nicht behauptet sind, in eine ihm anscheinend ungünstigere Lage gekommen ist, Gelegenheit zur Vorbereitung zu seiner Vertheidigung in Bezug auf jene Umstände zu geben, falls er dies für nöthig erachtet.

Hievon ausgegangen, müßte es gleichgiltig sein, ob er die „Umstände" bestreitet oder zugesteht. Denn auch im letzteren Falle kann ihm die Vorbereitung auf seine Vertheidigung gegen die ihm aus denselben drohenden Nachtheile nothwendig erscheinen, da er bei seiner an der Hand der Anklageschrift erfolgten Vorbereitung keine Veranlassung hatte, jene Umstände in's Auge zu fassen, möglicher Weise auch ohne Rücksprache mit einem Rechtsverständigen ihren Einfluß auf seine Strafbarkeit nicht zu würdigen vermochte. Gleichwohl beschränkt der § seinen Anspruch auf Aussetzung der Verhandlung auf den Fall seines Bestreitens.

5. Hiernach soll, auch wenn die „Umstände" durch die Beweisaufnahme vollständig erwiesen sind, sein Bestreiten in Verbindung mit der nackten Behauptung, daß er auf die Vertheidigung nicht vorbereitet sei, genügen, um das Gericht zur Aussetzung der Verhandlung zu nöthigen. Sind jene Umstände der Art, daß von einer Vorbereitung zur Vertheidigung in Bezug auf dieselben vernünftiger Weise nicht die Rede sein kann, ist auch der Angekl. außer Stande anzugeben, in welcher Beziehung er einer solchen zu bedürfen glaube, so ermächtigt dies — die Worte des § für entscheidend erachtet — das Gericht nicht, die Aussetzung der Verhandlung zu verweigern.

Während das Gesetz, wie in der Note 4 ausgeführt, in der einen Beziehung hinter seinem Zwecke zurückbleibt, geht es hier weit über denselben hinaus.

6. Der Ausdruck „hervorgetretene" — in der Redaktion erster Lesung hieß es „ermittelte" — ist nicht genügend bezeichnend. Er wird sprachlich anwendbar erscheinen, wenn ein Zeuge des „Umstandes" bei seiner Vernehmung Erwähnung thut. Zu einer Aussetzung der Verhandlung kann aber doch nur Veranlassung vorliegen, wenn das Gericht bei darüber gepflogener Berathung die Umstände für erwiesen erachtet, oder sich ihm noch Gelegenheit darbietet, auf Antrag der StAschft. oder von Amtswegen der Sache mittelst anderer Beweismittel näher zu treten, die Gefahr eines dem Angekl. nachtheiligen Einflusses „der Umstände" auf das Urtheil mithin nicht ausgeschlossen ist. Dennoch soll das bloße „Hervortreten" derselben das Verlangen des Angekl. unbedingt rechtfertigen.

Selbst wenn der Angekl. Präjudizialeinwände, wie Verjährung, Nothwehr und dergl. erhoben hätte, die, wenn begründet befunden, die „neu hervorgetretenen Umstände" unerheblich erscheinen lassen müßten, würde nach den Worten des § ohne vorgängige Berathung des Gerichts über diese Einwände die Aussetzung der Verhandlung erfolgen müssen.

7. Unter dem „schwereren Strafgesetz" wird auch ein solches zu verstehen sein, welches nicht eine härtere Strafart bestimmt, dessen höchstes Maß vielmehr nur das höchste Maß desjenigen Gesetzes übersteigt, welches im Verweisungsbeschluß angeführt ist. Die Aussetzung der Verhandlung wird daher auf Verlangen des Angekl. auch in dem Falle erfolgen müssen, wenn das Gericht auch bei Anwendung des „schwereren Strafgesetzes" unter den vorwaltenden Umständen ein Strafmaß für angemessen erachtet, welches

hinter dem höchsten Maße des im Verweisungsbeschlusse in Bezug genommenen Gesetzes weit zurückbleibt.

Es dürfte sich empfohlen haben, es bei der Vorschrift des Abs. 4 des § bewenden zu lassen. Vermögen die StAschft. und das Gericht ihre Aufgabe zu erfassen und besitzen sie den Willen und die Befähigung zur Lösung derselben, so bietet ihnen der Abs. 4 genügenden Anlaß zur Wahrnehmung des Interesse des Angekl. Fehlen ihnen aber jene Eigenschaften, so wird der Abs. 3 bei der Unmöglichkeit, ihn in allen seinen Bestimmungen strikt nach den Worten auszulegen, keinenfalls einen ausreichenden Schutz gegen Gefährdung jenes Interesse gewähren.

§ 265 St.

Wird der Angeklagte im Laufe der Hauptverhandlung noch einer anderen* That beschuldigt, als wegen welcher das Hauptverfahren wider ihn eröffnet worden, so kann dieselbe auf Antrag der Staatsanwaltschaft und mit Zustimmung des Angeklagten zum Gegenstande derselben Aburtheilung gemacht werden.

Diese Bestimmung findet nicht Anwendung, wenn die That als ein Verbrechen sich darstellt oder die Aburtheilung derselben die Zuständigkeit des Gerichts überschreitet.

* Zur Motivirung dieses — nach dem Anerkenntniß des Antragstellers einen Bruch mit dem System, nach welchem das Urtheil sich auf die in der Anklageschrift und dem Verweisungsbeschlusse bezeichneten Delikte zu beschränken hat, enthaltenden, von der Regierungsvertretung bekämpften — § wurde bei der ersten wie der zweiten Lesung nur geltend gemacht: daß, wenn gegen den Angekl. wegen einer Reihe von Diebstählen oder Unterschlagungen die Untersuchung eröffnet sei, und sich in der Hauptverhandlung ergebe, daß er einen weiteren Diebstahl verübt, bzhw. einige weitere geringfügige Gegenstände unterschlagen habe, es zu großen Inkonvenienzen führen würde, selbst bei Zustimmung des Angekl. das Verfahren auszusetzen, und wegen der neu hervorgetretenen Reate, „welche auf die Strafzumessung nur von geringem Einfluß sein könnten", von vorn anzufangen.

Hierdurch ist unzweideutig zu erkennen gegeben, daß lediglich solche strafbare Handlungen gemeint seien, die mit dem den Gegenstand der Untersuchung bildenden Delikt gleichartig sind. Hiermit steht jedoch der Text des §, welcher auch Anwendung findet, wenn die „andere That" einer anderen Kategorie von strafbaren Handlungen angehört, nicht im Einklange. Prot. S. 460 u. 973.

Hinsichtlich der schwurgerichtlichen Untersuchungen vergl. die Note 2 zu § 294 St.

§ 266 St.

Wird der Angeklagte verurtheilt, so müssen die Urtheilsgründe die für erwiesen erachteten Thatsachen angeben, in welchen die gesetzlichen Merkmale der strafbaren Handlung gefunden werden. Insoweit der Beweis aus anderen Thatsachen gefolgert wird, sollen auch diese Thatsachen angegeben[1] werden.

Waren in der Verhandlung solche vom Strafgesetze besonders vorgesehene Umstände behauptet worden[2], welche die Strafbarkeit ausschließen, vermindern oder erhöhen, so müssen die Urtheilsgründe sich darüber aussprechen, ob diese Umstände für festgestellt oder für nicht festgestellt erachtet werden.

Die Gründe des Strafurtheils müssen ferner das zur Anwendung gebrachte Strafgesetz bezeichnen und sollen die Umstände anführen, welche für die Zumessung der Strafe bestimmend gewesen sind[3]. Macht das Strafgesetz die Anwendung einer geringeren Strafe von dem Vorhandensein mildernder Umstände im Allgemeinen abhängig, so müssen die Urtheilsgründe die hierüber getroffene Entscheidung ergeben, sofern das Vorhandensein solcher Umstände angenommen, oder einem in der Verhandlung gestellten Antrage entgegen verneint wird.

Wird der Angeklagte freigesprochen, so müssen die Urtheilsgründe ergeben, ob der Angeklagte für nicht überführt, oder ob und[4] aus welchen Gründen die für erwiesen angenommene That für nicht strafbar erachtet worden ist[5].

1. Die Urtheilsgründe werden in Fällen, wo die gesetzlichen Merkmale der strafbaren Handlung nicht selbst für unmittelbar (direkt) bewiesen erachtet, vielmehr aus anderen Thatsachen gefolgert werden, auch diese letzteren Thatsachen als festgestellt bezeichnen müssen, nicht blos sie „anzugeben" haben.

2. Solcher Behauptungen muß das Protokoll erwähnen, um einen Angriff gegen das Urtheil wegen Nichtbefolgung der Vorschrift zu ermöglichen. Vergl. auch die Noten 2—4 zu § 262 St.

3. Die Worte: „welche für die Zumessung der Strafe bestimmend gewesen sind", sind von der IK. eingeschaltet worden. Das dagegen geltend gemachte Argument, daß die Anführung aller Strafzumessungsgründe, wenn

sie nicht in Phrasen, wie: „Umstände des Falles“ „Lage der Sache“ bestehen solle, unausführbar sei, blieb erfolglos. Prot. S. 407. In den Verhandlungen 2. Lesung findet sich jedoch die Bemerkung: es werde nur gefordert, daß die in der einen oder der anderen Richtung wesentlichen Momente Aufnahme in das Urtheil fänden. Prot. S. 974.

4. Die Worte „ob und“ stehen wohl müßig; denn, wird der Angekl. ungeachtet der Feststellung der That und seiner Thäterschaft freigesprochen, so müssen Gründe für die Nichtstrafbarkeit seiner That vorhanden sein.

5. Die Mot. S. 159 bemerken: wenn von den Richtern der eine Theil den Angekl. für nicht überführt, der andere einen Strafausschließungsgrund für dargethan erachte, und demzufolge — da eine Verurtheilung durch eine Mehrheit der Stimmen für das „schuldig“ des Angekl. bedingt sei, der Mangel einer Einigung über die Gründe der Freisprechung aber nicht zur Verurtheilung führen könne — der Angekl. freizusprechen sei, und die Urtheilsgründe sich auf die Angabe würden beschränken müssen, daß das Gericht nicht von der Schuld des Angekl. überzeugt worden sei.

Diese Bemerkung erscheint überzeugend. Die Nothwendigkeit eines solchen Verfahrens dürfte jedoch nur eintreten, wenn sich drei verschiedene Meinungen bilden. Denn, stehen sich nur zwei Meinungen gegenüber, so muß eine derselben die Majorität für sich haben. Siehe die Note 2 zu § 196 G.

§ 267 St.

Die Verkündung des Urtheils erfolgt[1] durch Verlesung der Urtheilsformel und Eröffnung der Urtheilsgründe am Schlusse der Verhandlung oder spätestens mit Ablauf[2] einer Woche nach dem Schlusse der Verhandlung. Die Eröffnung der Urtheilsgründe geschieht durch Verlesung oder durch mündliche Mittheilung ihres wesentlichen Inhalts.

War die Verkündung des Urtheils ausgesetzt, so sind die Urtheilsgründe vor derselben schriftlich festzustellen[3].

1. Durch wen, ist nicht gesagt. Die Vorschrift, daß die Gründe mündlich mitgetheilt werden dürfen, läßt jedoch darauf schließen, daß die Verkündung dem Vorsitzenden obliege, da jene Mittheilung dem Gerichtsschreiber nicht füglich überlassen werden kann.

2. Im § 228 St. heißt es präziser: „Spätestens am vierten Tage“.

3. Tritt die Aussetzung der Urtheilsverkündung bei einem Schöffengericht ein, so werden die Schöffen verpflichtet sein, dem Verkündungstermin beizuwohnen. Der allerdings nur von der Dauer einer Sitzung sprechende § 50 G. dürfte in einem solchen Falle analog anzuwenden sein.

Aus der Vorschrift des § 275 St., wonach es der Unterschrift der Schöffen unter dem Urtheil nicht bedarf, wird nicht hergeleitet werden dürfen, daß ihre Gegenwart bei der Urtheilsverkündung nicht erforderlich sei.

In Schwurgerichtssachen kann sich die Aussetzung der Urtheilsverkündung selbstverständlich nur auf den Spruch des Richterkollegiums beziehen.

§ 268 St.

Urtheile, durch welche die Unterbringung des Angeklagten in eine Erziehungs- oder Besserungsanstalt angeordnet wird[1], sind auch[2] dessen gesetzlichem Vertreter zuzustellen, sofern nicht der letztere in der Hauptverhandlung als Beistand des Angeklagten aufgetreten und bei der Verkündung des Urtheils gegenwärtig gewesen ist.

1. StGB. § 56.

2. Aus den Worten: „auch — zuzustellen" würde gefolgert werden müssen, daß in diesem besonderen Falle — im Gegensatze zu der allgemeinen Regel des § 35 St., wonach dem Angekl. nur, wenn er bei der Verkündung des Urtheils nicht gegenwärtig gewesen ist, dasselbe zugestellt werden soll — die Zustellung an den Angekl. erfolgen müsse. Beim gänzlichen Mangel eines Grundes zu einer derartigen Ausnahme wird aber davon auszugehen sein, daß nur habe ausgesprochen werden sollen, daß die Vorschriften über die Urtheilsverkündung bzhw. Zustellung auch in Bezug auf den Vertreter zu beobachten seien.

§ 269 St.

Das Gericht darf sich nicht für unzuständig erklären, weil die Sache vor ein Gericht niederer Ordnung gehöre.

Bei der Allgemeinheit der Vorschrift bindet sie auch das Reichsgericht, selbst wenn die Sache vor ein Schwurgericht oder Schöffengericht gehört. Hievon gehen auch die Mot. aus. S. 160.

§ 270 St.

Stellt sich nach dem Ergebnisse der Verhandlung[1] die dem Angeklagten zur Last gelegte That als eine solche dar, welche die Zuständigkeit des Gerichts überschreitet, so spricht es durch Beschluß seine Unzuständigkeit aus und verweist die Sache an das zuständige Gericht.

Dieser Beschluß hat die Wirkung eines das Hauptverfahren eröffnenden Beschlusses[2] und muß den Erfordernissen eines solchen entsprechen.

Die Anfechtbarkeit des Beschlusses bestimmt sich nach den Vorschriften des § 209[3].

[4]Ist der Beschluß von einem Schöffengerichte ergangen, so kann der Angeklagte innerhalb einer bei der Bekanntmachung des Beschlusses[5] zu bestimmenden Frist die Vornahme einzelner Beweiserhebungen vor der Hauptverhandlung beantragen. Ueber den Antrag entscheidet der Vorsitzende des Gerichts, an welches die Sache verwiesen ist.

1. Der Abs. 1 spricht nur von einer Verweisung „nach dem Ergebnisse der Verhandlung", also nach beendeter Verhandlung und Beweisaufnahme. Es kann aber bei den Schöffengerichten auch der Fall eintreten, daß die Schöffen nicht erst — wie bei der Berathung des § in der JK. (Prot. S. 414—418 und 971—981) unterstellt zu sein scheint — im Laufe der Verhandlung, sondern schon bei der Einsicht der Anklage und der Verlesung des Beschlusses über die Eröffnung des Hauptverfahrens (§ 242 Abs. 2), die dem Angekl. zur Last gelegte That rechtlich von einem anderen Gesichtspunkte aus auffassen, als dies Seitens des Amtsrichters bei der Eröffnung des Hauptverfahrens geschehen ist, daß sie z. B. den Raum, in welchem ein Diebstahl verübt worden, für „umschlossen" im Sinne des § 243 Nr. 2 StGB. erachten, während der Amtsrichter entgegengesetzter Ansicht ist, oder doch bei Eröffnung des Hauptverfahrens war.

In einem solchen Falle würde eine vollständige Verhandlung der Sache einschließlich der Beweisaufnahme mindestens dann, wenn die der Anklage zum Grunde liegenden Vorverhandlungen die Ueberzeugung von der Thäterschaft gewähren und die gesetzliche Nothwendigkeit einer Voruntersuchung nicht eintritt, zwecklos sein, da sie vor dem Landgerichte in ihrer ganzen Ausdehnung wiederholt werden muß. Unter jenen Voraussetzungen dürfte daher der Beschluß mit der Wirkung des Absatz 2 zu fassen sein, sobald sich herausstellt, daß die Mehrheit der Mitglieder aus Rechtsgründen das Gericht für unzuständig erachtet.

2. Aus der Vorschrift des Abs. 2, daß der Beschluß die Wirkung eines das Hauptverfahren eröffnenden Beschlusses hat, in Verbindung mit dem Abs. 3 ergiebt sich, daß eine Aufhebung des Beschlusses Seitens des Gerichts, an welches die Sache verwiesen worden, zwar im Wege der Beschwerde, nicht aber von Amtswegen zulässig, letzteres Gericht vielmehr, Mangels Anfechtung des Beschlusses durch die StAschft., den Termin zur Hauptverhandlung anzuberaumen genöthigt ist. Vergl. Note 4.

Daß dasselbe zu einer solchen Zurückweisung auch nicht in der Hauptverhandlung selbstberechtigt ist, bestimmt der § 269.

3. Der 3. Abs. wird in der Praxis zu Zweifeln Anlaß geben.

In dem Entwurf (§ 229) lautete derselbe ebenso klar als zweckmäßig: „Der Beschluß kann von dem Angekl. nicht angefochten werden. Der Staatsanwaltschaft steht gegen denselben die sofortige Beschwerde zu, welche jedoch nur auf Rechtsgründe gestützt werden kann".

Die ihm von der JK. gegebene Fassung läßt zwar durch die Hinweisung auf den § 209 darüber keinen Zweifel, daß dem Angekl. eine Beschwerde gegen den Beschluß überhaupt nicht zusteht. Dagegen ist die in jener Hinweisung mitenthaltenen Bezugnahme auf den Abs. 2 des § 209 undeutlich, da beide Voraussetzungen dieses Abs. 2 im § 270 nicht zutreffen, mithin auch ihre Vorschriften auf diesen § nicht Anwendung finden können. Denn der Abs. 2 des § 209 unterstellt zwei von einander verschiedene Fälle: erstens den, wenn die Eröffnung des Hauptverfahrens abgelehnt ist, und zweitens den, wenn die Sache an ein Gericht niederer Ordnung verwiesen wird. Keiner dieser Fälle liegt aber im § 270 vor. Denn derselbe setzt voraus, daß das Hauptverfahren eröffnet — also nicht abgelehnt — ist (Abs. 2), und der zweite Fall (Verweisung an ein Gericht niederer Ordnung) kann wegen der Vorschrift des § 269 in der Hauptverhandlung nicht eintreten. Es wird daher aus dem Abs. 2 des § 209 nur die Bestimmung, daß nur die sofortige Beschwerde zulässig ist, auf den § 270 Anwendung finden.

Aus dem in dem allegirten § 209 allgemein gebrauchten Ausdruck „Beschwerde" folgt aber — zumal im Hinblick auf die erwähnte Aenderung des Entwurfs — daß die Beschwerde nicht auf die Geltendmachung von Rechtsgründen beschränkt sein, sondern sich auch auf thatsächliche Erwägungen soll stützen dürfen. Danach ist also, wenn z. B. das Schöffengericht in dem angenommenen Falle in seinem Beschlusse auf Grund „der Ergebnisse der Hauptverhandlung" (§ 270 Abs. 1), auf thatsächliche Argumente gestützt, festgestellt hat, daß der Raum, in welchem der Diebstahl verübt worden, umschlossen gewesen sei, der StA. diese Feststellungen im Wege der Beschwerde anzufechten berechtigt und das Beschwerdegericht berufen, wenn ihm die in dem angefochtenen Beschlusse geltend gemachten thatsächlichen Momente nicht überzeugend scheinen, den Beschluß aufzuheben und die Sache an das niedere Gericht zurückzuweisen.

Daß ein solches Verfahren mit dem Prinzip des mündlichen Verfahrens unvereinbar ist, bedarf keiner Ausführung. Die Prot. der JK. sprechen sich hierüber nicht aus.

Der § enthält aber ferner — und dies gilt auch von dem Entwurf — keine Bestimmung über die Wirkung eines der Beschwerde stattgebenden, also unter Aufhebung des Beschlusses des niederen Gerichts die Sache an dasselbe zurückweisenden Beschlusses des Beschwerdegerichts und über das weitere bei ersterem eintretende Verfahren; er sagt nicht, ob das niedere Gericht bei seiner nach anderweit stattgehabter Hauptverhandlung zutreffenden Entscheidung an den Beschluß des Beschwerdegerichts gebunden, also in dem gegebenen Beispiel genöthigt sei, sowohl seine rechtliche Ansicht über den Begriff „umschlossen" im § 243 StGB., als auch sein Urtheil über das thatsächliche Ergebniß der Hauptverhandlung — je nachdem in der einen oder anderen Beziehung Meinungsverschiedenheit zwischen ihm und dem Beschwerdegericht obwaltet — aufzugeben, und demzufolge in der neuen Hauptverhandlung den Diebstahl als einen im unverschlossenen Raume verübten zu bestrafen.

Diese Frage und die Besorgniß in solchen Fällen eintretender negativer Kompetenzkonflikte ist in den Verhandlungen der JK. vom 14. und 16. Juni 1876 (Prot. S. 978—981 und 988—991) Gegenstand umfangreicher — aber resultatlos gebliebener — Debatten gewesen. Dem „circulus vitiosus“ (Prot. S. 981. 990), welcher sich bildet, wenn in dem angeführten Beispiel das Schöffengericht die von ihm durch Beschluß an das Landgericht verwiesene und von diesem an Ersteres zurückgewiesene Sache in der neuen Hauptverhandlung mittelst anderweiten Beschlusses an das Landgericht verweist, und so fort — ist nicht vorgebeugt worden.

Nach allgemeinen Rechtsgrundsätzen wird — wie auch Seitens der Regierungsvertretung S. 980 der Prot. indirekt anerkannt worden — ein Gericht bei seiner Urtheilsfällung nur durch ein schon vorhandenes, seine Entscheidung präjudizirendes rechtskräftiges Erkenntniß, nicht aber durch bloße „Beschlüsse“, von welcher Behörde sie auch ausgegangen sein mögen, gebunden; es sei denn, daß einem solchen Beschlusse durch eine ausdrückliche gesetzliche Vorschrift die Wirkung eines Urtheils beigelegt worden ist.

Hiervon ausgegangen, würde das Schöffengericht zum Aufgeben seiner Rechtsansicht oder seiner thatsächlichen Beurtheilung des Falles in der neuen Hauptverhandlung nicht gezwungen werden können, die StAschft. würde wiederum den Weg der Beschwerde betreten müssen und der Kreislauf würde fortbestehen.

Einem solchen mit einer geordneten Strafrechtspflege völlig unvereinbaren Uebelstande an Stelle des fehlenden Gesetzes abzuhelfen, wird Aufgabe einer gesunden Praxis sein. Diese Aufgabe dürfte nur dadurch zu lösen sein, daß, sofern es sich um Rechtsfragen handelt, das niedere Gericht sich durch die Ansicht, auf welche das Beschwerdegericht die Aufhebung des Unzuständigkeits-Beschlusses (Abs. 1) gründet, in der neuen Hauptverhandlung binden läßt, und das Beschwerdegericht dagegen, dem Prinzip des mündlichen Verfahrens entsprechend, von einer Zurückweisung der Sache an das niedere Gericht in solchen Fällen Abstand nimmt, wo letzteres seine Unzuständigkeit auf das thatsächliche Ergebniß der vor ihm stattgehabten Hauptverhandlung gründet.

Allerdings bietet in Fällen, wo das Schöffengericht oder das Landgericht die Sache durch den dem Abs. 1 entsprechenden Beschluß an das Schwurgericht verwiesen hat, der der Beschwerde stattgebende Beschluß des Beschwerdegerichts (Landgericht bzhw. Oberlandesgericht §§ 72. 123 G.) keine Bürgschaft dafür, daß nicht das Schwurgericht, die Rechtsansicht des Beschwerdegerichts verwerfend und die des niederen Gerichts theilend, seine Zuständigkeit anerkannt haben würde; dies ist jedoch eine Folge des Instanzenzuges, wie er für das nach Abs. 3 zulässige Rechtsmittel der Beschwerde geordnet ist.

4. Der von der JK. eingeschaltete Abs. 4 steht in Verbindung mit der bei der Berathung des § besprochenen Frage, ob in Fällen, wo nach Abs. 1 die Sache an ein Gericht höherer Ordnung verwiesen worden, allein durch die in der Hauptverhandlung stattgehabte Ermittelung des Thatsächlichen auch

die Vertheidigung so genügend vorbereitet sei, um die sonst erforderliche Voruntersuchung entbehrlich erscheinen zu lassen. Die Frage wurde — ohne förmliche Entscheidung — vielseitig bejaht; jedoch wurde hinsichtlich der schöffengerichtlichen Untersuchungen der Abs. 4 beschlossen. Prot. S. 988 bis 991.

Die Bejahung jener Frage ist bezüglich derjenigen Fälle bedenklich, für welche der § 176 die Voruntersuchung unbedingt obligatorisch vorschreibt. Es hätte wohl, um in Betreff derselben für Fälle des § 270 Abs. 1 eine Ausnahme eintreten zu lassen, einer ausdrücklichen Vorschrift bedurft.

5. Dem Angekl. wird nicht bloß, wie angeordnet, der „Beschluß" und die „Fristbestimmung" bekannt zu machen, sondern er wird, wenn der Zweck erreicht werden soll, auch — allerdings im Widerspruch mit dem Princip der St., welche mit Recht selbst über die Zulässigkeit von Rechtsmitteln eine Belehrung nicht gestattet — über seine in dem Abs. 4 bezeichnete Befugniß zu belehren sein.

§ 271 St.

Ueber die Hauptverhandlung ist ein Protokoll aufzunehmen und von dem Vorsitzenden und dem Gerichtsschreiber zu unterschreiben.

Ist der Vorsitzende verhindert, so unterschreibt für ihn der älteste[1] beisitzende Richter. Im Falle der Verhinderung des Amtsrichters genügt die Unterschrift des Gerichtsschreibers[2].

1. Nach dem Dienstalter bei dem erkennenden Gericht, nicht nach der Zahl der Dienstjahre überhaupt. Vergl. § 199 G.

2. In dem — nicht vorgesehenen — Falle der Verhinderung des Gerichtsschreibers dürfte die Unterschrift des Amtsrichters genügen.

3. Bei der Berathung des § in der JK. herrschte Einverständniß darüber, daß der Fall einer Unmöglichkeit, nicht der einer momentanen Abhaltung des Vorsitzenden, vorausgesetzt sei. Prot. S. 418. In Betreff des Falles, wenn das Protokoll die vollständigen Urtheilsgründe enthält, vergl. § 275 Abs. 2 St.

§ 272 St.

Das Protokoll über die Hauptverhandlung enthält:

1. den Ort und den Tag der Verhandlung;
2. die Namen der Richter, Geschworenen und Schöffen, des[1] Beamten der Staatsanwaltschaft, des Gerichtsschreibers und des zugezogenen Dolmetschers;
3. die Bezeichnung der strafbaren Handlung nach der Anklage[2];

4. die Namen der Angeklagten, ihrer Vertheidiger, der Privatkläger, Nebenkläger, gesetzlichen Vertreter, Bevollmächtigten und Beistände;
5. die Angabe, daß öffentlich verhandelt oder die Oeffentlichkeit ausgeschlossen ist[3].

1. Event. „der" vergl. § 226 St.

2. Dem Verweisungsbeschluß § 205 St.

3. Es bedarf auch der Anführung der Gründe für die erfolgte Ausschließung der Oeffentlichkeit § 175 G. § 377 Nr. 6 St.

§ 273 St.

Das Protokoll muß den Gang und die Ergebnisse der Hauptverhandlung im Wesentlichen[1] wiedergeben und die Beobachtung aller wesentlichen[2] Förmlichkeiten ersichtlich machen, auch die Bezeichnung der verlesenen Schriftstücke, sowie die im Laufe der Verhandlung gestellten Anträge[3], die ergangenen Entscheidungen und die Urtheilsformel enthalten.

Aus der Hauptverhandlung vor dem Schöffengerichte sind außerdem die wesentlichen Ergebnisse der Vernehmungen in das Protokoll aufzunehmen.

Kommt es auf die Feststellung eines Vorgangs in der Hauptverhandlung oder des Wortlauts einer Aussage oder einer Aeußerung an, so hat der Vorsitzende die vollständige Niederschreibung und Verlesung anzuordnen. In dem Protokoll ist zu bemerken, daß die Verlesung geschehen und die Genehmigung[4] erfolgt ist, oder welche Einwendungen erhoben sind.

1. Bei der Begründung des der Aufnahme dieser Bestimmung durch die JK. zum Grunde liegenden Antrags wurde bemerkt, daß es sich um das für die Entscheidung Wesentliche handle. Prot. S. 419. Hiermit stimmt der Abs. 2 überein.

2. Welche Förmlichkeiten für wesentlich gelten sollen, sagt die St. nicht. Vergl. hierüber die Note 3 zu § 376 St.

Das Ergebniß der Abstimmung der Richter über die Schuldfrage bzhw. über die Gesetzanwendung ist zwar wesentlich, gehört aber nicht in das Protokoll § 274 St.

Bei der Berathung des § 297 St. in der JK. wurde ein Antrag bei jeder, dem Angekl. nachtheiligen Entscheidung anzugeben, daß dieselbe mit einer Mehrheit von mindestens zwei Drittheilen der Stimmen gefaßt worden sei, abgelehnt. Prot. S. 997.

3. Auch Behauptungen, wie die im § 266 Abs. 2 erwähnten; ferner die Ablehnung von Hülfs- und Nebenfragen (§ 296), sowie auch die von den Betheiligten ausgesprochenen Rügen von Formmängeln.

Einverständniß herrschte in der JK. darüber, daß für jede ablehnende Entscheidung die Gründe angeführt werden müßten, und „jede ohne protokollirte Gründe erlassene Entscheidung gegen die wesentliche Vorschrift des § 34 St. verstoße". S. 420 der Prot. In Fällen, wo die Willfahrung des Antrags von dem durch Zweckmäßigkeitsrücksichten geleiteten Arbitrium des Vorsitzenden oder des Gerichts abhängt, wird der Grund ein durchaus allgemein gehaltener sein müssen. Wird z. B. die Zulassung eines Nichtrechtsanwalts als Vertheidiger verweigert, so wird die Bemerkung genügen, daß die Lage der Sache dem Gericht keinen Anlaß geboten habe, dem Verlangen stattzugeben.

Unter „Entscheidungen" sind hier alle im Laufe der Verhandlung ergehenden Beschlüsse zu verstehen.

4. Wessen Genehmigung gemeint ist, ergeben die Prot. der JK., welche diesen Satz dem Entwurf hinzugefügt hat, nicht. Die Vorschrift dürfte nicht blos auf den Staatsanwalt und den Angekl., sondern auch auf den Dolmetscher, die Zeugen und Sachverständigen, um deren Aussagen oder Aeußerungen es sich handelt, zu beziehen sein, da es sowohl in deren eigenem Interesse, als in dem der Staatsanwaltschaft, des Angekl. und des Gerichts liegt, daß durch ihre Genehmigung die Uebereinstimmung des über ihre Auslassungen Protokollirten mit ihren Angaben festgestellt wird. Wenn von einer der erwähnten Personen die Genehmigungserklärung ohne Angabe eines Grundes verweigert wird, so wird auch dies zu protokolliren sein.

§ 274 St.

Die Beobachtung der für die Hauptverhandlung vorgeschriebenen Förmlichkeiten kann nur durch das Protokoll bewiesen werden[1]. Gegen den diese Förmlichkeiten betreffenden Inhalt[2] desselben ist nur der Nachweis der Fälschung zulässig.

1. Hiernach ist beispielsweise der Beweis, daß der StA., welcher im Protokoll als anwesend aufgeführt ist, während des größten und wesentlichsten Theils der Hauptverhandlung — etwa in Folge einer plötzlichen Erkrankung — abwesend gewesen ist (§ 225), oder daß, dem § 242 Abs. 4 zuwider, die Zeugen bei der Mittheilung des Inhalts der Anklageschrift anwesend gewesen sind, überhaupt nicht, selbst nicht durch ein Attest der StAschft. oder des Gerichts-Vorsitzenden zu führen.

Diese Vorschrift dürfte die Nothwendigkeit der Verlesung des Protokolls über die Hauptverhandlung herausstellen.

2. Hierunter kann nur dasjenige verstanden werden, was positiv in dem Protokoll als geschehen oder nicht geschehen niedergeschrieben ist.

§ 275 St.

Das Urtheil mit den Gründen ist binnen drei Tagen[1] nach der Verkündung zu den Akten zu bringen, falls es nicht bereits vollständig in das Protokoll aufgenommen worden ist.

Es ist von den Richtern, welche bei der Entscheidung mitgewirkt haben, zu unterschreiben. Ist ein Richter verhindert, seine Unterschrift beizufügen, so wird dies unter Angabe des Verhinderungsgrundes von dem Vorsitzenden und bei dessen Verhinderung von dem ältesten beisitzenden Richter unter dem Urtheile bemerkt. Der Unterschrift der Schöffen bedarf es nicht[2].

Die Bezeichnung des Tages der Sitzung[3], sowie die Namen der Richter, der Schöffen, des Beamten der Staatsanwaltschaft und des Gerichtsschreibers, welche an der Sitzung Theil genommen haben, sind in das Urtheil aufzunehmen[4].

Die Ausfertigungen und Auszüge der Urtheile sind von dem Gerichtsschreiber zu unterschreiben und mit dem Gerichtssiegel zu versehen.

1. Ist der Amtsrichter an der Ausarbeitung des nicht in das Protokoll aufgenommenen Urtheils innerhalb dreier Tage — z. B. durch Krankheit — für kurze Zeit verhindert, so wird, da die Fristbestimmung für wesentlich nicht zu erachten ist, eine Verlängerung der Frist zulässig sein. Tritt dagegen die Verhinderung für immer oder voraussichtlich für lange Zeit ein, so wird, da die Redaktion der Urtheilsgründe nicht zu den Funktionen der Schöffen gehört, eine neue Hauptverhandlung stattfinden müssen.

2. Hierdurch ist nur ausgesprochen, daß dieselbe nicht nothwendig ist, nicht aber, daß die Schöffen nicht berechtigt sind, das Urtheil zu unterschreiben, auch wenn es nicht sofort mit den Gründen in das Protokoll aufgenommen wird. Es darf ihnen nicht verschränkt werden, sich von der Uebereinstimmung der in das Urtheil aufgenommenen Gründe mit den von der Mehrheit der Urtheilsfäller der Entscheidung zum Grunde gelegten zu überzeugen. Doch werden sie sich zu diesem Zwecke zu einer ihnen vom Amtsrichter auf ihr Verlangen zu bestimmenden Zeit an der Gerichtsstätte einzufinden haben.

3. Hat die Hauptverhandlung einer Sache mehrere Tage gewährt, so sind diese und, falls ein Wechsel der Beamten der StAschft. und des Ge-

richtsschreibers stattgefunden hat, deren Namen bei den betreffenden Tagen zu bemerken.

4. Bei den Schöffen wird sich die Reihenfolge nach dem Lebensalter derselben richten.

Hauptverhandlung vor den Schwurgerichten.

§ 276 St.

Die Bestimmungen der beiden vorhergehenden Abschnitte[1] finden auf das Verfahren vor den Schwurgerichten insoweit Anwendung, als nicht in diesem Abschnitt ein Anderes bestimmt ist[2].

1. Vorbereitung der Hauptverhandlung und Hauptverhandlung.

2. Die allgemeinen auf die Schwurgerichte bezüglichen Bestimmungen über: ihre Zusammensetzung, ihre Aufgabe und die Grenzen ihrer Wirksamkeit, ferner über die Verpflichtung und Befähigung zum Geschworenendienst, die Befreiung von demselben, die Auswahl der Geschworenen und die Eintragung derselben in die Urliste, die Vorschlagsliste u. s. w., die Unterscheidung zwischen Haupt- und Hülfsgeschworenen — sind in den §§ 84 folg. G. S. 69 folg. enthalten. Die hier folgenden Vorschriften regeln das Verfahren in den einzelnen schwurgerichtlichen Untersuchungen, so weit dasselbe von dem für die Schöffengerichte und die Strafkammern der Landgerichte vorgeschriebenen abweicht.

§ 277 St.

Vor dem Tage[1], an welchem die Hauptverhandlung beginnen soll, muß die Spruchliste der Geschworenen dem Angeklagten, wenn er sich nicht auf freiem Fuße befindet, zugestellt, für den auf freiem Fuße befindlichen Angeklagten auf der Gerichtsschreiberei zur Einsicht niedergelegt werden.

Die Namen später auf die Spruchliste gebrachter Geschworener sind dem Angeklagten bis zum[2] Beginne der Hauptverhandlung mitzutheilen[3].

1. Also — wie auch die Mot. S. 163 bemerken — spätestens am letzten Tage vor dem bezeichneten Tage.

2. Das — im Sprachgebrauch unbestimmte — Wort „bis“ steht hier und in den §§ 16. 431. 444. 451 für „vor“, wogegen es im § 22 „mit Einschluß“ bedeutet und auch im § 320 Zeile 4 den Tag der Hauptver-

handlung mit umfaßt, da es unzweckmäßig sein würde, die Ladung schon am Tage zuvor von der Gerichtstafel abzunehmen. Die bestimmtere Fassung des § 216: „so lange — nicht begonnen hat" oder des § 345 „nach Beginn" möchte daher vorzuziehen gewesen sein.

3. Auch der Staatsanwaltschaft wird die Mittheilung gemacht werden müssen. Vergl. auch § 280 Schlußsatz des Abs. 3.

§ 278 St.

Die Hauptverhandlung beginnt mit der Bildung der Geschworenenbank durch Ausloosung der Geschworenen.

§ 279 St.

Vor der Ausloosung sind, außer den zum Geschworenenamte Unfähigen[1], solche Geschworene auszuscheiden, welche von der Ausübung des Amts in der zu verhandelnden Sache kraft Gesetzes ausgeschlossen sind[2]. Die erschienenen Geschworenen sind zur Anzeige etwaiger Ausschließungsgründe aufzufordern[3].

Die Entscheidung über das Ausscheiden eines Geschworenen erfolgt nach Anhörung desselben[4] durch das Gericht. Beschwerde findet nicht statt. Ein für unfähig Erklärter[5] ist in der Spruchliste zu streichen.

1. Vergl. die §§ 32 und 85 G. Es ist hier der Fall vorausgesetzt, daß, ungeachtet der Vorschrift des § 36 G., Personen, welche zum Geschwornenamte überhaupt unfähig sind, in die Spruchliste aufgenommen worden sind.

2. Vergl. die §§ 22. 32 und § 377 Nr. 2 St.

3. Wenn die Geschwornenbank nicht sofort für alle an demselben Tage (§ 286) zu verhandelnden Sachen gebildet wird, die Geschwornen mithin beim Beginn der ersten Sache nicht zu beurtheilen vermögen, ob bei einer später zur Verhandlung kommenden Sache Ausschließungsgründe gegen sie vorliegen, so muß die Aufforderung beim Beginn jeder späteren Sache erneuert werden.

Bei der Aufforderung werden die gesetzlichen Ausschließungsgründe den Geschworenen bekannt zu machen sein.

Vergl. die Note zu § 286.

4. Die Mot. bezeichnen die Mitwirkung der StAschft. und des Angekl. mit Rücksicht auf ihre Betheiligung bei der Bildung der Geschworenenbank als selbverständlich S. 164.

5. Nicht also die „kraft Gesetzes (hinsichtlich einer einzelnen Sache) ausgeschlossenen", da die Spruchliste für die ganze Sitzungsperiode bestimmt

ist. Die für „unfähig erklärten“ scheiden gänzlich, die „kraft Gesetzes ausgeschlossenen“ nur für die Sachen aus, bei denen sie nicht mitwirken können.

§ 280 St.

Zur Bildung der Geschworenenbank kann geschritten werden, wenn die Zahl der Geschworenen, welche erschienen und nicht in Gemäßheit des vorhergehenden Paragraphen ausgeschieden worden sind, mindestens vierundzwanzig beträgt. Anderenfalls ist die Zahl aus der Liste der Hülfsgeschworenen auf dreißig zu ergänzen.

Die Ergänzung geschieht mittels Loosziehung durch den Vorsitzenden in öffentlicher Sitzung. Sie gilt für alle in der Sitzungsperiode noch zu verhandelnden Sachen[1].

Die ausgeloosten Hülfsgeschworenen werden unter Hinweis auf die gesetzlichen Folgen des Ausbleibens geladen. Ihre Namen sind in die Spruchliste aufzunehmen.

Es kann zur Bildung der Geschworenenbank schon dann geschritten werden, wenn in Folge des Erscheinens von Hülfsgeschworenen die Zahl von vierundzwanzig Geschworenen erfüllt ist.

Erscheinen zu einer späteren Hauptverhandlung mehr als dreißig Geschworene, so treten die überzähligen Hülfsgeschworenen in der umgekehrten Reihenfolge ihrer Auslosung zurück[2].

1. Nach den Mot. S. 165 liegt der Vorschrift die Absicht zum Grunde, eine wiederholte Auslosung von Hülfsgeschworenen möglichst zu vermeiden.

2. Diese Vorschrift wird auch dann Platz greifen, wenn in Bezug auf einen bei einer früher verhandelten Sache als „kraft Gesetzes ausgeschlossen“ ausgeschiedenen Geschworenen bei einer später zur Verhandlung kommenden Sache ein seine Mitwirkung verhindernder Grund nicht vorwaltet.

§ 281 St.

Die Bildung der Geschworenenbank erfolgt in öffentlicher Sitzung*. Das Loos wird von dem Vorsitzenden gezogen.

* Zu diesem Zwecke werden so viel Zettel, als bei der zu verhandelnden Sache (bzhw. den Sachen § 286) Geschworene — einschließlich der

Hülfsgeschworenen — mitwirken sollen, mit dem Namen je eines Geschworenen versehen, in eine Urne gethan. Der Vorsitzende entnimmt darauf aus der Urne einen Zettel, verliest den auf demselben befindlichen Namen und veranlaßt dadurch die StAschft. und den Angekl. zu der im § 283 bezeichneten Erklärung. Mit diesem Verfahren fährt der Vorsitzende so lange fort, bis — unter Beobachtung der Vorschrift des § 282 — zwölf nicht abgelehnte Geschworene ausgeloost sind.

§ 282 St.

Von den ausgeloosten Geschworenen können so viele abgelehnt werden, als Namen über zwölf in der Urne sich befinden.

Die eine Hälfte der Ablehnungen steht der Staatsanwaltschaft, die andere dem Angeklagten zu. Dem Angeklagten gebührt eine Ablehnung mehr, wenn die Gesammtzahl der Ablehnungen eine ungerade ist*.

* Wenn also neunundzwanzig Zettel in der Urne befindlich und somit siebenzehn Ablehnungen zulässig sind, gebühren davon der StAschft. acht, dem Angekl. neun. Vergl. § 280.

§ 283 St.

Sobald ein Name gezogen und aufgerufen ist, hat die Staatsanwaltschaft und sodann der Angeklagte durch die Worte „angenommen" oder „abgelehnt" die Annahme oder Ablehnung zu erklären. Die Angabe von Gründen ist unzulässig.

Wird eine Erklärung nicht abgegeben, so gilt dies als Annahme.

Die Erklärung kann nicht zurückgenommen werden, sobald ein fernerer Name gezogen*, oder die gesammte Ziehung für beendet erklärt ist.

* Auch die Nachholung einer unterbliebenen Erklärung (Abs. 2) ist dann unstatthaft.

§ 284 St.

Sind bei einer Hauptverhandlung mehrere Angeklagte betheiligt, so haben sie das Ablehnungsrecht gemeinschaftlich auszuüben.

Insoweit eine Vereinigung nicht zu Stande kommt, werden die Ablehnungen gleichmäßig vertheilt; über die Ausübung derjenigen Ablehnungen, welche sich nicht gleichmäßig vertheilen lassen, sowie über die Reihenfolge der Erklärungen entscheidet das Loos*.

* Beim Mangel einer Bestimmung über das dabei zu beobachtende Verfahren, über welches sich auch die Mot. nicht aussprechen, wird der Schwurgerichtspräsident die erforderliche Anordnung zu treffen haben. Vergl. § 281 St.

§ 285 St.

Ist die Zuziehung von Ergänzungsgeschworenen[1] angeordnet worden, so vermindert sich[2] die Zahl der zulässigen Ablehnungen um die Zahl der Ergänzungsgeschworenen.

Sind mehrere[3] Ergänzungsgeschworene zugezogen worden, so treten sie in der Reihenfolge der Auslosung ein.

1. Da der Ausdruck „ergänzen" im § 280 St. auch in Bezug auf die Hülfsgeschworenen gebraucht ist, möchte es sich empfohlen haben, hier das bezeichnendere Wort: „Ersatzgeschworene" zu wählen. Es sind hier die im § 194 Abs. 2 u. 3 G. erwähnten Geschworenen gemeint, welche der Schwurgerichtspräsident in weitläufigen Untersuchungen, die voraussichtlich mehrere Tage in Anspruch nehmen werden, über die Zahl von zwölf (§ 282 St.) hinaus, auslooſt, um den Verhandlungen beizuwohnen und als Geschworene einzutreten, sobald von den die Geschworenenbank bildenden zwölf Einer oder der Andere durch Krankheit oder andere Gründe genöthigt werden sollte, auszuscheiden.

2. Sind also beispielsweise 28 Geschworene, nach Ausscheidung der im § 279 St. bezeichneten, gegenwärtig, also 28 Zettel in die Urne gethan, und ordnet der Präsident die Zuziehung von 2 Ergänzungsgeschworenen an, so sind nicht, wie ohne diese Anordnung der Fall sein würde, 16, sondern nur 14 Ablehnungen zulässig, um außer den zur Besetzung der Geschworenenbank erforderlichen 12 Geschworenen, 2 Ergänzungsgeschworene zu erhalten. Die Vorschrift des § 282 Abs. 1 St. leidet daher in einem solchen Falle eine Ausnahme.

Die ersten unabgelehnt ausgelooſten 12 Geschworenen bilden die Geschworenenbank; die unmittelbar darauf unabgelehnt ausgelooſten zwei fungiren als Ergänzungsgeschworene. Von Letzteren tritt der zuerst Ausgelooſte für den zuerst durch Krankheit oder ähnliche Gründe zum Ausscheiden aus der Geschworenenbank genöthigten Geschworenen, der zweitausgelooſte für den zweiten an der Fortführung seiner Funktionen verhinderten Geschworenen ein. Treten solche Verhinderungsfälle während der Verhandlung der Sache nicht ein, so bleiben die Ergänzungsgeschworenen außer Funktion.

3. Die Fassung des Abs. 2 dürfte nicht völlig korrekt sein, da schon

der Abs. 1 durch die Worte „von Ergänzungsgeschworenen" die Zuziehung mehrerer Ergänzungsgeschworenen voraussetzt.

§ 286 St.

Stehen an demselben Tage mehrere Verhandlungen an, so verbleibt die für eine derselben gebildete Geschworenenbank für die folgende Verhandlung oder für mehrere folgende Verhandlungen, wenn die dabei betheiligten Angeklagten und die Staatsanwaltschaft sich damit vor der Beeidigung der Geschworenen einverstanden erklärt haben*.

* Dies Verfahren setzt eine vorgängige Feststellung voraus, daß bei keiner der zu verhandelnden Sachen Einer der Geschworenen „kraft Gesetzes von der Mitwirkung ausgeschlossen" sei. § 279 St.

§ 287 St.

Muß nach Unterbrechung einer Hauptverhandlung mit dem Verfahren von neuem begonnen werden*, so ist auch die Geschworenenbank von neuem zu bilden.

* Vergl. § 228 St.

§ 288 St.

Nach Bildung der Geschworenenbank werden die Geschworenen' in Gegenwart der Angeklagten, über welche sie richten sollen, beeidigt.

Die Beeidigung erfolgt in öffentlicher Sitzung.

Der Vorsitzende richtet an die zu Beeidigenden die Worte:

> „Sie schwören bei Gott, dem Allmächtigen und Allwissenden, in der Anklagesache (den Anklagesachen) wider N. N. die Pflichten eines Geschworenen getreulich zu erfüllen und Ihre Stimme nach bestem Wissen und Gewissen abzugeben."

Die Geschworenen leisten den Eid, indem jeder einzeln die Worte spricht:

> „ich schwöre es, so wahr mir Gott helfe."

Der Schwörende soll bei der Eidesleistung die rechte Hand erheben.

Ist ein Geschworener Mitglied einer Religionsgesellschaft*, welcher das Gesetz den Gebrauch gewisser Betheuerungsformeln an Stelle des Eides gestattet, so wird die Abgabe einer Erklärung unter der Betheuerungsformel dieser Religionsgesellschaft der Eidesleistung gleichgeachtet.

1. Einschließlich der Ergänzungsgeschworenen. Diese erst bei ihrem Eintritt in Funktion zu beeidigen, würde — abgesehen von dem Mangel einer gesetzlichen Bestimmung — nicht zweckmäßig erscheinen, weil zu den in dem § außer der Abgabe der Stimme erwähnten Pflichten auch das aufmerksame Verfolgen des Ganges der Verhandlungen und ihrer Ergebnisse gehört, diese Pflicht ihnen aber, ungeachtet ihres nur eventuellen Eintretens in die Geschworenenbank, vom Beginn der Verhandlung gleich den Geschworenen obliegt. Denselben wird auch vor ihrem Eintritt in Funktion die Ausübung des im § 239 St. und selbst der in den §§ 290. 291 erwähnten Rechte nicht verschränkt werden dürfen.

2. Bei mangelnder Notorietät wird er dies glaubhaft zu machen haben.

§ 289 St.

Nach der Beeidigung der Geschworenen erfolgt die Verhandlung in der Sache selbst*.

* Unter Betheiligung der Geschworenen, gleichviel, ob der Angekl. geständig ist oder nicht. Das Geständniß ist, wie die Mot. S. 169 bemerken, nur ein Beweismittel, nicht ein Ersatz für den Schuldigspruch.

§ 290 St.

Die den Geschworenen zur Beantwortung vorzulegenden Fragen werden von dem Vorsitzenden entworfen*.

Nach dem Schlusse der Beweisaufnahme werden die entworfenen Fragen verlesen. Der Vorsitzende kann sie den Geschworenen, der Staatsanwaltschaft und dem Angeklagten in Abschrift mittheilen und soll einem hierauf gerichteten Antrage entsprechen.

Auf Verlangen der Staatsanwaltschaft oder des Angeklagten oder eines der Geschworenen ist behufs Prüfung der Fragen die Verhandlung auf kurze Zeit zu unterbrechen.

* Anträge, das Entwerfen der Fragen dem Gericht, im Gegensatz zum Vorsitzenden, bzhw. dem Staatsanwalt, zu übertragen, wurden in der JK. abgelehnt. Daß dadurch die vorgängige Berathung des Vorsitzenden mit den Mitgliedern, sowie mit dem Staatsanwalt nicht ausgeschlossen ist, wird nicht bezweifelt werden.

§ 291 St.

Die Staatsanwaltschaft und der Angeklagte, sowie jeder Geschworene ist befugt, auf Mängel in der Fragestellung aufmerksam zu machen, sowie auf Abänderung und Ergänzung der Fragen anzutragen[1].

Das Gericht stellt, wenn Einwendungen erhoben oder Anträge angebracht werden, oder wenn einer der Richter es verlangt[2], die Fragen fest. Die festgestellten Fragen sind zu verlesen.

1. Ueber einen solchen Antrag werden die Betheiligten zu hören sein.

2. Mit Rücksicht auf das unmittelbar Vorangehende muß angenommen werden, daß es einer Begründung dieses Verlangens eines Richters durch Bemängelung der Fragen, so wenig als der Stellung von Abänderungsanträgen bedarf, der Richter vielmehr behufs Herbeiführung einer der Ansicht der Majorität des Kollegii entsprechenden Redaktion der Fragen eine Berathung Seitens desselben beanspruchen darf. Aus den Berathungen der JK. über diesen von ihr redigirten § ist hierüber nichts zu entnehmen.
Siehe auch die Note 1 zu § 288.

§ 292 St.

Die Fragen sind so zu stellen, daß sie mit Ja oder mit Nein sich beantworten lassen*.

Wenn eine nachfolgende Frage nur für den Fall zu beantworten ist, daß eine vorausgehende in einem gewissen Sinne erledigt werde, so ist dies bemerklich zu machen.

Bei einer Mehrzahl von Angeklagten oder von strafbaren Handlungen müssen die Fragen für jeden Angeklagten und für jede strafbare Handlung besonders gestellt werden.

* Ein Antrag, zur Vermeidung den Geschworenen vorzulegender Rechtsfragen, unter Streichung der §§ 293—295, den Satz aufzunehmen: „Die Fragen haben die dem Angekl. zur Last gelegte That, sowie sämmtliche Thatsachen zu begreifen, welche die Strafbarkeit der That bedingen oder ausschließen, erhöhen oder vermindern“, wurde von der JK. abgelehnt, nachdem Seitens der Regierungsvertretung darauf hingewiesen worden war, daß eine Trennung der Thatfrage und Rechtsfrage, wie sie der Antrag bezwecke, nicht möglich sei, da jeder thatsächliche Umstand, den das Strafgesetz in den Verbrechensbegriff aufgenommen habe, dadurch von selbst wieder zu einem Rechtsbegriffe geworden sei, und die Rechtsbegriffe sich im Wesentlichen nur aus thatsächlichen Begriffen zusammensetzten. Prot. S. 447 folg.

In der That würde auch in einer auf Grund des § 159 StGB. eingeleiteten Untersuchung eine dahin formulirte Frage: „Ist der Angekl. schuldig, zu dem X die in dem Verweisungsbeschlusse angeführten Worte gesprochen zu haben, und hat X, hierdurch veranlaßt, einen Meineid geleistet“ anstatt: „Ist der Angekl. schuldig, es unternommen zu haben, den X (in der näher zu bezeichnenden Angelegenheit) zur Begehung eines Meineides zu verleiten“, die Aufgabe der Geschworenen der Sache nach auf die Prüfung der Beweisfrage beschränken, während sie über die „Schuldfrage“ entscheiden sollen.

Die sehr wesentlichen Gefahren, welche mit der — unvermeidlichen — Aufnahme von Rechtsbegriffen in die den Geschworenen vorzulegenden Fragen nach beiden Seiten hin für die Strafrechtspflege verknüpft sind, treffen das bedenkliche Institut des Schwurgerichts überhaupt; gemindert werden sie durch die den Geschworenen Seitens des Staatsanwalts (in seinem Plaidoyer) und des Schwurgerichtspräsidenten zu Theil werdende Belehrung. Vergl. auch die Noten zu den folgenden §§.

Nach den Mot. S. 172 ist es absichtlich vermieden, in Betreff alternativer Fragen bestimmte Vorschriften aufzunehmen; die Ausschließung solcher Fragen ist aber nicht bezweckt worden.

Speziellere Vorschriften, als die in den §§ 292—298 enthaltenen in Bezug auf die Fragestellung zu geben, hat das Gesetz mit Recht unterlassen. Die Sachlage der einzelnen Fälle gestaltet sich erfahrungsmäßig in dem Grade verschieden, daß je spezieller die gesetzlichen Bestimmungen über die den Geschworenen vorzulegenden Fragen sind, um so mehr die Aufgabe zweckmäßiger Fragestellung erschwert, anstatt erleichtert wird.

Theoretische Abhandlungen, wie sie, von den verschiedenartigsten Gesichtspunkten ausgehend, über die Stellung der Haupt- und Nebenfragen in reichster Auswahl in der juristischen Literatur vorhanden sind, liegen außerhalb der Aufgabe eines Kommentars. Die Anleitungen zur Fragestellung verfehlen aber auch mehr oder minder ihren Zweck. Wohnt dem Vorsitzenden des Schwurgerichts die „Weisheit“, auf welche z. B. S. 173 Bd. 2 von Goltdammers Archiv hingewiesen ist, bei, so bedarf er solcher Anleitungen nicht, um, je nach der Eigenthümlichkeit des einzelnen Falles, den Geschworenen durch die Fragestellung das Verständniß ihrer Aufgabe zu eröffnen und eine sachgemäße Beantwortung der Fragen zu erleichtern; mangelt sie ihm, so wird ihm das Studium theoretischer Sätze, wenn die Komplikation des Sachverhältnisses und die Mehrdeutigkeit der einschlagenden Rechtsbegriffe die Schwierigkeiten bei der Fragestellung häuft, zur Ueberwindung derselben wenig behülflich sein.

§ 293 St.

Die Hauptfrage beginnt mit den Worten: „Ist der Angeklagte schuldig?“[1] Sie muß die dem Angeklagten zur Last gelegte That nach ihren gesetzlichen Merkmalen und unter

Hervorhebung der zu ihrer Unterscheidung[2] erforderlichen Umstände bezeichnen.

1. Diese Vorschrift wird der Regel nach auch auf die „Hülfsfragen" (§ 294 Abs. 1) Anwendung finden, da auch diese die Verübung einer bestimmten strafbaren Handlung zum Gegenstande haben.

2. Es wird hierdurch bezweckt, außer Zweifel zu stellen, um welche spezielle That es sich handelt (Identität), also Irrthümern darüber vorzubeugen, auf welche Handlung des Angekl. sich die Frage beziehe. — Mehr Spezialien in die Frage aufzunehmen, als zur Erreichung jenes Zwecks erforderlich, ist bedenklich, weil Geschworene dadurch, daß sie einen in der Frage enthaltenen — wenngleich unerheblichen — Umstand für nicht erwiesen erachten, zur Verneinung der Hauptfrage bestimmt werden können.

3. Die Mot. bemerken S. 173: „Der einfache Thatbestand sei durch die Hauptfrage zu erschöpfen, und eine Zerlegung derselben in mehrere Fragen nicht zu gestatten." Hierdurch ist jedoch nicht ausgeschlossen, daß in derselben einzelne für das Delikt charakteristische Umstände besonders herausgestellt, die Frage also beispielsweise dahin gefaßt werde: Ist der Angekl. schuldig, dem X eine fremde bewegliche Sache in der Absicht, sich dieselbe zuzueignen, weggenommen zu haben, und zwar

1. unter Anwendung von Drohungen mit gegenwärtiger Gefahr für Leib und Leben,
2. auf einem öffentlichen Wege,
3. Waffen bei sich führend.

Einverständniß herrschte in der JK. darüber, daß in den Fällen des § 20 StGB. den Geschworenen die Entscheidung darüber gebühre, ob die That aus einer ehrlosen Gesinnung entstanden sei. Prot. S. 459.

§ 294 St.

Hat die Verhandlung Umstände ergeben, nach welchen eine von dem Beschlusse über die Eröffnung des Hauptverfahrens abweichende Beurtheilung der dem Angeklagten zur Last gelegten That in Betracht kommt, so ist eine hierauf gerichtete Frage zu stellen (Hülfsfrage)[1, 2].

Diese ist der dem Beschluß entsprechenden Frage voranzustellen, wenn die abweichende Beurtheilung eine erhöhte Strafbarkeit begründet.

1. Diese Vorschrift ist ein Ausfluß des im § 263 St. aufgestellten Prinzips. Vergl. die Note zu demselben. Da aber die Geschworenen ihren Wahrspruch nicht in gleicher Weise wie das Gericht in den nichtschwurgerichtlichen Untersuchungen, selbstständig auf Grund des Ergebnisses der vor ihnen stattgehabten Verhandlungen abzugeben, vielmehr nur die ihnen

vom Gerichtshofe vorgelegten bestimmten Fragen zu beantworten haben, so bedurfte es der Vorschrift des § für den Fall, wenn die Geschworenen zwar den Angekl. der ihm in dem Verweisungsbeschlusse zur Last gelegten That für schuldig erachten, aber der Ansicht sind, daß dieselbe nach dem Ergebniß der Verhandlungen anders zu beurtheilen sei, als in jenem Beschlusse geschehen. Beispielsweise, wenn sie zwar für erwiesen annehmen, daß der Angekl. den X vorsätzlich getödtet habe, aber der Ansicht sind, daß die Tödtung nicht mit Ueberlegung ausgeführt sei, oder, wenn der Verweisungsbeschluß dem Angekl. nur fahrlässige Brandstiftung beimißt, die Geschworenen aber annehmen, daß er dieselbe vorsätzlich verübt habe.

Dasselbe gilt, wenn sie den Angekl. nicht der ihm in dem Verweisungsbeschluß schuldgegebenen Verübung der That selbst, sondern nur eines Versuchs zu derselben (§ 43 folg. StGB.) oder der Anstiftung dazu, oder der Hülfeleistung (§§ 47 folg. StGB.) schuldig finden.

Nach allen diesen Richtungen hin sind nach § 291 St. nicht nur der Staatsanwalt und der Vertheidiger, sondern auch — in Folge der sehr zweckmäßigen Einschaltung der JK. Prot. S. 447 — jeder Geschworene berechtigt, Anträge zu stellen und der Beschlußnahme des Richterkollegiums zu unterbreiten. Vergl. die Noten zu § 296.

2. Der Ausdruck „Hülfsfrage" ist überhaupt, insbesondere aber im Falle des Abs. 2 des § nicht völlig zweckmäßig gewählt, da, wenn die — voranzustellende — Frage darauf, ob der Angekl. schuldig sei, einen Raub verübt zu haben, und die folgende darauf gerichtet wird: ob er eines Diebstahls schuldig sei, die erste nicht füglich als „Hülfsfrage" bezeichnet werden kann.

Dasselbe gilt, wenn in einer wegen Todtschlags (§ 212 StGB.) eingeleiteten Untersuchung der hierauf bezüglichen Frage, dem § 294 Abs. 2 entsprechend, die auf Tödtung mit Ueberlegung gerichtete Hülfsfrage vorangestellt wird. Die Terminologie ist jedoch hier einflußlos.

Ein in der JK. gestellter Antrag auf Aufnahme der Vorschrift: „Wird der Angekl. bei der Hauptverhandlung noch einer anderen That beschuldigt, als wegen welcher das Hauptverfahren gegen ihn eröffnet worden, so können auf Antrag des Staatsanwalts und mit Zustimmung des Angekl. auch auf diese That besondere Fragen gestellt werden", wurde, nachdem die Regierungsvertretung auf den Widerspruch hingewiesen hatte, in welchem derselbe mit dem Prinzip, die Urtheilsfindung lediglich auf die in der Klage und dem Verweisungsbeschluß enthaltenen Thatsachen zu beschränken, stehe, bei erster Lesung abgelehnt. Prot. S. 460. Nachdem bei zweiter Lesung in Bezug auf die nichtschwurgerichtlichen Sachen, jener Gegengründe ungeachtet, der § 265 in die St. aufgenommen worden, ist der gedachte Antrag hinsichtlich der schwurgerichtlichen Untersuchungen nicht erneuert worden. Eine Anwendung des § 265 auf das schwurgerichtliche Verfahren auf Grund des § 276 würde nicht gerechtfertigt erscheinen, da das Gesetz dadurch, daß es ungeachtet des analogen § 264 Abs. 2 für das schwurgerichtliche Verfahren im § 294 eine besondere Vorschrift erlassen hat, zu erkennen giebt, daß der

§ 276 auf Fälle, wo es sich um Regelung der Fragestellung handelt, nicht anwendbar sein soll.

Dagegen wird der § 264 mit Rücksicht auf den § 276 auch hier zur Anwendung zu bringen sein. Die mit einer den Worten entsprechenden Befolgung des Abs. 3 daselbst verknüpften Nachtheile würden allerdings hier noch schärfer hervortreten, da der Angekl. durch die Behauptung, der Vorbereitung zu bedürfen, das stattgehabte schwurgerichtliche Verfahren annulliren könnte.

§ 295 St.

Ueber solche vom Strafgesetze besonders vorgesehene Umstände, welche die Strafbarkeit vermindern oder erhöhen, sind geeignetenfalls den Geschworenen besondere Fragen vorzulegen (Nebenfragen)[1].

Eine Nebenfrage kann auch auf solche vom Strafgesetze besonders vorgesehene Umstände[2] gerichtet werden, durch welche die Strafbarkeit wieder aufgehoben wird.

1. Der Entwurf enthielt hinter „Strafbarkeit" das Wort: „ausschließen" und, dem entsprechend, als Abs. 2 die Vorschrift: „Wird über einen Umstand, welcher die Strafbarkeit ausschließt, eine Nebenfrage gestellt, so kann die Hauptfrage mit anderen als den im § 293 St. vorgeschriebenen Worten beginnen".

Beides in Fortfall bringend, hat die JK. den jetzt im Gesetz enthaltenen Abs. 2 beschlossen, und der Reichstag ist ihr beigetreten (Sitz. vom 1. Dezember 1876 S. 513 folg. der Stenogr. Ber.). Die Diskussion über die betreffenden Anträge wurde in der JK. mit der allgemeinen Frage nach der in Strafsachen gebotenen Abstimmungsart in Verbindung gebracht. Prot. S. 460 folg. Während ein Theil der Abgeordneten, unter Berufung auf die Praxis, auch in dem Falle, wenn die Richter, bzhw. Geschworenen, bei der Abgabe ihrer Stimmen von verschiedenen Gründen, von denen keiner die Majorität für sich habe, ausgingen, die Abstimmung dennoch nach dem Endresultat: „schuldig" oder „nicht schuldig" befürwortete, und demgemäß Nebenfragen, wie der zweite Abs. des Entwurfs sie zuließ (z. B. in Bezug auf Nothwehr oder Unzurechnungsfähigkeit), für unstatthaft erachtete, weil bei der die Straflosigkeit des Angekl. nach sich ziehenden Bejahung solcher Fragen ein „schuldig" über denselben nicht ausgesprochen werden dürfe, vertheidigte ein anderer Theil, gleichfalls auf angeblich herkömmliche Praxis gestützt, die Abstimmung nach Gründen — ein Prinzip, welches zur Folge hat, daß der Angekl. für schuldig erklärt und zu Strafe verurtheilt werden kann, obgleich alle Richter — Jeder aus einem von der Majorität verworfenen Grunde — ihn freisprechen wollen. Vergl. Note 2 zu § 196 G.

In ihrer Allgemeinheit kam die Frage hier nicht zur Entscheidung; auch war diese entbehrlich, da das Gesetz Vorschriften über das bei der Berathung und Abstimmung der Geschwornen zu beobachtende Verfahren überhaupt nicht enthält. Es wurde jedoch anerkannt — und hierauf gründet sich der zweite Abs. — daß Nebenfragen unbedingt in den Fällen zulässig sein müßten, wo es sich nicht um solche Strafausschließungsgründe handle, welche die Strafbarkeit der That während ihrer Ausführung — wie in den vorerwähnten Beispielen — beträfen, sondern erst nach deren Vollendung, als später eingetretene Umstände, die an sich vorhanden gewesene Strafbarkeit wieder aufhöben, wie z. B. beim Rückgängigmachen der Folgen eines beendeten Versuchs, § 46 StGB., beim Löschen eines Brandes vor der Entdeckung, § 310 das., beim fahrlässigen Meineide, § 163 das., beim Zweikampf in den Fällen der §§ 204. 209 das.

In Erwägung dieser Entstehung des § und der Worte: „wieder aufgehoben" — im Gegensatze zu dem im § 262 Abs. 2 gebrauchten Ausdruck „ausschließen" — dürften Nebenfragen, wie die ersterwähnten, für nicht zulässig zu erachten, die Geschworenen vielmehr durch den Schwurgerichtspräsidenten zu belehren sein, daß sie, wenn Nothwehr oder Unzurechnungsfähigkeit und dergl. von ihnen angenommen werde, die Schuldfrage selbst zu verneinen hätten. Prot. der JK. S. 460—464. 997 und Prot. vom 13. November 1876 S. 2.

2. Unter den Begriff „Umstände, welche die Strafbarkeit wieder aufheben", fällt auch der die Verjährung begründende Zeitverlauf. Da jedoch der § 262 den allgemeinen Satz ausspricht, daß die Schuldfrage — und nur diese fällt der Beurtheilung der Geschworenen nach § 81 G. anheim — die Voraussetzungen der Verjährung nicht begreife, so wird eine hierauf gerichtete Frage den Geschworenen nicht vorgelegt werden dürfen.

Dasselbe gilt in Bezug auf den Rückfall, wenngleich die Frage dann thatsächlicher Natur ist, wenn es sich um die Identität des Angekl. mit dem früher Bestraften handelt.

§ 296 St.

Wird die Vorlegung von Hülfs- oder Nebenfragen beantragt, so kann sie nur aus Rechtsgründen[1] abgelehnt werden[2].

1. Gleichviel, ob es sich um Umstände handelt, welche die Strafbarkeit wieder aufheben, vermindern oder erhöhen. § 295 St.

2. Nach dem § 291 Abs. 2 St. ist auch den Richtern bei der Feststellung der den Geschworenen vorzulegenden Fragen der Antrag auf Ergänzung der Frage, also auch auf Stellung von Hülfs- und Nebenfragen, nicht zu verschränken. Auf die Anträge, von denen der § 296 handelt, wird aber die Vorschrift des § 291 St. nicht bezogen werden dürfen, vielmehr haben sich die Richter bei der Beschlußnahme darüber, ob überhaupt zu einer solchen Frage Veranlassung sei, gleichviel, welche Gründe für entscheidend erachtet werden, dem Majoritätsbeschluß zu unterwerfen.

Es folgt dies nicht nur aus ihrer Stellung dem Kollegium gegenüber, sondern auch aus der Entstehungsgeschichte des § 296. Derselbe lautete nach dem Entwurf: „Wird die Vorlegung von Hülfs- oder Nebenfragen von der Staatsanwaltschaft oder dem Angekl. beantragt" u. s. w., und es wurde die Ausscheidung der Worte: „von der Staatsanwaltschaft oder dem Angekl." von der JK. nur aus dem Grunde beschlossen, weil man im § 291 St. den Geschwornen das Recht auf derartige Fragen anzutragen, eingeräumt habe, und diese Anträge denen der Staatsanwaltschaft und der Vertheidigung gleichbehandelt werden müßten. Von den Anträgen der Richter war nicht die Rede. Prot. S. 464.

§ 297 St.

Wenn das Gesetz beim Vorhandensein mildernder Umstände[1] eine geringere Strafe androht, so ist eine darauf gerichtete Nebenfrage zu stellen, wenn es von der Staatsanwaltschaft oder dem Angeklagten beantragt oder von Amtswegen für angemessen erachtet wird.

Zur Verneinung der Frage nach dem Vorhandensein mildernder Umstände bedarf es einer Mehrheit von mindestens sieben Stimmen[2].

1. Der Entwurf war davon ausgegangen, daß es sich bei der Berücksichtigung mildernder Umstände im Allgemeinen — im Gegensatze zu den im § 295 St. erwähnten, vom Strafgesetz besonders vorgesehenen mildernden Umständen — um Strafzumessungsgründe, nicht um die Schuldfrage handle, die Prüfung, ob sie vorhanden seien oder nicht, mithin dem Gericht, nicht den Geschworenen, zufalle.

Die JK. hat jedoch diesen — von der Regierungsvertretung bekämpften — § eingeschaltet, welcher Gelegenheit zur ferneren Bewährung der Erfahrung darbieten wird, daß die Geschworenen — der Sache nach in Ausübung des Begnadigungsrechts — zum Nachtheil der Strafrechtspflege das Vorhandensein mildernder Umstände aus einem Gefühl des Mitleids oder sonstigen mit den ihnen durch ihr Amt auferlegten Pflichten nicht vereinbaren Gründen in Fällen aussprechen, wo die vor ihnen stattgehabten Verhandlungen solche nach keiner Richtung hin herausgestellt haben. Prot. S. 455. Daß den Geschworenen die Stellung eines bezüglichen Antrages nicht zustehen soll, ist S. 1125 der Prot. von der JK. nach vorgängiger Berathung beschlossen worden.

2. In Betreff der vom Strafgesetze besonders vorgesehenen, die Strafbarkeit vermindernden Umstände vergl. den § 262 St.

Die Worte „mindestens sieben" dürften müßig stehen, da die Mehrheit von 12 stets mindestens 7 sein muß. Vergl. § 307 Abs. 2.

§ 298 St.

Hatte ein Angeklagter zur Zeit der That noch nicht das achtzehnte Lebensjahr vollendet, so muß die Nebenfrage gestellt werden, ob er bei Begehung der That die zur Erkenntniß ihrer Strafbarkeit erforderliche Einsicht besessen habe*.

Dasselbe gilt, wenn ein Angeklagter taubstumm ist.

* Die — von Amtswegen vorzulegende — Frage werden die Geschworenen ohne vorgängige darauf bezügliche Ermittelungen nicht beantworten können, wenn seit der Verübung der That ein längerer Zeitraum verflossen ist. § 67 StGB. Vergl. auch die §§ 56. 58 StGB.

§ 299 St.

An die Fragestellung schließen sich die Ausführungen und Anträge der Staatsanwaltschaft und des Angeklagten zur Schuldfrage.

§ 300 St.

Der Vorsitzende belehrt[1], ohne in eine Würdigung der Beweise einzugehen, die Geschworenen über die rechtlichen Gesichtspunkte, welche sie bei Lösung der ihnen gestellten Aufgabe in Betracht zu ziehen haben[2].

Die Belehrung des Vorsitzenden darf von keiner Seite einer Erörterung unterzogen werden.

1. Die Belehrung wird sich auch auf die §§ 262. 297 und 307 erstrecken müssen.

2. Darüber, wie sich der Vorsitzende zu verhalten habe, wenn seine Ansicht über eine durch den Spruch der Geschworenen zu entscheidende Rechtsfrage in der Praxis streitig ist, war eine Einigung in der JK. nicht zu erreichen (Prot. v. 13. November 1876). Von der einen Seite wurde es für genügend erachtet, wenn der Vorsitzende in einem solchen Falle die Geschworenen, ohne seine eigene Ansicht auszusprechen, auf die verschiedenen die Rechtsfrage betreffenden Meinungen hinweise, während von anderer Seite hierin eine Vereitelung des Zweckes der Belehrung gefunden und befürchtet wurde, daß eine derartige Belehrung den in Ungewißheit gelassenen Geschworenen vorzugsweise zu Debatten über die Rechtsfrage Anlaß geben werde. Eine dritte Ansicht ging dahin, daß, wenn ein wirklich beachtungswerther Meinungsstreit existire und durch die Praxis noch nicht ausgetragen sei, der Vorsitzende das Gesetz nur dann als unzweifelhaft darstellen dürfe, wenn er davon völlig überzeugt sei und die Zweifel der entgegengesetzten Ansicht nicht als berechtigt anerkenne.

Dem Zwecke des Gesetzes dürfte es entsprechen, wenn der Vorsitzende zwar stets seine eigene Ansicht ausspricht, neben derselben aber der in der Praxis der Gerichtshöfe, insbesondere des Reichsgerichts, sich geltend machenden abweichenden Meinungen, unter Anführung der Hauptgründe, auf welche dieselben sich stützen, Erwähnung thut.

Ein früherer Beschluß, wonach bestimmt bezeichnete Sätze der Rechtsbelehrung vom Vorsitzenden auf Antrag schriftlich sollten gefaßt und dem Protokoll beigefügt werden, ist zugleich mit der Vorschrift, daß eine so festgestellte Belehrung, wenn sie einen Rechtsirrthum enthalte und auf den Spruch der Geschworenen Einfluß gehabt habe, das Rechtsmittel der Revision begründen solle, vom Reichstage bei 3. Berathung in Wegfall gebracht. Sitz. vom 21. Dezember 1876 S. 987 der Stenogr. Ber.

§ 301 St.

Die Fragen werden vom Vorsitzenden unterzeichnet und den Geschworenen übergeben. Die Geschworenen ziehen sich in das Berathungszimmer zurück. Der Angeklagte wird aus dem Sitzungszimmer entfernt.

§ 302 St.

Gegenstände, welche in der Verhandlung den Geschworenen zur Besichtigung vorgelegt wurden, können ihnen in das Berathungszimmer verabfolgt werden*.

* In der JK. herrschte bei der Berathung des § Einverständniß darüber, daß den Geschworenen auch Gesetzbücher mitgegeben werden dürften. Prot. S. 470. Die Bestimmung, welche Gegenstände mitzugeben seien, wird der Vorsitzende, bei sich ergebender Meinungsverschiedenheit das Gericht, zu treffen haben. Die Mot. führen beispielsweise an: gefälschte Münzen, Handschriften zum Zwecke der Vergleichung, gefälschte Urkunden, Terrainzeichnungen, Werkzeuge der That; dagegen halten sie nicht für zulässig, daß auch der Anklagebeschluß oder die Anklageschrift und Aktentheile mitgegeben werden. S. 180.

§ 303 St.

Zwischen den im Berathungszimmer versammelten Geschworenen und anderen Personen darf keinerlei Verkehr stattfinden.

Der Vorsitzende sorgt dafür, daß ohne seine Erlaubniß kein Geschworener das Berathungszimmer verlasse und keine dritte* Person in dasselbe eintrete.

* Der hier von der JK. bei der Einschaltung des Satzes nicht günstig gewählte Ausdruck „Dritte“ soll eine weder zu den Geschworenen noch zu den von dem Schwurgerichtspräsidenten abgesandten Beamten gehörende Person bezeichnen. Prot. der JK. S. 471.

§ 304 St.

Die Geschworenen wählen[1] ihren Obmann mittels schriftlicher Abstimmung nach Mehrheit der Stimmen[2]. Bei Stimmengleichheit entscheidet das höhere Lebensalter.

Der Obmann leitet die Berathung[3] und Abstimmung[4].

1. Da der Fall der Ablehnung Seitens des gewählten Obmanns nicht vorgesehen ist, wird davon auszugehen sein, daß die Annahme des Obmann-Amtes zu den gesetzlichen Pflichten eines Geschworenen gehört. Demzufolge dürfte auch eine Weigerung der Annahme dieses Amtes die in den §§ 56 G. und 96 G. angedrohte Strafe nach sich ziehen.

2. Wer das Wahlverfahren leiten und das Ergebniß desselben mittheilen soll, ist nicht angegeben. Nach Anleitung des Schlußsatzes dürfte das Geschäft dem Aeltesten — etwa unter Zuziehung der beiden Nächstältesten als Kontroleure — oder nach dem Schlußsatze des § 199 G. dem zuerst Ausgeloosten unter Assistenz der nächstfolgenden Geschworenen zu überweisen sein.

Unter „schriftlicher Abstimmung“ wird eine mittelst Stimmzettel erfolgende zu verstehen sein (vergl. auch die §§ 197. 199. 200 G.).

3. Für die Zweckmäßigkeit des Ganges der Berathung ist die Eigenthümlichkeit des einzelnen Falles maßgebend. Folgen auf dem Fragebogen der Hauptfrage Nebenfragen, so gilt als Regel, daß die erstere zunächst und gesondert von den letzteren zur Berathung kommt.

Enthalten die Haupt- oder Nebenfragen solche Umstände, deren Fortfall (durch Verneinung der darauf bezüglichen den Geschworenen bei der Berathung vorgelegten Frage) die Beantwortung der übrigen Fragen entbehrlich machen würde, so ist mit diesen Fragen zu beginnen.

Ist also sowohl darüber, ob die den Gegenstand der Anklage bildende That überhaupt (objektiv) verübt worden, als auch darüber zu entscheiden, ob der Angekl. der Thäter ist, so ist über den ersteren Umstand zuerst zu berathen und abzustimmen, weil es im Falle der Verneinung der denselben betreffenden Frage auf die zweite Frage nicht ankommt, da, wenn das Delikt überhaupt nicht verübt ist, es auch nicht vom Angekl. verübt sein kann.

Wird z. B. in einer Diebstahlssache von den Geschworenen angenommen, daß der nach der Behauptung der Anklage gestohlene Gegenstand sich zur Zeit des angeblichen Diebstahls nicht mehr an dem Orte, wo er gestohlen sein soll, befunden habe, vielmehr schon vorher aus dem Besitze des vermeintlich Bestohlenen fortgekommen sei, so ist eine weitere Frage, ob der Angeklagte den Diebstahl verübt habe, zwecklos.

Aehnlich ist der Fall, wenn in einer Untersuchung wegen Urkundenfälschung die Geschworenen eine solche in der dem Angekl. zur Last gelegten That im Sinne des § 267 StGB. nicht anerkennen. Auch dann scheidet die Frage, ob der Angekl. die Handlung begangen habe, in welcher die Anklage eine Urkundenfälschung finden zu müssen gemeint hat, aus. Es bedarf daher der Berathung über dieselbe nicht.

Selbstverständlich ist ferner, daß bei der Verneinung der Hauptfrage die Beantwortung von Nebenfragen, welche sich auf Zurechnungsfähigkeit, Nothwehr, erschwerende Umstände und dergl. beziehen, auch wenn der Vorschrift des § 292 Abs. 2 St. nicht genügt ist, nicht erforderlich, die Berathung über dieselben mithin zwecklos ist.

4. Gegenstand der Abstimmung sind ausschließlich die Fragen, welche den Geschworenen in Gemäßheit des § 301 St. vorgelegt sind. Die Aufstellung und Beantwortung zusätzlicher, etwa auf Erläuterung abzielender Fragen Seitens der Geschworenen ist unstatthaft. Ein Antrag, den Geschworenen zu gestatten, ihrer Antwort auf die gestellten Fragen besondere Zusätze zur näheren Erläuterung der Antwort beizufügen und es dem Ermessen des Gerichts anheimzugeben, welche Bedeutung diesen Zusätzen zuzugestehen sei, wurde von der JK. abgelehnt (S. 472 der Prot.). Der Zweck solcher Zusätze wird sich jedoch durch einen bei der Verlesung der Fragen zu stellenden Antrag auf Nebenfragen, bzhw. auf Abänderung der gestellten Fragen, der Regel nach erreichen lassen.

Ueber jede Frage, hinsichtlich deren es einer Abstimmung bedarf, ist jeder Geschworene selbst dann besonders zu befragen, wenn sich durch die Antworten der vor ihm Befragten die zur Entscheidung erforderliche Stimmenmehrheit bereits herausgestellt hat.

In Betreff der den Geschworenen bei den Abstimmungen obliegenden Verpflichtung vergl. § 197 G. Die Verweigerung der Erfüllung derselben würde mit Rücksicht auf die Allgemeinheit des Ausdrucks „Obliegenheiten" die Strafe des nach § 96 G. auch auf Geschworene anwendbaren § 56 G. nach sich ziehen.

Ist der Obmann über die Art der Leitung der Berathung oder der Abstimmung zweifelhaft, oder hält die Mehrheit der Geschworenen den von demselben dabei eingeschlagenen Weg nicht für richtig, so steht nichts entgegen, eine Belehrung des Vorsitzenden darüber in ähnlicher Weise zu erbitten, wie es der § 306 St. gestattet, welcher nach der Bemerkung der Mot. S. 180 Zweifel hinsichtlich der Bedeutung der auf dem Fragebogen niedergeschriebenen Fragen voraussetzt.

Die Abstimmung erfolgt mündlich. Ein Protokoll wird über dieselbe nicht aufgenommen. Die Niederschreibung des Spruchs neben jeder Frage durch den Obmann bildet vielmehr den alleinigen Beweis für das Ergebniß der Abstimmungen. Hält ein Geschworener diesen Vermerk nicht für richtig, so ist er verpflichtet, sich hierüber auszusprechen und Abstimmung der übrigen Geschworenen darüber zu veranlassen.

Bis zu welchem Zeitpunkte ein Geschworener eine von ihm abgegebene

Stimme zurücknehmen dürfe, ist im Gesetz nicht bestimmt. Aus dem § 310 St. dürfte herzuleiten sein, daß nach der Kundgebung des Spruchs durch den Obmann (§ 308 St.) eine Zurücknahme nicht mehr statthaft sei, da das Verbot sachlicher Abänderung des Spruchs, selbst beim Vorhandensein von Mängeln in der Form, darauf hindeutet, daß bei sachlicher Korrektheit des Spruchs eine Aenderung desselben nach der Verlesung überhaupt nicht mehr zulässig sein soll. **Vor** dieser Kundgebung wird die Zurücknahme der Stimme selbst nach dem Wiedereintritt der Geschworenen in das Sitzungszimmer für statthaft zu erachten sein und eine anderweite Abstimmung zur Folge haben müssen.

§ 305 St.

Die Geschworenen haben die ihnen vorgelegten Fragen mit Ja oder mit Nein zu beantworten.

Sie sind berechtigt, eine Frage theilweise zu bejahen* und theilweise zu verneinen.

* Dies gielt nicht blos für den Fall, wenn in die Hauptfrage — sei es auf Grund des Verweisungsbeschlusses (§ 201 St.), oder in Veranlassung des Hervortretens neuer Momente in der Hauptverhandlung — erschwerende Umstände aufgenommen worden sind, sondern auch, wenn nach der Meinung der Geschworenen eins der in der Frage enthaltenen wesentlichen Merkmale des den Gegenstand der Anklage bildenden Verbrechens in Wegfall kommt. Beispielsweise dürfen die Geschworenen, wenn die Frage lautet: Ist der Angekl. schuldig, eine zur Wohnung von Menschen dienende Hütte vorsätzlich in Brand gesetzt zu haben (StGB. § 306) den Spruch dahin fassen: Ja, er ist schuldig; aber die Hütte diente nicht zur Wohnung von Menschen; oder: aber er hat nicht vorsätzlich gehandelt. Vergl. die Note 3 zu § 293 St.

Dagegen sind die Geschworenen ohne eine ihnen darüber vorgelegte Frage nicht berechtigt, dem Spruche Zusätze wie: aber der Angekl. war zur Zeit der That unzurechnungsfähig; oder: befand sich im Zustande der Nothwehr; oder: die That ist im Auslande verübt und dergl., hinzuzufügen. Denn solche thatsächliche Momente bilden nicht, wie der § voraussetzt, einen **Theil** des Inhalts der Frage, liegen vielmehr außerhalb desselben. Die Geschworenen sind deshalb auch nicht befugt, in dem vorstehend erwähnten Brandstiftungsfalle dem Spruche: „Ja, er ist schuldig" hinzuzufügen: er hat aber nur **fahrlässig** gehandelt, da, um eine fahrlässige Brandstiftung festzustellen und die Bestrafung des Angekl. wegen einer solchen anstatt der ihm zur Last gelegten vorsätzlichen zu ermöglichen, eine hierauf bezügliche Frage erforderlich gewesen wäre. Vergl. Note 4 zu § 304.

Bei der 2. Berathung des § im Reichstage (Sitz. vom 1. Dezember 1876 S. 525 der Stenogr. Ber.) herrschte auch darüber Einverständniß, daß die Geschworenen ohne eine ihnen — auf Antrag der StAschft. oder des

Angekl. oder von Amtswegen — darüber vorgelegte Frage, ihrem Schuldig-Spruche nicht hinzufügen dürften: „mit mildernden Umständen".

Hinsichtlich der Reihefolge, in welcher die Geschworenen bei der Abstimmung zu befragen sind, vergl. § 199 G.

§ 306 St.

Glauben die[1] Geschworenen vor Abgabe ihres Spruchs einer weiteren Belehrung[2] zu bedürfen, so wird diese auf ihren Antrag[3] durch den Vorsitzenden ertheilt, nachdem sie zu dem Zweck in das Sitzungszimmer zurückgekehrt sind[4].

Ergiebt sich Anlaß zur Aenderung oder Ergänzung der Fragen, so muß der Angeklagte zur Verhandlung zugezogen werden.

1. Nach den Worten „die Geschworenen" „auf ihren Antrag", und da es sich hier nicht um eine „Entscheidung" im Sinne des § 198 G. handelt, müßte es die Meinung sämmtlicher Geschworenen sein. Es kann aber weder beabsichtigt sein, die Anwendung der Vorschrift auszuschließen, wenn nur Einer derselben einer Belehrung nicht zu bedürfen erklärt, noch zu dem Verfahren zu nöthigen, wenn nur Einer einer solchen bedarf. Es wird daher ein mittelst einfacher Mehrheit gefaßter Beschluß erforderlich sein, wie dies in dem ähnlichen Falle des § 304 St. ausdrücklich ausgesprochen ist.

2. Die Mot. S. 181 deuten darauf hin, daß es sich bei der Belehrung um das Verständniß der den Geschworenen vorgelegten Fragen (§§ 290. 291) handle. Hiervon ausgegangen, wird die — von der Belehrung über die von den Geschworenen in's Auge zu fassenden rechtlichen Gesichtspunkte sprechende — Vorschrift des § 300 Abs. 2 hier keine Anwendung finden, den beisitzenden Richtern, dem StA., den Geschworenen und dem Vertheidiger, welche deshalb bei der Belehrung zuzuziehen sind, vielmehr freistehen, die Belehrung als mit dem Sinne der Frage im Widerspruch stehend, zu bemängeln, und die Entscheidung des Gerichts über die Meinungsverschiedenheit zu verlangen. Hiefür spricht auch der Abs. 2.

3. Derselbe wird durch den Obmann mündlich oder schriftlich zu stellen sein.

4. Nach anderen Gesetzgebungen begiebt sich der Vorsitzende in das Berathungszimmer der Geschworenen. Wie aus den Mot. S. 181 hervorgeht, ist bezweckt, die Belehrung der Oeffentlichkeit nicht zu entziehen. Es wird hieraus zu folgern sein, daß sie in Gegenwart der beisitzenden Richter, des Staatsanwalts und des Vertheidigers stattzufinden hat.

§ 307 St.

Der Spruch ist von dem Obmann neben den Fragen[1] niederzuschreiben[2] und von ihm zu unterzeichnen.

[4]Bei jeder dem Angeklagten nachtheiligen Entscheidung ist anzugeben, daß dieselbe mit mehr als sieben Stimmen, bei Verneinung der mildernden Umstände, daß dieselbe mit mehr als sechs Stimmen gefaßt worden ist[4]. Im Uebrigen darf das Stimmenverhältniß nicht ausgedrückt werden.

1. Nämlich jeder Spruch neben der Frage, auf welche er sich bezieht. Zuvor hat sich der Obmann der Zustimmung der Geschworenen zu der Fassung des Spruchs zu versichern.

Wesentlich ist die Unterschrift des Obmanns; daß der Spruch von einem anderen Geschworenen geschrieben worden, wird Nichtigkeit desselben nicht nach sich ziehen können.

2. Eine bestimmte Form für die auf die Hauptfrage (§ 293 St.) zu ertheilende Antwort ist nicht vorgeschrieben. Die übliche ist: „Ja, er ist schuldig". Doch wird ein bloßes: „Ja" nach § 305 genügen.

3. Der 2. Abs. ist von der JK. eingeschaltet, und in Folge dessen die Vorschrift des Entwurfs: „Das Stimmenverhältniß darf nicht ausgedrückt werden", modifizirt worden. Prot. S. 478. 756 u. Prot. v. 17. Oktbr. 1876.

In Bezug auf die Urtheile der Gerichtskollegien ist eine solche Verlautbarung, daß das Stimmenverhältniß der Vorschrift des § 262 entspreche, nicht angeordnet.

4. Die Fassung dieses Absatzes dürfte nicht korrekt sein, da das Wort „jeder" mit der die mildernden Umstände betreffenden Bestimmung des § nicht im logischen Einklange steht, insofern auch die Verneinung des Vorhandenseins mildernder Umstände eine „dem Angekl. nachtheilige Entscheidung" ist, diese aber nicht mehr als 7 Stimmen erfordert. § 297.

5. Wird die Fassung des Spruchs nach der Niederschreibung von Geschworenen bemängelt, und in Folge Mehrheitsbeschlusses eine Aenderung erforderlich, so ist — in gleicher Weise, wie im § 312 angeordnet — der berichtigte Spruch so niederzuschreiben, daß der frühere erkennbar bleibt. Zulässig dürfte eine solche Bemängelung sein, bis der Spruch vollständig kundgegeben ist. § 308 Abs. 1.

§ 308 St.

Der Spruch ist im Sitzungszimmer von dem Obmann kund zu geben[1,2]. Der Obmann spricht die Worte:

„Auf Ehre und Gewissen bezeuge ich als den Spruch der Geschworenen"

und verliest die gestellten Fragen mit den darauf abgegebenen Antworten[3].

Der verlesene Spruch ist von dem Vorsitzenden und dem Gerichtsschreiber zu unterzeichnen[4].

1. Das Gesetz unterscheidet in seiner Terminologie, wie auch die Mot. S. 182 hervorheben, zwischen der durch den Obmann erfolgenden „Kundgebung" und der im § 313 St. angeordneten „Verkündung" des Spruchs.

2. Daß die Kundgebung nicht in Gegenwart des Angekl. geschieht, ergiebt sich aus § 313 St.

3. Wie in der Note 3 zu § 307 St. erwähnt, hatte der Entwurf die Angabe des Stimmenverhältnisses in dem Spruche der Geschworenen verboten. In Folge dessen konnte auch im § 308 (265) des Entwurfs eine Bestimmung in Betreff der Erwähnung jenes Stimmenverhältnisses bei der „Kundgebung" des Spruchs nicht getroffen werden. Nachdem aber der Entwurf durch den Abs. 2 des § 307 St. eine Aenderung erfahren hat, entsteht die Frage, ob das Stimmenverhältniß in den Fällen, wo dort die Niederschreibung desselben bei dem Spruch verordnet ist, auch bei der Kundgebung des letzteren durch den Obmann anzugeben sei. Die Frage scheint jedoch, da der § sich nicht auf die Vorschrift des ersten Satzes, daß der Spruch — zu dem das Stimmenverhältniß würde gerechnet werden können — kund zu geben sei, beschränkt, sondern dasjenige, was der Obmann zu verlesen hat: die Fragen und die Antworten — wozu das Stimmenverhältniß nicht gehört — mit bestimmten Worten fixirt hat, verneint werden zu müssen, wenngleich die bisherige schwurgerichtliche Praxis dem entgegensteht. Die Prot. der JK. sprechen sich über die Frage nicht aus. S. 478. 479. 1001.

4. Da die Vorschrift des Abs. 2 den Bestimmungen des § 309 St., ohne eine Ausnahme zu statuiren, vorangestellt ist, würde die Annahme gerechtfertigt erscheinen, daß die Unterzeichnung sofort nach der Verkündung des Spruchs, gleichviel ob dieser zu bemängeln sei, oder nicht, erfolgen müsse. Daß dies nicht beabsichtigt sei, wird jedoch daraus zu schließen sein, daß der § 312 St. eine Wiederholung der Unterschrift des berichtigten Spruchs nicht anordnet. Danach dürfte die Unterzeichnung erst nach Behebung der Mängel des Spruchs eintreten.

§ 309 St.

Erachtet das Gericht[1], daß der Spruch in der Form[2] nicht vorschriftsmäßig oder in der Sache undeutlich, unvollständig oder sich widersprechend[3] sei, so werden die Geschworenen von dem Vorsitzenden aufgefordert, sich in das Berathungszimmer zurückzubegeben, um dem gerügten Mangel abzuhelfen.

Diese Anordnung ist zulässig[4], so lange das Gericht noch nicht auf Grund des Spruchs das Urtheil verkündet hat[5].

1. Von Amtswegen, oder in Folge der Bemängelung Seitens des StA. oder des Vertheidigers.

2. Z. B. das Fehlen der Unterschrift des Obmanns oder des im § 305 als sakramental vorgeschriebenen Ja oder Nein, ferner die unterbliebene Angabe des Stimmenverhältnisses, wo sie angeordnet ist. § 307.

3. Nach den zutreffenden Bemerkungen der Mot. S. 184 ist der Spruch undeutlich, wenn er den Sinn, den die Geschworenen damit verbinden wollen, nicht klar erkennen läßt, oder wenn seine Fassung einen Zweifel darüber zuläßt, ob nicht die Geschworenen die Frage mißverstanden und somit die eigentliche Frage unbeantwortet gelassen haben.

Unvollständig ist der Spruch, wenn er die Frage nicht erschöpft.

Ein innerer Widerspruch liegt vor, wenn die einzelnen Bestandtheile der Antwort oder die mehreren Antworten unter sich, sei es daß sie denselben Angekl. oder verschiedene Mitangekl. betreffen, logisch nicht mit einander zu vereinigen sind.

Es ist aber hiebei im Auge zu behalten, daß die Sprüche der Geschworenen nicht die objektive Wahrheit feststellen sollen, denselben vielmehr hinsichtlich der Thatfrage nur der Sinn beizulegen ist: daß sie der Ausdruck der Ueberzeugung der erforderlichen Mehrheit der Geschworenen über das Ergebniß der vor ihnen stattgehabten Beweisaufnahme sind.

Dies erwogen, kann es in Fällen, wo zwei Angekl. der gemeinschaftlichen Verübung einer strafbaren Handlung angeklagt sind, für einen Widerspruch im Sinne des § nicht gelten, wenn in Bezug auf den Einen derselben die Frage: ob er schuldig sei, das bezeichnete Verbrechen in Gemeinschaft mit dem Anderen verübt zu haben, bejaht, in Betreff des Letzteren dagegen verneint wird, wenngleich allerdings der eine der beiden Sprüche objektiv unwahr sein muß.

Hat also der erstere Angeklagte in einer für die Geschworenen überzeugenden Weise und im Einklange mit ermittelten Umständen zugestanden, das Verbrechen in Gemeinschaft mit dem letzteren verübt zu haben, so werden die Geschworenen sich für verpflichtet erachten müssen, ihm gegenüber die ihn betreffende Frage ganz so, wie sie gestellt ist, zu bejahen.

Liegt dagegen gegen den anderen Angekl. ein Mehreres, als die Bezichtigung des Ersteren nicht vor und erscheint den Geschworenen der hierdurch gegen ihn erregte Verdacht nicht ausreichend, um darauf hin die Schuldfrage in Bezug auf ihn zu bejahen, so sind sie genöthigt, die ihn betreffende Frage zu verneinen.

Daß in der That in diesen von einander abweichenden Sprüchen ein innerer Widerspruch nicht zu finden ist, ergiebt sich, wenn dieselben ihrem Sinne entsprechend dahin zusammengefaßt werden: Die gegen A und B erhobene Anklage gemeinschaftlicher Verübung des Verbrechens ist bezüglich des A erwiesen, hinsichtlich des B nicht erwiesen.

Das vorstehend von der gemeinschaftlichen Verübung der That (§ 47 StGB.) Gesagte findet auch auf den Fall Anwendung, wenn die Anklage den einen Angekl. der Ausführung der That, den anderen der Hülfeleistung beschuldigt. Auch hier steht bei einer Sachlage, wie die vorstehend unterstellte, nichts entgegen, dem Letzteren gegenüber das „Schuldig" auszusprechen, auch wenn der Spruch in Betreff des angeblichen Thäters wegen Unzulänglichkeit des Beweises auf „Nichtschuldig" lautet.

Die Richtigkeit dieser Sätze stellt sich heraus, wenn der Fall angenommen wird, daß die Anklage wegen eines von A und B gemeinschaftlich, beziehentlich in der Weise verübten Verbrechens, daß A dasselbe als Thäter ausgeführt habe, B als Hülfeleister dabei thätig gewesen sei, gegen Letzteren allein erhoben wird, weil A inzwischen gestorben ist. Ist in einem solchen Falle B der in der Anklage behaupteten Thatsachen in sachlicher und persönlicher Beziehung geständig und findet sein Geständniß in den ermittelten Umständen Unterstützung, so würden die Geschworenen aus dem - dem B gegenüber zufälligen — Umstande, daß sie die Wahrheit der in der Anklageschrift hinsichtlich des verstorbenen A aufgestellten Behauptungen dahingestellt sein zu lassen genöthigt sind, keinenfalls ein Bedenken hernehmen dürfen, das „Schuldig" in Bezug auf B auszusprechen. Hiervon ausgegangen darf aber in dem Falle, wenn die Anklage gegen Beide gerichtet ist, das blos negative Moment des Bestreitens des A und der Mangel eines genügenden Beweises gegen denselben nicht dahin führen, die Schuldfrage in Bezug auf den B, ungeachtet der durch dessen Geständniß und die ermittelten Umstände begründeten Ueberzeugung der Geschworenen von dessen Schuld, zu verneinen. Ein solches Verfahren lediglich zu Ehren des Formalismus der den Geschworenen vorzulegenden Fragen und der von ihnen zu ertheilenden Antworten eintreten zu lassen, würde mit einer gesunden Rechtspflege völlig unvereinbar sein.

4. Nöthigenfalls ist dieselbe zu wiederholen.

5. Durch die schon erfolgte Verkündung des Spruchs der Geschworenen (§ 313 St.) wird daher die Zulässigkeit einer nachträglichen Berichtigung desselben nicht ausgeschlossen sein.

Mit Rücksicht auf die völlig bestimmte Fassung des Abs. 2 dürfte auch die Bejahung der in der JK. (Prot. S. 479. 480) angeregten, dort unentschieden gebliebenen Frage, ob das in dem § angeordnete Verfahren auch noch nach der Unterzeichnung des Wahrspruchs durch den Vorsitzenden und den Gerichtsschreiber — wenn beispielsweise die Geschworenen erst bei den Ausführungen des Staatsanwalts und des Vertheidigers eine mißverständliche Auffassung ihres Spruchs wahrnehmen und hierauf aufmerksam machen — nicht zweifelhaft sein.

§ 310 St.

Sind nur Mängel in der Form* des Spruchs zu berichtigen, so darf eine sachliche Aenderung nicht vorgenommen werden.

* Bei der Berathung des § in der JK. wurde Seitens der Regierungsvertretung darauf aufmerksam gemacht, daß der § nicht zwischen formalen und materiellen Mängeln, sondern zwischen Mängeln in der Form des Spruchs und sachlichen Mängeln unterscheide. Dabei wurde bemerkt, daß,

sobald sich aus dem Versuche, die Form des Spruchs zu berichtigen, ergebe, daß Mängel, wie unrichtiges Stimmenverhältniß, Irregularität bei der Beschlußfassung u. dergl. vorliegen, das Gebiet der sachlichen Mängel betreten sei. Prot. S. 479—481. Vergl. auch Note 2 zu § 309.

§ 311 St.

Sind sachliche Mängel des Spruchs zu berichtigen, so sind die Geschworenen bei ihrer erneuten Berathung an keinen Theil* ihres früheren Spruchs gebunden.

Ergiebt sich bei der Erörterung solcher Mängel Anlaß zur Aenderung oder Ergänzung der Fragen, so muß der Angeklagte zur Verhandlung zugezogen werden.

* Nach der Wortfassung findet die Vorschrift auch Anwendung, wenn der Spruch mehrere von einander völlig unabhängige strafbare Handlungen zum Gegenstande hat, die Bemängelung desselben sich aber nur auf eine derselben bezieht, sowie ferner, wenn der in Gegenwart der Zuhörer schon verkündete Spruch (§ 309 Abs. 2) auf Nichtschuldig bezüglich des Einen von mehreren Angekl. lautet und insoweit von keiner Seite bemängelt worden ist, während ein Mitangekl. für schuldig erachtet, der ihn betreffende Wahrspruch aber als undeutlich, unvollständig oder sich widersprechend befunden worden ist.

In diesen Fällen würde also der demnächst ergehende neue Spruch der Geschworenen gegen jenen ersterwähnten Angekl., ungeachtet der in Bezug auf ihn völlig unveränderten Sachlage, im Widerspruche mit dem ersten Spruche lediglich deshalb auf „Schuldig" lauten dürfen, weil Einer der Geschworenen, sein früheres Votum bereuend, die ihm durch die Zurückschickung der Geschworenen in das Berathungszimmer (§ 309 St.) dargebotene Gelegenheit zur Abänderung seiner Stimme benutzte.

Bei der Berathung des § in der JK. ist diese Tragweite der Worte „an keinem Theil ihres früheren Spruchs" nicht zur Sprache gekommen, und auch die Mot. lassen die Frage, ob in Fällen, wo die Bemängelung des Spruchs der Geschworenen ausschließlich eine von mehreren in keiner Verbindung mit einander stehenden strafbaren Handlungen oder nur einen der mehreren Angekl. betrifft, gleichwohl der ganze Spruch nach allen seinen Richtungen hin hinfällig werden soll, unberührt. Es heißt zwar in den Mot. S. 184: „In allen Fällen nun, wo ein sachlicher Mangel im Spruche sich zeigt, wird es dem Gericht unmöglich sein, die Begrenzung des Mangels zuverlässig zu ermitteln, weil es nicht zu erkennen vermag, ob der dem Mangel zum Grunde liegende Irrthum nur auf einzelnen oder auf allen Bestandtheilen des Spruchs haftet. Deshalb würde es mißlich sein, der Berichtigung eine Schranke zu setzen, und die erneute Berathung der Geschworenen nur in Betreff des als mangelhaft erkannten Spruchtheiles zuzulassen; vielmehr erscheint es zur Vermeidung sachwidriger Entscheidungen geboten, die Geschworenen von dem ursprünglichen Spruch in dessen ganzer Ausdehnung zu entbinden, und ihnen für die erneute Berathung alle Freiheit zu gewähren".

Allein aus diesen allgemeinen die hier vorliegende Frage nicht ausdrücklich besprechenden Bemerkungen wird für deren Beantwortung um so weniger eine Entscheidung herzunehmen sein, als der dort angegebene Grund, „daß es dem Gericht unmöglich sein werde, die Grenzen des Mangels zuverlässig zu ermitteln", in solchen Fällen nicht zutrifft, wo die, völlig verschiedene Delikte, oder mehrere mit einander in keiner Verbindung stehende Angekl. betreffenden Sprüche der Geschworenen auf einander keinen Bezug haben. Zu den sachlichen Mängeln des Spruchs gehört beispielsweise die unrichtige Bezeichnung eines Angekl., oder der Zeit oder des Orts der Verübung der That. In solchen Fällen kann wohl nicht die Rede davon sein, daß das Gericht über die Grenzen des Mangels zweifeln könnte.

Hiernach dürfte es sich rechtfertigen lassen, von der strikten Wortauslegung Abstand zu nehmen und davon auszugehen, daß bei der Redaktion des § nur verabsäumt worden sei, eine Bestimmung analog dem von der JK. eingeschalteten Abs. 2 des § 317 St. auch hier aufzunehmen.

§ 312 St.

Der berichtigte Spruch ist in der Weise niederzuschreiben, daß der frühere erkennbar bleibt*.

* Auch der berichtigte Spruch bedarf der Unterschrift des Obmanns. § 307 St.

§ 313 St.

Der Spruch der Geschworenen wird dem Angeklagten, nachdem er in das Sitzungszimmer wieder eingetreten ist, durch Verlesung verkündet*.

* Es wird vom Vorsitzenden abhängen, ob er sich der Verkündung selbst unterziehen oder sie dem Gerichtsschreiber übertragen will. Auch die Mot. S. 182 halten die Verkündung durch Letzteren für zulässig.

§ 314 St.

Ist der Angeklagte von den Geschworenen für nicht schuldig erklärt worden, so spricht das Gericht ihn frei[1].

Anderenfalls müssen, bevor das Urtheil erlassen wird, die Staatsanwaltschaft und der Angeklagte mit ihren Ausführungen und Anträgen gehört werden[2].

1. Auch wenn die Geschworenen die ihnen vorgelegte Hauptfrage bejaht haben, ist die Freisprechung des Angekl. nicht unbedingt ausgeschlossen. Sie kann eintreten, nicht nur wenn die Geschworenen neben jener Bejahung

ein zu den wesentlichen Erfordernissen des Delikts gehörendes Moment, z. B. den Vorsatz des Angekl., verneint haben, sondern auch, wenn die That so, wie sie in dem Verweisungsbeschlusse formulirt und, demselben entsprechend, durch den Spruch der Geschworenen festgestellt ist, nach der Ansicht der Mehrheit der Richter nicht unter ein Strafgesetz fällt.

2. Ueber die Anwendung der Gesetze auf die Feststellungen des Geschworenenspruchs.

§ 315 St.

Die Verkündung des Urtheils erfolgt am Schlusse der Verhandlung*.

* Ueber die Art der Verkündung vergl. den § 267 St.

§ 316 St.

In den Gründen des Urtheils ist auf den Spruch der Geschworenen Bezug zu nehmen. Die Urschrift des Spruchs ist dem niedergeschriebenen Urtheil anzufügen.

§ 317 St.

[1]Ist das Gericht einstimmig[2] der Ansicht, daß die Geschworenen sich in der Hauptsache zum Nachtheile des Angeklagten geirrt haben[3], so verweist[4] es durch Beschluß ohne Begründung[5] seiner Ansicht die Sache zur neuen Verhandlung vor das Schwurgericht der nächsten Sitzungsperiode. Die Verweisung ist nur von Amtswegen und bis zur Verkündung des Urtheils zulässig.

Betrifft das Verfahren mehrere selbständige strafbare Handlungen oder mehrere Angeklagte, so erfolgt die Verweisung nur in Ansehung derjenigen Handlung oder Person[6], in Bezug auf welche die Geschworenen sich nach Ansicht des Gerichts geirrt haben.

An der neuen Verhandlung darf kein Geschworener Theil nehmen, welcher bei dem früheren Spruche mitgewirkt hat[7].

Auf Grund des neuen Spruchs ist stets das Urtheil zu erlassen[8].

1. Dieser § ist von der JK. dem Entwurf gegen den Widerspruch der Regierungsvertretung hinzugefügt worden.

2. Daß in Bezug auf die Gründe, aus denen von den drei Richtern der Geschworenenspruch als irrthümlich bemängelt wird, Einstimmigkeit vor-

walten müsse, sagt das Gesetz nicht; es genügt daher nach dem in der Note 1 zu § 295 geltend gemachten — bezüglich dieses § nicht abgeänderten — Prinzip der Abstimmung über das Resultat (im Gegensatze zu den einzelnen Gründen), daß Jeder der Richter — wenngleich von verschiedenen Gesichtspunkten aus — wie dies bei einer Häufung von theils die Hauptsache theils Nebenpunkte betreffenden Fragen leicht vorkommen kann — den Spruch für irrig erachtet. Dabei kann möglicher Weise jede der drei Meinungen, welche zusammen die Kassation des Spruchs zur Folge haben, nicht blos die der beiden übrigen Richter, sondern auch die aller zwölf Geschworenen, und wenn es sich um Rechtsfragen handelt, selbst die des Reichsgerichts gegen sich haben.

Beispielsweise wird, wenn in einer auf Grund des § 122 StGB. eröffneten Untersuchung alle gesetzlichen Voraussetzungen desselben durch den Wahrspruch festgestellt sind, dieser als irrthümlich kassirt, wenn der erste Richter den gesetzlichen Begriff „zusammenrotten" auf den vorliegenden Fall nicht für zutreffend hält, der zweite eine stattgehabte „Beauftragung" im Sinne des Gesetzes nicht anerkennt, und der dritte dafür hält, daß die Geschworenen ein „Unternehmen — zu nöthigen", bei richtigem Verständniß des Gesetzes nicht hätten annehmen dürfen, sich also geirrt hätten — keinem dieser Gründe aber von den beiden anderen Richtern beigetreten wird.

Daß ein derartiges Verfahren mit dem Prinzip, der Prüfung der Geschworenen nicht blos das rein Thatsächliche, sondern die ganze Schuldfrage, einschließlich der mit derselben verknüpften Rechtsfragen zu überweisen, im grellen Widerspruche steht, wird anerkannt werden müssen.

3. Welcher Art der Irrthum sein, insbesondere, ob derselbe Rechtsfragen betreffen müsse, oder ob die Kassation des Spruchs auch zulässig sein solle, wenn das Richterkollegium den Irrthum darin findet, daß das „schuldig" über einen Angekl. ausgesprochen sei, obgleich es am Beweise gegen diesen Angekl. fehle, sagt das Gesetz nicht, ist auch nicht Gegenstand eines Beschlusses der IK. gewesen. Bei der Allgemeinheit der Fassung des § wird letzteres anzunehmen sein, der Irrthum mithin auch in der unrichtigen Würdigung des Ergebnisses der Beweisaufnahme gefunden werden, die Kassation also lediglich deshalb eintreten dürfen, weil die drei Richter, wenn sie zu den Geschworenen gehört hätten, anders als die Majorität der Geschworenen gestimmt haben würden.

Eine derartige gesetzliche Bestimmung könnte ihre Rechtfertigung nur in der Voraussetzung finden, entweder, daß die drei Richter zur Beurtheilung des Resultats der Beweiserhebung und der Erklärungen des Angekl. befähigter, als die (mindestens) acht Geschworenen, oder daß sie der Verhandlung mit gespannterer Aufmerksamkeit als diese gefolgt seien. Daß bei der Berathung des § das Eine oder Andere angenommen worden sei, ergeben die Prot. der IK. nicht.

4. Durch Beschluß. Vergl. § 259 Note 1 St.

5. Dadurch ist der Staatsanwaltschaft die Möglichkeit entzogen, im Wege des zulässigen Rechtsmittels den Nachweis zu führen, daß in dem in

der Note 2 unterstellten Falle der Rechtsirrthum nicht auf Seiten der Geschworenen, sondern bei den den Spruch derselben kassirenden Richtern vorgewaltet habe.

6. Ob gegen solche Mitangeklagte, welche bei dem auf Irrthum beruhenden Theile des Geschworenenspruchs nicht betheiligt sind, bzhw. über solche Anklagepunkte, welche von der Kassation nicht betroffen werden, sofort durch Urtheil solle erkannt werden, spricht der § nicht aus. Auch ist dies nicht Gegenstand der Berathung in der JK. gewesen. Gleichwohl bedurfte es einer Bestimmung hierüber, da sich das zu beobachtende Verfahren keineswegs ohne eine solche von selbst ergiebt.

Daraus, daß in dem § der Fall, wo gegen einen Angekl. mehrere strafbare Handlungen vorliegen, demjenigen, wo gegen mehrere Angekl. verhandelt worden, gleichgestellt ist, könnte gefolgert werden, daß das Urtheil überhaupt ausgesetzt und dem Gerichtshofe des künftigen Schwurgerichts vorbehalten bleiben solle, da sich im ersteren Falle die sofortige Entscheidung dadurch verbietet, daß das künftige Urtheil über den von der Kassation betroffenen Anklagepunkt möglicherweise durch die Entscheidung über die übrigen Anklagepunkte beeinflußt wird.

Allein zunächst wird es für selbstverständlich gelten müssen, daß bezüglich solcher Angekl., bzhw. Anklagepunkte, in Betreff deren der Geschworenenspruch auf „Nichtschuldig" lautet, sofort Freisprechung erfolgen muß.

Im Uebrigen dürfte zu unterscheiden sein, ob diejenigen Angekl., bzhw. Anklagepunkte, in Betreff deren Anlaß zur Kassation des Spruchs nicht gefunden wird, zu denjenigen, hinsichtlich deren Kassation eintritt, in einer solchen Beziehung stehen, daß nach Maßgabe der Sachlage des Falles hinsichtlich der Strafart oder des Strafmaßes bei der Beurtheilung des einen Angekl., bzhw. Anklagepunkts, Rücksichtsnahme auf das über die anderen zu fällende Urtheil geboten erscheint.

Ist z. B. derselbe Angekl. in dem vorerwähnten Falle mehrerer strafbarer Handlungen angeklagt und hinsichtlich aller von den Geschworenen für schuldig erachtet, der Wahrspruch aber nur in Betreff einer derselben als irrthümlich kassirt, so wird mit Rücksicht auf die Vorschrift des § 74 Abs. 1 StGB. die Festsetzung des Gesammtstrafmaßes den Richtern des späteren Schwurgerichts überlassen werden müssen, welche bezüglich der von der Kassation nicht betroffen gewesenen Strafthaten die früheren Geschworenen-Verdikte ihrer Entscheidung zum Grunde zu legen haben.

Daß dieselben hiebei in der Regel außer Stande sein werden, die bei der früheren schwurgerichtlichen Verhandlung und Beweisaufnahme hervorgetretenen Strafmilderungs- oder Verschärfungsgründe zu berücksichtigen, daß ferner der Ausgang der Untersuchung, auch wenn der Angekl. verhaftet ist, selbst in dem Falle bis zur nächsten Schwurgerichtsperiode verzögert wird, wenn der kassirte Spruch nur einen untergeordneten Anklagepunkt betraf — sind unabwendbare Folgen der bedenklichen Vorschrift des §. Dem für die Aufnahme der letzteren in das Gesetz in der JK. geltend gemachten Argument: „Unfehlbar sei auch der Geschworene nicht" (S. 1002 der Prot.) dürfte sich mit der Bemerkung begegnen lassen, daß voraussetzlich auch den zur Kassation des Spruchs berufenen drei Richtern die Eigenschaft der Unfehlbarkeit nicht beiwohnen wird.

Die Möglichkeit, daß in dem späteren schwurgerichtlichen Verfahren ein dem Angekl. nachtheiligeres Urtheil gefällt werden könne, als auf Grund des kassirten Spruchs zulässig gewesen wäre, ist bei der Berathung des § in der JK. theils bestritten, theils anerkannt. Prot. S. 484. 485. Nach der völlig allgemeinen Fassung „verweist die Sache zur neuen Verhandlung" und „die Verweisung erfolgt in Ansehung derjenigen Person oder Handlung" wird der letzteren Meinung beizutreten sein. Denn, da hiernach in Bezug auf diejenige Person oder Handlung, hinsichtlich deren die Kassation des Spruchs erfolgt, eine Beschränkung der neuen Verhandlung nicht angeordnet ist, diese also sich insoweit auf die Schuldfrage, einschließlich der Nebenfragen, zu erstrecken hat, so kann der Fall eintreten, daß das neue Schwurgericht eine auf das Vorhandensein mildernder Umstände gerichtete Frage verneint, oder auch eine auf solche Umstände, welche das Gesetz als strafschärfende bezeichnet, bezügliche Frage bejaht, während das frühere Schwurgericht beide Fragen zu Gunsten des Angekl. beantwortete.

Eine ungünstigere Lage kann für den Angekl. ferner dadurch herbeigeführt werden, daß Vertheidigungsbeweismittel in der Zwischenzeit durch den Tod von Zeugen oder in anderer Weise für ihn verloren gehen, oder daß die StAschft., wie ihr nach der allgemeinen, für Fälle des § 317 nicht eingeschränkten Vorschrift des § 245 freisteht, vor oder in der erneuerten schwurgerichtlichen Verhandlung neuen Belastungsbeweis antritt.

Ein Antrag, zu bestimmen, daß dem neuen Schwurgericht die in der ersten Verhandlung gestellten Fragen, so weit sie zu Gunsten des Angekl. erledigt worden seien, nicht wieder vorgelegt werden dürften, wurde abgelehnt. Prot. S. 481. 485.

Daß der Gerichtshof den von ihm für irrthümlich erachteten Theil des Spruchs ausdrücklich aufzuheben oder für fortfallend zu erklären habe, ist in dem § nicht angeordnet. Es dürfte deshalb davon auszugehen sein, daß derselbe durch die „Verweisung" von selbst hinfällig werde.

7. Aus dem Ausdrucke „mitwirken" folgt — wie auch in der JK. (Prot. v. 19. Oktober 1876) bemerkt wurde, daß die Betheiligung eines Geschworenen, welcher bei der früheren Verhandlung zwar als Hülfsgeschworener zugezogen gewesen ist, jedoch an dem Wahrspruche nicht Theil genommen hat, zulässig ist.

8. Diese Bestimmung ist in der JK. nicht Gegenstand näherer Berathung gewesen; es ist daher nicht erkennbar gemacht, weshalb z. B. in dem Falle des in der Note 2 gedachten § 122 StGB. das Gericht den Angeklagten zwar nicht unter dem Rechtsirrthum des ersten, wohl aber unter eben demselben Rechtsirrthum des zweiten Schwurgerichts leiden lassen darf.

Durchbrach einmal die JK. das Prinzip, den Geschworenen das Urtheil über die Schuldfrage unbeschränkt, ohne Betheiligung des Gerichtshofes, zu überweisen, so konnte die Konsequenz nur dahin führen, in Fällen, wie der erwähnte, die Geschworenen, nachdem sie in diesem Falle durch ihren auf irrthümlicher Auslegung des § 122 St. beruhenden Spruch ihre Unfähigkeit zur Beurtheilung derartiger, die ganze geistige Thätigkeit durchgebildeter Juristen in Anspruch nehmender feiner Rechtsfragen an den Tag gelegt hätten, ihrer Funktion in dieser Sache, unter Kassation ihres Spruchs, zu entbinden, und das ganze Urtheil dem Gerichtshofe zu überweisen.

Denn der von diesem einmal als solcher anerkannte Rechtsirrthum kann doch nicht deshalb aufhören, für einen solchen zu gelten und dem Angekl. einen Anspruch auf Schutz gegen dessen Folgen zu gewähren, weil nicht blos die ersten, sondern auch die zweiten — vielleicht bei Weitem unfähigeren — Geschworenen sich desselben schuldig gemacht haben.

Allerdings trifft jener Grund nicht zu, wo die Kassation des Spruchs nicht, weil die Richter ihn für rechtsirrthümlich halten, sondern auf Grund des Gesammteindrucks, den derselbe auf sie macht — juges unanimement convaincus — erfolgt. Der § unterscheidet aber nicht zwischen den verschiedenen die Richter leitenden Gründen, konnte es auch nicht.

Berathung und Abstimmung.

§ 194 G.

Bei Entscheidungen dürfen Richter nur in der gesetzlich bestimmten Anzahl mitwirken.

Bei Verhandlungen von längerer Dauer kann der Vorsitzende die Zuziehung von Ergänzungsrichtern anordnen, welche der Verhandlung beizuwohnen und im Falle der Verhinderung* eines Richters für denselben einzutreten haben.

Die vorstehenden Bestimmungen finden auch auf Schöffen und Geschworene Anwendung.

* Der Ausdruck „Verhinderung" umfaßt nicht alle voraussichtlich eintretenden Fälle. Die Vorschrift wird z. B. auch Platz greifen, wenn ein Schöffe oder Geschworener in einer mehrere Sitzungstage in Anspruch nehmenden Sache an einer auf den ersten Tag folgenden Sitzung ohne Hinderungsgrund ausbleibt. § 56 G.

Ob Veranlassung sei, einen Ergänzungs-Richter, Schöffen oder Geschworenen in Funktion treten zu lassen, wird beim Mangel einer hierauf bezüglichen Vorschrift in gleicher Weise, wie die Zuziehung, vom Vorsitzenden abhängen.

§ 195 G.

Die Berathung und Abstimmung des Gerichts erfolgt nicht öffentlich*.

Diese Vorschrift steht der Zulassung der bei dem Gerichte zu ihrer juristischen Ausbildung beschäftigten Personen nicht entgegen.

* Im Hinblick auf § 173 G. folgt aus dieser Vorschrift nur, daß das Publikum der Berathung und Abstimmung nicht beiwohnen darf. Die Absicht geht aber — der allgemeinen Praxis und dem § 123 der Preuß. Verordn. vom 3. Jan. 1849 entsprechend — dahin, auch die bei der Sache Betheiligten, insbesondere auch den StA. auszuschließen. Prot. der JK. S. 56.

Ueber die hinsichtlich des Gerichtsschreibers in der JK. hervorgetretene Meinungsverschiedenheit ist zwar eine Abstimmung nicht erfolgt; der Vorsitzende hat jedoch ohne Widerspruch konstatirt, daß derselbe nach der Meinung der Kommission nicht zugegen sein dürfe. Prot. S. 693 und Prot. v. 20. Oktbr. 1876 S. 7. In letztgedachter Verhandlung wurde auch die Meinung der Kommission festgestellt, daß den Gerichten die Befugniß zustehe, sofort nach Schluß der Berathung bei anwesendem Publikum unter sich selbst leise zu berathen und sofort die Entscheidung zu verkünden.

§ 196 G.

Der Vorsitzende leitet die Berathung[1], stellt die Fragen und sammelt die Stimmen.

Meinungsverschiedenheiten über den Gegenstand, die Fassung und die Reihenfolge der Fragen oder über das Ergebniß der Abstimmung[2] entscheidet das Gericht[3].

1. Bei den Geschworenen fällt die Leitung der Berathung und das Sammeln der Stimmen dem Obmann anheim. § 304 St.

2. Ueber die bei der Abstimmung zu befolgenden Prinzipien enthält das Gesetz mit Recht keine Vorschriften. Nicht sowohl, weil — wie es S. 204 der Mot. zum G. heißt — ein praktisches Bedürfniß dazu nicht vorhanden ist, als weil das Aufstellen erschöpfender und für alle Fälle passender Grundsätze, wie die Erfahrung lehrt und die reichhaltige diesen Gegenstand betreffende Literatur bestätigt, außerhalb der Möglichkeit liegt.

In der JK. wurden Anträge, nach welchen „sowohl über die rechtliche Erheblichkeit, als über den Beweis einer jeden einzelnen, als Angriffs- oder Vertheidigungsmittel geltend gemachten Thatsache die Abstimmung, wenn sie erforderlich sei, getrennt vorgenommen" eventuell vorgeschrieben werden sollte, daß „über die einzelnen That- und Rechtsfragen getrennt abzustimmen sei", abgelehnt. Die zur Rechtfertigung dieser Anträge vertheidigte Ansicht, daß auch im Strafprozeß „nicht nach den Resultaten sondern nach den Elementen des Urtheils, nach den einzelnen That- und Rechtsfragen, die im Laufe der Verhandlung hervorgetreten seien, abgestimmt werden solle", wurde, außer anderen gewichtigen Stimmen, auch von der Regierungsvertretung bekämpft.

Die für und wider beide Ansichten in der JK., und ausführlicher in umfangreichen Abhandlungen geltend gemachten Gründe einer eingehenden Prüfung zu unterwerfen, liegt außerhalb der Aufgabe eines Gesetzkommentars. Es sei deshalb hier nur auf die mit einer gesunden Strafrechtspflege schwer zu vereinigende mit dem Prinzip der Abstimmung nach Gründen verknüpfte Folge hingewiesen, daß Fälle eintreten, in denen die Verurtheilung des Angeklagten zu schwerer Strafe erfolgt, obgleich alle Richter ihn freisprechen wollen.

Sollte es, um dies nachzuweisen, eines Beispiels bedürfen, so sei unterstellt, daß im gegebenen Falle sich als die einzelnen Fragen, über welche, dem oben erwähnten Antrage entsprechend, für Jeden der Richter bindend abgestimmt werden müßte, die folgenden herausstellten:

a) liegt objektiv eine unter ein Strafgesetz fallende Handlung vor;
b) ist festgestellt, daß diese von dem Angeklagten verübt worden;
c) befand sich der Angeklagte bei der That im Zustande gerechtfertigter Nothwehr;
d) befand er sich im Zustande der Unzurechnungsfähigkeit;
e) ist die Strafbarkeit der Handlung verjährt, durch Amnestie erlassen u. s. w.

Bei der getrennten Abstimmung über diese Fragen verneint der erste Richter die erste, der zweite die zweite Frage, der dritte bejaht die dritte, der vierte die vierte, der fünfte die fünfte Frage. Jeder hat bezüglich seines Votums die Majorität gegen sich. Wiewohl nun das Votum Jedes der fünf Richter nothwendig dahin führt, daß er den Angeklagten freispricht, muß dieser bei einem dem oben erwähnten Antrage entsprechenden Verfahren dennoch für schuldig erachtet und zu Strafe verurtheilt werden.

Diese Fälle würden bei den Schöffengerichten, bei deren Abstimmungen es, um zu jenem Resultat zu gelangen, nur drei solcher Fragen bedarf, ungleich häufiger, als bei den Strafkammern der Landgerichte vorkommen. Daß sich aber die Schöffen mit einem Verfahren einverstanden erklären sollten, nach welchem ein Angekl., den der Amtsrichter und beide Schöffen freisprechen wollen, dennoch lediglich aus dem Grunde bestraft wird, weil anderenfalls die Urtheilsgründe nicht in logischer Konsequenz redigirt werden können, läßt sich nicht erwarten. Vergl. auch Note 1 zu § 295 St.

3. Bei den Schöffengerichten einschließlich der Schöffen. § 30 G.

§ 197 G.

Kein Richter, Schöffe oder Geschworener darf die Abstimmung über eine Frage verweigern, weil er bei der

Abstimmung über eine vorhergegangene Frage in der Minderheit geblieben ist*.

* Nach den Mot. S. 205 soll diese Vorschrift nur den Sinn haben, daß alle Fragen vom ganzen Kollegium zu beantworten sind, nicht aber über die kontroverse Frage entscheiden, ob ein Mitglied sich, wenn es bei einer Vorfrage in der Minderheit geblieben ist, bei ferneren Abstimmungen — richtiger wohl: bei der Schlußabstimmung — berechtigt ist, seinen früheren Standpunkt festzuhalten, oder ob es die betreffende Frage durch den früheren Majoritätsbeschluß für definitiv entschieden anzusehen hat; beispielsweise, ob ein Mitglied, welches die Frage, ob der Angekl. zur Zeit der That zurechnungsfähig gewesen sei, gegen die Mehrheit verneint hat, bei der Schlußabstimmung aus jenem Grunde für Freisprechung stimmen dürfe, oder ob dasselbe die Zurechnungsfähigkeit des Angeklagten für feststehend zu erachten habe. Diese Frage — so heißt es in den Mot. — lasse sich nicht durch positive gesetzliche Vorschriften beantworten und werde nach logischen Grundsätzen in Gemäßheit der Verschiedenheit der Fälle verschieden beantwortet werden müssen. Vergl. Note 2 zu § 196 G.

§ 198 G.

Die Entscheidungen erfolgen, soweit das Gesetz nicht ein Anderes bestimmt[1], nach der absoluten Mehrheit der Stimmen.

Bilden sich in Beziehung auf Summen, über welche zu entscheiden ist, mehr als zwei Meinungen, deren keine die Mehrheit für sich hat, so werden die für die größte Summe abgegebenen Stimmen den für die zunächst geringere abgegebenen so lange hinzugerechnet, bis sich eine Mehrheit ergiebt[2].

Bilden sich in einer Strafsache, von der Schuldfrage abgesehen, mehr als zwei Meinungen, deren keine die Mehrheit für sich hat, so werden die dem Beschuldigten nachtheiligsten Stimmen den zunächst minder nachtheiligen so lange hinzugerechnet, bis sich eine Mehrheit ergiebt[3].

1. Vgl. § 262 St.

2. Dieser von der JK. eingeschaltete Satz hat Inhalts der Prot. S. 59 nur auf den Civilprozeß Bezug, auf welchen er den Grundgedanken des Abs. 3 anwendbar zu machen bezweckt.

3. Diese Vorschrift vereinfacht sich in der Anwendung für Strafsachen wesentlich dadurch, daß sie vorzugsweise bei der Bestimmung des Strafmaaßes zur Anwendung kommt. Stimmen z. B. von drei Richtern der Erste für 6monatliche, der Zweite für 4monatliche, der Dritte für

3 monatliche Freiheitsstrafe, so ist auf 4 Monate zu erkennen, da die Stimme des Ersten der des Zweiten hinzugerechnet wird, in Folge dessen für 4 monatl. Strafe die Majorität von zwei Stimmen vorhanden ist.

§ 199 G.

Die Reihenfolge bei der Abstimmung richtet sich nach dem Dienstalter[1], bei den Schöffengerichten — nach dem Lebensalter; der Jüngste stimmt zuerst, der Vorsitzende zuletzt. Wenn ein Berichterstatter[2] ernannt ist, so giebt dieser seine Stimme zuerst ab.

Bei der Abstimmung der Geschworenen richtet sich die Reihenfolge nach der Ausloosung. Der Obmann stimmt zuletzt.

1. Das Dienstalter wird nach der Zeit berechnet, während welcher er bei dem erkennenden Gericht als Richter fungirt. Davon verschieden ist „Dienstzeit" § 130 G.

2. Vorgeschrieben ist eine Berichterstattung — ob schriftliche oder mündliche, ist nicht ausgesprochen, auch in den Mot. und bei der Berathung der JK. nicht erwähnt — in Bezug auf Strafsachen nur für die Hauptverhandlung in der Berufungs- und der Revisionsinstanz. §§ 365. 391 St. Bei der Allgemeinheit der Vorschrift und mit Rücksicht auf die derselben zum Grunde liegende Absicht wird sie jedoch auf alle Fälle Anwendung finden, wo der Vorsitzende des Gerichts die Ernennung eines Berichterstatters durch die Sachlage für geboten erachtet hat.

Eine solche kann sich auch bei Schöffengerichten, z. B. in verwickelten Sachen in den Fällen der §§ 369. Abs. 2 und 413 St., sowie dann empfehlen, wenn die Sache aus der Revisionsinstanz an das Schöffengericht zurückgewiesen ist, und es darauf ankommt, an der rechtlichen Beurtheilung, welche das Revisionsgericht der Aufhebung des früheren Urtheils zum Grunde gelegt hat, auch bei dem neuen Urtheil festzuhalten. § 398 St. Der Amtsrichter wird jedoch in einem solchen Falle die Berichterstattung selbst zu übernehmen haben, da nicht anzunehmen ist, daß das Gesetz die Beauftragung eines Schöffen mit derselben für zulässig erachtet habe, selbst wenn ein solcher dieser Aufgabe gewachsen ist. Doch wird in einem solchen Falle, da die Worte des Gesetzes nicht unterscheiden, der Amtsrichter seine Stimme zuerst abzugeben haben.

§ 200 G.

Schöffen und Geschworene sind verpflichtet, über den Hergang bei der Berathung und Abstimmung Stillschweigen zu beobachten*.

* Ein in der JK. gestellter Antrag auf Streichung des § wurde abgelehnt, weil, ungeachtet des Mangels einer das Zuwiderhandeln gegen die Bestimmung mit Strafe bedrohenden Vorschrift, das Vertrauen zu hegen sei, daß Schöffen und Geschworene im Bewußtsein ihrer Pflicht, das gebotene Schweigen beobachten würden, überdies aber der § den Vortheil gewähre, daß dieselben unter Berufung auf die Vorschrift eine von ihnen begehrte Auskunft über Verhandlungen, bei denen sie betheiligt gewesen, verweigern könnten. Prot. S. 64 folg. 693.

Verfahren gegen Abwesende.

§ 318 St.

Ein Beschuldigter gilt als abwesend, wenn sein Aufenthalt unbekannt ist oder, wenn er sich im Ausland aufhält und seine Gestellung vor das zuständige Gericht nicht ausführbar oder nicht angemessen erscheint.

§ 319 St.

Gegen einen Abwesenden kann eine Hauptverhandlung nur dann stattfinden, wenn die den Gegenstand der Untersuchung bildende That nur mit Geldstrafe oder Einziehung, allein oder in Verbindung mit einander, bedroht ist*.

Für das Verfahren kommen die Vorschriften der §§ 320 bis 326 zur Anwendung.

* Der Entwurf zur St. hatte bezweckt, gegen Abwesende, worunter die St. solche Personen versteht, welche das Gericht im ordentlichen Verfahren zu laden nicht vermag, nur ein präparatorisches Verfahren — wie es die §§ 327 folg. vorschreiben — zu dem Zwecke zuzulassen, um der Verdunkelung des Sachverhältnisses und dem Verluste von Beweismitteln vorzubeugen.

Abweichend hiervon läßt die St. in Folge Beschlusses der JK. (Prot. S. 1079—1089. 1126. 1127) für die im § 319 bezeichneten strafbaren Handlungen das gewöhnliche, in der Hauptverhandlung nach stattgehabter Beweisaufnahme durch Urtheil zu beendende Verfahren stattfinden.

§ 320 St.

Die Ladung des Angeklagten zur Hauptverhandlung ist im Falle, daß sein Aufenthalt unbekannt ist oder die Befolgung der für Zustellungen im Auslande bestehenden Vorschriften unausführbar oder voraussichtlich erfolglos erscheint, in einer beglaubigten Abschrift an die Gerichtstafel bis zum Tage der Hauptverhandlung anzuheften. Außerdem ist ein Auszug der Ladung in das für amtliche Bekanntmachungen des betreffenden Bezirks bestimmte Blatt und nach Ermessen des Gerichts auch in ein anderes Blatt dreimal einzurücken. Zwischen dem Tage der letzten Bekanntmachung und dem Tage der Hauptverhandlung muß eine Frist von mindestens einem Monate liegen.

§ 321 St.

Die Ladung muß enthalten:

die Angabe des Namens und, soweit dies bekannt, des Vornamens, Alters, Standes, Gewerbes und Wohnorts oder Aufenthaltsorts des Angeklagten, die Bezeichnung der dem Angeklagten zur Last gelegten strafbaren Handlung, sowie die Angabe des Tages und der Stunde der Hauptverhandlung.

Zugleich ist die Warnung hinzuzufügen, daß bei unentschuldigtem Ausbleiben des Angeklagten zur Hauptverhandlung werde geschritten werden.

§ 322 St.

In der Hauptverhandlung kann für den Angeklagten ein Vertheidiger[1] auftreten. Auch Angehörige[2] des ersteren sind, ohne daß sie einer Vollmacht bedürfen, als Vertreter zuzulassen[3].

1. Daraus, daß hier die Worte des § 233 „mit schriftlicher Vollmacht versehener" fehlen, müßte geschlossen werden, daß es hier einer solchen Vollmacht nicht bedürfen solle. Für diese Auslegung würde auch sprechen, daß der zweite, der Entbehrlichkeit der Vollmacht in Bezug auf Angehörige erwähnende Satz mit dem Worte „auch" beginnt, welches anderenfalls müßig stehen würde. Da es jedoch an jedem Grunde zu einer derartigen Unterscheidung zwischen diesem Falle und dem des § 233 fehlt, auch die Prot. der JK. (S. 1079—1089) auf eine solche Absicht nicht schließen lassen, dürfte die Verschiedenheit in der Redaktion der beiden §§ auf ein Uebersehen zurückzuführen sein.

2. Da die „Vertretung" zur Folge hat, daß alle von dem Vertreter abgegebenen Erklärungen einschließlich der Geständnisse von gleicher Wirkung sind, als wären sie von dem Angekl. selbst abgegeben, so wird sich der „Angehörige" als solcher glaubhaft auszuweisen haben; auch dürfte hier eine Ausdehnung des Begriffs „Angehörige" über die Definition des § 52 StGB. hinaus nicht zulässig sein. Vergl. dagegen die Note 2 zu § 106 Abs. 1 St.

Geben mehrere erschienene Angehörige von einander abweichende Erklärungen ab, so wird das Gericht die dem Angekl. günstigsten zu berücksichtigen haben.

3. Eine Bestimmung wie die im § 234 Abs. 1 St. enthaltene fehlt hier.

§ 323 St.

Die Zustellung des Urtheils erfolgt nach Maßgabe der Bestimmungen des § 40 Abs. 2.

§ 324 St.

Die im § 322 bezeichneten Personen können von den dem Beschuldigten zustehenden Rechtsmitteln Gebrauch machen[1].

1. Es wird ihnen dies Recht zustehen, auch wenn sie in der Hauptverhandlung als Vertreter nicht aufgetreten sind.

2. Die Angehörigen werden für die Kosten eines erfolglos eingelegten Rechtsmittels selbst dann nicht haften, wenn dieselben aus dem Vermögen des Angekl. nicht beizutreiben sind.

§ 325 St.

Insoweit es nach dem Ermessen des Richters[1] zur Deckung der den Angeschuldigten möglicherweise treffenden höchsten Geldstrafe und der Kosten des Verfahrens erforderlich ist, können einzelne zum Vermögen des Angeschuldigten gehörige Gegenstände mit Beschlag belegt werden. Auf diese Beschlagnahme finden die Bestimmungen der Civilprozeßordnung über die Vollziehung und die Wirkungen des dinglichen Arrestes entsprechende Anwendung[2]. Die Beschlagnahme ist aufzuheben, wenn der Grund derselben weggefallen ist.

1. Der Ausdruck „Richter" steht hier für den im § 326 Zeile 3 gewählten: „Gericht".

2. Bei der Berathung des § in der JK. wurde ohne Widerspruch bemerkt, daß diese Beschlagnahme (vergl. § 332) in Höhe von Strafe und Kosten stets zulässig sei, gleichviel ob die strafbare Handlung sich als ein Vergehen oder eine Uebertretung darstelle. Prot. S. 1089.

§ 326 St.

Insoweit eine Deckung in Gemäßheit der vorstehenden Bestimmung nicht ausführbar erscheint, kann durch Beschluß des Gerichts das im Deutschen Reich befindliche Vermögen des Angeschuldigten mit Beschlag belegt werden. Der Beschluß ist durch den Deutschen Reichsanzeiger und nach Ermessen des Gerichts auch durch andere Blätter zu veröffentlichen.

Verfügungen, welche der Angeschuldigte über sein mit Beschlag belegtes Vermögen nach der ersten[1] durch den Deutschen Reichsanzeiger bewirkten Veröffentlichung des Beschlusses vornimmt, sind der Staatskasse gegenüber nichtig[2].

Die Beschlagnahme des Vermögens ist aufzuheben, sobald der Grund derselben weggefallen oder die Deckung der Staatskasse durch eine Beschlagnahme in Gemäßheit des § 325 bewirkt ist.

Die Aufhebung der Beschlagnahme ist durch dieselben Blätter bekannt zu machen, durch welche die Beschlagnahme veröffentlicht worden ist.

1. Mittelbar scheint hieraus hervorzugehen, daß von einer Wiederholung der Veröffentlichung ausgegangen ist. Die Prot. der JK. (S. 1126. 1127) sprechen sich hierüber nicht aus.

2. Gleichviel ob ihm und Demjenigen, zu dessen Gunsten die Verfügung vorgenommen worden, der Beschluß bekannt gewesen ist, oder nicht.

§ 327 St.

In anderen als den im § 319 bezeichneten Fällen findet gegen einen Abwesenden eine Hauptverhandlung nicht statt. Das gegen den Abwesenden eingeleitete Verfahren hat die Aufgabe, für den Fall seiner künftigen Gestellung die Beweise zu sichern*.

Für dieses Verfahren gelten die Bestimmungen der §§ 328—336.

* Ob ein Verfahren zu diesem Zwecke zu beantragen sei, wird die StAschft. nach Maßgabe der vorwaltenden Umstände, insbesondere der größeren oder geringeren Wahrscheinlichkeit einer künftigen Gestellung des Beschuldigten vor das zuständige Gericht und der Erheblichkeit des Gegenstandes der Anklage zu ermessen haben.

§ 328 St.

Die Zulassung eines Vertheidigers wird durch die Abwesenheit des Beschuldigten nicht ausgeschlossen*. Zur Wahl eines Vertheidigers sind auch Angehörige des Beschuldigten befugt.

Zeugen und Sachverständige sind eidlich zu vernehmen.

* Wiewohl das im § 327 angeordnete Verfahren hauptsächlich in der Beweisaufnahme besteht, beabsichtigt der § 328 doch nicht, dem Vertheidiger, abweichend von der Vorschrift des § 191 Abs. 2, die Anwesenheit bei der Vernehmung der Zeugen und Sachverständigen allgemein zu gestatten. Es ist vielmehr eine von der JK. bei 2. Lesung (§ 276) beschlossene, demselben ein solches Recht einräumende Bestimmung in der Verhandlung vom 19. Oktbr. 1876 S. 1 (Anlage F. Nr. 38 c) in Wegfall gekommen.

§ 329 St.

Dem abwesenden Beschuldigten steht ein Anspruch auf Benachrichtigung über den Fortgang des Verfahrens nicht zu.

Der Richter* ist jedoch befugt, einem Abwesenden, dessen Aufenthalt bekannt ist, Benachrichtigungen zugehen zu lassen.

* Der Ausdruck „Richter" ist hier gleichbedeutend mit dem im § 330 gewählten „Gericht".

§ 330 St.

Der Abwesende, dessen Aufenthalt unbekannt ist, kann in öffentlichen Blättern zum Erscheinen vor Gericht oder zur Anzeige seines Aufenthaltsorts aufgefordert werden*.

* Ergeht eine solche Aufforderung an den Beschuldigten, so wird ihm zugleich die ihm zur Last gelegte strafbare Handlung zu bezeichnen sein. Vergl. § 321.

§ 331 St.

Stellt sich erst nach Eröffnung des Hauptverfahrens die Abwesenheit des Angeklagten heraus, so erfolgen die noch erforderlichen* Beweisaufnahmen durch einen beauftragten oder ersuchten Richter.

* Insoweit unter den vorwaltenden Umständen überhaupt weitere Schritte noch rathsam erscheinen. Daß die Sache bereits bis zur Hauptverhandlung gediehen ist, ändert in dieser Beziehung nichts.

§ 332 St.

[1] Liegen gegen den Abwesenden, gegen welchen die öffentliche Klage erhoben ist, Verdachtsgründe vor, welche die Erlassung eines Haftbefehls rechtfertigen würden[2], so kann sein im Deutschen Reich befindliches Vermögen durch Beschluß des Gerichts mit Beschlag belegt werden.

Die im vorstehenden Absatze bezeichnete Beschlagnahme findet in Sachen, welche zur Zuständigkeit[3] der Schöffengerichte gehören, nicht statt.

1. Bei der Berathung des § in der JK. (Prot. S. 1087) wurde darauf hingewiesen, daß die Bestimmungen der §§ 93 u. 140 StGB. mit demselben in keiner Verbindung ständen, da jene sich nicht auf die Beschlagnahme als ein Gestellungsmittel bezögen, der erstere derselben vielmehr die Beschlagnahme auch gegen Anwesende zulasse, der letztere nur die Sicherung der Exekution bezwecke.

2. §§ 112 folg. St.

3. Die §§ 27 und 75 G. unterscheiden zwischen denjenigen strafbaren Handlungen, für welche die Schöffengerichte „zuständig" sind, und denjenigen, welche denselben von dem Landgericht zur Verhandlung und Entscheidung „überwiesen" werden können. Danach würde die Vorschrift nur auf Fälle der ersteren Art bezogen werden dürfen. Auch würde ein Bedenken hiergegen nicht daraus herzunehmen sein, daß bei der Berathung des § in der JK. Seitens der Regierungsvertretung der Ausdruck „schöffengerichtliche Kompetenz" gebraucht wurde (Prot. S. 1088). Es herrschte aber Einverständniß in der Kommission darüber, daß die Beschlagnahme im bloßen Skrutinialverfahren nicht statthaft, es vielmehr der Einleitung eines der Voruntersuchung analogen Verfahrens bedürfe und daß nur durch Kollegialbeschluß des Landgerichts die Beschlagnahme angeordnet werden dürfe.

Hiernach wird davon auszugehen sein, daß bei der Redaktion des § der vorerwähnte Unterschied nicht in's Auge gefaßt worden, das Schöffengericht daher zu der Beschlagnahme auch nicht in dem Falle berechtigt ist, wenn ihm bei der Eröffnung des Hauptverfahrens nach § 75 G. eine Untersuchung überwiesen ist und sich erst später (§ 331 St.) die Abwesenheit des Angeklagten herausstellt.

§ 333 St.

Der die Beschlagnahme verhängende Beschluß ist durch den Deutschen Reichsanzeiger bekannt zu machen und kann nach dem Ermessen des Gerichts auch durch andere Blätter veröffentlicht werden.

§ 334 St.

Mit dem Zeitpunkte der ersten* Bekanntmachung in dem Deutschen Reichsanzeiger verliert der Angeschuldigte das Recht, über das in Beschlag genommene Vermögen unter Lebenden zu verfügen.

Der die Beschlagnahme verhängende Beschluß ist derjenigen Behörde mitzutheilen, welche für die Einleitung einer Vormundschaft über Abwesende zuständig ist. Diese Behörde hat eine Güterpflege einzuleiten.

* Vergl. die Note 1 zu § 326.

§ 335 St.

Die Beschlagnahme ist aufzuheben, wenn die Gründe derselben weggefallen sind*.

Die Aufhebung der Beschlagnahme ist durch dieselben Blätter bekannt zu machen, durch welche die Beschlagnahme selbst veröffentlicht worden war.

* Bei der Berathung des § in der JK. sprach sich die Regierungsvertretung dahin aus, daß auch das Aufhören der Abwesenheit des Beschuldigten in Folge der Gestellung desselben einen Aufhebungsgrund bilde, sowie auch, daß Derjenige, welcher Befreiung von dem Haftbefehl durch Sicherheitsbestellung erreiche, die Aufhebung der Beschlagnahme fordern dürfe. Prot. S. 1087.

§ 336 St.

Auf das nach Erhebung der öffentlichen Klage eintretende Verfahren finden im Uebrigen die Vorschriften über die Voruntersuchung entsprechende Anwendung.

In dem nach Beendigung dieses Verfahrens ergehenden Beschlusse (§ 196) ist zugleich über die Fortdauer oder Aufhebung der Beschlagnahme zu entscheiden*.

* Die Aufhebung erfolgt daher, wenn sich ergiebt, daß die bei der Beschlagnahme für entscheidend erachteten Verdachtsgründe in dem Maße an Bedeutung verloren haben, daß die Erlassung eines Haftbefehls nicht mehr gerechtfertigt erscheinen würde.

§ 337 St.

Das Gericht[1] kann einem abwesenden Beschuldigten sicheres Geleit ertheilen; es kann diese Ertheilung an Bedingungen knüpfen.

Das sichere Geleit gewährt Befreiung von der Untersuchungshaft, jedoch nur in Ansehung derjenigen strafbaren Handlung, für welche dasselbe ertheilt ist.

Es erlischt, wenn ein auf Freiheitsstrafe lautendes Urtheil ergeht[2], wenn der Beschuldigte Anstalten zur Flucht trifft, oder wenn er die Bedingungen nicht erfüllt[3], unter welchen ihm das sichere Geleit ertheilt worden ist[4,5].

1. Nicht also — wie nach anderen Gesetzgebungen — die Landesjustizverwaltung.

2. Es folgt hieraus, wie auch in der JK. Prot. S. 488 ohne Widerspruch bemerkt ist, nicht die Nothwendigkeit der Verhaftung, vielmehr ist nach Lage der Sache zu prüfen, ob dieselbe geboten sei. Die bei der ersten Lesung von der JK. beschlossene Bedingung der Rechtskraft des Urtheils ist bei zweiter Lesung aufgegeben. Prot. S. 1099.

3. Ueber das Verfahren sprechen sich so wenig das Gesetz als die Mot. S. 192 aus. Gleichwohl kann ein Erlöschen ipso jure nicht gemeint sein, da die Frage, ob der Beschuldigte Anstalten zur Flucht getroffen und ob er die Bedingungen nicht erfüllt hat, im Falle seines Widerspruchs Entscheidung erfordert. Diese dürfte nach Anhörung des Beschuldigten, sofern diese ausführbar ist, und der Staatsanwaltschaft — ohne öffentliche Verhandlung — durch einen die Beschwerde zulassenden Gerichtsbeschluß zu erfolgen haben. Ob der Beschwerde aufschiebende Wirkung beizulegen sei, wird, Mangels einer ausdrücklichen Vorschrift, nach Maßgabe der vorwaltenden Umstände vom Gericht zu bestimmen sein.

4. In dem das sichere Geleit gewährenden Beschlüsse ist daher die betreffende strafbare Handlung speziell zu bezeichnen.

5. In Bezug auf den Fall des Vorhandenseins von anwesenden Mitschuldigen des abwesenden Angeschuldigten bemerken die Mot. S. 192, daß es nicht angemessen erschienen sei, Vorschriften in die St. aufzunehmen. Denn, sei es auch selbstverständlich, daß die Abwesenheit des einen Angeschuldigten nicht hindern könne, gegen anwesende Mitschuldige einzuschreiten, so könne es doch in einzelnen Fällen rathsam erscheinen, die voraussichtlich erfolgende Gestellung des Abwesenden abzuwarten.

Hiernach wird sich das Gericht in jedem Falle durch die vorwaltenden Umstände bei der Beschlußnahme leiten zu lassen haben.

Rechtsmittel.*.

Allgemeine Bestimmungen.

* Der Entwurf gewährte nur 1) das Rechtsmittel der „Beschwerde", durch welche — im Gegensatze zu den in der Hauptverhandlung ergehenden Urtheilen — Beschlüsse und Verfügungen der Gerichte, bzhw. des Amtsrichters, Untersuchungsrichters, des beauftragten und ersuchten Richters, anzufechten sind, und 2) die „Revision", als das auf Verletzung von Rechtsnormen zu gründende Rechtsmittel gegen Urtheile. Außerdem ließ er die allgemeinen Bestimmungen über Rechtsmittel auch auf die „Wiederaufnahme eines durch rechtskräftiges Urtheil geschlossenen Verfahrens" Anwendung finden. §§ 399 folg. St.

Die JK. hat in Bezug auf Urtheile der Schöffengerichte das Rechtsmittel der „Berufung" hinzugefügt, welches dem Appellationsrichter auch eine Beurtheilung der Thatfrage überweist.

Nachdem dies Rechtsmittel in der St. Aufnahme gefunden hat, würde der Versuch eines Nachweises der Unvereinbarkeit desselben mit dem Prinzip des mündlichen Verfahrens in Strafsachen in einem Kommentar der St. zwecklos sein. Es möge daher hier nur auf die darauf bezügliche Bemerkung in der Einleitung hingewiesen werden.

§ 338 St.

Die zulässigen[1] Rechtsmittel gegen gerichtliche Entscheidungen stehen sowohl der Staatsanwaltschaft als dem Beschuldigten zu.

Die Staatsanwaltschaft kann von denselben auch zu Gunsten des Beschuldigten Gebrauch machen[2].

1. Welche dies sind und in welchen Fällen sie die Ausführung der angefochtenen Entscheidung (Verfügung, Beschluß, Urtheil) bis zum ergangenen Ausspruch der angerufenen Instanz hemmen oder nicht, ist speziell in den betreffenden §§ angeordnet.

2. Weil sie nicht ausschließlich eine Parteistellung hat, sondern das öffentliche Interesse der bürgerlichen Gesellschaft vertritt. Ihre Befugniß erstreckt sich auf jede Art von Rechtsmitteln, einschließlich der Beschwerde und kann von ihr ohne Zustimmung des Beschuldigten und selbst gegen dessen Widerspruch geltend gemacht werden.

Sie ist selbst dann zur Einlegung eines Rechtsmittels zu Gunsten des Beschuldigten berechtigt, wenn die von ihr angefochtene Entscheidung ihren eigenen Anträgen entspricht. Sie kann sich hierzu insbesondere dann veranlaßt sehen, wenn die von ihr in der Hauptverhandlung vertretene und dem Urtheil zum Grunde gelegte Rechtsansicht in einer neueren Reichsgerichts-Entscheidung als irrig nachgewiesen, oder wenn die Anklage gegen ihren Willen erhoben ist. §§ 173. 201. 204.

Daß die Einlegung des Rechtsmittels zu Gunsten des Angekl. binnen der für die StAschft., nicht aber innerhalb der für den Verurtheilten laufenden Frist zu erfolgen hat, ergiebt sich mittelbar aus dem § 340 St.

3. Den Antrag auf Wiedereinsetzung in den vorigen Stand (§§ 44 folg. St.) bezeichnet das Gesetz nicht als „Rechtsmittel"; derselbe wird daher nicht von der Staatsanwaltschaft zu Gunsten des Beschuldigten gestellt werden dürfen.

Dasselbe wird gelten, wenn das Rechtsmittel, welches ihr selbst zusteht, dem Angekl. entzogen ist. §§ 209. 270 St., da die StAschft. für den Angekl. nur die „zulässigen" d. h. für diesen zulässigen Rechtsmittel einlegen darf.

§ 339 St.

Für den Beschuldigten kann der Vertheidiger, jedoch nicht gegen dessen ausdrücklichen Willen*, Rechtsmittel einlegen.

* Diese Bestimmung steht, wie bei der Berathung des § in der JK. von der Regierungsvertretung zutreffend bemerkt ist, mit dem Rechte des Staatsanwalts, auch gegen den Willen des Beschuldigten Rechtsmittel einzulegen, nicht im Widerspruch, da der Vertheidiger, als Beauftragter des Beschuldigten, nicht dessen Willen entgegenhandeln und ihn nicht gegen seinen Widerspruch der Gefahr, die Kosten des zurückgewiesenen Rechtsmittels zu tragen, aussetzen darf.

Die Bestimmung betrifft jedoch nur das Verhältniß des Vertheidigers zu dem Beschuldigten. Diesem macht sich Ersterer verantwortlich; dagegen erscheint er dem Gericht gegenüber auch ohne besondere Vollmacht zur Einlegung der Rechtsmittel legitimirt. Das Gericht wird aber, wenngleich es den Nachweis des Einverständnisses des Beschuldigten nicht verlangen darf, die Einleitung bei aktenkundigem Widerspruche desselben zu verweigern haben. Vergl. die Fassung des § 344 Abs. 2 St.

§ 340 St.

Der gesetzliche Vertreter eines Beschuldigten, desgleichen der Ehemann einer beschuldigten Frau[1] können binnen der für den Beschuldigten laufenden Frist selbständig[2] von den zulässigen Rechtsmitteln Gebrauch machen.

Auf ein solches Rechtsmittel und auf das Verfahren finden die über die Rechtsmittel des Beschuldigten geltenden Vorschriften entsprechende Anwendung.

1. „Beschuldigten" hätte ausgereicht, da, wenn sie einen Ehemann hat, sie eine Frau sein muß. Vergl. § 149 Abs. 1 St.

2. Bei der Allgemeinheit der Wortfassung wird ihnen das Recht auch

zustehen, wenn der Beschuldigte selbst das Rechtsmittel eingelegt hat, zumal ihnen dasselbe durch Zurücknahme des letzteren verkümmert werden könnte.

Die Kosten des erfolglos eingelegten Rechtsmittels werden — salvo regressu — dem Vertreter, bzhw. Ehemann, aufzulegen sein, da er nicht für den Beschuldigten, bzhw. die Ehefrau, eintritt, sondern neben ihm (ihr) selbständig handelt. Für selbstverständlich wurde bei der Berathung des Abs. 2 in der JK. erachtet, daß den im Abs. 1 bezeichneten Personen auch das Recht auf Wiedereinsetzung bei Versäumniß an dem Rechtsmittel zustehe. Prot. S. 1017.

§ 341 St.

Der nicht auf freiem Fuße befindliche Beschuldigte kann die Erklärungen, welche sich auf Rechtsmittel beziehen, zu Protokoll des Gerichtsschreibers desjenigen Gerichts geben, in dessen Gefängniß er sich befindet, und falls das Gefängniß kein gerichtliches ist[1], desjenigen Amtsgerichts, in dessen Bezirke das Gefängniß liegt.

Zur Wahrung einer Frist genügt es, wenn innerhalb derselben das Protokoll aufgenommen wird[2].

1. Es scheint vorausgesetzt zu sein, daß sich dies Gefängniß an dem Orte befinde, wo das Amtsgericht seinen Sitz hat; anderenfalls würde der Gefangene seinen Transport dorthin verlangen können.

2. Wird die Aufnahme des Protokolls, ungeachtet der Rechtzeitigkeit des Antrages, über die gesetzliche Frist hinaus verzögert, so ist Abhülfe — wie auch die Mot. S. 197 bemerken — nur im Wege der Wiedereinsetzung in den vorigen Stand zu erlangen. § 44 folg. St.

§ 342 St.

Ein Irrthum in der Bezeichnung des zulässigen Rechtsmittels ist unschädlich.

§ 343 St.

Jedes von der Staatsanwaltschaft eingelegte Rechtsmittel hat die Wirkung, daß die angefochtene Entscheidung auch zu Gunsten des Beschuldigten abgeändert oder aufgehoben werden kann.

Dieser § war in den Entwurf vom „Januar 1873" nicht aufgenommen, findet sich aber, in Uebereinstimmung mit dem § 368 der Preuß. Strafprozeßordn. vom 25. Juni 1867 für die neu erworbenen Provinzen. GS. S. 933, in den späteren Entwürfen, aus denen er in das Gesetz übergegangen ist.

Derselbe bricht mit der Rechtsregel, nach welcher strafrechtliche Entscheidungen, sofern sie weder von dem Angeschuldigten, bzhw. zu Strafe Verurtheilten selbst, noch von einem gesetzlich dazu legitimirten Anderen (§§ 338 bis 340) mittelst des zulässigen Rechtsmittels angefochten werden, die Rechtskraft beschreiten.

Zur Rechtfertigung der Vorschrift beschränken sich die Mot. S. 196 auf die Bemerkung:

> es heiße: eine klare Forderung der Gerechtigkeit einer starren Konsequenz des Systems zum Opfer bringen, wenn man in einem Falle, wo die Staatsanwaltschaft behufs Erwirkung einer strengeren Bestrafung des Angekl. ein Rechtsmittel eingelegt habe, der höhere Richter aber finde, daß das angefochtene Urtheil auf einer dem Angekl. nachtheiligen Gesetzverletzung beruhe, demselben nicht die Befugniß zur Aenderung des Urtheils zu Gunsten des Angekl. einräumen wollte.

Zum Nachweise, wie wenig diese Bemerkung zur Motivirung einer derartigen Bestimmung geeignet ist, wird der Hinweis darauf genügen, daß der § nicht von „Urtheil", sondern ganz allgemein von „Entscheidung" und „Rechtsmittel" spricht, also auch die „Beschwerde" gegen Beschlüsse und Verfügungen umfaßt, und ferner, daß er nicht „Gesetzverletzung" voraussetzt, sondern die Abänderung oder Aufhebung auch zuläßt, wenn der durch das Rechtsmittel angerufene Richter mit der der angefochtenen Entscheidung zum Grunde liegenden Beurtheilung des Thatsächlichen nicht einverstanden ist.

Ueber die Voraussetzungen und Bedingungen, unter denen eine solche Abänderung der Entscheidung in Fällen, wo sie von dem Angeschuldigten überhaupt nicht und von der StAschft. nur behufs Erzielung einer dem Ersteren nachtheiligen Entscheidung angefochten ist, stattfinden, über die Gesichtspunkte, von welchen sich der angerufene Richter in Bezug auf die verschiedenen Rechtsmittel bei der Prüfung, ob eine solche Aenderung stattzufinden habe, leiten lassen soll, sprechen sich Gesetz und Motive selbst nicht andeutungsweise aus.

Dasselbe gilt von den Protokollen der IK. Dieselbe hat, obwohl den Rechtsmitteln des Entwurfs die „Berufung" von ihr hinzugefügt worden, mithin die Frage entgegentrat, ob der Berufungsrichter in Fällen der vorerwähnten Art — sei es bei der Sachlage erster Instanz oder nach einer in zweiter Instanz eingetretenen Veränderung — das erste Urtheil zu Gunsten des Angekl. auf Grund seiner abweichenden Beurtheilung des Thatsächlichen ändern dürfe bzhw. müsse, den §, ohne ihn zum Gegenstande der Berathung zu machen, unbeanstandet angenommen. Prot. S. 532 u. 1005.

Gleichwohl waren bei der, wie erwähnt, ganz allgemeinen, zwischen den verschiedenen Arten von Rechtsmitteln — Beschwerde, Berufung, Revision, Wiederaufnahme des Verfahrens (§ 405) — nicht unterscheidenden Fassung des § spezielle Vorschriften unerläßlich, und es mußte sich an den Mangel derselben die Besorgniß dauernder Unsicherheit und Ungleichmäßigkeit bei der Auslegung und Anwendung des § Seitens der verschiedenen zur Entscheidung auf jene vier Rechtsmittel berufenen Gerichte knüpfen, wenn nicht zu erwarten wäre, daß das Reichsgericht — allerdings erst im Laufe der Zeit — die vielfachen Zweifel, welche der § hervorrufen wird, durch Feststellung den übrigen Gerichten zur Richtschnur dienender Grundsätze beheben werde.

Zunächst liegt die Unbestimmtheit in den Worten: „abgeändert oder aufgehoben werden kann". Der Ausdruck „kann" bezeichnet in den zahlreichen Fällen, wo er in ähnlicher Satzbildung in der St. vorkommt, daß der Richter nach Maßgabe der vorwaltenden thatsächlichen Umstände darüber zu befinden habe, ob es zweckmäßig sei, von der ihm durch das „kann" eingeräumten Befugniß Gebrauch zu machen, oder nicht. So in den §§ 80. 117. 134. 147 Abs. 4. 178 Abs. 2. 184. 488.

In diesem Sinne kann aber das Wort hier nicht gemeint sein. Denn, wird es für eine „klare Forderung der Gerechtigkeit erachtet", daß der Angeschuldigte unter einem ihm Seitens des Richters — sei es im Wege der Dekretur oder des Urtheils — widerfahrenen Unrechts, auch wenn er dasselbe, gleichviel aus welchem Grunde, nicht gerügt hat, nicht leiden dürfe, so kann es nicht vom Arbitrium und den dasselbe bestimmenden mehr oder minder vagen Zweckmäßigkeitsgründen abhängen, ob ihm diese „Gerechtigkeit" zu Theil werden soll, oder nicht. Er hat vielmehr einen unabweislichen Anspruch darauf, daß die „klare Forderung der Gerechtigkeit" ihm gegenüber zur Geltung komme.

Insbesondere wird beispielsweise der Berufungs- und der Revisionsrichter von der ihm durch das „kann" gegebenen Befugniß in Fällen, wo die StAschft. im Wege des Rechtsmittels eine höhere, als die erkannte Strafe gegen den Angekl. beantragt, auf dessen Freisprechung, Strafminderung oder Zurückweisung der Sache in die erste Instanz zu erkennen, nicht aus dem Grunde Abstand nehmen dürfen, weil ihm der Gesammteindruck der Verhandlungen in Verbindung mit der Persönlichkeit des Angekl. die Ueberzeugung gewähre, daß derselbe die ihm vom ersten Richter zuerkannte Strafe wohl verdient haben werde. Er wird sich vielmehr auch in einem solchen Falle bei seinem Urtheil, ob und wie der Angekl. dem Strafgesetz verfallen sei, unbedingt durch die strikten materiellen und formellen Vorschriften der Gesetze leiten lassen müssen.

Der Bericht der JK. vom 28. Oktober 1876 spricht S. 84 von „offenbaren Rechtsverletzungen". Theils ist aber auch dieser Begriff ein durchaus unbestimmter, theils beschränkt auch, wie erwähnt, der § die Ermächtigung nicht blos auf Rechtsverletzungen, geschweige denn auf „offenbare".

Nun kann aber das Gericht, welches von der StAschft. im Wege eines zu Ungunsten des Angekl. eingelegten Rechtsmittels angerufen wird, zu der Ueberzeugung, daß Letzterem durch die angefochtene Entscheidung nicht Unrecht geschehen sei, ihm mithin das ihm durch den § 343 gewährleistete Recht auf Abänderung der Entscheidung zu seinen Gunsten nicht zustehe, nur mittelst einer von Amtswegen anzustellenden Prüfung gelangen. Denn die Beschwerde, Berufungsschrift u. s. w. der StAschft. können, da sie das entgegengesetzte Ziel verfolgen, einen Anhalt bei jener Prüfung nicht darbieten. Der Richter wird auch, da der § weder Grenzen zieht, innerhalb deren die dem Angeschuldigten günstige Wirkung eintreten, noch Gesichtspunkte angiebt, die für den Richter bestimmend sein sollen, seine Prüfung nach allen Richtungen hin ausdehnen müssen. Daß namentlich der Revisionsrichter diese Prüfung nicht auf Gesetzesverletzungen bei Anwendung des Strafgesetzes beschränken darf, folgt aus dem, eine analoge Vorschrift enthaltenden § 397, welcher eine derartige Beschränkung ausdrücklich anordnet, die hier aber fehlt.

Der Richter wird daher beispielsweise in einem Falle, wo die StAschft. das Rechtsmittel eingelegt hat, weil der Angeklagte nur wegen einfachen, nicht wegen schweren Diebstahls verurtheilt sei, er aber findet, daß ein Diebstahl überhaupt nicht, sondern eine Unterschlagung vorliege, nicht lediglich aus diesem Grunde das erste Urtheil zu ändern haben, sondern er wird auch auf eine Prüfung eingehen müssen, ob etwa ein vom Angekl. in erster Instanz erhobener Einwand der Verjährung oder ein sonstiger Strafaufhebungsgrund zur gänzlichen Freisprechung desselben führe.

Mit dieser Anordnung einer von Amtswegen zu Gunsten des Angeschuldigten ohne dessen Verlangen eintretenden Abänderung richterlicher Entscheidungen jeder Art tritt aber der § mit anderen die Vorschriften über die Rechtsmittel betreffenden Bestimmungen in direkten Widerspruch.

Es wird genügen, dies hier mit Uebergehung der Rechtsmittel der „Beschwerde“ und „Berufung“ in Bezug auf die Revision nachzuweisen.

Nach den §§ 381. 384. 385 hat der Verurtheilte selbst die Revision innerhalb bestimmter Fristen zu gerichtlichem Protokoll oder schriftlich einzulegen und demnächst in einer von dem Vertheidiger oder einem Rechtsanwalt unterzeichneten Schrift oder zu Protokoll durch bestimmt anzugebende Revisionsanträge zu begründen und dabei ersichtlich zu machen, ob er das Urtheil wegen Verletzung einer Rechtsnorm des Verfahrens oder wegen Verletzung einer anderen Rechtsnorm anfechte. Fehlt auch nur Eines dieser Erfordernisse, hat z. B. der Schreiber des Rechtsanwalts aus Versehen den Schriftsatz ohne die Unterschrift des Letzteren abgesandt, so bleibt das Rechtsmittel nach den §§ 386. 389 unbedingt hinfällig. Die Wirkung, daß „die angefochtene Entscheidung zu seinen Gunsten abgeändert oder aufgehoben werden kann“ (§ 343), darf dann nicht eintreten.

Nun liegt aber doch die Frage nahe, aus welchen Gründen es gerechtfertigt sein soll, daß dem Rechtsmittel in einem Falle, wo der Verurtheilte sich über ein ihm nachtheiliges Urtheil beklagt, und unter Anführung zutreffender Gründe Aenderung desselben zu seinen Gunsten ausdrücklich verlangt, er aber die Frist oder hinsichtlich des Schriftsatzes eine Formvorschrift verabsäumt hat, ausnahmslos jeder Erfolg versagt wird, daß es dagegen einer „klaren Forderung der Gerechtigkeit“ für entsprechend erachtet wird, dem Angeklagten eine ihm günstige Aenderung des angefochtenen Urtheils dann zu oktroyiren, wenn nicht nur er selbst seine — der Sache nach möglicher Weise wohlbegründete — Zufriedenheit mit demselben durch Nichteinlegung eines Rechtsmittels an den Tag gelegt, sondern auch Niemand die Behauptung aufgestellt hat, daß ihm das erste Urtheil zu nahe trete, im Gegentheil die StAschft. ihrerseits wegen seiner zu geringen Bestrafung ein Rechtsmittel eingelegt hat.

Es würde jedenfalls das richtige Verständniß des § erleichtert haben, wenn sich die Motive und die Protokolle der JK. über die rechtlichen Gesichtspunkte ausgesprochen hätten, welche ihnen die Aufnahme des § 343 auch im Hinblick auf jene §§ 381. 384. 385 unbedenklich haben erscheinen lassen.

Wie mit jenen §§, steht der § 343 auch mit dem § 392 im Widerspruche. Denn nach diesem ist die Prüfung des Revisionsrichters auf die gestellten Revisionsanträge, bzhw. auf die zur Begründung der Rüge von Mängeln des Verfahrens bezeichneten Thatsachen beschränkt. An solchen Anträgen und Thatsachen fehlt es aber selbstverständlich bezüglich des Angeklagten gänzlich in dem Falle, wenn die StAschft. ihrerseits zu Ungunsten desselben das Rechtsmittel eingelegt hat. Der Revisionsrichter wird in einem solchen Falle, selbst wenn die StAschft. von den mehreren Anklagepunkten, wegen welcher der erste Richter auf Strafe erkannt hat, nur Einen wegen zu niedriger Strafe zum Gegenstande der Revision gemacht hat, auch bezüglich der übrigen sich der Prüfung, ob dem Angekl. durch das Urtheil aus materiellen oder formellen Gründen Unrecht geschehen sei, nicht entschlagen dürfen. Denn, von der Absicht (ratio) des Gesetzes ausgegangen, möchte es bedenklich sein, die Worte „die angefochtene Entscheidung“ — wie S. 84 des „Berichts“ der JK. vom 28. Oktober 1876 geschehen — dahin aufzufassen, daß nur die speziell angegriffenen Theile des Urtheils gemeint seien, da es völlig inkonsequent sein würde, den Richter hinsichtlich desjenigen dem Angekl. nachtheiligen Theils der Entscheidung, in Betreff dessen der StA. eine höhere Strafe beantragt, zur Freisprechung des Angekl. oder Herabsetzung der Strafe zu ermächtigen, dagegen dem Angekl. die Wohlthat des § bezüglich solcher Bestimmungen des Urtheils zu entziehen, hinsichtlich deren der StA. eine Aenderung zwar nicht beantragt hat, der Richter aber findet, daß dem Angekl. Unrecht geschehen sei.

Auch würde, wenn der in dem „Bericht“ unterstellte Sinn beabsichtigt wäre, behufs Uebereinstimmung mit dem § 368 die Fassung: „so weit sie angefochten“ gewählt worden sein.

Aus Vorstehendem ergiebt sich zugleich, daß die Lage des Angekl. günstiger ist, wenn die StAschft. zu seinen Ungunsten, als wenn er selbst behufs Erzielung einer ihm günstigeren Entscheidung die Revision einlegt. Denn im ersteren Falle hat er die Garantie, daß die ihm nachtheiligen Bestimmungen des Urtheils nach allen Seiten hin und unter Herbeiziehung aller hierzu geeigneten Gründe geprüft und event. abgeändert werden, während er bei einer von ihm selbst eingelegten Revision, selbst abgesehen von formellen Mängeln derselben, Gefahr läuft, daß für ihn günstige rechtliche Gesichtspunkte von ihm, bzhw. dem Verfertiger der Revisionsschrift, übersehen werden und demzufolge nach § 392 unberücksichtigt bleiben.

Besonders frappant gestaltet sich das Verhältniß, wenn nicht blos die

StAschft. zu Ungunsten des Angekl., sondern auch dieser selbst die Revision eingelegt hat. Denn, da der § zwischen Fällen, wo nur die StAschft. und solchen, wo beide Theile das Rechtsmittel eingelegt haben, nicht unterscheidet, so muß der Revisionsrichter, auch wenn er beide Revisionen, so wie sie angebracht worden, für unbegründet erachtet, doch — wegen des für den Angekl. zufälligen Umstandes einer von der StAschft. zu seinem Nachtheil eingelegten Revision — von Amtswegen prüfen, ob vielleicht einer der acht Revisionsgründe des § 377 oder ein anderer wesentlicher Mangel im Verfahren oder auch eine materielle Rechtsverletzung in dem Urtheil oder den Akten aufzufinden sei.

Wollte man aber einmal mit dem Prinzip, daß ein richterliches Urtheil gegen Denjenigen rechtskräftig wird, welcher, mit demselben zufrieden, ein Rechtsmittel dagegen nicht einlegt, brechen, und sich hinsichtlich der etwa aus dem § bei seiner Anwendung nach dem maßgebenden Wortsinne hervorgehenden bedenklichen Folgen durch die Hoffnung beruhigen, daß die erforderlichen Schranken durch das Reichsgericht würden gezogen werden, so durfte man nicht auf halbem Wege stehen bleiben, mußte vielmehr folgerecht einige Schritte weiter gehen.

Die JK. hat zwar durch den § 397 in Bezug auf das Rechtsmittel der Revision für den Fall, wenn ein Mitangeklagter allein dies Rechtsmittel eingelegt hat, und das Urtheil auf unrichtiger Anwendung des Strafgesetzes beruht, eine dem § 343 analoge Bestimmung in den Entwurf zur St. eingeschaltet, und dadurch zu erkennen gegeben, daß sie die Rechtfertigung der singulären Anordnung des § 343 nicht in der Stellung der StAschft., als Vertreterin des Gesetzes und Organ des Staats finde. Es ist aber in der Note 4 zum § 397 nachgewiesen, daß die Konsequenz geboten hätte, das in Bezug auf die Revision Angeordnete auch auf das Rechtsmittel der Berufung Anwendung finden zu lassen.

Diese Inkonsequenz tritt um so schärfer hervor, als der Schlußsatz des Abs. 1 § 430, nach Voranschickung, daß dem Privatkläger dieselben Rechtsmittel, wie der StAschft. zustehen, die ganz allgemeine Vorschrift enthält: „daß die Bestimmung des § 343 auf das (?) Rechtsmittel des Privatklägers Anwendung finde", hier also der angerufene Richter befugt ist, bei Rechtsmitteln jeder Art — Beschwerde, Berufung, Revision — welche der Privatkläger behufs Erzielung einer härteren Bestrafung des Angekl. eingelegt hat, zu Gunsten des Letzteren, sei es wegen formeller Verstöße der angefochtenen Entscheidung, oder wegen Verletzung materieller Gesetze oder unrichtiger Beurtheilung des derselben zum Grunde liegenden Thatsächlichen zu ändern.

Auch hier tritt die Frage entgegen, wodurch es gerechtfertigt wird, das Rechtsmittel des Angekl. selbst, wenn er nicht den darauf bezüglichen formellen und materiellen Vorschriften genügt hat, unbedingt, mag auch das Gericht von der Ueberzeugung eines dem Angekl. durch Gesetzverletzung widerfahrenen, mit den unglücklichsten Folgen für ihn verknüpften offenbaren Unrechts durchdrungen sein, zurückzuweisen, dagegen an ein vom Privatkläger, also seinem Gegner, zu seinen Ungunsten eingelegtes Rechtsmittel eine ihm günstigere Entscheidung zu knüpfen, obgleich in einem solchen Falle von der Beobachtung der Vorschriften, von deren Befolgung das Gesetz die Zulässigkeit des Rechtsmittels des Angekl. abhängig macht, nicht die Rede sein kann. — Bemerkt mag hier werden, daß der Beschluß der JK., welcher der in Rede stehenden Bestimmung des § 430 zum Grunde liegt, nur von der „Berufung" spricht. Prot. S. 1134. 1137.

Wurde aber eine Bestimmung, wie die des Schlußsatzes des Abs. 1 des § 430 bezüglich des Privatklägers für zulässig erachtet, so fehlte es an jedem Grunde, dieselbe nicht auch auf den Nebenkläger auszudehnen. Wie in der Note 1 zu § 437 bemerkt, ist aber daraus, daß dem Nebenkläger die Rechte des Privatklägers eingeräumt sind, nicht herzuleiten, daß sich an ein von ihm behufs Erlangung einer günstigeren Entscheidung eingelegtes Rechtsmittel zu seinem Nachtheil die Folge knüpfen dürfe, daß ihm der angerufene Richter auch dasjenige abspricht, was ihm in dem angefochtenen Urtheil zuerkannt ist.

Wie erwähnt, läßt der § 430 die Bestimmung des § 343 auf alle Arten von Rechtsmitteln des Privatklägers Anwendung finden. Im Widerspruch hiermit giebt der § 431 Abs. 3 für den dort angegebenen Fall dem angerufenen Richter das Recht zur Abänderung des angefochtenen Urtheils zu Gunsten des Angekl. ausschließlich in Bezug auf das Rechtsmittel der Berufung.

Es durfte ferner jenes Recht des höheren Richters nicht, wie im § 431 Abs. 3 geschehen, auf den Fall, wenn der Privatkläger des Rechtsmittels in Folge von „Versäumungen" verlustig geht, eingeschränkt, mußte vielmehr folgerecht auch auf die ausdrückliche Zurücknahme desselben ausgedehnt werden, da es mit Rücksicht auf den Zweck des § 343 gleichgiltig erscheint, ob die Zurücknahme ausdrücklich erfolgt, oder ob der Appellant seine Absicht, das Rechtsmittel nicht zu verfolgen, durch sein Verhalten an den Tag legt.

Endlich hätte die Vorschrift des § 397 auch solchen Mitangekl., welche ein Rechtsmittel zwar auch ihrerseits eingelegt, dabei aber die gesetzlichen Förmlichkeiten oder die Bestimmungen über die „Anträge" verabsäumt oder dasselbe erfolglos auf Verstöße gegen das vorgeschriebene Verfahren gegründet haben, zu Statten kommen müssen, da diese doch ihre Unzufriedenheit mit dem Urtheil zu erkennen gegeben, während die — in dem § 397 allein berücksichtigten — Mitangeklagten, welche ein Rechtsmittel überhaupt nicht eingelegt, ihre Zufriedenheit mit demselben an den Tag gelegt haben.

Dergleichen Antinomieen und mit einer gesunden auf einheitlichen Rechtsnormen beruhenden Strafrechtspflege unvereinbaren Prinzipwidrigkeiten sind unausbleiblich, wenn ein Satz, der sich in das Rechtssystem nicht einfügen läßt, ohne genügende Vergegenwärtigung seiner Tragweite, und überdies in so völlig vager, die ausdehnendste wie einschränkendste Auslegung zulassender Fassung in ein Gesetzbuch eingezwängt wird.

Die bedauerliche Unbestimmtheit des § wird — unabsichtlich aber treffend — durch die gelegentliche Bemerkung eines hervorragenden Mitgliedes der JK. gekennzeichnet: Das Rechtsmittel der StAschft. „könne nach Befinden" zu Gunsten des Angekl. wirken. Vom „Befinden", also dem Gegensatze bestimmter Rechtsnormen, soll es abhängen, ob der Angekl. nach den Anträgen des von der StAschft. eingelegten Rechtsmittels, anstatt der gegen ihn erkannten Gefängnißstrafe zu Zuchthaus verurtheilt oder ohne seinen oder sonst Jemandes Antrag freigesprochen wird.

Es sei hier bemerkt, daß die Oesterreichsche StPOrdn. vom 23. Mai 1873 zwar in den §§ 290 und 477 eine ähnliche Bestimmung wie die des § 343 St. enthält, aber in dem wesentlichen Punkte von letzterer abweicht, daß sie die in Rede stehende Befugniß des im Wege des Rechtsmittels angerufenen Richters auch eintreten läßt, wenn letzteres von dem Verurtheilten selbst eingelegt ist.

§ 344 St.

Die Zurücknahme eines Rechtsmittels sowie der Verzicht auf die Einlegung eines Rechtsmittels kann auch vor[1] Ablauf der Frist zur Einlegung desselben wirksam erfolgen. Ein von der Staatsanwaltschaft zu Gunsten[2] des Beschuldigten eingelegtes Rechtsmittel kann jedoch ohne dessen Zustimmung[3] nicht zurückgenommen werden.

Der Vertheidiger bedarf zur Zurücknahme einer ausdrücklichen Ermächtigung[4].

1. Die Worte: „der Verzicht — kann auch vor Ablauf der Frist" u. s. w. führen zu dem Schlusse, daß auch ein nach Ablauf der Frist ausgesprochener Verzicht — gleich der vorangehend erwähnten Zurücknahme — wirksam sei. Dem dürfte jedoch entgegenstehen, daß der Verlauf der Frist den Verlust des Rechtsmittels zur Folge hat, ein späterer Verzicht mithin unerheblich und unwirksam ist. Nur die Folge könnte sich an einen nach Verlauf der Frist ausgesprochenen Verzicht knüpfen, daß dadurch der Anspruch, wegen Versäumung der Frist in den vorigen Stand eingesetzt zu werden, verloren ginge. § 44 St.

Die Wirksamkeit des — beim Mangel einer entgegenstehenden Vorschrift auch während des Laufs der Frist für unwiderruflich zu erachtenden — Verzichts auf ein Rechtsmittel und die Zurücknahme eines eingelegten Rechtsmittels äußert sich in der Zulässigkeit sofortiger Strafvollstreckung. Vergl. § 481 St.

2. Fehlt eine ausdrückliche dies aussprechende Erklärung der Staatsanwaltschaft, so werden die von derselben gestellten, die Abänderung der angefochtenen Entscheidung betreffenden Anträge darüber entscheiden müssen.

Mit Rücksicht auf den § 343 St. kann der zur Strafe verurtheilte Angekl. bei jedem von der Staatsanwaltschaft gegen das Urtheil eingelegten Rechtsmittel das Interesse haben, daß dasselbe Fortgang behalte. Es ist jedoch ein Antrag, die Befugniß der Staatsanwaltschaft zur Zurücknahme eines dem Angekl. bereits mitgetheilten Rechtsmittels überhaupt von der

Zustimmung des Letzteren abhängig zu machen, von der IK. abgelehnt worden. Prot. S. 530.

Dasselbe Interesse des Angekl., welches zur Einschaltung dieses Abs. Anlaß gegeben hat, waltet auch bei einem nach § 340 St. von seinem Vertreter oder dem Ehemanne zu seinen Gunsten eingelegten Rechtsmittel vor, da er auch in einem solchen Falle mit Rücksicht auf dasselbe von der Einlegung eines Rechtsmittels seinerseits Abstand genommen haben kann. Mangels einer ausdrücklichen Vorschrift darf jedoch die Bestimmung dieses Abs. auf einen solchen Fall nicht angewendet werden.

3. Um die StAschft. zu verpflichten, dem Gericht die erfolgte Zustimmung des Beschuldigten nachzuweisen, hätte es einer ausdrücklichen Vorschrift bedurft.

4. Da der Vertheidiger die Rechtsmittel an Stelle und in Vertretung des Beschuldigten einlegt, wird das Gericht von demselben den Nachweis der ausdrücklichen Ermächtigung des Beschuldigten zu fordern haben.

Das von der Zurücknahme Gesagte gilt auch für die theilweise Entsagung.

§ 345 St.

Wenn die Entscheidung über das Rechtsmittel auf Grund mündlicher Verhandlung stattzufinden hat, so kann die Zurücknahme nach Beginn der Hauptverhandlung nur mit Zustimmung des Gegners erfolgen.

Der § ist gegen den Widerspruch der Regierungsvertretung dem Entwurf von der IK. hinzugefügt worden. Es wurde für denselben (S. 1004. 1005 der Prot.) geltend gemacht, daß, wenn die StAschft. behufs Herbeiführung einer härteren Bestrafung des Angekl. ein Rechtsmittel eingelegt, nach der Vernehmung des ersten Zeugen in der Hauptverhandlung aber die Ueberzeugung von der Erfolglosigkeit desselben gewonnen habe, das Gericht nicht durch Zurücknahme des Rechtsmittels verhindert werden dürfe, den in der Vorinstanz verurtheilten Angekl. auf Grund der in der zweiten Instanz erfolgten ihm günstigeren Gestaltung der Sachlage freizusprechen.

Mit diesem Zweck des § steht aber die Fassung desselben nicht im Einklang. Denn nach dieser darf auch der in erster Instanz zu Strafe verurtheilte *Angeklagte* ein behufs Erlangung seiner Freisprechung oder einer milderen Strafe eingelegtes Rechtsmittel nicht ohne Zustimmung der *StAschft.* zurücknehmen. Diese Vorschrift könnte aber doch nur dann motivirt erscheinen, wenn das Gericht, sobald sich in zweiter Instanz die Sachlage — z. B. durch die von der StAschft. zur Widerlegung der Behauptungen der Berufungsschrift des Angekl. geladenen Zeugen — für den Angekl. *ungünstiger*, als in erster Instanz gestaltete, zur Verschärfung des ersten Urtheils berechtigt sein sollte. Dies ist aber nach Ausweis der Prot. der IK. nicht beabsichtigt, hätte auch einer ausdrücklichen gesetzlichen Vorschrift bedurft. Gleichwohl ist die Bemerkung der Regierungsvertretung, daß, von der Absicht, welche die JK. mit dem § verbinde, ausgegangen, dieser auf die Zurücknahme des Rechtsmittels der StAschft. beschränkt werden müsse, unbeantwortet und erfolglos geblieben. Prot. S. 1005.

Bemerkt mag werden, daß der §, da er das Rechtsmittel der „Beschwerde" nicht berührt, zu den „Allgemeinen Bestimmungen" über die Rechtsmittel nicht gehört. Ferner, daß von dem durch den § verfolgten Zweck ausgegangen die Zurücknahme des Rechtsmittels der StAschft. folgerecht auch vor dem Beginn der Hauptverhandlung in dem Falle hätte für unstatthaft erachtet werden müssen, wenn der Angekl. seinerseits — wie ihm unbenommen ist, vergl. die Schlußbemerkung zu § 361 — Zeugen zum Erweise seiner Unschuld an der ihm zur Last gelegten strafbaren Handlung oder ihm zur Seite stehender mildernder Umstände hat laden lassen. Denn die Möglichkeit einer durch diese Zeugen herbeizuführenden, dem Angekl. günstigeren Entscheidung liegt in einem solchen Falle mindestens im gleichen Maße vor, als wenn die Hauptverhandlung bereits begonnen hat — und dies soll ja nach dem § der entscheidende Zeitpunkt sein — ohne daß dieselbe einen Anlaß zu der Vermuthung einer dem Angeklagten günstigeren Gestaltung der Sachlage bereits dargeboten hat.

Beschwerde.

§ 346 St.

Die Beschwerde ist gegen alle[1] von den Gerichten in erster Instanz oder in der Berufungsinstanz erlassenen Beschlüsse und gegen die Verfügungen[2] des Vorsitzenden, des Untersuchungsrichters, des Amtsrichters und eines beauftragten oder ersuchten Richters[3] zulässig, soweit das Gesetz dieselben nicht ausdrücklich einer Anfechtung entzieht[4].

Auch Zeugen, Sachverständige und andere Personen[5] können gegen Beschlüsse und Verfügungen, durch welche sie betroffen werden[6], Beschwerde erheben.

Gegen Beschlüsse und Verfügungen[7] der Oberlandesgerichte und des Reichsgerichts findet eine Beschwerde nicht statt.

1. Weshalb hier das Wort: „alle", vor „Verfügungen" dagegen der Artikel „die" gebraucht ist, machen die Mot. S. 198 nicht erkennbar. Die Annahme, daß die Worte: „soweit das Gesetz" u. s. w. sich ausschließlich auf den Satz: „und gegen die Verfügungen des" u. s. w. beziehen sollen, wird dadurch ausgeschlossen, daß in einzelnen Fällen auch gegen Beschlüsse der Gerichte Beschwerden nicht statthaft sind. §§ 75 Abs. 2. 94 G. §§ 28. 180. 200 u. s. w. St.

2. Auf Beschwerden, welche die Disziplin, den Geschäftsbetrieb, insbesondere Verzögerungen betreffen, bezieht sich hiernach — wie auch in den Mot. S. 198 bemerkt ist — der § nicht. Dagegen wird die Beschwerde nicht dadurch ausgeschlossen, daß eine Remedur nicht mehr möglich ist. §§ 179. 183 G. und die Schlußworte des § 347 St.

3. Sowohl Seitens der ersuchenden Behörde, als der betheiligten Parteien, Zeugen, Sachverständigen und anderen Personen.

Der Regel nach — vergl. § 352 St. — bewendet es bei dem von dem zuständigen Gericht auf die Beschwerde ergangenen Bescheide. Dieser kann daher, wenn er, der Beschwerde stattgebend, eine dem Gegner des Beschwerdeführers nachtheilige Anordnung getroffen hat, von letzterem nicht mittelst weiterer Beschwerde angefochten werden. Um so mehr wird es sich empfehlen, von der Befugniß, die Beschwerde dem Gegner mitzutheilen, in Fällen, wo die Entscheidung durch Erwägungen thatsächlicher Natur bedingt ist, Gebrauch zu machen, um dadurch Remonstrationen vorzubeugen.

Daß Beschwerden auch auf thatsächliche Umstände gegründet werden dürfen, ist in den Mot. S. 199 anerkannt. Dasselbe wird beim Mangel einer entgegenstehenden Vorschrift auch für Fälle anzunehmen sein, wo das Arbitrium des Richters maßgebend ist.

4. Vergl. die §§ 41. 52. 53. 75. 94 G. §§ 28. 180. 199. 200. 209. 279. 388 St.

5. Die Regierungsvertretung erklärte bei der Berathung des § in der JK., daß darunter auch die Vertheidiger zu verstehen seien. Prot. S. 533.

6. Die Worte „betroffen werden" sind nicht genügend bestimmt. Es wird aber nach allgemeinen Rechtsgrundsätzen davon auszugehen sein, daß das Beschwerderecht durch die Behauptung der Verletzung eines Rechts des Beschwerdeführers, nicht eines außerhalb seiner Rechtssphäre liegenden bloßen Interesse bedingt sei. Dem entspricht auch der allgemeine — die „Beschwerde" mit umfassende — § 338 St., welcher die Rechtsmittel nur der StAschft. und dem Beschuldigten (seinem Vertheidiger und Vertreter) gewährt, sowie auch die unmittelbare Verbindung, in welche im § 346 Abs. 2 die „anderen" von der Verfügung „betroffenen Personen" mit Zeugen und Sachverständigen gebracht sind.

In Uebereinstimmung hiermit ist in der Note 1 zu § 173 St. bemerkt, daß, wenn nach Beendigung der in Folge des Beschlusses des Oberlandesgerichts eingeleiteten Voruntersuchung die Einstellung des Verfahrens beschlossen wird, bzhw. die Anklageschrift der StAschft. dem zuständigen Gericht zur Eröffnung des Hauptverfahrens keinen Anlaß giebt, dem Antragsteller (§ 169 St.) ein Beschwerderecht hiergegen nicht gebührt. Denn nach der allgemeinen Rechtstheorie steht demselben ein Recht zu verlangen, daß der Staat von seinem Strafrecht gegen eine bestimmte Person Gebrauch mache, überhaupt nicht zu. Ein solches ist ihm erst innerhalb gewisser Grenzen durch den § 169 und die von der JK. dem Entwurf hinzugefügten §§ 170. 173 verliehen worden. Ueber diese bestimmt gezogenen Grenzen hinaus darf aber sein Beschwerderecht nicht ausgedehnt werden.

Dagegen wird es gleichgiltig sein, ob die Rechtsverletzung eine unmittelbare oder mittelbare ist. Bei der Beschlagnahme von Sachen wird daher auch ein Dritter, welcher Eigenthumsansprüche auf die Sache erheben zu können glaubt, dieselben zunächst im Wege der Beschwerde geltend machen können.

7. Der Ausdruck steht nicht im Einklange mit der Terminologie der St., nach welcher Kollegialgerichte nicht Verfügungen, sondern Beschlüsse erlassen.

Bezüglich der Oberlandesgerichte bildet der § 160 Abs. 1 G. von der Vorschrift des Abs. 3 eine Ausnahme.

8. Die Vorschriften darüber, an welches Gericht die Beschwerde im einzelnen Falle zu richten ist, sind in den §§ 72. 123 G. enthalten.

§ 347 St.

Entscheidungen der erkennenden Gerichte[1], welche der Urtheilsfällung vorausgehen, unterliegen nicht der Beschwerde. Ausgenommen sind Entscheidungen über Verhaftungen, Beschlagnahmen oder Straffestsetzungen[2], sowie alle Entscheidungen[3], durch welche dritte Personen betroffen werden[4].

1. Es sind, wie auch die Regierungsvertretung bei Berathung des § in der JK. S. 533 der Prot. ohne Widerspruch zu finden, bemerkt hat, die „nach Einleitung (während) der Hauptverhandlung getroffenen" gemeint. Es könnte zwar aus der Erwähnung der — während der Hauptverhandlung nicht leicht vorkommenden — „Beschlagnahmen" im 2. Abs. gefolgert werden, daß unter den „Entscheidungen der erkennenden Gerichte" alle nach der Eröffnung des Hauptverfahrens (§ 196 St.) ergehenden Entscheidungen der Strafkammer zu verstehen seien; dem steht jedoch entgegen, daß die Mot. S. 198 als derartige Entscheidungen vorzugsweise diejenigen hervorheben, welche Beweisaufnahmen anordnen oder ablehnen, diese Entscheidungen aber dem „erkennenden Gericht" vor der Hauptverhandlung überhaupt nicht, vielmehr ausschließlich dem Vorsitzenden desselben zufallen. §§ 218—220 St.

Die Vorschrift hat Inhalts der Mot. S. 198 ihren Grund in dem inneren Zusammenhange, in welchem derartige Entscheidungen mit der Urtheilsfällung stehen, bei welcher sie einer nochmaligen Prüfung unterliegen. Sie ist aber auch nöthig, theils, weil eine Beschwerde über Anordnung oder Verweigerung einer Beweisaufnahme, um praktischen Erfolg zu haben, die Aussetzung der Hauptverhandlung zur Folge haben müßte, theils, weil in der Aufhebung der eine Beweisaufnahme anordnenden Entscheidung durch die im Wege der Beschwerde angerufene Behörde ein unstatthafter Eingriff in die freie Urtheilsfällung des erkennenden Gerichts liegen würde. Mißgriffe des letzteren durch Zulassung gesetzlich unstatthafter, und durch Verweigerung solcher zulässiger Beweismittel, welche einen dem Antragsteller günstigen Erfolg auf das Urtheil hätten äußern können, sind im Wege des gegen letzteres zulässigen Rechtsmittels zu rügen.

2. Weil bei diesen Entscheidungen die in der Note 1 angeführten Gründe fehlen.

3. Gleichviel ob anordnende oder ablehnende.

4. Die Worte: „sowie alle Entscheidungen“ u. s. w. sind von der JK. eingeschaltet und sollen sich auf die gegen Zeugen und Sachverständige gerichteten Entscheidungen beziehen. Prot. S. 533.

§ 348 St.

Die Beschwerde wird bei demjenigen Gerichte, von welchem oder von dessen Vorsitzenden die angefochtene Entscheidung erlassen ist, zu Protokoll des Gerichtsschreibers oder schriftlich[1] eingelegt[2]. Sie kann in dringenden Fällen[3] auch bei dem Beschwerdegericht eingelegt werden.

Erachtet das Gericht oder der Vorsitzende, dessen Entscheidung angefochten wird, die Beschwerde für begründet[4], so haben sie derselben abzuhelfen[5]; anderenfalls ist die Beschwerde sofort, spätestens vor Ablauf von drei Tagen, dem Beschwerdegerichte vorzulegen.

Die vorstehenden Bestimmungen finden auch auf die Entscheidungen des Amtsrichters im Vorverfahren[6], des beauftragten oder ersuchten Richters und des Untersuchungsrichters Anwendung.

1. Bedarf es auch einer Beglaubigung der Unterschrift, sofern ein Verdacht gegen die Aechtheit derselben nicht vorwaltet, nicht, so wird doch ein der Unterschrift entbehrender Schriftsatz — wie überhaupt, so auch bei Beschwerden — unberücksichtigt bleiben müssen, selbst wenn sein Inhalt den Beschwerdeführer erkennbar macht, da Mangels der Unterschrift der Eingang der Schrift bei dem Gericht, bzhw. dem Beamten, für sich allein keine genügende Garantie dafür bietet, daß der Entschluß zur Beschwerdeführung zur Ausführung gekommen sei, es auch nicht zulässig sein würde, die Kosten für den eine nicht unterschriebene Beschwerde aus materiellen Gründen zurückweisenden Bescheid von Demjenigen zu erfordern, welchen nur der Inhalt der Schrift als den Beschwerdeführer bezeichnet.

2. Vergl. § 341 St.

3. Aus den Worten „kann in dringenden Fällen“ u. s. w. könnte geschlossen werden, daß, wenn das Beschwerdegericht die Ansicht des Beschwerdeführers, daß der Fall dringend sei, d. h. daß eine Verzögerung der Beschwerde mit Nachtheilen für ihn verknüpft sein werde, nicht theile, er der

Beschwerde verlustig gehe. Hierzu hätte es aber um so mehr einer ausdrücklichen Vorschrift bedurft, als der Begriff „dringende Fälle" ein völlig unbestimmter ist, und das Gesetz die Gesichtspunkte, von welchen bei der Beurtheilung der Dringlichkeit auszugehen sei, selbst nicht andeutungsweise bezeichnet. Aus den Schlußworten des Abs. 2 des § 353, welche ohnehin dort müßig stehen, darf ein Rückschluß auf die hier vorliegende Frage schon aus dem Grunde nicht gezogen werden, weil es sich dort um eine Frist handelt, die hier ausscheidet.

4. Die Anhörung der StAschft. vor der Abhülfe wird mindestens in dem Falle geboten erscheinen, wenn die angefochtene Entscheidung auf Antrag oder mit Zustimmung derselben ergangen war.

5. Beschwerden über Beschlüsse der Schöffengerichte, welche dieselben in der Hauptverhandlung erlassen (§§ 30 und 179 G.), werden stets dem Beschwerdegerichte vorzulegen sein, da der Amtsrichter zur Aenderung derselben nicht befugt ist.

6. Das hier vom „Vorverfahren" Gesagte wird auch auf die nach dem Hauptverfahren ergehenden Verfügungen des Amtsrichters Anwendung finden. Z. B. §§ 111. 122. 360 St.

§ 349 St.

Durch Einlegung der Beschwerde wird der Vollzug der angefochtenen Entscheidung nicht gehemmt.

Jedoch kann das Gericht, der Vorsitzende oder der Richter*, dessen Entscheidung angefochten wird, sowie auch das Beschwerdegericht anordnen, daß die Vollziehung der angefochtenen Entscheidung auszusetzen sei.

* Da es sich hier nicht, wie im § 348, um Abänderung oder Zurücknahme eines schöffengerichtlichen Beschlusses, vielmehr nur um eine einstweilige Suspendirung desselben handelt, dürfte der Amtsrichter mindestens in Fällen, wo mit der sofortigen Ausführung ein erheblicher Nachtheil verknüpft sein würde, zu der Maßregel in Bezug auf einen Beschluß des Schöffengerichts befugt sein. Vergl. § 180 G.

§ 350 St.

Das Beschwerdegericht kann dem Gegner des Beschwerdeführers die Beschwerde zur schriftlichen* Gegenerklärung mittheilen; es kann etwa erforderliche Ermittelungen anordnen oder selbst vornehmen.

* Bzhw. protokollarischen. § 341 St.

§ 351 St.

Die Entscheidung über die Beschwerde erfolgt ohne vorgängige mündliche Verhandlung, in geeigneten Fällen nach Anhörung * der Staatsanwaltschaft.

Wird die Beschwerde für begründet erachtet, so erläßt das Beschwerdegericht zugleich die in der Sache erforderliche Entscheidung.

* Je nach der Zweckmäßigkeit: mündlicher oder schriftlicher; Ersteres z. B. während der Gerichtssitzung. Zulässig ist sie auch dann, wenn die Staatsanwaltschaft nicht Gegnerin des Beschwerdeführers im Sinne des § 350 St., die Beschwerde z. B. von einem Zeugen oder Sachverständigen über Anordnungen des Gerichts oder eines Richters eingelegt ist. Ein Antrag, hinter „StAschft." einzuschieben: „und des Beschuldigten" wurde von der JK. abgelehnt. Seitens der Regierungsvertretung wurde jedoch die Voraussetzung ausgesprochen, daß das Gericht in geeigneten Fällen die Beschwerde des StAs. dem Beschuldigten mittheilen werde. Prot. S. 1010.

§ 352 St.

Beschlüsse, welche von dem Landgericht in der Beschwerdeinstanz erlassen sind, können, insofern sie Verhaftungen[1] betreffen, durch weitere Beschwerde angefochten werden.

Im Uebrigen findet eine weitere[2] Anfechtung der in der Beschwerdeinstanz ergangenen Entscheidungen nicht statt[3].

1. Bei der Allgemeinheit der Wortfassung: „Verhaftungen betreffen", wird die Vorschrift auch Anwendung finden, wenn der Antrag auf Verhaftung abgelehnt ist. Die Bemerkung der Mot. S. 200: „der Grund der Ausnahmebestimmung beruhe auf der materiellen Bedeutung, welche den die Entziehung der persönlichen Freiheit betreffenden Entscheidungen beiwohne und die Bürgschaft einer zweifachen kollegialischen Entscheidung erheische", ist nicht geeignet, gegen jene dem Wortsinne entsprechende Auslegung der Vorschrift Bedenken zu erregen, zumal es nahe gelegen hätte, die Beschränkung auf Beschlüsse, durch welche Verhaftungen angeordnet worden, auszudrücken, wenn dies in der Absicht des Gesetzes gelegen hätte.

2. Vergl. § 346 Abs. 3.

3. Auch nicht Seitens des Gegners des Beschwerdeführers, zu dessen Nachtheil ein ihm günstiger Beschluß des niederen Gerichts abgeändert worden ist.

§ 353 St.

Für die Fälle der sofortigen[1] Beschwerde gelten die nachfolgenden besonderen Bestimmungen.

Die Beschwerde ist binnen der Frist von einer Woche, welche mit der Bekanntmachung (§ 35) der Entscheidung beginnt, einzulegen. Die Einlegung bei dem Beschwerdegerichte genügt zur Wahrung der Frist, auch wenn der Fall für dringlich nicht erachtet wird[2].

Das Gericht[3] ist zu einer Abänderung seiner durch Beschwerde angefochtenen Entscheidung nicht befugt.

1. Die Fälle der Beschränkung auf die sofortige Beschwerde sind enthalten in den §§ 28. 46. 81. 122. 180. 181. 199. 209. 270. 363. 412. 463. 494. 501 St.

2. Die Mot. S. 200 gehen davon aus, daß die sofortige Beschwerde auch gegen Entscheidungen der Oberlandesgerichte ausnahmsweise in solchen Fällen stattfinde, wenn die Entscheidung derselben nicht die Hauptsache, sondern einen bei dem Verfahren vor dem Oberlandesgericht hervorgetretenen Incidenzpunkt betreffe, z. B. wenn dasselbe das Ablehnungsgesuch, über welches es an Stelle des beschlußunfähigen unteren Gerichts zu entscheiden hatte, für unbegründet erkläre (§§ 24—28 St.), oder ein Gesuch um Wiedereinsetzung in den vorigen Stand gegen Versäumung der Revisionsfrist zurückweise.

Nachdem jedoch die JK. den — nach dem Entwurf nur vom Reichsgericht handelnden — Absatz 3 des § 346 ausnahmslos auf die Oberlandesgerichte ausgedehnt und die Bestimmung des Entwurfs, welche dem Reichsgericht Beschwerden über Entscheidungen der Oberlandesgerichte zuwies, in Fortfall gebracht hat, wird die erwähnte Bemerkung der Mot. für zutreffend nicht mehr gelten können. Vergl. Note 7 zu § 346.

3. Daraus, daß nach den Worten des Abs. 3 die Ausnahme von der Regel des § 348 Abs. 2 u. 3 auf das Gericht beschränkt ist, würde zu folgern sein, daß sie auf die dort genannten „Vorsitzenden", „Amtsrichter" u. s. w. nicht zu beziehen, diese also auch in Fällen einer sofortigen Beschwerde selbst Abhülfe gewähren könnten. Da es jedoch an jedem Grunde zur Unterscheidung zwischen dem Gericht und den vorerwähnten Beamten in der fraglichen Beziehung fehlen würde, dürfte es auf ein Uebersehen bei der Redaktion zurückzuführen sein, daß die von der JK. beschlossene Einschaltung der Worte: „der Vorsitzende" u. s. w. in den § 348 nicht auch hier stattgefunden hat. Daß auch gegen die Entscheidung des Amtsrichters ausnahmsweise nur die sofortige Beschwerde zulässig ist, ergeben die §§ 28. 31. 46 St.

Berufung.

§ 354 St.

Die Berufung findet statt gegen die Urtheile der Schöffengerichte[1, 2].

1. Vergl. in Betreff des von der IK. eingeführten Rechtsmittels der Berufung die Bemerkung vor § 338.

2. Hinsichtlich des Gegenstandes finden Beschränkungen nicht statt; auch wegen der die Kosten der Untersuchung betreffenden Bestimmungen des Urtheils allein ist daher die Berufung zulässig.

§ 355 St.

Die Berufung muß bei dem Gerichte erster Instanz binnen einer Woche nach Verkündung des Urtheils zu Protokoll des Gerichtsschreibers oder schriftlich eingelegt* werden.

Hat die Verkündung des Urtheils nicht in Anwesenheit des Angeklagten stattgefunden, so beginnt für diesen die Frist mit der Zustellung.

* Der Ausdruck „einlegen" ist gleichbedeutend mit dem in anderen Prozeßordnungen üblichen Worte „anmelden".

Es genügt die allgemeine Erklärung der Unzufriedenheit mit dem Urtheil und die Bezeichnung des letzteren in einer Weise, daß erkennbar ist, welches Urtheil durch das Rechtsmittel angefochten wird.

§ 356 St.

Der Beginn der Frist zur Einlegung der Berufung wird dadurch nicht ausgeschlossen, daß gegen ein auf Ausbleiben des Angeklagten ergangenes Urtheil eine Wiedereinsetzung in den vorigen Stand nachgesucht werden kann[1].

Stellt der Angeklagte ein Gesuch um Wiedereinsetzung in den vorigen Stand, so wird die Berufung dadurch gewahrt, daß sie sofort[2] für den Fall der Verwerfung jenes Gesuchs rechtzeitig eingelegt wird. Die weitere Verfügung in Bezug auf die Berufung bleibt dann bis zur Erledigung des Gesuchs um Wiedereinsetzung in den vorigen Stand ausgesetzt.

Die Einlegung der Berufung ohne Verbindung[3] mit dem Gesuch um Wiedereinsetzung in den vorigen Stand gilt als Verzicht auf die letztere.

1. Vergl. § 234 St.

2. Das Wort „sofort" — welches überdies im folgenden § Abs. 2 in einem anderen Sinne gebraucht ist — scheint müßig zu stehen, da es genügt, daß die Berufung rechtzeitig eingelegt wird. Dasselbe gilt von

dem Worte „weitere", da eine Verfügung auf die Berufung vor Erledigung des Wiedereinsetzungsgesuchs überhaupt nicht ergeht.

3. Die Wortfassung: „ohne Verbindung mit dem Gesuche", führt zu der Auslegung, daß die Einlegung der Berufung und das Gesuch um Wiedereinsetzung in den vorigen Stand in einem Schriftsatze, mindestens gleichzeitig mit diesem Gesuch, erfolgen müssen. Es dürfte aber nur beabsichtigt sein, daß das Wiedereinsetzungsgesuch nicht später, als die Einlegung der Berufung bei dem Gerichte eingehen solle, jenes Gesuch also, auch wenn es innerhalb der einwöchigen Frist des § 355 eingereicht wird, unberücksichtigt bleiben müsse, wenn schon vorher die Berufung eingelegt ist. Der Grund für diese Bestimmung wird darin zu suchen sein, daß, beim entgegengesetzten Verfahren, zur Zeit des Einganges des Wiedereinsetzungsgesuchs die Berufung bereits zur Einleitung gelangt sein könnte.

§ 357 St.

Durch rechtzeitige Einlegung der Berufung wird die Rechtskraft des Urtheils, soweit dasselbe angefochten ist[1], gehemmt.

Dem Beschwerdeführer[2], welchem das Urtheil mit den Gründen noch nicht zugestellt war, ist dasselbe nach Einlegung der Berufung sofort zuzustellen.

1. Aus den Worten „soweit angefochten" würde zu folgern sein, daß wenn die StAschft. nur wegen eines Nebenpunktes, z. B. Zulässigkeit von Polizeiaufsicht — die Berufung eingelegt hat, die Vollstreckung der Freiheitsstrafe statthaft sei. Dem steht aber der § 343 St. entgegen, nach welchem auch in einem solchen Falle die Freiheitsstrafe vom Berufungsrichter in Fortfall gebracht werden kann. Aehnlich verhält es sich hinsichtlich der Berufung des Privatklägers § 430 Schlußsatz des Abs. 1. Daß diese Wirkung der letztgedachten beiden §§ bei den Berathungen der JK. nicht zur Sprache gekommen ist, dürfte dieselbe nicht abwenden können. Vergl. die Note zu § 343.

2. Da der Ausdruck „Beschwerde" ein spezielles, im Gegensatze zur „Berufung" stehendes Rechtsmittel bezeichnet, möchte es sich empfohlen haben, in Uebereinstimmung mit anderen, verschiedene Fremdwörter brauchenden §§ (127. 131. 133 G.) das Wort „Appellant" zu wählen. Die Praxis wird voraussichtlich, dem eigenen Beispiele der Mitglieder der JK., welcher das Rechtsmittel der Berufung seine Einführung in die St. verdankt, nachfolgend, zur Vermeidung von Mißverständnissen den Ausdrücken „Appellant", „Appellatorium", den Vorzug geben (Prot. der JK. S. 1014. 1108).

§ 358 St.

Die Berufung kann binnen einer weiteren Woche nach Ablauf der Frist zur Einlegung des Rechtsmittels oder, wenn zu dieser Zeit das Urtheil noch nicht zugestellt war, nach dessen Zustellung bei dem Gericht erster Instanz zu Protokoll des Gerichtsschreibers oder in einer Beschwerdeschrift* gerechtfertigt werden.

* Die für die Revisionsanträge und deren Begründung vorgeschriebene, der Zweckwidrigkeit des Inhalts vorbeugende Form ist hier nicht angeordnet. Es wird dies zur Folge haben, daß die von Winkelschriftstellern angefertigten Schriftsätze vielfach der Absicht der Verurtheilten nicht entsprechen werden.

§ 359 St.

Die Berufung kann auf bestimmte Beschwerdepunkte beschränkt werden. Ist dies nicht geschehen oder eine Rechtfertigung überhaupt nicht erfolgt, so gilt der ganze Inhalt des Urtheils als angefochten[1].

1. Soweit er dem Beschwerdeführer nachtheilig ist.

2. Die Bestimmung, daß es einer speziellen Angabe der Punkte, hinsichtlich welcher Berufung eingelegt werde, nicht bedürfen solle, wurde in der JK. erfolglos bekämpft (Prot. S. 1013). Es hat dies zur Folge, daß auch in Fällen, wo der Angekl. die ihm zur Last gelegte strafbare Handlung zugestanden hat, mithin voraussetzlich nur wegen des Strafmaßes die Berufung eingelegt hat, der Berufungsrichter doch zu prüfen hat, ob etwa ein in erster Instanz stattgehabter Formfehler eine Wiederholung der Verhandlungen nöthig mache.

Zutreffend bemerken die Mot. S. 205 unter Hinweisung auf „Walthers Rechtsmittel in Strafsachen": Ein Rechtsmittel, dessen Einlegung für sich allein den höheren Richter zu einer Prüfung der Sache nöthige, würde sich in der That als ein bloßer Widerspruch gegen ein richterliches Urtheil darstellen, und deshalb in den Organismus des Prozesses nicht passen.

Bei der Allgemeinheit der Fassung bezieht sich die Vorschrift auch auf eine von der StAschft. eingelegte Berufung. Dieselbe wird zwar der Regel nach bei der Einlegung oder binnen der Frist des § 358 bestimmte Beschwerdepunkte angeben und dadurch erkennbar machen, ob sie eine Aenderung der angefochtenen Entscheidung zu Ungunsten oder zu Gunsten des Angekl. bezweckt. Unterbleibt dies aber — durch Verzögerung des Schriftsatzes im Büreau oder sonstige Zufälligkeiten — so dürfte, da die Fassung des § 338 Abs. 2 auf eine Ausnahme hindeutet, davon auszugehen sein, daß die StAschft. das Rechtsmittel zu Ungunsten des Angekl. eingelegt habe, daß dieselbe jedoch die Abänderung des Urtheils nur in Betreff derjenigen Punkte beabsichtige, hinsichtlich deren dasselbe den von ihr in der Vorinstanz gestellten Anträgen nicht entspricht.

In Bezug auf eine nach Verlauf der Rechtfertigungsfrist erfolgende gänzliche oder theilweise Zurücknahme des Rechtsmittels vergl. die §§ 344. 345.

§ 360 St.

Ist die Berufung verspätet eingelegt¹, so hat das Gericht erster Instanz das Rechtsmittel als unzulässig zu verwerfen.

Der Beschwerdeführer kann binnen einer Woche² nach Zustellung des Beschlusses auf die Entscheidung des Berufungsgerichts antragen. In diesem Falle sind die Akten an das Berufungsgericht einzusenden; die Vollstreckung des Urtheils wird jedoch hierdurch nicht gehemmt³.

1. Hiernach und mit Rücksicht auf die allgemeine Fassung des § 363 ist die Zurückweisung durch Verfügung des Amtsrichters — dieser ist mit den Worten „das Gericht erster Instanz“ gemeint, da die Schöffen bei dem Beschluß nicht betheiligt sind; vergl. § 348 Abs. 3 und die Note 6 zu demselben — nur im Falle der Verspätung zulässig. Bei anderen Mängeln, wenn z. B. der Amtsrichter eine Einlegung „zu Protokoll“, weil der Beschwerdeführer sich vor der Unterschrift des letzteren entfernt hat, nicht für vorliegend erachtet, oder er in einem der Namensunterschrift entbehrenden Schriftsatz eine „schriftliche“ Einlegung der Berufung im Sinne des § 355 nicht anerkennt, wird er die Entscheidung über die Beobachtung der Form dem Berufungsgericht zu überlassen haben.

Es wird sich jedoch in derartigen Fällen, sofern die Einlegungsfrist noch nicht verlaufen ist, empfehlen, dem Beschwerdeführer sofort von den Mängeln in Kenntniß zu setzen, um ihm zur Behebung derselben Gelegenheit zu geben.

2. Der Sache nach hat der Ausdruck „Woche“ dieselbe Bedeutung, wie das Wort „sofortig“ im § 353 St. Auch ist der „Antrag auf Entscheidung des Berufungsgerichts“ nichts Anderes als eine „Beschwerde“. Gleichwohl werden die „besonderen Bestimmungen“ des § 353, da sie nicht über die Fälle, wo das Gesetz nach seiner Terminologie die Beschwerde als „sofortige“ bezeichnet, hinaus ausgedehnt werden dürfen, hier außer Anwendung bleiben müssen. Vergl. auch die abweichende Fassung des § 363 Abs. 2. Der Amtsrichter wird daher, wenn er sich durch den Schriftsatz des Beschwerdeführers (Abs. 2, erster Satz) überzeugt, daß er die Einlegung der Berufung mit Unrecht als verspätet verworfen hat, auf Grund des § 348 (Abs. 2 u. 3 und Note 3 zu § 353) zur Aufhebung seiner Verfügung für berechtigt zu erachten sein.

3. Der das Rechtsmittel der Beschwerde betreffende § 349 läßt von der analogen Vorschrift seines Abs. 1 im Abs. 2 eine wesentliche Ausnahme zu. Zu einer solchen möchte hier — zumal der Beschluß nicht von einem Kollegialgericht, sondern vom Amtsrichter allein ausgeht — um so mehr

Veranlassung gewesen sein, als die Fragen, ob die Urtheilsbehändigung (§ 355) vorschriftsmäßig erfolgt und bescheinigt, und ob die Einlegung des Rechtsmittels bei dem Gericht rechtzeitig erfolgt ist, sich erfahrungsmäßig in der Praxis höchst zweifelhaft gestalten und vor ihrer definitiven Entscheidung oft umfassende Ermittelungen nöthig machen.

Der Mangel einer solchen Vorschrift wird sich insbesondere auch dann geltend machen, wenn die StAschft. zu Gunsten des Angekl. die Berufung eingelegt hat und beide Behörden über die Rechtzeitigkeit der Berufungseinlegung uneinig sind. Gleichwohl wird bei der bestimmten Fassung des Schlußsatzes des Abs. 2 eine Ausdehnung der Vorschrift des § 349 Abs. 2 auf denselben nicht zulässig sein.

§ 361 St.

Ist die Berufung rechtzeitig eingelegt, so hat nach Ablauf der Frist zur Rechtfertigung[1] der Gerichtsschreiber ohne Rücksicht[2] darauf, ob eine Rechtfertigung stattgefunden hat oder nicht, die Akten der Staatsanwaltschaft vorzulegen. Diese stellt, wenn die Berufung von ihr eingelegt ist, dem Angeklagten die Schriftstücke[3] über Einlegung und Rechtfertigung der Berufung zu[4].

1. Er wird zuvor in dazu geeigneten Fällen die dem Gegner des Beschwerdeführers zur Einlegung der Berufung offenstehende Frist abzuwarten haben, welche nach § 355 Abs. 2 von der des Letzteren verschieden sein kann.

2. Die Worte „ohne Rücksicht" bis „oder nicht" dürften müßig stehen, zumal es sich nach § 358 lediglich um eine, binnen einer bestimmten Frist auszuübende Befugniß des Beschwerdeführers handelt.

3. Es sind jedenfalls Abschriften davon gemeint.

4. Da hier nicht, wie in Bezug auf das Rechtsmittel der Revision im § 387 Abs. 1 ausdrücklich geschehen, die Einreichung einer Gegenerklärung binnen einer bestimmten Frist nachgelassen ist, wird eine solche, wenn sie gleichwohl eingeht, zurückzugeben sein.

Ist die Berufung von der StAschft. zu Ungunsten des Angekl. eingelegt, so wird dieser nach § 364 in Verbindung mit § 218 Abs. 1 die auf seine Vertheidigung abzielenden Anträge bei dem Vorsitzenden des Berufungsgerichts zu stellen haben. Vergl. die Note zu § 345, 3. Abs.

§ 362 St.

Die Staatsanwaltschaft übersendet die Akten an die Staatsanwaltschaft bei dem Berufungsgerichte. Diese übergiebt die Akten binnen einer Woche* dem Vorsitzenden des Gerichts.

* Diese Fristbestimmung, an deren Nichteinhaltung sich ohnehin keinerlei Folgen knüpfen, könnte nur einen praktischen Zweck haben, wenn zugleich dem Vorsitzenden des Gerichts und diesem selbst bezüglich des weiteren Fortgangs der Sache Fristen für ihre Thätigkeit bestimmt wären.

§ 363 St.

Erachtet das Berufungsgericht die Bestimmungen über die Einlegung der Berufung nicht für beobachtet[1], so kann[2] es das Rechtsmittel durch Beschluß als unzulässig verwerfen[3]. Anderenfalls entscheidet es über dasselbe durch Urtheil.

Der Beschluß kann durch sofortige Beschwerde angefochten werden.

1. Es gilt dies auch in dem Falle, wenn der Amtsrichter nach vorgängigen Ermittelungen die Einlegungsfrist für gewahrt angenommen hat.

2. Weshalb hier dem Berufungsrichter zwischen Beschluß und Urtheil die Wahl gelassen, während nach § 360 der Amtsrichter auch in Zweifelsfällen die Entscheidung nicht dem Berufungsgericht überlassen darf, vielmehr hinsichtlich der Innehaltung der Frist seinerseits Beschluß zu fassen hat, ist aus den Verhandlungen der JK. nicht zu entnehmen.

Das Wort „kann" steht auch mit dem Schlußsatze des Abs. 1: „Anderenfalls entscheidet es" u. s. w. nicht völlig im Einklang. Denn „anderenfalls" kann nur heißen: wenn das Gericht die Bestimmungen über die Einlegung für *beobachtet* hält. Mit Rücksicht auf das Wort „kann" tritt aber die Nothwendigkeit der Entscheidung durch Urtheil nicht blos in jenem Falle, sondern auch dann ein, wenn das Gericht die Vorschriften über die Einlegung *nicht* für beobachtet hält, aber von der Verwerfung des Rechtsmittels durch *Beschluß absteht*.

3. Hiervon wird in Fällen, wo die Berufung von der StAschft. eingelegt ist, dem Angekl. mit Rücksicht auf die Schlußbestimmung des § 361 Nachricht zu geben sein.

§ 364 St.

Auf die Vorbereitung der Hauptverhandlung finden die Vorschriften der §§ 213. 215—224 Anwendung. In der Ladung ist der Angeklagte auf die Folgen des Ausbleibens ausdrücklich hinzuweisen[1].

Die Ladung der in erster Instanz vernommenen Zeugen und Sachverständigen kann nur dann unterbleiben[2], wenn deren wiederholte Vernehmung zur Aufklärung der Sache nicht erforderlich erscheint.

Neue Beweismittel sind zulässig[3].

Bei der Auswahl der zu ladenden Zeugen und Sachverständigen ist auf die von dem Angeklagten zur Rechtfertigung der Berufung benannten Personen Rücksicht zu nehmen[4].

1. Nach dem in Bezug genommenen § 215 würde die Verwarnung, auch wenn der Angekl. die Berufung eingelegt hat, dahin zu stellen sein, daß seine Verhaftung oder Vorführung erfolgen werde. Aus dem § 370 ergiebt sich aber, daß diese Verwarnung unter jener Voraussetzung ausscheidet.

2. So wenig aus den §§ 365. 366, als aus der Hinweisung des Abs. 1 des § 364 auf die §§ 213. 215 bis 224 lassen sich die Normen, welche das Verfahren in der Berufungsinstanz regeln sollen, mit genügender Sicherheit entnehmen. Sie lassen nicht erkennen, ob die Wiederholung des in erster Instanz stattgehabten Verfahrens, auch wenn die Berufung ausschließlich unrichtige Gesetzanwendung zum Gegenstande hat, beispielsweise die StAschft. zu Gunsten des Angekl. geltend macht, daß ihn die Nebenstrafe der Zulässigkeit von Polizeiaufsicht nicht hätte treffen dürfen, oder nur dann eintreten soll, wenn die Thatfrage, sei es in Bezug auf die Schuld des Angekl. an der ihm zur Last gelegten strafbaren Handlung, oder rücksichtlich der das Maß der Strafe beeinflussenden Nebenumstände, durch das Rechtsmittel berührt wird.

Auch die Verhandlungen der JK. bieten zur Behebung dieser Zweifel keinen Anhalt dar. Die das Rechtsmittel der Berufung betreffenden Aeußerungen der Mitglieder derselben weichen in dem Grade von einander ab, daß sich daraus nicht entnehmen läßt, welche Prinzipien bei der Redaktion des § leitend gewesen sind. Prot. S. 567—572.

Die Fassung des Abs. 2, insbesondere die Worte: „kann nur dann unterbleiben, wenn deren wiederholte Vernehmung zur Aufklärung der Sache nicht erforderlich erscheint", ermöglichen jedoch eine das Prinzip der Mündlichkeit des Verfahrens wahrende Praxis — soweit dies mit der jenem Prinzip widersprechenden Einführung des Rechtsmittels der Berufung überhaupt vereinbar ist. Die Worte „kann nur unterbleiben" deuten zwar darauf hin, daß eine Wiederholung der Beweisaufnahme die Regel bilden solle. Allein die folgenden Worte: „wenn zur Aufklärung erforderlich" werden unausbleiblich zur Folge haben, daß jene Regel zur Ausnahme und die Ausnahme (das Unterbleiben der Erneuerung der Beweisaufnahme) zur Regel wird.

Denn, wie man auch die Worte „zur Aufklärung der Sache erforderlich" auffassen mag, so setzt doch das Bedürfniß der Aufklärung einer Sache ein Dunkel, mindestens eine Unklarheit voraus. Eine solche kann aber — wenn das System des der St. zum Grunde liegenden mündlichen Verfahrens überhaupt in Geltung bleiben soll — das Berufungsgericht nur in dem, was in dem angefochtenen Urtheil in Bezug auf das Thatsächliche —

Erklärungen des Angekl. und Ergebniß der Beweisaufnahme — angeführt ist, gefunden werden. Eine andere irgendwie zuverlässige Quelle zur Beurtheilung des Sachlichen bietet sich ihm nicht dar. Insbesondere würde eine Berücksichtigung dessen, was in dem Protokoll über die Hauptverhandlung in Betreff der Erklärungen des Angekl. und der Aussagen von Zeugen und Sachverständigen niedergeschrieben ist, mit der im Gesetz und in den Verhandlungen der IK. überall hervortretenden ängstlichen Geflissentlichkeit, die von den erkennenden Richtern nicht von Mund zu Ohr in sich aufgenommenen Aussagen von Zeugen unbeachtet zu lassen (§§ 249 folg. 366 St.), in direktem Widerspruch stehen. Auch ist es in der That eine vom Gerichtsschreiber nicht zu lösende Aufgabe, die vielfach unsicheren und selbst unverständlichen Erklärungen einer größeren Anzahl von Zeugen dem Protokoll in einer solchen Weise einzuverleiben, daß aus der Nichtübereinstimmung derselben mit dem darüber vom Richterkollegium im Urtheil Festgestellten, ein Verdacht gegen die Zuverlässigkeit des letzteren hergeleitet werden könnte.

Hierzu kommt, daß auf die Ueberzeugung der Richter und somit auf das Urtheil nicht blos das, was der Angekl. erklärt und die Zeugen bekunden, sondern sehr häufig die Art und Weise, wie die Erklärungen und Aussagen abgegeben werden, von wesentlichem Einfluß ist, die hierbei gemachten Wahrnehmungen sich aber der Natur der Sache nach der Wiedergabe in den Urtheilsgründen entziehen. Nur aus den Urtheilsgründen selbst darf daher das Aufklärungsbedürfniß hergenommen werden.

Nun sind aber erfahrungsmäßig Strafurtheile nur in den seltensten Fällen in dem Grade dunkel und unklar redigirt, daß zur „Aufklärung" der darin enthaltenen thatsächlichen Feststellungen und des über das Ergebniß der den letzteren zum Grunde liegenden Beweisaufnahme Gesagten eine Erneuerung der gesammten Hauptverhandlung einschließlich der Beweiserhebung geboten erscheint. Daß das Berufungsgericht eine „Aufklärung der Sache für erforderlich erachtet" — als wovon der §, wenn auch nur in negativer Fassung, die Nothwendigkeit der Ladung der in erster Instanz vernommenen Zeugen und Sachverständigen zum Zwecke der Wiederholung ihrer Abhörung abhängig macht — wird daher nur in seltenen Fällen vorkommen.

Wo aber jene Voraussetzung des Gesetzes ausscheidet, also der Berufungsrichter im Klaren ist, welches Sachverhältniß das angefochtene Urtheil in objektiver und subjektiver Beziehung habe feststellen, und welches Beweismaterial es diesen Feststellungen habe zum Grunde legen wollen, er also zu einer „Aufklärung" keine Veranlassung findet, wird er nach freiem Ermessen zu prüfen haben, ob nach der Sachlage eine Erneuerung des in der Hauptverhandlung erster Instanz stattgehabten Verfahrens angezeigt sei.

Eine solche Prüfung dürfte zunächst in den Fällen in der Regel zur Verneinung dieser Frage führen, wo das Thatsächliche überhaupt — wie in dem oben angegebenen Beispiel einer von der StAschft. zu Gunsten des Angekl. eingelegten Berufung — von dem Rechtsmittel unberührt geblieben ist.

Dasselbe wird aber auch gelten, wenn die thatsächlichen Feststellungen des ersten Urtheils zwar von dem Beschwerdeführer bekämpft, neue Thatsachen und Beweise gegen dieselben aber nicht beigebracht sind.

Denn in einem solchen Falle würde sich das Berufungsgericht von einer Erneuerung der Beweisaufnahme einen der wahren Sachlage mehr entsprechenden Erfolg günstigsten Falls nur dann versprechen können, wenn es das gesammte vom ersten Richter berücksichtigte Material in allen Beziehungen vollständig und unverändert vor sich reproduziren könnte. Dies liegt aber völlig außerhalb der Möglichkeit, da, selbst wenn sämmtliche Zeugen wieder vor ihm erscheinen, sie sich doch keinenfalls wörtlich so, wie früher, auslassen können, und überdies ihre späteren Aussagen mit Rücksicht auf den inzwischen verflossenen längeren Zeitraum ihren früheren Auslassungen an Werth nachstehen. Auch der Angekl. wird — wenn er bei der Hauptverhandlung der Berufungsinstanz zugegen ist, was im Falle seiner Verhaftung vielfach fortfallen wird, in Folge dessen diese häufig sehr ergiebige Quelle der richterlichen Ueberzeugung für den Berufungsrichter ausscheidet — insbesondere dann vermeiden, sich in gleicher Weise, wie in erster Instanz auszulassen, wenn ihn die Urtheilsgründe belehrt haben, daß aus seinen Aeußerungen und seinem Verhalten Verdachtsgründe gegen ihn hergenommen sind.

Hiernach wird — von Ausnahmefällen abgesehen — zu einer Wiederholung der Beweisaufnahme nur Veranlassung sein, wenn zur Unterstützung der Berufung neue Thatsachen oder Beweismittel beigebracht sind. Auch in solchen Fällen bleibt zwar die durch vorstehende Gründe gerechtfertigte Besorgniß, daß das Ergebniß der Hauptverhandlung ein weniger zuverlässiges, als das der ersten Instanz sein werde, bestehen, da dem Berufungsrichter Ueberzeugungsmomente in der Regel vorenthalten bleiben, welche von dem Schöffengericht berücksichtigt worden sind. Allein in jenen Fällen giebt der Abs. 3, in Verbindung mit dem Abs. 1 und dem § 218, dem Beschwerdeführer das Recht, daß seine neuen Thatsachen und Beweismittel zur Beurtheilung gezogen, und, falls sie die Möglichkeit einer seinen Anträgen entsprechenden Aenderung des ersten Urtheils eröffnen, zum Gegenstande der Verhandlung event. Beweisaufnahme in der Hauptverhandlung gemacht werden.

Daß nicht auf solche neue Thatsachen Rücksicht zu nehmen ist, die sich nach dem Urtheil des Vorsitzenden des Berufungsgerichts (§ 218) von Hause aus als unerheblich und auf das künftige Berufungsurtheil einflußlos darstellen, folgt — falls es einer Begründung dieses Satzes überhaupt bedürfen sollte — aus den Worten des § 218 Abs. 2, „soweit ihnen stattgegeben ist", welche zu erkennen geben, daß nur erheblich erscheinenden Anträgen stattzugeben ist.

Endlich wird es nicht bedenklich sein, den Worten des Abs. 2: „der in erster Instanz vernommenen Zeugen und Sachverständigen" entgegen, im Einverständniß mit der StAschft. von der Ladung solcher auf Antrag derselben in erster Instanz abgehörter Zeugen und Sachverständigen abzustehen, welche zur Sache nichts zu bekunden, bzhw. ein Gutachten abzugeben nicht vermocht haben.

3. Aus diesem Satze würde zu schließen sein, daß nur neuer Beweis über die schon in erster Instanz behaupteten Thatsachen, bzhw. zur Widerlegung derselben angetreten werden dürfe, die Anführung neuer Thatsachen aber unstatthaft sei. Dem widerspricht aber die Hinweisung des Abs. 1 auf den § 218, nach dessen Abs. 1 auch die Angabe neuer Thatsachen für zulässig erachtet werden muß. Im Hinblick auf jene Bezugnahme auf den § 218 tritt der Zweck des Abs. 3 nicht hervor.

Daß auch die StAschft. — auf welche sich der § 218 nicht bezieht — zur Unterstützung ihrer Berufung neue Thatsachen anführen darf, folgt daraus, daß das Gesetz zwischen den „Berufungen" Beider nicht unterscheidet, sowie auch aus der Befugniß der StAschft., die „Berufung" zu Gunsten des Angekl. einzulegen, mit welcher es nicht vereinbar sein würde, ihr geringere Rechte, als dem Angekl. selbst, einzuräumen.

4. Dieser Bestimmung scheint es nicht bedurft zu haben. Denn, gestattet das Gesetz dem Angekl. neue Zeugen und Sachverständige vorzuschlagen (Abs. 1 und § 218), so folgt von selbst, daß auf dieselben „Rücksicht zu nehmen" d. h. zu prüfen ist, ob nach der Sachlage deren Ladung geboten erscheine oder nicht.

5. In Betreff der Anwendbarkeit der Vorschriften über die Nothwendigkeit der Vertheidigung vergl. die Note 3 zu § 140 St. und den im § 364 Abs. 1 in Bezug genommenen § 217 St., nach welchem der bestellte Vertheidiger stets zur Hauptverhandlung zu laden ist.

6. Der Schlußsatz des § 366 berührt den § 364 nicht. Prot. der JK. S. 576 u. 1017.

§ 365 St.

Nachdem die Hauptverhandlung nach Vorschrift des § 242 Abs. 1 begonnen hat, hält ein Berichterstatter in Abwesenheit der Zeugen einen Vortrag[1] über die Ergebnisse des bisherigen Verfahrens. Das Urtheil[2] erster Instanz ist stets zu verlesen.

Sodann erfolgt die Vernehmung des Angeklagten und die Beweisaufnahme.

1. Ob der Vortrag mündlich oder schriftlich zu halten sei, ist nicht gesagt. Letzteres dürfte vorzuziehen sein, um ihn der Prüfung des Vorsitzenden bei der Vorbereitung auf die Sitzung zu unterwerfen.

Ein Vortrag der StAschft. fällt nach dieser Vorschrift in der Hauptverhandlung der Berufungsinstanz auch in dem Falle fort, wenn sie selbst, sei es zu Gunsten des Angekl. oder gegen denselben, das Rechtsmittel eingelegt hat.

Anleitungen bezüglich des Verfahrens des Vorsitzenden, analog denen, welche in den hier nicht in Bezug genommenen §§ 242 folg. in Betreff der Hauptverhandlung erster Instanz enthalten sind, sind hier nicht ertheilt. Es bleibt daher dem Vorsitzenden überlassen, je nach der Sachlage des Falls die Vernehmungen auf die ganze Anklage auszudehnen, oder sie auf die von der Berufung betroffenen Punkte zu beschränken.

2. Wohl nur, soweit die Berufung darauf Bezug hat. §§ 359. 368.

§ 366 St.

Bei der Berichterstattung und der Beweisaufnahme können Schriftstücke verlesen werden; Protokolle über Aussagen der in der Hauptverhandlung erster Instanz vernommenen Zeugen und Sachverständigen dürfen, abgesehen von den Fällen der §§ 250. 252 ohne die Zustimmung der Staatsanwaltschaft und des Angeklagten nicht verlesen werden, wenn die wiederholte Vorladung der Zeugen oder Sachverständigen erfolgt ist oder von dem Angeklagten rechtzeitig* vor der Hauptverhandlung beantragt war.

* Vergl. die Note zu § 221.

§ 367 St.

Nach dem Schlusse der Beweisaufnahme werden die Staatsanwaltschaft* sowie der Angeklagte und sein Vertheidiger mit ihren Ausführungen und Anträgen, und zwar der Beschwerdeführer zuerst, gehört. Dem Angeklagten gebührt das letzte Wort.

* Obgleich nach den Worten dieses § der StAschft. — gleichviel, ob sie die Berufung zu Gunsten des Angekl. oder gegen denselben eingelegt hat — erst nach beendeter Beweisaufnahme ein Anspruch, gehört zu werden, zustehen würde, darf ihr doch das Recht, schon vor dem Beginne derselben A n t r ä g e zu stellen, zu welchen sie sich im Interesse der Sache veranlaßt sieht, nicht verschränkt werden.

§ 368 St.

Der Prüfung* des Gerichts unterliegt das Urtheil nur, soweit dasselbe angefochten ist.

* Worauf die Prüfung sich zu erstrecken habe, läßt das Gesetz unbestimmt.

Darüber, daß wenn Gegenstand der Verurtheilung bzhw. der Freisprechung mehrere von einander unabhängige strafbare Handlungen gewesen sind, die Berufung aber nur gegen den, eine derselben betreffenden Theil des Urtheils gerichtet ist, die übrigen außerhalb der Prüfung des Berufungsgerichts liegen, kann ein Zweifel nicht obwalten. Dasselbe gilt, wenn von den mehreren wegen einer strafbaren Handlung erkannten mehreren Strafen nur eine von der Berufung berührt, die Beschwerde z. B. nur darein gesetzt wird, daß mit Unrecht auf Zulässigkeit von Polizeiaufsicht erkannt worden sei.

Dagegen läßt das Gesetz bezüglich des Umfanges der Verpflichtung des Berufungsrichters in dem Falle Zweifel, wenn es sich nicht um die Grenzen innerhalb welcher die Berufung eine Aenderung des angefochtenen Urtheils (der Bestimmungen seines Tenors), sondern um die Angriffe gegen die Entscheidungsgründe, also die Rügen der Mißgriffe des Gerichts handelt, auf welche das Verlangen der Abänderung des Urtheils gestützt wird.

Es tritt hier die Frage entgegen, ob der Berufungsrichter, völlig unabhängig von jenen Angriffen, nach allen Richtungen hin, sowohl bezüglich der Gesetzanwendung auf die thatsächlichen Feststellungen des ersten Richters, als auf das im Vorverfahren und in der Hauptverhandlung stattgehabte Verfahren, von Amtswegen zu prüfen habe, ob Mißgriffe oder Vorschriftswidrigkeiten zu entdecken seien, welche unmittelbar oder mittelbar von Einfluß auf das Urtheil hätten sein können, mithin, falls sie von dem Beschwerdeführer gerügt wären, zur Herbeiführung einer demselben günstigeren Entscheidung geeignet sein könnten.

Daß eine derartige Prüfung des Berufungsrichters einzutreten hat, wenn sich der Beschwerdeführer auf die „Einlegung" des Rechtsmittels beschränkt, eine „Beschwerdeschrift" (§ 358) also nicht eingereicht hat, ist selbstverständlich.

Im entgegengesetzten Falle dürfte der sich aus der Beschwerdeschrift kundgebende bestimmte Wille des Beschwerdeführers nach der Rechtsregel: beneficia non obtruduntur, maßgebend sein.

Erklärt die StAschft. in ihrer Beschwerdeschrift ausdrücklich, daß sie so wenig gegen die Gesetzanwendung, als gegen das Verfahren ankämpfen, ihre Berufung vielmehr ausschließlich darauf stützen wolle, daß der erste Richter mit Unrecht die Strafbarkeit der That für verjährt erachtet, oder den erforderlichen Strafantrag vermißt, oder ohne Grund einen solchen für erforderlich erachtet habe, so wird es außerhalb der Aufgabe des Berufungsrichters liegen, zu recherchiren, ob das Verfahren vor und in der Hauptverhandlung der StAschft. noch Gelegenheit zu anderen Angriffen dargeboten hätte. Ja selbst wenn ihm hierzu geeignete Mängel im Verfahren beim Lesen der Akten entgegentreten, er z. B. in einem Falle, wo die Berufung lediglich auf unrichtige Anwendung des Strafgesetzes gegründet ist, wahrnimmt, daß der erste Richter aus den Aussagen eines aus Versehen unbeeidet gebliebenen Zeugen einen Milderungsgrund für den Angekl. hergenommen habe, wird er dies in einem solchen Falle unbeachtet zu lassen haben.

Ob aber die StAschft. eine derartige Erklärung ausdrücklich abgiebt, oder ob sie ihre Absicht, sich auf bestimmte Angriffe beschränken, nur diese zum Gegenstande der Beurtheilung des Berufungsrichters machen zu wollen, in unzweideutiger Weise zu erkennen giebt, muß gleichgiltig erscheinen.

Hiervon ausgegangen, finden diese Grundsätze, da das Gesetz zwischen der von dem einen und dem anderen Theile eingelegten Berufung nicht unterscheidet, in gleicher Weise auch auf die Berufung des Angekl. Anwendung. Läßt seine „Beschwerdeschrift" darüber keinen Zweifel, daß er anerkenne, den ihm zur Last gelegten Diebstahl so, wie er im ersten Urtheil festgestellt worden, begangen zu haben, und der Strafe des § 242 StGB. verfallen zu sein, daß er aber mit Rücksicht auf die vom ersten Richter als ihm zur Seite stehend hervorgehobenen Milderungsgründe das Strafmaß für zu hoch gegriffen halte und dessen Herabsetzung verlange, so ist der Berufungsrichter in seinem Rechte, wenn er die Erneuerung des Verfahrens und der Beweisaufnahme nicht aus dem Grunde anordnet, weil die Akten ergeben, daß eine dem Angekl. ungünstige Aussage eines im Vorverfahren vernommenen Zeugen, der Vorschrift des § 249 oder des § 251 zuwider, in der Hauptverhandlung verlesen worden ist, ja selbst, wenn er von der Freisprechung des Beschwerdeführers absteht, obgleich die thatsächlichen Feststellungen den Erfordernissen des § 242 StGB. nicht völlig präzise entsprechen.

Dagegen dürfte, sobald die Akten einen der im § 377 aufgeführten Nichtigkeitsgründe oder die unterbliebene Zuordnung eines Vertheidigers im Falle ihrer gesetzlichen Nothwendigkeit herausstellen, die Behebung solcher Mängel geboten sein.

§ 369 St.

Insoweit die Berufung für begründet befunden wird, hat das Berufungsgericht unter Aufhebung des Urtheils in der Sache selbst zu erkennen[1].

Leidet das Urtheil an einem Mangel, welcher die Revision wegen Verletzung einer Rechtsnorm über das Verfahren begründen würde, so kann das Berufungsgericht unter Aufhebung des Urtheils die Sache, wenn die Umstände des Falles es erfordern, zur Entscheidung an die erste Instanz zurückverweisen[2].

Hat das Gericht erster Instanz mit Unrecht seine Zuständigkeit angenommen[3], so hat das Berufungsgericht unter Aufhebung des Urtheils die Sache an das zuständige Gericht zu verweisen oder, wenn es selbst in erster Instanz zuständig ist, zu erkennen.

1. In Fällen, wo die Verurtheilung des Angekl. in erster Instanz wegen mehrerer strafbarer Handlungen erfolgt, die Berufung aber nur in Bezug auf eine oder einzelne derselben eingelegt ist, und in Betreff dieser — sei es durch Freisprechung oder Erhöhung oder Minderung der Strafe — vom Berufungsrichter eine Abänderung beschlossen wird, ist dieser zu einer der Sachlage entsprechenden Bemessung der Gesammtstrafe gänzlich außer Stande, wenn nicht im ersten Urtheil — mindestens in den Gründen desselben — für jede einzelne durch dasselbe bestrafte Handlung das für angemessen erachtete Strafmaß speziell angegeben ist. Denn, da vor dem Berufungsrichter in einem solchen Falle in Bezug auf die von der Berufung nicht betroffenen Strafthaten eine Verhandlung, bzhw. Beweisaufnahme nach § 368 nicht stattfindet, er sich also ein eigenes Urtheil darüber, welcher Theil von der im ersten Urtheil erkannten Gesammtstrafe, mit Rücksicht auf die hinsichtlich der einzelnen Delikte vorwaltenden erschwerenden und mildernden Umstände, auf jedes derselben zu rechnen sei, nicht zu bilden vermag, kann ihm ein Anhalt zur Arbitrirung der Höhe der im Berufungsurtheil festzusetzenden Strafe — soweit dies bei dem, mit dem System des mündlichen Untersuchungsverfahrens unvereinbaren Rechtsmittel der Berufung überhaupt möglich ist — nur auf dem vorerwähnten Wege gewährt werden. Das bezeichnete Verfahren des Schöffengerichts bei der Urtheils-Redaktion wird sich daher, wenngleich in der St. nicht vorgeschrieben, im Interesse der Strafrechtspflege empfehlen.

2. Eine Vorschrift, wie die des § 398 Abs. 1, enthält die St. in Bezug auf die Berufung nicht. An sich möchte es einer solchen bedurft haben, um das Gericht erster Instanz, wenn es z. B. die vom Berufungsgericht gerügte Beschränkung der Vertheidigung des Angekl. nicht anerkennt, oder die Ansicht desselben, daß Einer der Schöffen durch die den Gegenstand der Anklage bildende strafbare Handlung verletzt sei (§ 377 Nr. 8 u. 2 und § 22 Nr. 1), nicht theilt, zu nöthigen, sich bei der anderweiten Hauptverhandlung und Entscheidung die betreffenden Aussprüche des Berufungsrichters zur Richtschnur dienen zu lassen. Gleichwohl muß dies in der Absicht des Gesetzes gelegen haben, da anderenfalls die Untersuchung nicht zum End-Abschluß gelangen könnte.

Mit Rücksicht auf die Ausführung in der Note 3 zu § 270 wird jedoch hier und im § 394 für die „Zurückweisung" die Form des Urtheils, nicht die des Beschlusses zu wählen sein.

3. Des Falles, wenn das Gericht erster Instanz sich mit Unrecht für unzuständig — sei es sachlich oder örtlich — erachtet hat, geschieht hier keine Erwähnung. Es dürfte daher der allgemeinen Vorschrift des Abs. 1 entsprechend das Berufungsgericht, nach vorgängiger Erneuerung des Verfahrens und der Beweisaufnahme, seinerseits in zweiter Instanz in der Sache zu erkennen haben. Daraus, daß der StAschft. und dem Angekl. durch dies Verfahren eine Instanz entzogen wird, scheint ein Bedenken nicht hergenommen werden zu können, da beide Theile der Sache nach nicht in eine ungünstigere Lage kommen, wenn der Berufungsrichter nach vollstän-

diger Hauptverhandlung, ohne vorgängige sachliche Entscheidung durch ein Gericht erster Instanz, in der Sache erkennt, als wenn er, das Verfahren des ersten Richters und dessen Urtheil verwerfend, nach stattgehabter Erneuerung der Verhandlung und Beweisaufnahme sein Urtheil fällt.

Wie dem aber auch sei, so hätte es, um einen anderen Weg einschlagen zu dürfen, einer ausdrücklichen Vorschrift bedurft, an der es fehlt.

§ 370 St.

Ist bei dem Beginne der Hauptverhandlung weder der Angeklagte, noch in den Fällen, wo solches zulässig[1], ein Vertreter desselben erschienen und das Ausbleiben nicht genügend entschuldigt, so ist, insoweit der Angeklagte die Berufung eingelegt hat, dieselbe sofort zu verwerfen, insoweit die Staatsanwaltschaft die Berufung eingelegt hat, über diese zu verhandeln[2] oder die Vorführung oder Verhaftung des Angeklagten anzuordnen[3].

Der Angeklagte kann binnen einer Woche nach der Zustellung des Urtheils die Wiedereinsetzung in den vorigen Stand unter den in den §§ 44. 45 bezeichneten Voraussetzungen beanspruchen[4].

1. Das „zulässig" kann sich nur auf die §§ 231—233 St. beziehen. Dort ist aber die Zulässigkeit der Verhandlung in Abwesenheit des Angekl. von der Höhe der angedrohten, bzhw. als wahrscheinlich in Aussicht stehenden Strafe abhängig gemacht. Von einer solchen kann aber in der Berufungsinstanz nur im Falle einer von der StAschft. gegen ein freisprechendes Urtheil eingelegten Berufung die Rede sein, während, wenn der Angekl., oder zu dessen Gunsten die StAschft. gegen ein denselben zu Strafe verurtheilendes Erkenntniß das Rechtsmittel eingelegt hat, die Höhe der erkannten Strafe für die Anwendbarkeit der Vorschrift des § maßgebend sein wird. Die Schlußvorschrift des § 231 dürfte auch hier Anwendung finden.

2. Dies wird in Fällen, wo das Berufungsgericht zur Wiederholung der Beweisaufnahme keine Veranlassung findet (§ 364 Note 2), die Regel bilden.

3. Wie im Betreff des verhafteten Angekl. zu verfahren sei (§ 215 Abs. 2), sagt die St. nicht. Das Berufungsgericht wird daher — von wem und zu welchem Zweck die Berufung auch eingelegt sei — den Transport des Angekl. nach dem Sitze des Berufungsgerichts behufs seiner Anwesenheit bei der Hauptverhandlung von der Sachlage des Falles, insbesondere davon abhängig zu machen haben, ob eine Erneuerung der in erster Instanz stattgehabten Beweisaufnahme eintreten soll oder nicht. Vergl. § 364 Note 2.

Die analoge Anwendung des das Rechtsmittel der Revision betreffenden

§ 390 Abs. 2 auf die Berufungs-Instanz verbietet sich durch die in letzterer zulässige, bei der Revision ausscheidende Erörterung des Sachverhältnisses und neue Beweisaufnahme, bei welcher die Anwesenheit des Angekl. geboten erscheinen kann.

4. Wurde die Vorschrift des Abs. 2 neben der allgemeinen Bestimmung des § 373 für nöthig erachtet, obgleich sie mit der des § 234 Abs. 1 übereinstimmt, so möchte es auch einer dem Abs. 2 dieses § analogen Bestimmung bedurft haben. Da indeß der § 373 in Betreff des § 234 Abs. 2 eine Ausnahme nicht anordnet, wird dessen Vorschrift auch hier zur Anwendung zu bringen sein.

§ 371 St.

Ist von einer der im § 340 bezeichneten Personen die Berufung eingelegt worden, so hat das Gericht auch den Angeklagten zu der Hauptverhandlung vorzuladen und kann ihn bei seinem Ausbleiben zu derselben zwangsweise vorführen lassen.

Bei der Berathung des § in der JK. wurde, ohne Widerspruch zu finden, die Ansicht ausgesprochen, daß in einem solchen Falle das Urtheil außer dem Vertreter auch dem Angekl. zuzustellen sei, so wie auch, daß dem neben dem Vertreter erschienenen Angekl. das letzte Wort gebühre. Prot. S. 1018.

§ 372 St.

War das Urtheil nur von dem Angeklagten oder zu Gunsten desselben von der Staatsanwaltschaft oder von einer der im § 340 bezeichneten Personen* angefochten worden, so darf das Urtheil nicht zum Nachtheile des Angeklagten abgeändert werden.

* Nach dem § 430 Abs. 1 stehen dem Privatkläger dieselben Rechtsmittel wie der StAschft. zu. Danach ist derselbe — so selten der Fall auch eintreten wird — nach § 338 Abs. 2 auch zur Einlegung der Berufung zu Gunsten des Angekl. befugt. Bei der Berathung des § in der JK. wurde diese Konsequenz der betreffenden Vorschriften der St. auch hervorgehoben. Von anderer Seite wurde zwar behauptet: „Zu Gunsten des Angekl. könne der Privatkläger ein Rechtsmittel nicht einlegen, denn hierfür passe die aus der Befugniß des StA. hergeleitete Analogie nicht, da die Beschützung des Angekl. nicht aus der Rolle des Anklägers, sondern aus der amtlichen Stellung des StA. und dem ihm zuertheilten Schutzverhältniß folge". Prot. S. 1135. Da jedoch eine Aenderung der erwähnten Bestimmungen hierdurch nicht herbeigeführt worden ist, muß angenommen werden, daß das erwähnte, den Worten der §§ entsprechende Recht des Privatklägers auch beabsichtigt worden sei.

Hiervon ausgegangen, hätte die Bestimmung des § 372 auch auf die von dem Privatkläger zu Gunsten des Angekl. eingelegte Berufung ausgedehnt werden müssen. Da indeß jener § nur eine Anwendung des allgemeinen Grundsatzes von der relativen Rechtskraft der Entscheidungen enthält, dürfte er auch ohne ausdrücklichen Ausspruch des Gesetzes auf die Berufung des Privatklägers Anwendung finden.

§ 373 St.

Im Uebrigen finden die im sechsten Abschnitte des zweiten Buchs[1] über die Hauptverhandlung gegebenen Vorschriften Anwendung[2].

1. §§ 225—275.
2. Die Vorschriften der §§ 236. 265. 269. 270 werden, wiewohl sie von den in den §§ 354 bis 373 enthaltenen Bestimmungen nicht berührt werden, die Worte „im Uebrigen" mithin an sich zutreffen, auf die Berufungs-Instanz nach ihrem Inhalte keine Anwendung erleiden.

Revision.

§ 374 St.

Die Revision findet statt gegen die Urtheile der Landgerichte* und der Schwurgerichte.

* Aus der Berufungs-Instanz sowohl als aus der ersten. Vergl. die §§ 73. 74. 76 G.

§ 375 St.

Der Beurtheilung des Revisionsgerichts unterliegen auch diejenigen Entscheidungen, welche dem Urtheile vorausgegangen[1] sind, sofern dasselbe auf ihnen beruht[2].

1. Dieser § ist von der JK. gegen den Widerspruch der Regierungsvertretung eingeschaltet worden.

Aus der Entstehungsgeschichte desselben ergiebt sich, daß unter dem Ausdrucke „vorangegangen" nicht blos die in der Hauptverhandlung, sondern auch die im Vorverfahren ergangenen Entscheidungen verstanden werden sollen.

Die bei erster Lesung (Prot. S. 583) beantragte Vorschrift lautete: „Der Beurtheilung des Revisionsgerichts unterliegen auch diejenigen Entscheidungen, welche in der Hauptverhandlung vor der Urtheilsfällung erlassen sind", und es wurde als Zweck derselben angeführt, daß dadurch die Zulässigkeit der Revision wegen im Vorverfahren vorgekommener Nullitäten, welche durch das spätere Verfahren (Hauptverhandlung) für sanirt zu erachten seien, ausgeschlossen werde.

Der so gefaßte § wurde angenommen. S. 584.

Bei zweiter Lesung wurde beantragt (S. 1018), hinter „Entscheidungen" die Worte folgen zu lassen: „welche vor der Hauptverhandlung erlassen sind, sofern das Urtheil als auf denselben beruhend sich darstellt". Zur Rechtfertigung des Vorschlages wurde bemerkt: es lasse sich zwar aus den vor der Hauptverhandlung ergangenen Entscheidungen nur in beschränktem Umfange ein Revisionsgrund hernehmen; doch sei zu bezweifeln, ob aus dem § 376 St. die Zulässigkeit der Anfechtung solcher dem Hauptverfahren vorangegangener Entscheidungen mittelst der Revision herzuleiten sei.

Darauf wurde jener Antrag (S. 1019) angenommen, wodurch die nach dem Beschlusse erster Lesung auf „Entscheidungen" folgenden Worte mittelbar beseitigt wurden.

Ohne eine weitere den § betreffende Berathung hat derselbe demnächst durch die Redaktions-Kommission (Beschlüsse derselben Nr. XXIX. S. 85) seine jetzige Fassung erhalten.

Nach diesen Vorgängen, und da in der JK. über den Zweck des § bei zweiter Lesung Einverständniß herrschte, dürfte derselbe auch auf solche Verstöße, welche vor der Hauptverhandlung begangen worden, zu beziehen sein, wenngleich die Worte desselben dies nicht ausdrücklich aussprechen und die Zulassung des beschränkten Rechtsmittels der Revision auf Grund derartiger Verstöße mindestens dann bedenklich erscheint, wenn dieselben dem Revidenten vor oder während der Hauptverhandlung bekannt geworden sind, sich ihm mithin Gelegenheit zur Rüge derselben in der Hauptverhandlung darbot.

2. Daß es sich in dem § ausschließlich um Verletzungen von Rechtsnormen über das Verfahren handelt, ist zweifellos, da Verletzungen materieller Gesetze nur durch das Urtheil, nicht durch demselben vorangegangene Entscheidungen begangen werden können.

Hiervon ausgegangen, sind aber die Worte: „sofern das Urtheil auf ihnen beruht", nicht völlig deutlich; auch sind zu ihrem Verständniß bei der Berathung des § in der JK. weder erläuternde Erklärungen abgegeben, noch Beispiele, auf welche sie Anwendung finden könnten, angeführt.

Sie dürften da, wo die dem Urtheil vorangegangene Entscheidung eine Verletzung der Rechtsnormen über das Verfahren enthält, überhaupt nicht passen. Hat der Richter in seinem mit der Revision angefochtenen Urtheil die bei dem Untersuchungsverfahren vorgefallene Vorschriftswidrigkeit oder Unregelmäßigkeit ausdrücklich als unerheblich bezeichnet, so beruht sein Urtheil nicht auf der Entscheidung, durch welche der Verstoß begangen worden, sondern auf dem von ihm ausgesprochenen unrichtigen Grunde und dieser Grund, nicht jene Entscheidung, unterliegt — wenn er angefochten ist — der „Beurtheilung des Revisionsrichters".

Ist aber der im Vorverfahren begangene Verstoß vom erkennenden Richter unbeachtet und demzufolge in den Urtheilsgründen unerwähnt geblieben, so treffen die Worte: „das Urtheil beruht auf einer demselben vorangegangenen Entscheidung", ebensowenig zu. Denn die jenen Verstoß gegen die Rechtsnormen über das Verfahren enthaltende „Entscheidung" hat in einem solchen Falle auf das Urtheil — die Verurtheilung des Angekl. zu Strafe, oder seine Freisprechung — weder unmittelbar noch mittelbar Einfluß ausgeübt; wogegen, wenn der Richter rechtsirrthümlich ein zutreffendes materielles Gesetz außer Anwendung läßt, oder ein unpassendes anwendet, die Unrichtigkeit seiner Entscheidung allerdings auf jenem Rechtsirrthum beruht.

Ist z. B. dem Angeschuldigten die Anwesenheit bei einer in der Voruntersuchung stattgehabten Augenscheins-Einnahme, der Vorschrift des § 191 St. zuwider, durch eine Entscheidung des Untersuchungsrichters verweigert worden, so wird nicht gesagt werden können: das dieser Vorschriftswidrigkeit ungeachtet ergangene Urtheil beruhe auf jener Entscheidung, oder — wie es S. 584 der Prot. der JK. heißt: „sie bilde die Basis des Urtheils, sei in demselben gewissermaßen aufgegangen".

Der § spricht aber auch ferner ausschließlich von „Entscheidungen", auf denen das Urtheil beruhe. Unter „Entscheidungen" können aber nach dem allgemeinen, wie nach dem juristischen Sprachgebrauch nur positive Beschlüsse verstanden werden. Der § findet daher nach seiner maßgebenden Wortfassung z. B. auf Fälle, wo der verhaftete Angekl. nicht in Gemäßheit des letzten Satzes des § 215 Abs. 2 St. über etwaige Vertheidigungsanträge befragt, oder wo ihm, der Vorschrift des § 140 St. zuwider, ein Vertheidiger nicht zugeordnet worden ist, so wie überall da, wo gesetzliche Vorschriften außer Acht gelassen und deshalb unbefolgt geblieben sind, keine Anwendung, da die in demselben vorausgesetzten „Entscheidungen" in solchen Fällen gerade fehlen.

Gleichwohl ist bei der Berathung des § in der JK. ausdrücklich ausgesprochen, daß die Vorschrift nicht blos ungesetzliche Handlungen, sondern auch ungesetzliche Unterlassungen des der Hauptverhandlung vorhergehenden Verfahrens treffen solle. Prot. S. 1019. Auch würde von der entgegengesetzten Ansicht ausgegangen, der § seinen Zweck größtentheils verfehlen.

Zu welchen Zweifeln aber auch die Wortfassung des § Anlaß geben mag, so wird doch im Auge zu behalten sein, daß er lediglich darauf berechnet ist, dem § 376 St. die nach den oben angeführten Aeußerungen in der JK. beabsichtigte Auslegung zu sichern, demzufolge ihm eine hierüber hinausgehende Tragweite nicht beizumessen ist.

Die Frage, ob der § auch auf die in schwurgerichtlichen Untersuchungen ergehenden Urtheile Anwendung finde, ist in der JK. nicht angeregt worden. Sie dürfte zu bejahen sein. Zwar ist dem Richter-Kollegium in solchen Untersuchungen die nachträgliche Behebung im Vorverfahren begangener Vorschriftswidrigkeiten vor der Fällung des Urtheils wesentlich dadurch erschwert, daß demselben nach der Kundgebung des Spruchs der Geschworenen (§ 308) nicht mehr gestattet ist, bei seinen Berathungen über die Gesetzanwendung durch Beschluß Nachholungen im Vorverfahren verabsäumter Förmlichkeiten anzuordnen, es vielmehr genöthigt ist, dem Geschworenenspruch sein

Urtheil folgen zu lassen (§ 314). Theils aber hätte es einer ausdrücklichen Bestimmung bedurft, wenn die Vorschrift des § nicht ausnahmslos auch auf die im schwurgerichtlichen Verfahren ergehenden Urtheile Platz greifen sollte, theils würde es auch für eine nicht zu rechtfertigende Härte gelten müssen, wenn die Wohlthat des Rechtsmittels der Revision den vom Schwurgericht Verurtheilten im beschränkteren Maße gewährt würde.

Es wird daher davon auszugehen sein, daß im Vorverfahren stattgehabte Verletzungen von Rechtsnormen über das Verfahren auch in schwurgerichtlichen Untersuchungen durch die Revision gegen das Urtheil gerügt werden dürfen, wenngleich das Unzutreffende der Voraussetzung des §, daß das Urtheil des Gerichts-Kollegiums auf den im Vorverfahren ergangenen rechtsverletzenden Entscheidungen beruhe, sich hier noch klarer herausstellt.

§ 376 St.

Die Revision kann nur[1] darauf gestützt werden, daß das Urtheil auf einer Verletzung des Gesetzes[2] beruhe[3].

Das Gesetz ist verletzt, wenn eine Rechtsnorm nicht oder nicht richtig angewendet worden ist.

1. Es ist hierdurch ausgedrückt, daß die thatsächlichen Unterlagen des angefochtenen Urtheils der Prüfung des Revisionsrichters nicht unterliegen, die Revision mithin nicht darauf gegründet werden darf, daß der Richter das Ergebniß der Verhandlungen unrichtig beurtheilt oder aus demselben unrichtige thatsächliche Schlüsse gezogen habe.

Dasselbe gilt von der Bestimmung der Höhe der Strafe und der Würdigung des Einflusses von Strafschärfungs- und Milderungsgründen auf die Abmessung derselben, sofern die erkannte Strafe das nach dem vom Richter zur Anwendung gebrachten Gesetz zulässige Maß nicht überschreitet.

Auch die Auslegung von einseitigen wie zweiseitigen, zur Begründung oder Aufhebung von Rechten bestimmten Urkunden, wie Verträge, Testamente u. s. w., ist dem Revisionsrichter entzogen. Ist beispielsweise aus dem Inhalte einer solchen Urkunde in dem angefochtenen Urtheil durch Interpretation der Worte — im Gegensatze zu Rechtsdeduktionen — hergeleitet, daß der dem Angekl. zur Last gelegte Betrug dadurch bestätigt oder widerlegt werde, so darf der Revisionsrichter nicht durch eine davon abweichende Auslegung zu einer entgegengesetzten Entscheidung gelangen.

2a. Unter Gesetz versteht die Rechtstheorie eine ausdrückliche, von der zuständigen Staatsgewalt erlassene, in der geordneten Weise behufs ihrer Nachachtung publicirte Vorschrift. Daß hier das Wort nicht in diesem engeren Sinne gebraucht ist, ergiebt sich aus dem Abs. 2, nach welchem die Begriffe „Gesetz“ und „Rechtsnorm“ gleichbedeutend sein sollen. Daraus folgt, daß die Revision auch darauf gestützt werden kann, daß der Richter gegen in der Rechtstheorie anerkannte und daher voraussetzlich den Gesetzen zum Grunde liegende Rechtsgrundsätze verstoßen habe.

b. Die Vorschrift des § findet in gleicher Weise auf Gesetze des Civil- wie des Strafrechts Anwendung. Hat z. B. in einer Untersuchung wegen Bigamie (§ 171 StGB.) das angefochtene Urtheil angenommen, daß der Angekl. vor Auflösung einer früheren Ehe eine zweite Ehe eingegangen sei, so kann die Revision darauf gestützt werden, daß die eine oder andere Ehe nach den Civilgesetzen nicht rechtsbeständig gewesen sei. § 261 St.

c. Durch Nichtanwendung ist ein Gesetz verletzt, wenn dasselbe vom Richter nicht berücksichtigt worden ist, obgleich die thatsächlichen Voraussetzungen, von deren Vorhandensein die Anwendbarkeit abhängig ist — sei es durch ihn, oder durch den Spruch der Geschworenen — festgestellt sind.

d. Unrichtig ist es angewandt, wenn es an der Feststellung jener Voraussetzungen fehlt.

e. Die Anwendbarkeit des § ist nicht dadurch bedingt, daß das Gesetz, dessen Verletzung gerügt wird, für sämmtliche Staatsangehörige verbindlich ist; auch solche Verordnungen, welche für einzelne Provinzen, Kreise und Ortschaften gegeben sind — z. B. Polizeiverordnungen, Reglements der zuständigen Postbehörde — fallen im Sinne des § unter den Begriff Gesetz (Rechtsnorm), sofern die Behörde, von welcher sie ausgegangen sind, nach der Staatsverfassung oder durch besondere Gesetze zum Erlaß derselben berechtigt ist.

f. Auch auf die Verletzung ausländischer Straf- (StGB. § 4 Nr. 3 Abs. 1) und Civilgesetze kann die Revision gestützt werden; doch dürfte in einem solchen Falle die nach § 384 Abs. 2 St. der Regel nach genügende Erklärung, daß das Urtheil wegen Verletzung materieller Rechtsnormen angefochten werde, nicht genügen, vielmehr, sofern die Nichtanwendung gerügt wird, in Erwägung, daß dem angerufenen Richter die Gesetze des Auslandes nicht bekannt zu sein brauchen, der Nachweis ihrer Existenz und rechtsverbindlich erfolgter Publikation erforderlich sein.

g. Die Beschwerde über Verletzung *eines materiellen* Gesetzes (im Gegensatz zu den Rechtsnormen über das Verfahren, § 384 Abs. 2) kann nur darauf gestützt werden, daß dasselbe auf die in dem angefochtenen Urtheil oder dem Geschworenenspruche *festgestellten Thatsachen* hätte angewandt werden müssen, bzhw. mit Unrecht angewandt worden sei, oder daß eine vom Revidenten behauptete Thatsache vom Richter mit Unrecht als unerheblich und deshalb der Feststellung nicht bedürfend bezeichnet worden sei.

Geht dagegen die Rüge dahin, daß eine vom Revidenten behauptete und durch die Beweisaufnahme bestätigte, oder doch mit Beweis unterstützte Thatsache in dem angefochtenen Urtheil unerwähnt geblieben sei, so kann dieselbe nur mittelst einer Beschwerde über *das Verfahren* geltend gemacht werden, da das angefochtene *Urtheil* hierüber nichts enthält, aus *diesem* mithin um so weniger hergeleitet werden kann, daß dasselbe auf einem Rechtsirrthum beruhe, als die Nichterwähnung der Thatsache möglicher Weise auf einem Uebersehen beruhen kann. Eine solche Beschwerde wird, wenn die Aussetzung der Ermittelung der betreffenden Thatsache auf einem „Beschluß des Gerichts" beruht (Seitens des Angekl.), auf den § 377

Nr. 8 St. zu gründen sein, während ihr, wenn die Thatsache nach Ausweis der Akten (Schriftsätze, Protokolle) zwar vom Revidenten behauptet und mit Beweismitteln unterstützt, in dem Urtheil aber übergangen ist, der Vorwurf unvollständiger Anführung der thatsächlichen Behauptungen des Angekl. bzhw. der Staatsanwaltschaft und Verletzung der Verpflichtung zur Würdigung derselben in den Urtheilsgründen wird zu Grund gelegt werden können.

h. Das vorstehend von Behauptungen Gesagte findet auch auf Thatsachen anderer Art Anwendung. Hat z. B. der Richter auf Freisprechung des Angekl. wegen mangelnden Straf-Antrages des Verletzten erkannt, so wird die auf den Nachweis des Vorhandenseins eines solchen Antrages in den Akten gegründete Beschwerde gleichfalls nur auf den Vorwurf der Verletzung der Normen über das Verfahren durch aktenwidrige Angaben zurückzuführen sein.

Es kann auch der Fall eintreten, daß in Bezug auf denselben Punkt dem Richter der Vorwurf des Verstoßes gegen Rechtsnormen nach beiden Richtungen hin, sowohl hinsichtlich der Verletzung materieller Gesetze oder Rechtsgrundsätze, als auch der Regeln des Verfahrens gemacht werden kann. So bei dem Einwande der Verjährung. Zunächst ist die Frage, ob Verjährung eingetreten sei, thatsächlicher Natur. Sind daher in dem Urtheil die thatsächlichen Voraussetzungen der Verjährung mit Unrecht nicht festgestellt, so kann die Beschwerde über Verletzung der das Verfahren betreffenden Rechtsnormen Platz greifen. Hat dagegen der Richter die von ihm unanfechtbar festgestellten Thatsachen nach der Ansicht des Revidenten mit Unrecht zur Rechtfertigung des Einwandes der Verjährung für geeignet, bzhw. nicht geeignet erachtet, so kann der Angriff dahin gerichtet werden, daß derselbe die auf die Verjährung bezüglichen Gesetze oder Rechtsgrundsätze verletzt habe.

3. Der Ausdruck „beruhe“ giebt zu erkennen, daß ein Urtheil nicht schon aus dem Grunde der Aufhebung unterliegen soll, weil der Richter zur Unterstützung seiner richtigen Entscheidungsgründe nur Gesetze in Bezug genommen hat, welche hierzu insoweit nicht geeignet sind, als sie zu ihrer Anwendbarkeit ein anderes Sachverhältniß, als das vom Richter festgestellte, voraussetzen (lediglich unzutreffende Allegirung).

Dasselbe gilt, wenn der Richter für seine Entscheidung neben rechtsirrthümlichen, den Vorwurf der Gesetzverletzung nach sich ziehenden Gründen, einen dieselbe rechtfertigenden richtigen Grund angegeben hat.

Selbst wenn sämmtliche Ausführungen der Urtheilsgründe für zutreffend nicht gelten können und die dagegen gerichteten Beschwerden über Gesetzverletzung als begründet anzuerkennen sind, wird, wenn der Revisionsrichter dafür hält, daß das in den Urtheilsgründen festgestellte unangefochten gebliebene Sachverhältniß die im Tenor getroffene Entscheidung rechtfertige, die Revision erfolglos bleiben müssen, da das Gesetz eine Bestimmung, wie sie sich in anderen Strafprozeßordnungen findet, daß in einem solchen Falle das Urtheil zwar aufzuheben, gleichzeitig aber aufrecht zu erhalten sei, nicht enthält.

Diese Grundsätze finden ihre Rechtfertigung darin, daß der Angekl. keinen begründeten Anlaß zur Klage hat, wenn aus dem festgestellten Thatbestande nach den Strafgesetzen folgt, daß in dem Tenor des angefochtenen Urtheils seine That richtig charakterisirt und mit einer nach dem anpassenden Gesetz zulässigen Strafe geahndet worden ist. Ebenso darf die StAschft. sich nicht beschweren, wenn jene Feststellungen ihre Strafanträge nicht rechtfertigen.

Der oben hervorgehobene Ausdruck „beruhe" paßt aber nur auf Fälle, wo es sich um Verletzung materieller Gesetze und Rechtsgrundsätze handelt, bei welchen mit Recht gesagt werden kann, die Unrichtigkeit des Urtheilsgründe sich (beruhe) darauf, daß ein Gesetz unrichtig angewandt worden, oder mit Unrecht außer Anwendung geblieben sei. Dagegen ist er in Bezug auf Verstöße gegen Rechtsnormen über das Verfahren nicht passend gewählt, wie in der Note 2 zu § 375 ausgeführt worden. Ist z. B. die Zuordnung eines Vertheidigers für den Angekl. in einem Falle, wo das Gesetz sie als nothwendig bezeichnet (§ 140 St.), unterblieben, so unterliegt das Urtheil, wenn der Verstoß gerügt ist, der Aufhebung. Gleichwohl läßt sich nicht füglich — den Worten des Abs. 1 folgend — sagen: Das Urtheil beruhe auf einer Gesetzverletzung.

In Bezug auf die Frage, welche Verstöße gegen Rechtsnormen über das Verfahren — im Gegensatze zu materiellen Gesetzen und Rechtsgrundsätzen — zur Aufhebung eines aus diesem Grunde angefochtenen Urtheils führen können, ist in den Mot. S. 203, nach Voranschickung des Grundsatzes, daß keine Prozeßvorschrift von der Begründung der Revision ausgeschlossen sei, gesagt: Die Bestimmung, daß wenn die Revision Erfolg haben soll, das angefochtene Urtheil auf einer Verletzung des Gesetzes beruhen müsse, habe hinsichtlich der Prozeßvorschriften noch die besondere Bedeutung, daß sie verschiedene Einzelbestimmungen entbehrlich mache, welche zu verhüten bezweckten, daß das Urtheil in Fällen aufgehoben werde, in denen die Verletzung einer Prozeßvorschrift zwar stattgefunden, einen dem Beschwerdeführer nachtheiligen Einfluß auf die Entscheidung aber nicht gehabt habe.

Hierdurch ist unzweideutig zu erkennen gegeben, daß nicht jede, sondern nur eine nach der Ansicht des Revisionsrichters erhebliche Verletzung einer Vorschrift oder eines Grundsatzes des Strafprozesses zur Begründung der Revision geeignet sei.

In der JK. wichen die Ansichten über diese Frage wesentlich von einander ab. Ein Antrag (Prot. S. 584), dem § die Bestimmung hinzuzufügen: „Wegen Verletzung von Rechtsnormen für das Verfahren ist das Urtheil als auf einer Verletzung beruhend anzusehen, wenn die Annahme nicht ausgeschlossen ist, daß die Beobachtung der Rechtsnorm zu einer anderen Entscheidung geführt haben würde", wurde durch den Hinweis darauf unterstützt, daß außer den im § 377 St. angeführten absoluten Nullitätsgründen noch die verschiedensten anderen Verletzungen des Prozeßrechts denkbar seien, bezüglich deren im einzelnen Falle nach Lage desselben vom Revisionsrichter zu prüfen sei, ob sie von Einfluß auf den Inhalt des angefochtenen Urtheils gewesen seien. Nur, wenn dies anzunehmen, wenn also der Kausalnexus zwischen der Verletzung des Prozeßrechts und dem Inhalte des Urtheils nicht ausgeschlossen sei, könne die Aufhebung des Urtheils wegen Verletzung des Prozeßrechts erfolgen.

Seitens der Regierungsvertretung wurde jener Antrag nur aus dem Grunde bekämpft, weil, wenn das Revisionsgericht auch nur zu der Vermuthung gelange, daß ein solcher Zusammenhang bestehe, es im Interesse des Angekl. nach der Regel in dubio pro reo genöthigt sein werde, das Urtheil aufzuheben, überdies aber die beantragte Bestimmung eine entbehrliche Beweisregel für den Revisionsrichter enthalten würde.

Dagegen wurde von anderer Seite dem Antrage prinzipiell entgegengetreten. Wenn einmal — wurde ausgeführt — eine obligatorische Vorschrift des Verfahrens verletzt sei, so habe der Revisionsrichter gar nicht weiter zu untersuchen, ob dieselbe im Zusammenhang stehe mit dem wesentlichen Inhalte des Urtheils, sondern er habe nur das Urtheil zu kassiren. Das Gesetz, nicht der Revisionsrichter habe festzustellen, welche Vorschriften des Gesetzes wesentlich seien.

Bei diesen Debatten dürften die beiden bei der vorliegenden Frage ins Auge zu fassenden, von einander verschiedenen Gesichtspunkte nicht genügend auseinander gehalten sein.

Als Gründe für die Aufhebung eines angefochtenen Urtheils machen sich erstens solche prozessualische Verstöße geltend, welche sich — im Gegensatze zu der demnächst zu erwähnenden Verletzung von Vorschriften, deren Wesentlichkeit oder Unwesentlichkeit unabhängig von ihrem Einfluß auf eine besondere Untersuchung allgemein (in abstracto) zu beurtheilen ist — auf die Sachlage des zur Beurtheilung vorliegenden Falles speziellen und direkten Bezug haben.

Ein Verstoß dieser Art liegt vor, wenn, sei es in der Hauptverhandlung oder im Vorverfahren (§ 375), solche vorschriftswidrige Entscheidungen ergangen (Anordnungen getroffen worden) sind, welche nach der Ueberzeugung des Revisionsrichters auf die Beurtheilung der Schuld oder Nichtschuld des Angekl. an der ihm zur Last gelegten strafbaren Handlung, oder auf die Charakterisirung derselben dem Strafgesetz gegenüber, oder auf die Strafabmessung von Einfluß gewesen sind; sowie ferner wenn Anträge des Angekl. oder der StAschft., welche auf Herbeiführung einer ihrem Verlangen entsprechenden Entscheidung abzielten, rechtswidrig entweder ausdrücklich abgelehnt oder unberücksichtigt geblieben sind.

Solche Fälle sind es, in denen der Revisionsrichter „den Kausalnexus zwischen der stattgehabten Verletzung des Prozeßrechts und dem Inhalte des angefochtenen Urtheils zu prüfen hat" — eine Prüfung, der er die Urtheilsgründe und den Inhalt der Akten (Schriftsätze, Verhandlungen über Beweisaufnahmen, ergangene Beschlüsse u. s. w.) zum Grunde zu legen hat, um danach zu ermessen, ob die nachträgliche Behebung der Verstöße im

Wege der Aufhebung des Urtheils und Verfahrens nach der Sachlage geboten erscheine.

Es entscheidet hierüber sein freies Ermessen. Einen Beweis über den Einfluß der von ihm anerkannten Verletzung der Rechtsnormen über das Verfahren auf das Urtheil von dem Revidenten zu verlangen, ist er nicht berechtigt — worüber auch in der JK. Einverständniß herrschte. Er hat vielmehr selbständig auf Grund des ihm vorliegenden Materials über den prozessualischen Angriff desselben zu befinden. Hat z. B. der Angekl. als Revident gerügt, daß die Ladung eines von ihm über sein alibi vorgeschlagenen Zeugen in Folge eines Versehens unterblieben sei, seines Ladungsantrages auch in dem angefochtenen Urtheil keine Erwähnung geschehe, so wird der Revisionsrichter, obgleich die prozessualische Rüge als begründet anerkennend, doch in der Lage sein, das Rechtsmittel zu verwerfen, wenn die unter jenes Zeugniß gestellten Thatsachen zu einem Schlusse auf die Abwesenheit des Angekl. von dem Orte der That zur festgestellten Zeit ihrer Verübung nicht ausreichen, andere Zeugen nach Inhalt der Urtheilsgründe diese Verübung durch den Angekl. aus eigener Wahrnehmung bekundet haben, der Angekl. auch den Antrag auf Abhörung des Zeugen in der Hauptverhandlung nicht wiederholt hat, und der Revisionsrichter unter diesen Umständen die Ueberzeugung gewinnt, daß das Rechtsmittel nur den Verschleif der Sache bezwecke und die Erfolglosigkeit einer Nachholung der in der Vorinstanz unterbliebenen Vernehmung des Zeugen ihm zweifellos erscheint.

Eine derartige Prüfung des Einflusses eines prozessualischen Verstoßes auf das mit der Revision angefochtene Urtheil ist auch in Fällen, wo gegen ausdrückliche Vorschriften des Gesetzes gefehlt ist, nicht ausnahmslos unzulässig. So dürfte eine dem § 251 St. zuwider erfolgte Verlesung der Aussagen eines vor der Hauptverhandlung vernommenen, in derselben aber sein Zeugniß verweigernden Zeugen zur Aufhebung des Urtheils auf die Revision des Angekl. keinen Anlaß geben, wenn der Inhalt des verlesenen Protokolls dem Angekl. günstig oder doch durchaus unerheblich ist. —

Wesentlich verschieden von den vorstehend bezeichneten, das Interesse des Angekl. bzhw. des durch die StAschft. vertretenen Staats gefährdenden Verstößen, welche in unmittelbarer Beziehung zu der Besonderheit des speziellen Falles stehen, ist die Verletzung der allgemeinen in jedem Untersuchungsverfahren zu beobachtenden Vorschriften. Zu denselben gehören unter vielen anderen die Zuordnung eines Vertheidigers für den Angekl. in den Fällen des § 140 St.; das Verbot der Fortsetzung der Hauptverhandlung nach Verlauf von vier Tagen seit der Unterbrechung § 228 St.; die Zuziehung eines Gerichtsschreibers bei der Vernehmung des Angekl., der Zeugen und Sachverständigen, der Einnahme des Augenscheins und anderen Untersuchungshandlungen (§§ 185 u. 186 St.); die Bekanntmachung des Angekl. mit der die Voruntersuchung eröffnenden Verfügung (§ 190); die Befragung des Angekl. über Anträge in Bezug auf seine Vertheidigung für die Hauptverhandlung (§ 215 St.); die Belehrung desselben über seine Befugniß, die

Aussetzung der Verhandlung zu verlangen, wenn die im § 216 St. angeordnete Frist nicht eingehalten ist (§ 227 Abs. 3 St.); die Ausschließung des StAs. von der die Vernehmung des Angekl. betreffenden Verhandlung (§ 190 St.).

Bei Verstößen gegen diese und ähnliche strafrechtliche Prozeßvorschriften darf die vom Revidenten beantragte Aufhebung nicht von einem Kausalnexus zwischen der Gesetzverletzung und dem angefochtenen Urtheil abhängig gemacht werden, weil sich ein Einfluß derselben auf die Sachlage des einzelnen Falles nicht erkennbar machen kann.

Auf derartige prozessualische Verstöße soll unverkennbar die erwähnte Bemerkung eines Abgeordneten S. 586 der Prot. Bezug haben, welche die Ansicht ausspricht, daß wenn einmal eine obligatorische Vorschrift des Verfahrens verletzt worden, das Urtheil zu kassiren sei, weil nicht der Revisionsrichter, sondern das Gesetz festzustellen habe, welche Vorschriften des Gesetzes „wesentlich" seien. Diese Meinung würde zweifellos unanfechtbar sein, wenn wirklich das Gesetz einen Theil seiner prozessualischen Vorschriften als wesentlich bezeichnet hätte, andere nicht. Dies ist aber bei keiner der oben angeführten geschehen. Die St. hat nur im § 377 unter acht Nummern gewisse prozessualische Verstöße speziell aufgeführt, in Folge deren das „Urtheil stets als auf Verletzung des Gesetzes beruhend" angesehen werden soll. Sind diese aber auch hiernach als „wesentliche" zu betrachten, so ist doch durch die Worte: Ein Urtheil ist stets u. s. w. zu erkennen gegeben, daß außer denselben noch andere dafür gelten sollen. Welche, ist nirgends gesagt; nach der erwähnten Bemerkung der Mot.: „Grundsätzlich sei keine Prozeßvorschrift von der Begründung der Revision ausgeschlossen", soll das Urtheil darüber überall dem Revisionsgericht anheimfallen.

Hiervon ausgegangen, wird aber der vorgedachten Ansicht, daß die Verletzung einer obligatorischen Vorschrift stets die Kassation des Urtheils nach sich ziehen müsse, nicht beigetreten werden können. Denn für „obligatorisch" müssen alle Bestimmungen gelten, bei denen das Gesetz die Befolgung nicht — wie vielfach in der St. geschehen — in das durch die Umstände des Falles geleitete Ermessen des Richters gestellt hat, mithin alle oben beispielsweise aufgeführten Vorschriften. So ist die Bestimmung des Abs. 2 des erwähnten § 190 St. völlig kategorisch gefaßt; gleichwohl würde es sich nicht rechtfertigen lassen, das demnächst ergangene dem Angekl. nachtheilige Urtheil lediglich aus dem Grunde aufzuheben, weil dasselbe darüber hinweggegangen sei, daß bei der Vernehmung des Angekl. in der Voruntersuchung, bei welcher nach Ausweis der Verhandlung derselbe die ihm zur Last gelegte That durchweg bestritt, der StA. gegenwärtig gewesen sei. Dasselbe gilt, wenn der Angekl., der eben so bestimmt gefaßten Vorschrift des § 302 St. zuwider, im Sitzungszimmer verblieben ist, während sich die Geschworenen im Berathungszimmer befanden.

Ob aber ein das strafrechtliche Verfahren betreffendes Gesetz für sakramental zu erachten sei, und eine Verletzung desselben die Aufhebung des ungeachtet derselben ergangenen Urtheils zur nothwendigen Folge haben müsse, wird davon abhängen, ob sein Inhalt den Zweck außer Zweifel stellt, zur Erreichung des Endziels aller Strafrechtspflege eine Garantie dafür zu gewähren, daß das wahre Sachverhältniß im Interesse des Angekl. wie des durch die StAschft. vertretenen Staats, so weit ausführbar, aufgeklärt und Einflüssen, welche der Gerechtigkeit des richterlichen Spruchs Abbruch thun könnten, vorgebeugt werde, oder ob demselben nur der Charakter einer prozeßleitenden reglementarischen Bestimmung beiwohnt, von deren Vernachlässigung ein Nachtheil für die Untersuchung und deren Ausgang nicht zu befürchten ist.

Diese Gesichtspunkte in's Auge gefaßt, werden z. B. Verstöße gegen die oben in Bezug genommenen Vorschriften der §§ 140 und 228 St. zur Begründung der Revision für unbedingt geeignet zu erachten sein. Hinsichtlich des ersteren § mag hierbei darauf hingewiesen sein, daß der § 377 Nr. 8 St. auf den Fall verabsäumter Zuordnung eines Vertheidigers keine Anwendung findet, da er eine durch Beschluß des Gerichts herbeigeführte Beschränkung der Vertheidigung voraussetzt.

Daß zur Begründung des Rechtsmittels der Revision — abweichend von der „Berufung" — nicht solche thatsächliche Umstände und Beweismittel beigebracht werden dürfen, welche sich auf das den Gegenstand der Untersuchung bildende Sachverhältniß beziehen, ergiebt sich mittelbar aus dem § 376 Abs. 1 St. Dagegen ist der Revident berechtigt, zur Unterstützung seiner Beschwerde über gesetzwidriges der Urtheilsfällung vorangegangenes Verfahren dem Revisionsrichter das derselben zum Grunde liegende thatsächliche Material — gleichviel ob durch Bezugnahme auf die Akten oder im Wege anderartiger Beweisführung — zu unterbreiten. Es wird daher z. B. der StA., wenn er erst nach Verkündung des Urtheils in Erfahrung bringt, daß ein Geschworener, der ihm durch den § 279 St. auferlegten Verpflichtung zuwider, sein Verwandtschaftsverhältniß zu dem Angekl. verschwiegen hat, zur Rechtfertigung seiner hierauf (§§ 22 Nr. 3. 31 Abs. 1. 377 Nr. 2) gegründeten Revision, jeden nach der St. an sich zulässigen Beweis antreten dürfen, dessen Erhebung der Revisionsrichter, nach vorgängiger Verhandlung über den Beschwerdepunkt in seiner Hauptverhandlung, anzuordnen haben wird, um nach dem Ergebniß desselben die Wahrheit der Behauptung des Revidenten prüfen und demgemäß das angefochtene Urtheil aufheben, oder die Revision verwerfen zu können.

§ 377 St.

Ein Urtheil ist stets[1] als auf einer Verletzung des Gesetzes beruhend anzusehen:

1. wenn das erkennende Gericht oder die Geschworenenbank nicht vorschriftsmäßig besetzt[2] war;
2. wenn bei dem Urtheile ein Richter, Geschworener oder Schöffe mitgewirkt hat, welcher von der Aus=

übung des Richteramts kraft des Gesetzes ausgeschlossen war[3];

3. wenn bei dem Urtheile ein Richter oder Schöffe mitgewirkt hat, nachdem derselbe wegen Besorgniß der Befangenheit abgelehnt war, und das Ablehnungsgesuch entweder für begründet erklärt war oder mit Unrecht verworfen worden ist[4];
4. wenn das Gericht seine Zuständigkeit[5] mit Unrecht angenommen hat;
5. wenn die Hauptverhandlung[6] in Abwesenheit der Staatsanwaltschaft oder einer Person, deren Anwesenheit das Gesetz vorschreibt, stattgefunden hat;
6. wenn das Urtheil auf Grund einer mündlichen Verhandlung ergangen ist, bei welcher die Vorschriften[7] über die Oeffentlichkeit des Verfahrens verletzt sind;
7. wenn das Urtheil keine Entscheidungsgründe enthält[8];
8. wenn die Vertheidigung in einem für die Entscheidung wesentlichen Punkte durch einen Beschluß des Gerichts unzulässig beschränkt worden ist[9].

1. Verstöße, wie die unter Nr. 1 bis 8 bezeichneten, ziehen daher — wie auch in den Mot. S. 203 bemerkt ist — die Aufhebung des Urtheils nach sich, auch wenn ein ursachlicher Zusammenhang zwischen ihnen und dem Urtheil nicht zu erkennen ist.

2. Da es nicht heißt: „wenn die Vorschriften über die Bildung der Geschworenenbank nicht befolgt sind", so wird nicht jeder Verstoß gegen die Bestimmungen der §§ 280 folg. die Revision unbedingt begründen, der Ausdruck „besetzt" vielmehr nur auf die erforderliche Zahl der Geschworenen zu beziehen sein. Von der entgegengesetzten Ansicht ausgegangen, würde es in Bezug auf die Geschworenen der Vorschrift unter Nr. 2 nicht bedurft haben.

3. In der JK. blieb die Bemerkung eines Abgeordneten, daß die Vorschrift dahin zu verstehen sei, daß Nichtigkeit eintrete, wenn ein von der Ausübung des Amtes kraft Gesetzes in concreto ausgeschlossener Richter rc. bei dem Urtheil mitgewirkt habe, ohne Widerspruch. Prot. S. 587.

4. Diese Bestimmung steht mit dem Zwecke des § 377, die unbedingte Nichtigkeit des Urtheils und Verfahrens von klar vorliegenden Verstößen gegen bestimmte wesentliche gesetzliche Vorschriften abhängig zu machen, nicht

im Einklange, da der Revisionsrichter bei der Allgemeinheit der Fassung der Vorschrift unbeschränkt über die Beschwerde zu befinden hat, die Frage aber, ob „ein Grund vorliegt, welcher geeignet ist, Mißtrauen gegen die Unparteilichkeit eines Richters zu rechtfertigen" (§ 24 Abs. 2), in der Mehrzahl der Fälle lediglich thatsächlicher Natur ist, mithin daraus allein, daß der Revisionsrichter die von dem Ablehnenden zur Rechtfertigung seines Mißtrauens angeführten Gründe für ausreichend hält, während das Gericht der Vorinstanz abweichender Ansicht war, eine Gesetzesverletzung (§ 377 Abs. 1) nicht herzuleiten ist.

Hierzu kommt, daß, wenn das Ablehnungsgesuch erst in der Hauptverhandlung der Vorinstanz unter Glaubhaftmachung der Ablehnungsgründe mündlich angebracht ist und der abgelehnte Richter sich sofort dienstlich darüber äußert (§§ 25 u. 26 St.), das Gericht unter dem Eindrucke der mündlichen Erörterung und bei Würdigung der Persönlichkeiten, der Regel nach zu einer sachgemäßen Beurtheilung des Ablehnungsgesuchs befähigter sein wird, als das Revisionsgericht.

5. Daß hier nicht bloß die sachliche, sondern auch die örtliche Zuständigkeit (Gerichtsstand) gemeint ist, ergiebt sich aus der Hinweisung der Mot. S. 204 auf die §§ 16—18 (im Entw. §§ 10—12). Es ist dort zutreffend bemerkt, daß die Zuständigkeit selbstverständlich in der Revisionsinstanz nur noch insoweit Gegenstand der Prüfung sein könne, als der Vorrichter in der Hauptverhandlung noch befugt gewesen sei, seine Zuständigkeit in Frage zu stellen.

Die Mot. sagen dort allgemein: „wenn die Vorschriften über die Zuständigkeit verletzt sind". Gleichwohl darf die Bestimmung nicht, ihrem Wortsinne zuwider, auf den Fall, wenn sich der Richter mit Unrecht für unzuständig erklärt hat, ausgedehnt werden, zumal der § 250 des Entwurfs vom „Januar 1873" unter Nr. 4 lautete: „wenn das Gericht mit Unrecht seine Zuständigkeit oder Unzuständigkeit angenommen hat, wogegen schon der § 257 des (zweiten) Entwurfs vom J. 1873 in Uebereinstimmung mit dem Gesetz nur von der „Zuständigkeit" spricht. Vergl. auch § 369 Abs. 3.

Daß das Revisionsgericht gleichwohl in dazu geeigneten Fällen aus einer unrechtmäßigen Unzuständigkeitserklärung einen Vernichtungsgrund herzunehmen befugt ist, folgt aus der allgemeinen Vorschrift des § 376 St. Vergl. § 269.

6. Nach dem Wortsinne: die ganze. Ob die sich aus dem Protokoll ergebende Abwesenheit von so langer Dauer gewesen ist, daß das Gesetz nach seiner Absicht anwendbar erscheint, wird dem Ermessen des Revisionsrichters anheimfallen. Vergl. § 225 St.

Bei der Berathung der Nr. 5 des § in der JK. erklärte die Regierungsvertretung (S. 588 der Prot.): Wenn eine Person, die berechtigt sei, als Beistand aufzutreten, erklärt habe, daß sie als Beistand der Verhandlung beiwohnen wolle, so sei sie im Sinne von Nr. 5 eine Person, „deren Anwesenheit das Gesetz vorschreibe". Es ist dies bedenklich, da das Gesetz die Anwesenheit eines Beistandes nicht „vorschreibt", d. h. für nöthig erklärt oder anordnet, vielmehr nur unter gewissen Voraussetzungen Jemand das Recht gewährt, als Beistand des Angekl. der Verhandlung beizuwohnen. Hiermit im Einklange geschieht in den Mot. S. 204 nur der „Nothwendigkeit der Vertheidigung" — nicht auch der ohne diese Voraussetzung erfolgten Zuordnung eines Vertheidigers — also nur desjenigen Falles Erwähnung, in welchem das Gesetz die Anwesenheit des Vertheidigers — wie der § 377 Nr. 5 erfordert — „vorgeschrieben" hat. In dem gedachten, von der Regierungsvertretung unterstellten Falle dürfte das Revisionsgericht nach Maßgabe der Umstände zu prüfen haben, ob der § 376 Platz greift.

7. Zu diesen Vorschriften gehören auch die der §§ 175 Abs. 1 und 176 G. Danach würde, wenn über die Ausschließung der Oeffentlichkeit in öffentlicher Sitzung verhandelt, oder der Mangel der bürgerlichen Ehrenrechte mit Unrecht angenommen worden wäre, der Revision Erfolg gegeben werden müssen. Es ist jedoch nicht anzunehmen, daß an derartige unwesentliche Unregelmäßigkeiten die Vernichtung eines Urtheils und Verfahrens unbedingt habe geknüpft werden sollen, wenngleich es in den Mot. S. 204 heißt: die Verletzung der Vorschriften über die Oeffentlichkeit des Verfahrens müsse in allen Fällen die Aufhebung des Urtheils begründen.

8. In der JK. herrschte Einigkeit darüber, daß die Vorschrift nicht nur Mangels aller Entscheidungsgründe, sondern auch dann Anwendung finde, wenn solche „in puncto" fehlen. Prot. S. 588. Sie werden, gleichviel ob Verurtheilung oder Freisprechung erfolgt ist, hinsichtlich jedes Angekl. und jedes Anklagepunktes für unerläßlich zu erachten sein. Ob die Gründe in dem Grade unzulänglich oder unverständlich sind, daß sie dem gänzlichen Mangel an Gründen gleichstehen, wird dem Ermessen des Revisionsrichters anheimfallen.

9. Nr. 8 ist von der JK. eingeschaltet, wiewohl von der Regierungsvertretung dagegen geltend gemacht wurde, daß, wenn die Vertheidigung in einem für die Entscheidung wesentlichen Punkte beschränkt worden, die Beschränkung also auf das Urtheil von Einfluß gewesen sei, die Nichtigkeit schon nach allgemeinen Grundsätzen eintrete. Prot. S. 590.

10. Ein Antrag, den § 377 auch dann Anwendung finden zu lassen, wenn der Vorsitzende des Schwurgerichts bei der Rechtsbelehrung an die Geschworenen in die Würdigung der Beweise der Thatsachen eingegangen sei, wurde zwar abgelehnt; es waltete jedoch Einverständniß darüber ob, daß durch diese Ablehnung nicht gesagt sein solle, daß ein Eingehen des Präsidenten auf Würdigung der Beweise unter allen Umständen die Nichtigkeit nicht begründe. Prot. S. 590.

§ 378 St.

'Die Verletzung von Rechtsnormen, welche lediglich' zu Gunsten des Angeklagten gegeben sind, kann von der Staatsanwaltschaft nicht zu dem Zwecke geltend gemacht werden, um eine Aufhebung des Urtheils zum Nachtheile des Angeklagten herbeizuführen.

1. Dieser, dem Art. 109 des Preuß. Ges. vom 3. Mai 1852 entsprechende § ist von der JK. dem Entwurfe hinzugefügt worden. Er bezieht sich nach seinen Worten und der ausgesprochenen Absicht der Antragsteller auf alle Fälle, einschließlich der schwurgerichtlichen. Prot. S. 594 unten.

2. Z. B. die auf die Vertheidigung bezüglichen, einschließlich § 377 Nr. 8. Dagegen wird diese Ausnahmevorschrift auf Nr. 3 daselbst selbst dann nicht Anwendung finden, wenn das Ablehnungsgesuch vom Angeklagten ausgegangen ist, da die „Rechtsnorm", welche auf Wahrung der Unparteilichkeit des Gerichts abzielt, nicht „lediglich" zu Gunsten des Angekl. gegeben ist, vielmehr auch der StAschft. zu Statten kommt.

§ 379 St.

Wenn der Angeklagte von den Geschworenen für nichtschuldig erklärt worden ist, so steht der Staatsanwaltschaft die Revision nur in den Fällen zu, in welchen dieselbe durch die Bestimmungen des § 377 Nr. 1. 2. 3. 5 oder durch die Stellung oder Nichtstellung von Fragen begründet wird*.

* Der § ist, nachdem der betreffende Antrag bei erster Lesung von der JK. abgelehnt worden (Prot. S. 593—600), bei zweiter Lesung gegen den Widerspruch der Regierungsvertretung dem Entwurf hinzugefügt worden (Prot. S. 1019. 1028. 1031 und Prot. v. 13. Novbr. 1876 S. 11).

Die Hinweisung auf die durch den § herbeigeführte Ungleichheit der Rechte der den Staat vertretenden StAschft. und des Angekl., wendete die Aufnahme der Vorschrift nicht ab.

Das für dieselbe auch geltend gemachte Argument (Prot. v. 13. Novbr. 1876 S. 11): „Es widerspreche dem Bewußtsein des Volks, daß ein freigesprochener Angekl. noch einmal, und zwar bloß wegen Verletzung einer Formalität, vor das Gericht gestellt werden solle", hätte — da es von jenem Gesichtspunkte aus gleichgültig sein muß, von welchem Gerichte das freisprechende Erkenntniß ergangen ist — folgerecht dahin führen müssen, auch das Rechtsmittel der Berufung, sofern es sich nur um Verletzung von Vorschriften über das Verfahren handle, der StAschft. für Fälle der Freisprechung des Angekl. zu versagen — es sei denn, daß das „Bewußtsein des Volks" in dieser Beziehung zwischen den Rechtsmitteln der Revision und der Berufung unterscheidet.

§ 380 St.

[1]Gegen die in der Berufungsinstanz erlassenen Urtheile der Landgerichte[2] kann die Revision wegen Verletzung einer Rechtsnorm über das Verfahren nur auf Verletzung der Vorschrift des § 398[3] gestützt werden.

1. Die JK. hatte früher beschlossen (Prot. S. 1106 oben), gegen die in der Berufungsinstanz ergangenen landgerichtlichen Entscheidungen die Revision überhaupt nicht zuzulassen. Hiervon wurde jedoch bei den Schlußberathungen mit Rücksicht auf die Nothwendigkeit, für die in das administrative Gebiet einschlagenden Uebertretungen, insbesondere für Steuer- und Zolldefraudationen, eine einheitliche Strafrechtspflege zu sichern, insoweit abgegangen, als die Revision wegen Verstöße gegen das materielle Recht für statthaft erklärt wurde. Den geltend gemachten Bedenken, daß die Grenze zwischen solchen Rechtsverletzungen einer- und Verstößen gegen das Verfahren andererseits nicht überall festzustellen seien, und ferner, daß durch den § auch die im § 377 Nr. 1—8 aufgeführten schweren Verstöße gegen die Vorschriften über das Verfahren nicht im Wege der Revision gerügt werden könnten, wurde mit den Bemerkungen begegnet, daß man zunächst der Praxis überlassen dürfe, wie das in dem § angeordnete Verfahren sich ausbilden werde, auch die Verhandlung in der Berufungsinstanz einige Sicherheit gegen wesentliche Formmängel gewähre. Prot. S. 1107. 1108.

2. Die Worte „der Landgerichte" stehen müßig, da andere Gerichte für die Berufungsinstanz nicht zuständig sind. § 76 G.

3. Hierdurch sind auch die Revisionsgründe des § 377 ausgeschlossen, wie dies auch in dem Berichte der JK. vom 28. Oktober 1876 S. 96 angenommen ist. Vergl. Note 1.

§ 381 St.

Die Revision muß bei dem Gerichte, dessen Urtheil angefochten wird, binnen einer Woche nach Verkündung des Urtheils zu Protokoll des Gerichtsschreibers oder schriftlich eingelegt werden*.

Hat die Verkündung des Urtheils nicht in Anwesenheit des Angeklagten stattgefunden, so beginnt für diesen die Frist mit der Zustellung.

* Vergl. die Note zu § 355 St.

Mangels einer entgegenstehenden Vorschrift wird es für zulässig zu erachten sein, daß die das Rechtsmittel betreffenden Schriftsätze bei gleicher Sachlage von mehreren Angeklagten gemeinschaftlich eingereicht werden.

§ 382 St.

Der Beginn der Frist zur Einlegung der Revision wird dadurch nicht ausgeschlossen, daß gegen ein auf Ausbleiben des Angeklagten ergangenes Urtheil eine Wiedereinsetzung in den vorigen Stand nachgesucht werden kann.

Stellt der Angeklagte ein Gesuch um Wiedereinsetzung in den vorigen Stand, so wird die Revision dadurch gewahrt, daß sie sofort für den Fall der Verwerfung jenes Gesuchs rechtzeitig eingelegt und begründet wird. Die weitere Verfügung in Bezug auf die Revision bleibt dann bis zur Erledigung des Gesuchs um Wiedereinsetzung in den vorigen Stand ausgesetzt.

Die Einlegung der Revision ohne Verbindung mit dem Gesuch um Wiedereinsetzung in den vorigen Stand gilt als Verzicht auf die letztere.

Vergl. die Noten zu § 356 St.

§ 383 St.

Durch rechtzeitige Einlegung der Revision wird die Rechtskraft des Urtheils, soweit dasselbe angefochten ist, gehemmt.

Dem Beschwerdeführer, welchem das Urtheil mit den Gründen noch nicht zugestellt war, ist dasselbe nach Einlegung der Revision zuzustellen*.

* Vergl. die Noten zu § 357. Das dort in Bezug auf den Ausdruck „Appellant" Gesagte, gilt hier von „Revident".

Daß das in jenem § vor „zuzustellen" stehende Wort „sofort" hier fehlt, beruht nicht auf Absichtlichkeit.

§ 384 St.

Der Beschwerdeführer hat die Erklärung abzugeben, inwieweit er das Urtheil anfechte und dessen Aufhebung beantrage (Revisionsanträge)[1], und die Anträge zu begründen.

Aus der Begründung muß hervorgehen, ob das Urtheil wegen Verletzung einer Rechtsnorm über das Verfahren oder wegen Verletzung einer anderen Rechtsnorm angefochten wird.

Ersterenfalls müssen die den Mangel enthaltenden Thatsachen angegeben werden[2, 3].

1. Die Verbindung der Revisionseinlegung mit den Revisionsanträgen wird — wie auch die Mot. S. 206 annehmen — für zulässig zu erachten sein.

2. Im letzteren Falle werden — da aus dem Schriftsatze nur hervorzugehen braucht, ob, nicht inwiefern Verletzung einer dem materiellen Recht angehörenden Norm behauptet wird — die Worte: „wegen Verletzung materieller Gesetze" genügen. Siehe die nähere Ausführung in der Note zu § 392.

3. Eines Beweisantritts bedarf es nur in Fällen, wo über die Wahrheit der Behauptung die Akten Auskunft nicht geben können z. B. § 377 Nr. 2, und im Falle des § 274. Im Uebrigen hat der Richter bei der Rüge eines Verstoßes gegen das Verfahren von Amtswegen zu prüfen, ob die behaupteten Thatsachen durch den Inhalt der Akten bewiesen werden.

§ 385 St.

Die Revisionsanträge und deren Begründung sind spätestens[1] binnen einer weiteren Woche nach Ablauf der Frist zur Einlegung des Rechtsmittels oder, wenn zu dieser Zeit das Urtheil noch nicht zugestellt war, nach dessen Zustellung bei dem Gerichte, dessen Urtheil angefochten wird, anzubringen.

Seitens des Angeklagten kann dies nur in einer von dem Vertheidiger[2] oder einem Rechtsanwalt[3] unterzeichneten[4] Schrift oder zu Protokoll des Gerichtsschreibers[5] geschehen.

1. Daß das Wort „spätestens" müßig steht, ist dadurch anerkannt, daß es in den analogen §§ 358 und 386 Abs. 2 fehlt.

2. Gehört der Vertheidiger nicht zu den im Abs. 1 des § 138 St. bezeichneten Personen (vergl. Abs. 2 das.), so fehlt es an jeder Bürgschaft für die Sachgemäßheit des Schriftsatzes — ein Grund mehr, andere Personen nur ausnahmsweise zuzulassen.

3. Daraus, daß die Beschränkung des § 138 hier nicht wiederholt ist, könnte gefolgert werden, daß die Unterzeichnung durch einen ausländischen Rechtsanwalt genüge. Es dürfte jedoch davon auszugehen sein, daß, wo die St. allgemein von Rechtsanwälten spricht, bei deutschen Gerichten angestellte gemeint seien.

4. Danach wird ein Mehreres, als die Beifügung des Namens nicht gefordert werden dürfen. Es erhellt dann nicht, ob der Rechtsanwalt den Schriftsatz selbst angefertigt, oder den von einem Anderen herrührenden nur in Bezug auf die Form und Korrektheit der Fassung, oder auch hinsichtlich des materiellen Inhalts einer Prüfung unterzogen hat. Der in den Mot.

S. 206 angedeutete Zweck, der Anfertigung der Schriftsätze durch Winkelschriftsteller vorzubeugen, wird nach den bisher in Bezug auf ähnlich redigirte Vorschriften bei den Gerichtshöfen gemachten Erfahrungen nicht erreicht werden. Die Bemerkung (S. 207 das.), daß es dem Interesse des Angekl. entspreche, wenn das Gesetz ihn nöthige, sich bei Verfolgung eines Rechtsmittels, welches nur auf Rechtsgründe gestützt werden dürfe, der Hülfe eines Rechtsanwalts zu bedienen, findet in den Worten des § keinen Ausdruck.

Das vom Angekl. Gesagte wird auch auf den Ehemann und den gesetzlichen Vertreter Anwendung finden. § 340.

5. Vergl. § 341 Abs. 2 St.

§ 386 St.

Ist die Revision verspätet eingelegt[1], oder sind die Revisionsanträge[2] nicht rechtzeitig oder nicht in der im § 385 Abs. 2 vorgeschriebenen Form angebracht worden, so hat das Gericht, dessen Urtheil angefochten wird, das Rechtsmittel durch Beschluß als unzulässig zu verwerfen.

Der Beschwerdeführer kann binnen einer Woche nach Zustellung des Beschlusses auf die Entscheidung des Revisionsgerichts antragen. In diesem Falle sind die Akten an das Revisionsgericht einzusenden; die Vollstreckung des Urtheils wird jedoch hierdurch nicht gehemmt[3].

1. Vergl. die Note 1 zu dem analogen § 360.

2. Die Mot. weisen S. 207 darauf hin, daß sich die Vorschrift nur auf die Revisionsanträge, nicht auch auf deren Begründung beziehe. § 384 Abs. 2.

3. Vergl. die Note 3 zu § 360.

§ 387 St.

Ist die Revision rechtzeitig eingelegt, und sind die Revisionsanträge rechtzeitig und in der vorgeschriebenen Form angebracht, so ist die Revisionsschrift dem Gegner des Beschwerdeführers zuzustellen[1]. Diesem steht frei, binnen einer Woche eine schriftliche Gegenerklärung einzureichen. Der Angeklagte kann letztere auch zu Protokoll des Gerichtsschreibers abgeben[2].

Nach Eingang der Gegenerklärung oder nach Ablauf der Frist erfolgt durch die Staatsanwaltschaft die Einsendung der Akten an das Revisionsgericht[3].

1. Diese Vorschrift wird außer Anwendung bleiben, wenn die StAschft. die Revision zu Gunsten des Angekl. eingelegt hat. Es wird sich jedoch empfehlen, dem Letzteren von der Einsendung der Akten an das Revisionsgericht Nachricht zu geben, wenngleich die JK. eine hierauf bezügliche allgemeine Anordnung des Entwurfs in Fortfall gebracht hat. Prot. S. 600.

2. Die Vorschrift des 1. Satzes des § 361 dürfte hier analog zur Anwendung kommen.

3. Weshalb hier ein von der Vorschrift des § 362 abweichendes Verfahren angeordnet worden, ist um so weniger zu erkennen, als die StAschft. ihre eigenen Akten jedenfalls an die StAschft. des Revisionsgerichts zu übersenden hat, die letztere auch der gerichtlichen Akten behufs ihrer Information bedarf.

§ 388 St.

Findet das Gericht, an welches die Einsendung der Akten erfolgt ist, daß die Verhandlung und Entscheidung über das Rechtsmittel zur Zuständigkeit eines anderen Gerichts gehöre[1], so hat es durch Beschluß[2] seine Unzuständigkeit auszusprechen.

Dieser Beschluß, in welchem das zuständige Revisionsgericht zu bezeichnen ist, unterliegt einer Anfechtung nicht und ist für das in demselben bezeichnete Gericht bindend[3].

Die Abgabe der Akten erfolgt durch die Staatsanwaltschaft.

1. Der Fall kann — abgesehen von dem des § 123 Nr. 2 G., wo ein Zweifel nicht entstehen kann — eintreten bei dem Reichsgericht, wenn dasselbe auf Grund des § 123 Nr. 3 G. ein Oberlandesgericht für zuständig erachtet. Ferner bei einem Oberlandesgericht, entweder weil es wegen Fehlens der Voraussetzungen der letzterwähnten Vorschrift sachlich das Reichsgericht, oder weil es ein anderes Oberlandesgericht für örtlich zuständig hält. Denn der allgemeine Ausdruck „gehöre" unterscheidet nicht zwischen sachlicher und örtlicher Zuständigkeit.

2. Wie zu verfahren sei, wenn das Reichsgericht, bzhw. das Oberlandesgericht, nicht schon — wie der § nach seiner Stellung zwischen den §§ 387 und 389 unverkennbar voraussetzt — bei der sofort nach dem Eingange der Akten vorzunehmenden Prüfung, sondern erst in der mündlichen Verhandlung bei der Berathung des Urtheils zu der Ueberzeugung gelangt, daß die Verhandlung und Entscheidung der Revision vor ein Oberlandesgericht, bzhw. ein anderes Oberlandesgericht gehöre, ist nicht angegeben. Vergl. die §§ 270 und 394 Abs. 2.

Es dürfte jedoch davon auszugehen sein, daß, wenn bei der Prüfung der eingegangenen Akten ein Beschluß, wie der hier angeordnete nicht ergangen, also — ausdrücklich oder stillschweigend — die Zuständigkeit des Gerichts anerkannt ist, diese Zuständigkeit auch für die Verhandlung der Revision und das Urtheil feststehe und weder von Amtswegen noch mittelst Einwandes angefochten werden dürfe.

Allerdings bestimmt der Abs. 2 nur, daß der die Unzuständigkeit aussprechende Beschluß unanfechtbar sei und ein derartiger Beschluß kann, wenn die Revision zur mündlichen Verhandlung eingeleitet ist, nicht ergangen sein. Auch darf nicht übersehen werden, daß seine Schlußworte eine singuläre Ausnahmevorschrift enthalten, welche nach den Regeln der Gesetzauslegung ausdehnender Interpretation nicht unterliegt. Allein die Bestimmung, daß der Unzuständigkeitsbeschluß eines Oberlandesgerichts, welcher sich darauf gründet, daß die Revision nicht ausschließlich auf die Verletzung landesgesetzlicher Rechtsnormen gestützt sei (§ 123 Nr. 3 G.), unanfechtbar ist und selbst das Reichsgericht für seine mündliche Verhandlung und sein Urtheil bindet, und ferner, daß der Beschluß eines Oberlandesgerichts, welches die ihm eingereichte Revisionssache wegen der örtlichen Zuständigkeit eines anderen Oberlandesgerichts diesem zuweist, das letztere zur Verhandlung und Aburtelung über die Revision auch dann zwingt, wenn sich klar herausstellt, daß dasselbe in Folge einer Ortsnamen-Verwechselung irrthümlich für örtlich zuständig gehalten worden ist, läßt den — auch in den Mot. S. 207 erwähnten — Zweck erkennen: Kompetenzkonflikten, wie sie nach § 123 Nr. 2 u. 3 und § 136 Nr. 2 G. leicht eintreten, mit Rücksicht darauf vorzubeugen, daß gegen Revisionsentscheidungen ein weiteres Rechtsmittel nicht gegeben ist.

Hiervon ausgegangen, würde es aber für einen mit dieser Absicht unvereinbaren Widerspruch gelten müssen, wenn das Reichsgericht zwar an einem dem § 388 Abs. 1 u. 2 entsprechenden Beschlusse eines Oberlandesgerichts, welches die Sache wegen seiner eigenen Unzuständigkeit von sich ab- und dem Reichsgericht zuweist, auch für die mündliche Verhandlung und das Urtheil gebunden, dagegen berechtigt sein sollte, eine ihm in Gemäßheit des § 387 Abs. 2 von dem Gericht, bei welchem die Revision eingelegt ist, unmittelbar eingereichte Sache, nachdem es dieselbe bei sich eingeleitet und dadurch seine Zuständigkeit anerkannt hat, demnächst in der mündlichen Verhandlung mittelst Beschlusses an ein Oberlandesgericht abzugeben, weil es seine Ansicht über die Zuständigkeitsfrage ändert.

Dasselbe gilt, wenn ein Oberlandesgericht die Revision bei sich eingeleitet hat, bei der Urtheilsberathung aber die Ueberzeugung gewinnt, daß das Reichsgericht oder ein anderes Oberlandesgericht zuständig sei.

Es läßt sich hiergegen auch nicht einwenden, daß das Oberlandesgericht nach dem § 123 Nr. 3 G. nur ausnahmsweise, wenn es sich ausschließlich um Verletzungen von Landesgesetzen handle, als Revisionsrichter zuständig sei, mithin nicht erkennen dürfe, wenn es sich überzeuge, daß jene gesetzliche Voraussetzung nicht zutreffe. Denn dieselbe Kompetenz-Ueberschreitung tritt nach der völlig bestimmten Fassung des § 388 Abs. 2 St.

auch ein, wenn ihm die Sache durch Beschluß eines anderen Oberlandesgerichts überwiesen wird und sich demnächst bei der Verhandlung der Sache herausstellt, daß nach richtiger Auffassung der „Revisionsanträge" auch die Verletzung von Reichsgesetzen durch dieselben gerügt ist. Ob aber der Irrthum in Bezug auf den Inhalt der Revisionsanträge bei demjenigen Oberlandesgericht, welches die Sache nach Abs. 1 von sich abgelehnt hat, oder bei dem stattfand, welches, nachdem ihm dieselbe gemäß § 387 Abs. 2 zugegangen war, die Revision eingeleitet hat, kann in der hier fraglichen Beziehung keinen Unterschied machen. Vergl. auch die Noten 3 u. 4 zu § 123 G.

3. Die Vorschrift des Abs. 2 bezieht sich ausschließlich auf die Zuständigkeitsfrage, hat also nur zur Folge, daß das Gericht, welchem die Sache überwiesen worden, die Sache weder an das überweisende Gericht zurück- noch an ein anderes Gericht abgeben darf. Es ist daher ein Oberlandesgericht berechtigt, selbst im Widerspruche mit einem aktenkundigen Beschlusse des Reichsgerichts, die Revision aus den Gründen des § 389 entweder sofort durch Beschluß, oder demnächst durch Urtheil zurückzuweisen. Daß die erfolgte Einleitung des Rechtsmittels der späteren Verwerfung desselben wegen Formmängel nicht entgegensteht, halten auch die Mot. S. 208 für selbstverständlich. Auch spricht hierfür die Fassung des § 389 Abs. 2.

Das Oberlandesgericht darf ferner, wenn es sich um die Frage des § 123 Nr. 3 G. handelt, der in dem Beschlusse des Reichsgerichts entwickelten Ansicht entgegen, in seinem Urtheil ausführen, daß die Revision nicht ausschließlich auf Landesgesetze gestützt sei — eine Frage, welche insbesondere dann zweifelhaft sein kann, wenn der Beschwerdeführer sich auf die Behauptung stattgehabter Verletzung materieller Gesetze, ohne dieselben zu bezeichnen, beschränkt hat. § 384 Abs. 2 St.

§ 389 St.

Erachtet das Revisionsgericht die Bestimmungen über die Einlegung der Revision oder diejenigen über die Anbringung der Revisionsanträge* nicht für beobachtet, so kann es das Rechtsmittel durch Beschluß als unzulässig verwerfen.

Anderenfalls entscheidet es über dasselbe durch Urtheil.

* Vergl. die Note 2 zu § 386.

§ 390 St.

Der Angeklagte oder auf dessen Verlangen der Vertheidiger ist von dem Tage¹ der Hauptverhandlung zu benachrichtigen. Der Angeklagte kann in dieser erscheinen oder sich durch einen mit schriftlicher Vollmacht versehenen Vertheidiger vertreten lassen[2].

Der nicht auf freiem Fuße befindliche Angeklagte[3] hat keinen Anspruch auf Anwesenheit.

1. Auch von der Stunde. Vergl. § 321 St.

2. Hinsichtlich der Nothwendigkeit der Vertheidigung vergl. die Note 3 zu § 140 St.

3. Daraus, daß der Befugniß, sich vertreten zu lassen, nur in dem — wie aus den Worten „Der Angekl. kann in dieser erscheinen" geschlossen werden muß — ausschließlich auf den nicht verhafteten Angekl. bezüglichen ersten Absatz Erwähnung geschieht, und der den verhafteten betreffende zweite Abs. lediglich negativen Inhalts ist, würde geschlossen werden müssen, daß dem Letzteren das Recht, sich durch einen qualifizirten Vertheidiger vertreten zu lassen, auch wenn er denselben zu entschädigen vermag, habe entzogen werden sollen. Es ist jedoch anzunehmen, daß dies nicht beabsichtigt sei, da die Mot. S. 208 nur von der Zweckmäßigkeit, dem verhafteten Angekl. das Recht der Vorführung zu verweigern sprechen, es auch an einem Grunde für eine derartige Benachtheiligung des verhafteten, gegenüber dem nicht verhafteten fehlen würde.

Daß die Worte: „in dieser erscheinen, oder" müßig stehen, ergiebt sich aus Abs. 2, ist auch durch die Fassung des § 451 Abs. 2 anerkannt.

§ 391 St.

Die Hauptverhandlung beginnt mit dem Vortrage* eines Berichterstatters.

Hierauf werden die Staatsanwaltschaft sowie der Angeklagte und sein Vertheidiger mit ihren Ausführungen und Anträgen, und zwar der Beschwerdeführer zuerst, gehört. Dem Angeklagten gebührt das letzte Wort.

* Vergl. Note 1 zu § 365. Wie in diesem § angeordnet, werden auch hier die Ergebnisse des bisherigen Verfahrens den Gegenstand des Vortrages bilden müssen. Da die dort vorgeschriebene Verlesung des angefochtenen Urtheils — weshalb, ist nicht ersichtlich — hier nicht angeordnet ist, wird es vom Vorsitzenden abhängen, ob und welche Theile der Urtheile der früheren Instanzen zu verlesen seien.

§ 392 St.

Der Prüfung des Revisionsgerichts unterliegen nur die gestellten Revisionsanträge und, insoweit die Revision auf Mängel des Verfahrens gestützt wird, nur diejenigen Thatsachen, welche bei Anbringung der Revisionsanträge bezeichnet worden sind.

Eine weitere Begründung der Revisionsanträge, als die im § 384 Abs. 2 vorgeschriebene, ist nicht erforderlich und, wenn sie unrichtig ist, unschädlich*.

* Dieser §, welcher, wie auch in den Mot. S. 204 bemerkt ist, in enger Verbindung mit dem § 384 St. steht, bestimmt die Grenzen, innerhalb welcher der Revisionsrichter sich einer Prüfung des Rechtsmittels zu unterziehen und eine Aenderung des angefochtenenen Urtheils eintreten zu lassen hat.

In beiden §§ ist unterschieden zwischen den „Revisionsanträgen" und deren „Begründung".

Die Anträge sollen — wie es in den Mot. S. 205 bezeichnend heißt — den Streitgegenstand für die Revisionsinstanz feststellen. Sie sollen zu erkennen geben, gegen welche Bestimmungen des Tenors des angefochtenen Urtheils das Rechtsmittel gerichtet ist, und was der Revident daran geändert haben will: ob also, wenn das Rechtsmittel vom Angekl. eingelegt ist, derselbe in Bezug auf alle den Gegenstand seiner Verurtheilung bildenden Strafthaten, oder nur in Bezug auf welche derselben eine ihm günstige Abänderung beansprucht, und ferner, ob er den Fortfall aller über ihn verhängter verschiedener Strafen oder welcher nur verlangt.

Seine hierauf bezüglichen Erklärungen sind für den Revisionsrichter dergestalt bindend, daß derselbe über jene Anträge hinaus eine dem Revidenten günstige Abänderung des angefochtenen Urtheils nicht beschließen darf. Beschwert sich daher der Angekl. nur darüber, daß bei einem der mehreren Anklagepunkte auf Zulässigkeit von Polizeiaufsicht erkannt worden, so hat der Richter seine Prüfung auf diese Beschwerde zu beschränken, und darf — würde auch der Angekl. nach der Sachlage zweifellos wegen offenbarer Gesetzwidrigkeit seiner Verurtheilung freizusprechen sein — eine andere Aenderung als die die Polizeiaufsicht betreffende nicht eintreten lassen.

Im Gegensatze zu den Revisionsanträgen verstehen die §§ 384 und 392 Abs. 2 unter „Begründung" diejenigen Erklärungen des Revidenten, durch welche er dem Revisionsrichter erkennbar macht, worin er die Gesetzverletzung findet, auf welche er jene Revisionsanträge stützt.

In Bezug auf diese „Begründung" macht das Gesetz einen wesentlichen Unterschied zwischen dem Falle, wenn der Revident nur das dem Urtheil vorangegangene Verfahren anficht, also behauptet, daß das Urtheil bei der Sachlage zur Zeit seiner Eröffnung überhaupt oder doch theilweise nicht hätte ergehen dürfen, und dem gegen das Urtheil selbst gerichteten dahin gehenden Vorwurfe, daß dessen Bestimmungen gegen Strafgesetze oder Rechtsgrundsätze verstoßen.

In dem ersten Falle reicht — wie dies der letzte Satz des § 384 und der erste Abs. des § 392 St. außer Zweifel stellen — die allgemeine Behauptung, daß das Verfahren gesetzwidrig gewesen sei, nicht aus, um den Revisionsrichter zu einer Prüfung der Anträge des Revidenten zu veranlassen. Dieser muß vielmehr den Vorwurf durch Angabe der ihm zum Grunde liegenden Thatsachen näher substantiiren, also z. B. geltend machen, daß ihm, der gesetzlichen Anordnung zuwider, ein Vertheidiger nicht zugeordnet gewesen sei, daß und in welcher Weise gegen die Vorschriften über die Oeffentlichkeit verstoßen sei, u. dergl.

Dagegen ist bei dem gegen das Urtheil selbst gerichteten Vorwurfe der Verletzung ausdrücklicher gesetzlicher Vorschriften oder des Verstoßes gegen Rechtsgrundsätze ein derartiger näherer Nachweis der Art des Fehlgriffs des Gerichts nicht erforderlich; es genügt zur Begründung der Revision vielmehr die bloße Behauptung der Verletzung des materiellen Rechts.

Zunächst spricht hiefür das negative Moment, daß das Gesetz, während es zur Begründung der Beschwerde über Verstöße gegen das Verfahren ausdrücklich die Bezeichnung gewisser Thatsachen erfordert, bei dem Vorwurfe materieller Rechtsverletzung selbst nicht andeutungsweise die Nothwendigkeit einer näheren Substantiirung desselben zu erkennen giebt.

Aber auch der positive Inhalt der §§ führt zu dieser Auslegung.

Nach Abs. 1 § 384 soll aus der Erklärung des Revidenten hervorgehen, ob das Urtheil wegen Verletzung einer „anderen Rechtsnorm" (Gegensatz zum „Verfahren") angefochten werde. Schon hierin liegt, daß ein Mehreres nicht erforderlich sein soll. Denn, wäre für nothwendig erachtet worden, daß der Revident über jene Erklärung hinaus auch angebe, worin die Verletzung bestehe, so ergäbe sich von selbst, daß er eine solche behaupte, die Frage: ob, schiede daher aus.

Das Gesetz hat sich aber selbst damit nicht begnügt, im § 384 St. zur Begründung einer Beschwerde der hier in Rede stehenden Art ein Mehreres nicht, als die Behauptung einer materiellen Rechtsverletzung zu erfordern, sondern es hat, um jedem Zweifel über seine Absicht vorzubeugen, diese noch besonders im 2. Abs. des § 392 St. klar gestellt. Die Worte desselben: „Eine weitere Begründung der Revisionsanträge, als die im § 384 Abs. 2 vorgeschriebene, ist nicht erforderlich", nöthigen zu der Auffassung, daß die bloße Erklärung, daß das Urtheil wegen Verletzung von Gesetzen oder Rechtsgrundsätzen angefochten werde, genügen solle.

Dasselbe gilt von den sich unmittelbar daran anschließenden Worten: „wenn sie unrichtig, unschädlich". Denn, soll es dem Revidenten nicht nachtheilig sein, wenn der von ihm speziell hervorgehobene Vorwurf sich als unbegründet herausstellt, soll also beispielsweise der Revisionsrichter, ungeachtet der Hinfälligkeit der Beschwerde über Verwerfung des Einwandes der Verjährung, verpflichtet sein, von Amtswegen weiter zu prüfen, ob die Beschwerde über materielle Rechtsverletzung in anderer Weise begründet sei, so folgt daraus, daß auch eine unterbliebene Bezeichnung des durch das Urtheil begangenen materiellen Verstoßes unschädlich sein muß, da logischer Weise der Revident nicht um deswillen, weil er den Revisionsrichter mit der Widerlegung eines unbegründeten Angriffs gegen das Urtheil belästigt hat, in eine günstigere Lage gelangen kann, als wenn er eine spezielle Bezeichnung der dem Vorderrichter zu machenden Vorwürfe gänzlich unterlassen hätte.

Im Einklange mit vorstehender Auslegung der §§ 384. 392 steht auch der § 389. Denn, verlangte das Gesetz in jenen §§ ein Mehreres, als die Revisionsanträge, wäre, um den Revisionsrichter zur Prüfung der Revision zu nöthigen, erforderlich, daß der Revident auch angebe, wodurch sich der Vorderrichter der von ihm behaupteten Gesetzverletzung schuldig gemacht habe, so würde es an jedem Grunde fehlen, das Revisionsgericht im § 389 nur für den Fall der Nichtbeobachtung der auf die Revisionsanträge bezüglichen Vorschriften zur Verwerfung der Revision durch Beschluß zu ermächtigen; es würde vielmehr diese Ermächtigung auch für den Fall gewährt haben, wenn der Revident zwar die Revisionsanträge angebracht, aber verabsäumt hätte, anzugeben, durch die Anwendung oder Nichtanwendung welcher Gesetze und Rechtsgrundsätze und in Bezug auf welchen Theil der Ausführungen des angefochtenen Urtheils der Richter ihm zu nahe getreten sei.

Eine wesentliche Unterstützung obiger Auslegung wird aber auch darin gefunden werden müssen, daß das Gesetz, wenn es in der That eine über die Angabe der Revisionsanträge hinausgehende Begründung hätte fordern wollen, sich, ohne den gerechten Vorwurf mangelhafter Redaktion auf sich zu laden, zumal in Paragraphen von solcher Tragweite und praktischen Bedeutung, der Verpflichtung nicht hätte entziehen können — wenn nicht spezielle bestimmte Vorschriften über das vom Revidenten zu Leistende zu geben, so doch — die Gesichtspunkte zu bezeichnen, welche der Verfasser eines Revisionsschriftsatzes dabei in's Auge zu fassen habe.

Denn daß dieser durch die völlig bestimmte Fassung des Eingangs des Abs. 2 § 384 und des Abs. 2 des § 392 St. in den Glauben versetzt wird, eine den Worten derselben entsprechende Erklärung reiche zu der Begründung aus, wird nicht in Abrede gestellt werden können.

Endlich stehen aber auch die — bei der Berathung beider §§ in der JK. (Prot. S. 603) in Bezug genommenen — Mot., welche hier, wo der Entwurf zur St. hinsichtlich beider §§ 384 u. 392 (305 u. 313 des Entw.) mit dem Gesetz wörtlich übereinstimmt, bei der Auslegung der §§ jedenfalls Beachtung verdienen, mit der obigen Auffassung derselben im Einklange.

Nachdem S. 205 daselbst im vorletzten Satze angegeben worden, daß aus der „Begründung" erhellen müsse, ob die Gesetzverletzung in der Entscheidung selbst oder im Verfahren oder in beidem zugleich gefunden werde, ist in Bezug auf den ersten dieser 3 Fälle im letzten Absatze gesagt:

> Behauptet der Beschwerdeführer, daß in der Entscheidung selbst, also z. B. bei der Subsumtion der festgestellten Thatsachen unter das Strafgesetz, eine Rechtsnorm verletzt sei, so kommt es darauf, ob der Angriff in zutreffender Weise begründet, ob insbesondere das verletzte Gesetz richtig oder unrichtig bezeichnet ist, nicht weiter an. Jenes Erforderniß bezweckt also nur, die Richtung der Beschwerde außer Zweifel zu stellen. Sobald behauptet wird, daß

die Anwendung des Strafgesetzes auf das festgestellte Sachverhältniß fehlerhaft sei, ist die Revision genügend begründet; der Revisionsrichter hat alsdann diese Gesetzanwendung ganz frei und in ihrem vollen Umfange, unabhängig von Angriffen und Ausführungen des Beschwerdeführers, seiner Prüfung zu unterwerfen.

Die Worte: „Sobald behauptet wird" u. s. w. und die an die bloße Behauptung geknüpfte Verpflichtung des Revisionsrichters, „die Gesetzanwendung ganz frei und in ihrem vollen Umfange, unabhängig von Angriffen und Ausführungen des Beschwerdeführers seiner Prüfung zu unterwerfen", sprechen das in obiger Ausführung aus den bezeichneten drei §§ Hergeleitete unzweideutig aus. Sie geben zugleich zu erkennen, daß das „die Richtung der Beschwerde außer Zweifel stellen" durch die Erklärung erreicht werden soll, ob der Vorderrichter durch das Verfahren oder durch die Anwendung von Gesetzen oder Rechtsgrundsätzen gefehlt habe.

In der JK. wurde ein Antrag, an Stelle des § 392 St., welcher als zu formalistisch bezeichnet wurde, vorzuschreiben: „Das Revisionsgericht ist befugt, von Amtswegen seiner Entscheidung auch solche Verletzungen des Gesetzes zu Grunde zu legen, welche in den Revisionsanträgen nicht angegriffen worden sind" abgelehnt (Prot. S. 602 folg.). Die bei der Berathung desselben von der Regierungsvertretung und einzelnen Abgeordneten gemachten Bemerkungen lassen nicht völlig deutlich erkennen, welche Ansichten über den Sinn der §§ 384 u. 392 durch dieselben vertreten werden sollten. Die Erklärung der Regierungsvertretung: „Die Natur der Revision bedinge, daß das Gericht nur die geltend gemachten Anfechtungspunkte bei der Beurtheilung berücksichtigen dürfe. Dies gelte sowohl im Civil- wie im Strafprozeß. Der (vorerwähnte) Antrag stehe daher allerdings mit der Natur der Revision im Widerspruch", könnte, ohne Rückblick auf die vorangegangenen Aeußerungen derselben, der Auffassung unterliegen, als habe der Revisionsrichter nur die speziellen gegen die Entscheidungsgründe des angefochtenen Urtheils gerichteten Beschwerden zur Beurtheilung zu ziehen. Allein theils sind die Worte: „geltend gemachte Anfechtungspunkte" nicht bestimmt genug, um den Sinn der Aeußerung außer Zweifel zu stellen, theils ist auch S. 603 von der Regierungsvertretung ausdrücklich hervorgehoben: daß der Entwurf nicht verlange, daß die angeblich verletzte Rechtsnorm besonders bezeichnet werde und sonach auch die irrige Bezeichnung der Rechtsnorm nicht schade.

Daß die Bestimmungen der mehrerwähnten §§ für die Revisionsgerichte mit erheblichen Schwierigkeiten verknüpft, insbesondere die Grenzen für deren Thätigkeit in der Praxis nicht selten schwer zu bestimmen sein werden, ist außer Zweifel.

Allein abgesehen davon, daß dies Bedenken nur bei der lex ferenda in Betracht zu ziehen war, aber nicht dahin führen kann, die lex lata gegen ihren Sinn auszulegen, so ist auch nicht zu verkennen, daß, wenn nur die speziell vom Revidenten bezeichneten rechtsverletzenden Ausführungen des Vorderrichters, oder mit Unrecht von demselben unbeachtet gelassenen rechtlichen Momente der Prüfung des Revisionsrichters unterliegen sollten, die Grenzen für eine berechtigte Anforderung an eine Revisions-Begründung nicht minder unbestimmt sein würden, da in Fällen, wo das angefochtene Urtheil wegen verschiedener Delikte über den Angekl. Strafen verhängt hat, vielleicht nicht ohne Grund verlangt werden könnte, daß der Revident sich nicht auf Bezeichnung der verletzten Gesetze und Rechsgrundsätze beschränke, vielmehr speziell angebe, auf welchen Theil seiner Verurtheilung sich die dem Richter gemachten Vorwürfe bezögen und gegen welche der verschiedenen Rechtsausführungen dieselben gerichtet seien. Hievon ausgegangen, würden aber die zu Protokoll des Gerichtsschreibers gegebenen Revisionen verhafteter ungebildeter Personen nicht selten auch in solchen Fällen erfolglos bleiben, wo eine zur Aufhebung des Urtheils geeignete Rechtsverletzung vorläge.

Hiezu kommt das sehr erhebliche Moment, daß — wie in der JK. S. 602 der Prot. hervorgehoben wurde — nach dem französischen und dem rheinpreußischen Rechte der Revisionsrichter sich selbst der Prüfung von Amtswegen zu unterziehen hat, ob eine materielle Rechtsnorm verletzt sei, oder ein Verstoß gegen das Verfahren vorliege — während ihm nach den §§ 384. 392 St. Seitens des Revidenten angegeben werden muß, ob die Anfechtung nach der einen oder der anderen jener beiden Richtungen beabsichtigt werde, im letzteren Falle auch die betreffenden Thatsachen bezeichnet werden müssen.

§ 393 St.

Insoweit die Revision für begründet erachtet wird, ist das angefochtene Urtheil aufzuheben[1].

Gleichzeitig sind die dem Urtheile zu Grund liegenden Feststellungen aufzuheben, sofern sie durch die Gesetzesverletzung betroffen werden, wegen deren die Aufhebung des Urtheils erfolgt[2].

1. Dies wird geeigneten Falls bezüglich des Kostenpunkts auch dann erfolgen müssen, wenn derselbe nicht ausdrücklich zum Gegenstande der Revision gemacht ist, da er für ein von der gänzlichen oder theilweisen Aufhebung des Urtheils nachgezogenes annexum des letzteren zu erachten ist.

2. Die Mot. bemerken S. 211 zur Erläuterung dieses Abs.: Um Zweifel darüber zu vermeiden, ob und in wie weit durch die Aufhebung des Urtheils eine Erneuerung des Verfahrens bedingt sei, solle nach Abs. 2 der Revisionsrichter, wenn er eine aufhebende Entscheidung erlasse, gleichzeitig die Einwirkung der von ihm gefundenen Gesetzverletzung auf die dem Urtheil zum Grunde liegenden Feststellungen prüfen und, soweit er diese letzteren durch jene Verletzung für betroffen erachte, sie ausdrücklich aufheben. Demgemäß werde insbesondere bei Aufhebung eines schwurgerichtlichen Urtheils gleichzeitig der Spruch der Geschworenen aufzuheben sein, sofern nicht die Gesetzverletzung erst in dem der Verkündung (Kundgebung § 308) des

Spruchs nachfolgenden Verfahren oder bei Anwendung des Gesetzes auf den Spruch vorgefallen sei.

§ 394 St.

Erfolgt die Aufhebung des Urtheils nur wegen Gesetzesverletzung bei Anwendung des Gesetzes auf die dem Urtheile zu Grund liegenden Feststellungen, so hat das Revisionsgericht in der Sache selbst zu entscheiden, sofern ohne weitere thatsächliche Erörterungen nur[1] auf Freisprechung oder auf Einstellung oder auf eine absolut bestimmte Strafe zu erkennen ist[2], oder das Revisionsgericht in Uebereinstimmung mit dem Antrage der Staatsanwaltschaft die gesetzlich niedrigste Strafe für angemessen erachtet.

In anderen Fällen ist die Sache zur anderweiten Verhandlung und Entscheidung an das Gericht, dessen Urtheil aufgehoben ist, oder an ein, demselben Bundesstaate angehöriges, benachbartes Gericht gleicher Ordnung zurückzuverweisen[3].

Die Zurückverweisung kann an ein Gericht niederer Ordnung[4] erfolgen, wenn die noch in Frage kommende strafbare Handlung zu dessen Zuständigkeit gehört.

1. Nach den Worten des Gesetzes würde der Revisionsrichter in der Sache selbst nur erkennen dürfen, wenn der Angekl. von aller Strafe freizusprechen ist. Dahin führt aber die ratio legis nicht. Ist der Angekl. durch das angefochtene Urtheil wegen einer strafbaren Handlung zu Freiheitsstrafe, wegen einer anderen zu Geldstrafe verurtheilt, und hat er nur wegen der letzteren die Revision eingelegt, so dürfte nichts entgegenstehen, daß der Revisionsrichter im Betreff derselben auf Freisprechung erkennt, obgleich der Angekl. der Gefängnißstrafe verfallen bleibt. Die Mot. S. 211 deduciren zur Rechtfertigung des § nur, daß dem Revisionsrichter eine Abmessung der Strafe nicht übertragen werden dürfe. Um eine solche handelt es sich aber auch in dem vorerwähnten Falle nicht. In der JK. ist nicht darüber berathen worden, was hier unter „Freisprechung" zu verstehen sei. Prot. S. 604—607. 1031. 1032.

2. Die Worte „auf eine absolut bestimmte Strafe zu erkennen ist", drücken nicht deutlich aus, was sie bezwecken. Zu erkennen ist stets auf eine absolut bestimmte Strafe. Gemeint ist der Fall, wenn das Gesetz dem Richter weder in Bezug auf die Art, noch auf das Maß der Strafe eine Wahl läßt. Hierher gehören auch Nebenstrafen, wie Einziehung, Zulassung von Polizeiaufsicht und dergl.

3. Hinsichtlich der Form der Zurückweisung vergl. die Note 2 zu § 369.

4. Es ist dies nur ausführbar, wenn die Zurückverweisung an ein Gericht erster Instanz erfolgt, wenn also gegen ein landgerichtliches Urtheil erster Instanz (§ 123 Nr. 3. § 136 Nr. 2 G.) die Revision eingelegt ist und die Strafthat, wegen welcher allein die Zurückweisung der Sache erforderlich ist, zur Zuständigkeit des Schöffengerichts gehört.

Für den Fall der Aufhebung eines Urtheils der Strafkammer als Berufungsgericht (§ 374 St.) entsteht die Frage, ob das Oberlandesgericht (§ 123 Nr. 2 G.) berechtigt ist, wenn die Voraussetzung des § 369 Abs. 2 St. zutrifft, die Sache, anstatt in Gemäßheit des § 394 Abs. 2 St. an das Berufungsgericht, dessen Urtheil aufgehoben ist, oder ein benachbartes Gericht zu verweisen, sofort an das Gericht erster Instanz behufs Behebung des Mangels (§ 369 Abs. 2 St.) zurückzuweisen. Dieselbe dürfte jedoch, Mangels einer ausdrücklichen Vorschrift, zu verneinen sein.

§ 395 St.

Wird ein Urtheil aufgehoben, weil das Gericht der vorigen Instanz sich mit Unrecht für zuständig erachtet hat, so verweist das Revisionsgericht gleichzeitig die Sache an das zuständige Gericht*.

* Weshalb hier die Schlußworte des § 369 St. „oder, wenn es selbst" u. s. w. fehlen, machen die Prot. der JK. nicht ersichtlich. Wird die gegen ein schwurgerichtliches Urtheil eingelegte Revision für begründet erachtet, weil eins der im § 136 Nr. 1 G. bezeichneten Verbrechen vorliegt, so fällt die Entscheidung in der Sache selbst in Gemäßheit des § 138 das. dem Reichsgericht anheim.

§ 396 St.

Die Verkündung des Urtheils erfolgt nach Maßgabe des § 267.

§ 397 St.

Erfolgt zu Gunsten eines Angeklagten die Aufhebung des Urtheils wegen Gesetzesverletzung[1] bei Anwendung des Strafgesetzes, und erstreckt sich das Urtheil, soweit es aufgehoben wird, noch auf andere Angeklagte, welche die Revision nicht eingelegt haben[2], so ist zu erkennen[3], als ob sie gleichfalls die Revision eingelegt hätten[4].

1. Wenn also die Aufhebung des nur von Einem der Angekl. mit der Revision angefochtenen Urtheils erfolgt, weil die Geschworenenbank nicht vorschriftsmäßig besetzt gewesen, oder weil demselben gesetzwidrig ein Vertheidiger nicht zugeordnet worden ist, so kommt die Aufhebung den sich in gleicher Lage befindenden Mitangekl. nicht zu Statten. Die Strafe wird an ihnen

vollstreckt, auch wenn bei dem erneuerten Verfahren (§ 394 Abs. 2) der ersterwähnte Angekl. freigesprochen wird. Dagegen wirkt eine auf die Revision nur eines Angekl. wegen Strafgesetz-Verletzung erfolgte Aufhebung auch zu Gunsten der übrigen Angekl.

Der bei der Berathung des § für diese Unterscheidung allein geltend gemachte Grund, daß die Mitangeklagten die Revision wegen Verletzung von Formvorschriften einzulegen unterlassen haben könnten, weil sie sich schuldig fühlten, kann in völlig gleicher Weise auch zutreffen, wenn die Aufhebung des angefochtenen Urtheils und die Zurückweisung der Sache (§ 394 St.) wegen Verletzung materieller Gesetze erfolgt.

2. Die Bestimmung, daß der § nur in dem Falle zur Anwendung kommen soll, wenn die übrigen Angekl. die Revision überhaupt nicht eingelegt haben, hat, da eine so singuläre Vorschrift, wie die des § 397, nicht ausdehnend ausgelegt werden darf, die — soweit ersichtlich, bei der Berathung des § nicht in's Auge gefaßte — Folge, daß derjenige Mitangekl., welcher die Revision wegen eines Verstoßes gegen das Verfahren eingelegt hat, sich, wenn seine Revision zurückgewiesen wird, in einer ungünstigeren Lage befindet, als wenn er sich bei dem ihn verurtheilenden Urtheil beruhigt hätte, da ihm alsdann die auf materielle Rechtsverletzung gestützte, für begründet erachtete Revision seines Mitangekl. zu Statten käme.

Der § ist gegen den Widerspruch der Regierungsvertretung, welche dagegen geltend machte, daß sich der Formalismus der Rechtskraft im Prozeß nicht entbehren lasse, dem Entwurf hinzugefügt worden. Der zu ihrer Widerlegung aufgestellte Satz (Prot. S. 616): „Der Formalismus müsse den Postulaten der Gerechtigkeit dienen, nicht aber ihnen widerstreben" scheitert, wie schon in der Note zu § 343 angedeutet, an den — mit Recht als unentbehrlich in die St. aufgenommenen — Vorschriften, daß der Angekl. durch noch so geringe Verspätung der Einlegung der Revision oder der Revisionsanträge, ferner durch Unterlassen der im § 384 bezeichneten Angabe, so wie durch unterbliebene Unterschrift der Revisionsschrift durch einen Rechtsanwalt, seiner Revision verlustig geht.

Die erfahrungsmäßig äußerst seltenen Fälle, in denen sich das Bedürfniß einer Hülfe, wie die durch den § dargebotene geltend macht, können es nicht rechtfertigen, die heilig zu haltenden Grundsätze von der Rechtskraft der von den Betheiligten nicht angefochtenen Judikate über den Haufen zu werfen. Für sie reicht der Weg der Gnade aus. Die Regierungsvertretung hat diese Bestimmung (S. 1032 unten der Prot.) dahin aufgefaßt, daß sie nicht bloß dann Platz greife, wenn das Revisionsgericht auf Freisprechung oder auf Anwendung eines milderen Strafgesetzes erkenne, sondern daß die Aufhebung des ersten (auch Berufungs-) Urtheils in allen Fällen, also auch dann, wenn eine Zurückweisung in die Vorinstanz erfolgen müsse, zu Gunsten der Komplicen mitwirke.

Diese Ansicht erscheint bedenklich. Zunächst lassen sich die Worte „ist zu erkennen, als ob sie gleichfalls die Revision eingelegt hätten" nur auf das Revisionsgericht beziehen; denn nur dies kann so erkennen sollen, als ob die übrigen Komplicen auch die Revision eingelegt hätten. Sollte das Wort „erkennen" auf das nach erfolgter Zurückweisung der Sache in die Vorinstanz und demnächst anderweiter Verhandlung ergehende neue Erkenntniß des Vorderrichters bezogen werden, so würde es haben heißen müssen: „als ob das aufhebende Revisionsurtel auch zu ihren Gunsten ergangen wäre".

Das Revisionsgericht bedurfte aber auch einer solchen Anweisung, wie sie die Worte: „so ist zu erkennen" u. s. w. enthalten, unerläßlich, um in Gemäßheit derselben verfahren zu dürfen. Denn ohne dieselbe wäre es nicht berechtigt, an die nur von Einem der Angekl. eingelegte Revision auch in Bezug auf andere Angekl. günstige Folgen zu knüpfen.

Liegt aber in den Worton: „so ist zu erkennen" lediglich eine Anweisung für den Revisionsrichter, so wäre, wenn die günstige Wirkung der Revision des einen Komplicen den anderen selbst so weit zu Statten kommen sollte, daß auch der Vorderrichter bei der anderweiten Entscheidung der Sache in gleicher Weise, wie hinsichtlich desjenigen Angekl., welcher gegen das frühere Urtheil die Revision eingelegt hatte, auch in Betreff der übrigen in gleicher Sachlage sich befindenden Komplicen zn erkennen habe, so wäre hierzu eine ausdrückliche Vorschrift erforderlich gewesen. Eine solche würde um so unerläßlicher gewesen sein, als es sich nach erfolgter Aufhebung des durch die Revision angefochtenen Urtheils und Zurückweisung der Sache an den Vorderrichter nicht blos um ein „erkennen", sondern um eine neue Hauptverhandlung handelt, von der obenerwähnten Auslegung des § Seitens der Regierungsvertretung ausgegangen, mithin das völlig anomale Verfahren eintreten müßte, daß ein Verurtheilter, welcher, mit der ihm zuerkannten, von ihm vielleicht als durchaus verdient anerkannten Strafe völlig zufrieden und zu deren Verbüßung bereit, sich bei dem Urtheil beruhigt hat, nach einiger Zeit gegen seinen Wunsch und Willen behufs nochmaliger Verhandlung und Entscheidung über ihn unter der Verwarnung vorgeladen wird, daß, wenn er ausbleibe, seine Verhaftung oder Vorführung erfolgen werde (§ 215 St.).

Eine derartige Vorschrift, die bei ihrer singulären Natur nicht zwischen den Zeilen herausgelesen werden darf, ist aber so wenig in dem § 397, als in dem, das Verfahren desjenigen Richters, dessen Urtheil aufgehoben ist, regelnden § 398 enthalten.

Endlich ist aber gegen die dem § von der Regierungsvertretung gegebene ausdehnende Auslegung geltend zu machen, daß, von ihr ausgegangen der Abs. 2 des § 398 auch auf die hier in Rede stehenden Komplicen des Angekl. für anwendbar hätte erklärt werden müssen.

Hiernach möchte der § 397 dahin aufzufassen sein, daß das den Revidenten freisprechende oder milder bestrafende Revisionsurtheil auch auf die Komplicen, welchen dieselben Gründe zur Seite stehen, auszudehnen sei, daß dagegen der § keine Anwendung auf den Fall finde, wenn der Revisionsrichter nicht nach § 394 Abs. 1 definitiv erkennen dürfe, die Sache vielmehr in die frühere Instanz zurückzuweisen habe.

3. Nur bei gleicher Sachlage. Trifft z. B. der Einwand der Verjährung, wie bei dem Revidenten, so auch bei Einem seiner Komplicen, nicht aber bei Anderen (§ 68 Abs. 2 StGB.) zu, so kann die Revision des Ersteren nur dem Zweiten, nicht den Letzteren zu Statten kommen.

4. Aehnlich, wie bei dem § 343 St., ist auch bei diesem, die Principien der Rechtstheorie durchbrechenden § auf halbem Wege stehen geblieben. War eine Anordnung, wie sie derselbe enthält, geboten, so hätte sie — in Uebereinstimmung mit dem § 477 der Oesterreichischen StPO. vom 23. Mai 1873 — auch für den Fall getroffen werden müssen, wenn der nur von Einem der in erster Instanz Verurtheilten angerufene Berufungsrichter den Appellanten lediglich aus solchen Rechtsgründen freispricht, welche auch auf dessen Komplicen, die sich bei dem ersten Urtheil beruhigt haben, Anwendung finden.

§ 398 St.

Das Gericht, an welches die Sache zur anderweiten Verhandlung und Entscheidung verwiesen ist, hat die rechtliche* Beurtheilung, welche der Aufhebung des Urtheils zu Grund gelegt ist, auch seiner Entscheidung zu Grund zu legen.

War das Urtheil nur von dem Angeklagten oder zu Gunsten desselben von der Staatsanwaltschaft oder von einer der im § 340 bezeichneten Personen angefochten worden, so darf das neue Urtheil eine härtere Strafe, als die in dem ersteren erkannte, nicht verhängen.

* Da der § ausschließlich von der rechtlichen Beurtheilung spricht, umfaßt er nicht den Fall, wenn das Revisionsgericht das Urtheil aufgehoben hat, weil das Gericht der vorigen Instanz sich mit Unrecht für örtlich zuständig erachtet habe. Das Gericht, an welches die Sache verwiesen worden (§ 395), wird daher durch das Revisionsurtheil nicht gebunden sein, wenn es sich überzeugt, daß es irrthümlich vom Revisionsgericht für örtlich zuständig erklärt worden ist.

Wiederaufnahme eines durch rechtskräftiges Urtheil geschlossenen Verfahrens.

§ 399 St.

Die Wiederaufnahme eines durch rechtskräftiges Urtheil geschlossenen Verfahrens zu Gunsten des Verurtheilten findet statt[1]:

1. wenn eine in der Hauptverhandlung zu seinen Ungunsten als echt vorgebrachte Urkunde fälschlich angefertigt oder verfälscht war[2,3];
2. wenn durch Beeidigung eines zu seinen Ungunsten abgelegten Zeugnisses oder abgegebenen Gutachtens der Zeuge oder Sachverständige sich einer vorsätzlichen oder fahrlässigen Verletzung der Eidespflicht schuldig gemacht hat;
3. wenn bei dem Urtheil ein Richter, Geschworener oder Schöffe mitgewirkt hat, welcher sich in Beziehung auf die Sache einer Verletzung seiner Amtspflichten schuldig gemacht hat, sofern diese Verletzung mit einer im Wege des gerichtlichen Strafverfahrens zu verhängenden öffentlichen Strafe bedroht und nicht vom Verurtheilten selbst veranlaßt ist[4];
4. wenn ein civilgerichtliches Urtheil, auf welches das Strafurtheil gegründet ist, durch ein anderes rechtskräftig gewordenes Urtheil aufgehoben ist[5];
5. wenn neue Thatsachen oder Beweismittel beigebracht sind, welche allein oder in Verbindung mit den früher erhobenen Beweisen die Freisprechung des Angeklagten oder in Anwendung eines milderen Strafgesetzes eine geringere Bestrafung zu begründen geeignet sind[6,7]. In den vor den Schöffengerichten verhandelten Sachen können nur solche Thatsachen oder Beweismittel beigebracht werden, welche der Verurtheilte in dem früheren Verfahren einschließlich der Berufungsinstanz nicht gekannt hatte[8] oder ohne Verschulden nicht geltend machen konnte.

1. Daß der Antrag auch von der StAschft. ausgehen kann, folgt aus den §§ 405 und 338 Abs. 2 St. Vergl. auch § 340 St.

2. Daß die falsche Anfertigung oder Verfälschung zu dem Zwecke erfolgt sein müsse, um dem Angekl. in der Untersuchung zu schaden, erfordert das Gesetz nach seinem Wortsinne nicht. Es heißt darin nicht: zu seinen Ungunsten verfälscht, sondern „vorgebracht". Es genügt daher

zur Anwendung der Vorschrift in objektiver Beziehung, daß eine — wenn auch zu anderen Zwecken erfolgte — Fälschung bezüglich der Urkunde stattgefunden hat.

Erforderlich ist aber, daß die dem Angekl. nachtheilige Einwirkung auf die Untersuchung mittelst einer strafbaren Handlung eines Dritten bewirkt ist, daß also eine Absichtlichkeit, oder doch strafbare Fahrlässigkeit vorgewaltet hat. Dies ergiebt sich sowohl aus den Worten der folgenden Nr. 2 „vorsätzlichen oder fahrlässigen", als auch aus der Bezugnahme der Mot. S. 213 auf die Gesetze anderer Länder, welche gleichfalls die Einwirkung einer strafbaren Handlung auf die Untersuchung voraussetzen (vergl. Anlagen zu den Mot. S. 91 u. folg. Preuß. StPO. v. 1867 § 420. Revidirte StPO. für Sachsen § 386. StPO. für Thüringen von 1850 § 336). Fehlt es an jenem Erforderniß, ist also die falsche oder verfälschte Urkunde in gutem Glauben ihrer Echtheit gegen den Angekl. vorgebracht, oder war die Urkunde objektiv keine falsche oder verfälschte — z. B. ein eine andere Person betreffender, irrthümlich zum Nachweise des Alters des Angekl. zur Zeit der Verübung der That vorgebrachter Taufschein — so wird nicht Nr. 1 des §, sondern möglicher Weise Nr. 5 Platz greifen, da auf einen solchen Fall die Ausdrücke „fälschlich" „verfälscht" nicht passen.

3. Eines aus dem Inhalte der Urtheilsgründe zu führenden besonderen Nachweises des stattgehabten Einflusses der Urkunde, bzhw. des Zeugnisses (Nr. 2), auf das Urtheil bedarf es nicht, da es nicht die — ohnehin nicht zu lösende — Aufgabe der Urtheilsgründe ist, alle einzelnen Momente, welche unmittelbar oder mittelbar auf die Ueberzeugung der Richter von der Schuld des Angekl. eingewirkt haben, anzuführen (§ 266), in schwurgerichtlichen Untersuchungen überdies ein solcher Nachweis von selbst ausscheidet. Dagegen wird — wie auch in den Mot. S. 114 bemerkt ist — das Wiederaufnahmegesuch zu verwerfen sein, wenn die Urtheilsgründe ausdrücklich erklären, daß die Urkunde, bzhw. das Zeugniß, ohne Einwirkung auf das Urtheil geblieben sei.

4. Seine damalige Kenntniß von der Pflichtverletzung schließt daher für sich allein die Wiederaufnahme nicht aus.

5. Vergl. § 261 Abs. 2 St.

6. Durch diese Nr. ist der § 268 Nr. 5 des Entw. vom Januar 1873 in bedenklicher Weise geändert worden. Dort hieß es: wenn neue Thatsachen vorliegen, aus denen sich ergiebt, daß die That, wegen welcher er verurtheilt wurde, entweder gar nicht begangen worden ist, oder von ihm nicht hat begangen werden können. In ihrer jetzigen Fassung ist die Bestimmung mit dem Prinzip des mündlichen Verfahrens nicht wohl zu vereinen, da sich nicht beurtheilen läßt, ob die neue Thatsache, die aus dem Gesammteindruck der Auslassung des Angeklagten und des Ergebnisses der Beweisaufnahme geschöpfte Ueberzeugung der früheren Richter, bzhw. Geschworenen, erschüttert haben würde.

Es ist indeß zu hoffen, daß den Nachtheilen, welche der §, zumal bei der Dehnbarkeit des Begriffs „geeignet sind" durch Eröffnung neuer

Instanzen nach rechtskräftig entschiedener Sache nach sich zu ziehen droht, durch besonnene, das Interesse der Strafrechtspflege wahrende Praxis der Gerichte vorgebeugt werden wird.

7. Bei der Berathung des § in der JK. erklärte die Regierungsvertretung: es seien im Sinne dieser Vorschrift alle diejenigen Thatsachen als „neue" zu betrachten, welche dem Richter bei der Urtheilsschöpfung nicht vorgelegen hätten. Prot. S. 1067.

Die Mot. weisen S. 221 darauf hin, daß nach dem Wortlaute des Gesetzes die Vorschriften ein nach vorgängigem Verfahren erlassenes Urtheil voraussetzen, daß mithin gegen amtsrichterliche Strafbefehle (§§ 447 folg.) ein Antrag auf Wiederaufnahme des Verfahrens nicht stattfinde.

8. Der Antragsteller wird dies seinerseits dem Gericht glaubhaft zu machen haben.

9. Vergl. auch § 402 Note 1 am Schluß.

§ 400 St.

Durch den Antrag auf Wiederaufnahme des Verfahrens wird die Vollstreckung des Urtheils nicht gehemmt.

Das Gericht kann jedoch einen Aufschub sowie eine Unterbrechung der Vollstreckung anordnen.

§ 401 St.

Der Antrag auf Wiederaufnahme des Verfahrens wird weder durch die erfolgte Strafvollstreckung noch durch den Tod des Verurtheilten ausgeschlossen.

Im Falle des Todes sind der Ehegatte, die Verwandten auf- und absteigender Linie sowie die Geschwister des Verstorbenen zu dem Antrage befugt*.

* Nach § 405 in Verbindung mit § 338 Abs. 2 St. würde diese Befugniß auch dem Staatsanwalt und nach §§ 339. 340 St. auch dem Vertheidiger und gesetzlichen Vertreter zustehen. Mit Rücksicht auf die spezielle Namhaftmachung der Personen im § 401 wird jedoch anzunehmen sein, daß nicht nur die StAschft. und der Vertheidiger, sondern auch der Vertreter haben ausgeschlossen werden sollen. Die Mot. besprechen diese Frage nicht.

In Betreff des Verfahrens vergl. den § 411 Abs. 1 St.

§ 402 St.

Die Wiederaufnahme eines durch rechtskräftiges Urtheil geschlossenen Verfahrens zu Ungunsten des Angeklagten[1] findet statt[2]:

1. wenn eine in der Hauptverhandlung zu seinen Gunsten als echt vorgebrachte Urkunde fälschlich gefertigt oder verfälscht war;

2. wenn durch Beeidigung eines zu seinen Gunsten abgelegten Zeugnisses oder abgegebenen Gutachtens der Zeuge oder Sachverständige sich einer vorsätzlichen oder fahrlässigen Verletzung der Eidespflicht schuldig gemacht hat;

3. wenn bei dem Urtheil ein Richter, Geschworener oder Schöffe mitgewirkt hat, welcher sich in Beziehung auf die Sache einer Verletzung seiner Amtspflichten schuldig gemacht hat, sofern diese Verletzung mit einer im Wege des gerichtlichen Strafverfahrens zu verhängenden öffentlichen Strafe bedroht ist;

4. wenn von dem Freigesprochenen vor Gericht oder außergerichtlich ein glaubwürdiges Geständniß der strafbaren Handlung[3] abgelegt wird.

1. In der JK. wurde beantragt, vor „Angekl." einzuschalten: „freigesprochenen". Es wurde dafür geltend gemacht, daß „der frühere Entwurf" — welcher, ist nicht angegeben — ausdrücklich nur bei freisprechenden Erkenntnissen die Wiederaufnahme gestatte. Der Antrag wurde im Einverständniß mit der Regierungsvertretung abgelehnt, nachdem dagegen angeführt worden war, daß, wenn Jemand wegen einer geringeren That verurtheilt worden sei, während er ein schwereres Verbrechen begangen habe, beispielsweise, wenn der auf Grund eines falschen Zeugnisses wegen Körperverletzung Verurtheilte einen Todtschlag begangen habe, im Wege der Wiederaufnahme Abhülfe müsse geschafft werden können. Prot. S. 623. 1041.

Daß die JK. die erfolgte Freisprechung des Angekl. nicht als Bedingung der Anwendbarkeit des § hat angesehen wissen wollen, kann hiernach nicht zweifelhaft sein. Gleichwohl erscheint es nicht unbedenklich, den § in diesem Sinne auszulegen.

Wäre die erwähnte Angabe des Antragstellers, daß „der frühere Entwurf" ausdrücklich nur bei freisprechenden Erkenntnissen die Wiederaufnahme nachgelassen habe, richtig, so würde aus der Beseitigung dieser Bestimmung in dem der St. zum Grunde liegenden neuen Entwurfe vom J. 1874 allerdings gefolgert werden müssen, daß die jetzt von der JK. adoptirte weitere Auslegung des § beabsichtigt worden sei. Jene Angabe dürfte aber auf Irrthum beruhen; weder der Entwurf vom „Januar 1873", noch der vom Jahre 1873 („nach den Beschlüssen der von dem Bundesrath eingesetzten Kommission") enthält im § 271 bzhw. § 278 eine derartige Bestimmung.

Nun ist zwar anzuerkennen, daß hinsichtlich der Nrn. 1—3 die Allgemeinheit der Wortfassung sowohl, als — de lege ferenda — die Gründe der JK., selbst bei Berücksichtigung des dem rechtskräftigen Judikat gebührenden Schutzes, die ausdehnende Interpretation nicht unerheblich unterstützen. Indeß kommt zunächst in Betracht, daß in den Mot. zu sämmtlichen drei Entwürfen in voller Uebereinstimmung nur von freisprechenden Urtheilen die Rede ist. (Bezüglich des Entwurfs vom Januar 1873 geschieht dies S. 238. 239 an 4 Stellen; von 1873 S. 173. 174 an 5 Stellen, und von 1874 S. 217. 218 an 9 Stellen — Beweis genug, daß die Verfasser der Entwürfe darüber einig gewesen sind, daß nur gegen freigesprochene Angekl. die Wiederaufnahme zulässig sei.

Nächstdem ist aber wesentliches Gewicht darauf zu legen, daß in Nr. 4 ausdrücklich gesagt ist: wenn von dem Freigesprochenen u. s. w. Diese Nr. fehlte in den Entwürfen vom „Januar 1873" und von „1873"; sie ist erst in den Entwurf von 1874 aufgenommen, und — abgesehen von den hier nicht interessirenden Einschaltungen der Wörter: „glaubwürdiges" und „seiner Schuld" — unverändert in die St. übergegangen.

Daß in der hier fraglichen Beziehung ein Unterschied zwischen der Vorschrift der Nr. 4 und den Bestimmungen der Nrn. 1 bis 3 beabsichtigt worden sei, dafür fehlt es in den Mot. S. 217 an jeder Andeutung; es ist vielmehr bei sämmtlichen vier Nrn. in vollkommen gleichmäßiger Weise überall von freigesprochenen Angekl. die Rede.

In der That würde es auch an einer ratio für eine solche Unterscheidung gänzlich mangeln. Man würde vergeblich nach einem Grunde forschen, weshalb das Geständniß des nur wegen fahrlässiger Tödtung Verurtheilten: daß er die Tödtung, der Anklage entsprechend, vorsätzlich mit Ueberlegung ausgeführt habe, die Wiederaufnahme nicht sollte zur Folge haben, dagegen bei gleicher Sachlage der vollständig erbrachte Beweis, daß das dem Angekl. günstige Urtheil auf den Aussagen bestochener Zeugen beruhe, die Wiederaufnahme nach sich ziehen sollte.

Dies erwogen, wird aus der Aufnahme des Wortes „Freigesprochenen" in die dem Entwurf vom J. 1874 neu hinzugefügte Nr. 4 zu folgern sein, daß sich der ganze § nur auf freigesprochene, nicht aber auf solche Angekl. habe beziehen sollen, die zwar zu Strafe verurtheilt, aber nur einer geringeren Art des ihnen zur Last gelegten Delikts, als der in der Anklage bezeichneten, für schuldig erachtet worden sind.

Hiefür spricht auch, daß nach Ausweis der in den Mot. in Bezug genommenen „Anlagen" (Nr. 2 S. 91 folg.) in den Gesetzen einiger Länder die Wiederaufnahme zum Nachtheile des Angekl. auf den Fall der Freisprechung beschränkt, in denen anderer dagegen auch in Fällen erfolgter Verurtheilung wegen einer geringeren Strafthat zugelassen, mithin nicht anzunehmen ist, daß in den Mot. ausschließlich die Freisprechung erwähnt sein würde, wenn die Vorschriften unter 1—3 auch auf Fälle stattgehabter Verurtheilung hätten Anwendung finden sollen.

Die Annahme, daß auch in den Nrn. 1—3 die erfolgte Freisprechung des Angekl. vorausgesetzt sei, wird aber auch durch die Redaktion der Nr. 4 unterstützt, da anderenfalls anstatt des bestimmten Art. „dem", welcher auf Gleichstellung der 4 Fälle hindeutet, der unbestimmte Art. „einem" gewählt worden sein würde, um den Unterschied zwischen der Nr. 4 und den Nrn. 1—3 herauszustellen. In der JK. ist bei der Berathung des Antrages: im Eingange des § vor „Angeklagten" einzuschalten: „freigesprochenen" der Unterschied zwischen der Fassung der Nrn. 1—3 einer- und der Nr. 4 andererseits in der Beziehung, daß die letztere nur im Falle erfolgter Freisprechung, die ersteren auch im Falle der Verurtheilung des Angekl. anwendbar seien, nicht hervorgehoben worden (Prot. S. 622—624 und 1038 bis 1042, insbesondere S. 1041). Erst in dem Berichte der Kommission vom 28. Oktober 1876 S. 97 geschieht desselben bei Gelegenheit der Besprechung des § 399 (Entw. § 320) beiläufige Erwähnung. Daß jener Unterschied bei dem oben erwähnten Antrage auf Einschaltung des Wortes „freigesprochenen" vor „Angeklagten" nicht in's Auge gefaßt worden sei, möchte sich daraus folgern lassen, daß anderenfalls zugleich beantragt worden sein würde, bei Nr. 4 die Worte „dem Freigesprochenen" in „demselben" zu verändern.

Auch durch die Seitens der JK. erfolgte Einschaltung des § 403 (in den „Zusammenstellungen" der JK. nach 1. und 2. Lesung § 323a) in den Entwurf wird der Zweifel, gegenüber den oben für die dem Angekl. günstigere Auslegung des § 402 geltend gemachten Gründen, nicht behoben. Denn der § 403 enthält lediglich eine Negative und führt nur indirekt e contrario zu dem Schlusse, daß, wenn es sich nicht blos um Anwendung desselben Gesetzes handle, die Wiederaufnahme zulässig sei. Derartige bloße Schlüsse zum Nachtheile des Angekl. sind aber in Strafsachen schon an sich, hier aber um so mehr bedenklich, als es sich um Schwächung der Rechtskraft eines Urtheils handelt. Jener Schluß hat aber, auch wenn der § 403 auf den § 402 nicht bezogen wird, seine Berechtigung und praktische Bedeutung, da er auf die zu Gunsten des Verurtheilten beantragte Wiederaufnahme (§ 399) vollkommen zutrifft, indem er Letzterem die Befugniß entzieht, eine Ermäßigung der Strafe auf Grund desselben Gesetzes zu beantragen.

Hierzu kommt aber, daß der § 403 in der Allgemeinheit, wie er redigirt ist, auf den § 402 insofern nicht paßt, als in Fällen der Nr. 4 dieses § von einer Aenderung der Strafe überhaupt nicht die Rede sein kann.

Nach dem Beschlusse der JK. (Prot. S. 623) sollte der § 403 lauten: „Eine Wiederaufnahme des Verfahrens zum Zwecke der Erhöhung der Strafe innerhalb des Strafmaßes eines und desselben Strafgesetzes findet nicht statt". In dieser Redaktion schloß er die Anwendbarkeit auf den § 399 aus. In seiner jetzigen Fassung ist er dagegen, wie erwähnt, auf denselben beziehbar.

Schon in dem die Entwürfe vom J. 1873 betreffenden verdienstvollen Werke des Dr. Mayer: der Entwurf einer Deutschen Strafprozeßordnung (Frankfurt a. M. bei Auffarth 1874) war (zu Nr. 1—3) S. 303 bemerkt, daß die hier erörterte Frage einer ausdrücklichen Entscheidung bedürfe. Eine solche würde den vorstehend besprochenen Zweifeln vorgebeugt haben.

2. Vergl. zu den Nrn. 1—3 die Noten 1 und 3 zu § 399 St.

3. Die Worte: „strafbaren Handlung" sind in der Sitzung vom 13. November 1876 S. 12 dem früher von der JK. beschlossenen Ausdruck: „Schuld" substituirt. Es schien jedoch Einverständniß darüber vorzuwalten, daß zur Anwendung der Vorschrift das Geständniß des Angekl., die That so, wie sie ihm in der früheren Anklage zur Last gelegt worden verübt zu haben, genüge, und die gleichzeitige Behauptung subjektiver Strafausschließungsgründe darin nichts ändere.

4. Die Mot. S. 218 sprechen vom Geständniß „der That" „des Verbrechens". Es dürfte auch mit der exceptionellen Natur des Rechtsinstituts der Wiederaufnahme nicht im Einklange stehen, diese auch da eintreten zu lassen, wo der der Ausführung der verbrecherischen That selbst Angekl. nach seiner Freisprechung nur das Geständniß der Begünstigung des Thäters, oder der Theilnahme an den Vortheilen des Verbrechens ablegt.

§ 403 St.

Eine Wiederaufnahme des Verfahrens zum Zwecke der Aenderung der Strafe innerhalb des durch dasselbe Gesetz bestimmten Strafmaßes findet nicht statt.

Vergl. Note 1 zu § 402.

§ 404 St.

Ein Antrag auf Wiederaufnahme des Verfahrens, welcher auf die Behauptung einer strafbaren Handlung gegründet werden soll[1], ist nur dann zulässig, wenn wegen dieser Handlung eine rechtskräftige Verurtheilung ergangen ist, oder wenn die Einleitung oder Durchführung eines Strafverfahrens aus anderen Gründen als wegen Mangels an Beweis nicht erfolgen kann[2].

1. Richtiger wohl: „gegründet wird".

Es ist hier eine solche strafbare Handlung gemeint, welche unmittelbar oder mittelbar auf die Verurtheilung Dessen, welcher die Wiederaufnahme der gegen ihn anhängig gewesenen Untersuchung nachsucht, eingewirkt hat.

2. Z. B. Tod des meineidigen Zeugen, Verjährung, Amnestie.

§ 405 St.

Die allgemeinen Bestimmungen über Rechtsmittel finden auch bei dem Antrag auf Wiederaufnahme des Verfahrens Anwendung*.

* Die in den §§ 338—345 enthaltenen — wie auch in den Mot. S. 218 bemerkt ist —; nicht also die des § 397. In Betreff des Rechtsmittels der Beschwerde vergl. den § 412 St.

Zu den „allgemeinen Bestimmungen über Rechtsmittel" gehört auch der § 343. Nach den Worten des Gesetzes würde daher das Gericht, wenn es nach § 413 Abs. 1 auf ein von der StAschft. zu Ungunsten des Angekl. angebrachtes Wiederaufnahmegesuch (§ 402) „anderweit in der Sache erkennt" — unter der Voraussetzung, daß der § 402, gegen die in der Note 1 zu demselben entwickelte Ansicht, auch auf verurtheilte Angekl. Anwendung findet — den früher Verurtheilten freisprechen dürfen, sobald es durch das Ergebniß der erneuerten Hauptverhandlung die Ueberzeugung gewönne, daß der Angekl. in dem früheren Verfahren nicht hätte verurtheilt werden sollen.

Eine so weite Ausdehnung der singulären Bestimmung des § 343 möchte jedoch in Erwägung, daß es sich um Aufhebung eines rechtskräftigen Urtheils handelt, und der § 406 auch bei einem zu Gunsten des Angekl. angebrachten Antrage auf Wiederaufnahme des Verfahrens selbst die bloße Zulassung desselben von bestimmten Bedingungen abhängig macht — bedenklich erscheinen.

In Betreff des Privatklägers vergl. § 430 Abs. 1.

§ 406 St.

In dem Antrage müssen der gesetzliche Grund der Wiederaufnahme des Verfahrens sowie die Beweismittel angegeben werden.

Von dem Angeklagten und den im § 401 Abs. 2 bezeichneten Personen kann der Antrag nur mittels einer von dem Vertheidiger oder einem Rechtsanwalt unterzeichneten Schrift oder zu Protokoll des Gerichtsschreibers angebracht werden.

Vergl. die Noten 2—4 zu § 385.

§ 407 St.

Ueber die Zulassung des Antrags auf Wiederaufnahme des Verfahrens entscheidet das Gericht[1], dessen Urtheil mit dem Antrag angefochten wird. Wird ein in der Revisionsinstanz erlassenes Urtheil aus anderen Gründen als auf Grund des § 399 Nr. 3 oder des § 402 Nr. 3[1] angefochten, so entscheidet das Gericht[3], gegen dessen Urtheil die Revision eingelegt war.

Die Entscheidung erfolgt ohne mündliche Verhandlung.

1. Bei Schöffengerichten der Amtsrichter ohne Zuziehung von Schöffen. Hiervon gehen auch die Mot. S. 219 aus. Vergl. G. § 30 Abs. 2. Bei der Allgemeinheit der Vorschrift würde der Amtsrichter, so lange er nicht abgelehnt worden, auch dann über die „Zulassung" zu beschließen haben, wenn der Vorwurf der Pflichtwidrigkeit (§§ 399. 402 Nr. 3) ihm selbst gemacht wird. Dies kann jedoch nicht beabsichtigt sein. Der Amtsrichter wird vielmehr dem Landgericht behufs Substituirung eines anderen Richters Anzeige zu machen haben.

2. Nach dem Wortsinne würde hierher auch der Fall gehören, wenn der gegen ein Revisionsurtheil gerichtete Wiederaufnahmeantrag darauf gegründet wird, daß in der ersten oder der Berufungsinstanz ein pflichtwidriges Verhalten eines Richters u. s. w. stattgehabt habe. Dies ist jedoch, wie auch aus den Mot. S. 219 hervorgeht, nicht gemeint; es ist vielmehr eine in der Revisionsinstanz selbst vorgefallene Amtspflichtverletzung vorausgesetzt.

3. Es kann dies nach § 374 nur das Landgericht sein. Die Fassung ist insofern nicht völlig korrekt, als, wenn die Revision gegen ein schwurgerichtliches Urtheil gerichtet war, nicht der Schwurgerichtshof, sondern das Landgericht über den Wiederaufnahmeantrag zu entscheiden hat.

Es wird sich auch ohne ausdrückliche Vorschrift empfehlen, mit Ausnahme des Falles der Formwidrigkeit des Antrages, schon hier vor der Beschlußnahme die Staatsanwaltschaft zu hören. Vergl. § 409.

§ 408 St.

Ist der Antrag nicht in der vorgeschriebenen Form angebracht, oder ist darin kein gesetzlicher Grund der Wiederaufnahme geltend gemacht oder kein geeignetes Beweismittel angeführt, so ist der Antrag als unzulässig zu verwerfen[1].

Anderenfalls ist derselbe dem Gegner des Antragstellers unter Bestimmung einer Frist zur Erklärung zuzustellen[2].

1. Die Mängel können, da Fristen nicht bestimmt sind, jederzeit behoben werden.

2. Demselben wird auch gestattet sein, zur Widerlegung der Angaben des Antragstellers, oder zur Entkräftung der von demselben angegebenen Beweismittel seinerseits neue Thatsachen und neuen Beweis beizubringen,

zumal das Verfahren in den Mot. S. 220 als ein der Voruntersuchung analoges bezeichnet wird.

§ 409 St.

Wird der Antrag an sich für zulässig befunden, so beauftragt das Gericht[1] mit Aufnahme der angetretenen Beweise, soweit diese erforderlich ist, einen Richter.

Dem Ermessen des Gerichts bleibt es überlassen[2], ob die Zeugen und Sachverständigen eidlich vernommen werden sollen.

Hinsichtlich der Berechtigung der Betheiligten zur Anwesenheit bei der Beweisaufnahme kommen die für die Voruntersuchung gegebenen Vorschriften zur Anwendung[3].

Nach Schluß der Beweisaufnahme sind die Staatsanwaltschaft und der Angeklagte unter Bestimmung einer Frist zur ferneren Erklärung aufzufordern[4].

1. Auf den Amtsrichter, als Vertreter des Schöffengerichts außerhalb der Hauptverhandlung, paßt diese Bestimmung nicht. Derselbe wird sich der Beweiserhebung selbst zu unterziehen haben.

2. Es wird dies auch zunächst der Beurtheilung des ersuchten oder beauftragten Richters überlassen dürfen.

3. § 191 St.

4. In den Fällen der §§ 406 Abs. 2 und 430 wird die Aufforderung an den Antragsteller bzhw. den Privatkläger zu richten sein.

Eine Meinungsverschiedenheit darüber, ob in dem Verfahren Verhaftungen, Haussuchungen, Beschlagnahmen statthaft seien, blieb in der JK. unerledigt. Prot. S. 624. Die Frage dürfte zu bejahen sein. Es würde sich nicht rechtfertigen lassen, einen in der früheren Untersuchung von der Anklage des Mordes Freigesprochenen auf freiem Fuße zu lassen, wenn er demnächst ein glaubwürdiges Geständniß seiner Schuld an dem Morde ablegt. § 402. Auch bemerken die Mot. S. 220: Das Verfahren sei nach ähnlichen Grundsätzen, wie die Voruntersuchung zu regeln gewesen.

§ 410 St.

Der Antrag auf Wiederaufnahme des Verfahrens wird ohne mündliche Verhandlung[1] als unbegründet verworfen, wenn die darin aufgestellten Behauptungen keine genügende Bestätigung gefunden haben, oder wenn in den Fällen des § 399 Nr. 1. 2 oder des § 402 Nr. 1. 2 nach Lage der Sache die Annahme ausgeschlossen ist, daß die in diesen

Bestimmungen bezeichnete Handlung auf die Entscheidung Einfluß gehabt hat[2].

Anderenfalls verordnet das Gericht die Wiederaufnahme des Verfahrens[3] und die Erneuerung der Hauptverhandlung[4].

1. „Mündliche Verhandlung" ist hier gleichbedeutend mit „Hauptverhandlung" im Abs. 2.

2. Der § giebt in seiner Verbindung mit den §§ 408 u. 409 zu Zweifeln Anlaß.

Der § 408 läßt die Verwerfung des Antrages als „unzulässig" nur in den darin speziell bezeichneten drei Fällen zu, nöthigt also das Gericht, denselben dem Gegner auch in dem Falle zur Erklärung zuzustellen, wenn es die Möglichkeit der Einwirkung der zur Begründung des Antrages vorgebrachten Momente (§§ 399 Nr. 1 u. 2, 402 Nr. 1 u. 2) für unbedingt ausgeschlossen erachtet.

Dies erwogen, muß im Sinne des folgenden § 409 Abs. 1 jeder Antrag für „zulässig" erachtet werden, welchem einer der drei erwähnten Mängel nicht anhaftet, gleichviel ob ein Kausalnexus zwischen den darin aufgestellten Behauptungen und dem früheren Urtheil denkbar ist oder nicht. Hiefür sprechen auch die Worte „an sich" in der ersten Zeile.

Nun tritt aber zunächst die Frage entgegen, weshalb das Gericht, wenn ihm die Logik den Mangel eines solchen Kausalnexus außer Zweifel stellt, den Antrag nicht sofort bei seinem Eingange a limine soll verwerfen dürfen, ihn vielmehr zuvor (§ 408 Abs. 2) dem Gegner zur Erklärung soll zustellen müssen, und erst nach deren Eingang, bzhw. dem Verlauf der Frist, berechtigt sein soll, dem Antragsteller in Gemäßheit der zweiten Alternative des § 410 Abs. 1 zu eröffnen, daß sein Antrag erfolglos bleiben müsse.

Der hierdurch angeregte Zweifel über das vom Gesetz beabsichtigte Verfahren wird durch die von der JK. (Prot. S. 1042) in den § 409 eingeschalteten Worte „soweit diese (Beweisaufnahme) erforderlich ist", noch verstärkt. Denn dies Wort „soweit" darf nicht lediglich auf die Begrenzung der anzuordnenden Beweisaufnahme bezogen, muß vielmehr für gleichbedeutend mit „insofern" aufgefaßt, also dahin verstanden werden, daß das Gericht eine Beweiserhebung anzuordnen habe, wenn und insoweit sie durch die Sachlage geboten erscheine.

Ist aber durch die Worte „soweit diese erforderlich" das Recht des Gerichts, von Hause aus von allen im Interesse des Antragstellers anzuordnenden Ermittelungen abzustehen anerkannt, so ist nicht abzusehen, zu welchem Zwecke die im § 408 Abs. 2 angeordnete Mittheilung an den Gegner dienen soll.

Die Mot. sagen S. 220 zu dem § 410 (§ 328 des Entw.):

> Der Antrag wird ohne Weiteres als unzulässig verworfen, wenn der Verurtheilte (müßte wohl heißen „der Antragsteller", vergl. die §§ 402 und 430) nicht die vorgeschriebene Form angewendet

hat, oder wenn in dem Antrage kein gesetzlich anerkannter Grund der Wiederaufnahme geltend oder kein geeignetes Beweismittel für denselben angeführt ist.

Dies entspricht der Vorschrift des § 408. Es heißt aber in den Mot. weiter:

Demnach wird ein auf § 320 Nr. 5 (St. § 399 Nr. 5) gestütztes Gesuch ohne Weiteres zu verwerfen sein, wenn die darin aufgeführten Thatsachen oder Beweismittel nach Ausweis der Akten entweder bereits in der stattgehabten Untersuchung gewürdigt, also nicht neu sind, oder zusammengehalten mit den früher erhobenen Beweisen zur Freisprechung des Verurtheilten nicht führen werden".

Die in dem „demnach" liegende Schlußfolgerung ist aber nicht berechtigt. Denn von „Thatsachen" ist so wenig im Abs. 1 des § 408, als in dem denselben wiedergebenden ersterwähnten Passus der Mot. die Rede. Beide sprechen nur von den von „Thatsachen" wesentlich verschiedenen „Beweismitteln", berechtigen daher das Gericht zwar, wenn über die behaupteten Thatsachen unstatthafter Beweis (§ 56 Nr. 2 u. 3, beweisunkräftige, angeblich von verstorbenen Privatpersonen ausgestellte Bescheinigungen und dergl.) angetreten ist, nicht aber, wenn es die Thatsachen selbst für unerheblich erachtet, den Antrag ohne Weiteres zurückzuweisen.

Die vorerwähnte Deduktion der Mot. berechtigt aber zu der Annahme, daß der Zweifel, zu welchem die §§ 408 u. 409 in Verbindung mit den von der JK. eingeschalteten Worten des § 410 Abs. 1 „oder wenn in den Fällen" u. s. w. Anlaß geben, durch Unkorrektheit der Redaktion herbeigeführt ist, insofern die letztgedachten Worte des § 410 ihren Platz im § 408 hinter „Beweismittel angeführt" hätten finden sollen. Prot. S. 1043. 1046.

Hiervon ausgegangen, ist das Gericht befugt, den Antrag „als unzulässig zu verwerfen", wenn es die vom Antragsteller angeführten Thatsachen — gleichviel, ob durch statthafte Beweismittel unterstützt, oder nicht zur Rechtfertigung des Antrages nicht für geeignet erachtet.

3. Auch in diesem Verfahren werden von beiden Theilen neue Thatsachen und Beweismittel beigebracht werden dürfen.

4. Daß auch bei dieser Hauptverhandlung, selbst wenn nach § 409 Abs. 2 die Zeugen und Sachverständigen eidlich vernommen sind, eine Wiederholung der gesammten Beweisaufnahme erforderlich ist, folgt aus den §§ 242—245 St.

§ 411 St.

Ist[1] der Verurtheilte bereits verstorben, so hat ohne Erneuerung der Hauptverhandlung das Gericht nach Aufnahme des etwa noch erforderlichen Beweises entweder die Freisprechung[2] zu erkennen oder den Antrag auf Wiederaufnahme abzulehnen[3].

Auch in anderen Fällen kann das Gericht, bei öffentlichen Klagen jedoch nur mit Zustimmung der Staatsanwaltschaft, den Verurtheilten sofort freisprechen, wenn dazu genügende Beweise bereits vorliegen[4].

Mit der Freisprechung ist die Aufhebung des früheren Urtheils zu verbinden.

Die Aufhebung ist auf Verlangen des Antragstellers durch den Deutschen Reichsanzeiger bekannt zu machen, und kann nach dem Ermessen des Gerichts auch durch andere Blätter veröffentlicht werden[5].

1. Mit Rücksicht auf die Wahl des Präsens „Ist", und da auch nicht auf den § 401 Abs. 2 hingewiesen ist, dürfte die Vorschrift auch Platz greifen, wenn der Verurtheilte in der Zwischenzeit zwischen dem von ihm selbst gestellten Antrage und der Beschlußfassung gestorben ist.

Nach Ausweis der für diesen — von der JK. eingeschalteten — § angeführten Gründe (S. 625 der Prot.) soll die sofortige Freisprechung z. B. dann eintreten, wenn „durch Verurtheilung einer anderen Person wegen derselben That die Unschuld des früher Verurtheilten völlig klar erwiesen sei".

2. Hiernach ist es nicht zulässig, in diesem Verfahren zu erkennen, daß der Angekl. eines geringeren, als des ihm in dem früheren Urtheil zur Last gelegten Delikts schuldig sei.

3. Der § 410 Abs. 1 braucht hiefür die Worte „als unbegründet verwerfen". Das Ablehnen wird in der Form des Beschlusses bzhw. der Verfügung zu geschehen haben.

4. Hinsichtlich der Schöffengerichte hat der 2. Absatz zur Folge, daß der Amtsrichter befugt ist, ein im geordneten Verfahren in der schöffengerichtlichen Hauptverhandlung — vielleicht gegen sein Votum — ergangenes verurtheilendes Urtheil nach seinem alleinigen Ermessen, im Einverständniß mit dem Amtsanwalt, bei Privatklagen selbst ohne den Kläger zu hören, ohne Betheiligung von Schöffen, aufzuheben und den früher Verurtheilten freizusprechen.

Die Berathungen der JK. ergeben nicht, daß dieser bedenkliche Punkt in's Auge gefaßt worden ist.

5. Den Abs. 4 enthielt weder der Entwurf zur St., noch hat ihn die JK. beschlossen. Erst bei 3. Lesung des Reichstages ist er in der vorletzten Sitzung desselben vom 21. Dezember 1876 (Stenogr. Ber. S. 990) vorgeschlagen und angenommen worden — nicht aber zum § 411, sondern zum § 413. Auch als die Abstimmung in derselben Sitzung — aus einem äußeren Grunde — wiederholt ward (S. 1003), wurde der Satz als zum § 413 gehörig bezeichnet.

Hierin ist auch demnächst im Reichstage nichts geändert worden; vielmehr hat im unmittelbaren Anschluß an jene Abstimmung die Gesammtabstimmung über die ganze StPO. nebst dem Einführungsgesetz und die Annahme beider Gesetze stattgefunden (Stenogr. Ber. S. 1004 Spalte 1). Die Aufnahme des Satzes in den § 411 kann daher nur später bei der Schlußredaktion der St. erfolgt sein.

Die Veranlassung dazu wird darin zu suchen sein, daß die Bestimmung des Satzes, wenn dieser seine Stelle im § 413 gefunden hätte, über die mit demselben verknüpfte Absicht hinausgegangen wäre. Denn dort würde bei der Allgemeinheit des Wortes „Antragsteller" aus ihm gefolgt sein, daß auch die StAschft. und der Privatkläger (§ 430 St.), wenn sie zu Ungunsten des Angekl. die Wiederaufnahme des Verfahrens beantragten und in der anderweiten Hauptverhandlung ein demselben nachtheiliges Urtheil erzielten, die Bekanntmachung dieses Urtheils hätten verlangen dürfen — während die Absicht des Reichstages bei der Aufnahme des Satzes zweifellos nur darauf gerichtet war, Gelegenheit zur Wiederherstellung des guten Rufs des früher Verurtheilten, im erneuerten Verfahren aber Freigesprochenen zu bieten.

Die erwähnte Uebertragung des Satzes aus dem § 413 in den § 411 dürfte aber den Zweck desselben, anstatt ihn zu fördern, im noch höheren Grade gefährdet haben. Denn, während der vorgedachte mit seiner Aufnahme in den § 413 verknüpfte Nachtheil wohl nur in den seltensten Fällen eingetreten sein würde, entzieht die Uebertragung desselben in den § 411 dem in der erneuerten Hauptverhandlung Freigesprochenen selbst, also dem bei der Vorschrift des Satzes vorzugsweise Betheiligten — abgesehen von dem Ausnahmefalle des Abs. 2 des § 411 — das Recht, Bekanntmachung zu verlangen, gänzlich, da der § 411, außer jener singulären Bestimmung des Abs. 2, ausschließlich auf bereits verstorbene Verurtheilte Anwendung findet.

§ 412 St.

Alle Entscheidungen[1], welche aus Anlaß eines Antrags auf Wiederaufnahme des Verfahrens von dem Gericht in erster Instanz erlassen werden, können mit der sofortigen[2] Beschwerde[3] angefochten werden.

1. Hiezu gehört nach der Terminologie der St. (§§ 33. 34) auch das nach der Wiederaufnahme des Verfahrens (§ 410 Abs. 2) gefällte neue Urtheil. Es sind jedoch nur die Verfügungen und Beschlüsse gemeint, welche vor dem Beginn der neuen Hauptverhandlung ergehen.

Gegen das in der erneuten Hauptverhandlung ergehende Urtheil werden, Mangels einer entgegenstehenden Vorschrift, die gegen Urtheile überhaupt statthaften Rechtsmittel zulässig sein.

2. Von welchem Zeitpunkte ab die einwöchige Frist in den Fällen der §§ 409 Abs. 1 u. 2, 410 Abs. 1 u. 2 gegen den Antragsteller, bzhw. dessen Gegner, zu laufen beginnt, ist nicht angegeben. Es dürfte davon auszugehen sein, daß von allen dort erwähnten Beschlüssen den beiderseits Be-

theiligten Nachricht zu geben und von ihrer Behändigung die Frist zu berechnen sei.

3. Mangels einer entgegenstehenden Bestimmung wird das Beschwerdegericht überall auch mit der Prüfung des der angefochtenen Entscheidung zum Grunde liegenden thatsächlichen Materials befaßt werden dürfen. Die Mot. S. 221 bemerken zwar: „es habe auch der StAschft. die Beschwerde gegen einen die Wiederaufnahme der Untersuchung anordnenden Beschluß nicht verschränkt werden sollen, damit in Fällen, in denen der Beschluß auf einer unrichtigen Anwendung der für die Wiederaufnahme gegebenen Prozeßvorschriften beruhe, eine Abhülfe ermöglicht werde". Es wird jedoch, da der § eine den Begriff „Beschwerde" (§ 346 St.) einschränkende Bestimmung nicht enthält, aus jener Bemerkung nicht herzuleiten sein, daß die Beschwerde — gleichviel, ob sie vom Angekl. oder den im § 401 St. bezeichneten Personen, oder von der StAschft. oder vom Privatkläger, und ferner, ob sie wegen Willfahrung von Anträgen des Gegners, oder Ablehnung der Anträge des Beschwerdeführers eingelegt ist — nur auf Verletzung von „Prozeßvorschriften", nicht auch von Rechtsgrundsätzen anderer Art und auf Angriffe thatsächlicher Natur gestützt werden dürfe.

Das Beschwerdegericht wird daher auch im Falle des § 410 Abs. 2 die Aufhebung des Termins zur Hauptverhandlung, unter Verwerfung des Antrags auf Wiederaufnahme, anzuordnen haben, wenn es die Ansicht der angefochtenen Entscheidung über die Zulänglichkeit der erhobenen Beweise nicht theilt. — Die Prot. der JK. enthalten keine Bemerkungen zu dem § (Prot. S. 721. 1075).

§ 413 St.

In der erneuten Hauptverhandlung ist entweder das frühere Urtheil aufrecht zu erhalten oder unter Aufhebung desselben anderweit in der Sache zu erkennen*.

Ist die Wiederaufnahme des Verfahrens nur von dem Verurtheilten oder zu Gunsten desselben von der Staatsanwaltschaft oder von einer der im § 340 bezeichneten Personen beantragt worden, so darf das neue Urtheil eine härtere Strafe als die in dem früheren erkannte nicht verhängen.

* Daß nach erfolgter Aufrechterhaltung des mit dem Wiederaufnahmegesuch angefochtenen Urtheils eine nochmalige Wiederaufnahme auf Grund der §§ 399. 402 St. unstatthaft sei, spricht das Gesetz nicht aus. Mit Rücksicht auf die ratio dieses Rechtsinstituts dürfte daher das schon einmal stattgehabte Wiederaufnahmeverfahren — gleichviel, ob der Antrag durch Beschluß oder durch Urtheil verworfen worden ist — für sich allein der Erneuerung desselben mindestens in dem Falle nicht entgegenstehen, wenn die dem Gesuche zum Grunde liegenden Thatsachen dem Antragsteller ohne seine

Schuld erst nach Beendigung des früheren Verfahrens bekannt geworden sind. Ob es sich um eine Wiederaufnahme zu Gunsten, oder zum Nachtheil des Angekl. handelt, wird hierin nichts ändern.

Betheiligung des Verletzten bei dem Verfahren.

Privatklage.

§ 414 St.

Beleidigungen und Körperverletzungen[1] können, soweit die Verfolgung nur auf Antrag eintritt, von dem Verletzten im Wege der Privatklage verfolgt werden, ohne daß es einer vorgängigen Anrufung der Staatsanwaltschaft bedarf.

Die gleiche Befugniß steht denjenigen zu, welchen in den Strafgesetzen das Recht, selbständig auf Bestrafung anzutragen, beigelegt ist[2].

Hat der Verletzte einen gesetzlichen Vertreter, so wird die Befugniß zur Erhebung der Privatklage durch diesen und, wenn Korporationen, Gesellschaften und andere Personenvereine, welche als solche in bürgerlichen Rechtsstreitigkeiten klagen können, die Verletzten sind, durch dieselben Personen wahrgenommen, durch welche sie in bürgerlichen Rechtsstreitigkeiten vertreten werden[3].

1. Zwischen vorsätzlichen und fahrlässigen Körperverletzungen (§§ 223. 230 StGB.) unterscheidet der § nicht. Vergl. auch den § 232 StGB.

2. Vergl. die §§ 195. 196 StGB.

3. Nach dieser Vorschrift sind Ehefrauen und unter väterlicher Gewalt stehende Personen zur Verfolgung ihnen widerfahrener Beleidigungen im Wege der Privatklage nicht befugt. Hiemit dürfte der § 195 StGB., nach welchem sowohl jene beleidigten Personen selbst, als auch der Ehemann bzhw. Vater auf Bestrafung des Beleidigers anzutragen berechtigt sind, nicht im Einklange stehen.

Die Mot. S. 224 begründen die Vorschrift durch die Bemerkung, daß, weil die Erhebung der Privatklage vermögensrechtliche Verbindlichkeiten nach sich ziehe, einem Minderjährigen, auch wenn er das 18. Lebensjahr vollendet habe, das in Rede stehende Recht nicht habe eingeräumt werden dürfen. Der § spricht aber nicht blos von minderjährigen, sondern allgemein von Personen, welche einen gesetzlichen Vertreter haben, umfaßt also auch die im § 195 StGB. bezeichneten Personen.

Da jedoch letztgedachter § nicht ausdrücklich durch die St. aufgehoben ist, möchte es sich mit Rücksicht auf die durch die Mot. an die Hand gegebene Interpretation rechtfertigen, den § 414 Abs. 3 auf den Fall stattgehabter Beleidigung eines Minderjährigen zu beschränken.

§ 415 St.

Sind wegen derselben strafbaren Handlung mehrere Personen zur Privatklage berechtigt, so ist bei Ausübung dieses Rechts ein Jeder von dem Anderen unabhängig.

Hat jedoch einer der Berechtigten die Privatklage erhoben, so steht den übrigen nur der Beitritt zu dem eingeleiteten Verfahren, und zwar in der Lage zu, in welcher sich dasselbe zur Zeit der Beitrittserklärung befindet[1].

Jede in der Sache selbst ergangene Entscheidung[2] äußert zu Gunsten des Beschuldigten ihre Wirkung auch gegenüber solchen Berechtigten, welche die Privatklage nicht erhoben haben.

1. So, wie der 2. Abs. gefaßt ist, scheint er zu Konsequenzen zu führen, die weder mit der allgemeinen Strafrechtstheorie, noch mit den §§ 61 u. 62 des StGB. zu vereinbaren sind.

Nach diesen §§ steht jedem Verletzten, gleichviel ob durch die strafbare Handlung er allein oder auch Andere verletzt sind, vom Zeitpunkte seiner Kenntnißnahme „von der Handlung und der Person des Thäters“ ein dreimonatlicher Zeitraum zur Stellung seines Strafantrages offen. Dagegen soll nach § 415 St., sofern es sich nur um dieselbe strafbare That handelt, also auch, wenn durch dieselbe mehrere Personen verletzt sind, falls ein Verfahren auf den Antrag Eines derselben im Wege der Privatklage bereits eingeleitet ist, nur der Beitritt zu demselben und überdies in der Lage zustehen, in welcher sich dasselbe zur Zeit der Beitrittserklärung befindet.

Aus den Worten dieser Vorschrift müßte gefolgert werden, daß, wenn durch eine fahrlässige Handlung, z. B. unvorsichtige Behandlung eines geladenen Gewehrs, oder durch fahrlässige Vergiftung, mehrere Personen Körperverletzungen erlitten haben, diejenige, welche erst später von der Person des Thäters Kenntniß erlangt, ihres Strafantrages und des ihr nach § 231 StGB. zustehenden Anspruchs auf Buße verlustig gehe, wenn ein anderer, sofort nach dem Vorfall von der Person des Thäters unterrichteter Verletzter eine Privatklage gegen diesen erhoben hat und über dieselbe rechtskräftig erkannt ist, oder doch die Untersuchung sich in einer Lage — Revisionsinstanz — befindet, wo ein Beitritt durch den Nachweis der dem Ersteren zugefügten Körperverletzung und des Kausalnexus zwischen ihr und der That des Angeklagten nach den Vorschriften der St. nicht mehr möglich ist.

Daß in diesem Erfolge der Vorschrift eine Rechtsverletzung anzuerkennen sei, für welche vergebens nach einer Rechtfertigung geforscht wird, scheint keiner Ausführung zu bedürfen.

Aber auch in Bezug auf „Beleidigungen" gefährdet der §, nach seinem Wortsinne aufgefaßt, die Zwecke des StGB. in bedenklicher Weise.

Der § 196 desselben gewährt im Interesse des Staatsdienstes dem amtlichen Vorgesetzten eines beleidigten Beamten innerhalb dreier Monate nach seiner Kenntnißnahme von dem Sachverhältniß (§ 61 StGB.) seinerseits — außer dem unmittelbar Beleidigten — den Strafantrag zu stellen. Dieses Rechts würde er beim Vorhandensein noch eines anderen vom Thäter durch dieselbe Handlung Beleidigten unter den vorgedachten Umständen verlustig gehen, sobald dieser die Privatklage angestellt hat. Selbst die Zurücknahme des Strafantrages Seitens des Privatklägers (§ 194 StGB.) würde diesen Verlust nach sich ziehen.

Die Mot. lösen die sich hieran knüpfenden Zweifel über die Auslegung des Abs. 2 nicht. Sie sagen S. 224: es erscheine nicht statthaft, daß der Beschuldigte wegen einer und derselben That im Widerspruche mit dem Grundsatze ne bis in idem mehreren gleichzeitigen oder auf einanderfolgenden Untersuchungen ausgesetzt werde.

Der Grundsatz ne bis in idem möchte aber auf Fälle der vorerwähnten Art keine Anwendung finden. Er würde, konsequent durchgeführt, zum entschiedenen Nachtheil der Strafrechtspflege zur Folge haben, daß, wenn in den Fällen der §§ 315. 316 StGB. durch dieselbe That eine leichte Körperverletzung des einen und der Tod des anderen Reisenden herbeigeführt worden, der letztere Erfolg straflos bleiben müßte, wenn wegen des ersteren eine Untersuchung anhängig gewesen und durch Urtheil beendet worden, ohne daß in derselben der Tod des Letzteren, sei es, weil er erst später eingetreten, oder weil dies Ereigniß der StAschft. erst später bekannt geworden, zur Sprache gebracht worden.

Das Preuß. Obertribunal hat auch in dem Erkenntniß vom 4. Novbr. 1875 (Goltdammer Arch. B. 23 S. 500) ausgeführt, daß, wenn durch eine und dieselbe Aeußerung zwei Personen beleidigt worden, jede derselben in verschiedenen auf einanderfolgenden Injurienprozessen auf Bestrafung des Beleidigers anzutragen berechtigt seien.

Diese gegen die Auslegung der Vorschrift des Abs. 2 nach ihrem Wortsinne sprechenden Bedenken dürften es rechtfertigen, wenn die Anwendung derselben auf die Fälle beschränkt wird, wo es sich um die Verletzung einer und derselben Person handelt, zur Rüge derselben aber verschiedene Personen (§§ 189. 195. 196 StGB.) berechtigt sind, und von dem auf den Antrag Eines der Berechtigten eingeleiteten Verfahren die übrigen so zeitig innerhalb der ihnen zustehenden Antragsfrist Kenntniß erlangt haben, um in demselben noch ihr Interesse wahrnehmen zu können.

Eine Unterstützung für diese Ansicht würde daraus hergenommen werden können, daß die JK. im Abs. 3 Zeile 2 das bei erster und zweiter Lesung unangefochten gebliebene Wort des Entwurfs „Verletzten" — welches bestätigte, daß in den beiden ersten Absätzen von mehreren verletzten Personen die Rede ist — in der Sitzung vom 20. Oktober 1876 Anlage H Nr. 54 in „Berechtigten" umgeändert hat, wenn nicht dabei ausgesprochen worden wäre, daß die Aenderung lediglich eine redaktionelle sei, wodurch zu erkennen gegeben ist, daß sie in dem Sinne des §, wie ihn der Entwurf redigirt hatte, nichts ändern solle.

2. Unter „Entscheidung" wird hier — abweichend von der allgemeinen Terminologie der St. — nur „Urtheil", nicht auch „Beschluß" und „Verfügung" zu verstehen sein.

Aber auch in diesem Sinne dürfte die Vorschrift — welche ohnehin zu Kollusionen zwischen Einem von mehreren Verletzten und dem Thäter Anlaß und Gelegenheit darbietet — nur auf den Fall, wenn die Handlung des Angekl. für nicht strafbar erachtet worden ist, nicht aber dann Anwendung finden, wenn der als Privatklägerin aufgetretenen Person ein Einwand, welcher sie allein betrifft, z. B. Verspätung des Strafantrages, entgegengesetzt worden und deshalb auf Einstellung des Verfahrens erkannt ist. § 259.

§ 416 St.

Die öffentliche Klage wird wegen der im § 414 bezeichneten strafbaren Handlungen von der Staatsanwaltschaft nur dann erhoben, wenn dies im öffentlichen Interesse liegt*.

* Die Mot. bemerken S. 231, daß auch in Betreff der Amtsbeleidigungen eine unbedingte Verpflichtung der StAschft. zum Einschreiten nicht vorhanden sei.

§ 417 St.

In dem Verfahren auf erhobene Privatklage ist die Staatsanwaltschaft zu einer Mitwirkung nicht verpflichtet; es ist ihr jedoch der zur Hauptverhandlung bestimmte Termin bekannt zu machen.

Auch kann die Staatsanwaltschaft in jeder Lage der Sache bis zum Eintritt der Rechtskraft des Urtheils durch eine ausdrückliche Erklärung die Verfolgung übernehmen. In der Einlegung eines Rechtsmittels' ist die Uebernahme der Verfolgung enthalten.

Uebernimmt die Staatsanwaltschaft die Verfolgung, so

richtet sich das weitere Verfahren nach den Bestimmungen, welche im zweiten Abschnitte dieses Buchs (§§ 435—446) für den Anschluß des Verletzten als Nebenkläger gegeben sind[2].

1. Das Wort „Rechtsmittel" scheint hier nicht in dem allgemeinen Sinne der §§ 338 folg. verstanden, sondern auf die gegen Urtheile zulässigen Rechtsmittel bezogen werden zu sollen.

2. §§ 435—446.

§ 418 St.

Der Privatkläger kann im Beistand eines Rechtsanwalts erscheinen oder sich durch einen mit schriftlicher Vollmacht versehenen Rechtsanwalt vertreten lassen. Im letzteren Falle können die Zustellungen an den Privatkläger mit rechtlicher Wirkung an den Anwalt erfolgen.

§ 419 St.

Der Privatkläger hat für die der Staatskasse und dem Beschuldigten voraussichtlich erwachsenden Kosten unter denselben Voraussetzungen Sicherheit zu leisten, unter welchen in bürgerlichen Rechtsstreitigkeiten der Kläger auf Verlangen des Beklagten Sicherheit wegen der Prozeßkosten zu leisten hat.

Die Sicherheitsleistung ist durch Hinterlegung in baarem Gelde oder in Werthpapieren zu bewirken.

Für die Höhe der Sicherheit und die Frist zur Leistung derselben, sowie für die Bewilligung des Armenrechts gelten dieselben Bestimmungen wie in bürgerlichen Rechtsstreitigkeiten.

§ 420 St.

Wegen Beleidigungen ist, insofern nicht einer der im § 196 des Strafgesetzbuchs bezeichneten Fälle vorliegt, die Erhebung der Klage* erst zulässig, nachdem von einer durch die Landesjustizverwaltung zu bezeichnenden Vergleichsbehörde die Sühne erfolglos versucht worden ist. Der Kläger hat die Bescheinigung hierüber mit der Klage einzureichen.

Diese Bestimmung findet keine Anwendung, wenn die Parteien nicht in demselben Gemeindebezirke wohnen.

* Privatklage; s. § 416.

§ 421 St.

Die Erhebung der Klage geschieht zu Protokoll des Gerichtsschreibers oder durch Einreichung einer Anklageschrift. Die Klage muß den im § 198 Abs. 1 bezeichneten Erfordernissen entsprechen. Mit der Anklageschrift sind zwei Abschriften derselben einzureichen*.

* Da die Klage und die Abschriften von dem Privatkläger selbst angefertigt werden dürfen, wird vor der im § 422 angeordneten Mittheilung die Feststellung der Uebereinstimmung der letzteren mit der ersteren durch den Gerichtsschreiber erfolgen müssen.

§ 422 St.

Ist die Klage vorschriftsmäßig erhoben, so theilt das Gericht dieselbe dem Beschuldigten unter Bestimmung einer Frist zur Erklärung und der Staatsanwaltschaft zur Kenntnißnahme mit.

§ 423 St.

Nach Eingang der Erklärung des Beschuldigten oder Ablauf der Frist entscheidet[1] das Gericht darüber, ob das Hauptverfahren zu eröffnen oder die Klage zurückzuweisen sei, nach Maßgabe der Bestimmungen, welche bei einer von der Staatsanwaltschaft unmittelbar[2] erhobenen Anklage Anwendung finden.

1. Daß der Beschluß über die Eröffnung des Hauptverfahrens nicht schon auf Grund der den gesetzlichen Erfordernissen entsprechenden Anklageschrift, sondern erst nachdem dem Angekl. Gelegenheit zu seiner Erklärung gegeben ist, ergeht, gründet sich Inhalts der Mot. S. 225 auf die Erwägung, daß die Auslassung des letzteren nicht selten für sich allein genüge, die Hinfälligkeit der Anklage herauszustellen. Ist jedoch die Frist ohne Erklärung abgelaufen, so wird es einer „Entscheidung" nicht mehr bedürfen, da dann die Eröffnung des Hauptverfahrens auf Grund der bereits für substantiirt erachteten Anklage (§ 422) sich von selbst ergiebt.
2. Das Wort „unmittelbar" steht wohl müßig.

§ 424 St.

Das weitere Verfahren richtet sich nach den Bestimmungen, welche für das Verfahren auf erhobene öffentliche Klage gegeben sind.

Vor dem Schwurgerichte kann eine Privatklagesache nicht gleichzeitig mit einer auf öffentliche Klage anhängig gemachten Sache verhandelt werden*.

* Der Entwurf zur St. hatte die Privatklage bei allen strafbaren Handlungen, deren Verfolgung nur auf Antrag eintritt, oder bei denen der Strafrichter neben der Strafe auf eine an den Verletzten zu erlegende Buße erkennen kann, im Falle der Ablehnung der Erhebung der öffentlichen Klage Seitens der StAschft. zulassen wollen.

Die hierauf bezüglichen Vorschriften enthielten die §§ 335—355 und erst hierauf folgten in den §§ 356—365 die Bestimmungen über die „Privatklage bei Beleidigungen und Körperverletzungen". Zu den ersterwähnten Vorschriften gehörte (§ 344) die dem Abs. 2 des § 424 St. wörtlich entsprechende Bestimmung. Dort hatte sie ihre Berechtigung, da zu den „nur auf Antrag zu verfolgenden strafbaren Handlungen" unter Anderen auch das mit Zuchthaus bis zu 5 Jahren bedrohte Verbrechen des § 179 StGB. gehört, für die dasselbe betreffende Privatklage mithin das Schwurgericht zuständig war.

Nachdem aber die JK. die Privatklage auf „Beleidigungen und Körperverletzungen, soweit die Verfolgung nur auf Antrag eintritt", beschränkt und das G. diese Privatklagen im § 27 Nr. 3 der Zuständigkeit der Schöffengerichte überwiesen hat, auch der § 13 Abs. 2 St., da er nach Zeile 3 nur von der öffentlichen Klage handelt, hier keine Anwendung findet, dürfte der Abs. 2 des § 424 St. müßig stehen.

§ 425 St.

Insoweit in dem Verfahren auf erhobene öffentliche Klage die Staatsanwaltschaft zuzuziehen und zu hören ist, wird in dem Verfahren auf erhobene Privatklage der Privatkläger zugezogen und gehört. Desgleichen sind alle Entscheidungen, welche dort der Staatsanwaltschaft bekannt gemacht werden, hier dem Privatkläger bekannt zu machen.

Es werden jedoch die auf richterliche Anordnung ergehenden Ladungen nicht durch die Staatsanwaltschaft, sondern durch den Gerichtsschreiber bewirkt.

Zwischen der Zustellung der Ladung des Privatklägers zur Hauptverhandlung und dem Tage der letzteren muß eine Frist von mindestens einer Woche liegen.

Das Recht der Akteneinsicht kann der Privatkläger nur durch seinen Anwalt ausüben.

§ 426 St.

Der Vorsitzende des Gerichts bestimmt, welche Personen als Zeugen oder Sachverständige zur Hauptverhandlung geladen werden sollen*.

Dem Privatkläger wie dem Angeklagten steht das Recht der unmittelbaren Ladung zu.

* Dasselbe gilt in Bezug auf die beantragte Herbeischaffung anderer Beweismittel. § 218 St.

§ 427 St.

In der Hauptverhandlung kann auch der Angeklagte im Beistand eines Rechtsanwalts erscheinen oder sich auf Grund einer schriftlichen Vollmacht durch solchen vertreten lassen.

Die Bestimmung des § 139 findet auf den Anwalt des Klägers wie auf den des Angeklagten Anwendung[1].

Das Gericht ist befugt, das persönliche Erscheinen des Klägers sowie des Angeklagten anzuordnen, auch den Angeklagten vorführen zu lassen[2].

1. Es müßte heißen: „entsprechende" „analoge". Denn nach den Worten des § 139 bedürfte auch der Rechtsanwalt des Klägers zur Substitution der Zustimmung des Angeklagten.

2. Die Unzulässigkeit der Vorführung des Klägers entspricht der Vorschrift des § 431 Abs. 2. Demselben wird bei der Bekanntmachung mit dem sein persönliches Erscheinen anordnenden Beschlusse die für den Fall der Nichtbefolgung desselben nach jenem § eintretende Folge zu eröffnen sein.

§ 428 St.

Bei wechselseitigen Beleidigungen oder Körperverletzungen[1] kann der Beschuldigte bis zur Beendigung der Schlußvorträge (§ 257) in erster Instanz mittels einer Widerklage[2] die Bestrafung des Klägers beantragen.

Ueber Klage und Widerklage ist gleichzeitig zu erkennen.

Die Zurücknahme der Klage ist auf das Verfahren über die Widerklage ohne Einfluß.

1. Die Mot. sagen S. 234 ganz allgemein: „der Beschuldigte kann als Widerkläger auftreten, wenn der Kläger sich gegen den Verkl. einer Beleidigung oder Körperverletzung schuldig gemacht hat". Hieraus dürfte folgen, nicht nur daß die durch die Widerklage gerügte Handlung nicht

gleichzeitig oder bei derselben Gelegenheit, wie die der Anklage zum Grunde liegende stattgefunden zu haben braucht, sondern auch, daß, wenn den Gegenstand der Anklage eine Beleidigung bildet, die Widerklage sich auf eine Körperverletzung gründen dürfe, es auch unerheblich sei, ob die Körperverletzung eine vorsätzliche oder durch Fahrlässigkeit verursachte ist. § 232 StGB.

Der ratio legis möchte es zwar nicht entsprechen, gegen eine auf eine wörtliche Beleidigung gegründete Klage eine auf Fahrlässigkeit, z. B. Unvorsichtigkeit bei Bauten zugefügte Körperverletzung, im Wege der Widerklage geltend zu machen. Da jedoch diese Frage so wenig in den Mot. als bei der Berathung des § in der JK. (Prot. S. 666 u. 1050) zur Sprache gebracht worden ist, würde bei der unzweideutigen Fassung der Vorschrift eine Beschränkung derselben nach der Regel: lege non distinguente judex distinguere non potest, bedenklich erscheinen.

2. Ueber die Erfordernisse der Widerklage spricht sich das Gesetz nicht aus. Es dürften deshalb die Bestimmungen des § 421 durchweg auf sie Anwendung finden. Daß auch einer auf Beleidigung gegründeten Widerklage ein Sühneversuch (§ 420) vorangehen müsse, wird beim Mangel einer ausdrücklichen Vorschrift nicht anzunehmen sein, wenngleich in einem Falle, wo die Anklage auf eine fahrlässige Körperverletzung gestützt ist, die ratio legis auch hier dafür spricht, die Rüge einer Beleidigung von einem vorangegangenen Sühneversuch abhängig zu machen.

Im Uebrigen werden, da bei der Widerklage der Angeklagte die Rolle des Privatklägers, der Kläger die des Angeklagten übernimmt, die die Privatklage betreffenden Vorschriften auch auf die Widerklage anwendbar sein.

§ 429 St.

Findet das Gericht nach verhandelter Sache, daß die für festgestellt zu erachtenden Thatsachen eine solche strafbare Handlung darstellen, auf welche das in diesem Abschnitte vorgeschriebene Verfahren keine Anwendung erleidet, so hat es durch Urtheil, welches diese Thatsachen hervorheben muß, die Einstellung des Verfahrens auszusprechen.

Die Verhandlungen sind in diesem Falle der Staatsanwaltschaft mitzutheilen*.

* Sobald das Einstellungsurtheil rechtskräftig geworden ist. § 430.

§ 430 St.

Dem Privatkläger stehen diejenigen Rechtsmittel zu, welche in dem Verfahren auf erhobene öffentliche Klage der

Staatsanwaltschaft zustehen[1]. Dasselbe gilt von dem Antrage auf Wiederaufnahme des Verfahrens in den Fällen des § 402. Die Bestimmung des § 343 findet auf das Rechtsmittel des Privatklägers Anwendung[2].

Revisionsanträge und Anträge auf Wiederaufnahme des durch ein rechtskräftiges Urtheil geschlossenen Verfahrens kann der Privatkläger nur mittels einer von einem Rechtsanwalt unterzeichneten Schrift anbringen.

Die in den §§ 361. 362. 387 angeordnete Vorlage und Einsendung der Akten erfolgt wie im Verfahren auf erhobene öffentliche Klage an und durch die Staatsanwaltschaft. Die Zustellung der Berufungs- und Revisionsschriften an den Gegner des Beschwerdeführers wird durch den Gerichtsschreiber bewirkt[3].

1. Nach dieser Vorschrift darf der Privatkläger Rechtsmittel auch zu Gunsten des Angekl., seines Gegners, einlegen. Ein Antrag auf Beseitigung dieser Befugniß wurde von der JK. abgelehnt, obgleich geltend gemacht wurde, daß dieselbe ein Ausfluß der amtlichen Stellung des StAs. sei. Prot. S. 664. Vergl. die Note zu § 343.

2. Der Schlußsatz des Abs. 1: „Die Bestimmung" u. s. w. ist von der JK. dem Entwurf hinzugefügt. Nach derselben kann, wenn der Privatkläger, also der Gegner des Angekl., welcher auch sein Privatinteresse durch den Anspruch auf Buße verfolgt, wegen zu niedriger Bestrafung des Angekl. die Berufung eingelegt hat, Letzterer freigesprochen werden. Es wurde für die Aufnahme der Vorschrift geltend gemacht (Prot. S. 1135):

> Der Grund, aus welchem die Berufung der StAschft. die Wirkung habe, daß das angefochtene Urtheil auch zu Gunsten des Angekl. geändert werden darf, treffe als völlig identisch auf die Berufung des Privatanklägers zu. Denn nicht durch die besondere Amtsstellung des StAs. werde jene Wirkung begründet, sondern durch die objektive Erwägung, daß der mit dem Urtheil befaßte obere Richter nicht gezwungen werden solle, obschon er in der Sache erkenne, Momente, welche zu Gunsten des Angekl. sprächen, aus formellen Gründen unbeachtet zu lassen.

Um diesem Argument bei den mit der Anwendung der St. betrauten Richtern die Ueberzeugung von seiner Zulänglichkeit zur Rechtfertigung der Vorschrift zu sichern, dürfte es sich empfohlen haben, zugleich die Gründe anzuführen, weshalb nach den Beschlüssen der JK. der höhere „in der Sache erkennende" Richter zwar, wenn der Angekl. selbst ein Rechtsmittel für sich eingelegt hat, gezwungen sein soll solche „Momente", auch wenn sie in der evidentesten Gesetzverletzung bestehen, aus formellen Gründen unbeachtet zu lassen, z. B. weil die Revision nur auf Verstöße gegen das Verfahren gestützt ist (§§ 384. 392), ein solcher Zwang des Richters aber nicht stattfinden soll, wenn das Rechtsmittel von dem Privatkläger, also dem Gegner des Angeklagten, eingelegt ist. Vergl. die Note zu § 343.

3. Dasselbe Verfahren wird auch in Bezug auf den Antrag auf „Wiederaufnahme des Verfahrens" Abs. 1 und § 408 Abs. 2 stattfinden müssen.

§ 431 St.

Die Privatklage kann bis zur Verkündung des Urtheils erster Instanz und, soweit zulässige Berufung eingelegt ist, bis zur Verkündung des Urtheils zweiter Instanz[1] zurückgenommen werden.

Als Zurücknahme gilt es im Verfahren erster und, soweit der Angeklagte die Berufung eingelegt hat, im Verfahren zweiter Instanz, wenn der Privatkläger in der Hauptverhandlung weder erscheint noch durch einen Rechtsanwalt vertreten wird, oder in der Hauptverhandlung oder einem anderen Termine ausbleibt, obwohl das Gericht sein persönliches Erscheinen angeordnet hatte, oder eine Frist nicht einhält, welche ihm unter Androhung der Einstellung des Verfahrens gesetzt war[2].

Soweit der Privatkläger die Berufung eingelegt hat, ist dieselbe im Falle der vorbezeichneten Versäumungen[2] unbeschadet der Bestimmung des § 343 sofort zu verwerfen.

Der Privatkläger kann binnen einer Woche nach der Versäumung die Wiedereinsetzung in den vorigen Stand unter den in den §§ 44. 45 bezeichneten Voraussetzungen beanspruchen.

1. In der Revisionsinstanz ist hiernach eine Zurücknahme nicht mehr zulässig, wiewohl diese Frage bei der Berathung des § in der JK. nicht ausdrücklich zur Sprache gekommen ist, Seitens der Regierungsvertretung auch die allgemeine Bemerkung gemacht wurde, daß dem Ankläger gestattet sein müsse, seine Klage „im Laufe des Prozesses" wieder zurückzuziehen. Prot. S. 1053.

2. Es darf angenommen werden, daß bezüglich aller dieser Fälle der Mangel genügender Entschuldigung vorausgesetzt ist. Vergl. die §§ 56 G. 120. 215 St.

Ob die Berufung vom Kläger oder vom Angekl. eingelegt ist, macht nach der Fassung der Vorschrift keinen Unterschied. Das Wort „zulässige" scheint müßig zu stehen.

3. Die auf den § 343 bezügliche Bestimmung setzt ausschließlich den Fall der im Abs. 2 des § bezeichneten Versäumungen voraus, findet daher auf den im Abs. 1 behandelten Fall der ausdrücklichen Zurücknahme des Rechtsmittels keine Anwendung. Ueber den Grund, weshalb das Gesetz an eine stillschweigende Zurücknahme (Abs. 2) eine andere Folge bezüglich des Angekl. knüpft, als an eine ausdrückliche, ist aus den Verhandlungen der JK. nicht zu entnehmen. Prot. S. 664. 1051--1053. Vergl. auch die Note zu § 343.

§ 432 St.

Die zurückgenommene Privatklage kann nicht von neuem erhoben werden.

§ 433 St.

Der Tod des Privatklägers hat die Einstellung des Verfahrens zur Folge.

War jedoch die Privatklage darauf gestützt, daß der Beschuldigte wider besseres Wissen in Beziehung auf den Anderen eine unwahre Thatsache behauptet oder verbreitet habe, welche denselben verächtlich zu machen oder in der öffentlichen Meinung herabzuwürdigen geeignet ist, so kann die Klage nach dem Tode des Klägers von den Eltern, den Kindern[1] oder dem Ehegatten des letzteren fortgesetzt werden.

Die Fortsetzung ist von dem Berechtigten bei Verlust des Rechts binnen zwei Monaten, vom Tode[2] des Privatklägers an gerechnet, bei Gericht zu erklären.

1. Im Hinblick auf den § 401 Abs. 2 St. (Verwandte in absteigender Linie) werden hier die Enkel für ausgeschlossen zu erachten sein.

2. Nach der bestimmten Fassung der Vorschrift wird durch den Verlauf der Frist der Verlust des Rechts auch dann eintreten, wenn der Berechtigte erst später von dem Tode, bzhw. der von demselben erhobenen Privatklage Kenntniß erlangt hat.

§ 434 St.

Die Zurücknahme der Privatklage und der Tod des Privatklägers, sowie die Fortsetzung der Privatklage sind dem Beschuldigten bekannt zu machen.

Nebenklage.

§ 435 St.

Wer nach Maßgabe der Bestimmung des § 414 als Privatkläger aufzutreten berechtigt ist, kann sich der erhobenen öffentlichen Klage in jeder Lage des Verfahrens als Nebenkläger anschließen. Der Anschluß kann behufs Einlegung von Rechtsmitteln auch nach ergangenem Urtheile geschehen[1].

Die gleiche Befugniß steht demjenigen zu, welcher durch einen Antrag auf gerichtliche Entscheidung (§ 170) die Erhebung der öffentlichen Klage herbeigeführt hat, wenn die strafbare Handlung gegen sein Leben, seine Gesundheit, seine Freiheit, seinen Personenstand oder seine Vermögensrechte gerichtet war[2].

1. Im Falle des Abs. 1 wird Jeder von mehreren durch die strafbare Handlung in verschiedener Weise Verletzten als Nebenkläger auftreten, auch je nach der Schwere der ihm widerfahrenen Verletzung Buße beanspruchen und Beweiserhebung über die ihn speziell betreffenden Thatsachen in erster und zweiter Instanz, unabhängig von den Anderen, verlangen können. Vergl. § 443 Abs. 1 St. Die singuläre Vorschrift des § 415 Abs. 2 findet hier keine Anwendung, da der § 437 nur von Rechten des Privatklägers spricht, während der Abs. 2 § 415 eine Beschränkung enthält und ferner der § 437 nur das Verhältniß nach erfolgtem Anschlusse regelt, wogegen der § 415 Abs. 2 von einer erst beabsichtigten Geltendmachung der Rechte eines Verletzten handelt. Vergl. die Note zu § 437 St.

Die Mot. bemerken S. 236: Der Verletzte solle befugt sein, Alles zur Geltung zu bringen, was er neben den Maßnahmen des StA., und vielleicht abweichend von der Meinung des letzteren nothwendig erachte, um die Bestrafung des Angekl. herbeizuführen.

2. Den Abs. 2 des § hat die JK. dem Entwurf hinzugefügt (Prot. S. 1055—1058). Gleichwohl werden die die „Nebenklage" betreffenden Vorschriften voraussichtlich für die strafrechtliche Praxis von geringer Bedeutung sein, da die StAschft. sich zur Erhebung der öffentlichen Klage in Fällen des § 414 mit Rücksicht auf § 416 nur ausnahmsweise veranlaßt sehen, und der Fall einer Nöthigung der StAschft. zur Erhebung einer Anklage durch Beschluß des Oberlandesgerichts selten eintreten und noch seltener Erfolg haben wird. S. die Note 1 zu § 170.

3. Eine Ausdehnung der Vorschrift auf Angehörige — wie sie bei der Berathung des § in der JK. befürwortet wurde — ist nicht statthaft. Nur der gesetzliche Vertreter des Verletzten wird nach allgemeinen Rechtsgrundsätzen für diesen als Nebenkläger auftreten dürfen.

§ 436 St.

Die Anschlußerklärung ist bei dem Gerichte schriftlich[1] einzureichen[2].

Das letztere hat über die Berechtigung des Nebenklägers zum Anschlusse nach Anhörung der Staatsanwaltschaft zu entscheiden.

Zu einer Sicherheitsleistung ist der Nebenkläger nicht verpflichtet.

1. Die protokollarische Anschlußerklärung auszuschließen, dürfte nicht beabsichtigt worden sein. Vergl. § 421.

2. Ueber die sonstigen Erfordernisse enthält das Gesetz keine Bestimmung. Es werden, soweit es sich um den Anspruch auf Buße handelt (§ 443), die demselben zum Grunde liegenden Thatsachen und die Beweismittel dafür anzugeben, auch wird ein bestimmter Antrag auf Zuerkennung derselben zu stellen sein. Vergl. § 445.

§ 437 St.

Der Nebenkläger hat nach erfolgtem Anschlusse die Rechte* des Privatklägers.

An den Erklärungen über Annahme oder Ablehnung der Geschworenen nimmt der Nebenkläger nicht Theil.

* Die Mot. bemerken S. 237: Der Nebenkläger sei zufolge dieses § dem Privatkläger im Allgemeinen gleichgestellt. Allein, abgesehen von der Unbestimmtheit der Worte „im Allgemeinen", steht auch die Bemerkung mit den Worten des §, welcher nur von Rechten spricht, nicht im Einklange. Mit Rücksicht auf dieselben werden insbesondere die Vorschriften des Schlußsatzes des § 430 Abs. 1 und die Salvirung der Bestimmung des § 343 im § 431 Abs. 3 hier außer Anwendung bleiben müssen, da sie nicht nur keine dem Privatkläger zustehende Rechte betreffen, sondern im Gegentheil auf den Nebenkläger angewandt, die nachtheilige Folge haben würden, daß in Folge einer von ihm allein wegen zu geringen Betrages der ihm vom ersten Richter zuerkannten Buße eingelegten Berufung der zweite Richter befugt wäre, ihm auch diese abzusprechen. Siehe auch die Note 1 zu § 435.

§ 438 St.

Der Fortgang des Verfahrens wird durch den Anschluß nicht aufgehalten.

Die bereits anberaumte Hauptverhandlung sowie andere Termine finden an den bestimmten Tagen statt, auch wenn der Nebenkläger wegen Kürze der Zeit nicht mehr geladen oder benachrichtigt werden konnte.

§ 439 St.

Entscheidungen, welche schon vor[1] dem Anschluß ergangen und der Staatsanwaltschaft bekannt gemacht waren, bedürfen keiner Bekanntmachung an den Nebenkläger.

Die Anfechtung solcher Entscheidungen steht auch dem Nebenkläger nicht mehr zu, wenn für die Staatsanwaltschaft die Frist zur Anfechtung abgelaufen ist[2].

1. Aus der Wortfassung würde e contrario zu schließen sein, daß die nach dem Anschlusse ergehenden Entscheidungen (Verfügungen, Beschlüsse, Urtheile) dem Nebenkläger ohne Ausnahme mitzutheilen seien. Die Mittheilung dürfte jedoch auf solche Entscheidungen zu beschränken sein, welche Interesse für den Nebenkläger haben können.

2. Daraus folgt, daß während des Laufs der Frist der Nebenkläger auch solche Entscheidungen anfechten darf, bei denen die StAschft. sich beruhigt. Entsprechen dieselben aber den Anträgen der Letzteren, so würde ein Anfechtungsrecht des Nebenklägers mit den allgemeinen Grundsätzen über die Einlegung von Rechtsmitteln im Widerspruch stehen. Die Mot. sprechen sich hierüber nicht aus.

§ 440 St.

Ist in der Hauptverhandlung weder der Nebenkläger noch ein Anwalt desselben erschienen, so wird das Urtheil dem ersteren zugestellt*.

* Die Mot. S. 237 bemerken: „um Zweifel über den Eintritt der Rechtskraft nicht aufkommen zu lassen". Hiervon ausgegangen, wird die Zustellung an den Anwalt erfolgen dürfen, wenn der abwesende Nebenkläger denselben ausdrücklich zur Empfangnahme des Urtheils bevollmächtigt hat.

§ 441 St.

Der Rechtsmittel[1] kann sich der Nebenkläger unabhängig von der Staatsanwaltschaft bedienen[2].

Wird auf ein nur von dem Nebenkläger eingelegtes Rechtsmittel die angefochtene Entscheidung aufgehoben, so liegt der Betrieb der Sache wiederum der Staatsanwaltschaft ob[3].

1. Hier umfaßt der Ausdruck „Rechtsmittel" auch die „Beschwerde", während er sich im Abs. 2 ausschließlich auf die gegen Urtheile zulässigen

Rechtsmittel bezieht. Dem entsprechend steht dort: „Entscheidung" statt „Urtheil". Vergl. § 338 St.

2. Der erste Abs. ist nicht völlig deutlich. Nach der allgemeinen Fassung „der Rechtsmittel" und da zwischen den Rechtsmitteln der StAschft. und denen des Nebenklägers nicht unterschieden ist, könnte angenommen werden, daß dem Nebenkläger ein Rechtsmittel überall da zustehe, wo die StAschft. ein solches einlegen dürfe.

Dies dürfte jedoch nicht der Sinn des Gesetzes sein. Denn die Annahme, daß der Nebenkläger, auch wenn ihm der durch die Nebenklage allein verfolgte Anspruch auf Buße (§ 443) zuerkannt worden, dennoch die in der Sache selbst noch zulässigen Rechtsmittel einlegen dürfe, wird durch das allgemeine Rechtsprinzip ausgeschlossen, wonach derjenige, welcher durch eine Entscheidung erlangt hat, was er forderte, zur Einlegung eines Rechtsmittels nicht befugt ist. Es scheint daher nur haben gesagt werden zu sollen, daß der Nebenkläger an der Einlegung solcher Rechtsmittel, welche ihm im Interesse der Verfolgung seines Anspruchs auf Buße offen stehen, nicht dadurch verhindert werde, daß die StAschft. von denselben Abstand nehme.

3. Die Mitwirkung des Nebenklägers wird dadurch nicht ausgeschlossen. Dahin hat sich bei der Berathung des § in der JK. auch die Regierungsvertretung mit dem Bemerken ausgesprochen, daß der Satz nur sagen wolle, die Sache komme bezüglich des Betriebes durch die StAschft. wieder in dieselbe Lage, in welcher sie sich vor Einleitung des Rechtsmittels befand. Prot. S. 685.

4. Die Mot. bemerken S. 237, daß auch der Nebenkläger die Revisionsanträge nur mittelst einer von einem Rechtsanwalt unterzeichneten Schrift anbringen könne.

§ 442 St.

Die Anschlußerklärung verliert durch Widerruf¹ sowie durch den Tod des Nebenklägers ihre Wirkung.

1. Bis zu welchem Zeitpunkt dieser zulässig sei, ist nicht angegeben. Beim Mangel einer entgegenstehenden Bestimmung, insbesondere einer Hinweisung auf den § 431 und im Hinblick auf den § 444 Abs. 2 dürfte die Zurücknahme bis zur Verkündung des Berufungs- bzhw. Revisionsurtheils für zulässig zu erachten sein.

2. Ein in der JK. gestellter Antrag, dem Verletzten die Verfolgung auch anderer ihm aus dem Delikt erwachsener Entschädigungsansprüche in dem Strafverfahren zu gestatten, wurde abgelehnt. Prot. S. 685.

§ 443 St.

Die Befugniß, sich einer öffentlichen Klage nach den Bestimmungen der §§ 435—442 als Nebenkläger anzuschließen,

steht auch demjenigen zu, welcher berechtigt ist, die Zuerkennung einer Buße[1] zu verlangen.

Wer die Zuerkennung einer Buße in einem auf erhobene öffentliche Klage anhängigen Verfahren beantragen will, muß[2] sich zu diesem Zwecke der Klage als Nebenkläger anschließen.

1. Vergl. die §§ 88. 231 StGB. und § 18 des Ges. vom 11. Juni 1870 über das Urheberrecht. BGB. von 1870 S. 339.

2. Die Verfolgung dieses Anspruchs soll also nicht der StAschft. zustehen. Hiervon gehen auch die Mot. aus S. 236. Demgemäß ist die darauf gerichtete Nebenklage auch unmittelbar bei dem Gericht anzubringen.

3. Ein Recht auf Benachrichtigung von der erfolgten Einleitung des öffentlichen Strafverfahrens giebt das Gesetz dem Verletzten nicht. Ein hierauf gerichteter Antrag ist von der JK. abgelehnt worden. Prot. S. 684.

Die in der JK. hervorgetretene Meinungsverschiedenheit darüber, ob die Buße für eine Strafe oder für eine Entschädigung des Verletzten oder für Beides zu erachten sei, ist unentschieden geblieben. Prot. S. 682. Auf die praktische Anwendung der Vorschriften der St. dürfte die Frage nicht von Einfluß sein.

§ 444 St.

Der Antrag auf Zuerkennung einer Buße kann bis zur Verkündung des Urtheils erster Instanz gestellt werden.

Der Antrag kann bis zur Verkündung des Urtheils zurückgenommen[1], ein zurückgenommener Antrag nicht erneuert werden.

Wird der Angeklagte freigesprochen oder das Verfahren eingestellt, oder die Sache ohne Urtheil erledigt, so gilt auch der Antrag[2] ohne weitere Entscheidung für erledigt.

Der Anspruch auf Buße kann von den Erben des Verletzten nicht erhoben oder fortgesetzt werden.

1. Da die Vorschrift nach dem in der Sitzung der JK. vom 22. Septbr. 1875 S. 682. 683 der Prot. gefaßten Beschlusse lautete: „Der Antrag kann bis zum Schlusse der Hauptverhandlung zurückgenommen werden", und die spätere Aenderung lediglich als eine redaktionelle bezeichnet ist, S. 1058, wird unter „Urtheil" hier, in Uebereinstimmung mit Abs. 1, das Urtheil erster Instanz zu verstehen sein. Hiervon ausgegangen, darf der Antrag in den höheren Instanzen, auch wenn sich durch die Verhandlung und Beweisaufnahme in der vom Angekl. beschrittenen Berufungsinstanz die Sachlage in dem Maße für denselben günstig gestaltet, daß seine Freisprechung in sicherer Aussicht steht, nicht mehr zurückgenommen werden. Das Verfahren

behält vielmehr seinen Fortgang, auch wenn die StAschft. ein ihrerseits zu Ungunsten des Angekl. eingelegtes Rechtsmittel — bzhw. mit dessen Zustimmung — zurücknimmt. § 344 Abs. 1, § 345. Bei den Berathungen des § in der JK. ist diese Folge der Vorschrift nicht zur Sprache gekommen. Prot. S. 682 folg. u. 1058.

2. Nur der „Antrag", nicht der Anspruch. Ueber die Frage, ob der letztere im Falle der Einstellung des Verfahrens geeigneten Falls im Wege der Privatklage oder als Entschädigungs-Anspruch im Civilprozeß verfolgt werden kann, ist daher hierdurch nicht entschieden (siehe die sich an den § 446 anschließenden Bemerkungen). Dasselbe gilt von der Frage, ob ein so begründeter Anspruch gegen die Erben des Angeklagten verfolgt werden kann. Vergl. Abs. 4.

§ 445 St.

Der Nebenkläger hat den Betrag, welchen er als Buße verlangt, anzugeben*.

Auf einen höheren Betrag der Buße als den beantragten darf nicht erkannt werden.

* Beim Mangel einer entgegenstehenden Vorschrift wird eine Erhöhung oder Ermäßigung bis zur Verkündung des Urtheils erster Instanz zulässig sein.

§ 446 St.

Die Bestimmungen der §§ 444. 445 finden auf den Fall entsprechende Anwendung, daß von dem die Buße Beanspruchenden die Privatklage erhoben wird.

Bei der Berathung der JK. über den § 11 des Einf.-Ges. zur St. wurde die — allerdings zunächst den Civil-, mittelbar aber auch den Strafprozeß berührende — Frage angeregt, ob bei Beleidigungen und Körperverletzungen eine Entschädigung von dem Verletzten nur im Strafprozeß als „Buße" (§§ 188. 231 StGB., § 443 Abs. 2 St.) gefordert, oder auch im Civilprozeß eingeklagt werden könne. Bestimmte Erklärungen wurden darüber nicht abgegeben; auch die Regierungsvertretung äußerte nur: der § 11 beziehe sich nur auf strafrechtliche Verfolgungen; die Frage wegen der etwaigen Entschädigung „scheide vollständig aus" (Prot. S. 769). Die Mot. zum Entwurf der St. sprechen sich über die Frage nicht aus (S. 236). Dieselbe wird jedoch nach ihrer zweiten Alternative zu beantworten sein.

Zunächst ist in's Auge zu fassen, daß es, um den bisher allgemein offen gelassenen Weg der Geltendmachung derartiger Entschädigungsansprüche im Civilprozeß zu verschränken, einer ausdrücklichen Bestimmung bedurft hätte. Eine solche enthalten aber das StGB. und die St. nicht nur nicht, sondern es führen die betreffenden Vorschriften zu der Annahme, daß eine Civilprozeßklage nur in dem Falle hat ausgeschlossen werden sollen, wenn der

Verletzte im Strafverfahren eine Buße gefordert und eine solche ihm — gleichviel ob in dem verlangten oder einem geringeren Betrage — vom Strafrichter zuerkannt worden ist.

Es spricht hiefür zunächst die Fassung des 2. Abs. der §§ 188. 231 StGB. Denn, hätte die Entschädigungsklage des Civilprozesses in Folge der Vorschriften über die Buße überhaupt fortfallen sollen, so hätte nicht das Ausscheiden einer weiteren Entschädigung für den Fall einer dem Verletzten im Strafprozeß zugesprochenen Buße angeordnet werden dürfen, vielmehr ausgesprochen werden müssen, daß, wenn das Urtheil des Strafrichters Buße zum Gegenstande gehabt habe, die Geltendmachung einer Entschädigungsforderung im Civilprozeß unbedingt, also auch im Falle erfolgter Zurückweisung des Anspruchs auf Buße, unstatthaft sei.

Das Gesetz konnte aber auch eine derartige Vorschrift schon aus dem Grunde nicht beabsichtigen, weil der § 231 StGB. die Buße für alle, also auch die Fälle schwerer Körperverletzung zuläßt, diese aber von Amtswegen verfolgt werden, ohne daß der Verletzte nothwendig Kenntniß von der eingeleiteten Untersuchung zu erlangen braucht, derselbe mithin seiner Entschädigungsforderung unverschuldet würde verlustig gehen können.

Es kommt ferner in Betracht, daß nach § 436 St. die auf Geltendmachung einer Buße abzielende Anschlußerklärung des Verletzten durch einen nur im Beschwerdewege anfechtbaren Beschluß des Gerichts zurückgewiesen werden kann, von der Unzulässigkeit des Civilprozesses ausgegangen, daher über den ganzen Entschädigungsanspruch ohne Urtheil lediglich im Wege der Dekretur entschieden werden würde.

Es kann auch ein Bedenken nicht aus dem erwähnten Abs. 2 des § 231 StGB. hergenommen werden, aus welchem allerdings folgt, daß, wenn der Strafrichter dem Verletzten eine geringfügige, weit hinter der geforderten Summe zurückbleibende Buße zuerkannt hat, jede weitere Entschädigungsforderung abgeschnitten ist, auch wenn der Schade in Fällen des § 224 StGB. den Betrag von 6000 Mark bei Weitem übersteigt. Denn aus jener Bestimmung folgt nur, daß der Verletzte in derartigen Fällen Anlaß hat, von der Befugniß des § 443 St. keinen Gebrauch zu machen, vielmehr den Weg des Civilprozesses zu betreten, der ihm ohnehin den Vortheil der Beweisführung durch den Schiedseid darbietet. Civil-Proz.-O. § 397.

Besondere Arten des Verfahrens.

Verfahren bei amtsrichterlichen Strafbefehlen.

§ 447 St.

In den zur Zuständigkeit' der Schöffengerichte gehörigen Sachen, mit Ausnahme der im § 27 Nr. 3—8 des Gerichtsverfassungsgesetzes bezeichneten Vergehen, kann durch schriftlichen Strafbefehl des Amtsrichters ohne vorgängige Verhandlung eine Strafe festgesetzt werden, wenn die Staatsanwaltschaft schriftlich[2] hierauf anträgt.

Durch einen Strafbefehl darf jedoch keine andere Strafe als Geldstrafe von höchstens einhundertfünfzig Mark oder Freiheitsstrafe von höchstens sechs Wochen, sowie eine etwa verwirkte Einziehung festgesetzt werden[3].

Die Ueberweisung des Beschuldigten an die Landespolizeibehörde darf in einem Strafbefehle nicht ausgesprochen werden.

1. Aus der Wahl des Wortes „Zuständigkeit" folgt, daß das Verfahren nur in den Fällen der Nrn. 1 u. 2 des § 27 G., nicht auch in den Untersuchungen stattfindet, welche dem Schöffengericht auf Grund des § 75 G. überwiesen werden. In den Mot. heißt es zwar S. 241 Zeile 1: in dem vor das Schöffengericht „gehörigen Sachen", worunter die letzterwähnten einbegriffen werden könnten. Im 4. Abs. daselbst ist aber unter Hinweisung auf den § 14 des Entwurfs zum G. (§ 27 des G.) gesagt: für welche das Schöffengericht „zuständig" ist. Daß auch die IK. hiervon ausgegangen ist, folgt daraus, daß es die Zulässigkeit des Verfahrens gegenüber dem Entwurf, welcher dasselbe in allen Fällen der Zuständigkeit des Schöffengerichts nachlassen wollte, noch wesentlich beschränkt hat. S. auch die Note 1 zu § 27 G.

Die Vorschrift des § bildet überdies eine nicht unwesentliche Ausnahme von der Regel, daß in den zur Zuständigkeit des Schöffengerichts gehörenden Untersuchungen unter Zuziehung von Schöffen zu verhandeln und zu entscheiden sei.

2. Um dem Amtsrichter den Erlaß des Strafbefehls zu ermöglichen, wird der Schriftsatz den Erfordernissen des § 198 St. entsprechen müssen. Die Mittheilung desselben an den Angekl. fällt jedoch fort.

3. Daß in dem Strafbefehl für den Fall der Nichtbeitreibbarkeit der festgesetzten Geldstrafe die dem Betrage derselben entsprechende Freiheitsstrafe innerhalb der Grenze des Abs. 2 zu bestimmen ist, dürfte aus der allgemeinen Vorschrift des § 491 folgen. Daraus, daß im § 453 Abs. 2 in dieser Beziehung eine besondere Bestimmung getroffen ist, kann ein Bedenken hiergegen nicht hergeleitet werden, da es sich dort um die Strafgerichtsbarkeit der Polizeibehörde handelt, auf welche die allgemeinen für die Gerichte gegebenen Vorschriften nicht unbedingt Anwendung finden.

4. Ein Antrag, Strafbefehle gegen Verhaftete nicht zuzulassen, wurde von der IK. abgelehnt. Prot. S. 1061.

§ 448 St.

Der Antrag ist auf eine bestimmte Strafe[1] zu richten. Der Amtsrichter hat demselben zu entsprechen, wenn der Erlassung des Strafbefehls Bedenken nicht entgegenstehen.

Findet der Amtsrichter Bedenken[2], die Strafe ohne Hauptverhandlung festzusetzen, so ist die Sache zur Hauptverhandlung zu bringen[3]. Dasselbe gilt, wenn der Amtsrichter eine andere[4] als die beantragte Strafe festsetzen will und die Staatsanwaltschaft bei ihrem Antrage beharrt[5].

1. Es wird nicht blos die Strafe nach Art und Höhe zu bezeichnen, sondern auch im Falle einer beantragten Geldstrafe die Dauer der eventuellen Freiheitsstrafe anzugeben sein.

2. Sei es, weil er den Fall unter den vorwaltenden Umständen überhaupt für dies abgekürzte Verfahren nicht für geeignet hält, oder weil er bezüglich der beantragten Strafe mit der StAschft. nicht einverstanden ist.

3. Nach den Worten des Gesetzes hat der Richter, welcher Art auch seine Bedenken seien, nur die Wahl zwischen Erlaß des beantragten Strafbefehls und Verweisung der Sache zur Hauptverhandlung. Dies kann nicht gemeint sein; vielmehr ist derselbe, wenn er die That nicht für gesetzlich strafbar, oder den Beweis nicht für ausreichend erachtet, oder den erforderlichen Antrag des Verletzten vermißt, oder das Amtsgericht nicht für zuständig hält u. s. w., befugt, den Antrag der StAschft. überhaupt zurückzuweisen. Vergl. § 201 St.

4. Nach Art oder Maß. Beim Einverständniß des Richters mit der StAschft. über Beides ist der Richter nach den Worten des Gesetzes nicht verhindert, seinen Strafbefehl auf andere Gesetze, als die von der StAschft. ihrem Antrage zum Grunde gelegten, zu stützen. Die Worte: „Findet der Richter Bedenken" werden dem nicht entgegenstehen, da sie nach dem Wortsinne nur dahin aufzufassen sind: Bedenken gegen die Erlassung des beantragten Strafbefehls.

5. Ob der StAschft. gegen die Verfügung des Amtsrichters, welche, anstatt den beantragten Strafbefehl zu erlassen, die Sache zur Hauptverhandlung bringt, die Beschwerde zustehe, sprechen das Gesetz, die Prot. der JK. und die Mot. nicht aus. Nach der Vorschrift des § 346 St. würde die Frage, da es an einer ausdrücklichen Entziehung dieses Rechtsmittels fehlt, zu bejahen sein. Gleichwohl dürfte in einem solchen Falle die Beschwerde unstatthaft sein, da der Strafbefehl ein anticipirtes Strafurtheil enthält, eine dem Amtsrichter von dem Beschwerdegericht ertheilte Anweisung zur Erlassung eines solchen mithin einen unzulässigen Eingriff in das Recht des Amtsrichters zur selbständigen Urtheilsfindung in sich schließen würde.

§ 449 St.

Der Strafbefehl muß außer der Festsetzung der Strafe die strafbare Handlung, das angewendete Strafgesetz und die Beweismittel bezeichnen, auch die Eröffnung enthalten, daß er vollstreckbar werde, wenn der Beschuldigte nicht binnen einer Woche nach der Zustellung bei dem Amtsgerichte schriftlich oder zu Protokoll des Gerichtsschreibers Einspruch erhebe[1].

Auf den Einspruch kann vor Ablauf der Frist verzichtet werden[2].

1. Bei der Berathung des § in der JK. ist die Frage, ob der Strafbefehl außer dem angeführten nothwendigen Inhalt noch Anderes, z. B. die Bezeichnung der Kasse, an welche zu zahlen sei, enthalten dürfe, von der Regierungsvertretung bejaht worden. Prot. S. 695.

2. In derselben Form.

§ 450 St.

Ein Strafbefehl, gegen welchen nicht rechtzeitig Einspruch erhoben worden ist, erlangt die Wirkung eines rechtskräftigen Urtheils.

Hinsichtlich der Wiedereinsetzung in den vorigen Stand wegen Versäumung der Frist vergl. §§ 452 und 44 St. Der Antrag darauf steht — wie die Mot. S. 241 bemerken — dem Einspruche gleich. Vergl. § 452 Abs. 2.

§ 451 St.

Bei rechtzeitigem Einspruche wird zur Hauptverhandlung vor dem Schöffengerichte geschritten, sofern nicht bis zum Beginn derselben die Staatsanwaltschaft die Klage fallen läßt[1] oder der Einspruch zurückgenommen wird.

Der Angeklagte kann sich in der Hauptverhandlung durch einen mit schriftlicher Vollmacht versehenen Vertheidiger vertreten lassen[2].

Bei der Urtheilsfällung ist das Schöffengericht an den in dem Strafbefehle enthaltenen Ausspruch nicht gebunden[3].

1. Dadurch wird ihm die Verfolgung des Delikts im gewöhnlichen Strafverfahren nicht abgeschnitten. Neben dem Mangel einer entgegenstehenden ausdrücklichen Vorschrift spricht hiefür auch der in den Mot. S. 88 zur Rechtfertigung der von der Regel des § 154 St. abweichenden Zulassung der Zurücknahme der Klage angegebene Grund: „daß in den

Fällen des § 451 St. die Vorbereitung der öffentlichen Klage nicht immer genügend erfolgen könne, und es nicht erforderlich erschienen sei, offenbar unbegründete Untersuchungen dem richterlichen Endurtheil zu unterwerfen".

2. Die Mot. bemerken S. 242: die Vorschrift des Abs. 2 greife nur Platz, wenn der Beschuldigte nicht zur Untersuchungshaft gezogen sei, denn ein in Untersuchungshaft befindlicher Beschuldigter gelte stets als anwesend, und müsse dem Gericht vorgeführt werden. Dies wird jedoch, bei der allgemeinen Fassung des § und dem Mangel einer, die Befugniß, sich vertreten zu lassen, auf nicht verhaftete Personen beschränkenden Vorschrift, für zutreffend überhaupt nicht, mindestens aber dann nicht gelten können, wenn die Haft in einer anderen Sache über den Beschuldigten verhängt ist.

Wäre das Prinzip der Mot. richtig, so müßte es auch in den Fällen der §§ 427 Abs. 1 und 457 Abs. 2 St. zur Anwendung kommen.

3. Dies ist für den Fall, wenn der Angekl. nach dem Ergebniß der Hauptverhandlung freizusprechen ist, selbstverständlich. Der Sinn der Vorschrift ist, daß das Schöffengericht an Stelle der in dem Strafbefehl festgesetzten Strafe eine nach Art und Maß andere — höhere oder niedere — erkennen darf. Vergl. § 263 und § 153 St. Abs. 2.

§ 452 St.

Bleibt der Angeklagte ohne genügende Entschuldigung in der Hauptverhandlung aus, und wird er auch nicht durch einen Vertheidiger vertreten[1], so wird der Einspruch ohne Beweisaufnahme durch Urtheil verworfen.

Ein Angeklagter, welchem gegen den Ablauf der Einspruchsfrist Wiedereinsetzung in den vorigen Stand gewährt worden war, kann die letztere nicht mehr gegen das Urtheil beanspruchen[2].

1. Also auch, wenn er für die Vertretung in Gemäßheit des § 451 Abs. 2 aktenkundig gesorgt hat. Vergl. Note 2 zu § 234 St.

2. Ein Antrag, den Abs. 2 mit Rücksicht auf die erfolgte Streichung einer analogen Vorschrift des Entwurfs bei § 47 St. (vergl. Note 2 das.) gleichfalls ausscheiden zu lassen, wurde wegen der Geringfügigkeit der hier in Rede stehenden Straffälle von der JK., unter Zustimmung der Regierungsvertretung, abgelehnt. Prot. S. 697.

Nach diesem Beschlusse — dessen Begründung nicht ohne Bedenken ist — kann der Beschuldigte, wenn er wegen unterbliebener Behändigung des Strafbefehls (§ 449) nach § 44 St. gegen die Versäumung der Einspruchsfrist in den vorigen Stand eingesetzt ist, gegen das demnächst beim Ausbleiben seines bevollmächtigten Vertheidigers ergangene Urtheil selbst dann nicht

Wiedereinsetzung in den vorigen Stand erlangen, wenn der Vertheidiger auf dem Wege zur Hauptverhandlung verunglückt ist.

Das Ausscheiden des Abs. 2 würde sich um so mehr empfohlen haben, als der Abs. 1 ohnehin die dem allgemeinen Prinzip der Urtheilsfällung widersprechende Bestimmung enthält, daß das Schöffengericht den Strafbefehl, ungeachtet des Einspruchs des Beschuldigten gegen denselben, selbst dann nicht aufheben darf, wenn es die in dem Einspruche geltend gemachte Rechtsansicht des Beschuldigten, daß die in dem Strafbefehl aufgeführte Handlung (§ 449 St.) so wenig unter das in demselben in Bezug genommene, als unter ein anderes Strafgesetz falle, als richtig anerkennt.

Die Mot. sagen S. 242 zur Rechtfertigung des Abs. 1: „Unterlasse der Angekl., welcher Einspruch erhoben habe, in dem Termin selbst oder durch einen Vertreter zu erscheinen, so greife die Annahme Platz, daß er den Einspruch nur deshalb erhoben habe, um die Strafvollstreckung aufzuschieben. Diese Annahme scheidet aber doch vollständig aus, wenn der Angekl. oder sein rechtskundiger Vertheidiger in dem den Einspruch enthaltenden Schriftsatze den Nachweis geführt hat, daß auf die denuncirte Handlung ein Strafgesetz überall keine Anwendung finde; es liegt dann wohl die Annahme näher, daß er voraussetze, der Gerichtshof werde, wenn er sich von der Unhaltbarkeit der Anklage und des darauf erlassenen Strafbefehls de jure überzeuge, den letzteren aufheben. Gleichwohl soll der Gerichtshof, ungeachtet dieser Ueberzeugung, den Einspruch unbedingt verwerfen.

Daß der Fall erhobenen Einspruchs sich wesentlich von dem des unterbliebenen Einspruchs unterscheidet, bedarf keiner Ausführung. Im letzteren Falle darf davon ausgegangen werden, daß der Angekl. den Strafbefehl für berechtigt erachte und sich ihm unterwerfe; im ersteren hat er sich gegen diese Annahme in der ihm vom Gesetz an die Hand gegebenen Form verwahrt.

3. Das im § 270 St. vorgeschriebene Verfahren wird, gleichviel, ob der Angekl. bzhw. sein Vertreter, in der Hauptverhandlung erscheint oder nicht, auch hier analog einzutreten haben, wenn sich das Schöffengericht überzeugt, daß der Strafbefehl nach § 447 Abs. 1 nicht hätte erlassen werden sollen, weil die den Gegenstand desselben bildende strafbare Handlung die Zuständigkeit des Schöffengerichts überschreite. Daß eine Verhandlung nicht stattgefunden hat, dürfte dem nicht entgegenstehen.

Verfahren nach vorangegangener polizeilicher Strafverfügung*.

* Die vorhergehenden Vorschriften haben ausschließlich die richterliche Strafjustiz zum Gegenstande. Dieser und der folgende Abschnitt räumen aus Zweckmäßigkeitsgründen, unter Vorbehalt der Berufung des Beschuldigten auf richterliches Gehör, den Polizeibehörden und den betheiligten Verwaltungsbehörden eine beschränkte Strafgewalt ein.

§ 453 St.

Wo nach den Bestimmungen der Landesgesetze die Polizeibehörden befugt sind, eine in den Strafgesetzen angedrohte Strafe durch Verfügung festzusetzen, erstreckt sich diese Befugniß nur auf Uebertretungen[1].

Auch kann die Polizeibehörde keine andere Strafe als Haft bis zu vierzehn Tagen oder Geldstrafe[2] und diejenige Haft, welche für den Fall, daß die Geldstrafe nicht beigetrieben werden kann, an Stelle der letzteren tritt, sowie eine etwa verwirkte Einziehung verhängen[3].

Die Strafverfügung muß außer der Festsetzung der Strafe die strafbare Handlung, das angewendete Strafgesetz und die Beweismittel bezeichnen, auch die Eröffnung enthalten[4], daß der Beschuldigte, sofern er nicht eine nach den Gesetzen zugelassene Beschwerde an die höhere Polizeibehörde ergreife, gegen die Strafverfügung binnen einer Woche[5] nach der Bekanntmachung[6] bei der Polizeibehörde, welche diese Verfügung erlassen hat, oder bei dem zuständigen Amtsgericht auf gerichtliche Entscheidung antragen könne.

Die Strafverfügung wirkt in Betreff der Unterbrechung der Verjährung wie eine richterliche Handlung.

1. Im Sinne des StGB. (§ 1 Abs. 3; §§ 360 folg. daselbst). Umfaßt der Begriff „Uebertretung" nach der Landesgesetzgebung höhere oder andere Strafen, so dürfen diese dennoch nicht auf Grund des § festgesetzt werden. Vergl. Abs. 2 und Note 4.

2. Nicht über 150 Mark. Vergl. die §§ 1. 360. 363. 364. 367. 370 StGB.

3. Bezüglich der Ueberweisung an die Landespolizeibehörde fehlt es hier zwar an einer Bestimmung, wie die des § 447 Abs. 3 St. Da jedoch die Vorschrift des § exceptioneller Natur ist, wird aus der im Abs. 2 enthaltenen Begrenzung der Strafbefugniß zu folgern sein, daß auch hier die vorerwähnte Bestimmung des § 447 Platz greift. Vergl. StGB. §§ 361. 362 Abs. 2.

4. Diese Bestimmung ist von der JK. hinzugefügt. Prot. S. 1063. Bei der Berathung des § in derselben ist Seitens der Regierungsvertretung bemerkt worden, daß eine dem § 450 St. entsprechende Vorschrift hier fehle, weil nur die Fixirung gewisser Normen für die Landesgesetzgebung beabsichtigt, während bezüglich der amtsrichterlichen Strafbefehle das Verfahren vollständig geregelt sei.

Der Bemerkung eines Abgeordneten, daß, wenn Landesgesetze eine geringere, als die im Abs. 2 bezeichnete Strafe als Grenze der polizeilichen Strafbefugniß bestimmt hätten, hierin durch den § 453 St. nichts geändert werde, wurde Seitens der Regierungsvertretung beigetreten. Prot. S. 698.

Welche Klassen von Polizeibehörden zur Erlassung von Strafverfügungen berechtigt sind, bestimmen die Landesgesetze.

5. Dadurch werden, wie auch von der Regierungsvertretung in der JK. (Prot. S. 699) anerkannt worden, die Landesgesetze, welche eine längere Frist gewähren, abgeändert.

Mit dem Verlauf dieser Frist geht das Recht des Antrags auf gerichtliche Entscheidung auch dann verloren, wenn die „Beschwerde" von der höheren Polizeibehörde zurückgewiesen ist. Hiervon ist auch die JK. in der Sitzung vom 13. Novbr. 1876 S. 15 in Uebereinstimmung mit der Regierungsvertretung ausgegangen.

6. Zustellung. §§ 449. 35 St. Die Vorschrift des § 449 Abs. 2 wird auch hier analog Platz greifen.

§ 454 St.

Der Antrag auf gerichtliche Entscheidung kann bei der Polizeibehörde schriftlich oder mündlich[1], bei dem Amtsgerichte schriftlich oder zu Protokoll des Gerichtsschreibers[2] angebracht werden.

Die Polizeibehörde übersendet, falls sie nicht die Strafverfügung zurücknimmt[3], die Akten an die zuständige Staatsanwaltschaft, welche sie dem Amtsrichter vorlegt[4].

1. Der Beschuldigte wird behufs der Beweisführung über die Rechtzeitigkeit des Einspruchs verlangen dürfen, daß in seiner Gegenwart, wenn nicht ein Protokoll (Zeile 3), so doch eine Registratur darüber aufgenommen werde.

2. In diesem Falle wird das Amtsgericht der Polizeibehörde Nachricht zu geben haben, um in Gemäßheit des Abs. 2 verfahren zu können.

3. Es bleibt ihr dann unbenommen, die betreffenden Verhandlungen der StAschft. mit dem Anheimstellen zu übersenden, die Uebertretung im gewöhnlichen Strafverfahren zu verfolgen. Vergl. Note 1 zu § 451 St.

4. Hieraus folgt, daß die StAschft., auch wenn sie die „Strafverfügung" der Polizeibehörde aus rechtlichen oder thatsächlichen Gründen, z. B. wegen Beweismangels, für hinfällig erachtet, von der Verfolgung der Sache nicht Abstand nehmen darf. Vergl. Note 1 zu § 456 St.

§ 455 St.

[1]Gegen die Versäumung der Antragsfrist ist unter den in den §§ 44. 45 bezeichneten Voraussetzungen Wiederein-

einsetzung in den vorigen Stand zulässig. Das Gesuch ist bei einer der im § 454 Abs. 1 genannten Behörden anzubringen.

Ueber das Gesuch entscheidet der Amtsrichter.

Die Bestimmungen des § 46 Abs. 2. 3 finden hier gleichfalls Anwendung[2].

1. Dieser § ist von der JK. eingeschaltet, um dem Zweifel zu begegnen, ob der § 44 auch bei diesem Verfahren Platz greife. Prot. S. 699.

2. Weshalb hier eine Bestimmung, wie die des § 452 Abs. 2, ungeachtet der Gleichartigkeit der Fälle fehlt, ist aus den Verhandlungen der JK. nicht zu entnehmen. Prot. S. 699 u. 1063 und vom 13. Novbr. 1876 S. 15.

§ 456 St.

Ist der Antrag rechtzeitig angebracht, so wird zur Hauptverhandlung vor dem Schöffengerichte geschritten, ohne daß es der Einreichung einer Anklageschrift oder einer Entscheidung über die Eröffnung des Hauptverfahrens bedarf[1].

Bis zum Beginne der Hauptverhandlung kann der Antrag[2] zurückgenommen werden.

1. Im § 27 St. bedeuten die Worte: „Einer Entscheidung bedarf es nicht", daß eine solche zwar zulässig aber nicht nothwendig sei. In demselben Sinne sind die Worte: „bedarf es nicht", in den §§ 223 u. 232 St. gebraucht. Hier drücken sie aus, daß die Anklageschrift und die Entscheidung über die Eröffnung des Hauptverfahrens fortfallen. Dies ergiebt sich sowohl aus den Worten „so wird zur Hauptverhandlung geschritten", als auch aus der Bemerkung der Mot. S. 244: „Unterbleibe die Zurücknahme der Strafverfügung durch die Polizeibehörde, so erfolge (also unbedingt) die gerichtliche Entscheidung. Bei dieser habe die Strafverfügung nur noch die Bedeutung, daß durch sie die Anklageschrift und der Beschluß über die Eröffnung des Hauptverfahrens vertreten werde".

In Betreff der Zulässigkeit von Nachholungen behufs Vervollständigung der thatsächlichen Ermittelungen vergl. Note 2 zu § 462 St.

2. S. 699 der Prot. der JK. bemerkte die Regierungsvertretung auf Anfrage, daß der Abs. 2 den Antrag des Beschuldigten betreffe.

§ 457 St.

Das Verfahren vor dem Schöffengericht ist dasselbe wie im Falle einer von der Staatsanwaltschaft erhobenen und zur Hauptverhandlung[1] verwiesenen Anklage.

Der Angeklagte kann sich durch einen mit schriftlicher Vollmacht versehenen Vertheidiger vertreten lassen.

Bei der Urtheilsfällung ist das Gericht an den Ausspruch der Polizeibehörde nicht gebunden[2].

1. §§ 225 folg. St. Die Vorschrift des § 452 Abs. 1 findet daher hier keine Anwendung. Demzufolge kann das Schöffengericht den ausgebliebenen Angekl. ohne Beweisaufnahme freisprechen, wenn es in der demselben durch die polizeiliche Strafverfügung zur Last gelegten Handlung eine vom Gesetz unter Strafe gestellte Uebertretung nicht erkennt.

2. Vergl. die Note 3 zu § 451 St.

§ 458 St.

Stellt sich nach dem Ergebnisse der Hauptverhandlung die That des Angeklagten als eine solche dar, bei welcher die Polizeibehörde zum Erlaß einer Strafverfügung nicht befugt war, so hat das Gericht die letztere durch Urtheil aufzuheben, ohne in der Sache selbst zu entscheiden.

Wird dies Urtheil rechtskräftig — wovon die Polizeibehörde zu benachrichtigen sein wird — so hängt es nunmehr von der zuständigen StAschft., welcher die Akten zu übersenden sind, ab, die Verfolgung des Falls weiter zu betreiben, oder von derselben gänzlich abzustehen.

Verfahren bei Zuwiderhandlungen gegen die Vorschriften über die Erhebung öffentlicher Abgaben und Gefälle.

§ 459 St.

Strafbescheide der Verwaltungsbehörden wegen Zuwiderhandlungen gegen die Vorschriften über die Erhebung öffentlicher Abgaben und Gefälle dürfen nur Geldstrafen[1] sowie eine etwa verwirkte Einziehung festsetzen.

Der Strafbescheid muß außerdem die strafbare Handlung, das angewendete Strafgesetz und die Beweismittel bezeichnen, auch die Eröffnung enthalten, daß der Beschuldigte, sofern er nicht eine nach den Gesetzen zugelassene Beschwerde an die höhere Verwaltungsbehörde ergreife, gegen den Strafbescheid binnen einer Woche nach der Bekanntmachung[2] bei der Verwaltungsbehörde[2], welche denselben erlassen, oder bei derjenigen, welche ihn bekannt gemacht hat, auf gerichtliche Entscheidung antragen könne[4].

Der Strafbescheid wirkt in Betreff der Unterbrechung der Verjährung wie eine richterliche Handlung.

1. Ohne Beschränkung des Betrages. Dagegen ist die Substituirung einer Freiheitsstrafe für den Fall der Nichtbeitreibbarkeit der Geldstrafe nicht statthaft. Vergl. §§ 453 Abs. 2. 463. 491 St. Der Grund wird in der Höhe der einer beträchtlichen Geldstrafe zu substituirenden Freiheitsstrafe zu suchen sein.

2. Zustellung. §§ 449. 35 St.

3. Nicht auch, wie im Falle des § 454 St., bei Gericht, weil — wie die Mot. S. 245 bemerken — leicht Zweifel entstehen, welches Gericht zuständig sei und sich hieran die Gefahr eines Verlusts des Rechts auf gerichtliche Entscheidung knüpft.

4. Wie im Falle des § 453 verliert auch hier der Beschuldigte durch den Verlauf der Frist das Recht, auf gerichtliche Entscheidung anzutragen, auch wenn er sich im Wege der Beschwerde (Rekurs) an die höhere Verwaltungsbehörde gewandt hat (Prot. der JK. v. 13. Novbr. 1876 S. 14).

§ 460 St.

Wird auf gerichtliche Entscheidung angetragen, so übersendet die Verwaltungsbehörde, falls sie nicht den Strafbescheid zurücknimmt, die Akten an die zuständige Staatsanwaltschaft, welche sie dem Gerichte vorlegt.

Vergl. Note 4 zu § 454 St.

§ 461 St.

In Betreff der Wiedereinsetzung in den vorigen Stand finden die Bestimmungen des § 455 entsprechende Anwendung.

§ 462 St.

Ist der Antrag rechtzeitig angebracht[1], so wird zur Hauptverhandlung vor dem zuständigen Gerichte geschritten, ohne daß es der Einreichung einer Anklageschrift oder einer Entscheidung über die Eröffnung des Hauptverfahrens bedarf[2].

Bis zum Beginn der Hauptverhandlung kann der Antrag zurückgenommen werden[3].

1. Die Bestimmungen des Abs. 2 § 449 und des § 450 St. werden auch hier analoge Anwendung finden.

2. Bei der Berathung des § in der JK. erklärte die Regierungsvertretung auf Anfrage, daß die Einleitung eines Vorverfahrens, falls dem Gerichte die Sache noch unklar, nicht ausgeschlossen sei. Prot. S. 699. — Vergl. auch Note 1 zu § 456 St.

3. Vergl. Note 2 zu § 456 St.

§ 463 St.

Ist die in einem vollstreckbaren Strafbescheide festgesetzte Geldstrafe von dem Beschuldigten nicht beizutreiben und deshalb ihre Umwandlung in eine Freiheitsstrafe erforderlich[1], so ist diese Umwandlung nach Anhörung der Staatsanwaltschaft und des Beschuldigten[2] durch gerichtliche Entscheidung auszusprechen, ohne daß der Strafbescheid einer Prüfung des Gerichts unterliegt.

Die Entscheidung über die Umwandlung erfolgt, wenn für eine Urtheilsfällung das Schöffengericht zuständig gewesen wäre, durch Verfügung des Amtsrichters, in den übrigen Fällen durch Beschluß des Landgerichts.

Gegen die Entscheidung findet sofortige Beschwerde statt[3].

1. Zu diesem Zwecke wird die Verwaltungsbehörde die Verhandlungen unmittelbar der StAschft. zu übersenden haben, welche sie mit ihrer Erklärung dem zuständigen Gericht zugehen läßt. Vergl. § 454 Abs. 2 St.

2. Die Worte „und des Beschuldigten" sind von der JK. eingeschaltet; das dabei zu beobachtende Verfahren ist jedoch nicht angegeben. Nach S. 700 der Prot. war Uebereinstimmung mit dem § 494 beabsichtigt. Danach soll ohne mündliches Verfahren dem Angekl. „Gelegenheit gegeben werden, Anträge zu stellen und zu begründen". Nun soll aber nach § 463 Abs. 1 die Umwandlung der Geld- in Freiheitsstrafe erst nach der Anhörung des Angekl. erfolgen. Es entsteht daher der Zweifel, worüber der Angekl. gehört werden soll, da er nicht zu einer Aeußerung über die Art und das Maß der zu substituirenden Freiheitsstrafe aufgefordert werden kann, so lange das Gericht sich nicht über beides erklärt hat.

Um dem Zwecke der Vorschrift zu entsprechen, dürfte vor der Anhörung des Angekl. ein vorläufiger Beschluß zu fassen und dieser demselben zur Aeußerung darüber unter der Verwarnung mitzutheilen sein, daß beim Ausbleiben derselben die Umwandlung nach Maßgabe jenes Beschlusses erfolgen werde. Prot. S. 723 u. 1064.

3. Die Entscheidung wird daher auch der StAschft. zuzustellen sein.

§ 464 St.

Hat die Verwaltungsbehörde einen Strafbescheid nicht erlassen und lehnt die Staatsanwaltschaft den an sie gerichteten Antrag auf Verfolgung ab, so ist die Verwaltungsbehörde befugt, selbst die Anklage zu erheben.

In einem solchen Falle hat sie einen Beamten ihres Verwaltungszweiges oder einen Rechtsanwalt als ihren Vertreter zu bestellen und in der Anklage namhaft zu machen*.

* Da einer Vollmacht hier nicht, wie im § 427 Abs. 1 u. 2 St., Erwähnung geschieht, wird anzunehmen sein, daß die Namhaftmachung des Rechtsanwalts in der Anklageschrift diesen legitimirt.

§ 465 St.

Die Staatsanwaltschaft ist zu einer Mitwirkung in jeder Lage des Verfahrens berechtigt.

Bei der Hauptverhandlung muß sie vertreten[1] sein[2]; auch hat sie die gerichtlich angeordneten Ladungen zu derselben zu bewirken.

Alle im Laufe des Verfahrens ergehenden Entscheidungen sind ihr bekannt zu machen.

1. Der Ausdruck „vertreten" ist in diesem § in einem anderen Sinne, als in den §§ 418. 451 u. 457 gebraucht. Er soll die Nothwendigkeit der Anwesenheit eines StA. bezeichnen.

2. Weshalb der StA. hier zur Anwesenheit in der Hauptverhandlung verpflichtet worden, während ihm bei der im § 466 in Bezug genommenen Privatklage nach § 417 St. überlassen ist, in der Sitzung zu erscheinen oder nicht, ist aus den Prot. der JK., welche diese Bestimmung dem Entwurf hinzugefügt hat, nicht zu entnehmen. Der Grund dürfte neben dem staatlichen Interesse in der höheren Strafe, welche hier den Angekl. nach § 459 treffen kann, zu suchen sein.

Jedenfalls ist die StAschft. verpflichtet, ihrerseits auf Freisprechung des Angekl. anzutragen, wenn sie die Anklage in rechtlicher oder thatsächlicher Hinsicht für unbegründet erachtet.

§ 466 St.

Im Uebrigen* regelt sich das Verfahren auf die von der Verwaltungsbehörde erhobene Anklage nach den für die Privatklage gegebenen Bestimmungen.

* Die — in dieser Allgemeinheit bedenklichen — Worte „im Uebrigen" werden, da die Voraussetzungen der Vorschriften über die Privatklage (§§ 414—434) nicht überall mit denen der §§ 459—469 übereinstimmen, in der Praxis zu Zweifeln Anlaß geben.

a. Uebernimmt die StAschft. auf Grund des § 417 Abs. 2 — durch ausdrückliche Erklärung oder Einlegung eines Rechtsmittels — die Verfolgung, so wird es von dem Vertreter der Verwaltungsbehörde (§ 464 Abs. 2) abhängen, ob er gänzlich zurücktreten und den weiteren Betrieb der Sache ausschließlich der StAschft. überlassen, oder in die Stelle eines Nebenklägers eintreten will. § 417 Abs. 3.

Daß der StAschft. das Recht der Uebernahme der Sache nicht zustehe, wird aus der Vorschrift des § 465 Abs. 1, welche nur von einer „Mitwirkung" spricht, nicht herzuleiten sein, da diese Berechtigung ihr Inhalts des § 417 Abs. 1 auch bei der Privatklage zusteht, es mithin im Hinblick auf die Worte „im Uebrigen" einer ausdrücklichen Bestimmung bedurft hätte, wenn ihr jenes Recht, dem § 417 Abs. 2 entgegen, hier hätte entzogen werden sollen.

b. Nach den Worten „im Uebrigen" würde die Verwaltungsbehörde auch zur Sicherheitsleistung für die Kosten verpflichtet sein (§ 419). Selbstverständlich ist dies nicht beabsichtigt.

c. Das Wort „Anwalt" im § 425 Abs. 4 wird hier nicht auf den von der Verwaltungsbehörde bestellten Rechtsanwalt zu beschränken, sondern auch auf den „Beamten" derselben zu beziehen sein. § 464 Abs. 2. Dagegen dürfte der Abs. 2 des § 430 eine derartige ausdehnende Auslegung mit Rücksicht auf die ratio legis nicht zulassen.

Der Schlußsatz des § 430 Abs. 1 muß auch auf die Rechtsmittel der Verwaltungsbehörde bezogen werden. Der höhere Richter ist daher befugt, in Verbindung mit der Verwerfung des Rechtsmittels der letzteren das angefochtene Urtheil zu Gunsten des Angekl., welcher sich bei demselben beruhigt hat, zu ändern, also den Angekl. von jeder Strafe frei zu sprechen. Dasselbe gilt von den Worten des § 431 Abs. 3: „unbeschadet der Bestimmung des § 343" (vergl. in dieser Beziehung die Note zu § 343).

d. Der ausdrücklichen oder in Gemäßheit des § 431 Abs. 2 aus den Umständen zu folgernden Zurücknahme der Anklage Seitens der Verwaltungsbehörde wird die StAschft., so lange sie sich auf eine „Mitwirkung" (§ 465 Abs. 1) beschränkt, nicht mit Erfolg entgegentreten dürfen. Dagegen wird ihr auch in einem solchen Falle die Uebernahme der Sache nach § 417 Abs. 2 freistehen.

§ 467 St.

Hat der Beschuldigte gegen einen Strafbescheid auf gerichtliche Untersuchung angetragen, oder hat die Staatsanwaltschaft die Anklage erhoben, so kann die Verwaltungsbehörde sich der Verfolgung anschließen, und sie hat alsdann gleichwie bei einer von ihr erhobenen Anklage einen Vertreter zu bestellen[1].

In diesem Falle kommen die für den Anschluß des Verletzten als Nebenkläger gegebenen Bestimmungen zur Anwendung[2].

1. Nach der ihr im § 464 St. überlassenen Wahl.

2. Die Vorschrift der §§ 451. 457 St., daß der Richter an den in dem Strafbescheide enthaltenen Ausspruch nicht gebunden sei, ist, wie die Regierungsvertretung in der IK. auf Anfrage erklärt hat, nicht in der Absicht hier fortgelassen worden, um die Gerichte zu binden; diese haben vielmehr das Strafmaß lediglich nach den Gesetzen, unabhängig von den Festsetzungen des Strafbescheides, zu bestimmen. Prot. S. 700.

3. Die im § 436 Abs. 2 angeordnete Entscheidung des Gerichts über die Berechtigung zum Anschlusse wird hier fortfallen; die Befugniß der Verwaltungsbehörde zu demselben ist nicht, wie beim Nebenkläger (§ 435), von Bedingungen abhängig.

§ 468 St.

Wenn die Verwaltungsbehörde die Anklage erhoben oder sich der Verfolgung angeschlossen hat, so sind ihr das Urtheil und alle sonstigen Entscheidungen* zuzustellen, auch wenn sie bei deren Verkündung vertreten gewesen ist.

* Aus den Schlußworten ergiebt sich, daß auch hier — vergl. § 439 Abs. 1 St. — nur die nach dem Anschlusse ergangenen gemeint sind. Inhalts der Mot. S. 246 hat nur die Zustellung, im Gegensatze zur Verkündung, betont werden sollen.

§ 469 St.

Die Fristen zur Einlegung von Rechtsmitteln beginnen für die Verwaltungsbehörde erst mit der Zustellung.

Zur Anbringung von Revisionsanträgen[1] und zur Gegenerklärung auf solche steht der Verwaltungsbehörde eine Frist von einem Monate zu[2].

1. Auf die Beschwerdeschrift des § 358 darf die Vorschrift nicht ausgedehnt werden, da es sich um eine Ausnahme-Bestimmung handelt, auch der § 358 nur eine Befugniß ertheilt, während die Anbringung der Revisionsanträge zur Wahrung des Rechtsmittels erforderlich ist.

Hinsichtlich der Form der Revisionsanträge vergl. die Note c zu § 466.

2. Auch die Einhaltung der einwöchigen Frist bei der sofortigen Beschwerde (§ 353 St.) wird in Fällen, wo bei der Verwaltungsbehörde eine

Kollegialberathung nöthig ist, nicht immer ausführbar sein, das Beschwerderecht daher in solchen Fällen leicht illusorisch werden.

3. Einverständniß herrschte in der JK. darüber, daß die Vorschriften der Landesgesetze, betreffend die Entscheidung der Streitigkeiten über die Verpflichtung Jemandes zur Entrichtung von Steuern und über die Höhe derselben, durch die Bestimmungen der §§ 459 folg. St. nicht berührt werden. Prot. S. 701.

Verfahren gegen Abwesende, welche sich der Wehrpflicht entzogen haben.

§ 470 St.

Bei Untersuchungen gegen

Wehrpflichtige, welche in der Absicht, sich dem Eintritt in den Dienst des stehenden Heeres oder der Flotte zu entziehen, ohne Erlaubniß das Bundesgebiet verlassen haben oder nach erreichtem militärpflichtigen Alter sich außerhalb des Bundesgebietes aufhalten (§ 140 Abs. 1 Nr. 1 des Strafgesetzbuchs),

Offiziere und im Offizierrange stehende Aerzte des Beurlaubtenstandes, sowie beurlaubte Reservisten und Wehrmänner der Land- oder Seewehr, welche ohne Erlaubniß ausgewandert sind (§ 140 Abs. 1 Nr. 2 und § 360 Nr. 3 des Strafgesetzbuchs), Ersatzreservisten erster Klasse, welche ausgewandert sind, ohne der Militärbehörde vorher Anzeige gemacht zu haben (§ 360 Nr. 3 des Strafgesetzbuchs), und

Wehrpflichtige, welche nach öffentlicher Bekanntmachung einer vom Kaiser für die Zeit eines Krieges oder einer Kriegsgefahr erlassenen besonderen Anordnung im Widerspruch mit derselben ausgewandert sind (§ 140 Abs. 1 Nr. 3 des Strafgesetzbuchs)

findet in Abwesenheit des Angeklagten eine Hauptverhandlung nach Maßgabe der folgenden Bestimmungen statt*.

* Daß hier, abweichend von dem Prinzip des § 319 St., ein Strafverfahren gegen Abwesende zugelassen ist, findet seine Erklärung in den §§ 140 Nr. 1 und 360 Nr. 3 des StGB., nach welchen das Verlassen des

Inlandes, bzhw. das Verbleiben im Auslande, zum Thatbestande der den Gegenstand der Anklage bildenden Handlung gehört.

§ 471 St.

Für das Verfahren ist dasjenige Gericht zuständig, in dessen Bezirk der Angeklagte seinen letzten Wohnsitz oder gewöhnlichen Aufenthalt im Deutschen Reich gehabt hat.

Das Verfahren kann gleichzeitig gegen mehrere Personen gerichtet werden und die Verhandlung und Entscheidung ungetrennt erfolgen*.

* Das Gericht — welchem auch die Prüfung zusteht, ob die „Erklärung" der Behörde den Erfordernissen dieses und des § 472 entspricht — wird hierüber nach Zweckmäßigkeitsgründen zu befinden haben.

§ 472 St.

Die Erhebung der Anklage und die Eröffnung der Untersuchung erfolgt auf Grund einer Erklärung der mit der Kontrole der Wehrpflichtigen beauftragten Behörde.

Diese Erklärung ist in den Fällen des § 140 Abs. 1 Nr. 1 des Strafgesetzbuchs dahin auszustellen:

daß der Wehrpflichtige sich zu den angeordneten Revisionen nicht gestellt,

daß der Aufenthalt desselben im Deutschen Reich nicht ermittelt worden, und

daß der angestellten Erkundigungen ungeachtet sich keine Umstände ergeben haben, welche die Annahme ausschließen, daß der Wehrpflichtige, um sich dem Eintritt in den Dienst des stehenden Heeres oder der Flotte zu entziehen, ohne Erlaubniß entweder das Bundesgebiet verlassen habe oder nach erreichtem militärpflichtigen Alter im Auslande verblieben sei.

In den Fällen des § 140 Abs. 1 Nr. 2 des Strafgesetzbuchs, sowie bei Untersuchungen gegen beurlaubte Reservisten und Wehrmänner wegen Auswanderns ohne Erlaubniß (§ 360 Nr. 3 des Strafgesetzbuchs) ist die Erklärung dahin zu fassen:

daß der Aufenthalt des Offiziers, des Arztes, des Reservisten oder Wehrmannes im Deutschen Reich nicht ermittelt,

daß ihm eine Erlaubniß zur Auswanderung nicht ertheilt worden, und

daß der angestellten Erkundigungen ungeachtet sich keine Umstände ergeben haben, welche die Annahme ausschließen, daß er ausgewandert sei.

Bei Untersuchungen gegen Ersatzreservisten erster Klasse wegen Auswanderns ohne Anzeige bei der Militärbehörde (§ 360 Nr. 3 des Strafgesetzbuchs) ist die Erklärung dahin zu fassen:

daß der Aufenthalt des Ersatzreservisten im Deutschen Reich nicht ermittelt worden sei,

daß er von einer bevorstehenden Auswanderung der Militärbehörde eine Anzeige nicht gemacht habe, und

daß der angestellten Erkundigungen ungeachtet sich keine Umstände ergeben haben, welche die Annahme ausschließen, daß er ausgewandert sei.

In den Fällen des § 140 Abs. 1 Nr. 3 des Strafgesetzbuchs ist die Erklärung dahin zu fassen:

daß der Aufenthalt des Wehrpflichtigen im Deutschen Reich nicht ermittelt worden, und daß der angestellten Ermittelungen ungeachtet sich keine Umstände ergeben haben, welche die Annahme ausschließen, daß er nach öffentlicher Bekanntmachung der betreffenden Kaiserlichen Anordnung ausgewandert sei.

§ 473 St.

Die Ladung des Angeklagten zur Hauptverhandlung erfolgt nach Vorschrift der §§ 320. 321 Abs. 1.

Die Ladung muß im Falle der öffentlichen Zustellung auch die Angabe des letzten deutschen Wohnorts oder Aufenthaltsorts des Angeklagten enthalten.

Der Ladung ist in jedem Falle die Warnung beizufügen, daß bei unentschuldigtem Ausbleiben der Angeklagte auf

Grund der in § 472 bezeichneten Erklärung werde verurtheilt werden*.

* Bei der Berathung des § in der JK. wurde Seitens der Regierungsvertretung erklärt (S. 1067 der Prot.), daß der Richter keineswegs unbedingt an die Konstatirung der Kontrolbehörde gebunden sei, vielmehr gemäß § 475 zur Freisprechung gelangen könne, wenn sich Umstände ergeben, welche jenen Konstatirungen entgegenstehen. Die Freisprechung wird aber auch in dem Falle eintreten können, wenn sich das Gericht erst in der Hauptverhandlung überzeugt, daß die „Erklärung" der Militärbehörde dem § 472 nicht entspricht. Vergl. § 475.

§ 474 St.

Für die Hauptverhandlung findet die Bestimmung des § 322 Anwendung*.

* Vergl. die Noten zu § 322 St.

§ 475 St.

Sind die vorgeschriebenen Förmlichkeiten beobachtet, so erfolgt die Verurtheilung des abwesenden Angeklagten auf Grund der im § 472 bezeichneten Erklärung, wenn sich nicht Umstände ergeben, welche dieser Erklärung entgegenstehen.

Bedarf es in Ansehung eines Angeklagten einer Beweisaufnahme, so ist die Sache von den übrigen zu trennen und gesondert zum Abschlusse zu bringen.

§ 476 St.

Die Zustellung des Urtheils erfolgt nach Maßgabe der Bestimmungen des § 40 Abs. 2[1.2].

1. Die Mot. bemerken S. 247: Es sei dem Verurtheilten eine Wiedereinsetzung in den vorigen Stand nicht gewährt worden, weil, wenn ein nicht schuldiger Angekl. auf Grund der Präsumtion des § 475 St. verurtheilt sein sollte, die Sachlage stets eine solche sein werde, daß derselbe im Stande sei, die Wiederaufhebung des Urtheils auf Grund des § 399 Nr. 5 St. herbeizuführen.

Diese Bemerkung wird jedoch im Hinblick auf die allgemeine Vorschrift des § 234 St., dessen Voraussetzung, daß „die Hauptverhandlung ohne Anwesenheit des Angekl. stattgefunden hat", hier zutrifft (§§ 473. 474), beim Mangel einer ausdrücklichen, das Wiedereinsetzungsgesuch ausschließenden Vorschrift nicht genügen, um dasselbe für unzulässig zu erachten, zumal auch de lege ferenda ein genügender Grund fehlen dürfte, um es dem auf dem

Gange zum Termin Verunglückten, abweichend von der allgemeinen Regel zu versagen.

Die „Zustellung" des § 234 vertritt hier der Ablauf einer vierzehntägigen Frist seit dem Aushange des Urtheils: Von diesem Zeitpunkte ab wird die einwöchige Frist für das Wiedereinsetzungsgesuch zu berechnen sein.

2. In der JK. (Prot. S. 1067) herrschte Einverständniß darüber, daß eine Wiederaufnahme gemäß § 399 Nr. 5 St. statthaft sei, wenn der nach § 470 Verurtheilte Thatsachen beibringe, aus welchen sich ergebe, daß die der Verurtheilung zum Grunde gelegten Konstatirungen der Kontrolbehörde unrichtig seien. Mangels einer entgegenstehenden Vorschrift werden aber auch die gewöhnlichen Rechtsmittel zulässig sein.

Verfahren bei Einziehungen und Vermögensbeschlagnahmen.

§ 477 St.

In den Fällen, in welchen nach § 42 des Strafgesetzbuchs oder nach anderweiten gesetzlichen Bestimmungen auf Einziehung, Vernichtung oder Unbrauchbarmachung von Gegenständen selbständig erkannt werden kann*, ist der Antrag, sofern die Entscheidung nicht in Verbindung mit einem Urtheil in der Hauptsache erfolgt, seitens der Staatsanwaltschaft oder des Privatklägers bei demjenigen Gerichte zu stellen, welches für den Fall der Verfolgung einer bestimmten Person zuständig sein würde.

An die Stelle des Schwurgerichts tritt die an dessen Sitzungsorte bestehende Strafkammer.

* Vergl. das Gesetz über das Urheberrecht von Schriftwerken vom 11. Juni 1870. §§ 21 Abs. 4; 22 Abs. 2; 25 Abs. 2. BGBl. S. 339.

§ 478 St.

Die Verhandlung und Entscheidung erfolgt in einem Termine, auf welchen die Bestimmungen über die Hauptverhandlung entsprechende Anwendung finden.

Personen, welche einen rechtlichen Anspruch auf den Gegenstand der Einziehung, Vernichtung oder Unbrauchbarmachung haben[1], sind, soweit dies ausführbar erscheint[2], zu dem Termine zu laden.

Dieselben können alle Befugnisse ausüben, welche einem Angeklagten zustehen, sich auch durch einen mit schriftlicher Vollmacht versehenen Vertheidiger vertreten lassen. Durch ihr Nichterscheinen wird das Verfahren und die Urtheilsfällung nicht aufgehalten.

1. Bzhw. glaubhaft gemacht haben. Begründen solche Personen ein Widerspruchsrecht (§ 40 Abs. 1 StGB.), so wird nur auf Zurückweisung des Antrages der StAschft. oder des Privatklägers zu erkennen, des Widerspruchsrechts aber in der Urtheilsformel jedenfalls dann nicht zu erwähnen sein, wenn mehrere Personen mit Ansprüchen auf die Gegenstände auftreten, sich aber gegenseitig dieselben streitig machen.

Es wird auch nicht unzulässig sein, das Urtheil über die Einziehung in geeigneten Fällen bis zur rechtskräftigen Entscheidung über einen gegen dieselbe erhobenen und Seitens des Antragstellers bestrittenen Anspruch auf den Gegenstand auszusetzen. § 261 St.

2. Einem in der JK. gestellten Antrage, anstatt dieser Worte — besonders mit Rücksicht auf die Beschlagnahme ausländischer Preßerzeugnisse — zu sagen: „sind auf ihr Ansuchen, oder, wie ihr Anspruch dem Gerichte bekannt ist oder glaubhaft gemacht wird, von Amtswegen zu dem Termin zu laden, sofern nicht ihre Abwesenheit oder sonstige Hindernisse entgegenstehen", wurde Seitens der Regierungsvertretung mit der Bemerkung begegnet, daß der Sinn des § mit dem Inhalte des Antrages übereinstimme. Prot. S. 706.

§ 479 St.

Die Rechtsmittel gegen das Urtheil stehen der Staatsanwaltschaft, dem Privatkläger und den im § 478 bezeichneten Personen* zu.

* Nach der Fassung des § würden ihnen die Rechtsmittel auch dann zustehen, wenn sie sich in den Vorinstanzen mit Ansprüchen nicht gemeldet hätten. Dies ist wohl nicht gemeint. Die Prot. der JK. S. 706 und 1068 und die Mot. S. 247 sprechen sich hierüber nicht aus.

§ 480 St.

Auf die im § 93 des Strafgesetzbuchs vorgesehene Beschlagnahme des Vermögens eines Angeschuldigten finden die Bestimmungen der §§ 333—335 und auf die in § 140 des Strafgesetzbuchs vorgesehene Beschlagnahme die Bestimmungen der §§ 325. 326 entsprechende Anwendung.

Strafvollstreckung.

§ 481 St.

Strafurtheile sind nicht vollstreckbar, bevor sie rechtskräftig geworden sind[1, 2].

1. Ein Antrag des Verurtheilten, zum vorläufigen Strafantritt verstattet zu werden, ist daher unzulässig. Dahin hat sich auch die Regierungsvertretung in der JK. S. 532 der Prot. in Uebereinstimmung mit den Mot. S. 248 ausgesprochen.

Auch der Verzicht des Angekl. auf ein Rechtsmittel und die Zurücknahme eines solchen ermöglicht vor dem Ablauf der Frist die Strafvollstreckung nur in dem Falle, wenn auch die StAschft. den Verzicht, bzhw. die Zurücknahme, erklärt hat. Vergl. in Betreff der Wirkung des Gesuchs um Wiedereinsetzung in den vorigen Stand und des Antrags auf Wiederaufnahme des Verfahrens die §§ 47 u. 400 St.

2. Nach der allgemeinen Strafrechtstheorie müßte eine Strafe für vollstreckbar gelten, wenn das dieselbe festsetzende Urtheil in Betreff derselben weder von dem Verurtheilten noch von der StAschft. oder dem Privatkläger angefochten worden ist. Demgemäß müßte z. B., wenn die StAschft. gegen ein Urtheil nur aus dem Grunde ein Rechtsmittel einlegt, weil gegen den Angekl. nur auf Freiheitsstrafe, nicht aber auch auf Zulässigkeit von Polizeiaufsicht erkannt worden, die erstere vollstreckt werden dürfen.

Nach den §§ 343. 397. 430. 431 Abs. 3. 466 der St. ist dies jedoch nicht zulässig, da in den in diesen §§ vorgesehenen Fällen der angerufene Richter proprio motu auch die von dem Rechtsmittel nicht betroffene Strafe in Wegfall bringen, also in dem gegebenen Beispiel auch die Freiheitsstrafe aufheben und den Angekl. gänzlich freisprechen darf.

Allerdings hat sich die St. nicht ausdrücklich darüber ausgesprochen, wie in derartigen Fällen in Bezug auf die Strafvollstreckung zu verfahren sei. Da aber eine Strafe nicht für rechtskräftig erkannt und somit nicht für vollstreckbar gelten kann, wenn durch ein anhängig gewordenes Rechtsmittel dem höheren Gericht vom Gesetz die Befugniß eröffnet ist, dieselbe in Fortfall zu bringen, so hätte es einer ausdrücklichen Vorschrift bedurft, wenn in den Fällen der vorerwähnten §§ die von dem eingelegten Rechtsmittel nicht berührte Strafe, ungeachtet der Möglichkeit einer Aufhebung oder Milderung derselben, vollstreckbar sein solle.

Den Nachtheilen, welche für den verhafteten Angekl., wenn es der höhere Richter bei dem früheren Urtheil beläßt, aus der Verzögerung der Strafvollstreckung erwachsen könnten, ist zwar durch den § 482 vorgebeugt. Es knüpft sich aber an die Aussetzung einer gegen den Verhafteten erkannten Zuchthausstrafe die Folge, daß ein Theil derselben — möglicherweise, wenn

30*

die Sache vom Revisionsgericht in die frühere Instanz zur Nachholung von Beweiserhebungen zurückgewiesen wird, der größte Theil — dem Urtheil zuwider im Untersuchungsgefängniß verbüßt wird. Vergl. § 482 Note 1.

§ 482 St.

Auf die zu vollstreckende Freiheitsstrafe ist unverkürzt diejenige Untersuchungshaft anzurechnen, welche der Angeklagte erlitten hat, seit er auf Einlegung eines Rechtsmittels verzichtet oder das eingelegte Rechtsmittel zurückgenommen hat, oder seitdem die Einlegungsfrist abgelaufen ist[1], ohne daß er eine Erklärung abgegeben hat.

1. In allen diesen Fällen wird die Anrechnung der nach den bezeichneten Zeitpunkten erlittenen Untersuchungshaft auf Grund der völlig allgemeinen Fassung der bei zweiter Lesung von der JK. dem Entwurf hinzugefügten Schlußworte (Prot. S. 1069. 1070) — gleichviel, ob sich die Vollstreckung der Strafe in Folge der Einlegung eines Rechtsmittels Seitens der StAschft., des Privatkl. u. s. w., oder aus anderen sachlichen oder in seiner Person liegenden Gründen verzögert — auch in dem Falle unverkürzt erfolgen müssen, wenn die Freiheitsstrafe in Zuchthaus besteht.

Die Regierungsvertretung sprach sich in der JK. S. 706 der Prot. dahin aus, daß der § 21 StGB. sich nur auf das Geltungsverhältniß verschiedener neben einander in Betracht kommender Freiheitsstrafen nicht auch auf die Geltung der Untersuchungshaft beziehe. Hiervon ausgegangen, wird in den angegebenen Fällen die erlittene Untersuchungshaft auch auf eine zu verbüßende Festungshaft nicht nach dem im § 21 StGB. angegebenen Maßstab von 2 zu 3, sondern in gleicher Dauer anzurechnen sein.

2. Die Regierungsvertretung äußerte ferner auf Anregung, daß ein Bedürfniß zu einer Bestimmung, daß ein Untersuchungsgefangener, welcher nur wegen des Strafmaßes Berufung eingelegt habe, die erkannte Strafe antreten dürfe, nicht vorliege, da nach § 60 des StGB. in solchem Falle, wenn die Berufung begründet erscheine, der Berufungsrichter die seit dem ersten Urtheil erlittene Untersuchungshaft anrechnen dürfe. Prot. S. 706. Dieser Grund erledigt wohl das angeregte Bedenken nicht; denn das Interesse, die Strafe vorläufig anzutreten, macht sich für den in der Untersuchungshaft befindlichen, zu Zuchthausstrafe Verurtheilten, welcher in der Ueberzeugung, von dieser Strafe an sich nicht entbunden werden zu können, nur behufs Ermäßigung derselben das Rechtsmittel einlegt, vorzugsweise für den Fall geltend, wenn letzteres als unbegründet verworfen wird. Allein der von der Regierungsvertretung in Bezug genommene § 60 StGB. ermächtigt den Richter ganz allgemein — also auch den Richter höherer Instanz, welcher das Rechtsmittel verwirft — zur Anrechnung der Untersuchungshaft, oder eines Theils derselben auf die Strafe; derselbe wird

also in einem Falle, wie der letzterwähnte, bei vorwaltenden Gründen dem dem Verurtheilten aus der fruchtlosen Einlegung des Rechtsmittels erwachsenden Nachtheil vorzubeugen haben.

3. Daß der verhaftete Verurtheilte, wenn die vom Vorderrichter erkannte Strafe während des Laufs des von der StAschft. behufs Erzielung einer Erhöhung des Maßes derselben Strafart, oder einer schwereren Strafart eingelegten Rechtsmittels verläuft, aus der Haft zu entlassen ist, folgt mittelbar aus der Vorschrift des § 123 Abs. 2 St. Wird, nachdem der Verurtheilte demgemäß entlassen worden, in der höheren Instanz auf ein höheres Strafmaß oder auf eine schwerere Strafart, z. B. auf Zuchthaus anstatt auf Gefängniß, erkannt, so werden die Grundsätze des § 482 mit der Modifikation zur Anwendung kommen, daß die auf Grund des Urtheils höherer Instanz zu erduldende Zuchthausstrafe verhältnißmäßig auf die erlittene Untersuchungshaft angerechnet wird.

Ein Antrag, die Vollstreckung einer erkannten Freiheitsstrafe in dem Falle zuzulassen, wenn nur die StAschft. gegen das Urtheil ein Rechtsmittel eingelegt habe, wurde von der JK. abgelehnt. Prot. S. 1070.

§ 483 St.

Die Strafvollstreckung erfolgt durch die Staatsanwaltschaft auf Grund einer von dem Gerichtsschreiber zu ertheilenden, mit der Bescheinigung der Vollstreckbarkeit versehenen, beglaubigten Abschrift der Urtheilsformel.

Den Amtsanwälten steht die Strafvollstreckung nicht zu.

Für die zur Zuständigkeit der Schöffengerichte gehörigen Sachen kann durch Anordnung der Landesjustizverwaltung die Strafvollstreckung den Amtsrichtern übertragen werden*.

* Mangels einer solchen Anordnung müssen auch die von den Schöffengerichten erkannten Strafen durch die StAschft. des Landgerichts vollstreckt werden. Prot. der JK. S. 707 und 711.

§ 484 St.

In Sachen, in denen das Reichsgericht in erster Instanz erkannt hat, steht das Begnadigungsrecht dem Kaiser zu*.

* Das Begnadigungsrecht des Kaisers bildet hier den Gegensatz zu dem des Landesherrn. § 485.

§ 485 St.

Todesurtheile bedürfen zu ihrer Vollstreckung keiner Bestätigung. Die Vollstreckung ist jedoch erst zulässig, wenn die Entschließung des Staatsoberhauptes und in Sachen, in denen das Reichsgericht in erster Instanz erkannt hat, die Entschließung des Kaisers ergangen ist, von dem Begnadigungsrechte keinen Gebrauch machen zu wollen.

An schwangeren oder geisteskranken* Personen darf ein Todesurtheil nicht vollstreckt werden.

* In welcher Weise die Geisteskrankheit festzustellen sei und welche Behörde über die Aussetzung der Todesstrafe zu beschließen habe, ist nicht angegeben. Da jedoch der § 494 St. nur die nach den §§ 490—493 St. nothwendig werdenden gerichtlichen Entscheidungen dem Gericht erster Instanz überweist, dürfte jener Beschluß auf Grund ärztlicher Gutachten nach § 483 Abs. 1 St. der StAschft. anheimfallen.

§ 486 St.

Die Vollstreckung der Todesstrafe erfolgt in einem umschlossenen Raume.

Bei der Vollstreckung müssen zwei Mitglieder des Gerichts erster Instanz, ein Beamter der Staatsanwaltschaft, ein Gerichtsschreiber und ein Gefängnißbeamter[1] zugegen sein. Der Gemeindevorstand des Orts, wo die Hinrichtung stattfindet, ist aufzufordern[2], zwölf Personen[3] aus den Vertretern oder aus anderen achtbaren Mitgliedern der Gemeinde abzuordnen, um der Hinrichtung beizuwohnen.

Außerdem ist einem Geistlichen von dem Religionsbekenntnisse des Verurtheilten und dem Vertheidiger und nach dem Ermessen des die Vollstreckung leitenden Beamten[4] auch anderen Personen der Zutritt zu gestatten.

Ueber den Hergang ist ein Protokoll aufzunehmen, welches von dem Beamten der Staatsanwaltschaft und dem Gerichtsschreiber zu unterzeichnen ist.

Der Leichnam des Hingerichteten ist den Angehörigen desselben auf ihr Verlangen zur einfachen, ohne Feierlichkeiten[5] vorzunehmenden Beerdigung zu verabfolgen.

1. Hiernach ist es nicht erforderlich, daß die drei letzterwähnten Beamten bei dem Gericht erster Instanz angestellt sind.

2. Bleibt die Aufforderung erfolglos, weil die „anderen achtbaren Mitglieder der Gemeine" eine Verpflichtung, der Hinrichtung beizuwohnen,

Mangels einer dem § 360 Nr. 10 StGB. analogen, diesen Fall betreffenden Vorschrift nicht anerkennen, so wird die Vollstreckung der Todesstrafe gleichwohl stattzufinden haben.

3. Da nach dem Sprachgebrauche und der Terminologie der St. (§ 485 Abs. 2 St.) unter „Personen" beide Geschlechter verstanden werden, würden es auch 12 Frauen sein dürfen; dies ist wohl nicht gemeint. In gleicher Weise, wie das StGB. in den §§ 176. 177. 361 Nr. 6 die Ausdrücke Frauensperson und Weibsperson braucht, hätte hier „Mannspersonen" gesetzt werden können, wenn man nicht „Männer" sagen wollte.

4. Nach § 483 St. wird dies der Beamte der StAschft. sein. Vergl. Abs. 4 und Note 2 zu § 487 St.

5. Da eine Kontrole hierüber nicht angeordnet ist, auch nachtheilige Folgen für den Fall des Zuwiderhandelns nicht angedroht sind, fehlt es an jeder Bürgschaft für die Befolgung der den Angehörigen zu ertheilenden Anweisung.

§ 487 St.

Die Vollstreckung einer Freiheitsstrafe ist aufzuschieben, wenn der Verurtheilte in Geisteskrankheit verfällt[1].

Dasselbe gilt bei anderen Krankheiten, wenn von der Vollstreckung eine nahe Lebensgefahr für den Verurtheilten zu besorgen steht.

Die Strafvollstreckung kann auch dann aufgeschoben werden, wenn sich der Verurtheilte in einem körperlichen Zustande befindet, bei welchem eine sofortige Vollstreckung mit der Einrichtung der Strafanstalt unverträglich ist[2].

1. Das in dieser Beziehung in der Note zu § 485 Gesagte gilt auch hier und bei Abs. 2. Vergl. § 490 Abs. 2 und die Note 2 daselbst.

2. Ein in der JK. gestellter Antrag (Prot. S. 713), die nach diesem § zutreffenden Entscheidungen dem Gericht zu überweisen, wurde zurückgezogen, nachdem die Regierungsvertretung die Zuständigkeit der StAschft. vertheidigt hatte. Auch ein fernerer Antrag (§ 714) im 2. Satze das Wort: „nahe" vor Lebensgefahr zu streichen, ist abgelehnt worden.

§ 488 St.

Auf Antrag des Verurtheilten kann die Vollstreckung aufgeschoben werden, sofern durch die sofortige Vollstreckung dem Verurtheilten oder der Familie[1] desselben erhebliche, außerhalb des Strafzwecks liegende Nachtheile erwachsen.

Der Strafaufschub darf den Zeitraum von vier Monaten nicht übersteigen.

Die Bewilligung desselben kann an eine Sicherheitsleistung oder andere Bedingungen geknüpft werden.

1. Unter „Familie" werden hier diejenigen Angehörigen desselben zu verstehen sein, für deren Unterhalt er zu sorgen hat.

2. Dieser § ist von der JK. eingeschaltet worden, obgleich die Regierungsvertretung die darin enthaltenen Bestimmungen als einen Eingriff in das Begnadigungsrecht enthaltend bezeichnete. Prot. S. 713 folg. und Prot. v. 13. Novbr. 1876 S. 15.

§ 489 St.

Die Staatsanwaltschaft ist befugt, behufs Vollstreckung einer Freiheitsstrafe einen Vorführungs- oder Haftbefehl zu erlassen, wenn der Verurtheilte auf die an ihn ergangene Ladung zum Antritt der Strafe sich nicht gestellt hat oder der Flucht verdächtig ist.

Auch kann von der Staatsanwaltschaft zu demselben Zwecke ein Steckbrief erlassen werden, wenn der Verurtheilte flüchtig ist oder sich verborgen hält.

Diese Befugnisse stehen im Falle des § 483 Abs. 3 auch dem Amtsrichter zu.

§ 490 St.

Wenn über die Auslegung eines Strafurtheils oder über die Berechnung der erkannten Strafe Zweifel entstehen, oder wenn Einwendungen gegen die Zulässigkeit[1] der Strafvollstreckung erhoben werden, so ist die Entscheidung des Gerichts herbeizuführen.

Dasselbe gilt, wenn nach Maßgabe des § 487 Einwendungen gegen die Ablehnung eines Antrags auf Aufschub der Strafvollstreckung erhoben werden[2].

Der Fortgang der Vollstreckung wird hierdurch nicht gehemmt; das Gericht kann jedoch einen Aufschub oder eine Unterbrechung der Vollstreckung anordnen.

1. Inhalts der Mot. S. 250 sind hier die Fälle gemeint, wenn die Person, gegen welche mit der Strafvollstreckung vorgeschritten werden soll, ihre Identität mit dem Verurtheilten bestreitet, oder aus anderen Gründen die Strafvollstreckung hinauszuschieben sucht.

Nach den Worten „so ist die Entscheidung des Gerichts herbeizuführen", würde die StAschft. in einem solchen Falle stets die Entscheidung des Landgerichts bzhw. Amtsrichters einzuholen haben. Es ist aber wohl vorausgesetzt, daß die StAschft. die Einwendungen für unbegründet erachtet, wie sie auch in den Eingangs des § gedachten Fällen nur, wenn sie ihrerseits Zweifel hegt, die Entscheidung des Gerichts herbeizuführen hat.

2. Der von der JK., bzhw. dem Reichstage, eingeschaltete Abs. 2 ist nicht völlig deutlich. Die Worte „Einwendungen gegen die Ablehnung“ u. s. w. setzen den Fall voraus, daß der Verurtheilte, bzhw. sein gesetzlicher Vertreter oder nächster Angehöriger, unter der Behauptung, daß einer der Fälle des § 487 vorliege, Aufschub der Strafvollstreckung beantragt, die StAschft. aber diesen Antrag als unbegründet zurückgewiesen hat, und der Antragsteller diesen Bescheid der StAschft. als ungerechtfertigt ansicht.

Allein abgesehen davon, daß für eine derartige Anfechtung nach der juristischen Geschäftssprache nicht der Ausdruck „Einwendungen“ gebräuchlich ist, so ist auch der Weg, auf den der mit dem Bescheide der StAschft. unzufriedene Antragsteller nach dem geordneten Geschäftsgange hingewiesen ist, der der Beschwerde bei den vorgesetzten Behörden des StAs. einschließlich des Justizministers. §§ 148. 149 G. Betritt er diesen Weg, so ist der Vorgesetzte — Mangels einer seine Einwirkung auf die Geschäftsverwaltung des StAs. für einen solchen Fall ausschließenden ausdrücklichen Vorschrift — berechtigt, entweder den StA. anzuweisen, dem von Ersterem für begründet erachteten Antrage des Beschwerdeführers auf Aussetzung der Strafvollstreckung stattzugeben, oder die Beschwerde als ungerechtfertigt zurückzuweisen.

Im ersteren Falle ist die Sache erledigt; der StA. setzt, der Anweisung seines Vorgesetzten Folge leistend, die Strafvollstreckung aus. Aber für den zweiten Fall könnte aus den Worten des Abs. 2 gefolgert werden, daß der StA. nun über seine und seiner Vorgesetzten abschlägige Bescheidung des Antragstellers die Entscheidung des Gerichts, in schöffengerichtlichen Sachen des Amtsrichters, herbeizuführen habe. Die Frage ist im Reichstage in der Schlußsitzung vom 21. Dezember 1876 (Prot. S. 991) zur Sprache gekommen, indem von einem Abgeordneten, ohne Widerspruch zu finden, bemerkt worden ist: „Die Frage, ob die Voraussetzungen des im § 490 in Bezug genommenen § 487 vorhanden seien, habe auf Beschwerde (?: auf Antrag) das Gericht zu entscheiden. Dies sei durch die Hinweisung auf § 487 angedeutet. Anders verhalte es sich mit dem § 488. Hier solle die Beschwerde über den ablehnenden Bescheid des StAs. an die höhere Staatsanwaltschaftsbehörde und zuletzt an den Justizminister gehen. Deshalb sei der § 488 nicht in dem § 490 in Bezug genommen“.

Diese Erläuterungen lassen aber das Bedenken unerwogen, daß auch im Falle des § 487, wie oben erwähnt, die Beschwerde an die Vorgesetzten des StAs. bis zum Justizminister zulässig ist, und wenn dieser Weg betreten wird, der Fall eintreten kann, daß, nachdem der Justizminister auf Grund ärztlichen Gutachtens die Voraussetzung des Abs. 2 des § 487 für nicht vorliegend erachtet hat, der Amtsrichter, unter Verwerfung der Gründe desselben, die Aussetzung der Strafe anordnet. Da dies mit einer geregelten

Geschäftseinrichtung unverträglich sein würde, dürfte die Vorschrift des Abs. 2 auf den Fall zu beschränken sein, wenn der Antragsteller, anstatt gegen den abweisenden Bescheid der StAschft. den Beschwerdeweg zu betreten, bei der letzteren selbst unter Bekämpfung der von ihr angeführten Gründe remonstrirt.

Auch von dieser Auslegung der Vorschrift ausgegangen, bleibt allerdings die Frage offen, weshalb anzunehmen sei, daß im Falle des § 487 Abs. 2 der Amtsrichter das ärztliche Attest mit mehr Sachkunde und Pflichttreue als der StA. des Landgerichts beurtheilen werde.

§ 491 St.

Kann eine verhängte Geldstrafe nicht beigetrieben werden und ist die Festsetzung der für diesen Fall eintretenden Freiheitsstrafe unterlassen worden, so ist die Geldstrafe nachträglich von dem Gericht in die entsprechende Freiheitsstrafe umzuwandeln.

Vergl. § 494 Abs. 1.

§ 492 St.

Ist Jemand durch verschiedene rechtskräftige Urtheile zu Strafen verurtheilt worden, und sind dabei die Vorschriften über die Zuerkennung einer Gesammtstrafe (§ 79 des Strafgesetzbuchs) außer Betracht geblieben, so sind die erkannten Strafen durch eine nachträgliche gerichtliche Entscheidung auf eine Gesammtstrafe zurückzuführen.

1. Siehe die §§ 74—78 StGB. Die Mot. bemerken S. 250: Wenn die Zuerkennung einer Gesammtstrafe in Folge einer unrichtigen Auffassung der strafrechtlichen Vorschriften unterblieben sei, so finde der § 492 keine Anwendung, weil alsdann das spätere Urtheil auf einer Rechtsverletzung beruhe, welcher durch Einlegung des Rechtsmittels abzuhelfen gewesen wäre.

2. Vergl. § 494 Abs. 1.

§ 493 St.

[1]Ist der Verurtheilte nach Beginn der Strafvollstreckung wegen Krankheit in eine von der Strafanstalt getrennte Krankenanstalt gebracht worden, so ist die Dauer des Aufenthalts in der Krankenanstalt in die Strafzeit einzurechnen, wenn nicht der Verurtheilte mit der Absicht[2], die Strafvollstreckung zu unterbrechen, die Krankheit herbeigeführt hat.

Die Staatsanwaltschaft hat im letzteren Falle eine Entscheidung des Gerichts[3] herbeizuführen.

1. Der § ist, obwohl von der Regierungsvertretung wiederholt bekämpft, von der JK. eingeschaltet worden (Prot. S. 718 und Prot. vom 13. Novbr. 1876 S. 20).

Die Vorschrift des ersten Satzes steht, soweit es sich um Geisteskrankheiten handelt, mit dem auch im § 485 Abs. 2 anerkannten Grundsatz der Strafrechtstheorie, daß eine Strafe nur an dem vollstreckt werden kann, der das in derselben liegende Uebel zu empfinden und dessen Beziehbarkeit zu seiner Auflehnung gegen das Strafgesetz zu erkennen vermag, im Widerspruch.

In ihrer Ausführung hat sie zur Folge, daß, wenn die Geisteskrankheit des zu Freiheitsstrafe Verurtheilten nicht sofort bei seinem Eintritt in die Strafanstalt von dem ihn übernehmenden Beamten erkannt wird, sich aber nach kurzer Zeit herausstellt, und er demzufolge einer „Krankenanstalt" (worunter bei der Berathung des § auch eine „zur Aufnahme Unheilbarer" bestimmte Pflegeanstalt verstanden wurde, Prot. S. 718) übergeben wird, und dort über die Dauer seiner Strafzeit hinaus verbleibt, anzunehmen ist, daß er — ihm unbewußt — die Strafe, gleichviel ob Zuchthaus, Gefängniß oder Festungshaft, erlitten habe; wogegen er die Strafe unverkürzt zu verbüßen hat, wenn seine Geisteskrankheit noch vor seiner Einlieferung in die Strafanstalt wahrgenommen und er demnächst aus der Irrenheilanstalt als genesen entlassen wird. § 487.

Hielt einmal die JK. die Vollstreckung einer Freiheitsstrafe an einem Wahnsinnigen mit der Strafrechtstheorie vereinbar, so dürfte die praktische Anwendung dieses Prinzips nicht von solchen Zufälligkeiten abhängig zu machen, vielmehr folgerecht anzuordnen gewesen sein, daß auch dem alsbald nach seiner rechtskräftigen Verurtheilung zu Freiheitsstrafe in Geisteskrankheit Verfallenen und in eine Irrenanstalt Aufgenommenen die Zeit, welche er dort bis zu seiner Genesung zubringt, auf die Strafe anzurechnen sei. Vergl. § 487 Abs. 1.

2. Die JK. hatte diesem Satz bei 2. Lesung die Fassung gegeben: „wenn nicht diese Krankheit eine selbstverschuldete ist" (Prot. S. 718). Später hat er (Beschlüsse der Redaktionskommission zu dem Entwurfe einer Strafprozeßordnung, 2. Lesung) die dem Verurtheilten ungleich günstigere Aenderung erfahren.

Nach der jetzigen Fassung wird die Ausschließung der Anrechnung der in der Krankenanstalt verlebten Zeit nicht durch den Beweis, daß z. B. die nach der Aufnahme des Sträflings in die Strafanstalt bei ihm zum Ausbruche gekommene Syphilis oder das delirium tremens von demselben durch liederlichen Lebenswandel und Trunksucht verschuldet sei, nicht gerechtfertigt. Dasselbe gilt, wenn seine Aufnahme in eine von der Strafanstalt getrennte Krankenanstalt in Folge einer Beschädigung nöthig geworden ist, welche er als Theilnehmer an einer in der Strafanstalt ausgebrochenen Meuterei oder in Folge seiner thätlichen Widersetzlichkeit gegen einen Beamten der Strafanstalt erlitten hat. Dasselbe wird nach den Worten des § (vergl. § 490 Abs. 3) gelten, wenn er sich bei Gelegenheit eines zum Zwecke seiner gänzlichen Befreiung von der Strafe angestellten Fluchtversuchs beschädigt hat. In allen diesen Fällen liegt das unbedingte Erforderniß des Gesetzes, daß seine Absicht auf Unterbrechung der Strafvollstreckung gerichtet gewesen, nicht vor; der Sträfling erlangt also durch sein lasterhaftes bzhw. strafbares Verhalten den Vortheil, die ihm zuerkannte Zuchthausstrafe theilweise, oder auch, wenn seine Kur eine langwierige ist, ganz, in einer Krankenanstalt, wo er in Gemeinschaft mit ehrenhaften Leuten lebt, frei von Zwangsarbeit und Zuchthausdisziplin zu verbüßen. Voraussichtlich wird die Verbrecherwelt diese ihr durch den § dargebotene Wohlthat nicht unbenutzt lassen.

3. Die Entscheidung über die Frage, ob der Sträfling die Krankheit selbst „herbeigeführt", und ferner, ob ihn dabei die Absicht der Unterbrechung der Strafe geleitet habe, wird in vielen Fällen von der Prüfung und Beurtheilung eines komplizirten, eine umfassende Erörterung event. Beweisaufnahme erfordernden Sachverhältnisses abhängen. Hat z. B. der Sträfling bei einer ihm übertragenen Arbeit eine seine Aufnahme in eine Krankenanstalt nöthig machende Beschädigung erlitten, so kann die Feststellung, ob dabei Fahrlässigkeit oder Absicht vorgewaltet habe, erhebliche Schwierigkeiten darbieten. Gleichwohl soll die in seine und seiner Angehörigen Lebensverhältnisse tief eingreifende Frage, ob nach seiner Entlassung die dort verlebte Zeit — gleichviel von welcher Dauer — auf die Zuchthaus- bzhw. Gefängnißstrafe anzurechnen, oder ob diese nachträglich zu verbüßen sei, im Wege der Dekretur ohne jede Förmlichkeit, lediglich — wie es S. 719 der Prot. heißt — „auf Grund vernünftigen Ermessens des Gerichts" vom Landgericht, bzhw. dem Amtsrichter, ohne durch einen Widerspruch des StA. in der Beschlußnahme gehindert zu werden, entschieden werden. § 494 Abs. 1.

Es ist zu erwarten, daß den Nachtheilen, welche mit einer lediglich den Worten des § folgenden, insbesondere den Ausdruck „unterbrechen" urgirenden Anwendung desselben unausbleiblich verknüpft sein würden, durch eine der ratio legis entsprechende, das Interesse der Strafrechtspflege wahrende Praxis der Gerichtshöfe vorgebeugt werden wird.

Nach der Fassung des § bildet die Anrechnung der Krankheitszeit auf die Strafzeit die Regel; um dieselbe auszuschließen, muß daher die Verschuldung des Sträflings an der Krankheit und seiner dabei vorwaltend gewesenen Absicht ihm gegenüber festgestellt werden.

Unter „StAschft." ist hier mit Rücksicht auf § 483 Abs. 2 in Bezug auf die vom Schöffengericht erkannten Strafen die des Landgerichts, unter „Gericht" der Amtsrichter zu verstehen. Bei letzterem hat daher die StAschft. des Landgerichts die Entscheidung einzuholen, auch wenn die Strafe — wie bei dem weiten Umfange der schöffengerichtlichen Zuständigkeit voraussichtlich nicht selten eintreten wird — im landgerichtlichen Gefängniß vollstreckt und von dort aus die Uebersiedelung des Strafgefangenen in eine Krankenanstalt angeordnet, dem Amtsrichter mithin die

Verhältnisse, welche für die Entscheidung, ob die Strafe für verbüßt zu erachten oder nachträglich zu verbüßen sei, maßgebend sind, nicht so vollständig wie dem StA. bekannt sein können.

§ 494 St.

Die bei der Strafvollstreckung nothwendig werdenden gerichtlichen Entscheidungen (§§ 490—493) werden von dem Gericht erster Instanz ohne mündliche Verhandlung erlassen[1].

Vor der Entscheidung ist der Staatsanwaltschaft und dem Verurtheilten Gelegenheit zu geben, Anträge zu stellen und zu begründen.

Kommt es auf die Festsetzung einer Gesammtstrafe an (§ 492), und waren die verschiedenen hierdurch abzuändernden Urtheile von verschiedenen Gerichten erlassen, so steht die Entscheidung demjenigen Gerichte zu, welches die schwerste Strafart oder bei Strafen gleicher Art die höchste Strafe erkannt hat, falls hiernach aber mehrere Gerichte zuständig sein würden, demjenigen, dessen Urtheil zuletzt ergangen ist. War das hiernach maßgebende Urtheil von einem Gerichte höherer Instanz erlassen, so setzt das Gericht erster Instanz, und war eines der Strafurtheile von dem Reichsgericht in erster Instanz erlassen, das Reichsgericht die Gesammtstrafe fest.

Gegen diese Entscheidungen findet, insofern sie nicht von dem Reichsgericht erlassen sind, sofortige Beschwerde statt.

1. Hiernach entscheidet das Gericht erster Instanz auch dann, wenn über die Auslegung eines in höherer Instanz, unter Abänderung eines angefochtenen Erkenntnisses, ergangenen Strafurtheils Zweifel entstehen. Es hat diese an sich bedenkliche Bestimmung zur Folge, daß, wenn das Reichsgericht erkannt hat, die Auslegung des Urtheils Seitens desselben nicht herbeizuführen ist, da eine Beschwerde über unrichtige Auffassung desselben nach § 346 St. nicht an das Reichsgericht gelangen kann. Die Bemerkung der Regierungsvertretung: „es sei unter dem „Gericht erster Instanz" dasjenige Gericht zu verstehen, welches das Strafurtheil abgegeben habe" (Prot. S. 722), ist in Fällen der vorerwähnten Art mit der Bezeichnung „Gericht erster Instanz" in dem § nicht zu vereinigen. Auch würde, von jener Auffassung der Worte „erster Instanz" ausgegangen, das Berufungs- bzhw. Revisionsgericht, welches den in der Vorinstanz freigesprochenen Angekl. zu Strafe verurtheilt hat, auch die durch die §§ 491—493 veranlaßten Entscheidungen zu erlassen haben, was wohl nicht beabsichtigt sein kann. Vergl. auch Abs. 3 Zeile 7 des §.

2. In Bezug auf schwurgerichtliche Urtheile entscheidet über die Auslegung nach den maßgebenden Worten der Vorschrift — wiewohl deren Ausführung mit Schwierigkeiten verknüpft sein kann — das Richterkollegium des Schwurgerichts; in Betreff der schöffengerichtlichen Urtheile der Amtsrichter allein, wenngleich seine Ansicht möglicher Weise der der beiden Schöffen nicht entspricht. § 30 G.

3. Ueber die in der JK. angeregte Frage, mit welcher von mehreren zu vollstreckenden Freiheitsstrafen verschiedener Art in Fällen, wo eine Gesammtstrafe nicht zu erkennen sei (§§ 75. 77 StGB.), der Anfang zu machen sei, ist ein Beschluß nicht gefaßt worden, weil hierüber nach Zweckmäßigkeitsgründen zu entscheiden sei. Prot. S. 723.

§ 495 St.

Die Vollstreckung der über eine Vermögensstrafe oder eine Buße ergangenen Entscheidung erfolgt nach den Vorschriften über die Vollstreckung der Urtheile der Civilgerichte.

Vorschriften über die Ertheilung des „Verweises" (§ 57 Nr. 4 StGB.), insbesondere, ob dieser auf Grund des § 483 St. von der StAschft., oder ob er vom Gericht und in welcher Form zu ertheilen sei, enthält die St. nicht; es werden darüber von den Landesjustizverwaltungen Instruktionen zu ertheilen sein.

Die Ansicht, daß der „Verweis", weil er unter den in den §§ 13 folg. StGB. aufgeführten Strafen nicht aufgeführt sei, für eine Strafe nicht gelten könne, bedarf hier der Widerlegung nicht, da, wenn auf einen Verweis erkannt ist, er auch ertheilt werden muß. Die Nichterwähnung desselben in den citirten §§ findet aber auch ihre Erklärung darin, daß der „Verweis" erst in den zweiten Entwurf des StGB. aufgenommen worden ist.

Daß der Verweis, wie Otto (Aphorismen S. 107), für zweifellos hält, auch schriftlich ertheilt werden dürfe, ist wohl bedenklich. Die Wirkung desselben würde durch diese Form wesentlich abgeschwächt werden.

Kosten des Verfahrens.

Die Mot. schicken S. 251 die allgemeine Bemerkung voraus, daß der Abschnitt sich auf die Aufstellung allgemeiner Grundsätze beschränke. Jedenfalls ist hiebei davon ausgegangen, daß über das Kostenwesen ein besonderes die bezüglichen Fragen speziell in's Auge fassendes Reichsgesetz in Aussicht stehe.

§ 496 St.

Jedes Urtheil, jeder Strafbefehl und jede eine Untersuchung einstellende Entscheidung muß darüber Bestimmung treffen, von wem die Kosten des Verfahrens zu tragen sind[1].

Wenn über die Höhe der Kosten oder über die Nothwendigkeit der unter ihnen begriffenen Auslagen Streit entsteht, so erfolgt hierüber besondere Entscheidung*.

1. Der Kosten für die auf Anträge betheiligter und nicht betheiligter Personen ergehenden abschlägigen Bescheide geschieht hier keine Erwähnung. Für dieselben werden daher die Landesgesetze maßgebend sein.

2. Die Mot. bemerken S. 251, es solle durch diese Entscheidung die Entscheidung über die Pflicht zur Kostentragung nicht aufgehalten werden.

§ 497 St.

Die Kosten, mit Einschluß der durch die Vorbereitung der öffentlichen Klage und die Strafvollstreckung entstandenen, hat der Angeklagte zu tragen, wenn er zu Strafe verurtheilt wird.

Stirbt ein Verurtheilter vor eingetretener Rechtskraft des Urtheils, so haftet sein Nachlaß nicht für die Kosten*.

* In den Mot. ist S. 241 gesagt: Die Vorschriften des § entsprächen der Natur der Sache. Dies scheint bei der Bestimmung des Abs. 2 in dem Falle nicht zuzutreffen, wenn sich der Angekl. bei dem ihn zu Strafe verurtheilenden Erkenntniß beruhigt und die StAschft. nur behufs Erhöhung des Strafmaßes ein Rechtsmittel eingelegt hat. Denn in einem solchen Falle steht nach allgemeinen Rechtsgrundsätzen rechtskräftig fest, daß der Verurtheilte die Strafe zu erdulden hat.

Gleichwohl erscheint die Vorschrift durch die singuläre Bestimmung des § 343 St. gerechtfertigt, da auch ein Rechtsmittel der StAschft. wie das erwähnte dem angerufenen Richter die Möglichkeit einer Aenderung des angefochtenen Urtheils zu Gunsten des Angekl. eröffnet.

§ 498 St.

Wenn ein Angeklagter in einer Untersuchung, welche mehrere strafbare Handlungen umfaßt, nur in Ansehung eines Theils derselben verurtheilt wird, durch die Verhandlung der übrigen Straffälle aber besondere Kosten entstanden sind, so ist er von deren Tragung zu entbinden*.

Mitangeklagte, welche in Bezug auf dieselbe That zu Strafe verurtheilt sind, haften für die Auslagen als Gesammtschuldner. Dies gilt nicht von den durch die Strafvollstreckung oder die Untersuchungshaft entstandenen Kosten.

* Unter den entstandenen „besonderen Kosten“ dürften nur solche, welche durch Anordnungen verursacht worden, die ausschließlich in Veranlassung eines einzelnen von den mehreren Straffällen nothwendig geworden sind, wie z. B. Beweisaufnahmen, nicht aber antheilsweise die Pauschquanta zu verstehen sein, welche nach dem Tarif, etwa für das Vorverfahren, für die Hauptverhandlung u. s. w. festzusetzen sind.

Hiervon ausgegangen, wird der wegen eines Verbrechens und eines Vergehens Angekl., obgleich er nur wegen des letzteren zu Strafe verurtheilt ist, dennoch die gesammten generellen Kosten zu tragen haben, wogegen er von den Kosten der nur wegen des Verbrechens nothwendig gewordenen Vertheidigung zu entbinden ist.

Die den Gerichten im Schlußsatz des Abs. 1 § 505 eingeräumte Befugniß wird auch in derartigen Fällen um so mehr Platz greifen, als die Regierungsvertretung bei der Berathung des § 505 sich dahin ausgesprochen hat, daß auf beide §§ dieselben Grundsätze Anwendung fänden. Prot. S. 730.

§ 499 St.

Einem freigesprochenen oder außer Verfolgung gesetzten Angeschuldigten sind nur solche Kosten aufzuerlegen[1], welche er durch eine schuldbare Versäumniß[2] verursacht hat.

Die dem Angeschuldigten erwachsenen nothwendigen Auslagen können der Staatskasse auferlegt werden[3].

1. Da der § in Bezug auf die Form des „Auferlegens“ zwischen dem ersteren und letzteren Falle nicht unterscheidet, in diesem aber die Form des „Beschlusses“ allein möglich ist, im ersteren Falle sich auch die Frage, ob und welche Kosten der Freigesprochene durch schuldbare Versäumniß verursacht hat, bei der Urtheilsfällung der Regel nach noch nicht wird sofort übersehen lassen, dürfte in beiden Fällen die Form des Beschlusses zu wählen und in dem freisprechenden Urtheil geeigneten Falls nur ein Vorbehalt bezüglich der im Abs. 1 des § bezeichneten Kosten zu machen sein. Gegen den Beschluß wird dann die gewöhnliche Beschwerde sowohl dem Angekl. als der StAschft. offen stehen.

Die Ausdrücke: „sind zu tragen“ § 497, „haftet für“ § 498, „sind aufzuerlegen“ § 499, „fallen zur Last“ § 503, „treffen denjenigen“ § 505, sind abwechselnd und gleichbedeutend gebraucht.

2. Eine Ausdehnung der Vorschrift des Abs. 1 auf den Fall, wenn der Angekl. oder Angeschuldigte die Erhebung der Anklage, bzhw. Einleitung eines Vorverfahrens, selbst verschuldet hat, würde sich, da es sich um eine Ausnahme handelt, nicht rechtfertigen lassen, so sehr sich eine solche Bestimmung auch de lege ferenda empfohlen haben möchte.

3. Der Abs. 2 des § ist gegen den Widerspruch der Regierungsvertretung eingeschaltet. Prot. S. 724. 1077 und Prot. v. 13. Novbr. 1876 S. 21. Nach der Fassung, in welcher er aus der JK. hervorgegangen,

hieß es: „sind der Staatskasse aufzuerlegen" (Prot. S. 724 u. 1077; auch Prot. v. 13. Novbr. 1876 S. 21). Erst in der Schlußsitzung des Reichstages v. 21. Dezember 1876 Prot. S. 993 ist die Aenderung beschlossen worden.

4. Der Urtheilstenor wird nur die den Worten des § entsprechende allgemeine Bestimmung auszusprechen haben. Was nach dem Stande des Angekl. und den sonst vorwaltenden Umständen zu den „nothwendigen Auslagen" — d. h. unmittelbare Geldaufwendungen im Gegensatze zu Einbußen — gehöre, ist im Wege der Dekretur festzustellen. In der JK. ist ein Einverständniß darüber, was unter „nothwendige Auslagen" zu verstehen sei und ob die auf Privatklagen bezügliche Vorschrift des § 503 Abs. 5 auch hier Anwendung finde, nicht zu erzielen gewesen. Prot. vom 13. Novbr. 1876. Die letztere Frage wird bei der wesentlichen Verschiedenheit beider Fälle zu verneinen sein.

§ 500 St.

Bei wechselseitigen Beleidigungen oder Körperverletzungen wird die Verurtheilung eines oder beider Theile in die Kosten dadurch nicht ausgeschlossen, daß einer derselben oder beide für straffrei erklärt werden.

Dieser § ist lediglich negativen Inhalts. Eine positive Bestimmung, wie in den verschiedenen Fällen, beispielsweise wenn auf der einen Seite eine leichte nach § 185 StGB. mit einer Geldstrafe von einigen Mark geahndete wörtliche Beleidigung, auf der anderen eine mit zweijährigem Gefängniß bestrafte Körperverletzung vorliegt, die Kosten vertheilt werden sollen, wird vermißt. Es wird richterliches Ermessen einzutreten haben. Eine Gesammthaftung für die Auslagen dürfte in einem solchen Falle nicht eintreten können, da die Voraussetzungen des § 498 Abs. 2 St. hier nicht zutreffen.

§ 501 St.

***Ist ein, wenn auch nur außergerichtliches[1] Verfahren durch eine wider besseres Wissen gemachte oder auf grober Fahrlässigkeit beruhende Anzeige veranlaßt worden, so kann das Gericht dem Anzeigenden, nachdem derselbe gehört[2] worden, die der Staatskasse und dem Beschuldigten[3] erwachsenen Kosten[4] auferlegen[5].**

War noch kein Gericht mit der Sache befaßt, so erfolgt die Entscheidung auf den Antrag der Staatsanwaltschaft[6] durch dasjenige Gericht, welches für die Eröffnung des Hauptverfahrens zuständig gewesen wäre.

Gegen die Entscheidung findet sofortige Beschwerde statt.

* Bei der Berathung des § in der JK. (Prot. S. 726) wurde Streichung desselben empfohlen, weil sich von dem darin vorgeschriebenen kurzen Verfahren kein rechtes Bild machen lasse. Derselbe ist jedoch nicht nur beibehalten, sondern die im Entwurfe beabsichtigte Beschränkung auf die Kosten der Staatskasse, ist durch Einschaltung der Worte: „und dem Beschuldigten" beseitigt. Auch ist die Bestimmung in Betreff der Beschwerde hinzugefügt.

Voraussichtlich wird der § nicht häufig zur Anwendung kommen, da diese in das Arbitrium des Gerichts gestellt ist; anderenfalls wäre, da so wenig die Motive, als die Verhandlungen der JK. zur Behebung der manchfachen Zweifel, zu welchen er Anlaß giebt, einen Anhalt darbieten, eine sehr verschiedene Gestaltung der Praxis in Bezug auf denselben zu befürchten.

1. Da hier nicht, wie z. B. im § 65 St., der Ausdruck „vorbereitendes Verfahren" gebraucht ist, dürfte die Vorschrift, der ratio derselben entsprechend, auf alle in der St. und dem G. behandelte außergerichtliche Arten des Verfahrens Anwendung finden, also auch auf die Denunciationen bei Verwaltungsbehörden (§ 459 St.) und Verwaltungsgerichten (§ 13 G.) zu beziehen sein. Daß die Entscheidung ausnahmslos durch das „Gericht" erfolgt, steht dieser Auslegung nicht entgegen; denn auch in dem Falle, wenn ein an das Gericht noch nicht gediehenes Vorverfahren bei der Polizeibehörde oder der StAschft. stattgefunden hat, ist vom Gericht nach Anhörung des Denuncianten über die Frage zu entscheiden, event. das vorher erforderliche Verfahren einzuleiten. Vergl. Note 6.

2. Der Ausdruck „gehört werden" muß — zumal die Vorschrift auch auf die Kosten des Beschuldigten ausgedehnt worden ist — im weiteren Sinne, also dahin aufgefaßt werden, daß dem Denuncianten nicht nur Gelegenheit gegeben werde, die zur Widerlegung des Vorwurfs der Böswilligkeit, bzhw. groben Fahrlässigkeit geeigneten Thatsachen anzuführen, sondern es wird auch geeigneten Falls der Beweis über diese und über die zur Rechtfertigung der gegen ihn erhobenen Beschuldigung angeführten Umstände zu erheben sein.

Dasselbe gilt in Bezug auf die Höhe der der Staatskasse bzhw. dem Beschuldigten erwachsenen Kosten, sofern das Gericht nicht vorzieht — wozu es Mangels einer entgegenstehenden Vorschrift, und da diese Ansicht auch in der JK. (S. 727 der Prot.) ohne Widerspruch geäußert wurde, befugt sein dürfte — in diesem Verfahren nur über die Erstattungsverpflichtung im Princip zu entscheiden und in Betreff der Höhe die Staatskasse bzhw. den Beschuldigten zum Civilprozeß zu verweisen.

3. Da eines Antrages des Beschuldigten keine Erwähnung geschieht, auch zwischen der Staatskasse — deren Interesse von Amtswegen wahrzunehmen sein wird — und dem Beschuldigten nicht unterschieden ist, entsteht die Frage, ob dem Denuncianten auch die dem Letzteren erwachsenen Kosten ohne dessen Antrag auferlegt werden dürfen. Dieselbe dürfte, da es sich der Sache nach um einen auf das Fundament unerlaubter Handlungen zu

stützenden civilrechtlichen Anspruch handelt, um so mehr zu verneinen sein, als die Entscheidung des Gerichts müßig sein würde, wenn dem Beschuldigten Kosten nicht erwachsen sind, oder er deren Erstattung nicht beansprucht. Für diese Ansicht scheint auch zu sprechen, daß es, von der entgegengesetzten Auslegung der Vorschrift ausgegangen, einer Bestimmung bedurft hätte, daß dem Beschuldigten von der in seinem Interesse ergangenen Entscheidung Nachricht zu geben sei, da er ohne solche, Mangels eines von ihm gestellten Antrages, von jener Entscheidung nichts erfährt. Die Berathungen der JK. haben diese Frage unberührt gelassen (Prot. S. 725 bis 727).

4. Im Hinblick auf die §§ 499 u. 503 und nach den Erklärungen in der JK. (S. 726 u. 727 der Prot.) bildet dieser Ausdruck den Gegensatz zu den bloßen Auslagen. Das Gericht ist daher befugt, nach stattgehabter Beweisaufnahme dem Denuncianten auch die Erstattung des Betrages desjenigen Schadens aufzulegen, welchen der böswillig oder fahrlässig Beschuldigte durch die über ihn verhängte Haft in seinem Gewerbe unmittelbar oder mittelbar erlitten hat. Erfahrungsmäßig bildet bei derartigen Entschädigungsansprüchen schon die präjudicielle Vorfrage, ob ein solcher Schaden entstanden ist, im Civilprozeß, der doch den Parteien die zulässigen Instanzen eröffnet, den Gegenstand umfassender Erörterungen und Beweiserhebungen. Gleichwohl ist die der Aufnahme der Worte „und dem Beschuldigten" in der JK. entgegengehaltene Bemerkung, daß dieselbe eine Reihe von Proceduryorschriften nöthig machen würde, ohne Erfolg geblieben. Der Mangel solcher Vorschriften über das hier vom Strafrichter zu beobachtende Verfahren ist um so bedenklicher, als gegen seine Entscheidung nur die sofortige Beschwerde gestattet ist, welche der Regel nach die Vollstreckung der Entscheidung nicht hemmt.

5. Ueber die Form dieser Entscheidung sprechen sich die Mot. und die Prot. der JK. nicht aus. Es kann jedoch auch in Fällen, wo die Anklage zur Hauptverhandlung gediehen und ein Urtheil ergangen ist, nur ein Beschluß — in schöffengerichtlichen Untersuchungen eine Verfügung des Amtsrichters — gemeint sein, da der Denunciant (abgesehen von der Privatklage) nicht Partei in der Untersuchung ist, mithin eine Entscheidung durch das Urtheil nicht gegen ihn ergehen kann, auch das Untersuchungsverfahren — zumal in schwurgerichtlichen Untersuchungen — keinen Raum zu der angeordneten Anhörung des Denuncianten und der Erörterung, ob demselben eine Verschuldung, wie sie der Abs. 1 voraussetzt, trifft, so wie für die Ermittelung bietet, ob und welche Kosten der Staatskasse bzhw. dem Beschuldigten erwachsen sind. Für diese Form der Entscheidung spricht auch, daß gegen dieselbe, gleichviel ob eine gerichtliche Untersuchung eröffnet und ob in dieser ein Urtheil ergangen ist oder nicht — wie schon unter Nr. 4 hervorgehoben — nur das Rechtsmittel der Beschwerde zulässig ist.

Wird in der gerichtlichen Untersuchung durch Urtheil erkannt, so werden die auf die hier vorliegenden Fragen bezüglichen thatsächlichen Ermittelungen erst nach beschrittener Rechtskraft desselben stattzufinden haben, da zuvor nicht feststeht, ob die Anklage eine unbegründete gewesen ist, ohne diese Voraussetzung aber von einer mit der Kostenersatzpflicht verknüpften Verschuldung des Denuncianten nicht die Rede sein kann.

6. Haben nur Verhandlungen bei der Polizeibehörde oder den Verwaltungsbehörden stattgefunden, so werden diese Behörden, unter Uebersendung der Akten von dem Verdachte einer böswilligen oder fahrlässigen Denunciation der StAschft. Nachricht zu geben haben, von deren Entschließung es dann abhängt, ob sie Anträge bei dem betreffenden Gericht stellen will.

Dem mit Unrecht Beschuldigten wird, Mangels einer entgegenstehenden ausdrücklichen Vorschrift, die Verfolgung seiner Kostenerstattungs-Ansprüche im Civilprozeß vorbehalten bleiben, mögen dieselben vom Strafrichter überhaupt nicht zur Erörterung gezogen oder durch die Entscheidung desselben nicht anerkannt worden sein.

7. Es entsteht endlich die Frage, ob der § auch anwendbar ist, wenn die Denunciation zwar an sich begründet befunden wird, der Denunciant aber in Betreff erschwerender Umstände wider besseres Wissen oder aus grober Fahrlässigkeit wahrheitswidrige Angaben gemacht, z. B. eine Handlung als eine vorsätzliche denuncirt hat, während er wußte oder wissen mußte, daß sie aus Fahrlässigkeit begangen worden, oder einen Diebstahl als mit Einbruch verübt bezeichnet hat, obgleich derselbe ein einfacher war, und in Folge dieser Unwahrheiten dem Beschuldigten, z. B. vermittelst seiner dadurch veranlaßten Verhaftung besondere Kosten erwachsen sind. Bei der Allgemeinheit der Vorschrift und mit Rücksicht auf die ihr zum Grunde liegende ratio dürfte die Frage zu bejahen sein.

§ 502 St.

Erfolgt eine Einstellung des Verfahrens[1] wegen Zurücknahme desjenigen Antrags, durch welchen dasselbe bedingt war, so hat der Antragsteller die Kosten[2] zu tragen.

1. Der Ausdruck: „Verfahren" umfaßt das gerichtliche, wie das außergerichtliche (§ 501 St.); die Vorschrift wird daher auch auf das Verfahren vor der StAschft. Anwendung finden, wenn der Antrag zurückgenommen wird, bevor das Gericht mit demselben befaßt worden ist.

2. Wiewohl der allgemeine Ausdruck „Kosten" im Hinblick auf die von der JK. beschlossene Einschaltung der Worte „und dem Beschuldigten" in den unmittelbar vorangegangenen § 501 St. darauf schließen lassen könnte, daß darunter auch hier die Kosten des Beschuldigten inbegriffen sein sollten, scheint dieser Annahme doch entgegenzustehen, daß in der Mehrzahl der Fälle die Zurücknahme des Antrages nicht auf der Ueberzeugung des Antragstellers von der Erfolglosigkeit der Anklage, sondern auf einer von dem Beschuldigten herbeigeführten Vereinigung zwischen Beiden

beruht, hiervon ausgegangen es sich aber nicht rechtfertigen würde, aus dem § herzuleiten, daß der Antragsteller nach Zurücknahme des Antrags auch dem Beschuldigten dessen Kosten zu erstatten habe.

§ 503 St.

In einem Verfahren auf erhobene Privatklage hat der Verurtheilte auch die dem Privatkläger erwachsenen nothwendigen Auslagen zu erstatten[1].

Wird der Beschuldigte außer Verfolgung gesetzt oder freigesprochen, oder wird das Verfahren eingestellt[2], so fallen dem Privatkläger die Kosten des Verfahrens sowie die dem Beschuldigten erwachsenen nothwendigen Auslagen zur Last[3].

Ist den Anträgen des Privatklägers nur zum Theil entsprochen worden, so kann das Gericht die Kosten angemessen vertheilen.

Mehrere Privatkläger und mehrere Angeklagte haften als Gesammtschuldner.

Unter den nach den Bestimmungen dieses Paragraphen zu erstattenden Auslagen sind, wenn sich der Gegner der erstattungspflichtigen Partei eines Rechtsanwalts bedient, die Gebühren und Auslagen des Anwalts insoweit inbegriffen, als solche nach der Bestimmung des § 87 der Civilprozeßordnung die unterliegende Partei der obsiegenden zu erstatten hat[4].

1. Die allgemeine Vorschrift des § 497 Abs. 2 wird auch hier Platz greifen. Der Privatkläger wird in einem solchen Falle den Verlust seiner Auslagen als einen casus zu tragen haben. Daß im Falle des Todes des Privatklägers nach Abs. 2 in Verbindung mit § 433 andere Grundsätze zur Anwendung kommen, kann hierin nichts ändern.

2. Uebernimmt die StAschft. auf Grund des § 417 Abs. 2 die Verfolgung, so wird von diesem Zeitpunkte ab die Vorschrift des Abs. 2 außer Anwendung bleiben und bezüglich des den Privatkläger treffenden Theils der Kosten richterliches Ermessen eintreten müssen. Bei der Allgemeinheit der Vorschrift wird dieselbe auch im Falle des § 429 St. selbst dann Anwendung finden, wenn der Privatkläger bei Erhebung der Anklage die später eingetretenen Umstände, welche demnächst die Einstellung des Verfahrens zur Folge haben, nicht voraussehen konnte, beispielsweise, wenn die Körperverletzung erst nachträglich die im § 224 StGB. bezeichneten Folgen nach sich gezogen hat. Die Mot. und Verhandlungen der JK. berühren diese Frage nicht.

Im Falle des Todes des Privatklägers (§ 433) werden nach allgemeinen Rechtsgrundsätzen die Kosten seinen Erben zur Last fallen.

3. Die Vorschrift des Abs. 2 umfaßt auch den Fall, wenn sich durch das Verfahren herausgestellt hat, daß demselben eine wider besseres Wissen oder aus grober Fahrlässigkeit angestellte Klage zum Grunde gelegen hat. Nun ist zwar die Anwendbarkeit der im § 501 Abs. 1 enthaltenen Vorschrift auf die Privatklage nicht ausdrücklich ausgesprochen; da es aber an jedem Grunde fehlen würde, dem freigesprochenen Angeklagten auch unter jener Voraussetzung nur einen Anspruch auf Erstattung der nothwendigen Auslagen, und nicht — wie im § 501 — seiner Kosten überhaupt zu gewähren, so dürfte davon auszugehen sein, daß der § 501 Abs. 1 einen allgemeinen, auch auf die Privatklage anwendbaren Grundsatz enthalte.

4. Der § 87 der Civil-Proz.-O. lautet:

> Die unterliegende Partei hat die Kosten des Rechtsstreits zu tragen, insbesondere die dem Gegner erwachsenen Kosten zu erstatten, soweit dieselben nach freiem Ermessen des Gerichts zur zweckentsprechenden Rechtsverfolgung oder Rechtsvertheidigung nothwendig waren.
>
> Die Gebühren und Auslagen des Rechtsanwalts der obsiegenden Partei sind in allen Prozessen zu erstatten, Reisekosten eines auswärtigen Rechtsanwalts jedoch nur insoweit, als die Zuziehung nach dem Ermessen des Gerichts zur zweckentsprechenden Rechtsverfolgung oder Rechtsvertheidigung nothwendig war.
>
> Die Kosten mehrerer Rechtsanwälte sind nur insoweit zu erstatten, als sie die Kosten eines Rechtsanwalts nicht übersteigen, oder als in der Person des Rechtsanwalts ein Wechsel eintreten mußte.

Ein Antrag, den Satz aufzunehmen: „der Verletzte, welcher als Nebenkläger auftritt, erhält keinen Ersatz der von ihm aufgewendeten Kosten", wurde in der JK. abgelehnt. Prot. S. 729. Etwas Positives bieten jedoch die Berathungen der Kommission in Bezug auf die dem Nebenkläger erwachsenden Kosten nicht dar. Es scheint nichts entgegenzustehen, die den Privatkläger betreffenden Vorschriften auch auf den Nebenkläger analog zur Anwendung zu bringen.

§ 504 St.

Wird in dem Falle des § 173 der Angeschuldigte außer Verfolgung gesetzt oder freigesprochen, oder das Verfahren eingestellt, so finden auf den Antragsteller die Bestimmungen des § 503 Abs. 2. 3. 4. 5 entsprechende Anwendung. Das Gericht kann jedoch nach Befinden der Umstände den Antragsteller von der Tragung der Kosten ganz oder theilweise entbinden.

Vor der Entscheidung über den Kostenpunkt ist der Antragsteller zu hören, sofern* er nicht als Nebenkläger aufzutreten berechtigt war.

1. Die Worte „nach Befinden der Umstände" dürften müßig stehen. Sie würden anderenfalls auch in den §§ 499. 501. 503. 505 und vielen anderen hinter „können" „kann" haben eingeschaltet werden müssen.

2. Die Schlußbestimmung „sofern er nicht" u. s. w. gründet sich darauf, daß unter dieser Voraussetzung der Antragsteller Gelegenheit gehabt hätte, auf den Gang der Untersuchung einzuwirken, und von der Lage derselben jederzeit Kenntniß zu nehmen. Der § ist im Anschluß an den § 170 St. von der JK. dem Entwurfe hinzugefügt worden (Prot. v. 14. Novbr. 1876 S. 2—6).

§ 505 St.

Die Kosten eines zurückgenommenen oder erfolglos eingelegten Rechtsmittels treffen denjenigen, der dasselbe eingelegt hat. War das Rechtsmittel von der Staatsanwaltschaft eingelegt, so können die dem Beschuldigten erwachsenen nothwendigen Auslagen der Staatskasse auferlegt werden. Hatte das Rechtsmittel theilweisen Erfolg, so kann das Gericht die Kosten angemessen vertheilen.

Dasselbe gilt von den Kosten, welche durch einen Antrag auf Wiederaufnahme des durch ein rechtskräftiges Urtheil geschlossenen Verfahrens verursacht worden sind.

Die Kosten der Wiedereinsetzung in den vorigen Stand fallen dem Antragsteller zur Last*, soweit sie nicht durch einen unbegründeten Widerspruch des Gegners entstanden sind.

* Die Vorschrift wird eine Ausnahme erleiden müssen, wenn sich im Falle des Schlußsatzes des § 44 St. ergiebt, daß bei der Zustellung ein vorschriftswidriges Verfahren des Zustellungsbeamten stattgefunden hat.

§ 506 St.

In den zur Zuständigkeit des Reichsgerichts in erster Instanz gehörigen Sachen sind die von der Staatskasse zu tragenden Kosten der Reichskasse aufzuerlegen.

Rechtshülfe.

§ 157 G.

Die Gerichte¹ haben sich in bürgerlichen Rechtsstreitigkeiten und in Strafsachen Rechtshülfe zu leisten.

1. Während hier nur der Gerichte Erwähnung geschieht, spricht der § 165 G. und der § 4 des Einf.=Ges. zum G. allgemein von „Behörden“. Eine Absichtlichkeit liegt dieser Verschiedenheit nicht zum Grunde.

In Bezug auf das Rechtshülfegesetz vom 21. Juni 1869 BdGBl. S. 305 heißt es in den Mot. zum G. S. 189 u. 214: „Die Bestimmungen über die Rechtshülfe seien in dem G. einer neuen umfassenden Regelung unterworfen. Diese betreffe aber nur die ordentliche streitige Gerichtsbarkeit, d. h. diejenigen bürgerlichen Rechtsstreitigkeiten und Strafsachen, welche nach den Bestimmungen der §§ 2—14 G. vor die ordentlichen Gerichte gehören, während das Rechtshülfegesetz die Rechtshülfe in allen bürgerlichen Rechtsstreitigkeiten und Strafsachen umfasse. Letzteres werde daher durch das G. nur soweit beseitigt, als die Anwendbarkeit des G. überhaupt reiche (§ 2 des Einf.=Ges. zum G.), und bleibe unberührt für diejenige Rechtshülfe, welche von anderen als den ordentlichen Gerichten gefordert werde oder zu gewähren sei. Es behalte seine selbständige Bedeutung auch fernerhin für die Sondergerichte.“

Es wird dort ferner als selbstverständlich bezeichnet, daß die Entscheidungen eines deutschen Gerichts durch ganz Deutschland vollstreckbar seien und daß die Ladungen eines deutschen Gerichts oder Staatsanwalts, sowie die von einem deutschen Gericht erlassenen Gebote oder Verbote auch von den in einem anderen Bundesstaate sich befindenden Personen zu befolgen seien. „Für den Geltungsbereich des deutschen G. und der deutschen Prozeßordnungen seien daher alle hierauf sich beziehenden Bestimmungen des Rechtshülfegesetzes entbehrlich geworden.“ In Betreff der Ladungen der StAschft. vergl. Note 3 Abs. 2 zu § 133 St.

2. Daß die Vorschrift auch auf den Untersuchungsrichter Anwendung findet, ist S. 191 der Mot. anerkannt. Sie greift aber auch in Bezug auf den Amtsrichter, den beauftragten und ersuchten Richter Platz. Im ähnlichen Falle des § 348 St. hat die JK. die entsprechende Bestimmung dem Entwurfe hinzugefügt (Abs. 3 das.).

§ 158 G.

Das Ersuchen um Rechtshülfe ist an das Amtsgericht* zu richten, in dessen Bezirke die Amtshandlung vorgenommen werden soll.

* Vergl. § 164 G.

§ 159 G.

Das Ersuchen darf nicht abgelehnt werden.

Das Ersuchen eines nicht im Instanzenzuge vorgesetzten Gerichts ist jedoch abzulehnen, wenn dem ersuchten Gerichte die örtliche Zuständigkeit mangelt[1], oder die vorzunehmende Handlung nach dem Rechte[2] des ersuchten Gerichts verboten ist.

1. Für den Fall einer Gefahr im Verzuge dürfte der § 144 Abs. 2 G. analoge Anwendung finden.

2. Die Wortfassung ist nicht völlig präzise. Es ist der Fall in's Auge gefaßt, wenn das ersuchende und das ersuchte Gericht verschiedenen Bundesstaaten angehören, und nach den Landesgesetzen des letzteren die vorzunehmende (richtiger: die Handlung, um deren Vornahme ersucht worden) verboten ist. Das ersuchte Gericht ist mithin nicht befugt, das Ersuchen aus dem Grunde abzulehnen, weil es jene Handlung nach den Reichsgesetzen für verboten hält. Dasselbe gilt wenn beide Gerichte demselben Bundesstaate angehören und es sich um die Anwendung ihrer Landesgesetze handelt.

3. Dem von einem Abgeordneten in der JK. angeregten Bedenken, daß der § 37 des Rechtshülfegesetzes als einen Fall der Versagung der Rechtshülfe anführe: „wenn die Vornahme der beantragten Handlung nicht zu dem Geschäftskreise des ersuchten Gerichts gehöre", wurde Seitens der Regierungsvertretung unter Bezugnahme auf den § 2 des Einf.-Ges. zum G. durch den Hinweis darauf begegnet, daß das G. Bestimmungen über die Rechtshülfe nur für den Bereich der ordentlichen Gerichte enthalte, diese anlangend aber aus der Civil- und Strafprozeß-O. und aus dem G. hervorgehe, welches ordentliche Gericht sachlich zur Vornahme der nachgesuchten richterlichen Handlung zuständig sei. Die Verschiedenheit, welche für die Amtsthätigkeit der ordentlichen Gerichte bei Erlaß des Rechtshülfegesetzes gegolten habe, sei fortgefallen. Prot. S. 1.

§ 160 G.

Wird das Ersuchen abgelehnt, oder[1] wird der Vorschrift des § 159 Abs. 2 zuwider dem Ersuchen stattgegeben, so entscheidet das Oberlandesgericht[2], zu dessen Bezirke das ersuchte Gericht gehört. Eine Anfechtung[3] dieser Entscheidung findet nur statt, wenn dieselbe die Rechtshülfe für unzulässig erklärt, und das ersuchende und das ersuchte Gericht den Bezirken verschiedener Oberlandesgerichte angehören. Ueber die Beschwerde entscheidet das Reichsgericht.

Die Entscheidungen erfolgen auf Antrag der Betheiligten oder des ersuchenden Gerichts ohne vorgängige mündliche Verhandlung.

1. Die Worte der 1. Zeile: „oder wird — stattgegeben“, sind von der JK. dem Entwurf hinzugefügt. Eine Beschwerde kann in einem solchen Falle nur von dem Betheiligten ausgehen (Abs. 2). Da aber nicht angeordnet ist, daß das ersuchte Gericht, auch wenn es von der erfolgten Einlegung der Beschwerde in Kenntniß gesetzt wird, die Ausführung des Ersuchens auszusetzen habe, dürfte die Beschwerde in der Regel erfolglos sein.

Bei der Berathung jener eingeschalteten Worte ergab sich zwischen der Regierungsvertretung einer- und mehreren Abgeordneten andererseits eine — beim Mangel eines Antrages unentschieden gebliebene — Meinungsverschiedenheit darüber, ob die Beschwerde eines Betheiligten über die Seitens des ersuchten Gerichts mit Unrecht beschlossene Willfahrung des Ersuchens von dem dem ersuchenden Gericht vorgesetzten Oberlandesgericht, oder von demjenigen Oberlandesgericht zu entscheiden sei, welches dem ersuchten Gericht vorgesetzt sei (Prot. S. 2). Die letztere Ansicht möchte den Vorzug verdienen, da es, um von der Regel, daß eine Behörde nur von ihrer eigenen vorgesetzten Instanz Anweisungen zu empfangen habe, eine Ausnahme zu statuiren, einer ausdrücklichen Vorschrift bedurft hätte.

2. Auch in Bezug auf Amtsgerichte; also abweichend von den §§ 72 und 123 Nr. 5 G.

3. Die Zulassung einer Beschwerde gegen die Entscheidung des Oberlandesgerichts steht mit der Vorschrift des § 346 St. nicht im Einklange. Sie wird, soweit es sich um Strafsachen handelt, als eine Ausnahme von der Regel aufzufassen sein. Vergl. auch § 183 Abs. 1 G.

4. Dieser Vorschrift bedurfte es, weil die Betheiligten zu dem ersuchten Gericht in keiner unmittelbaren Beziehung stehen.

5. In Bezug auf Unregelmäßigkeiten und Verzögerungen bemerken die Mot. S. 193, daß dieselben im Wege der Justizaufsicht von der dem Amtsrichter landesgesetzlich vorgesetzten Aufsichtsbehörde auf Anrufen des ersuchenden Gerichts oder der Betheiligten gerügt werden.

Ein Antrag, welcher bezweckte, auch innerhalb des gesetzlichen Wirkungskreises der Staatsanwaltschaft analoge Bestimmungen mit der Maßgabe zur Geltung zu bringen, daß die Beschwerde an den dem ersuchten Staatsanwalt vorgesetzten Oberstaatsanwalt und event. an den Oberreichsanwalt gehen solle, wurde in der JK. abgelehnt, weil — wie die Regierungsvertretung ausführte — für die Rechtshülfe bei der Strafvollstreckung die folgenden §§ gesetzliche Normen geben, im Uebrigen aber eine Ausdehnung der vorangehenden §§ auf die Staatsanwaltschaft sich nicht würde rechtfertigen lassen, da jeder Staatsanwalt die Verantwortlichkeit dafür trage, ob die Handlung, um welche er ersucht worden, in seine Funktionen falle und gesetzlich zulässig sei, der Oberreichsanwalt auch nicht Vorgesetzter der Staatsanwalte sei, die Entscheidung in letzter Instanz vielmehr der Landesjustizverwaltung zustehe, und weil der Staatsanwalt sich unmittelbar an die Polizeibehörde oder das Gericht wenden könne, dessen Hülfe er in Anspruch nehmen wolle. Prot. S. 5 folg.

Diese Aeußerungen, wie der abgelehnte Antrag selbst, betreffen nur das Verhältniß der Staatsanwaltschaften unter sich, lassen daher die bezüglichen Rechte und Pflichten der Staatsanwaltschaft gegenüber den Gerichten, und umgekehrt, unberührt. Beim Mangel einer dies Verhältniß regelnden Vorschrift dürfte mit Rücksicht auf den § 36 des Rechtshülfegesetzes in Betreff des Beschwerdeweges der § 160 G. in der Weise analog zur Anwendung kommen, daß, wenn das Oberlandesgericht, bzhw. der Oberstaatsanwalt, eine über Verweigerung der Genügung eines Ersuchens geführte Beschwerde für unbegründet erklären, eine weitere Beschwerde an das Reichsgericht bzhw. die oberste Landesjustizbehörde zulässig ist.

Die Mot. S. 195 scheinen — mit Recht — davon auszugehen, daß nach § 148 G. über die auf Beschwerden gegen staatsanwaltschaftliche Verfügungen ergehenden Bescheide des Oberstaatsanwalts überall eine weitere Beschwerde an die Landesjustizverwaltung zulässig sei.

§ 161 G.

Die Herbeiführung der zum Zwecke von Vollstreckungen, Ladungen und Zustellungen erforderlichen Handlungen erfolgt nach Vorschrift der Prozeßordnungen ohne Rücksicht darauf, ob die Handlungen in dem Bundesstaate, welchem das Prozeßgericht angehört, oder in einem anderen Bundesstaate vorzunehmen sind¹.

1. Zur Erläuterung dieser Vorschrift weisen die Mot. S. 193 darauf hin, daß es nach Einführung allen Bundesstaaten gemeinsamer, das Verfahren bei Zustellungen, Ladungen und Vollstreckungen betreffender Prozeßgesetze zu diesen Zwecken, abweichend von den §§ 3 bis 12. 20. 40 des Rechtshülfegesetzes, eines an das Gericht zu richtenden Ersuchens um Rechtshülfe nicht mehr bedürfe, die Gerichte und StAschftn. sich vielmehr unmittelbar an die Gerichtsvollzieher zu wenden hätten, gleichviel ob die vorzunehmende Handlung in dem Bundesstaate, welchem das Prozeßgericht angehöre, oder in einem anderen Bundesstaate vorzunehmen sei. Vergl. die §§ 36 bis 38 und 495 St.

Es ist dort ferner bemerkt, daß nach den Bestimmungen des G., in Verbindung mit den §§ 36. 131. 132. 159. 187 St., Gerichte und Staatsanwaltschaften zur Vollstreckung von Haftbefehlen mit den Polizei- und

Sicherheitsbehörden auch anderer Bundesstaaten durch Requisitionen oder Erlasse von Steckbriefen in Verbindung treten könnten.

2. In Betreff der Strafvollstreckungen vergl. die §§ 164. 165 G.

§ 162 G.

Gerichte, Staatsanwaltschaften und Gerichtsschreiber können wegen Ertheilung eines Auftrags an einen Gerichtsvollzieher die Mitwirkung des Gerichtsschreibers des Amtsgerichts in Anspruch nehmen, in dessen Bezirke der Auftrag ausgeführt werden soll. Der von dem Gerichtsschreiber beauftragte Gerichtsvollzieher gilt als unmittelbar beauftragt.

§ 163 G.

Eine Freiheitsstrafe, welche die Dauer von sechs Wochen nicht übersteigt, ist[1] in demjenigen Bundesstaate zu vollstrecken, in welchem der Verurtheilte[2] sich befindet.

1. Nach der Wortfassung ist die Vorschrift eine unbedingte. Hiemit steht die Bemerkung der Mot. S. 194: „Das ersuchte Gericht sei berechtigt, das Ersuchen um Ablieferung des Verurtheilten abzulehnen, wenn die Strafe in einer geringeren als sechswöchigen Freiheitsstrafe (soll wohl heißen: die Dauer von sechs Wochen nicht übersteigenden) bestehe", nicht im Einklange, weil nach derselben auch eine Willfahrung des Ablieferungs-Ersuchens statthaft sein würde, während nach den Worten des § eine Ablieferung an das Gericht, welches das Strafurtheil erlassen hat, überhaupt ausscheidet.

Eine Abweichung von der wortgemäßen Befolgung der Vorschrift aus besonderen Zweckmäßigkeitsgründen möchte sich jedoch im einzelnen Falle rechtfertigen lassen.

2. Den Ausdruck „verurtheilen" braucht die St. und das G. — abweichend von der allgemeinen juristischen Terminologie -- auch in Fällen, wo die Strafe durch Beschluß oder Verfügung festgesetzt wird. Vergl. § 69 St., § 56 G.

3. In Betreff der Geldstrafen vergl. § 495 St., nach welchem es eines Ersuchens um Rechtshülfe nicht bedarf, ihre Beitreibung vielmehr unmittelbar mittelst Auftrages an den Gerichtsvollzieher erfolgt. Mot. S. 195. Der § 33 des Rechtshülfegesetzes ist durch den § 163 G. modifizirt.

§ 164 G.

Soll eine Freiheitsstrafe in dem Bezirke eines anderen Gerichts vollstreckt oder ein in dem Bezirke eines anderen Gerichts befindlicher Verurtheilter zum Zwecke der Strafverbüßung ergriffen und abgeliefert werden, so ist die Staatsanwaltschaft bei dem Landgerichte[1] des Bezirks um die Ausführung zu ersuchen.

1. Vergl. die hiermit übereinstimmende Vorschrift des § 483 Abs. 2 St.
2. Die Mot. S. 195 bemerken, der Staatsanwalt habe das Vorhandensein der formellen Voraussetzungen der Strafvollstreckung und die Zulässigkeit des Ersuchens zu prüfen.

§ 165 G.

Im Falle der Rechtshülfe unter den Behörden verschiedener Bundesstaaten sind die baaren Auslagen, welche durch eine Ablieferung oder Strafvollstreckung entstehen, der ersuchten Behörde von der ersuchenden zu erstatten.

Im übrigen werden Kosten der Rechtshülfe von der ersuchenden Behörde nicht erstattet.

Ist eine zahlungspflichtige Partei vorhanden, so sind die Kosten von derselben durch die ersuchende Behörde einzuziehen und der eingezogene Betrag der ersuchten Behörde zu übersenden.

Stempel-, Einregistrirungsgebühren oder andere öffentliche Abgaben, welchen die von der ersuchenden Behörde übersendeten Schriftstücke (Urkunden, Protokolle) nach dem Rechte der ersuchten Behörde unterliegen, bleiben außer Ansatz*.

* Zur Motivirung des Antrages auf Einschaltung dieser Vorschrift (Abs. 4) wurde in der JK. geltend gemacht, daß, wenn die Stempeleinregistrirungs- und Kostengesetzgebung im Bezirke des ersuchten und dem des ersuchenden Gerichts auf verschiedenen Prinzipien beruhe, eine doppelte Erhebung von Stempeln, Einregistrirungsgebühren und Kosten möglich sei. Jener Fall könne z. B. eintreten, wenn die dem ersuchten Gerichte zur Benutzung mitgesandten Akten und Urkunden nach den Gesetzen des ersuchten Gerichts einer nachträglichen Stempelung und Einregistrirung unterlägen. Den hieraus erwachsenden Unbilligkeiten soll die Bestimmung vorbeugen. Prot. S. 7.

§ 166 G.

Für die Höhe der den geladenen Zeugen und Sachverständigen[1] gebührenden Beträge sind die Bestimmungen maßgebend, welche bei dem Gerichte gelten, vor welches die Ladung erfolgt.

Sind die Beträge nach dem Rechte des Aufenthaltsorts

der geladenen Personen höher, so können die höheren Beträge gefordert werden.

Bei weiterer Entfernung des Aufenthaltsorts der geladenen Personen ist denselben auf Antrag* ein Vorschuß zu bewilligen.

1. Das von Zeugen und Sachverständigen Gesagte wird auch auf Dolmetscher Anwendung finden, wenngleich der § 193 G. eine allgemeine Vorschrift, daß dieselben wie Sachverständige zu behandeln seien, nicht enthält.

2. Wird derselbe durch Schuld des Geladenen so spät gestellt, daß die Gewährung des Vorschusses nach dem gewöhnlichen Geschäftsgange vor dem Termin nicht mehr ausführbar ist, so werden beim Ausbleiben des Geladenen ihm die Kosten des vereitelten Termins zur Last zu legen sein.

3. Bei der Berathung des § in der JK. bemerkte die Regierungsvertretung, daß derselbe nicht blos den Fall der Rechtshülfe im Auge habe, sondern ganz allgemein davon spreche, wenn ein Gericht Zeugen aus einem anderen Bezirk lade. Prot. S. 11.

§ 167 G.

Ein Gericht darf Amtshandlungen außerhalb seines Bezirks¹ ohne Zustimmung des Amtsgerichts* des Orts nur vornehmen, wenn Gefahr im Verzuge obwaltet. In diesem Falle ist dem Amtsgerichte des Orts Anzeige zu machen.

1. Ob hiebei eine Ueberschreitung der Grenzen des Bundesstaats, welchem das Gericht angehört, stattfindet, ist grundsätzlich und bei der Allgemeinheit der Fassung der Vorschrift unerheblich.

2. Bei der Berathung des § in der JK. sprach sich die Regierungsvertretung dahin aus, daß im Falle der Versagung der Zustimmung Seitens des Amtsgerichts, dieselbe von dem vorgesetzten Gericht ertheilt werden könne; bemerkte ferner, daß sich der § nur auf die Rechtshülfe der Gerichte, nicht auch auf Staatsanwalte beziehe. S. 12 der Prot.

Dem von einem Abgeordneten angeregten Bedenken, daß nach der Fassung des § der Amtsrichter sogar fremden Oberlandesgerichten die Vornahme von Amtshandlungen in seinem Bezirk gestatten könne und ferner, daß danach jeder in einem fremden Amtsgerichtsbezirk anwesende Amtsrichter bei vermeintlicher Gefahr im Verzuge provisorische Festnahmen verfügen und sonstige Amtshandlungen vornehmen dürfe, wurde, ohne Widerspruch, durch die Bemerkung begegnet, daß der § die Vornahme von Amtshandlungen in fremden Bezirken überhaupt nur insoweit zulasse, als es sich um die Gewährung von Rechtshülfe handle; einen die Kompetenz der Gerichte allgemein ausdehnenden Satz enthalte der § nicht. Prot. S. 12.

§ 168 G.

Die Sicherheitsbeamten[1] eines Bundesstaates sind ermächtigt, die Verfolgung eines Flüchtigen[2] auf das Gebiet eines anderen[3] Bundesstaates fortzusetzen und den Flüchtigen daselbst zu ergreifen.

Der Ergriffene ist unverzüglich an das nächste Gericht oder die nächste Polizeibehörde des Bundesstaates, in welchem er ergriffen wurde, abzuführen.

1. Die Regierungsvertretung erklärte bei der Berathung des § in der JK., daß hierunter auch Gensdarmen und Strafanstaltsbeamte zu verstehen seien. Prot. S. 14.

Daß hier nicht, wie in den §§ 98. 105. 127 St. gesagt ist „Polizei- und Sicherheitsbeamte", beruht nicht auf Absichtlichkeit. Es heißt in den Mot. S. 196 allgemeinen „Polizeibehörden".

Auf „Jedermann" § 127 St. darf die Vorschrift nicht ausgedehnt werden.

2. Es herrschte in der JK. Einverständniß darüber, daß der Ausdruck die auf frischer That oder unmittelbar nachher betroffenen Personen, welche sich der Festnahme thatsächlich entziehen, mit umfasse. Prot. S. 14 und Prot. v. 20. Oktbr. 1876 S. 6.

3. Dieser Ausdruck ist von der JK. dem in dem Entwurf enthaltenen: „benachbarten" substituirt worden, um die Nacheile nicht auf die Verfolgung in den räumlich angrenzenden Bundesstaat zu beschränken, vielmehr auch dann zu gestatten, wenn der Flüchtige durch diesen hindurch in einen anderen Bundesstaat geflohen sei. Vergl. § 30 des Rechtshülfegesetzes.

4. In Betreff der den ausländischen Gerichten zu leistenden Rechtshülfe bemerken die Mot., daß darauf bezügliche Vorschriften nicht aufgenommen worden seien, weil solche auf internationalen Verhältnissen beruhten und dem Gebiete der Staatsverträge angehörten. S. 196.

§ 169 G.

Die in einem Bundesstaate bestehenden Vorschriften über die Mittheilung von Akten einer öffentlichen Behörde an ein Gericht dieses Bundesstaates kommen auch dann zur Anwendung, wenn das ersuchende Gericht einem anderen Bundesstaate angehört.

Dieser von der JK. in der Sitzung vom 18. Oktbr. 1875 S. 17 u. 18 der Prot. beschlossene § ist Seitens der Regierungsvertretung beharrlich bekämpft worden. Es wurde von derselben geltend gemacht: daß sich die Tragweite und Bedeutung einer derartigen Bestimmung für den Verwaltungsorganismus und die Verwirrung und Unzuträglichkeiten gegenüber den bestehenden Vorschriften über Aktenmittheilungen nicht übersehen ließen, daß insbesondere über die Frage, inwieweit urkundliches Material in Staats- und Hausarchiven Dritten zugänglich sei, konkrete Bestimmungen entscheidend seien (Prot. S. 680).

Nachdem auch der Bundesrath die Ablehnung des § beschlossen hatte (Schreiben des Reichskanzlers an den Reichstag vom 3. November 1876 Nr. 22) und Namens desselben in der Sitzung der JK. vom 10. November 1876 hervorgehoben war, daß jeder Staat neue Bestimmungen würde treffen müssen, um sicher zu sein, daß nicht jeder Beliebige in den Besitz von Akten komme, heißt es S. 15 des Sitzungs-Protokolls: Der Beschluß des Bundesraths wird von der Kommission mit 14 gegen 13 Stimmen genehmigt.

Hiermit steht die der Berathung des § (138a, jetzt § 169 G.) im Reichstage (Stenogr. Ber. S. 316) zum Grunde liegende Voraussetzung, daß die JK. ihren früheren Beschluß aufrecht erhalten habe, und die demnächst erfolgte Aufnahme des § in das G. im Widerspruch. Dem Verfasser dieses Kommentars ist jedoch in völlig zuverlässiger Weise schriftlich die Auskunft ertheilt worden, daß die erwähnte Angabe des Prot. der JK. vom 10. November 1876 „falsch" und die Korrektur aus Versehen unterblieben sei.

Es ist zu erwarten, daß den Uebelständen, welche der § bei seiner Anwendung nach dem Wortsinne in sichere Aussicht stellt, durch Maßnahmen der Regierungen der Bundesländer vorgebeugt werden wird.

Gerichtsferien.

§ 201 G.

Die Gerichtsferien beginnen am 15. Juli und endigen am 15. September.

§ 202 G.

Während der Ferien werden nur in Feriensachen Termine abgehalten und Entscheidungen erlassen.

Feriensachen sind:

1. Strafsachen[1, 2].

1. Die übrigen Bestimmungen des § betreffen den Civilprozeß.

2. Zu den „Strafsachen" gehören auch die nach § 414 St. vor den Strafrichter gebrachten Privatklagen wegen Beleidigungen. Auf dieselben trifft zwar der in den Mot. zum G. S. 208 zur Rechtfertigung der Aufnahme der Strafsachen unter die Feriensachen angeführte Grund, daß ihr schleuniger Betrieb durch ihre Natur bedingt werde, nicht zu. Es wird jedoch in Betreff ihrer eine Ausnahme um so weniger zulässig sein, als bei

der Berathung des § in der JK. für die beschlossene Ablehnung des Antrags auf Beschränkung der Vorschrift auf „Haft- und Vollstreckungssachen“ auch geltend gemacht wurde, daß das Haupterforderniß eines schnellen Wirkens des Strafverfahrens besonders stark bei der Verfolgung von Uebertretungen und leichten Vergehen hervortrete. S. 69 der Prot. G.

§ 203 G.

Zur Erledigung der Feriensachen können bei den Landgerichten Ferienkammern, bei den Oberlandesgerichten und dem Reichsgerichte Feriensenate gebildet werden.

Einführungsgesetz zu dem Gerichtsverfassungsgesetze.

§ 1.

Das Gerichtsverfassungsgesetz tritt im ganzen Umfange des Reichs an einem durch Kaiserliche Verordnung mit Zustimmung des Bundesraths festzusetzenden Tage, spätestens am 1. Oktober 1879, gleichzeitig mit der im § 2 des Einführungsgesetzes der Civilprozeßordnung vorgesehenen Gebührenordnung in Kraft.

§ 2.

Die Vorschriften des Gerichtsverfassungsgesetzes finden nur auf die ordentliche streitige Gerichtsbarkeit und deren Ausübung Anwendung.

Vergl. die Noten zu § 13 G.

§ 3.

Die Gerichtsbarkeit in bürgerlichen Rechtsstreitigkeiten und Strafsachen[1], für welche besondere Gerichte[2] zugelassen sind, kann den ordentlichen Landesgerichten durch die Landesgesetzgebung übertragen werden. Die Uebertragung darf nach anderen als den durch das Gerichtsverfassungsgesetz vorgeschriebenen Zuständigkeitsnormen erfolgen.

Auch kann die Gerichtsbarkeit letzter Instanz in den vorerwähnten Sachen auf Antrag des betreffenden Bundesstaates mit Zustimmung des Bundesraths durch Kaiserliche Verordnung dem Reichsgerichte übertragen werden.

1. Zur Rechtfertigung der Ausdehnung des § auf Strafsachen wurde bei der Berathung desselben in der JK. darauf hingewiesen, daß in den

Rhein- und Elbschiffahrtsakten Strafbestimmungen vorkommen, für welche nach § 14 des G. besondere Gerichte zugelassen seien. Prot. S. 434.

2. Vergl. die Bemerkungen zu § 14 G.

3. Ein Antrag auf Aufnahme des Satzes: „Inwiefern zu einem solchen Antrage des Bundesstaates die Zustimmung der Landesvertretung in demselben nothwendig ist, richtet sich nach der Landesgesetzgebung", wurde zwar von der JK. abgelehnt. Es herrschte aber Einverständniß darüber, daß dadurch über die Frage, ob ein solcher Antrag des einzelnen Bundesstaates dem Reiche gegenüber stets rechtswirksam sei, ohne Rücksicht darauf, ob etwa die Regierung des Einzelstaates nach der Landesverfassung der Mitwirkung der Gesetzgebungsfaktoren dazu bedürfe, überhaupt nicht habe entschieden werden sollen. Prot. S. 434.

§ 4.

Durch die Vorschriften des Gerichtsverfassungsgesetzes über die Zuständigkeit der Behörden wird die Landesgesetzgebung nicht gehindert, den betreffenden Landesbehörden jede andere Art der Gerichtsbarkeit, sowie Geschäfte der Justizverwaltung zu übertragen. *Andere Gegenstände der Verwaltung dürfen den ordentlichen Gerichten nicht übertragen werden.

*. Der Satz: Andere Gegenstände u. s. w. ist von der JK. gegen den, auf die Unbestimmtheit der Vorschrift gegründeten Widerspruch der Regierungsvertretung hinzugefügt. Es wurde für die Aufnahme desselben geltend gemacht, daß alle Geschäfte, welche sich unmittelbar den Zwecken der Rechtspflege anschlössen, zur „Justizverwaltung" gehörten, durch den Zusatz mithin nur die diesen Zwecken fremden Geschäfte betroffen würden. Prot. S. 762 folg.

Ein Antrag, die Uebertragung von Geschäften der freiwilligen Gerichtsbarkeit an Oberlandesgerichte für unstatthaft zu erklären, wurde von der JK. abgelehnt. Ebendas.

§ 5.

In Ansehung der Landesherren und der Mitglieder der landesherrlichen Familien[1], sowie der Mitglieder der Fürstlichen Familie Hohenzollern finden die Bestimmungen des Gerichtsverfassungsgesetzes nur insoweit Anwendung, als nicht besondere Vorschriften der Hausverfassungen oder der Landesgesetze abweichende Bestimmungen enthalten.

1. Die Hausverfassungen und die Landesgesetze müssen auch darüber entscheiden, welche Ausdehnung den Begriffen „landesherrliche Familie" und „fürstliches Haus" zu geben, insbesondere, ob auch durch Schwägerschaft

mit dem Landesherrn verbundene Personen und Verwandte desselben aus morganatischen Ehen darunter zu verstehen seien.

Aus der allgemeinen Fassung des § könnte gefolgert werden, daß die von den allgemeinen Vorschriften des G. abweichenden Bestimmungen der Hausverfassungen und Landesgesetze für die Gerichte aller Bundesländer verbindlich seien, daß also beispielsweise, wenn die Eröffnung einer Untersuchung gegen ein Mitglied der landesherrlichen Familie nach den Landesgesetzen von der vorgängigen Genehmigung des Landesherrn abhängig ist, diese auch in dem Falle erforderlich sei, wenn die strafbare Handlung außerhalb der Grenzen des Bundeslandes verübt worden, welchem der Beschuldigte angehört. Der Zweck des § geht jedoch nur dahin, derartigen besonderen Bestimmungen die fortdauernde Gültigkeit im eigenen Lande zu sichern, nicht aber denselben in anderen Ländern Rechtsverbindlichkeit zu verschaffen. Dies ist auch in den Mot. S. 211 anerkannt. Nur die im § 71 St. enthaltenen Privilegien sind als Reichsrecht sanktionirt.

2. Das StGB. braucht anstatt „Familie" den Ausdruck „Haus". §§ 97. 100.

§ 6.

Unberührt bleiben die bestehenden landesgesetzlichen Vorschriften über die Zuständigkeit der Schwurgerichte für die durch die Presse begangenen strafbaren Handlungen.

Der Entwurf hatte die durch die Presse begangenen strafbaren Handlungen der Zuständigkeit der Schwurgerichte überhaupt entzogen. In Folge Beschlusses des RT. ist diese Zuständigkeit in den Ländern, in welchen sie bis zum Eintritt der Gesetzeskraft des G. bestanden hat, unverändert geblieben. Stenogr. Ber. S. 909.

Eine in der RT.-Sitzung vom 21. Dezember 1876 (Stenogr. Ber. S. 986) hervorgetretene Meinungsverschiedenheit darüber, ob der § auch die Anwendung der Vorschriften des G. und der St. über die Zusammensetzung der Schwurgerichte und die Verhandlung vor denselben in den Ländern, wo die Schwurgerichte fernerhin über Preßvergehen zu urtheilen haben, ausschließe, kam zwar Mangels eines darauf bezüglichen Antrages nicht zur Entscheidung; doch sprachen sich der Kommissarius des Bundesraths und die Mehrzahl der Abgeordneten, welche sich darüber äußerten, im entgegengesetzten Sinne aus.

§ 7.

Die Militärgerichtsbarkeit, sowie das landesgesetzlich den Standesherren gewährte Recht auf Austräge werden durch das Gerichtsverfassungsgesetz nicht berührt.

§ 9.

Durch die Gesetzgebung eines Bundesstaates, in welchem mehrere Oberlandesgerichte errichtet werden, kann die Verhandlung und Entscheidung der zur Zuständigkeit der Oberlandesgerichte gehörenden Revisionen und Beschwerden in Strafsachen ausschließlich einem der mehreren Oberlandesgerichte zugewiesen werden.

Die Bestimmung bezweckt Einheitlichkeit in der Rechtsprechung.

§ 10.

Die allgemeinen, sowie die in den §§ 126. 132. 133. 134. 137. 139. 140. 183 Abs. 1 enthaltenen besonderen Vorschriften des Gerichtsverfassungsgesetzes finden auf die obersten Landesgerichte als Behörden der ordentlichen streitigen Gerichtsbarkeit entsprechende Anwendung.

§ 11.

Die landesgesetzlichen Bestimmungen, durch welche die strafrechtliche oder civilrechtliche Verfolgung öffentlicher Beamten wegen der in Ausübung oder in Veranlassung der Ausübung ihres Amts vorgenommenen Handlungen an besondere Voraussetzungen gebunden ist, treten außer Kraft.

[1] Unberührt bleiben die [2] landesgesetzlichen Vorschriften, durch welche die Verfolgung der Beamten entweder im Falle des Verlangens einer vorgesetzten Behörde oder unbedingt an die Vorentscheidung einer besonderen Behörde gebunden ist, mit der Maßgabe:

1. daß die Vorentscheidung auf die Feststellung beschränkt ist, ob der Beamte sich einer Ueberschreitung seiner Amtsbefugnisse oder der Unterlassung einer ihm obliegenden Amtshandlung schuldig gemacht habe;
2. daß in den Bundesstaaten, in welchen ein oberster Verwaltungsgerichtshof besteht, die Vorentscheidung diesem, in den anderen Bundesstaaten dem Reichsgerichte zusteht.

1. Die JK. hatte — gegen den Widerspruch der Regierungsvertretung — dem Entwurfe den Abs. 1 des § hinzugefügt (Prot. vom 20. Oktober 1876 S. 1 und Anl. J S. 7 und Prot. zur St. S. 766). Bei der dritten Berathung des RT. hat der § jedoch die im Abs. 2 enthaltenen Modifikationen erfahren. Stenogr. Ber. S. 925 folg.

2. Das Wort „bestehenden" (§ 6 Zeile 1) dürfte auch hier zu ergänzen sein.

§ 12.

Die für Elsaß-Lothringen geltenden Bestimmungen über die Gerichtssprache werden durch die Vorschrift des § 186 des Gerichtsverfassungsgesetzes nicht berührt.

§ 17.

Auf Antrag eines Bundesstaates[1] und mit Zustimmung des Bundesraths kann durch Kaiserliche Verordnung die Verhandlung und Entscheidung der im § 17 des Gerichtsverfassungsgesetzes bezeichneten Streitigkeiten dem Reichsgerichte zugewiesen werden.

[2]Für diejenigen Bundesstaaten, in denen die im § 17 des Gerichtsverfassungsgesetzes bezeichneten Behörden[3] bestehen und nach Maßgabe der Vorschriften im § 17 Nr. 1—4 einer Veränderung ihrer Einrichtung und des Verfahrens bedürfen[4], kann die Veränderung, sofern sie nicht bis zum Inkrafttreten dieses Gesetzes landesgesetzlich getroffen ist, durch landesherrliche Verordnung eingeführt werden.

1. Die in der Note 3 zu § 3 des Einf.-Ges. beregte Frage bleibt auch hier unberührt.

2. Der den § 17 des G. ergänzende Abs. 2 ist dem § erst nach beendeter zweiter Lesung durch die JK. hinzugefügt worden.

3. Die Worte „bezeichneten Behörden" sind nicht genügend bestimmt, da im § 17 G. verschiedene Behörden erwähnt sind. Es sind die „besonderen Behörden" gemeint, von denen dort die Rede ist.

Der Absatz ist aber auch wohl nicht korrekt redigirt. Denn „die im § 17 G. bezeichneten (besonderen) Behörden" sind solche, welche nach Maßgabe der Bestimmungen unter Nr. 1 u. 2 daselbst organisirt sind. Bestehen sie aber schon in dieser Organisation, so bedürfen sie nicht der in dem § erwähnten Veränderung. Es soll heißen: wo besondere Behörden zur Entscheidung von Kompetenzkonflikten bestehen.

Es ist ferner die Hinweisung auf die in den Nrn. 1—4 des § 17 G. angeordnete Einrichtung und das Verfahren nicht völlig zutreffend, da Nr. 4 die Einrichtung und das Verfahren nicht zum Gegenstande hat.

4. Die Vorschrift beschränkt die landesherrliche Befugniß auf den Fall, wenn eine Behörde zur Entscheidung von Kompetenzkonflikten in dem Bundesstaate schon besteht und nur einer Veränderung nach Maßgabe der Vorschriften des § 17 G. bedarf. Wurde es aber für zulässig erachtet, den Landesherrn zu ermächtigen, ohne Betheiligung der übrigen Faktoren der Gesetz-

gebung solche Veränderungen — gleichviel in welchem Umfange und in welchen Beziehungen sie nöthig werden — einzuführen und überdies das „Verfahren zu regeln", obgleich der § 17 Nr. 3 G. in Bezug auf dasselbe keinerlei Bestimmungen enthält, so würde ihnen folgerecht auch die neue Kreirung der „besonderen Behörde" haben nachgelassen werden dürfen, da es sachlich keinen Unterschied macht, ob eine schon — gleichviel, wie — bestehende Behörde umgestaltet, oder ob sie den Vorschriften des § 17 G. entsprechend neu eingerichtet wird.

Nach den Worten des § kann der Landesherr von der ihm darin eingeräumten Befugniß auch in dem Falle Gebrauch machen, wenn das Zustandekommen eines bezüglichen Gesetzes früher an dem Widerstande der anderen Faktoren der Gesetzgebung gescheitert ist.

Es würde ferner, von der Zulässigkeit einer solchen Ermächtigung des Landesherrn, wie der Abs. 2 sie demselben ertheilt, ausgegangen, konsequent gewesen sein, demselben auch den im Abs. 1 bezeichneten Antrag zu gestatten, anstatt einen Antrag des „Bundesstaates" zu erfordern, zu welchem nach der Landesverfassung die Zustimmung der Landesvertretung nöthig sein kann.

5. Der Abs. 2 scheint aber auch mit dem § 17 Nr. 3 G. nicht im Einklange zu stehen. Denn nach diesem soll das Verfahren unbedingt gesetzlich geregelt werden. Mit dieser Vorschrift dürfte sich der Abs. 2 nur dann vereinigen lassen, wenn er als Ausnahme von jener Regel eine interimistische Anordnung des Verfahrens bei der umgestalteten „besonderen Behörde" zuließe. Er gestattet aber dem Landesherrn nach dem Inkrafttreten des G. — und vor diesem Zeitpunkt kann er das Zustandekommen eines Gesetzes durch seinen Widerspruch verhindern — die definitive Regelung desselben aus eigener und alleiniger Machtvollkommenheit.

Die hier nicht aufgenommenen §§ des Einf.-Ges. zum G. haben auf den Strafprozeß keine unmittelbare Beziehung, da sie theils administrative Uebergangsvorschriften enthalten, theils die Befähigung zum Richteramte betreffen.

Ueber die Frage, in wie weit die bestehenden reichsgesetzlichen Vorschriften neben dem G. Gültigkeit behalten, sind in dem Einf.-Ges. zum G. Bestimmungen, wie sie die §§ 10 und 5 der Einführungsgesetze zur Civil- bzhw. zur Strafprozeßordnung enthalten, nicht getroffen. Die Mot. S. 214 bemerken in dieser Beziehung, „Die (Beantwortung der) Frage, welche reichsgesetzlichen Vorschriften durch das Gerichtsverfassungsgesetz beseitigt seien, ergebe sich aus dem Inhalte der letzteren in Verbindung mit den allgemeinen Rechtsgrundsätzen von selbst". Für die Strafrechtspflege können hier nur das Rechtshülfegesetz vom 21. Juni 1869 — in Betreff dessen die Note 1 zu § 157 G. zu vergleichen ist — und die die Zulässigkeit des Gebrauchs der französischen Sprache in Polizei- und Zuchtpolizei-Sachen betreffenden Bestimmungen des Ges. für Elsaß-Lothringen vom 14. Juli 1871 (Ges.-Bl. für Elsaß-Lothringen von 1871 S. 165), vergl. § 12 des Einf.-Ges., in Betracht kommen.

Einführungsgesetz zur Strafprozeßordnung.

§ 1.

Die Strafprozeßordnung tritt im ganzen Umfange des Reichs gleichzeitig mit dem Gerichtsverfassungsgesetze in Kraft.

Vergl. § 1 des Einf.-Ges. zum G.

§ 2.

Die erforderlichen Anordnungen, um die Jahreslisten der Schöffen und der Geschworenen bis zum Tage des Inkrafttretens der Strafprozeßordnung nach den Vorschriften des Gerichtsverfassungsgesetzes herzustellen, insbesondere die Bezeichnung der Behörden, welche hierbei die den Amtsrichtern und den Landgerichten zugewiesenen Geschäfte wahrzunehmen haben, erfolgen durch die Landesjustizverwaltung. Dieselbe kann den Zeitraum, für welchen die in dieser Weise hergestellten Listen Geltung haben sollen, abweichend von dem Gerichtsverfassungsgesetze, jedoch nicht über das zweite Geschäftsjahr, bestimmen*.

* Die Unbestimmtheit der Zeitdauer hat die JK. durch Hinzufügung der Schlußworte: „jedoch nicht" u. s. w. behoben.

§ 3.

Die Strafprozeßordnung findet auf alle Strafsachen Anwendung, welche vor die ordentlichen Gerichte gehören.

Insoweit die Gerichtsbarkeit in Strafsachen, für welche besondere Gerichte zugelassen sind, durch die Landesgesetzgebung den ordentlichen Gerichten übertragen wird, kann diese ein abweichendes Verfahren gestatten¹.

Die Landesgesetze können anordnen, daß Forst- und

Feldrügesachen durch die Amtsgerichte in einem besonderen Verfahren, sowie ohne Zuziehung von Schöffen verhandelt und entschieden werden².

1. Anstatt „gestatten“ hätte wohl der — S. 826 der Prot. der JK. gebrauchte — Ausdruck „anordnen“ gewählt werden müssen, da ein „Gestatten“ den Gerichten die Art und die Grenzen der Abweichung überlassen würde.

2. Der Satz: „Die Landesgesetze können“ u. s. w. ist durch die JK. hinzugefügt. Prot. S. 767.

Die Mot. bemerken S. 255. Daß nach diesem § außer dem Bereich der St. bleiben: die Disziplinarstrafsachen, das nach den Landesverfassungen bei Anklagen der Minister und der ihnen gleichgestellten Staatsbeamten wegen Verfassungsverletzung stattfindende Verfahren, ferner das Verfahren vor den Militär- und Konsulargerichten.

Vergl. § 3 des Einf.-Ges. zum G. und § 6 des Einf.-Ges. zur St.

§ 4.

In Ansehung der Landesherren und der Mitglieder der landesherrlichen Familien* sowie der Mitglieder der Fürstlichen Familie Hohenzollern finden die Bestimmungen der Strafprozeßordnung nur insoweit Anwendung, als nicht besondere Vorschriften der Hausverfassungen oder der Landesgesetze abweichende Bestimmungen enthalten.

* Vergl. auch § 71 St. und die Note 1 zu § 5 des Einf.-G. zum G.

§ 5.

Die prozeßrechtlichen Vorschriften der Reichsgesetze werden durch die Strafprozeßordnung nicht berührt¹.

Wird in den Fällen des § 101 der Seemannsordnung gegen den Bescheid des Seemannsamtes auf gerichtliche Entscheidung angetragen, so finden auf das weitere Verfahren die §§ 455—458 der Strafprozeßordnung entsprechende Anwendung².

1. Wenn also die im Reichsgesetzblatt veröffentlichten Strafgesetze besondere Vorschriften über das strafprozessualische Verfahren enthalten, wie z. B. der § 101 der Seemannsordn. vom 27. Dezbr. 1872 RGBl. S. 409, so kommen die Bestimmungen der St. nur insoweit zur Anwendung, als sie mit jenen Vorschriften nicht im Widerspruche stehen.

2. Bei der Berathung des § in der JK. herrschte Einverständniß

darüber, daß die im § 101 Abs. 2 der Seemannsordnung festgesetzte zehntägige Frist bestehen bleibe, durch den § 253 Abs. 2 St. mithin in derselben nichts geändert werde. Prot. S. 767.

§ 6.

Die prozeßrechtlichen Vorschriften der Landesgesetze treten für alle Strafsachen, deren Entscheidung in Gemäßheit des § 3 nach den Vorschriften der Strafprozeßordnung zu erfolgen hat, außer Kraft, insoweit nicht in der Strafprozeßordnung auf sie verwiesen ist[1].

Unberührt bleiben die landesgesetzlichen Bestimmungen[2]:

1. über die Voraussetzungen, unter welchen gegen Mitglieder einer gesetzgebenden Versammlung während der Dauer einer Sitzungsperiode eine Strafverfolgung eingeleitet oder fortgesetzt werden kann;
2. über das Verfahren bei Zuwiderhandlungen gegen die Gesetze über das Vereins- und Versammlungsrecht;
3. über das Verfahren im Verwaltungswege bei Uebertretungen, wegen deren die Polizeibehörden zum Erlaß einer Strafverfügung befugt sind, und bei Zuwiderhandlungen gegen die Vorschriften über die Erhebung öffentlicher Abgaben und Gefälle, insoweit nicht die §§ 453. 454. 455 und 459—463 der Strafprozeßordnung abändernde Bestimmungen treffen.

1. Vergl. die §§ 64. 288. 453. 459 St.

2. Der Entwurf hatte auch die landesgesetzlichen Bestimmungen „über die Voraussetzungen, unter welchen die Strafverfolgung öffentlicher Beamten wegen der in Ausübung oder in Veranlassung der Ausübung ihres Amtes vorgenommenen Handlungen stattfindet", hier aufgenommen. Dieselben sind jedoch in Folge des Beschlusses der JK. ausgeschieden. Prot. S. 764. 766. 1110. 1111. Vergl. § 11 Einf.-Ges. zum G.

§ 7.

Gesetz im Sinne der Strafprozeßordnung und dieses Gesetzes ist jede Rechtsnorm.

Dieser Vorschrift dürfte ihre Stelle in der St. selbst, nicht im Einführungsgesetz, anzuweisen gewesen sein.

§ 8.

In den am Tage des Inkrafttretens der Strafprozeßordnung anhängigen Strafsachen sind für das weitere Verfahren die Vorschriften der Strafprozeßordnung maßgebend. Die Landesgesetzgebung kann die zur Ueberleitung des Verfahrens erforderlichen Bestimmungen treffen.

War jedoch vor dem Tage des Inkrafttretens der Strafprozeßordnung ein Endurtheil erster Instanz ergangen, so finden auf die Erledigung der Sache bis zur rechtskräftigen Entscheidung die bisherigen Prozeßgesetze Anwendung.

§ 9.

Wird ein vor dem Tage des Inkrafttretens der Strafprozeßordnung ergangenes Endurtheil erster* Instanz in der höheren Instanz aufgehoben und die Sache zur nochmaligen Verhandlung in die erste Instanz zurückgewiesen, so regelt sich das weitere Verfahren nach den Vorschriften der Strafprozeßordnung.

* Die Vorschrift hat nach Einführung des Rechtsmittels der Berufung, und nachdem in Folge derselben im § 394 Abs. 2 St. die Worte des Entwurfs: „zur nochmaligen Verhandlung in die *erste* Instanz zurückzuweisen", geändert worden sind, in: „an das Gericht, *dessen Urtheil aufgehoben ist*", eine Aenderung nicht erfahren. Eine durch das Revisionsgericht erfolgte Zurückverweisung der Sache in die *zweite* Instanz hat daher die Anwendbarkeit der Vorschriften der St. nicht zur Folge. Es wird z. B., wenn gegen das neue Berufungsurtheil wiederum die Revision eingelegt ist, der Revisionsrichter den § 343 St. nicht anwenden dürfen.

§ 10.

Für die Wiederaufnahme eines durch rechtskräftiges Urtheil geschlossenen Verfahrens sind die Vorschriften der Strafprozeßordnung auch dann maßgebend, wenn das Urtheil vor dem Tage des Inkrafttretens der Strafprozeßordnung erlassen oder rechtskräftig geworden war.

§ 11.

Die Verfolgung von Beleidigungen und Körperverletzungen findet nur nach den Vorschriften der Strafprozeßordnung statt*.

Insoweit diese Verfolgung nach der Gesetzgebung eines Bundesstaates im Wege des Civilprozesses stattfand, richtet sich die Erledigung eines anhängigen Verfahrens nach den Vorschriften des Einführungsgesetzes zur Civilprozeßordnung.

* Dieser Satz ist von der JK. hinzugefügt, um die Unzulässigkeit einer wegen Beleidigungen anzustellenden — auf Bestrafung, Ehrenerklärung, Abbitte, Widerruf gerichteten — Civilprozeßklage, wie sie in mehreren Bundesländern bisher statthaft gewesen ist, außer Zweifel zu stellen.

Hinsichtlich der Verfolgung von Entschädigungsansprüchen im Civilprozeß vergl. die Bemerkungen zu § 446 St.

§ 12.

Auf die Strafvollstreckung finden die Vorschriften der Strafprozeßordnung Anwendung, auch wenn die Strafe nach den bisherigen Vorschriften über das Strafverfahren erkannt ist*.

* Nach der Fassung der Vorschrift wird sie — der Rechtstheorie entgegen — auch befolgt werden müssen, wenn die „bisherigen Vorschriften" hinsichtlich der Strafvollstreckung mildere Bestimmungen, als die St. enthalten. S. z. B. die Fristbestimmung des § 488 Abs. 2 u. 3.

Sachregister*).

A.

---

*) Des Inhalts der Noten geschieht im Register nur ausnahmsweise Erwähnung, da die dem Gesetzestexte eingefügten Zahlen auf die Noten hinweisen.

33*

C.

D.

E.

F.

L.

N.

O.

P.

R.

S.

T.

U.

V.

W.

Z.